U0709897

書目題跋叢書

藏園群書經眼録

（四）

集部

傅增湘 撰

中華書局

藏園羣書經眼録卷十二

集　部　一

楚辭類

楚辭章句十七卷 漢王逸撰

明正德十三年高第、黄省曾刊本，十行十八字，題“後學西蜀高第、吴郡黄省曾校正”。　有正德戊寅王鏊序。蓋高公次尹長洲時所刊也。（丁巳）

楚辭章句十七卷 漢王逸撰 **附疑字直音補一卷**

明隆慶五年夫容館翻宋刊本，八行十八字，白口，四周雙闌。　首王世貞序，次目録，目後有“隆慶辛未歲豫章夫容館宋板重雕”一行。次史傳，次序騷，次辨騷。本書首行題“楚辭卷之一”，次三行題“漢劉向編集”，“王逸章句”，第四行題“離騷經章句第一”。卷十七末附楚辭疑字直音。　後有楊守敬跋：

“此本卽以宋槧翻雕，其誤字亦皆仍之，唯宋諱缺筆則悉填補。嘉慶間大小雅堂本又據此翻刻，而多用洪本校改，失真面目矣。光緒庚寅宜都楊守敬記。”（余藏。丙辰）

楚辭章句十七卷 漢王逸章句　宋洪興祖補注

明翻宋刊本，九行十五字，注雙行二十字，白口，左右雙闌。卷中遇宋諱闕筆。　目録前題"漢護左都水使者光禄大夫臣劉向集","後漢校書郎臣王逸章句",兩行。目後跋語八行。本書首題"楚辭卷第一",次題"離騷經章句第一",空二格題"離騷"二字,下兩行題"校書郎臣王逸上","曲阿洪興祖補注"。

鈐有"海陵錢犀盦校藏書籍印"。(余藏。丙辰)

楚辭集注八卷 宋朱熹撰

元天曆三年陳忠甫宅刊本,十一行二十字,注雙行二十四字。卷後有牌子,文曰:

天曆庚午孟夏 陳忠甫宅新刊

(壬子冬見于沉夔生處。)

楚辭集註八卷辨證二卷後語六卷 宋朱熹撰。　△一一三六六

元後至元二年丙子建安傅子安刊本,十一行,行二十字,注雙行二十四字,黑口,左右雙闌。後語目録後有牌子兩行,文曰:

"建安傅子安宅重刊

至元丙子孟春印行"(辛酉歲以三百元收得。)

楚辭集註八卷 宋朱熹撰

元刊本,十一行二十字,與黎刻古逸叢書同,但有圈點爲異耳。(海虞瞿氏藏。乙卯)

楚辭集註八卷辯證二卷後語六卷 宋朱熹撰

明刊巾箱本,九行十七字,白口,單闌。似正嘉間刻本。(翰文齋見。乙丑)

楚辭辨證二卷 宋朱熹撰

宋嘉定四年楊楫刊於同安郡齋,半葉八行,每行十九字,白口,左右雙闌。版心上記字數,下記人名,中縫題卞正上下,宋諱殷貞恒項讓詬懸匡諸字均缺末筆。字體秀勁,是閩版之最佳者。有門人楊楫跋,録後:

“慶元乙卯楫自長溪往侍

先生于考亭之精舍,時

朝廷治黨人方急,丞相趙公謫死于道,

先生憂時之意屢形于色。忽一日出示學者以所釋楚辭一編,楫退而思之,

先生平居教學者首以大學語孟中庸四書,次而六經,又次而史傳,至于秦漢以後詞章特餘論及之耳,乃獨爲楚辭解釋,其義何也?然

先生終不言,楫輩亦不敢竊有請焉。歲在己巳,忝屬胄監,與

先生嗣子將作簿同

朝,因得録而藏之。今以屬廣文游君參校而刊於同安郡齋。嘉定四年七月朔日,門人長樂楊楫謹述。”

收藏鈐有“清響堂藏書記”、“笣從楫印”朱文印。(余藏。)

楚辭集註八卷辨證二卷後語六卷 宋朱熹撰 反離騷一卷

△二四九

明嘉靖十四年袁褧刊本,十行十八字,白口,左右雙闌。首行題“楚辭卷第一”,下題“集註”二字,次行低一格題“離騷經第一”,下題“離騷一”。後語卷第六後有“嘉靖乙未汝南袁氏校刊”一行。辨證板心作“卞正”,猶有宋刻之遺。

鈐明錢穀藏印。(余藏。丙辰)

楚辭集註八卷 宋朱熹撰 △二五四二

明嘉靖十七年楊上林刊本,十行二十字,註雙行。 前嘉靖戊戌顧應祥序,又唐樞序,次目録,次各家楚辭書目,次朱熹序,次屈原傳。本書首葉次行題“山陽楊上林校刊”。(余藏。丙辰)

反離騷一卷 漢揚雄撰

宋刊本,半葉七行,行十五字,注雙行同,白口左右雙闌。板心上記

字數，下記刊工姓名。　顧芸美苓隸書署首。

鈐有毛晉、汪文琛藏印。（自皕宋樓佚出之書。癸丑）

離騷集傳一卷 宋錢杲之撰　△四二九〇

宋刊本，半葉九行十八字，細黑口，左右雙闌，版心上記字數，下記刊工人名一字。薄皮紙佳墨印。有黄丕烈、孫延跋。明朱承爵、清邵松年、費念慈觀欵。又有清方薰畫蘭一幅。

鈐有朱承爵、毛晉、毛褒、曹寅、黄丕烈、汪士鐘等各家印記。（常熟瞿氏藏。乙卯）

山響齋别集十卷 清賀寬撰

此乃丹陽賀寬瞻度楚辭私箋也。每文分章節，首列正文，次音釋，次箋，次評。　前有王弘撰序，次自述，述有贊十首，仿班氏史贊而作。次外騷目，次外傳，次列傳，次諸家品隲。版刻尚精，惟版心上方標“飲騷”二字，猶沿明人纖巧習氣，爲大雅所不屑耳。（文友堂送閲。）

離騷草木疏四卷 宋吴仁傑撰　△八七九

宋慶元六年庚申羅田縣庠刊本，版式高闊，半葉十二行，行二十一字，白口，左右雙闌，版心上記字數，下記刊工姓名。後有吴仁傑自序，以行書上版。又慶元庚申方燦跋五行，稱吴先生見屬，刊於縣庠。後有校正銜名三行，録後：

“州　學　生　　張　師尹　校對

羅田縣縣學生　　杜　醇　同校正

免解進士蘄州州學正充羅田縣縣學講書吴世傑　校正”

卷中間有黑口者，及補板也。（海源閣書，辛未二月十二日見于天津鹽業銀行庫房。）

離騷草木疏四卷 宋吴仁傑撰

影寫本，十二行二十四字。　後有慶元丁巳自序，又庚申河南方燦跋，有校對官銜三行。

鈐有汲古閣朱文印。(乙亥三月閱。)

離騷草木疏四卷 宋吴仁傑撰 △八三六三

清方甘白傳録鮑廷博知不足齋本,十行二十一字。識語録後:

"乾隆丙申九月借吴郡朱氏宋刻對録,再假錢塘汪氏鈔本覆勘,宋刻多誤,鈔本多所是正,可喜也。甘白手録。"

"方君甘白博雅士也,工畫善寫書,兹録知不足齋本見贈,余報以白金二兩 東洲。"

"乾隆庚子十月覆校 蓮夢居主人。"(甲寅)

離騷草木疏四卷 宋吴仁傑撰

舊寫本,九行二十一字。

鈐劉端臨藏印。(德化李氏書。癸未)

漢魏六朝別集類

賈長沙集十卷 漢賈誼撰

明成化癸卯七月朔賜進士出身承德郎工部主事洛陽喬縉刊本,九行十八字,黑口,四周雙闌。 自序謂與誼爲鄉人,因取馬班二家之傳,並誼所爲論賦,略加隱括,纂而爲一,目曰賈長沙集云云。卷中自第一卷至第八卷爲一號,九十兩卷爲一號,十卷末又附小傳。傳凡廿八葉,乃喬縉所撰,卽所謂取二家之傳略加隱括者也。傳半葉十行。

鈐有汪啓淑、袁氏卧雪廬印。(徐積餘藏書。辛酉)

董仲舒集一卷 漢董仲舒撰

明正德刊本,九行十八字,白口,左右雙闌。 前有李東陽董子書院記,言正德乙亥吴郡盧雍按行至景,修祠宇書院,又刻此集。汪士賢刻本卽從此書。(天一閣佚書,北京圖書館新收。癸酉)

董仲舒集一卷 漢董仲舒撰

明活字印本,十二行二十四字。序後有"正德庚午桂連西齋印行"一行。字體小而方,與華氏等活字本不同。

鈐有季滄葦、揆敍各藏印。(故宫博物院藏書。丁卯)

張河間集六卷 漢張衡撰 附録一卷

明刊本,題"明閩漳張燮紹和纂"。九行十八字,魚尾下記字數。

前有霏雲主人張燮序。

按:此爲漢魏六朝七十二家集本。又見明人寫本。蓋張天如輯本以此爲嵩矢也。(癸丑)

蔡中郎文集十卷附外傳一卷 漢蔡邕撰

明正德十年乙亥錫山華堅蘭雪堂銅活字印本,七行十三字,標題及題目均大字,文雙行小字,白口單闌,版心題"伯喈集卷幾"。 前歐陽静序,次目録。本書首行題"蔡中郎文集卷之一",次行低三格題"漢左中郎將蔡邕伯喈撰",三行低二格題"故太尉喬公廟碑"。 有牌子二,文曰:

"正德乙亥春三月錫山蘭雪堂
華堅允剛活字銅版印行"(在目録後)

"錫山蘭雪堂華堅
允剛活字銅版印"(在外傳後)

鈐有:"英印"朱、"仲張"白、"鄭杰之印"白、"鄭氏注韓居珍藏記"朱、"仲昭氏"白、"孝直"白、"四明人物"白各印。(余藏。)

新刊蔡中郎伯喈文集十卷外傳一卷 漢蔡邕撰

明鄭氏翻蘭雪堂本,九行二十字,黑口,四周雙闌。版心書名在上魚尾上,目録每卷上有黑蓋子。卷首亦録歐陽静序。 目録尾有牌記二行:

"此書係正德乙亥春三月錫山蘭雪堂華堅
允剛活字銅版印行,今鄭氏得之繡梓重刊行"(癸亥)

新刊蔡中郎伯喈文集十二卷 漢蔡邕撰

明嘉靖三年宗文堂刊本,九行二十字。有牌子:

嘉靖甲申孟冬月 宗文堂鄭氏新刊

漢蔡中郎集六卷 漢蔡邕撰

明嘉靖二十七年楊賢刊本,九行二十一字。　前歐陽静序,次嘉靖二十七年喬世寧刻書序,次嘉靖戊申俞憲序。　本書首行題"漢蔡中郎集卷之一",次三行題"明祋祤喬世寧景叔、無錫俞憲汝成校訂","任城楊賢子庸梓行"。

按:此本乃喬世寧與俞憲校訂者,以獨斷列卷首,爲文凡九十二篇,自謂卷省舊之半,篇益舊之三,蓋次第悉已改易矣。(余藏。丙辰)

蔡中郎文集十卷 漢蔡邕撰

明刊本,九行十八字。　前有萬曆元年王乾章序,歐陽静舊序,隸書。　茅一桂訂。(戊辰)

蔡中郎文集十卷外傳一卷 漢蔡邕撰

明萬曆二年徐子器刊本,九行二十一字。　前歐陽静序,次萬曆元年王乾章序。後萬歷二年知陳留縣事徐子器跋。

按:中郎集刊本以此爲最佳,亦殊少見。王序不言其所出,然其次第篇數與活字本同,蓋出於宋本也。至楊賢、茅一桂諸本均改易卷第矣。(余藏。丙辰)

蔡中郎集十九卷 清烏程嚴可均景文校輯

舊寫本。吴氏石蓮闇藏書。

按:此本就全上古三代文輯本録出,而增入獨斷二卷、琴操二卷,月令章句三卷,故重爲編定,本書十八卷,其十九卷則目録也。　後有敍録一首,兹録於後。卷中附存寫樣一葉,似當時已繕清本而未經付梓也。

“敍録曰：右蔡伯喈集後漢左中郎將蔡邕也。范書本傳邕字伯喈，陳留圉人，性篤孝，博學，好辭章、數術、天文，妙操音律，所著詩、賦、碑、誄、銘、贊、連珠、箴、弔、論、議、獨斷、勸學、釋誨、敍樂、大訓、篆勢、祝文、章表、書記凡百四篇，蓋據晉中經、宋元嘉四部蔡集如此，實則蔡文之未入集而散見於故書者尚多。梁有二十卷，録一卷，或兼收集外文，江陵之戹，世稀足本。隋志僅十二卷。唐吴競西齋書目十五卷，舊唐志新唐志二十卷，漸次探求，卷如梁舊。此晉宋梁唐蔡集之大略也。唐末蔡集亡，世上偶存殘本，好事者增補重編爲十卷，凡六十四篇，中有王肅魏宗廟頌、魏武祀橋太尉文、魏失名劉鎮南碑三篇誤補，實六十一篇。宋天聖初歐陽静序之，遂爲祖本。又有巾箱本十卷，外傳一卷，凡七十二篇，歐序本所有盡有，外傳者補遺也。述行賦、戍邊上章、胡廣黄瓊頌等篇皆歐序本所無，版式如北宋刊王維集，知亦北宋刊，與歐序本竝爲祖本。後此重刊，或放爲大版，或改編，次第不倫，迭删迭補，舛漏滋多。至明季有張溥本二卷，凡百二十四篇，失落楊賜第一碑，誤補班固東巡頌、南巡頌、嵇康琴讚，舛漏仍多。此北宋迄明殘本之大略也。余因思兩漢人别集梁隋有百一家，唐有七十八家，今皆不在，獨蔡集殘本孤行。天之所相，當以人力成全之。嘉慶中，余校輯全上古三代秦漢三國六朝文，中有蔡文，溢於本傳所稱百四篇三之一，文多或累千萬言，畸零或一二語，題在辭亡，亦留闕目，各注出處，信而有徵。其注稱本集者，歐序本、巾箱本也。全文載賦，載雜文，不載詩，道光庚寅夏，取出而加詩六篇，爲蔡集十五卷，録一卷。瞬息十餘年，未經鐫板。今又思蔡有月令章句十二卷，見隋志，其本久亡，羣書徵引尚多，視鄭注似尤精確。本集既收明堂論月令篇名，明刊本又從説郛收月令問答，則章句佚文尤當入集。先有余蕭客、陸堯春、蔡雲三家輯本，理而董之，事半功倍。乃竭一年之力,重檢出處,補其漏,正其訛,分上中下三卷,續入前編,併改目録爲十九卷,凡百四十八篇,子目百餘不入數。蔡文不盡此,而盡於此。惟譔集漢事靈紀、十意、四十二列傳不存,論者惜之。余謂不然,劉昭注補續漢志序云:律曆之篇仍乎洪邕所構,車服之本即依董蔡所立。洪劉洪,董董巴,其禮樂郊祀天文五行取諸蔡實多。前志無朝會,亡非闕典,是十意不存而存。若乃靈紀四十二列傳,異代人優爲之。觀集中衆碑不甚擇人,惟郭泰碑無愧色,蔡亦自言之。儻不斃獄中而操史筆,當爲董卓傳,曲筆徒成穢史,直筆未免忘恩,死非不幸。或曰,蔡有盛名,名者造物所忌,不保其身又絶其嗣。集有被收時上書云:臣年四十七,前無立男。范書列女蔡文姬傳云:曹操素與邕善,痛其無嗣。余又謂不然。蔡晚而有嗣,曹未周知耳。蔡素與太山羊氏善,集有徙朔方報羊陟書,其亡命江海,往來依羊氏,嘗續娶,集有蔡烏詩,文姬有妹亦歸羊。晉書羊祜傳云:祜蔡邕外孫。又云:祜討吴有功,將受爵土,乞以賜舅子蔡襲,詔封襲關内侯。范書不言月令章句,又不言有後嗣,章懷注亦不言,而今而後庶無餘憾。壬寅歲中秋後八日嚴可均謹敍録。先是道光庚寅夏有重編蔡集敍一首,在鐵橋漫稿卷六,今增收月令章句,故改作之。”

總目:

卷一:霖雨賦　漢津賦　述行賦　玄表賦　協初婚賦　檢逸賦　青衣賦　短人賦　瞽師賦　琴賦　筆賦　彈基賦　圓扇賦　傷故粟賦　蟬賦　九惟文　飲馬長城窟行　琴曲五首:逢春、淥水、坐愁、秋思、幽居　初平詩　答元式　答卜元嗣　翠烏

卷二:對詔問災異八事　戍邊上章:律曆意、禮意、樂意、郊祀意、天文意、五行意、車服意、朝會意

卷三:上始加元服與羣臣上壽章　表賀録换誤上章謝罪　讓高陽鄉侯章　薦太尉董卓可相國并自乞閒冗章　辭章　薦皇甫規表

爲陳留太守奏上孝子程未事表　巴郡太守謝表　上封事陳政要七要　諫用三互法疏　又

卷四：日蝕上書　被收時上事自陳　和熹鄧后謚議　朱公叔謚議　答丞相可齋議　曆數議

卷五：難夏育請伐鮮卑議　宗廟迭毁議　被川辟辭讓申屠蟠　與何進書薦邊讓　徙朔方報楊復書　徙朔方報羊陟書　與故郡將子橋伯尉書　與梁佁張府君書　與袁公書　失題書四首　釋誨

卷六：陳留太守行縣頌：行小黄縣、行考城縣　潁川太守王立義葬流民頌　楊四公頌　胡廣黄瓊頌京兆樊惠渠頌　祖德頌　五靈頌：麟、白虎　焦君贊　太尉陳公贊　赤泉侯楊熹五世像贊　正交論　銘論　陳蕃李膺論　車駕上原陵記　連珠：演連珠、廣連珠　東鼎銘　中鼎銘　西鼎銘　黄鉞銘　朱公叔鼎銘　酒尊銘　警枕銘　檠銘　銅籥銘　女訓　女誡　衣箴

卷七：獨斷

卷八：獨斷下

卷九：敍樂　琴操

卷十：琴操下

卷十一：篆勢　隸勢　勸學篇　聖皇篇　女史篇　九疑山碑　光武濟陽宫碑　陳留東昬庫上里社碑　伯夷叔齊碑　王子喬碑　京兆尹樊陵頌碑　琅玡王傅蔡郎碑　玄文先生李休碑　汝南周勰碑　朱穆墳前方石碑　太尉楊秉碑　陳留太守胡碩碑　又

卷十二：郭泰碑　處士圈典碑　童幼胡根碑　太傅胡廣碑　又　又　太傅胡廣碑銘　彭城姜肱碑　太尉李咸碑

卷十三：太尉陳球碑　太尉橋玄碑　太尉橋玄碑陰　司徒袁隗夫人馬氏碑　太尉劉寬碑　范丹碑

卷十四：陳寔碑　又　又　太尉楊賜碑　又　又　又　司空房植碑

太尉袁湯碑　左中郎袁成碑　司空袁逢碑　袁滿來碑　袁橋碑　薊州刺史度尚碑　翟先生碑　桓彬碑　楊復碑　趙曆碑　何休碑

卷十五:郡掾吏張玄祠堂碑　酸棗令劉熊碑　貞定直父碑　太傅安樂侯胡公夫人靈表　交趾都尉胡府君夫人黄氏神誥　議郎胡公夫人哀讚　濟北相崔君夫人誄　告遷都祝嘏辭　九祝辭　祝祖文　祖餞祝　祓禊文　弔屈原文　題曹娥碑後

卷十六:月令章句上

卷十七:月令章句中

卷十八:月令章句下　明堂論　月令篇名　月令問答

卷十九:總目(己卯十月。)

曹子建文集十卷 魏曹植撰

元刊本,八行十五字,白口,左右雙闌,版心上記字數,上魚尾下記子建文集幾,下魚尾下記葉數,下記刊工姓名。版匡高七寸,闊四寸八分。字大如多寶塔碑、黄草筋紙印。卷首題“曹子建文集卷第一”、“魏陳思王曹植撰”。卷十末題目多“新雕”二字。小題低四格。

鈐有華亭朱氏印,又毘陵周氏九松迂叟印。

按:此本誤字甚夥,轉不如明活字本。(乙卯閲,常熟瞿氏藏書。)

曹子建集十卷 魏曹植撰

明長洲徐氏銅活字印本,九行十七字,細黑口,左右雙闌。卷一至四賦,五六詩,七至十文。首行題“曹子建集卷第幾”,次行題“魏陳思王曹植撰”。

按:此活字本曹集歷來藏書家咸寶貴之,所謂無七步詩者也。然皆不知爲何時所刊。余有正德本曹集,其序稱得長洲徐氏活字本曹集百部,重板刊行,乃知其出於徐氏,計其時當在正德以前矣。此書出曲阜孔氏,張君庾樓爲余收之,時丙辰重午日也。(余藏。)

陳思王集十卷 魏曹植撰　缺卷四至六,存七卷　△一〇一七四

明正德五年舒貞刊本,九行二十字,上空一格,只十九字,白口,左右雙闌。　前有正德五年海山居士長安田瀾汝觀序。第一卷首列編校人五行,“濮陽李廷相編次”,“長安田瀾校正”,“濟陽郭濂、崑山蔡芝、錢塘陸溥同校”。　序略言杭州布衣舒貞以父兄役居京師,貧而好書,遂游意書肆,流爲書儈。又於成書數事,裝約衺裹,一如古法。座主李蒲汀在翰林,嘗用其人俾史記類選諸書。一日共省其事,舒曰:往歲長洲得徐氏子建集百部,行且賣盡,蓋彼活字板,初有數,而今不可得也。貞欲以糊口羨積板行,求無踰徐氏本者。李曰:予有謄本,亦未盡善,閑中曾一次之,頗有移附,但句有亂誤位地,而字多魯魚。顧瀾曰:可校而行之! 序曰今集十卷,即通考所載,視唐又逸十卷。且柳頌有序無頌,責躬詩、表異卷,蟬賦末甚脱落,文亦不屬,其餘賦冠又篇爲吟,心必形刑未末之訛,通記千餘,卷數雖同,的非元本。故輒與同志各出手底書一校正之。舊本詩存五卷,樂府六卷,頌、贊、銘七卷,章、表、令八卷,文、啓、詠、序、書、誄、哀辭九卷。李以詩通移九卷,樂府八卷,頌、贊、銘五卷,章表六卷,令、七啓、九詠摘移十卷,文、序、書、誄、哀辭七卷,其餘仍舊。七步詩散見諸書、述行賦出古文苑,李以七步詩附九卷,述行賦附十卷。(文友堂見,後歸邢君之襄。丙子)

按:余亦藏一本,鈐有“貽矩堂”、“顏氏之子”二印,視此本完好。

曹子建集十卷 魏曹植撰

明嘉靖刊本,九行十七字。　前有徐伯虬序。乃郭雲鵬所刻也。(己未)

袁抱存克文據元刊本校。

嵇中散集十卷 魏嵇康撰　△六九八一

明嘉靖四年黄省曾南星精舍刊本,十一行二十字,白口,左右雙闌,

版心有"南星精舍"四字。無黄氏序跋,疑已佚去。

莫楚生棠舊藏,後歸袁寒雲克文,己未十月丁仲祜福保爲余收之。

嵇中散集十卷 魏嵇康撰

明棉紙墨格寫本,八行二十二字。 卷中以朱筆校過,譌脱滿紙,非善本也。後有跋語:

"崇禎己巳五月,弟夏爲僧彌世兄校。時避暑云東淨室,驟雨初過,北窗涼氣如秋中,啜茗兩杯,捉筆記此。"

卷首有:"五月廿六日較,公遠。"一行八字。

按:跋語及卷中校改之字,其朱色甚新,字迹亦庸俗,决非明末清初人手筆,恐是僞託。 沅叔。(庚午)

嵇中散集十卷 魏嵇康撰

舊寫本,十行二十字。 鈐有:"謙牧堂藏書記"、"朱彝尊錫鬯印"、"某會里朱氏潛采堂藏書"各印。

按:此書乃劉燕庭舊藏,但不及匏庵所校耳。客邸中略校數篇。(帶經堂見。壬子)

阮嗣宗集二卷 魏阮籍撰 △二一六五

明嘉靖二十二年范欽、陳德文刊本,九行二十字。

鈐有"陳氏西畇草堂藏書印"、"西畇草堂"、"平江陳氏"、"吴嵩衡印"諸印。(余藏。丙辰)

忠謨謹按:此集别有跋,收入藏園羣書題記三集卷五。

阮嗣宗集二卷 魏阮籍撰

明崇禎刊本,九行十八字。 有潘聰序。題阮陶合刻,實卽張燮刊本。(余藏。)

阮嗣宗集四卷 魏阮籍撰 明阮漢聞校 △二二四六

明天啟三年及朴刊本,十行二十字,白口,四周雙闌。(余藏。)

忠謨謹按:此書先君别有跋,收入藏園羣書題記三集卷五。

陸士衡文集十卷 晉陸機撰 △二五〇

明正德十四年陸元大刊晉二俊文集本,十行十八字。 前慶元庚申徐民瞻二俊文集序。本書首行題"陸士衡文集卷第一",次行題"晉平原内史吴郡陸機士衡",三行低一格題"賦一",下列賦目,目後接本文。 後有正德己卯都穆跋。(余藏。)

按:此二俊文集之一,正德中都穆出家藏宋慶元華亭縣學刊本,吴士陸元大爲重刻之。寔從宋本出也。宋華亭本陸士龍集十行二十字,白口雙闌,在張幼樵家,項元汴、季振宜遞藏,今歸潘宗周氏。

陶淵明集十卷 晉陶潛撰 △七六〇八

影宋精鈔本,十行十六字。 有郁松年藏印。(蔣孟苹藏書。辛酉)

陶淵明集十卷 晉陶潛撰

影寫宋刊本,七行十五字。(癸丑)

箋註陶淵明集十卷 晉陶潛撰 宋湯漢等箋注 **總論一卷** 宋李公焕輯 卷九至十配清寫本。序目亦抄配 △一〇五三

元刊本,九行十六字,黑口,左右雙闌。 首序,次目録,次總論。宋諱貞、愼缺末筆。

鈐有:"沈岱子華書畫府印"。

附夾籤一張,如下方:

南巡帶來陶淵明集原一套四本,四十

四年五月初一日

暢春園發下去襯紙,改插套一本。是

晉彭澤令陶潛文集,未載刻書

年月人名。 是宋板元印。"(見于徐星署處。癸亥)

箋註陶淵明集十卷 晉陶潛撰 宋湯漢等箋注 **總論一卷** 宋李公焕輯

元刊本,九行十六字,黑口左右雙闌。 前有總論九葉,題廬陵後學李公焕集録。 卷内采晦庵、東坡、山谷、誠齋、胡仔、葛常之、陳後

山、劉後村、蔡寬夫、湯文清公、張縯諸家之説。

鈐有:“朱錫庚印”、“椒花吟舫”、“許乃普印”、“御書之寶”各印。(癸丑)

箋註陶淵明集十卷 晉陶潛撰 宋湯漢注

元刊本,半葉九行、每行十六字,黑口,左右雙闌。

按:此亦市橋獻書之一。與上海涵芬樓藏本正同。(日本内閣文庫藏書,己巳十一月十九日觀。)

箋註陶淵明集十卷 宋湯漢箋注 **附總論一卷** 宋李公焕輯

元刊本,九行十六字,黑口,左右雙闌。版匡高四寸八分,濶三寸三分。(常熟瞿氏藏書。乙卯)

箋註陶淵明集十卷 晉陶潛撰 宋湯漢等箋注

元刊本,九行十六字,黑口,四周雙闌。 有吴尺鳧焯跋,録後:

“此編彙集宋朝羣公評注,淳祐中又刻于省署,當時所稱玉堂本是也。第宋本于廟闕諱字,此本無之,或是元代仿刻耳。諸家之注于是編獨備,漁隱叢話極稱是編最善,今從吴□□得之,殊可喜也。 康熙甲午繡谷亭記”

鈐有“吴焯”白、“尺鳧”朱、“繡谷薰習”朱、“曾給筆札”朱、“曾廣鈞字重伯號約思鑑藏金石圖書記”朱各印。(己巳九月陳乃乾許見,索二百四十元。)

箋註陶淵明集十卷 晉陶潛撰 宋湯漢箋注 存六卷

明刊本,九行十六字,中板心。號爲元刻,寔明初本也。

陶靖節集十卷 晉陶潛撰 宋湯漢箋注 **總論一卷** 宋李公焕輯

明嘉靖二十五年蔣孝刊本,九行十八字。有牌子:

昆陵蔣氏
梓於家塾 在序後 嘉靖丙午昆
陵蔣孝校刊 在總論後(乙卯)

陶靖節集十卷 晉陶潛撰 存卷一至四

明刊本,九行十八字,版心下記刊工姓名。藍印。(丁巳)

陶淵明集十卷 晉陶潛撰

明萬曆刊本。 清查慎行手批，張宗柟手校。跋録後：

“陶詩宋以前無注者，至湯東澗始發明一二而未詳。元初詹若麟居近柴桑，因徧訪故迹，考其歲月，本其事跡以注釋其詩，吴草廬爲之序，比于紫陽之注楚騷，當時必有刻本，而今不可得見。此本間引東澗之説，惜未見詹注耳。 康熙甲午夏初白老人閲畢附識。”

“濟寧寓樓讀陶詩畢敬題於後：顔謝非同調，千秋第一人。精深涵道味、爛熳發天真。有恥難諧俗，無官不計貧。平生頑懦意，感動賴先民。時余方因病乞假。 癸巳七月望慎行志。”

後有張宗柟臨葉榮木欣陶詩畫册跋，亦附録于後：

“先君歸田之後，日惟書畫自娱，客有以陶詩畫册轉售者，每幅有榮木小印，愛其天機清妙，絶去町畦，亟購得之，尋知爲海寧故家之物，凡四小册，惜也逸其半矣。宗柟間嘗展玩，不勝手澤之感。會海寧查君日華過訪村居，因相與嘆賞，囑其手撫得二十四幀。原本幀次拈出某句，今依集本序列，並書首幀，俾覽者心知其意云。榮木姓葉氏，名欣，雲間人，舊有跋尾數行，亦復語妙，附録于後。 乾隆乙亥重九識于沙園之菊花開處。”

鈐有“鷗舫珍藏”朱長、“宗柟手勘”白、“蕘圃過眼”白、“陳菊莊鑒賞印”朱方、“臣鐘”朱白、“安甫”朱、“其善”白、“寶齋”朱各印。

癸亥二月上浣南游，偶于吴門市中見此帙，重其名人手蹟，因以重值收之。張君宗柟乃菊生元濟前輩之六世祖也，日後將仍返之其家。余昔年爲菊生收得寫本敬業堂集及批本才調集，張佩兼手批，皆先後以歸之矣。 沅叔手志。

陶淵明集八卷 晉陶潛撰

明嘉靖二十九年江寧王懷易堂刊本，九行二十字，版心有“懷易堂”

三字。 前有大明江寧王懷易道人撰序,嘉靖庚戌三月乙丑日, 後有朱載墣跋,録後:

"刻陶詩後:家君研經擬陶,欲化我諸子漸脱於俗,好古者或閲是帙予得相觀之益也夫。墣不敏,敬尊過庭之訓,志之佩之,用垂不朽云。庚戌三月壬辰日,嫡長男載墣頓首百拜謹跋。"

後有"紹易"字木記。(壬子閲。)

陶靖節先生集八卷 晉陶潛撰

明萬曆三十一年癸卯吴汝紀刊本,九行十五字,版心題陶集幾卷。

首萬曆癸卯焦竑序,略云友人偶以宋刻見遺,無聖賢羣輔之目,篇次正與昭明舊本脗合,中與今本異者不啻數十處。吴君肅卿語余,陶集得此幸不爲妄,余乃以授肅卿。肅卿名汝紀,新安人。次昭明太子序。後陶靖節傳。桃花源記欣然規往,不誤親往。(甲寅)

陶靖節集八卷 晉陶潛撰 宋湯漢等箋註 蘇東坡和陶詩二卷 宋蘇軾撰 附録一卷 △二五一二

明萬曆四十七年楊時偉刊本。

清吴騫據宋刊本校,并手寫補注於每句下。有跋二則,録後:

"宋鄱陽湯文清公漢註陶靖節詩四卷,馬貴與文獻通考稱之,所謂述酒詩乃哀零陵而作,其微旨雖濫觴於韓子蒼,至文清反覆詳考而益暢其説,真可謂彭澤身後之知己矣。此書傳本絶少,頃吾友鮑君以文遊吴門,歸舟枉道過余小桐溪,出以見示,乃宋槧佳本也。既同訪張上舍芑堂于武原,一見擊賞不置,以文既舉贈之,予復從芑堂借歸,録於此本。昔毛斧晚年嘗以藏書售於潘稼堂,有宋刻淵明集,斧季書注目下云:此集與世行本敻然不同,如桃花源記聞之欣然規往,時本率譌作親。今觀是本,始知斧季之言爲不謬也。文清人品雅爲真西山趙南泉諸公所推,尤明于易,城復於隍其命亂也,王伯厚困學紀聞嘗引其説,餘詳宋史本傳。

乾隆辛丑孟夏兔床吴騫識。”

“湯文清註靖節詩乃宋刻精本,緑飲得而贈於文漁,予偶從文漁借觀,約日卽返,周松靄知之,卽從余借觀,竟乾没,屢索不還。予無以對二君。幸初借時録出此本,因據之重刻陶詩以行世。其後乾没者復以售於吴中黄蕘圃主事,徒爲藝林所嗤也。辛未正月記”(余藏。)

陶淵明集八卷 晉陶潛撰

影寫宋刊本,十行十六字。　似從瞿氏藏宋刊本影寫者。(余藏。丙辰)

陶靖節集十卷 漢陶潛撰　明何孟春注

明正德刊本,十行二十字。　前有海虞後學陳察原習序。目後有何自跋,其次第乃略有更動。　後有孟春自序及范永鑾跋。

鈐有“津逮樓”朱、“金陵甘氏藏書”白、“有谷”朱、“闇然居士”白各印。(乙丑)

陶靖節詩選附杜文貞詩選

查岐昌藥師手鈔本,各有自序。

有黄蕘圃手跋。

鈐有“西郭居士”朱文印,亦黄氏印,少見。(乙亥五月)

陶靖節集二卷 晉陶潛撰

朝鮮古刊本,九行十八字。　目後有正德戊寅何孟春記,又南園張志淳序,又海虞陳察原習序。

卷前有靖節先生像,歸去來圖二幅。卷首題“明浙江參議何湛之校刊”一行。

按:此本乃據何燕泉注本重刊而去其注者,然改併卷第,於文字先後亦有移易,以符十卷之數,輕改古式,非善本也。沅叔記,庚辰八月。

鮑氏集十卷 劉宋鮑照撰　△七六一〇

明正德五年朱應登刊本,十行十七字,白口,單闌。序題鮑照集。序與卷第一接連而下。每卷目接連文。

毛斧季校宋本。有跋録後:

"宋本每葉二十行,每行十六字,小字不等。丙辰七夕後三日借吴趨友人宋本比校一過。

扆"鈐"西河季子之印"。此行在十卷末葉後。

鈐印列後:"席鑒"朱方、"别字萸山"白方、"虞山毛扆手校"白長、"黄丕烈印"朱方、"蕘圃"朱方、"士禮居藏"白方、"席玉照讀書記"白長方、"愛日精廬張氏藏書記"朱長方。(壬子見。)

鮑氏集十卷 劉宋鮑照撰 李□二七六

明刊本,十一行二十字。每卷前有目。

鈐有項藥師、朱氏潛采堂各印。(李木齋藏書。壬子)

謝宣城詩集五卷 南齊謝朓撰 殘,存卷一、二後借李木齋藏本鈔配全

宋刊本,十行十八字,白口,左右雙闌。版心上記字數,下記刊工姓名,有侯琦、德璋、潘暉、或潘暉刊、潘德璋等。上魚尾下記"謝集一"。或二。 前目録九葉,缺第二葉,目第二行低三格題"齊尚書吏部郎陳郡謝 朓元暉。"本書第一行標書名,次行低三格題"賦"字,三行低四格題"酬德賦并序"。避諱至廓、敦止。

鈐"陳彦良印"白文回文一印。(劉啟瑞氏藏,辛未三月廿四日持示。)

謝宣城詩集五卷 南齊謝朓撰 李□一六三

影寫宋刊本,半葉十行,行十八字。 目録第二行結銜爲"齊尚書吏部郎陳郡謝朓元暉"。 卷末有紹興丁丑秋七月朔東陽樓炤跋,又嘉定庚辰冬十二月望鄱陽洪伋跋。

收藏印記如下:

"宋本"、"甲"、"東吴毛氏圖書"、"子晉書印"、"汲古得修綆"、"汲古主人"、"毛氏子晉"、"汲古閣"。(李木齋先生藏。)

謝宣城集五卷 南齊謝眺撰

明嘉靖十六年黎晨刊本,十一行二十二字。 前正德辛未康海序。本書首葉次行題"直隸寧國府知府任丘黎晨校刊"。後有嘉靖丁酉黎晨跋。

按:據黎氏跋,乃宣城翻刻武功本而又以抄本重校者也。此亦天一閣佚出之書。(余藏。丙辰)

謝宣城詩集五卷 南齊謝眺撰 △八三四七

清康熙四十九年蔣子遵杲手寫本。有"康熙庚寅二月借義門師處校正宣城詩集手録一册",題識二行。 有韓應陛跋。(癸酉十一月十二日見,周叔弢藏。)

梁昭明太子文集五卷 梁蕭統撰 △一二三六五

明嘉靖三十四年周滿刊本,九行二十字,黑口,四周雙闌,字體軟美,略兼行書,頗類元刊。 前簡文帝序,後淳熙八年郡刺史建袁説友跋,嘉靖乙卯雲南按察使前進士成都周滿跋,言得此本于百泉皇甫公,而升菴楊公、木涇周公正其訛闕云。 首卷題"成都楊慎、周滿、東吴周復俊、皇甫汸校刊"。凡改正之字注于本字之下,有"慎改"、"滿改"、"俊改"等字。鈐有"汪士鐘藏"白文印。(北京圖書館新收書。辛未)

忠謨謹按:此本先君嘗以明張燮本校,訂正五百餘字,别有跋,收入羣書題記初集卷五、續集卷三。

昭明太子集五卷 梁蕭統撰

明嘉靖遼藩寶訓堂重梓本,八行十六字。 張訒盦紹仁以周滿原刻本校過,手跋如下:

"道光二年壬午新春獲見汲古毛氏舊藏周滿元刻,據以校勘此本,改譌補脱,是正良多。紹仁。"

"周滿元刻本每葉十八行,行二十字"亦張氏筆。

鈐有"長洲張氏收藏"、"張紹仁印"、"學安"、"讀異齋校正善本"、"紹仁之印"、"訒盦"、"張氏學安"、"訒庵居士"、"張氏書印"、"讀異齋藏"各印,又"士禮居藏"隸書長印,及海源閣楊氏各印。(乙亥五月借校。)

沈隱侯集四卷 梁沈約撰　明沈啟原輯　△二五三二

明萬曆十三年沈啟原刊本,九行十八字。　前萬曆張之象序,次梁書本傳,次詩品。本書首葉撰人下題"明檇李沈啟原輯"、"沈啟南校"二行。(余藏。)

忠謨謹按:此書别有跋,收入藏園羣書題記續集卷六。

梁江文通文集十卷 梁江淹撰

明刊本,十行十八字,白口,左右雙闌,宋諱皆缺筆,印甚精,褐色紙,古舊可愛。(庚申見于脩綆堂。)

江光禄集八卷 梁江淹撰

明梅鼎祚刊本,九行十八字。口上有"玄白堂"三字。(述古堂送閲。壬戌)

梁陶貞白先生文集二卷 梁陶弘景撰　李□九五七

明刊本,題:"五嶽山人吴郡黄省曾編""小峰山人贛郡黄　注校"。八行十六字,版心下記人名。

有黄注序,謂得黄省曾抄本,爲之校讐,增入文二篇,竄補字二百五十有奇。後有嘉靖壬子俞獻可序。(此書代李木齋收之。甲寅)

貞白先生陶隱居文集一卷 梁陶弘景撰　李□二四五

明葉林宗奕、李涵仲、奚静宜合抄本。有葉林宗奕跋,并録文嘉、徐濟忠二跋。　又彭元瑞跋。(李木齋藏書。壬子)

貞白先生陶隱居文集上下卷 梁陶弘景撰　△八三七五

明嘉靖二十三年甲辰、四十年辛酉吴郡史臣紀傳鈔宋刊本,九行,行十六至十九字不等。　後有紹興癸亥陳楠序。本書二三行題"昭臺弟子傅霄編集","大洞弟子陳楠校勘鏤板"。　史氏跋録後:

“嘉靖甲辰文休承從玉山周生得紹興刻本，手録藏之，予亦寫此冊。越十載，又得贛本，增校四首，後請雨詞、梁元帝撰貞白碑、沈約書本傳是也。辛酉冬日，吳郡史臣紀叔載題。”

鈐有“汲古主人”、“毛晉私印”、“子晉”、“毛扆之印”、“斧季”、“宋本”、“林汲山房藏書”朱文印。又有“史臣記書籍”楷書朱記。 後有吴士鑑等觀欵三行，在副葉：

“光緒己亥四月，廉生祭酒携至西苑南書房，嘉定徐郙、元和陸潤庠、仁和徐琪、侯官張亨嘉、錢唐吴士鑑同觀，士鑑記。”

此書周叔弢得於津門，余假校于汪刻本上。

陰常侍集一卷何水部集一卷 梁何遜撰 陳殷鏗撰 李□五一七〇

明錢塘洪瞻祖詒孫校刊本，十行二十字。（德化李木齋藏書。癸未）

陰晉陵集一卷 陳武威陰鏗子堅撰 清周春兮輯

清寫本。 有吴騫跋：

“陰晉陵集爲周春兮大令手輯，其後予從盧紹弓學士借得一舊抄本，不知何人所集，視周本多詩數首，因屬張子茂萱録其副以補毛氏百三家刻之所未備也。附録詩話乃周所輯。”

按：陰集明嘉靖刻六朝二十家集有之，校此本多罷故障、蜀道難、昭君怨三首，而此本亦多咏鶴詩一首，因録之明本上而附詩話三則於後。嘉靖本周吳二公均未之見也。 沅叔記。（癸亥）

徐孝穆文集七卷 陳徐陵撰 △一〇一八三

明寫本，九行二十字，竹紙藍格，版心上方有“文漪堂”三字。 前録本傳，每卷題陳剡人徐陵孝穆著，卷一樂府詩賦，卷二詔、表、啟，卷三四五書，卷六書、序、檄、移文、銘、頌，卷七碑銘哀策墓誌。

歷藏吴騫、唐翰題、吴重憙家。鈐有“鷦安校勘秘籍”、“重憙鑑賞”、“石蓮經眼”、“石蓮閣所藏書”諸印。吴唐二氏手跋録後：

“乙巳仲冬購得澉浦畢乾三叟遺書十數種，孝穆集其一也，時距其殁未匝月也,可勝浩歎!此書以舊鈔故收之,當取刊本校勘。”

“四元畏寺刹下銘刻本未見。百三名家本。”

“是條槎客先生手記,晚年手筆也,未入題跋記。　鷗安。”

按:徐孝穆集向無舊刻傳世,相傳以張紹和七十二家本爲較古,分卷爲十,張天如本則僅一卷,近時吴注本又作六卷,皆非原書三十卷之舊。蓋傳本乃後人由他書纂輯而成,其卷第初無定例。此本分作七卷,其編次亦與各本不同,未知何據。第校其文字,實視二張本皆優,如勸進梁元帝表一篇中改訂至數十字,咸爲佳勝,知其所出之源必較古也。至四元畏寺刹下銘不特爲百三家本所逸,即七十二家本亦不收,斯真天壤間之奇秘,彌可寶矣。銘文録後:

“四元畏寺刹下銘

皇帝升乾行於九五,闢世界於三千,神人開錦石之山,小國獻栴檀之柱,乃命將作,修成梵宫,複殿重軒,淩霄負漢。慈訓宫朝文母,協送方祇,鍾愛東平,更踰燕后。若夫外家問訊,遥欵緣構,御者衣服,曾無綵線,咸傾寶飾,用構支提,僧若檀林,寺同祇苑。辭曰:

寶蓋王子,金輪託生,皇家茂戚,抑有齊名。業水餘潤,災風所驚,徒悲馬角,孰獻鷄鳴。柰苑初築,庵園重成,金臺日麗,玉殿雲平。梵衆朝禮,天歌夜清,蜂疑畫壁,雀避彫楹。福履斯大,皇基永禎,衆生不盡,寶刹無傾。”(甲戌二月見,邢贊亭藏書。)

唐五代别集類

東皐子集三卷 唐王績撰

舊寫本,九行二十字。　前有吕才序,次平原陸淳化卿序。題删東皐子集序。後有附録,載投贈詩,又載文獻通考各家説。

黄丕烈以朱墨筆校正,校語題識録如下:

"乙未四月燈下校畢。枚菴。"

"庚子初冬,於鮑以文丈處見宋槧本,凡五卷,視此增多三十餘篇,惜未假得校補,書此竢。 十八日延陵吴翌鳳又記。"此二條黄氏傳録

"余向藏東皋子集,係骨董鋪收諸王西沚家者,苦無别本對勘。丁丑秋假得吴枚菴藏本手勘一過,并臨枚菴校字及後跋二條。其行欵彼此如一,想同出一源也。八月下弦後一日記。復翁。"

"道光紀元中秋後六日,訪友栞川,於遵古堂見插架有此,拔之出,乃明刻也。歸取舊藏王西沚家鈔本對有同異,竟又是一本,此分卷一、二、三,目之敍次亦殊,因手校如右。 復見心翁記。"

"是書出西沚家,蓋收諸郡西上津橋骨董鋪中,與西沚所居近,故每出必至是也。今余得諸栞川,初不問爲誰何藏本,及歸家,長孫從旁指示曰,此亦西沚藏本也。合而分、分而合,不知幾何時矣。翰墨因緣如是如是。 復見心翁又記。"

藏印有"王鳴盛印"白、"西莊居士"白、"光禄卿之章"白、"鳳喈"朱白、"通議大夫"朱、"西圃所藏"白、"香雪草堂"朱、"竹泉珍秘圖籍"白、"謏聞齋"白。(乙亥五月四日見于吴門百耐家。)

東皋子集二卷 唐王績撰

舊寫本,墨格,十行二十五字,王雲鳳抄。(癸酉十一月見。)

盧昇之集七卷 唐盧照鄰撰

紅格寫本。鈐有"寶應喬氏五園珍藏印","王嵩高印"、"少林父"等印。(癸亥)

幽憂子集七卷 唐盧照鄰撰 附録一卷遺事一卷

明崇禎張燮刊本,刻于閩中漳州,九行十八字。

前有曹荃序,言紹和既已蒐刻漢魏七十二家,將漸次及于三唐兩宋,乃所梓僅及初唐四子,尚未竣事,而紹和告殂矣。

按:爕刊初唐四子集在崇禎十四年,余昔年曾于日本得覩全帙,而中國所存乃獨罕。余所見者此集而外,惟江南圖書館中有王子安一集耳。曩時涵芬樓徵書海内,以盧集絶少舊帙,余遂慨然以是本假之,俾與子安集相儷,今四部叢刊所印者是也。其詩文與世行本初無所增,特以罕覯爲珍耳。

忠謨謹按:此書先君别有跋,收入藏園羣書題記三集卷五。

駱賓王文集十卷 唐駱賓王撰　存卷一至五,餘抄配　△八八一

宋蜀刻本,半葉十一行,行二十字,白口,左右雙闌,版心記"賓一"等字。

有顧廣圻跋二則,黄丕烈跋一則。　有毛晉印。

按:此與李太白、王摩詰集同式。卽秦氏石硯齋覆刻底本。其四周邊闌已描損,爲小疵。余所見黄氏汪氏藏宋本多如此,可惜!可恨。(海源閣楊氏書,辛未二月觀于天津鹽業銀行庫房。)

駱丞集十卷 唐駱賓王撰　四册

明刊本,十一行十八字。(景賢所示盛昱遺書,號稱元刊,余代涵芬樓收得。癸丑)

唐駱先生文集六卷 唐駱賓王撰

明萬曆金氏刊本,大字,七行十七字。(壬子)

駱子集註四卷 唐駱賓王撰

朱絲闌寫本,　有萬曆葉逢春、李寀、陳魁士三序。　有朱筆校過,臨顧廣圻文苑英華校本。又臨校宋本。(戊辰)

楊盈川集十卷 唐楊炯撰

明武勝沈巘校刊本,九行二十字。與汪士賢刻漢魏二十一家同。

鈐有"金廷契印"白文印。(忠記送閱。乙丑)

楊盈川集十卷 唐楊炯撰

明龍游童子鳴刊本,十一行二十字。(余藏。)

宋學士集九卷 唐宋之問撰

明崇禎刊本，九行十八字。　前有崇禎庚辰曹荃序。又參校姓氏中題閩漳張燮紹和纂，下列同郡五人，而黄道周次之，疑此書爲張燮刊本，審其版式，與漢魏六朝人集版匡字數無一不同，惟此本最少見耳。　有曾剛父習經題詩，録後：

"沈宋才名並一時，夜珠明月獨矜奇；却嫌一代風騷手，帳殿昭容甲乙之。　沈宋爲唐律之祖，而其人多穢行，可歎也。"（曾剛父藏書，己巳八月廿七日閲。）

唐沈佺期詩集七卷 唐沈佺期撰 △二五七〇

明正德十三年戊寅王廷相刊本，十行十六字，白口，四周單闌。　前有王廷相序。本書正文題："太子詹事　相州沈佺期雲卿著"，"刑部郎中　江都蕭　海　校正"，"監察御史　浚川王廷相　重校"，凡三行。葉數連序，七卷通葉號，共四十九葉。據序，與宋之問集同刻。（癸丑歲收得。）

忠謨謹按：此書有跋，已收入藏園羣書題記續集卷六。

陳伯玉文集十卷 唐陳子昂撰

明弘治四年楊澄刊本，分前後各五卷。半葉十一行，行二十一字，黑口，四周雙闌。題"新都楊春重編"，"射洪楊澄校正"。　前弘治四年維揚張頤序，次盧藏用序，弘治四年山西巡撫邑人楊澄後序。

鈐有"雲間宋源餘氏家藏"、"繡佛齋"各印。（余辛未初度張菊生前輩贈。）

陳伯玉文集前集五卷後集五卷附録一卷 唐陳子昂撰

明華崇刊本，九行十九字。　前盧藏用序，次弘治四年張頤序，後集弘治四年楊澄序。本書首葉題"新都楊春編"，"射洪楊澄校"，"廣濟舒其志重編"，"漢東華崇重校刻"，"邑後學謝中試參訂"五行。

據張頤序，山西巡撫楊澄得全集於中秘，重復校正，命工刊行。此本即從楊澄刻本出，但改易行欵爲寬行大字耳。感遇詩附邵濬注，楊

刻所無也。(余藏。丙辰)

子昂集十卷 唐陳子昂撰 卷六以下爲後集

明嘉靖四十四年刊本,十一行二十一字,白口,四周單闌。明都御史王廷校刊,門人黄姫水、劉鳳同校。 前盧藏用舊序,次長洲劉鳳序,嘉靖乙丑南充後學王廷重刻書後序。言拾遺集嘗刻之晉省,日久磨滅。嘉靖甲子,吴門劉侍御訪余于維揚行台,因出舊藏本託之重鋟諸梓云云。

鈐有“葉氏藏書”朱、“于玉全印”白、“修父”白、“青浦王昶字曰德甫”白、“一字述菴别號蘭泉”朱各印。(庚午)

張説之文集三十卷 唐張説撰 △一〇一八九

舊寫本,十二行二十一字,每卷目録連接正文。

鈐有“大興朱氏竹君藏書印”、“朱錫庚印”、“汪喜孫印”、“孟慈”、“星伯曾觀”等印。

按:唐書藝文志載張説集三十卷,宋以後諸家著録并同。然世傳各本僅二十五卷,均出自明嘉靖龍池伍氏刊本。四庫及結一廬朱氏二本,雖極力採輯,然不見宋刊,舊觀終不可復。舊傳朱竹君家曾藏宋刊三十卷本,行欵與權載之、司空表聖諸集同,號爲蜀本。後歸劉燕庭,今已不可踪迹矣。此三十卷鈔本爲邢君贊亭新得諸臨清徐氏者,行欵與蜀本同,鈐有朱竹君印,其爲朱氏椒花吟舫據家藏宋本傳録者斷然無可致疑。數百年來,上自秘府下自藏家窮搜渴想而不可得者,一旦見之,驚喜過望。行當取與諸本對勘,補其缺佚,正前人之謬失,使唐人鉅集缺而復完,亦快事也。(甲戌二月見。)

忠謨謹按:此書别有跋,收入藏園羣書題記續集卷三。

張説之文集二十五卷 唐張説撰 △九〇二四

明嘉靖十六年伍氏龍池草堂刊本。手校底本。 有錢穀跋:

“此集差訛太多,乃隆池朱筆增改,尚欲借西室手抄内閣本一校,俾爲完好也 穀記。”

張説之文集二十五卷 唐張説撰

明嘉靖十六年伍氏龍池草堂刊本，十行二十字，白口，左右雙闌。

前永樂七年伍德記，又小字一板，記後有"嘉靖丁酉冬十月朔旦椒郡伍氏龍池草堂家藏本校刊"一行。每卷目列文前。後附張九齡撰墓誌。

清汪遠孫據影宋鈔本校一至十卷，補鈔闕文三葉。有跋録後：

"是書明伍氏龍池草堂刊本訛文脱簡至不可讀，何夢華元錫從吴門士禮居黄氏假得影宋鈔本，惜止十卷，第十卷内又缺三葉，然鈔手極精，又有名人補録一葉，洵善本也，破三日功留校一過歸之，遠孫記。"

鈐有"毛晉私印"朱、"汲古主人"朱、"毛扆之印"、"西河"朱、"汪魚亭藏閲書"朱、"振綺堂兵燹後收藏書"朱。（余藏。丙辰）

張説之文集二十五卷 唐張説撰

明寫本，十行二十字。　有黄丕烈跋，録後：

"歲入己巳，諸事攖心，舉向日聚書之興委諸度外，卽自問亦不知何以若是之落寞也。頃偶從胥門書坊見插架有鈔張説之集籤，取視之，乃舊鈔者，攜歸與明刻對勘，寔多是正，可謂新年極得意事，或天將誘余無廢故業乎？命工重裝，俾唐人集部又添一善本云。

二月九日春分節後，復翁黄丕烈。"

鈐有"汪閬源藏"、"于氏小謨觴館"、"于昌進鑒藏"諸印。（見于蟫隱廬。戊午）

張説之文集二十五卷 唐張説撰

清寫本，十行二十字。　有校跋録後：

"光緒十有七年歲次辛卯春二月十有三日借同里姚君海槎藏黄蕘圃手校舊鈔本鈔校，至三月十八日寫畢。　遂菴記于快閣聊堪棲止之室。"鈐"壽康手校"印。

又録黄丕烈跋。文見前條,不録。

首册鈐有"汪士鐘藏"白文長印,"雲間姚氏"朱文方印,"孟浦藏書"白文方印,是書經兩人收藏,展轉歸同里姚氏矣。(文友堂取閲,校過還之。丁巳)

張説之文集二十五卷 唐張説撰

舊寫本,十行二十字。 鈐有"甲戌進士"、"拂水山樵"朱文二印。

按:此本後有永樂七年伍德記一篇,贊庭疑爲嘉靖本所從出,然以余審之,此書行格與嘉靖龍池伍氏本正同,其紙墨楷法亦清初時風氣,當即從龍池本鈔出,蓋龍池本亦極罕覯也。余藏有龍池本,爲毛斧季舊籍,汪小米遠孫手鈔缺葉訂入,四部叢刊所補佚詩十二首即據此傳出者也。藏園附記。

考朱氏結一廬刻此集時,曾得見是帙校勘,並摹兩印於卷首,則洵爲朱刻祖本矣。 藏園又記。(邢贊亭藏書,甲戌二月見。)

張子壽文集二十四卷 唐張九齡撰

明成化刊本,十一行二十二字,黑口,四周雙闌。 前序缺,每卷標題下題"曲江集"三字,各卷目録下接本文,版心陰文記字數。

按:此與武溪集同時所刊,乃丘瓊山刻於廣東者,嘉靖本從此出,然已改易行欵矣。(陶蘭泉藏書。庚申)

唐丞相曲江張先生文集二十卷附録一卷 唐張九齡撰

明嘉靖刊本,十行二十字,板心下方記刊工人名。 前成化九年丘濬序。每卷目列文前。清袁廷檮鈔補缺葉。後有徐康識語二行。

> "明成化年邱瓊山鈔館閣本重刻,舊藏袁氏五硯樓中,有鈔補,皆壽皆先生筆。徐康。"

鈐有"五硯樓"朱、"從古齋"朱、"廷檮之印"朱、"五硯樓袁氏收藏金石圖書印"朱、"袁又愷氏"朱回文。

據八千卷樓書目,此本乃嘉靖十五年新會鄧一新刻於徽庠新泉新

舍。友人保山吴慈培又爲鈔補缺葉二張，故人遺迹，可寶也。　沅叔。（余藏。丙辰）

張曲江詩集二卷 唐張九齡撰

明嘉靖刊二張集本，十行二十字，白口，左右雙闌。　卷一頌、贊、賦、四言、五古，卷二五絶、五律、七絶、五排、雜言。

鈐有如臯縣儒學尊經閣藏書朱文木記。（余藏。）

須溪先生批點孟浩然集三卷 宋劉辰翁批點

明活字印本，九行十九字。　分遊覽、贈答、旅行、送別、宴樂、懷思、田園、美人、時節十類。（繆氏藝風堂藏書。壬子）

寒山子詩一卷 唐釋寒山子撰 **豐干拾得詩一卷** 唐釋豐干、拾得撰

△八三八二

宋刊本，十一行十八字，白口，左右雙闌。刻工有徐忠、李春、章椿、陳亨、董源、施昌諸人。　首閭丘胤序，次寒山詩，次豐干禪師録，次拾得録，次拾得詩。

鈐有"毛晉私印"、"子晉"、"汲古主人"、"宋本"、"甲"諸印，又有"天禄琳琅"、"乾隆御覽之寶"、"五福五代堂寶"、"八徵耄念之寶"、"太上皇帝之寶"、"天禄繼鑑"諸璽。（周叔弢藏書。甲子）

寒山詩集一卷 唐釋寒山子撰 **附豐干拾得詩** 唐釋豐干、拾得撰

宋刊本，版匡高六寸八分，寬五寸，半葉八行，每行十四字，白口，左右雙闌，版心上記字數。　前有七古一首，半葉六行，每行十二字。後有"觀音比丘無我慧身敬書"二，蓋集中所缺補行刊入者也。次閭丘胤序，半葉九行，每行十五字。次朱晦菴與南老帖四葉。次陸放翁與明老帖一葉有半，皆以行書手蹟摹刊。　書名大字占雙行，下分注"豐干拾得詩附"。後有淳熙十六年歲次己酉孟春十有九日住山禹穴沙門志南撰天台山國清寺三隱記。又屠維赤奮若（己丑）陬月上澣、華山除饉男可明跋。

别附墨書跋語，末署苞字，録後：

“桂屋老屋所弆宋板寒山詩一卷，卷首閭丘允序外有比邱慧身序、朱晦翁與南老帖、陸放翁與明老帖及志南、可明二跋。二翁筆勢固佳，而辭意諄諄，有令字畫稍大便於觀覽之語。陸所寄楚辭集中所載多九字，蓋未得帖之前已刻者耶？視二帖亦足以見古人于事物一一致意之概也。余以萬曆間釋普文刻本及全唐詩讐照之，其篇數編次無有相同者。序中所云於竹木石壁書文句三百餘首纂集成卷，既已成卷矣，不知何緣動摇摇如此者。又篇中有都來六百首，一例書巖石，則今存者僅其半耳。余把寒山反覆誦咏，可明所謂淵才雅思，且其詩篇必多是壯歲螢雪餘業矣。其辭采富腴贍縟，絶無寒乞相，似非其風狂子衝口而成篇書諸竹木者，不特其至理明性喃喃呵呵爲警世頓祛之言而已。留院累日，書此以質老兄。　丁巳之立秋節。　苞。”

全書四周紙幅俱裁去，改裝册頁式。

按：是書余曾覯一宋刊本。半葉十一行，每行十八字，字體方整，似南渡初刊本。舊藏天禄琳琅，載入續目，今歸秋浦周君叔弢，因假得細勘，視此本溢出寒山詩四首、拾得詩五首，别改訂三百餘字。如“余見僧繇性希奇，巧妙間生梁朝時”，句下有：“道子飄然爲殊特，云公善繪手毫揮，逞畫圖真意氣異，龍行鬼走神巍巍”四句。又“久住寒山凡幾秋，獨吟歌曲絶無憂”句下有：“蓬扉不掩常幽寂，泉涌甘漿長自流，石室地罏砂鼎沸，松黄柏茗乳香甌”四句。又“我見世間人，堂堂好儀相”一首末多：“我法妙難思，天龍盡迴向”二句。又“心神用盡爲名利”一絶與“老病殘年百有餘”一絶本合爲一首，此本分爲兩絶。且詩句下往往有小字夾注，或釋字音，或解字義，或訂正文句及敍次異同至十一條之多，此本咸不載。似天禄本勝於此本，審其刊工亦較前，竢更詳考以決之。（日本帝室圖書寮藏書，己巳十一月十一日觀。）

寒山子詩集一卷 唐釋寒山子撰

明萬曆二十七年台守許益輯刻本，八行十七字。 前有萬曆己卯王宗沐序，細黑口，單闌。 卷後牌子如下：

"大聖愍衆心怵於淫殺業海，不能
解脱，是以乘大願輪，垂蹟混塵，觸
境題咏，含蓄至理，此其陰有遺付
也。凡具夙心者請勤覺悟云。
萬曆己亥冬，釋普文題於幻寄齋。"（葉定侯藏書，甲戌四月見。）

寒山子詩集不分卷 唐釋寒山子撰

廣州海幢寺重梓，八行十七字，似明末刊本，寫印甚精。余君嘉錫見示。（戊辰）

李太白文集三十卷 唐李白撰

宋蜀刻本，版匡高五寸九分半，寬三寸四分半，半葉十一行，每行二十字，注雙行，白口，左右雙闌，版心記刊工姓名。

鈐有"錢應庚印"白、"王杲私印"白、"袁氏與之"白、"王氏敬美"諸印。徐乾學、黄丕烈、蔡廷相、汪士鐘、陸心源遞藏，鈐有藏印。

按：此卽吴門繆曰芑刊本所從出，當爲北宋季年刊本。繆刻極精湛，而氣息樸雅則遠遜，且有改易失真之弊。昨歲北京圖書館曾收得一部，亦初印精善，惜其中缺佚數卷耳。

又，此本邊闌行格均經墨筆描繪，大是恨事，所見黄、汪遞藏各書往往如此，可爲太息！（日本静嘉堂文庫藏書，己巳十一月十三日閲。）

李太白文集三十卷 唐李白撰 存卷一至十四，二十五至三十，計二十卷，餘配吴中繆氏翻本

宋蜀中刊本，半葉十一行，每行二十字，白口，左右雙闌。

按：蜀本太白集爲繆氏所刻之祖本，賈人恒以染紙充古槧，然精麗有餘，古樸之趣已失。余生平所知惟陸氏皕宋樓有之。前歲東游，得

覯于静嘉文庫中,與海源閣之駱賓王集同一版式,渾厚樸雅,洵推海内孤帙。此本袁守和同禮爲館中購置者,雖非完帙,而三分有二,自足自豪,恐中土所存更無第二本矣。

收藏鈐有"朱之赤"、"卧菴道士"、"朱之赤鑒賞"、"卧翁"、"擇木亭印"、"卧菴所藏","卧菴老人"、"休寧朱之赤珍藏圖書"、"逸情雲上"、"水鏡堂居士"、"留耕堂"、"二知齋"、"留耕堂印"、"朱卧菴收藏"印。(北京圖書館新收書。)

李翰林集三十卷 唐李白撰

明刊本,陸心源氏原題宋刊,十行二十字。

按:此乃明刊本。以其雕工審之,當是正嘉間覆版耳。余曾見一本,與杜工部集同鐫者,昔人以其有咸淳序,遂以咸淳本目之。近時劉氏玉海堂覆刊亦卽此本也。(日本静嘉堂文庫藏書,己巳年十一月十三日閲。)

李翰林集十卷 唐李白撰 △二一八二

明正德十四年陸元大刊本,十行十八字,宋諱缺末筆。 前樂史序,每卷目録接連正文。有袁翼記,録後:

"太白文集十卷宋樂史所編,卽所謂李翰林别集者也。史既因李陽冰草堂集校勘補戢,定爲詩二十卷,復於三館中得賦序表讃書頌諸篇,定爲别集,於是太白之文盡於是矣。夫文章至李杜爲一代之極,雖韓子亦有光焰萬丈之稱,顧可泯其傳乎! 予家故有淳熙間刻本,今歸之元大,元大因重刻之家塾云。 正德己卯鄉進士吴郡袁翼記。"

何焯以朱筆校勘,跋語録後:

"康熙戊戌春日,以齒痛不能入直,案上有晏知止所刊李集重開本,以其第二十五至第三十卷所載太白文對校一過。晏本經曾子固編次,與此微有不同,文義亦互有短長,因就余所能知互爲是正。太白文見於文苑英華,尚有樂史所未收,亦當補刊於後也。

焯記。"(余藏。)

唐翰林李白詩類編十二卷 唐李白撰

明刊分體無注本,九行二十字,白口,單闌。 前李陽冰序。 每卷鈐有"乾隆御覽之寶"、"天禄琳琅"各印,均挖去。

按此書見天禄後目。(戊午)

唐翰林李太白詩集二十六卷 唐李白撰 缺卷一至四

元刊無注本,十行二十字,黑口,左右雙闌,版心上魚尾下題"白詩幾",或作"白寺幾"。 首年譜,次目録,卷一古風,卷二至五樂府,卷六、七歌吟,卷八至二十四分類,卷二十五古賦,卷二十六讚歌。卷末樂史序,曾鞏序,毛漸題。

鈐有"黎陽郡文房印"朱、"大司馬章"白、"臺憲之章"白等印。(余藏。)

分類補註李太白詩二十五卷 唐李白撰 宋楊齊賢集註 元蕭士贇補註

元至大三年建安余氏勤有堂刊本,十二行二十字,註雙行二十六字,黑口,四周雙闌,目録後有篆書牌子,如下式:

建安余氏 勤有堂刊

卷二十五後有:"至大庚戌刊于勤有書堂"一行。

按:此書傳世尚多,南北所見數矣,余家亦藏一帙,然率皆明修晚印,字畫模糊。此本初印精湛,墨色濃厚,生平所未見也。(日本前田氏尊經閣藏書,己巳年十一月十四日閲。)

分類補註李太白詩二十五卷 唐李白撰 宋楊齊賢集註 元蕭士贇補註

元建安余氏勤有堂刊明修本,十二行二十字,註雙行二十六字,黑口,四周雙闌,上魚尾下題李詩注卷幾。目録後有篆文木記,文曰:

建安余氏 勤有堂刊

卷首二、三行題:"春陵楊齊賢子見集註 章貢蕭士贇粹可補註。"(余

藏。)

分類補註李太白詩二十五卷 唐李白撰　宋楊齊賢集註　元蕭士贇補註

元建安余氏勤有堂刊明修本,十二行二十字,注二十六字。(瞿氏書,索五百元。辛酉)

分類補註李太白詩二十五卷 唐李白撰　宋楊齊賢集註　元蕭士贇補註

明翻元建安余氏勤有堂刊本。十二行二十字,注雙行二十六字,白口單闌。目後有牌子,字已漫漶,但存框廓而已。

按:此明翻本版式牌記與元刊全同,而字體板滯,無元刊圓美之態。前見劉翰怡藏一帙,亦是此本。

分類補註李太白詩二十五卷 唐李白撰　宋楊齊賢集註　元蕭士贇補註

明安正書堂刊本,十一行二十三字。後有牌子:

庚辰歲孟冬月 安正書堂新刊

(葉定侯藏書,甲戌四月見。)

分類補註李太白詩二十五卷 唐李白撰　宋楊齊賢集註　元蕭士贇補註

明嘉靖二十五年玉几山人刊本。

清趙秋谷先生執信手批。(余藏。)

忠謨謹按:此書有跋,收入藏園羣書題記三集卷五。

分類補註李太白詩二十五卷文四卷 唐李白撰　宋楊齊賢集註　元蕭士贇補註

明嘉靖二十二年郭雲鵬寶善堂刊本,八行十七字。

海昌祝芷塘德麟評點,并録諸家評語及眉間。卷首題"乾隆五十年乙巳冬芷塘校閲"。(余藏。)

李翰林詩范德機批選四卷 高密鄭鄤編次

明刊本,十一行二十二字,註雙行二十四字,黑口,左右雙闌,上魚尾下題李一、二等字。行間有圈點,批語雙行,附本詩後,别起,低一格。

鈐有“嘉樹印”白、“龔大年印”白、“餐芝客”白、“悟言室印”、“文從龍印”朱各印。(余藏。)

唐翰林李白文集六卷 唐李白撰 李□六〇六〇

朝鮮古刊本,八行十六字。 卷一表,二書,三碑銘,四記、銘、頌、文,五序、六序,當明正統間刊。(德化李氏藏。癸未)

宗元先生集三卷 唐吴筠撰 **附施真人集一卷**

清初寫本。 採輯各書,註明出處,頗爲詳備,第不知出何人手耳。卷中有嘉按云云。楷法亦精雅。(余藏。丙辰)

王摩詰文集十卷 唐王維撰 △八三八四

宋蜀中刊本,半葉十一行,行二十字,白口,左右雙闌。版心魚尾下記“摩詰幾”,下記葉數,最下間記刻工姓名。

卷五末有袁褧觀欵。後有顧廣圻跋。

白紙印,未描邊闌,視駱集差強。(海源閣藏,丁卯十月廿九日與葉譽虎赴津得見,有勞姓者送來,索二千五百元。)

王摩詰集十卷 唐王維撰

明正德刊本,十行十八字。 前王縉表及勑。(余藏。丙辰)

王右丞文集十卷 唐王維撰

宋刊本,版匡高五寸二分,寬三寸二分,半葉十一行,每行二十字,間有十七至十九字者。白口,左右雙闌。版心上記字數,上魚尾下記王字,下魚尾下記葉數,最下記刊工姓名。 卷六後有跋語,論王韋優劣七十餘字,爲他本所無。

季振宜、徐乾學、黄丕烈、汪士鐘遞藏。有黄丕烈、顧廣圻手跋。卷四末有“吴郡袁褧曾觀”觀欵一行。百宋一廛賦中著録。

按:此書刊工古樸,當爲南渡初鐫,雖偶有補刊之葉,亦復疏雋可喜,顧千里跋乃謂爲麻沙本,何耶!(日本静嘉堂文庫藏。)

王摩詰集六卷 唐王維撰

明嘉靖十六年丁酉南陽府郡齋刊王孟集本，十行十八字，與正德刊四家本同。　前有皇明嘉靖丁酉秋七月十有九日前進士守南陽府推潁川陳鳳序，稱同寅孟孔彰氏詩似襄陽而兼取摩詰，恒惜二集未有善刻，寅長屠公出貲爲倡，刻置郡齋，别駕胡景顔氏、竇汝成氏咸樂相焉，乃命郡博士吴定甫視其役，命鳳紀其成。王集凡六卷，孟集四卷，爲板二百，適有餽蘇刻者，遂取以卽工，故其精倍他刻云。（丁巳）

須溪先生校本唐王右丞集六卷 唐王維撰　宋劉辰翁評點

△七六二一

元刊本，八行二十字。行間有圈點，句下有評語。

五、六卷有缺葉。（涵芬樓藏書，乙卯六月借校。）

唐王右丞詩劉須溪校本六卷 唐王維撰　宋劉辰翁評 **附録一卷**

△一一一五一

明弘治十七年吕夔刊本，十行二十字。　前弘治甲子吕夔序。卷末附録。後有吕夔題八行。（余藏。丙辰）

唐王右丞詩集註説六卷 明顧可久撰

明嘉靖三十八年洞陽書院刊本，九行十七字。

附劉須溪評點。表後有木記二行，文曰：

嘉靖己未歲季冬月
幾望洞陽書院梓行。

高常侍集十卷 唐高適撰

明刊本，十行十八字。莫氏跋謂爲百家本，實卽正德刻四家本也。

鈐印録後："陸恬之印"白方、"陸時化字潤之"小朱方、"聽松散仙"朱方、"王泂私印"小朱方、"省齋"小白方。後題"壬午立夏日"五字，下有"壬午"朱文小印。（柳蓉春處閲。）

高常侍集十卷 次行題散騎常侍渤海高適達夫一字仲武撰　存五卷 **王建詩集十卷** 次行題陝州司馬王建仲初撰 **唐英歌詩三卷** 次行題翰林學士承旨

銀青光禄大夫行在尚書户部侍郎知制誥上柱國漢陽開國男食邑三百户吴融字子華撰

明寫本,棉紙烏絲闌,十行十八字。 每册鈐有"小司寇兼御史中丞藍氏私印"方朱、"藍氏皋翁"方白。(朱君幼平藏書。辛酉)

常建詩集二卷 唐常建撰

宋臨安陳宅書籍舖刊本,十行十八字。卷上末尾有"臨安府棚北大街睦親坊南陳宅刊印"一行。

鈐有"廬陵楊士奇印"、"東里草堂"、"堯峰山莊"、"平陽李子珍賞圖書記"、"謙牧堂藏書記"諸印。(丁卯七月四日閲,故宫藏書。)

常建詩集三卷 唐常建撰

明刊本,似正嘉間。八行十六字,版心一"常"字。分體編次。(乙卯)

顔魯公文集十五卷補遺一卷 唐顔真卿撰 **附年譜一卷** 宋留元剛撰 **附録一卷** △五八五六

明錫山安國活字印本,十三行十六字,版心上方有"錫山安氏館"五字,下有刊工人名。每卷首題"錫山安國刊"。 前有劉敞序,後有留元剛跋。

此書朱幼平文鈞藏,今歸趙元方許。 沅叔。(己卯十二月二十七日持示)

顔魯公文集十五卷補遺一卷 唐顔真卿撰 **年譜一卷** 宋留元剛撰 **附録一卷**

明嘉靖二年錫山安國安氏館刊本,十行二十字。(余藏。丙辰)

顔魯公文集十五卷附補遺及年譜行狀本傳 唐顔真卿撰

明萬曆十七年劉思誠刊本,十行二十字。行欵與錫山安國刊本同,疑即翻安刻者。第二行題"山海劉思誠刊"。(韓左泉送閲。丁巳)

劉隨州文集十一卷外集一卷 唐劉長卿撰 △二五六五

明弘治十一年戊午李君紀刊本,十行十八字,黑口,四周雙闌。 後有弘治戊午陜西按察副使餘姚韓明序。據序,爲楊一清藏本,屬臨洮太守李君紀刻於郡齋者。(余藏。)

忠謨謹按:此書先君别有跋,收入藏園羣書題記續集卷六。

劉隨州文集十一卷 唐劉長卿撰

明弘治十三年庚申李士脩刊本。十行十八字,黑口,四周雙闌。前有弘治庚申宗彝序。言西蜀内江李士脩知隨州捐貲重刊。有弘治庚申仲冬近湖外史沈寶文甫序。又弘治戊午陝西按察副使餘姚韓明序。(乙卯閲。)

劉隨州文集十一卷附補遺 唐劉長卿撰

明寫本,十二行二十字。白皮紙。 鈐有"葉文莊公家世藏"、"葉子□印"、"松藹藏書"。(盛昱遺書。壬子)

劉隨州文集十卷外集一卷 唐劉長卿撰

清影寫明正德十二年湯鐓隨州刊本,十行十八字。 前有正德十二年判隨州事湯鐓序,後有正德丁丑隨州訓導陳清序。(余藏。)

劉隨州詩集□卷 唐劉長卿撰

明刊本,十行二十字,版心記隨集卷幾,魚尾上記字數。分體編次,與蔣孝刻不同,與何校本所稱對本同。(甲寅)

杜工部集二十卷 唐杜甫撰

影寫宋刊本,十行二十字。有毛斧季手跋,言爲其甥王爲玉所寫。(日本静嘉堂文庫藏書,己巳十一月十三日閲。)

草堂先生杜工部詩集二十卷 唐杜甫撰 白文無註

元刊本,半葉十行,行二十字,細黑口,左右雙闌。版心雙魚尾,上魚尾下記"杜"或"杜十九巳"、"杜十四巳"等,下魚尾下記葉數,最下陰面記數字。

按:此大庫殘葉,大字精善,各家目均未著録。(丁卯歲獲之廠市。)

新定杜工部古詩近體詩先後并解末袠七卷成袠十一卷己袠八卷 唐杜甫撰 宋趙次公註 △一一三六九

明寫本,十二行二十一字,棉紙精鈔十巨册。每卷均先著工部年歲及所在之地，某月至某月所存之詩，次乃録本詩，詩後低一格標注，題“次公曰”云云。

鈐有“廣運之寶”、“臣東陽印”、“青宫太傅”、“大學士章”等印，明内府藏書。

按：趙次公注杜見於九家杜詩及黄鶴、蔡夢弼所采，其原書自宋以來久不見於世。甲寅夏秋，揚估陳藴山馳書來告，余斥五百金收之，及細檢乃知非完帙，原題末衺、成衺、己衺，當是丁、戊、己三字，蓋原書五十七卷當分甲至己六衺，此厪存其半，故賈人塗改以泯其迹。然此等秘籍埋没已七百年，一旦獲之，又適爲鄉邦先哲所著，自當刊傳萬本，爲古人續命，雖揮重金而得殘帙又甯足惜耶。丙辰冬至前二日，後學傅增湘謹識。

有沈曾植氏跋，録後：

“趙次公杜詩注五十九卷，獨著録於晁氏郡齋讀書志中，直齋書録無之，宋史亦無之，雖其説散見於蔡夢弼、黄鶴、郭知達書中，而本書則明以來罕有見者。錢受之評宋代諸家註云：‘趙次公以箋釋文句爲事，邊幅單窘，少所發明，其失也短；蔡夢弼捃摭子傳，失之雜；黄鶴考訂史鑑，失之愚’云云。語若曾見次公書者，然檢絳雲書目無之，而逸詩附録且沿舊本之誤，書趙次公爲趙次翁，則受之固未見也。次公此註於歲月先後、字義援據，研究積年，用思精密。其説繁而不殺，諸家節取數語往往失其本旨，後人據以糾駁，次公受枉多矣。要就全書論之，自當位蔡黄之上。薶沈七佰年復見於世，沅叔其亟圖鼎鐫，毋令黎氏草堂專美也。　丙辰三月寐叟記。”

門類增廣十註杜工部詩集二十五卷　唐杜甫撰　宋王洙、趙次公等註

存卷二、卷七至九、十一、十二，共六卷　△六九八九

宋刊本，半葉十二行，行二十二字，注雙行三十字，白口，左右雙闌，

版匡高五寸四分,闊三寸七分,精刊初印,字體瘦勁。　注中標“趙云”、“杜云”、“坡云”、“新添”等字,皆陰文。(常熟瞿氏藏,乙卯歲閲。)

分門集註杜工部詩二十五卷 宋王洙、趙次公等注　存卷十四至十六,凡三卷

宋刊本,半葉十行,每行二十字,注雙行二十五字,細黑口,左右雙闌。存時事上、時事下、邊塞、將相、軍旅附。文章、書畫、音樂、器用、食物各門。寫刻雅麗,爲建本之至精者。宋諱徵、匡、貞、完缺筆,敦、郭不缺,當爲光宗以前刊本。

收藏鈐有“輔叟圖書”、“徐氏家藏圖書”朱文大印,又“舊山樓秘笈”、“趙宗建讀書記”、“非昔珍秘”朱文各印。(余藏。)

杜工部草堂詩箋五十卷 唐杜甫撰　宋魯訔編　蔡夢弼箋　存卷二十三至五十,殘,又外集一卷,計二十八卷　李□七四三一

宋刊本。十一行十九字,注雙行二十五字。黑口,四周雙闌。卷首第二行題“嘉興魯訔編次”,“建安蔡夢弼會箋”。左闌外上方記卷數葉數,各卷尾間有“雲衢俞成元德校正”一行,字體秀勁,建刊也。卷二十九、三十兩卷鈔本補入。

藏印如下:

“虞山毛氏汲古閣攷藏”朱、“毛表之印”白、“東吴毛氏圖書”朱、“虞山毛表奏叔家藏書”白、“奏叔”朱、“叔鄭後裔”白、“素心人”白、“毛奏叔氏”、“古虞毛氏奏叔圖書記”朱、“毛表”朱白、“汲古閣圖書記”朱、“汲古閣”朱、“字奏叔”白、“海虞毛表奏叔圖書記”朱、“昌齡”朱、“謹齋”朱、“謹齋昌齡”朱、“墨香亭”朱、“昌齡私印”白、“堇齋印”白、“昌齡之印”白、“晉衡”朱、“昌齡”白、“堇齋圖書”朱、“墨香堂書畫”朱、“齡”朱、“昌齡”朱、“稻香草堂”白、“長白敷槎氏堇齋昌齡圖書記”朱。(李木齋先生藏書,庚午夏借校。)

杜工部草堂詩箋五十卷 唐杜甫撰　宋魯訔編　蔡夢弼箋　存卷一至十九、

二十二、二十三、二十七至三十五、四十八至五十，計三十二卷　△七六一七

宋刊本，十一行十九字，注雙行二十五字，細黑口，四周雙闌，左闌外記卷數葉數。

鈐有華亭朱氏、泰興季氏藏印。（涵芬樓藏。）

杜工部草堂詩箋五十卷 唐杜甫撰　宋魯訔編　蔡夢弼箋　存卷四至八、十一、十二、十四至二十、二十七、二十八、四十三、四十四，計十八卷，又目録三十三葉　△七六一八

宋刊本，行欵同上。

鈐有毗陵周氏九松迂叟藏書記。（朱文鈞、蔣汝藻二君遞藏，今在涵芬樓。）

按：上二書去其重複得三十五卷，又李木齋先生藏二十八卷，合之可爲完帙。余先後皆得假校，改正黎氏古逸叢書本不可勝計。其最要者爲宋刊五十卷，無補遺，黎刻四十卷，補遺十卷，全失魯氏編年之意。又，黎刻十九卷前與宋本卷第相合，以下則顛倒錯訛殊甚，蓋所據底本缺失，雜取諸刻以補之，故各卷標題或加"增修"、"集注"，或改題"黄氏集千家注杜工部"等，歧見雜出，不可致詰。據宋本補正脱佚訛舛數千事。黎刻雕鏤精工，號稱源出宋刻，世人咸以善本目之，設非親見宋本，詳加比勘，又安知其凌亂謬妄至於此極也。清泉逸叟。

忠謨謹按：此書别有跋，詳列古逸本之失，收入藏園羣書題記續集卷三。

杜工部草堂詩箋四十卷 唐杜甫撰　宋魯訔編　蔡夢弼箋

元大德間桂軒陳氏刊本，十二行，行十九至二十字不等，注雙行二十五、六字，黑口，左右雙闌。　首年譜，次目録，目後有牌子，如下式：

桂軒陳氏 大德重刊

按：此本宋時有兩刻本，一爲十一行本，一爲十二行本。此桂軒陳氏本亦十二行，則從後宋本出也。惟古逸叢書所刻係據麻沙十二行

本,訛奪極多。余曾叚涵芬樓藏殘宋十一行本校過,知古逸本自卷十九以後顛倒混淆,不可致詰。卷七第十二葉、卷十第十葉、卷十二第七葉、十葉,其注文無一字與涵芬樓宋本合者。蓋宋麻沙本所據必有缺卷缺葉,十一行本爲五十卷,無補遺。坊賈任意接連,或有缺失,更別采他注以補之。由是而元本,而高麗本,而古逸本,而粵中本,皆承其誤,以致凌亂不可爬梳。世人緣不見宋代初刊之十一行五十卷本,無緣知其繆妄,以致繆種流傳。昔黄蕘圃謂勘校古書必兼數本,真知甘苦之言也。(日本内閣文庫藏書,己巳十一月十九日觀。)

杜工部草堂詩箋四十卷 唐杜甫撰 宋魯訔編 蔡夢弼箋

朝鮮世宗十三年曹致刊本,十二行二十字,注二十六字。 缺卷九、卷二十五,其卷五六七八各存一葉而已,餘卷亦有缺葉。後有朝鮮都觀察黜陟使曹致官銜八行,又刻禪師磴雲等十五行,皆右行,與黎刻同,即古逸底本也。

鈐有"黔男子"、"遵義黎庶昌"二印,又"成都胡延紬經室藏書",又"慈聖御賜湘畹清芬"印。又有"嵯峨藏"三字朱文印。(涵芬樓藏書。丙寅)

新刊校定集註杜詩三十六卷 宋郭知達編 存卷六至十一,凡六卷

宋寶慶元年廣東漕司刊本,版匡高七寸七分,寬五寸七分半,半葉九行,每行十六字,注雙行同。版心上記字數,上魚尾下記注"杜詩幾"間有不記,下魚尾上記葉數,最下記刊工姓名,細黑口,左右雙闌。每卷末于標題後空一行署"寶慶乙酉廣東漕司鋟板",大字一行,後半葉有校勘官銜名四行。

"進士陳大信 潮州州學學賓辛安中 承議郎前通判韶州軍州事劉鎔同校勘 朝議大夫廣南東路轉運判官曾噩"

按:此書虞山瞿氏鐵琴銅劍樓有之,缺五卷。十九、二十五、二十六、三十五、三十六。天禄琳琅前目亦有之,然余領館事時,窮搜殿閣,迄未之

獲。又黄丕烈有殘本，祇存五十五葉，百宋一廛賦所云："九家注杜，寶慶漕鋟，自有連城，蝕甚勿嫌"者也。今黄本存亡亦不可知。此書大字雅健，直齋書録解題著録，稱其字大宜老，最爲善本。錢曾讀書敏求記稱其開板宏爽，刻鏤精工，洵非過譽。與余藏明鈔趙次公註杜詩同爲杜集之佚本也。（日本静嘉堂文庫藏書，己巳十一月十三日閲。）

黄氏補千家註紀年杜工部詩史三十六卷 唐杜甫撰　宋黄希、黄鶴補註

△八七〇六

宋刊本，半葉十一行，行十九字，注雙行二十五字，細黑口，四周雙闌。版心雙魚尾，書名記杜詩幾，或記半字，書名或于註字下增"紀年"二字，或以"諸儒"代"千家"二字。避宋諱至敦字止。

鈐有"☰☷"朱、"虞山毛晉"、"東吴毛晉"、"字子晉"、"琴川毛氏珍藏"、"毛姓祕翫"、"在在處處有神物護持"白、"五硯樓"、"袁氏又愷"朱、"廷檮之印"朱、"浦祺之印"、"浦伯子"各印。（盛昱遺書，爲袁寒雲收得。）

黄氏補千家集註杜工部詩史三十六卷 唐杜甫撰　宋黄希、黄鶴補註

存目録一卷，傳、序、碑銘、年譜、辨疑一卷，本書卷四至七，十三至十五，二十至二十三，計十三卷

宋刊本，十一行十九字，注雙行二十五字，細黑口，左右雙闌，版心上方記字數。目録次行列杜甫官銜，三行題"臨川黄希夢得"，四行題"臨川黄鶴叔似"。目後有木記如下：

"書肆所刊詩集甚多，而工
部詩史尚缺，本堂因得公廩
善本，詳加校正。歲在辛巳
之春，令工綉梓，文成乃壬午
之菊節，因　以紀歲月云。"

鈐有"東宫書府"十一疊朱文大印。

按：此本劉文興送來一閲，刊印雖精，而氣味殊薄，且宋諱不避，恐爲

元初所覆也。(己卯)

黄氏補千家集註杜工部詩史三十六卷 唐杜甫撰　宋黄希、黄鶴注

舊寫本,朱絲闌,九行二十一字。題“臨川黄希夢得補注”、“臨川黄鶴叔似補注”二行。

卷中館臣鉤行改字甚多,粘有校簽,蓋四庫館鈔書底本也。前有翰林院典籍廳關防。(景樸孫遺書。丁卯)

集千家註分類杜工部詩二十五卷 唐杜甫撰　宋徐居仁編次　黄鶴註

元皇慶元年余氏勤有堂刊本,十二行二十字,細黑口,四周雙闌。門類後有鐘氏木記,中空無字,下有鼎氏木記,篆書“勤有堂”三字。楊蟠觀子美畫像後有篆文牌子,文曰:

建安余氏
勤有堂刊

此葉版心上下魚尾間題“皇慶癸丑五月印”。

鈐有季振宜朱彝尊諸印。

按:此書余頻年南北所見不下六七帙,率元明間刊本,間有明代覆刻者,其元刊無疑議者僅此一帙。字體圓美,刊刻甚精。(故宫藏書,丁卯七月查點,見于位育齋。)

集千家註分類杜工部詩二十五卷 唐杜甫撰　宋徐居仁編次　黄鶴補注

元刊本,十二行二十字,題“東萊徐居仁編次”,“臨川黄鶴補注”。有明補板甚多。

朱墨評點殊劣,已裱過,可惜。(盛昱遺書,癸丑歲景賢處見。)

集千家註分類杜工部詩二十五卷 唐杜甫撰　宋徐居仁編次　黄鶴補註

元刊本,十二行二十字,注雙行二十六字,黑口,四周雙闌。(海虞瞿氏藏書,乙卯歲見於罟里。)

集千家註分類杜工部詩二十五卷 唐杜甫撰　宋徐居仁編次　黄鶴補注

年譜一卷 宋黄鶴撰

元至正八年戊子潘屏山圭山書院刊本，十二行二十字，注雙行二十六字，黑口，四周雙闌。門類後鐘式木記，有“至正戊子”四字，鼎式木記有“積慶堂”三字。目後一行“□□□□潘屏山刊於圭山書院”。四字疑爲至正戊子，估人挖去欲以充宋刊也。

此書刻工精湛，印本亦至佳，可以購存，第索價至三百六十元，未免過昂耳。王子和送閲，歲暮爲他人以三百元收去。（丁巳）

集千家註批點杜工部詩集二十卷文集二卷附録一卷 唐杜甫撰 宋黄鶴補注 劉辰翁評點 缺卷十四至十六，凡三卷

元至大元年雲衢會文堂刊本，十四行二十四字，黑口，左右雙闌。

前大德癸卯冬廬陵劉將孫尚友序，次目録，次年譜，次附録。目録後有

“雲衢會文堂
戊申孟冬刊”牌子，大字占六行。

本書次行題“須溪先生劉會孟評點”。注中所采各家首二三字以陰文别之。

鈐有：“安樂堂藏書記”、“張照”、“得天”、“曾在張甄山處”、“沈荃之印”、“克齋”、“繡雲山房”、“堃厚圖卷”、“張興載坤厚印”、“張興載圖書記”、“悔堂”、“悔堂居士”、“繡雲散仙”、“少宰後人”、“張興載印”、“華亭張坤厚印”、“清河伯子”、“甄山”、“載字坤厚”、“華亭張興載字坤厚號甄山考藏印”各藏印。

按：此本大板匡密行細字，雕鎸亦精，遍檢各家目録中惟孫祠書目及日本經籍訪古志有之。考劉將孫序作於大德癸卯，距至大戊申僅五年，當爲高楚芳編訂成書最初刊本，劉序以手書上版，各家翻刻皆佚去。此本原藏怡府安樂堂，又歸張得天照，張氏以朱筆點定，闌上行間評訂之語亦出張氏之手。卷十一第四葉缺，得天手寫補入，尤精雅。（余藏。）

忠謨謹按：此書先君别有跋，收入藏園羣書題記三集卷五。

集千家註批點杜工部詩集二十卷附録一卷 唐杜甫撰　宋黄鶴補注　劉辰翁批點

元刊本，十二行二十三字，注雙行同，黑口，四周雙闌。首卷次行題"須溪先生劉會孟評點"，行間有圈點，每卷後有補注。

末有錢氏手跋：

"瞿壻鏡濤好讀書，所聚復多善本，乾隆乙卯五月十八日予過其書齋，出集千家注杜工部詩及分類補注李青蓮詩見示，予審視之，皆元時栞本，李詩雖不及杜集楮墨之精，然李杜齊名，而書皆舊槧，版式相似，延平劍合，洵非偶然，因喜而識之。竹汀居士錢大昕。"

鈐印有："清淨吉祥"、"龔雷"、"晋安蕭氏鑑藏"、"叔豫"、"恬齋"、"瞿中溶印"、"萇生""瞿"、"九井齋"、"九井齋瞿氏攷藏金石圖書"、"安槎"、"閞閞齋"。

此書亦藻玉堂書坊王芷舲送閱。乙亥五月二十七日記。

集千家註批點杜工部詩集二十卷 唐杜甫撰　宋黄鶴補注　劉辰翁批點

明初刊本，十行十六字，有評點。（甲寅）

集千家註批點杜工部詩集二十卷 唐杜甫撰　宋黄鶴補注　劉辰翁批點

明汪諒重刊廣勤堂本，十二行二十字。有"汪諒重刊"鐘式木記，"廣勤堂"鼎式木記。（南皮張氏書，壬戌春見。）

集千家註批點杜工部詩集二十卷 唐杜甫撰　宋黄鶴補註　劉辰翁批點

明嘉靖己丑靖江藩府懋德堂刊本，前有靖江自序。闊板大字，八行十八字，黑口，四周雙闌。　前有年譜。附劉會孟批點。

集千家註批點杜工部詩集二十卷 唐杜甫撰　宋黄鶴補註　劉辰翁批點

日本五山翻元刊本，十四行二十五字，行間有點抹，篇中有批注，與余所藏元本同。（日本内野五郎藏書，己巳十一月十日閱。）

集千家註杜工部詩集二十卷文集二卷 唐杜甫撰　宋黄鶴補注 **附録一卷**

明嘉靖十五年玉几山人刊本，八行十七字。

鈐有“保山李素藏過”、“太和玉屏山人張峯私印”二印。（余藏。丙辰）

須溪批點杜工部詩註二十二卷 唐杜甫撰　宋劉辰翁批點　存卷二、三、七至二十二，計十八卷

明初刊本，九行十八字。（上海涵芬樓藏。）

須溪批點選註杜工部詩二十二卷 唐杜甫撰　宋劉辰翁、元虞集、趙汸批點評注

明雲根書屋刊本，十一行十八字。　前羅履泰序，本書首葉標題後題“須溪劉辰翁批點”，“元虞集伯生註解”，“東山趙子常批評”三行。板心上方有“雲根書屋之記”，下方有“紹續箕裘永寶無斁”八字，皆篆書。後有東川黎堯卿跋九行。（余藏。丙辰）

虞邵庵分類杜詩註一卷 元虞集撰　△一一三七一

明正統石璞刊本，十行二十六字，黑口，四周雙闌。　前有明人序，云是江西按察使石公仲玉所刻。（余藏。丙辰）

忠謨謹按：此書先君别爲跋，收入藏園羣書題記三集卷五。

杜工部詩范德機批選六卷 高密鄭鼐編次

明刊本，十一行二十二字，注雙行二十四字，黑口，左右雙闌，板心上魚尾下題“杜選一”、二等字。行間有圈點，間有批語附本句下。

前有虞集序，後有跋，缺尾葉。有繆荃、孫曹元忠跋。（余藏。）

杜詩單註十卷 明單復撰　鵠湖陳明輯　錢唐楊祐校　△六三七一

明正嘉間刊本，八行二十二字，板心下方有“景姚堂”三字。　前有洪武壬戌秋古剡單復自序。卷末有“生員檀輪繕寫”，“省祭官邢仁督刊”二行。（潘伯寅滂喜齋遺書，辛巳十一月見於翰文齋。）

杜詩分類集注二十三卷 唐杜甫撰　明邵寶集注

明刊本，十行二十字，注在本詩後，大字，低一格。

題“錫山二泉邵寶國賢父集注”，“同邑最木過棟汝器父參箋”，“三吴

雲望周子文歧陽父校梓”。前有王㮶登序。　注文先釋詞句故事，次述詩意及境地踪迹，略如趙次公之例。分類依徐居仁例，一類之中再以體分。

鈐有“會稽北園陳氏鑑賞珍藏圖書”朱文大印、“小鄉環室鑒藏”朱文小印。

按：此書丁氏目作二十卷。（辛未）

杜工部詩二十卷附文二卷 唐杜甫撰　缺卷六至八

明刊本，似正嘉間。九行十七字，字大行疏，殊爲古雅。（癸丑）

杜少陵集十卷 唐杜甫撰　明張潛編

明正德刊本，十行二十字，白口，單闌。詩文皆無注，分爲八册，以八音紀之。　前有正德七年前祭酒和順王雲鳳序，序言廣平太守張潛用昭所編刊，府判宋灝孟清爲之校訂訛誤。張岷州人，丙辰進士，宋則晉人也。

按：此書罕見，字體疏古，頗有雅致。（辛未二月見於上海。）

杜工部詩八卷 唐杜甫撰

明淨芳亭刊本，十二行二十二字，板心下方有“淨芳亭”三字。審其字體雕工，是正嘉間風氣。（余藏。丙辰）

杜工部詩集二十卷 唐杜甫撰　清錢謙益注

清寫本，十行二十字，異字注本文下，注文在每首詩後，蓋錢牧齋杜注寫本也。

收藏有“柳隱如是”朱白文、“陸沆字冰篁”、“陸僎字樹蘭”各印。

後有陸僎手跋：

“右杜工部集爲明人鈔本，惜無欵識。查高大父點勘樓書目：康熙丁亥秋仲，于太倉王氏得明鈔杜集六册，卷端有柳如是圖記，即此集也。爰付重裝，並志數語于卷末。時道光庚戌三月十三日吴邑陸僎記于洗馬里之東皋草堂。”（庚午）

讀杜詩寄廬小箋二卷讀杜二箋一卷 清錢謙益撰　△二五八〇

小箋爲癸酉作，二箋爲甲戌作，後附盧世㴶讀杜私言一卷。毛子晉刻于湖南讀書巖，寫刊俱精雅，與八唐人集同，在汲古閣刊本中最爲少見也。

鈐有"潘茉坡圖書印"。（徐梧生遺書，己巳三月翰文齋閲。）

杜律細一卷 清鍾山梅下蕭雲從尺木箋讀

有張九如、朱有章、張秀璧序，又自序、後跋各一首。凡杜詩之拗體各句皆考訂爲叶音，卷中朱〇者仄作平，朱・者平作仄。

劉燕庭喜海鈔本，有跋録後：

"道光元年夏日，假得大興朱氏茉花吟館藏舊鈔本，過録于都門黄華坊寓齋之嘉蔭簃。東武劉喜海志。"

按：王漁洋先生云："蕭尺木嘗作杜律細一卷，以爲杜律無拗體，穿鑿可笑，而援據甚博。"即是書也。沅叔記。（戊辰）

杜律近思五卷 清茗東張涵浴青撰

稿本。　有康熙六十年涵自序。南潯董浩序。（古書流通處見。壬戌）

杜詩雙聲疊韻譜括略八卷 清海寧周春撰

清寫本。　清吴騫手校，有印。（癸亥）

許印林病手集杜一册

此印林病中默寫杜詩。凡五言四十首，同治二年秋九月廿一日默訖；七言五十五首，同治二年十月十八日默訖。詩後録錢吴二家評語，或兼録他家而後加案語。其"病手集杜"四字先生所自題也。吴仲懌題記其後。（乙亥）

岑嘉州集十卷 唐岑參撰

明正德漢嘉郡刊本，十行二十字。（余藏。）

岑嘉州詩七卷 唐岑參撰

明正德刊本，十行十七字，白口，四周單闌，中板式，書名在中縫上魚尾上,凡異字皆標于眉上,某一作某。 前有京兆杜確序,後有正德十五年庚辰河南道監察御史江端熊相跋,云巡按山東,得邊華泉藏本,付濟南知府高嶼刻之,而同知劉信實董其役云。

按:此本分卷與他刻不同,一、五言古詩九十七首。二、七言古詩四十九首。三、五言律詩一百七十首。四、五言長律十二首、長短五七言一首、銘二首。五、七言律詩十一首。六、五言絶句十七首。七、七言絶句三十三首。蓋分一體爲一卷,未審所依據者爲何人之本,疑明人重加編次者也。余曾見丁氏善本書室、盛意園皆藏此本,前有邊貢序,此本佚。(丁卯歲王晉卿送閲,索百二十元,還以百元,未收。)

忠謨謹按:此書先君别有跋,收入藏園羣書題記三集卷五。

岑嘉州集不分卷 唐岑參撰

明關中李本芳刊本。 後題道光三年十二月既望陳□借周漪塘本校録。

按:周本卽從邊貢本出也。(乙卯)

岑嘉州詩集八卷 唐岑參撰

舊寫本,十行二十字,杜序後有目録,較許刻多詩四首,又銘二首。題下多小注,句下多有一作某者。 有黄蕘圃跋。别録之。(翁弢夫藏。癸丑)

岑嘉州集四卷 唐岑參撰

舊寫本。 前有小傳,當是全唐詩底本。其中頗有異字,與蕘跋本不同,間有小注,亦出前本之外。(有益堂見)

蕭秘書集一卷 唐蕭穎士撰

舊寫本。 賦十篇,表六篇,牋一篇,書六篇,序二篇,詩十七首。後有嘉慶三年三餘軒主人張鎮南跋。(文友堂見。癸亥)

蕭茂挺文集一卷 唐蕭穎士撰

舊寫本。 有李華序。 繆荃孫以全唐文校過。(古書流通處送閲。壬

戌）

蕭茂挺集五卷 唐蕭穎士撰　明梁谿曹荃定

明崇禎刊本，九行十八字。　前有曹荃序，第論其人與文，未及刊集始末。次李華原序，次目録。卷一賦，卷二詩序，卷三表，卷四牋書，卷五書，末綴以附録遺事。

按：此集與余藏宋之問集編例版式均同，意同時所刊不止此二家也。宋集有張燮序，余頗疑諸集皆燮所編輯，而曹氏爲之刊行耳。（余藏。）

忠謨謹按：此書先君有跋，收入藏園羣書題記三集卷五。

臺閣集一卷 唐李嘉祐撰　△一一三七四

明末毛氏汲古閣刊唐人八家詩本。　陸貽典據宋刊本校，宋本題李嘉祐詩集。有跋録後：

“甲辰中秋後四日宋本校於汲古閣下。宋本九行十六字，共計三十二葉。”（余藏。）

臺閣集一卷 唐李嘉祐撰

汲古閣刊本。　何義門焯據宋本手校，又以墨筆再校，有跋：

“康熙甲午，用斧季影録臺閣集本校，又改數字。録本缺謝克家跋。”此義門墨筆寫。

按：此唐人八家集何義門據宋本校者祇甲乙集、李文山詩集、薛許昌集及此臺閣集四家。余辛亥在南方亦收得八家集，薛許昌集爲毛斧季扆手校，臺閣集爲陸勑先貽典手校。　此外爲唐英歌詩、唐風集、李賀歌詩、聯珠集、長江集、義山集六種。其中惟聯珠爲義門據宋本校，餘皆勑先、斧季手筆，家數與後來不同。蓋毛氏最初印本尚與四唐人集未經分析别行也。其薛李二集未審與義門所校同異若何，暇時當取以對勘之。藏園附志。（邢贊亭藏書，甲戌二月見。）

唐李嘉祐詩集五卷 唐李嘉祐撰

明刊本，十行十八字，黑口單闌。題“唐袁州刺史李嘉祐從一著”，

"監察御史河中劉成德編校"。

有黄蕘圃丕烈跋,録後:

"李嘉祐詩舊名臺閣集,通一卷,不分體。余家藏有二本,皆如是也。其一本毛氏舊藏,前有目,後有建炎年間謝克家跋,是可信其舊矣。是册出劉成德編校,故分五卷,其所以分五卷者,特分體耳。然不及一卷爲是。余取此以校毛藏本,字句多不同,反同于精抄之一本,亦時與兩本有不合,因盡載異同於毛本上,而此本留爲舊刻之一本云。上有何焯圖記,又有手校字,益可珍重。　乙亥二月二十有一日復翁記。"

"後檢諸藏書家目,亦有標題李嘉祐詩集者,知與臺閣集並稱也。特五卷乃明人所編耳,舊本亦作一卷也。　又記。"

封面有張芙川題二則:

"道光癸巳得之士禮居。芙川珍秘"

"此單刻善本也,李明古舊藏。"

藏印有:"李鑑私印"朱、"明古"朱、"樸學齋"。(癸丑十二月二十九日顧鶴逸家見。)

錢考功集十卷 唐錢起撰

明初銅活字印本,九行十七字。　鈐有"汲古閣"、"石君過眼"、"子晉所藏"、"臣瑾"、"懷璞"。(李紫東寄來。庚申)

錢考功詩集十卷 唐錢起撰 △八三九八

葉氏樸學齋寫本,十行十八字。　葉石君樹廉以朱筆校,不言所據何本。前後各葉亦石君手書。與葉氏寫本韓君平詩合訂一册。　鈐有海源閣三印。(海源閣遺籍。庚午)

唐元次山文集十卷拾遺一卷 唐元結撰 △二五四三

明正德十二年郭勛刊本,十行二十字,黑口,四周雙闌。　前正統丁丑湛若水序。本書首葉標題後題"贈禮部侍郎元結著","翰林編修湛若水校","太保武定侯郭勛編"三行。

目録四葉嘉慶三年戊午冬十一月廿七日孔葒谷繼涵手鈔。鈐有詞人葒谷印。(余藏。丙辰)

唐漫叟文集十卷 唐元結撰 拾遺一卷拾遺續一卷

明嘉靖永州刊本,十行二十字,黑口,四周雙闌。　卷首唐書本傳,次湛先生舊序,次目録。後附拾遺、拾遺續。版心前五卷題次山文集,六卷以後題次山文集下。後有嘉靖庚寅永州府知府龍津黄焯書後。後有記二行如下:

"刻斯集贊之成者爲同寅羅子柏、許子岳、高子鰲、吴子望、周子昌齡。司教勘者教授馮校。"(己巳九月道出申江,見於陳乃乾家,索二百元。)

元次山集十卷拾遺二卷 唐元結撰

有陳眉公鑒定,當是天啟崇禎間刊本。(癸丑)

毘陵集二十卷 唐獨孤及撰

清初寫本,十行二十字。每卷目録後接正文。　清葉林宗奕手校,每卷後有小記一二行。(癸亥十月觀于古書流通處)

韋蘇州集十卷 唐韋應物撰

宋刊本,半葉十行,行十八字,白口,左右雙闌,版心魚尾上記字數,下方間記刊工姓一字,有余、何、應等字,惟第二卷首記"余同甫刁"四字。宋諱貞、恒、徵、構、完、樹皆爲字不成。

每卷首尾有"乾隆御覽之寶"及"天禄琳琅"小璽。又有"張用禮印"、"周氏子重"、"鄞人周琬"、"青瑣仙郎"、"濂溪後裔"、"清白傳家"諸印。又"嘉興雒湖戴氏家藏書畫印記"朱文大長方印。

按:明刻韋集十行十八字者世皆稱爲翻宋本,然以較此本則有三異。宋本目録皆兩排並列,明本則改爲每題占一行。宋本卷一擬古詩十二首皆銜接而下,明本每首加"其二"、"其三"等字,則行第全移,非復舊觀矣。宋本卷八"詠露珠"下脱去原詩二行,又脱去"詠水精"題一行，於是詠露珠題而接連水精詩矣，明本從而改正之，則行次又異矣。又卷八"仙人祠"一首，宋本在一二葉間，明本則附在卷八之尾，於是結題又不得不移前三行矣。至卷中字爲明刊訛謬者又不可計。其卷首沈明喆補傳宋本無之，則爲明人所補蓋顯然可見，又不足論也。頗疑明本所翻宋本與此同出一源，惟目録及卷一行次有異，餘亦大段相同。沅叔。（丁巳）

韋蘇州集十卷 唐韋應物撰 △八三九四

宋刊本，十行十八字，白口，左右雙闌，版心上記字數，下記刊工人名。

鈐有"黄氏志淳"白、"淳"朱、"和仲"朱、"徐氏氏則"朱、"季振宜字詵兮號滄葦"朱、"季振宜讀書"朱各印。末有墨書"泰興季振宜滄葦氏珍藏"。（周叔弢藏。甲子）

韋蘇州集十卷拾遺一卷 唐韋應物撰

明翻宋本，十行十八字，白口，左右雙闌。 前沈明遠補傳，次嘉祐元年王欽臣序，次目録。

按：此本刊印極精，當是正嘉時翻雕宋本。（余藏。丙辰）

須溪先生校點韋蘇州集十卷 唐韋應物撰 宋劉辰翁校點

元刊本，中版心，半葉十行，行十六字，黑口，左右雙闌。版心記字數，上下不一。 首劉辰翁行書序，次王欽臣記，次目録，目録每卷之幾上加黑蓋子，行間有圈有點有擲，異字註於本字下，評語在本句下或每首末，皆小字雙行。卷末附拾遺詩八首，又德祐初須溪跋語七行。跋後有"孟浩然詩陸續刊行"八字。

鈐印有："季振宜印"、"滄葦"、"御史之章"、"張奎"、"漢文"、"雲莊張氏鑒藏"、"牧齋"、"山南私印"、"新安吴氏"、"王澤私印"、"字卿"、"吴石湖珍藏印"、"秋槎"。（丁巳）

韋蘇州集十卷 唐韋應物撰 宋劉辰翁注

明張習刊本，十一行二十一字，黑口，四周雙闌，中縫標“蘇州集”或“蘇集”、或“蘇州”、或“州集”，不一律。　卷一、八九標題下旁註“須溪先生校注”六字，卷二以下改題“須溪先生校本韋蘇州集”，疑增標須溪於題上者乃覆刻本也。其刻工亦潦草。評語附本詩後，小字雙行。異文於本句下註“一作”。

拾遺詩七首、答暢參軍、宴錢子辛、詠晝青蠅、虞獲子鹿四首註云：“熙寧丙辰校本添。”九日、送宫人入道、陪王郎中尋孔徵君三首註云：“紹興壬子校本添”。

後附須溪跋五行。張習跋十一行，云舊有劉須溪校註本十卷，兹重録刊示同志云。　目記如下：

卷一古賦一首，雜擬二十一首，擬古十二首，燕集二十一首　卷二寄贈上六十五首　卷三寄贈下七十首　卷四送别六十七首　卷五酬答五十八首，逢遇八首　卷六懷思十九首，行旅十首，感歎二十二首　卷七登眺十五首，游覽六十二首　卷八雜興八十九首　卷九歌行上二十二首　卷十歌行下二十一首

收藏鈐有“湯和忠印”、“衡山”、“雁門世家”、“仲魚”、“文徵明”、“唐伯虎”、“項聖謨印”、“字孔彰”各印。後有錢牧齋跋，僞迹也。（丙子）

韋蘇州集十卷 唐韋應物撰　缺卷一至三

明弘治九年李瀚、劉屺刻本。有楊一清跋。（壬子）

韋刺史詩集十卷 唐韋應物撰 **附録一卷**　△一一三七五

明嘉靖二十七年華雲太華書院刊本，十一行二十一字，版心下方有“太華書院”四字。　前嘉靖戊申晉陵華雲序，次目録，目後嘉靖戊申汪汝達、鄒夢桂跋，又華復初跋。據跋爲雲之子。　本書正文每卷次行題“唐江州刺史韋應物著，明尚書户部郎華雲校”一行。附録采各本韋集序彙刻之。（余藏。丙辰）

晝上人集十卷 唐釋皎然撰　李□五二五

明錢叔寶穀手寫本，棉紙，烏絲闌，十一行二十字。　前録貞元八年

牒文,次守湖州刺史于頔序。每卷鈐有"錢穀手鈔"朱文印。

鈐墨書木記一方,文曰:"賣衣買書志亦迂,愛護不異隨侯珠,有假不返遭神誅,子孫鬻之何其愚。"别有"陳實晉守吾父記"、"守吾過眼"、"陳守吾經眼記"。又有"明墀之印"白、"李氏玉陔"朱、"李盛鐸讀書記"白、"木齋審定"朱、"李滂少微"朱各印。

此書爲李木齋先生家物,故鈐有其三代藏印。

晝上人集十卷 唐釋皎然撰　△一一三七六

開化紙精寫本,十一行二十字,注雙行,不匀。口上寫"皎然集"。　前有于頔序。牒文録如下:

"敕浙西觀察使　　　　牒湖州

當州皎然禪師集

牒得集賢殿　御書院牒,前件集庫内無本交闕進

進奉牒使請速寫送院訖垂報者牒州寫送使者故牒

貞元八年正月十日牒

都團練使權判兼侍御史李元

使潤州刺史兼御史中丞王緯"

鈐有"武陵仲子"、"從吾所好"、"攤書豈薄福所能"、"汪士鐘藏"各印。(已收得,丁巳歲。)

杼山集十卷 唐釋皎然撰　缺卷八至十,存七卷

明寫本,十行十八字,烏絲闌,版心下方有"湖東精舍"四字。　前有湖州牒文,次于頔序。

此與余所藏汪閬源家精寫本相同,第行欵有異耳。文友堂魏文傳見之于冷肆,憫其殘佚,爲余收得,將補寫三卷以足之。(戊辰)

皎然集十卷 唐釋皎然撰　△八三九七

舊寫本,版心下方有"繡佛齋藏板"五字。　前有浙西觀察使牒文。序文與本文相連,式甚古。

鈐有"□山固輔借觀"朱文印。(乙丑見于忠厚書莊)

韓君平集三卷 唐韓翃撰

明刊本,十行十八字。 有張敦仁藏印。(癸丑)

韓君平集三卷 唐韓翃撰

明萬曆四十一年江元禔刊本,八行十八字。每卷題"虎林江元禔邦宜甫校"。 前有萬曆四十一年樟亭江元禧序,宛陵梅鼎和序。(余藏)

忠謨謹按:此書别有跋,收入藏園羣書題記續集卷六。

韓君平詩集五卷 唐韓翃撰 △八三九八

葉氏樸學齋寫本,十行十八字。 有葉樹廉朱筆校,據文苑英華也。

前録唐詩紀事,後録佚詩,皆葉氏手書。

黄蕘夫丕烈以墨筆校,係據明刊本。(海源閣遺籍。庚午)

盧綸集三卷 唐盧綸撰

明正德刊本,十行十四字,黑口,四周雙闌。 前有正德乙亥劉成德序。題"河中劉成德校增并編次"。

按:余取席刻本校之,存詩只十之三耳,然中有二十餘首爲席本所不載,或即成德所增耶? 沅叔。(天一閣書,北京圖書館新收。癸酉)

忠謨謹按:此書别有跋,收入藏園羣書題記初集卷五。

李君虞詩集二卷 唐李益撰

舊寫本。 鈐有汪魚亭及結一廬朱氏藏印。(壬子)

孟東野詩集十卷 唐孟郊撰 李□九〇八六

宋刊本,半葉十一行,行十六字,白口,左右雙闌。版心上間記字數,下間記刊工姓名,上魚尾下記"孟詩幾",原版記葉數,通卷長號,凡一百六十七葉。補版間記卷數,而移葉數於下魚尾下。卷末有"泰興季振宜滄葦氏珍藏"題識一行。黄丕烈跋。

鈐有"錢氏敬先"、"錢氏家藏子子孫孫永實用"朱文大印,又清季振宜、徐乾學、黄丕烈、汪士鐘及海源閣楊氏父子印。又有安岐、唐良士諸印。

按:此書書版斷爛已甚,一百六十七頁中,原版只十許葉,餘均補版。審其刀法筆勢,當爲江右刊本。海源閣佚書,今歸李木齋師。頃陶君蘭泉已影刊行世,此不詳記。(丁卯十月見于李木齋先生家。)

孟東野文集十卷 存卷一、二,凡二卷 △八四〇二

宋刊本,半葉十二行,每行二十一字,白口,左右雙闌,版心魚尾下題孟一、孟二等字。目録首行題"孟東野文集目録",次行題"孟郊字東野"。

鈐有"翰林國史院官書"朱文大印。又"百宋一廛"、"汪士鐘印"、"閬源甫"、"郁松年印"、"泰峰"各印。

按:楹書隅録著録孟東野詩集,中有黄丕烈跋,稱後得北宋蜀本,每葉二十四行,行二十一字,殘本一至五卷,目十卷全,字體殊古拙,相傳爲蜀本云。周錫瓚跋稱出梁溪故家,中有翰林國史院官書印。以行格及官印證之,卽此帙。録中附記謂殘宋本亦於甲寅歸海源閣,意者閣下扃鐍偶疏而流入廠肆耶。然原書存五卷,兹僅得首二卷,又不能無離析之憾也。余嘗以此與席刻本相校,目録詳簡不同,次第略有變易,改正字亦復不少。其尤鉅者卷一征婦怨四首,席刻乃誤合爲二首。昔黄丕烈謂蜀本多誤字,不及小字本之佳,其實此本佳處已不勝舉矣。

蜀刻唐人集與此同種者甚多,余歷年寓目者有皇甫持正、許丁卯、張文昌、司空表聖、鄭守愚、李長吉、孟浩然、劉文房、權載之、韓昌黎、張承吉、劉夢得、姚少監、陸宣公、元微之、孫可之諸家,皆有翰林國史院官書大印。各集中敦字已缺筆,元微之集序言刻於建安,則黄氏所言北宋蜀本者殆疏於考證而以意想推之耳。藏園。

前年廠市有宋本孟東野殘帙出,存第三、四、五卷,後有黄丕烈跋,考

其行格，正是此本所佚，爲完顔景賢收得，樂昌鏡合，未卜何時，聊志於此，以告後人。藏園又志。

孟東野詩集十卷 唐孟郊撰

明弘治刊本，十行十八字。 有強汝晟序，當是秦州刊本也。（見於吴君昌綬許。）

孟東野詩集十卷 唐孟郊撰 △二七八

明嘉靖三十五年秦禾刊本，九行十八字。 前景定壬戌天台國材成德序，次宋敏求序，次景定壬戌舒岳祥詩，次目録。本書正文卷一首葉題“明進士文林郎知武康縣事無錫秦禾重刻”，“仁和晚學趙觀校正”兩行。（余藏。丙辰）

孟東野詩集十卷 唐孟郊撰

影寫宋刊本，十行二十字。

按：此汲古閣影寫宋書棚本。極精麗，有“宋本”、“甲”二印。（日本静嘉堂文庫藏書，己巳十一月十三日閲。）

顧華陽集三卷 唐顧況撰 **附非熊集一卷** 顧非熊撰

舊寫本，九行二十字，從張芙川藏本出。題“二十五世孫顧名端校正”。 前有皇甫湜序。又姚士麟撰顧著作傳。（丁巳）

唐陸宣公集二十二卷 唐陸贄撰

宋刊本，半葉十行，行十七字，白口雙闌，大版心。 鈐有“蕉林藏書”印。（癸丑）

唐陸宣公集二十二卷 唐陸贄撰 缺卷十三、十七、十八、十九、二十二全卷，又卷十四一至十葉，卷二十一第二十八下至三十一葉 △七六二六

元刊本，十行十七字，白口，左右雙闌。版心魚尾下有“苑一”、“苑二”、“奏一”、“奏二”等字，上方間記字數，下記刊工姓名，有張允中、張中、徐成、元宗、子明、遇春、何津、何源、張允等名，又徐、張、高、允、珍、趙、文、可、拱、元、津、曹、仁、陳等姓或名各一字。

鈐有“桐江”、“梅谷”、“昆江徐以文家藏書史”、“字亦韶”各印，均朱文。(劉翰臣藏書。庚申)

唐陸宣公集二十二卷 唐陸贄撰

明刊本，十行二十字，大黑口，四周雙闌。目録後有像。字類慎獨齋本。(癸丑)

新刊權載之文集五十卷 唐權德輿撰 存卷四十三至五十，計八卷

宋蜀中刊本，半葉十二行，行二十一字，版心題“載幾”等，白口，左右雙闌。

鈐有“翰林國史院官書”大朱印。又“劉體仁印”、“公愚”、“潁川鎦考功藏書印”三印。(戊午)

新刊權載之文集五十卷 唐權德輿撰

清寫本，十二行二十一字。前楊嗣復序，次總目。

鈐有“鄂氏順安珍藏”、“結一廬藏書印”、“朱子清”、“臣澂印”、“臣澂私印”、“字曰子清”。

按：此書似乾嘉人筆蹟，疑卽朱笥河家照宋蜀本傳録者，嗣爲朱子清所得，卽結一廬叢書本據以入木者。據朱石君刻權集序，言竹君舊藏宋刊本得之陶氏五柳居，陶得書日自鈔一部，其後詢其姪少河索觀原本，亦鈔存一部以假之彭文勤，彭又録副，當時海内只此四部，此本必爲傳鈔三部之一。彭本余曾手校，則此帙非陶卽朱耳。(余藏)

忠謨謹按：此書先君有跋，收入藏園羣書題記三集卷五。

新刊權文公文集十卷補遺一卷 唐權德輿撰 △一〇二〇六

舊寫本，十行十八字，版匡左闌外下方有“繡谷亭續藏鈔本”七字，第一卷題“新刊權文公文集”。

鈐有“吴城”、“敦復”、“繡谷亭續藏書”、“吴焯之印”四印，又有翰林院大官印一方。(庚申)

新刊權文公文集十卷 唐權德輿撰

清影寫明嘉靖二十年劉大謨刊本，九行十八字。　前有嘉靖二十年劉大謨序，言楊升菴獲此本於滇南士人家，惟目録與詩賦十卷僅存，升菴託寄於胡公可泉，大謨因梓而行之云云。故此本目録猶是五十卷也。後有嘉靖辛丑清江敖英序。（余藏。）

忠謨謹按：此書先君有跋，收入藏園羣書題記三集卷五。

權文公集八册 唐權德輿撰

寫刻本，九行二十二字，分二十七類。　待考。

薛濤詩一卷 唐薛濤撰 △一一三七八

明萬曆三十七年洗墨池刊本，八行十六字。　前薛濤小傳，次目録。後有樊增祥手跋，録如後：

"乙盦先生購得此本，亟以見示，繙帋數過，溽暑都忘，甲寅閏五月十九日樊增祥記。"

"萬里橋邊，枇杷花底，閉門銷盡鑪香。孤鸞一世，無福學鴛鴦。十一西川節度，誰能捨，女校書郎。門前井，碧桐一樹，七十五年霜。　琳瑯，詩半卷，元明棗本，佳語如簧。自微之吟翫，重付東陽。恨不紅箋小字，桃花色，自寫斜行。碑銘事，昌黎不用，還用段文昌。一作青青塚，韓碑不用，還用段文昌。　乙盦先生屬題詞其上，調寄滿庭芳，乞政。　甲寅閏五月廿六日燈下，增祥倚聲，時年六十有九。"

按：是書寬行大字，規橅蘇體，刊工極爲古雅。乙盦疑是元刻，實則萬曆己酉洗墨池刊本。嘉慶庚午古倪園沈氏翻雕卽從此本出。卷中鈐有袁又愷、劉泖生、顧曽壽、鄒一桂諸印。乙盦得諸蘇估楊馥堂，并乞樊山題詞以寵之。余以濤本蜀人，舊刻罕覯，因以黑口本山谷別集詩註從乙盦易歸，時甲寅秋七月也。　丙辰冬沅叔記。

忠謨謹按：此書别有跋，收入藏園羣書題記初集卷五。

王建詩集十卷 唐王建撰　存卷一、四、五,計三卷,餘鈔配

宋臨安府陳解元宅刊本,半葉十行,行十八字。

此書余嘗校過,甚佳。繆氏藝風堂藏。

宫中詞一百首 唐王建撰

明寫本,棉紙藍格,板心有"江村别墅"四字。

按:此本疑爲天一閣佚出之書,趙君斐雲所貽。

忠謨謹按:此書先君有跋,收入藏園羣書題記三集卷五。

昌黎先生集四十卷 唐韓愈撰　卷十八用宋刊别本配

宋刊本,半葉十行,行二十字,白口,左右雙闌,版心上記字數,上魚尾下記"韓文一"等,下魚尾下記葉數及刊工姓名。宋諱避至廓字。刀法雅近豫章。

鈐有徐繼菴藏印。(江南館藏書)

昌黎先生集四十卷 唐韓愈撰　存卷一至十,内卷三至五鈔配

宋刊本。版匡高七寸六分,寬五寸三分半。半葉十一行,每行二十字,細黑口,左右雙闌,版心三魚尾,最上記字數,上魚尾下記"韓集幾",中下魚尾之間記葉數,最下記刊工姓名,名上以一横闌界之。

按:此本百宋一廛賦注云小字殘本,然其字並不小,未審何緣致誤。陸氏原標北宋本,檢卷中宋諱避至構字止,則非北宋明矣。余曾見徐梧生所藏韓集舉正,當時卽疑其書爲全集附刊之本,非别行也。兹覩此本,與舉正行欵字畫皆相肖,因詳加披檢,則刊工姓名及每卷末葉版心記此卷若干版若干字,其下再署刊工姓名,與舉正絲毫不異,乃益信舉正實附刊此本後矣。今將兩書版心字分誌于左,以告世人,知余言非妄發也。舉正有淳熙己酉方崧卿序,則爲孝宗時刊本矣。

卷數	刊工人名	末葉版心注
卷一	鄧鼎	此卷十七板,共計六千七百單四字,鄧鼎

卷二　鄧俊　　　此卷十六板，共計六□□□□□□□□□

卷三、四、五鈔配，中縫無字。

卷六　胡元　　　此卷九板，共三千二百八十八字。胡元。

卷七　劉臻　　　此卷九板，共三千五百單二字。

卷八　蔡和　　　此卷十三板，共計五千六百九十四字。蔡和刊。

卷九　寶　　　此卷十四板，共計□□□□□□□。

卷十　革　　　此卷十三板，共四□□□□□。

宋刊本韓集舉正刊工人名有鄧鼎、劉文、蔡和、蔡懋、蔡恭、胡元、吴正諸人。其版心下方記字數如下式：

卷數　　版心中縫題字

卷一　此卷十七板，計八千五百五十五字。

卷二　此卷十六板，共計八千七百五十八字。

卷五　此卷十五板，計七千六百九十六字。

卷六　此卷十七板，共計八千九百九十三字。

卷七　此卷十三板，共七千一百八十六字。

卷八　此卷十三板，共計六千八百六十五字。

卷九　此卷十七板，共九千七百七十九字。

卷十　此卷十九板，計九千五百單九字。

外集　此卷七板，共二千八百六十八字。

敍録　十板，共三千九百五十五字。（日本静嘉堂文庫藏書，己巳十一月十三日閲。）

韓集舉正十卷外集并敍録一卷　宋方崧卿撰

宋刊本，十一行二十字，黑口，左右雙闌，版心上記字數，下記刊工姓名。序文録後：在卷一首，本書之前。

"韓文自校本盛行，世無全書。歐公謂韓文印本初未必誤，多爲校讐者妄改，僕嘗得祥符中所刊杭本四十卷，其時猶未有外集，今諸集之所謂舊本者此也。既而得蜀人蘇溥所校劉柳歐尹四家本，此本嘉祐中嘗刊於蜀,故傳於世。繼又得李左丞漢老謝參政任伯所校秘閣本。李本之校閣本最爲詳密,字之誤者皆標同異於其上,故可得以爲據。大抵以公文石本之存者校之閣本,常得十九,杭本得十七,而蜀本得十五六焉,今只以三本爲定。其詩十卷則校之唐令狐氏本,碑誌祭文則以南唐保大本兼訂焉。其趙德父録文苑英華、姚寶臣文粹字之與舊本合者,亦以參校。諸本所不宜而理猶未通者,然後取之校本焉。韓文舊本皆無'一作',蜀本間有一二,亦只附見篇末,今皆一遵舊本而别出。此書字之當刊正者,以白字識之,當删削者以圈毁之,當增者位而入之,當乙者乙而倒之,字須兩存而或當旁見者則姑注於其下,不復標出,閣與杭蜀皆同,則合三本而言之,同異不齊,則誌其長者。其他如古本'汝'多作'女'、'互'多作'彑'、'預'作'與'、'傲'作'敖'、'叢'作'藂'、'缺'作'鈌'、'二十'、'三十'之爲'廿'、'卅',此類非一,亦不敢盡從刊改。今之監本已非舊集,然校之潮、袁諸本,猶爲近古。如送牛堪序閣本杭本皆繫於十九卷之末,惟此本尚然,今用以爲正而録諸本異同於其下,此本已正者,亦不復盡出,庶幾後學猶得以考韓氏之舊也。字誤字當刊、○衍字當削、□脱逸當增、乙殺次當乙。"

有朱錫庚跋録後:

"右宋槧本方崧卿韓集舉正十卷,外集舉正并敍録一帙。崧卿莆田人,宋孝宗時嘗知台州軍事,卷末有淳熙己酉崧卿自跋,云昌黎先生集四十卷、外集一卷、附録五卷、增考年譜一卷,復次其異同爲舉正十卷,蓋當時與文集並行,今則僅存舉正十卷耳。其外集、舉正、敍録不在十卷之内,豈以未標卷第,故跋亦未暇及歟!四庫書目於是書之目注云:'編修朱某家藏本',云自朱子因崧卿是書作韓文考異,盛名所掩,原本遂微,越及元明,幾希泯泯滅。此本紙墨精好,内'桓'字缺筆,避欽宗諱,'敦'字全書,不避光宗諱,蓋淳熙舊刻，越五百年而幸存者，殆亦其精神刻苦，足以自傳，故若有呵護其間，非人力所能抑遏歟！其稱之若此，洵堪寶貴者矣。錫庚謹案：乾隆三十八年先大夫以翰林侍讀學士奉使安徽學政，既奏請采取永樂大典，以中書校外書，復奏陳云：'臣自幼授書籍隸輦下，歲時喜購舊刻逸編，積之三十年，家中間有善本，恭逢我皇上求書盛典，亦願以蠡酌管輝上資海日。臣自奉命來南，家中故籍現囑臣門人吏部主事程晉芳、禮部主事史容積兩家收貯。臣程晉芳現在四庫館與充纂校之事，臣謹記憶所有經史之外，宋元集部略多，凡得四十餘種，開單呈覽，伏祈皇上可否卽以臣所開單付館臣令臣程晉芳等檢取校録，其可用者附入全書繕録進呈，俾陳册幽光彰發軒露，臣所抱獻，與有榮施。'奏入，逮敕館臣徵取，詎所呈之書，早爲程吏部轉假他人奏進矣。故先大夫取進之書轉少，而四庫所收有家藏舊本爲他人所進者。是書係館中録訖領還，卷首尚有官存印記，謹備述端委如右。於今門祚漸衰，用示後世子孫慎守永寶、數典勿忘，斯家聲振起有日矣。　道光三年癸未春三月三日大興朱錫庚敬書。"

藏印如下："横經閣收藏圖籍印"朱、"玉峰珍藏"朱、"青浦王昶"白、"琴德一字蘭泉"朱、"茮華吟舫"朱、"顧本印"白、"竹堂"朱、"大興朱氏竹君藏書之印"朱、"顧氏思齊"白、"艸堂"白、"顧仲子"白、"經訓堂王氏之印"朱。前有翰林院官印，封面有"乾隆三十八年　月翰林院編修朱筠交出家藏韓集舉正一部計書拾本"朱文木記。

方崧卿後序録後：

"右昌黎先生集四十卷、目録一卷、外集一卷、附録五卷、增考年譜一卷，崧卿試郡嶺麓間，日居多課其餘力獲從事于斯，常念韓氏舊集世已罕傳，歲月既久，則散逸殆盡，摭拾其僅存者稽而正之，以還舊觀，亦討古之一助也。第惟淺識謏聞，管窺自信，源流不白，何以傳諸後人,因復次其異同,記其訛舛之自,爲舉正十卷,使人人開卷知所自擇,而韓氏義例亦粗見於綱領中。噫!一代文宗,膾炙人口,相傳以熟,莫覺其訛,陋學苦心,儻識者補其遺繆。淳熙己酉二月朔日莆陽方崧卿書”

“■誤字當刊

○衍字當削

□脱逸當增

己(字字)殽次當乙” 此四行在敍録後。

全書刊工只十人,姓名列後:鄧鼎、劉文、蔡和、蔡懋、胡元、吴正、蔡恭、昇、從、尚。

每卷末一葉下魚尾記葉數字下,更以小字記若干版若干字,亦他書所罕見。其文附前條韓文後,不更録。

按:此書字體清勁,刊摹精善,版式闊大,殊便觀覽,中縫下魚尾亦作向下形,與他書異,爲宋刊中所罕見。又篇中校正諸字,就本字上加■、○、□、己諸符號,亦宋本所僅覯也。　考陳氏直齋書録解題卷十六載昌黎集四十卷外集一卷附録五卷年譜一卷舉正十卷外鈔八卷,稱年譜洪興祖撰,莆田方崧卿增攷,且撰舉正以校其同異而刻之南安軍云云,則此本爲方氏刊于南安者也。(徐梧生遺書,丁卯十二月九日蟠青書室郭好山送閱,撮記其大略如此。)

韓文四十卷外集一卷集傳一卷遺集一卷 唐韓愈撰

明嘉靖三十五年丙辰莫如士刊本,十一行二十二字。　前嘉靖丙辰盱江王材序,次嘉靖丁酉游居敬序。本書正文首葉次行題“明巡按直隸監察御史新會莫如士重校”一行。(余藏。丙辰)

新刊經進詳註昌黎先生文集四十卷外集十卷遺文三卷附録三卷 唐韓愈撰　宋文讜註　王儔補註　附録題韓文公志

宋刊本,十行十八字,注雙行同,白口,左右雙闌。版心下方記刊工姓名，記首二册。有張昌、李正、楊定、楊先、張德先、史丙、王公濟、王龝、田正或加西字、文來、正伯、姚明、單回、已等。 首殿中侍御史杜莘老詳註韓文引，大字七行。次文讜進書表，表末結銜題"右迪功郎新授達州東鄉縣尉兼主簿"，乾道二年五月進呈。次讜自序，題"紹興己巳孟春"。次目録。本書第一行題"新刊經進詳補注昌黎先生文卷第一"，旁書"補注附"三字，二三行低六格，題"迪功郎普慈文讜詞源詳註"，"通直郎致仕淡齋王儔尚友補注"。次題類，低一格，文目低二格，題下注低三格。凡補注用白文别異之。 字兼顔柳格，瘦勁有骨，刊工有"眉史丙"字，則爲蜀之眉山刊本矣。 卷中貞字缺末筆，桓、構不缺，餘亦不甚謹。收藏鈐有："乾學之印"白、"健菴"白、"崑山徐氏家藏"朱、"汪士鐘藏"白、"長洲汪駿昌藏"朱、"疋庭"小朱、"駿昌"白、"雅庭"朱各印記。（海源閣書，辛未三月十二日見于鹽業銀行，假得詳閲。）

音註韓文公文集四十卷外集十二卷 唐韓愈撰 宋祝充音註

△九六三一

宋刊本，半葉十二行，行二十一二字，注雙行同，中版式，白口，四周雙周。序文半葉十行，行十八字。版心中縫陰陽葉分注大字若干、小字若干，或在上魚尾上，或在下魚尾下，不一。刊工姓名有：蔣清、劉合、劉張、劉羊、方至、方堅、黄森、陳楊、陳辛、楊陳、王、宗、寶、吴、蔡、伸、周、呈、震、安、遇。

鈐印有"陳氏惟寅"白、"惟寅"白、"陳生印"白、"陳印道復"白、"陳淳之印"、"淳"朱、"陳淳私印"、"盧倧私印"、"李長英印"、"潘氏寅叔珍藏"、"吴郡潘寅書藏書記"朱、"瞻緑堂"朱、"□仲瓚父"朱、"静虚樓"等。

按：此與余藏殘本不同，刊印頗精整。（丁卯十二月九日閲。）

忠謨謹按：此書先君嘗借校，别有跋，載藏園羣書題記初集卷五。

朱文公校昌黎先生集四十卷 唐韓愈撰 宋朱熹考異 存卷十三、十四，計二卷 △七六二九

宋刊宋印本，半葉七行，行十五字，注雙行同，白口，左右雙闌，板心上記字數，下記人名，有蔡章、蔡珏、劉舉等字。字大如錢，結體峻整，刻工精湛，爲各家藏目所無。

卷首鈐有“都省書畫之印”，卷十四後有“温字十六號”墨記，上鈐“禮部收藏書畫關防”朱記。

按：天禄後目有大字本，云是紹定癸巳臨江軍學刊，然未著行欵，以字體刀工審之，其殆是乎！（蕭山朱文鈞氏藏書，戊午歲閲。）

朱文公編昌黎先生傳一卷

宋刊本，半葉七行，行十五字，注雙行同，板心上記字數，中記“昌傳”二字，下記刊工姓名，有元壽、子文、頓又慶、胡祥、胡興、曾沂、子明等。

首新唐書本傳，次趙德文録序，次歐陽文忠公記舊本韓文後，次蘇文忠潮州韓文公廟碑，蓋卽昌黎文集之首册也。

卷尾鈐有“禮部收藏書畫關防”朱文印，又有“温字十六號”墨記。

此本朱幼平文鈞藏有文集二卷。（文友堂見。癸亥）

朱文公校昌黎先生集四十卷 唐韓愈撰 宋朱熹考異 存卷三十七、三十八，二卷

宋刊本，大字，七行十五字。 與朱文鈞氏所藏同。（甲子）

朱文公校昌黎先生文集四十卷 唐韓愈撰 宋朱熹考異

宋刊本，十二行二十一字，黑口，左右雙闌。卷一至四配明洪武二十一年戊辰書林王宗玉刊本。王本十三行二十三字，黑口，四周雙闌，序後有牌子，文曰：

“韓柳二先生文集行世久矣，唐季歷宋以來，儒人文士莫不宗之，以爲文章之模範，序記之矜式，惜乎舊板漫滅，續集遺闕，讀者憾

焉。本堂廣求,訪到善本,卷集全備,宗玉喜不自勝,命工鼎新綉梓,以廣其傳,使四方文學君子得覩二先生之全文,不致湮没,豈不偉歟!幸　鑑　□□□□歲舍戊辰十月吉旦書林王宗玉謹識。”(戊午)

朱文公校昌黎先生文集四十卷 唐韓愈撰　宋朱熹考異　王伯大音釋　存卷十至四十,計三十一卷

元刊本,十二行二十一字。細黑口,左右雙闌。(壬子)

朱文公校昌黎先生外集十卷遺文一卷集傳一卷 唐韓愈撰　宋朱熹考異　王伯大音釋

元刊本,中板心,半葉十二行,每行二十一字,注雙行同,細黑口,左右雙闌。宋諱朗、貞、徵、匡、烜、慎、敦皆缺末筆。每卷首行標題下注“考異音釋附”五字。題低三格,題注低四格,注中引某氏作某皆以陰文一二字别之。

收藏鈐有“乾隆御覽之寶”、“天禄繼鑑”、“天禄琳琅”、“五福五代堂寶”、“八徵耄念之寶”、“太上皇帝之寶”。又有“大隱柴西崖書畫印”、“子子孫孫永寶用享”、“朱氏珍秘”、“由拳”朱文各印,又“慈雲樓”白文一印。

按:此元刊十二行本,亦與柳先生集合刊者,昔年曾見一柳集於海上,後爲袁寒雲收之,版式正同。兹帙爲清内府舊藏,己未之冬見於廠市,同出者有青山集三十卷,周曇詠史詩三卷,纂圖互注揚子法言十卷,佩觿二卷,續博物志十卷,國語二十卷,山谷刀筆二十卷,皆號爲宋刊。實則佩觿乃張氏澤存堂翻刻,舊紙墊印,而乾隆題乃矜爲北宋,續博物志、國語、山谷刀筆則皆爲明刊耳。余以力絀不能舉,因勸友人收之,而余分得此帙及李石續博物志焉。聊志於此,以見昭仁殿著録之本要未可盡據爲典要也。藏園。

朱文公校昌黎先生集四十卷 唐韓愈撰　宋朱熹音釋

宋元合配本。一本十二行二十一字,注雙行同,黑口,左右雙闌。版心題昌文幾。注文凡各家各本均以陰文别之。存卷八至十六、二十一至三十二第十葉止、遺文,計存二十一卷半。宋諱玄、貞、朗、完、敦、徵皆爲字不成。　首序,不著姓氏,次寶慶三年王伯大序,次朱元晦序,次汪逵書,次凡例,次目録。

卷十三後有"雍正辛亥四月初六日句讀。張照記"題識一行。卷十二鈔補二葉,卷十四鈔補四葉,疑亦張氏書。

又配元明間刊本,十三行二十三字,注雙行同,黑口,左右雙闌,版心題昌文幾。注文凡各家各本皆以陰文二字别之。存序目、卷一至七、十七至二十、三十二第九葉起至四十,計二十卷有半。

鈐有:"嘉種堂"、"尊菜橋西散吏"、"繡雲山房"、"張興載印"回文、"興載之印"、"少宰希范先生之曾孫張興載"、"興載私印"、"張坤厚氏"回文、"張坤厚"、"悔堂"、"一松齋"諸印。(余藏。)

忠謨謹按:此書别有跋,收入藏園羣書題記三集卷五。

朱文公校昌黎先生文集四十卷外集十卷　唐韓愈撰　朱熹考異　王伯大音釋

元明間刊本,十三行二十三字,注雙行同,黑口,四周雙闌,版心魚尾下題昌文幾。卷一次行題"晦庵朱先生考異","留耕王先生音釋"。二卷以後于首行標題下小字雙行,題"考異音釋附"五字。首朱熹韓文考異序,寶慶三年王伯大序,李漢序,汪季路書,朱文公校昌黎先生集凡例。

鈐有"汲古閣"朱、"斧季"朱、"程薇"白、"應薇之印"白、"葛鼒翼魯氏書籍之章"朱、"海陵錢犀盦校藏書籍"白、"錢犀盦珍藏印"朱、"程氏伯垣"白、"銕橋道士"白諸印。(余藏。)

朱文公校昌黎先生文集四十卷　唐韓愈撰　宋朱熹考異　王伯大音釋

元明間刊本,卷首次行題"晦菴先生考異","留耕王先生音釋"。十

三行二十三字,黑口,四周雙闌。卷一首葉三行後有題語四行:

"宋莒公云:馮章靖親校,舊每卷首具列卷中篇目,馮悉以朱墨滅殺之,惟存其都凡,集外别有目録一卷。今按李漢所作序云:總七百首,并目録合四十一卷,則正與馮合。"

鈐印録後:"吴岫"白、"子京父印"朱、"崑山顧氏家藏"朱、"莫雲卿印"白、"賜硯齋"朱長、"周曾璘印"白、"蒼丞"朱。(癸丑)

朱文公校昌黎先生文集四十卷 唐韓愈撰 宋朱熹考異,王伯大音釋

元明間刊本,十三行二十三字。(南皮張氏遺書,壬戌春見。)

朱文公校昌黎先生文集四十卷外集十卷集傳一卷遺文一卷

元明間刊本,陸心源氏原題宋刊,十三行二十三字,黑口,四周雙闌。

按:此乃元明間刊韓柳合集本,世多有之,余亦藏一帙,不知陸氏何緣而不辨也。(日本静嘉堂文庫藏書,己巳十一月十三日閲。)

昌黎先生集四十卷外集十卷遺文一卷 唐韓愈撰 宋廖瑩中校正 **朱子校昌黎先生集傳一卷**

明東吴徐氏東雅堂刊本,九行十七字,注雙行,黑口,四周雙闌,版心上記大小字數,下記刊工人名,下方有"東雅堂"三字。每卷後有"東吴徐氏刻梓家塾"木記,篆隸正書不一。 前李漢序,次敍説,次凡例,次目録。

每册前後鈐有"乾隆御覽之寶"、"天禄繼鑑"、"天禄琳琅"各印。(余藏。丙辰)

昌黎先生集四十卷外集十卷遺文一卷 唐韓愈撰 宋廖瑩中校正 **傳一卷**

明東吴徐氏東雅堂刊本,九行十七字,白口,四周雙闌。 陳仲魚鱣題録後:

"按昌黎集四十卷、目録一卷、外集十卷、遺文一卷、朱子校新唐書

本傳一卷、敍説一卷、凡例一卷合五十五卷，東吴徐氏東雅堂刊。正集并目朝議郎行尚書屯田員外郎史館修撰上柱國賜緋魚袋門人李漢編序，外集遺文不知何人所編，古今言者都無確信。乾隆初其板減裂漫漶，洞庭東山席凝輝補殘訂訛，復還舊觀，其注以朱文公校本考異爲主，删取宋慶元間建安魏仲舉五百家注引洪興祖、樊汝霖、孫汝聽、韓醇、劉崧、祝充、蔡元定諸家要語附注其下，近歲流傳最爲善本。”(丁卯)

昌黎先生集四十卷 唐韓愈撰　宋廖瑩中校正　失去首册

明東雅堂刊本。　無錫諸洛郢塍臨各家批校。黄筆臨李安溪，藍筆臨方望溪，其朱筆不知何人，以首册失去也。又凡關於韓文者子史雜説咸著録之，四周皆滿，足見前人用功之勤。(乙丑)

張司業集三卷 唐張籍撰　存卷中　△二一八九

清寫本。黄丕烈校並跋：

“宋刻張司業集有二，一本八卷，一本上中下三卷，而要以八卷本爲勝。百家唐詩中所刻一卷僅三卷中之下卷耳，其爲可笑如此。余既別鈔北宋本，復借遵王南宋本補此二卷，聞此外尚有木鐸集，惜無從一見之。辛丑六月十一日貽典識。”

“案勑先跋謂宋刻張司業有三本，除此三卷及八卷外，當通考所載張籍詩集五卷也，木鐸集凡十二卷，直齋陳氏云，然未之見也。近獲湯中季庸以諸本校定爲張司業集八卷，中魏峻叔復高又得木鐸集，凡他本所無者皆附其末，則八卷本爲勝矣。復翁識。”

“同日影寫宋刻本補入，并校一過。”(余藏。)

絳守居園記 唐樊宗師撰　趙仁舉注　吴師道正誤補遺　楊德周定　沈光裕節録

明末刊本。　鈐有翰林院印。(壬戌春滬市所見。)

白氏文集七十一卷 唐白居易撰　卷四十一、四十二鈔配

明嘉靖十七年伍忠光龍池草堂刊錢應龍重修本。十二行二十字，白

口,左右雙闌。

鮑廷博據宋刊本用朱筆校。宋本不全。(余藏。)

白氏文集七十一卷 唐白居易撰

日本那波道原銅活字印本,九行十六字,黑口,四周雙闌,板心題白集幾。　前元稹白氏長慶集序,序後總目。目爲十帙。第一至七爲長慶集,共五十卷,第八帙以後爲後集,共二十卷,第七十一卷律詩,五言七言凡一百首,爲總目所無。卷末陶穀龍門重修白樂天影堂記。

後有那波道源白氏文集後序,略云國綱之與文章俱廢,幸有滕先生道德文章百世之偉人也,林提學嗣武而起,斯文勃興矣。如拙親炙也,聞先生之品藻古之人材也,到於樂天,則曰雖有朱紫陽之所謂口津津地之誚,小家數之曰白俗元輕之異議,好其爲人之醖藉,愛其集語意之平易真率矣。拙也雖有其奉佛之可疑,讀其集則快活不可言也,復願學者之周知焉。故命剞劂氏以廣其傳,又壯斯集之不苟也,自校讐焉,庶幾乎無誤歟!且記一時之懷,以貽後人。戊午秋七月丁亥朔,那波道圓書于洛中遠望堂。　每卷鈐"菅原長親印"白文方。(余藏。)

白樂天詩集四十卷 唐白居易撰

明正德刊本,十行二十字,每卷第三行題"太保武定侯鳳陽郭勛重編"。　前有正德十二年丁丑總督兩廣軍務應城陳金序,言于百粤求諸正郎石君得此本,太保定武郭公遂求以歸,先將詩編爲四十卷,文三十六卷,次第續之云云。則此本由郭氏編次,非樂天之舊矣。缺第十六卷,又配入朝鮮活字本第九、十兩卷,十二行十九字。但詩首數與目不符。

鈐有"昌平坂學問所"墨印、"文政丞辰"朱印,均日本藏印。(文友堂取閱。己未)

前年廠市見文集,爲周叔弢收去,今年菊生來函,言得一部,不知詩文全否。

白香山集四十卷 唐白居易撰 長慶集二十卷、後集十七卷、别集一卷、補遺二卷

清康熙汪氏一隅草堂刊本。 舊人臨何焯校本,改正甚多。(涵芬樓藏書。己未)

白氏諷諫一卷 唐白居易撰

明刊本,十行十六字,黑口,四周雙闌。題"唐右拾遺兼翰林學士白居易撰","四川布政司參議曾大有重刊"。 前載居易自序,次目録,自七德舞至採詩官凡五十首。

按:此本余昔年曾假得沈同叔前輩藏本校,與世行全集本文字多不同,疑出于當日單行之本也。字體刀法似正德嘉靖以前所刻。(蟠青書室所見。辛未)

白氏策林四卷 唐白居易撰

明翻宋刊本,十行二十一字。 首原序,序後接目録,目卷幾下注凡若干道。

按:此書序内搆字小字注犯御名,知從宋本出。余取馬元調本勘之,添改之處極多,洵善本也。(余藏)

劉賓客文集三十卷外集十卷 唐劉禹錫撰

宋紹興八年嚴州刻本,半葉十三行,每行二十二字,白口,左右雙闌,版心上魚尾下記"禹一"等,下記葉數,最下記刊工姓名。 有宋時修補之葉。 外集末有後序,爲宋敏求輯後集序,及紹興八年嚴州太守廣川董弅校讐刻印識語。其刊工有與世説新語及余藏新刊劍南詩藁同者。

按:此故宫藏書,自承德避暑山莊移來者,徐君森玉主館事時曾影印行世。此卽放翁跋世説中之嚴州舊版廢於火者,余嘗以校朱氏結一廬新刊本,是正良多,傳世劉集最善之本也。沅公。

劉夢得文集三十卷外集十卷 唐劉禹錫撰

宋刊本，半葉十行，行十八字，細黑口，左右雙闌，版心上題“劉夢得一”，中記葉數，下記姓名，悉以横線闌斷，無魚尾。每卷首行標題，次子目，目後接正文。　前後序跋已失，文集外集前均有目録。

按：此日本崇蘭館所藏，董君綬金已影印行世。全書大字疏古，紙墨精良，審其刀工，似是吾蜀所梓。暇日嘗以校朱氏結一廬新刊本，乃殊少佳勝，頗有訛失，不如紹興董弅刊本遠甚，然後嘆物之不可以皮相也。沅公

劉賓客文集三十卷 唐劉禹錫撰

明萬曆黎民表刊本，十行二十字。

黄丕烈以朱筆校過，跋語録後：

“辛酉秋月從書坊觀汪氏開萬樓書目，有舊抄本劉夢得文集四册，卷第皆後人以意補寫，辨其筆迹非原抄之舊矣。携歸校于明刻中山集，按其卷第爲此刻二十一至三十，然未可據此正彼，亦未可據彼正此，各存面目可矣。其餘爲外集一至八，因有影宋本在明刻中山集所無，故未之校，即此十卷略存佳者，以備參考。然亥豕甚多，脱誤不少，无足取也。因是舊鈔，故存其異，校畢書。　蕘圃。”

鈐有“小謨觴仙館”、“不夜于氏藏書印”二印。（見于蟫隱廬。戊午）

劉賓客外集十卷 唐劉禹錫撰　缺三四兩卷

明刊本，十行二十字。版口題“劉文集”，似是黎刊。（己巳）

劉賓客文集三十卷 唐劉禹錫撰

清倪氏經鉏堂緑格寫本，九行二十字。（徐梧生舊藏。乙丑）

中山集三十卷 唐劉禹錫撰

明刊本，嘉靖以後。軟體字。（癸丑見於宏遠堂，索六十元。）

中山集三十卷 唐劉禹錫撰　　△一〇二一六

舊寫本，十行二十字。首行仍題“劉賓客文集”，次行題“正議大夫檢

校禮部尚書兼太子賓客贈兵部尚書劉禹錫”。每卷前附目録。藏印如下：

“西畇草堂藏本”朱、“陳墫印”朱、“西畇草堂”朱、“西畇藏書”朱、“陳氏西畇草堂藏書印”白、“袁廷檮印”白、“貞節堂圖書印”朱、“吴興包子藏書畫金石記”朱、“方是閑居”朱、“海豐吴氏石蓮盦”朱、“復初氏”朱、“平江陳氏”朱、“壽階”朱、“五硯樓”朱、“包虎臣藏”朱。（邢贊亭新收之書，甲戌四月見。）

吕和叔文集五卷 唐吕温撰

明末毛氏汲古閣寫本，有崇禎甲申毛晉跋。有朱筆校。黄丕烈跋。（癸丑）

吕和叔文集十卷 唐吕温撰　　△三五三〇

清錢曾述古堂寫本，十一行二十二字，藍格細棉紙，左闌外有“錢遵王述古堂藏書”八字，各卷首結銜題“朝議郎使持節衡州諸軍事守衡州刺史上騎都尉賜緋魚袋吕温”。　卷一賦、詩，卷二詩，卷三書、序，卷四表，卷五表、狀，卷六誌銘，卷七誌銘，卷八銘文，卷九頌、讚，卷十雜著。前人以唐文粹文苑英華校其異字于闌上。（瞿氏藏書。癸酉）

吕和叔文集十卷 唐吕温

明末馮舒家寫本，十行十八字。　馮氏跋録後：

“右吕衡州集十卷，甲子歲從錢牧齋借得前五卷，戊辰歲從郡中買得後三卷，俱宋本。第六第七二卷均之缺如，因棄置久之。越三年辛未，友人姚君章始爲余録之，因取英華、文粹所載者照目寫入，以俟他年得完本校定。正月盡日識。　孱守居士。”

“凡行間所注某作某俱愚所校，此本則一照宋本鈔寫。第二卷聞砧以下十五首宋本所無，案陳解元棚本增入。　雍正七年五月初十至十三日文瑞樓校正一次。”

鈐有彭氏知聖道齋、朱氏結一廬藏印。（己未）

吕和叔文集十卷 唐吕温撰

清鮑氏知不足齋影寫宋刊本，八行十六字，紙墨精妙。 鈐有翰林院印。（南陵徐乃昌氏積學齋藏書。）

吕衡州文集十卷 唐吕温撰 殘存卷一之五

舊寫本，八行十五字。每卷題“朝議郎使持節衡州諸軍事守衡州刺史上騎都尉賜緋魚袋吕温撰”。

鈐有“雲間陸耳山珍藏書籍”朱、“姚”朱、“椿”白、“松風亭長”白諸印。

前有咸豐壬子章耒次柯題語，言爲姚春木所贈，而以之轉貽汪均牧者。

按：全書十卷，此僅存其半，然審其欵式甚舊，出于古刻無疑也。（蘇州欣賞齋送閲，戊辰閏二月收。）

柳文□□卷 唐柳宗元撰 兩卷均缺首末葉，故不知標題 存卷三十七第二葉至三十三葉止，中缺第三下半葉、四、五、六、七葉、十四葉、三十三下半葉。又卷四十一第八葉至十七葉上半葉

宋刊本，半葉九行，行十七字，白口，左右雙闌。版心上記字數，下記刊工人名，有張待用、童澄、丁日新、吴鉉、吴椿、王仔、王僖、劉昭、鄭錫、徐安禮、徐禧、朱春、金滋、丁松等。宋諱貞、桓、慎、敦均缺末筆。

北京午門歷史博物館藏，亦得之内閣大庫紅本袋中者。（癸亥）

柳文四十三卷别集二卷外集二卷 唐柳宗元撰 **附録一卷**

明嘉靖三十五年丙辰莫如士刊本，十一行二十二字。前王材序。

按：據王材序言，寧國本爲游侍御所刻，已二十年，摹行既廣，輒已剷昧。莫君以御史出南畿，甯國朱守以爲言，乃重加校梓云云。是莫氏實從游刻翻雕，余細審其板式亦決不同。然則近人謂莫氏取游板改剜者，殆未深考耳。沅叔。（余藏。丙辰）

唐柳先生文集三十二卷外集一卷 唐柳宗元撰 存卷二十九第一、二葉，卷三十二第九至十八葉，外集第一至二十九葉

宋刊本，半葉九行，每行十七字至十九字不等。 後有嘉定改元汪

楲跋,録于下方:

"舊集日累月益,墨版蠧蝕,字體漫滅,至讀者有以悴爲倅、以邁爲遇者。因委新舂陵理掾朱君敏集諸家善本校讐之,更易朽腐五百餘版,釐革訛舛幾數百字,半朞而工役成,庶可以傳遠。或尚有缺漏,博古君子能嗣而正之,抑斯文之幸也。嘉定改元十月　日郡守鄱陽汪楲跋。"

按:余藏有柳外集一卷,爲乾道元年永州郡齋刊本,有葉桯後序。其文之次第及行欵均與此同,卷中"送元嵩師詩"、"上宰相啟"、"上裴桂州狀"三首爲各本所無。第此本無葉桯序而有嘉定汪楲跋爲異耳。考經籍訪古志載柳集殘本九卷外集一卷,有乾道元年十二月十五日畢工一行,又有紹熙辛亥永州州學校授錢重跋,略言爲之是正,且俾盡易其板之朽弊者云云。末亦附嘉定汪楲跋。可知余所藏者爲乾道初刊本,紹熙之補訂者爲二次補本,嘉定之釐正數百字易五百餘板者爲第三次補本。惜今所存者外集之外衹得卷二十九、卷三十二寥寥十餘殘葉,非賜蘆文庫所藏之舊矣。(日本静嘉堂文庫藏書,己巳十一月十三日閲。)

唐柳先生外集一卷 唐柳宗元撰 △五二三八

宋乾道元年永州零陵郡庠刊本,半葉九行,每行十八字,白口,左右雙闌。版心上魚尾下標"外集"二字,下魚尾下記葉數,又下記字數,最下記刊工姓名,有伍盛、唐宏、陸公才、陸公正、趙世昌、李林、如松、公誠、林、成、材、輝、松等。宋諱讓、徵、恒、玄、貞、煦皆爲字不成。卷首標"外集"二字,次行列目,目後接連本文。末有乾道改元吴興葉桯後序,録如下方:

"重刊柳文後序

按子厚年譜,永貞初自尚書禮部郎出爲邵州刺史,道貶永州司馬,元和中始召至京師,凡居永者十年。今考本集所載,見於遊觀紀詠在永爲多,蒐訪遺蹟,僅獲一二,佗皆不可考。郡庠舊有文集,歲久頗剥落,因裒集善本,會同僚參校,凡編次之殽,字畫之譌誤,悉釐正之。獨詞旨有互見旁出者兩存之,以竢覽者去取。命工鋟木,歲餘其書始就。噫!零陵號湖湘佳郡,且多秀民,文物之盛甲於他州,豈子厚之殘膏賸馥霑丐迨今而然耶?然則新是書以流布豈特補是邦之闕遺而已,學者幸察其區區焉。乾道改元季冬丙子吴興葉桯書。"

後有莫繩孫跋:

"唐宋志載柳集並三十卷,晁氏讀書志亦三十卷,外集一卷。趙希弁附志作四十五卷,外集二卷。陳氏書録解題所載凡三種,并四十五卷,外集二卷。天禄琳琅書目載宋槧二,一爲魏仲舉集注本,正集二十一卷,外集二卷;一爲韓醇詁訓本,正集四十五卷,外集二卷。元槧三,并童宗説注釋本,正集四十三卷,外集二卷。天禄琳琅書目後編載宋槧四,元槧二,亦童注本,卷數並同。以上諸本分卷各不同,要以三十卷爲最古,陳氏解題謂劉禹錫作序,言編次其文爲三十二通,退之之誌若祭文附第一通之末,今行世皆四十五卷,又不附誌文,非當時本也。是宋時所刊柳集已非劉氏之舊。四庫題要謂或後人追改劉序,以合見行之本。按劉集載柳文序實作三十二通,則四十五確爲後人追改無疑。各本柳集所載劉序皆作四十五通。今獲此宋槧外集一卷,詩文凡四十三首,各本已闌入正集者三十二,外集才八首,又溢出"送元嵩師詩"、"上宰相啓"、"上裴桂州狀"三首,則諸本正外集皆不載。卷末有乾道改元吴興葉桯刊書跋,蓋桯官永州刻之郡庠者也。所見柳集數本,外集皆二卷,唯晁志作一卷,昭德與桯實同時,或所弆卽此永州本也。是册爲曹楝亭舊藏,檢千山曹氏藏書目此種,注云三十二卷,乃合此外集暨附録計之,益足正永州本正集爲三十卷無疑。以是外集例之,其正集必有大異於諸本者,惜哉! 同治十二年太歲癸酉秋七月既望獨山莫繩孫識。"

按:是書字體渾穆端莊,摹仿魯公,精刊初印,墨氣濃厚,紙用羅紋皮料,匀潔堅韌,在宋本亦爲罕觀。癸丑冬張菊生前輩爲余收之。各本外集皆二卷,此獨一卷,與晁志合,又溢出三首,諸本正外集皆不載,雖寥寥數十葉,亦驚人秘籍也。莫氏仲武考証至詳,兹不贅及。丙寅十月沅叔漫志。

又:己巳東瀛訪書,得見静嘉堂藏宋本殘卷,與此正同,文集三十二卷,與劉禹錫序及楝亭目合。莫跋誤爲三十卷,因爲正之。葉桯爲葉石林之子。

忠謨謹按:此書有跋,收入藏園羣書題記三集卷五。

河東先生集四十五卷外集二卷龍城録二卷 唐柳宗元撰　宋廖瑩中校正　**附録二卷傳一卷**

明郭雲鵬濟美堂刊本,九行十七字,注雙行,黑口,四周雙闌,版心下魚尾下題"濟美堂"三字,下記刊工姓名。每卷後有"東吴郭雲鵬校壽梓"木記,篆隸正書不一。　前劉禹錫序,次目録,末附天聖元年穆脩、政和四年沈晦、紹興四年李褫、李石、淳熙丁酉韓醇各序。

鈐有"汲古主人"、"子晉"、"唐棲朱氏結一廬圖書記"、"朱氏文房"各印。(余藏。丙辰)

重校添註音辯唐柳先生文集四十五卷 唐柳宗元撰　宋童宗説、韓醇等注殘帙,存目十八葉,卷八至十三、廿三至廿五、廿九、卅、卅五至卅九、四二,計十七卷每卷皆有殘缺

宋刊本,半葉九行,行十七字,白口,左右雙闌,版心上記字數,下記刊工姓名,有:朱梓、朱春、曹冠宗、曹冠英、鄭錫、高春、高文、繆恭、陳良、陳斗南、王仔、王僖、王遇、王顯、毛端、石昌、徐安禮、徐禧、吴鉉、吴敍、丁松、丁日新、張待用、龐知柔、董澄、金滋、劉昭、馬良諸人。貞朗恒皆缺末筆。　注文有"韓曰"、"孫曰"、"童曰"、"張曰"、

"集注"、"補注"各説，文字異同記"重校一作某"。

藏印有"横經閣收藏圖籍印"、"仁義里"，皆朱文。（甲戌十二月十三見於文友堂。）

按：此書楊氏海源閣藏一全帙，前歲曾得一覽，其行欵刊工與此全同。楊氏楹書隅録引何義門讀書記，言據陳氏書録解題，爲姑蘇鄭定刊於嘉興。楊氏又據刊工中有曹冠宗、曹冠英、丁松、王顯諸人與鄭氏在嘉興所刻愧郯録同，益可爲鄭刻之確證。

忠謨謹按：此書先君有跋，收入羣書題記續集卷三。

重校添註音辯唐柳先生文集四十五卷 唐柳宗元撰　宋童宗説、韓醇等注

宋刊本，大字，半葉九行，行十七字，注雙行同，白口，左右雙闌，版心上記字數，下記刊工人名。字體方整如晦菴文集、東萊集。間有元補板，黑口。（癸丑）

新刊五百家註音辯唐柳先生文集四十五卷

日本古刊本，十行二十字，注雙行同，黑口左右雙闌。卷末有木記如下式：在陽葉下左方之角。

"祖在唐山福州境界
福建行省興化路莆田
縣仁德里臺諫坊住人
俞良甫，久住
日本京城阜近，幾年勞
鹿，至今喜成矣。
歲次丁卯仲秋印題。"（日本帝室圖書寮藏書，己巳十一月十一日觀。）

增廣註釋音辯唐柳先生集四十五卷 唐柳宗元撰　宋童宗説、韓醇等注釋　張敦頤音辯　潘緯音義　存卷九至十三，凡五卷，卷九缺一、二葉

宋刊本，半葉十二行，每行二十一字，黑口，左右雙闌，注雙行同。增註姓氏以白文别之。宋諱貞、徵、恒、桓、匡、敦缺筆。字體秀勁，蓋

建本之精者。

鈐有元代官印,文曰:

"國子監崇 借讀者必須愛護損壞闕失典 文閣官書 掌者不許收受"(大庫佚書,戊寅元日,劉啟瑞之子文興持來。)

增廣註釋音辯唐柳先生集四十五卷外集二卷 唐柳宗元撰 宋童宗説注釋 張敦頤音辯 潘緯音義 **年譜一卷** 宋文安禮撰 **附録一卷**

李□九〇八三

宋淳祐九年刊本,半葉十二行,行二十一字,細黑口,左右雙闌。避宋諱至慎字止。 有淳祐九年劉欽書後序,以手書上版。(李木齋先生藏書。)

增廣註釋音辯唐柳先生集四十三卷别集二卷外集二卷 唐柳宗元撰 宋童宗説注釋 張敦頤音辯 潘緯音義 **年譜一卷** 宋文安禮撰 **附録一卷**

元刊本,十二行二十一字,細黑口,左右雙闌,版心雙魚尾,間記大小字數。(戊午)

增廣註釋音辯唐柳先生集四十三卷别集二卷外集二卷附録一卷 唐柳宗元撰 宋童宗説注釋 張敦頤音辯 潘緯音義

題"南城先生童宗説注釋""新安先生張敦頤音辯""雲間先生潘緯音義"。

元明間刊本,十三行二十三字,注雙行同,黑口,四周雙闌,上魚尾下題柳文幾。

鈐有"項子京家珍藏"朱文印。(余藏)

增廣註釋音辯唐柳先生集四十三卷别集二卷外集二卷 唐柳宗元撰 宋童宗説注釋 張敦頤音辯 潘緯音義

元明間刊本,十三行二十三字。有補板。

鈐有"鄭烇之章"、"儉庵"、"端簡文孫"各印。(己未)

增廣註釋音辯唐柳先生集四十三卷 唐柳宗元撰　宋童宗説注釋　張敦頤音辯　潘緯音義

元明間刊本，九行十八字。黑口雙闌，長大版心。(抱經樓藏)

增廣音註唐柳先生集四十三卷 唐柳宗元撰　宋童宗説注釋　張敦頤音辯　潘緯音義

元刊本，十行二十三字。(南皮張氏書，壬戌見。)

京本校正音釋唐柳先生集四十三卷別集一卷外集一卷 唐柳宗元撰　宋童宗説音注　張敦頤音辯　潘緯音義

明初刊本，十行二十四字，白口，四周雙闌。

按：此本譌字泉湧，非善本也。(癸丑)

柳詩二卷 唐柳宗元撰

明刊本，九行二十字，黑口，四周雙闌。　分體編次，先絶句，次律詩，次古詩。(庚申)

歐陽行周文集十卷 唐歐陽詹撰

宋蜀中刊本，半葉十二行行二十一字，白口左右雙闌，版心不記字數刊工，宋諱缺筆。

按：此即世傳劉公甗舊藏宋蜀本唐人三十家之一也。頃出于廠市，急往追尋，已爲有力者所獲。

歐陽行周文集十卷 唐歐陽詹撰

明弘治十七年甲子莊槩刊本，十行二十一字，通葉號。　有葉清序，稱冢宰福郡林先生自閣録出。(乙卯)

歐陽先生文集八卷 唐國子監四門助教歐陽詹著　　李□六六五

清吴枚菴翌鳳鈔校本，九行十八字。原校用朱筆，後校宋刊本用黄筆。李木齋先生手跋録後：

"此爲吴枚菴鈔校陳仲遵西畇草堂所藏舊本。近見一新鈔十卷者，後録舊人跋語，謂得汪孟慈藏十二行廿一字從宋蜀本鈔出之本,取校此本,惟每卷有目序次不同,詩文并無所增,且少秋月賦一篇,又答韓十八駕驥吟,將韓詩列前,和作列後,亦不如此本。此本黄筆校影宋本卽從彼本出也。壬戌立秋後五日盛鐸記。”

藏印如下:“翌鳳私印”白、“枚庵”朱、“古歡堂鈔書”白、“吴氏鈔書”白、“祕本”朱、“古歡堂”朱、“枚庵流覽所及”朱、“古歡堂”白、“吴縣陳墫”白、“平江陳氏晚翠軒藏書”朱、“復初氏”朱、“墫印”朱、“古潭州袁卧雪廬收藏”白。(李木齋先生舊藏。)

忠謨謹按:此書别有跋,收入藏園羣書題記三集卷五。

唐歐陽行周集八卷 唐歐陽詹撰

舊寫本,九行十八字。卷首有“道光二年壬午孟夏得之鮑氏知不足齋”朱筆一行。　鈐有東武李氏收藏、李氏□赤二印。(乙亥二月)

歐陽行周文集十卷 唐歐陽詹撰　存卷五至十,計六卷

清塘棲勞氏寫本,以朱筆校過。　鈐有“勞保艾印”。勞保艾卽格也。(文德堂送閲。戊午)

姚少監詩集十卷 唐姚合撰　△七六四二

前半明寫本,後半亦清嘉道以前寫本,十行十八字。明寫本宋諱缺筆,舊人以朱墨筆校過。　後有毛晉三跋,又黄蕘圃丕烈跋,不具録。鈐有毛氏黄氏各藏印。(己未)

唐清塞詩集一卷 唐釋清塞撰　卽周賀

明刊本,十行十八字。　黄蕘圃丕烈跋録後:

“藏書以奇秘爲主,不必論刻之宋金元明也。卽如此等書,世不多見,卽爲秘矣。余藏殘宋刻唐僧弘秀集,係菏澤李龏和父編,其行欵正與此同,想此集亦必有宋刻矣。世無宋刻,安得不以明刻爲奇秘乎!　中秋日重檢及此,因記。時潘榕皋理齋父子散步至舍,劇談而去,頗極友朋之樂。復翁。”

“衢本郡齋讀書志云:‘清塞詩一卷:右唐僧清塞字南卿,詩格清

雅，與賈島、無可齊名。寶曆中姚合莅杭，因携書投謁，合聞其誦哭僧詩云：凍髮亡夜剃，遺偈病中書，大愛之，因加以冠巾爲周賀云。'按袁本莅杭州作爲杭州刺史，袁本誦哭僧詩無誦字。袁本凍髮髮作鬚。"

"全唐詩周賀字南卿，東洛人，初爲浮屠，名清塞，杭州太守姚合愛其詩，加以冠巾改名賀，詩一卷。""余初得此詩集却未知清塞之名。既從友人處借全唐詩校之，於僧中亦無自檢覓，心頗疑焉。後友人以郡齋讀書志中所載一條示余，方知清塞卽周賀也。覆考全唐詩，果詳載於周賀下，因並録之如右。余家舊藏周賀詩係影抄書棚本，而金俊明與何義門兩先生合校者，取對是本，彼此多不同，詩亦互有存失。蓋此爲菏澤李龏和父編，非棚本所自出，故所載各異。至於全唐詩采録最詳，故此集之詩無一首遺者。余所重在古本，此集雖載於晁志，而編自何人屢見于此，諸家皆不著録，是可寶矣。同得者尚有唐貫休詩集，亦和父編，喻鳧盧仝板刻正同，不列編次之人，皆屢見之本也。　嘉慶丁卯夏五月二十日復翁黄丕烈記。"

"越歲己巳重陽前一日雨牕無聊，檢宋刻唐僧弘秀集，第四卷悉是周賀詩，知此卽翻本矣，特改標題耳。爰校正幾字。　復翁記。"朱筆。

第四葉下三行十四然改默

第七葉上一行九大改犬　上四行十二舊改故　下六行六苔改苕　下六行十四看改穿　下七行十六倉改滄

第八葉上七行十五札改劄　上十行十四原空，填似字　下一行十七思

第九葉下八行十八思

第十葉上七行二履改屨（顧鶴逸藏書。癸丑）

李文十八卷 唐李翱撰

明成化刊本，十行二十字，黑口，四周雙闌，版心分四格，上格題幾卷，次格題李文，魚尾下記葉數。前成化七年何宜序，次目録，目録

首行題"唐李文公集總一十八卷,凡一百三首",旁注"二首元闕",次行題"唐山南東道節度使檢校户部尚書",三行題"李翺字習之"。本書正文首葉題"李文卷第一",下篇目,目後連本文。(余藏。丙辰)

唐李文公集十八卷 唐李翺撰

明刊本,十行十九字,大黑口,四周雙闌。　有嘉靖二年三月望日賜進士出身兵部主事鄷都黄景夔序。有跋録後:

"崇禎庚辰燈下與家兄讀此書,目光茫茫然,再三五恐不能讀書矣。歲月如電,老死相尋,奈何哉!時余年正三十七也。彪。"(李紫東寄來。庚申)

李文公集十八卷 唐李翺撰

清寫本,十行二十字。　前録成化乙未何宜序,蓋從明本傳抄者。鈐有"大興朱氏竹君藏書之印"、"朱錫庚印"、"錫庚閲目"各印。有朱錫庚跋録後:

"鈔本唐李文公集十八卷,山南東道節度使檢校户部尚書李翺字習之撰。郡齋讀書志云:'集皆雜文,無詩歌,前有蘇舜欽序,云唐之文章稱韓柳,翺文雖辭不逮韓,而理過于柳。'直齋書録解題李文公集十卷文獻通考作十八卷云:'蜀本分二十卷,集中無詩,獨有戲贈一篇甚拙,非其作也。然韓集遠遊聯句云:前之詎灼灼,此去信悠悠,亦殊不工,他無一語,意者于詩非其所長而不作耶!'四庫書目云:'唐藝文志作十八卷,趙汸東山存稿有書後一篇,稱李文公集十有八卷,百四篇,浙江行省參政趙郡蘇公所藏本,與唐志合。陳振孫書録解題則云分二十卷。近時凡有二本:一爲明景泰間河東邢讓抄本,國朝徐養元刻之,譌舛最甚,此本爲毛氏晉所刊,仍十八卷,或即蘇天爵家本歟!'此本有成化乙未廣西承宣布政司左布政使何宜序,云邵武郡守西蜀馮君師虞以唐隴西李文公所爲文一十八卷凡百三首,命工鋟梓。成化距景泰後僅數十年,而邢讓抄本至我朝始行刊刻,決非邢本明矣。其毛晉所刊未詳源于何本,獨是本既經馮氏鋟梓,而此本何以猶復抄寫,不解何故。至數卷與東山存稿同,而趙氏作百四篇,此止百三篇,蓋闕疏引待制官一首,而歐陽詹集序乃李貽孫所撰,本不在此數,實百二首耳。至世本無蘇舜欽序,殆亡來已久,總目中所引蘇舜欽兩語蓋出于郡齋讀書志,恐毛晉刊本亦未必載蘇序也。　道光三年春正月十有八日少河山人識”後鈐“朱錫庚印”白文一印。“道光二十七年嘉平十有四日。　堪喜齋購藏。”(辛未十一月見)

李習之文集十八卷 唐李翺撰

清刊本,十行二十字,四周單闌。軟字體。　題“後學徐養元長善甫較”。　有邗江趙漁序。(戊午)

元微之文集六十卷 唐元稹撰　存卷一至十四、五十一至六十,計二十四卷

△七六三八

宋蜀中刊本,半葉十二行,行二十一字,白口,左右雙闌。版心題“微之幾”,或“元之”,或“元幾”不一。　首有宣和甲辰建安劉麟應禮序。

鈐有“翰林國史院官書”大朱印,又“劉體仁印”、“公愿”、“潁川鎦考功藏書印”三印。

又見許用晦、司空表聖、張文昌、孫可之,李長吉、鄭守愚六家,皆歸朱幼平文鈞,版式藏印亦同。余藏孟東野文集殘本亦同此式。蓋皆三十家内之集也。常熟瞿氏有劉文房集六卷、劉夢得文集四卷,姚少監詩集五卷,亦與此同種。(戊午)

忠謨謹按:此書别有跋詳之,收入藏園羣書題記續集卷三。

元氏長慶集六十卷 唐元稹撰　存卷四十至四十二,凡三卷

宋刊本,半葉十三行,每行二十三字,白口,左右雙闌。版心下方記刊工姓名,有李詢、王存中、毛昌、周彦諸名。字體方整,仿歐體,鎸

工精湛,避宋諱至完字止。　後有乾道四年洪邁序。

按:元集余曾校宋刊本,爲半葉十二行,每行二十一字,與此本不同,蓋彼爲蜀本,此則乾道四年洪邁刊於紹興蓬萊閣者。刻工周彥又見余藏明州本文選再補板中,可以爲證。明嘉靖董氏茭門別墅刊本卽依此本翻雕者也。(日本静嘉堂文庫藏書,己巳十一月十三日閱。)

元氏長慶集六十卷集外文章一卷 唐元稹撰

明嘉靖三十一年董氏茭門別墅刊本。十三行二十三字,白口,左右雙闌。

清初葉祖德據宋本校過。祖德名修,葉林宗長子。書中所補缺葉間有盧抱經學士文弨所未見者。卷尾録明楊君謙循吉跋語,又錢牧翁謙益跋。末有“辛卯年二月二十五日再勘　祖德記”,朱筆一行。“辛卯孟春日葉修又讀一次”,墨筆一行。(癸亥)

元氏長慶集六十卷 唐元稹撰

明馬元調刊本。　曹炎以宋本校過,并録馮默菴舒跋:

“元集第十卷世無完本,鼎革時牧翁於大内得此書,是卷完好,乃北宋本也。宋本之妙若此,兼金之重何足怪乎。余得校是本亦逃難中一快事也。噫! 宋本不可得,得如是校宋本亦足爲希世之珍矣。馮默菴識。”

“康熙壬申小雪後五日曹炎對臨”

按:炎卽彬侯也。癸酉十月十二日,董廉之送閱,因臨校一過。

元氏長慶集六十卷集外詩一卷 唐元稹撰　△八四〇九

明寫本,十三行二十三字,末卷尾有楊君謙循吉跋,卽錢牧齋謙益跋所稱楊君謙本也。

前有錢牧齋跋一葉,傳校本多有之,不具録。卷中誤字皆牧齋親筆填補,卷十酬白學士百韵,“光陰聽話移”以下兩葉牧齋手抄補足。卷五十八至六十、卷五十七末葉後人補抄。

鈐有"蒙叟"小印、"錢後人"、"忠孝世家"二印，又"吴奕私印"、"汪閬源印"、"金匱蔡氏醉經軒攷藏印"、"蔡廷楨印"、"蔡廷相印"、"讓國故國世家印"、"汪澂别號鏡汀圖章"各印。(景樸孫遺書，文德堂送閲。丙寅)

皇甫持正文集六卷 唐皇甫湜撰　　△八七一二

宋蜀刻本，半葉十二行，行二十一字，版心題正幾，白口，左右雙闌。

目録次行題"皇甫湜字持正"，每卷有目接連本文。　鈐有"翰林國史院官書"大朱印。又"劉體仁印"、"公愿"、"潁川鎦考功藏書印"三印。(戊午)

忠謨謹按：此書先公嘗影印行世。

皇甫持正文集六卷 唐皇甫湜撰

明寫本，九行十九字。後有錢遵王曾手跋六行。　鈐有黄蕘圃丕烈父子印。(己未)

皇甫持正文集六卷 唐皇甫湜撰

清寫本，八行二十二字。　鈐有"吴氏西齋"、"沈氏小酉山房藏印"二印。(文友堂見。癸亥)

賈浪仙長江集七卷 唐賈島撰　二册

明嘉靖刊本，十行十八字上空一格，黑口，四周雙闌。卷末有"奉新縣刊"四字。　鈐有"長谿"、"守藏室"、"史孔仁"、"野泉"、"竹垞讀本"諸印。(己巳九月見於上海陳乃乾處，索一百二十元。)

賈浪仙長江集十卷 唐賈島撰　　△一一三七九

明末毛氏汲古閣刊唐人八家詩本。　毛扆據宋本手校，有跋録後：

"癸卯重陽前二日，從趙玄度先生所藏宋本勘一過。湖南省庵。"(余藏)

賈浪仙長江集十卷 唐賈島撰

清康熙席啟寓琴川書屋刊唐人百家詩本。　蔣杲臨何焯評校。有跋録後：

“義門師所校長江集最爲精細。壬寅夏，師卒於京邸，遺帙散落。三月後，有以是帙及王孟詩來售者，時正乏錢，惋恨久之。同年舒子展云：以别本過出，猶如見真本也。因出架上長江、右丞、襄陽詩三册見付。匆匆曹務，竟不暇對校。後長江集留于余處，而王孟集已屬吴興潘氏矣。余嘉子展之，志而幸長江集之猶存，甲辰春初，旬休之暇，粗校一過奉還，好古者知不罪其塗鴉也。三徑杲識。”(余藏)

賈長江集十卷 唐賈島撰

清康熙席啟寓琴川書屋刊唐人百家詩本。

潘笏盦志萬臨何義門焯校本。何氏所據乃鈍吟老人本，余于癸丑歲曾手録一本，兹不複述。收藏印録後：“潘氏桐西書屋之印”、“庚申刧火之餘”、“茉坡藏書”、“碩庭鑑賞”白、“緋廬”、“崦西草堂”、“笏盦”、“潘志萬長壽印”白各印。(戊辰八月文友堂取閲。)

賈浪仙長江集十卷 唐賈島撰

舊寫本，十二行二十字。 前有蘇絳撰墓志銘，唐宣宗賜墨敕并王遠跋。後有新修唐書傳，韓文公贈詩題讚，紹興二年平陽王遠序。

“太歲戊午佛日宋本校過，此真善本

勿易視之 簡緣子馮武。”

鈐有“璜川吴氏收藏圖書”朱文方印。(乙亥)

賈浪仙長江集十卷 唐賈島撰

清盧抱經文弨鈔校本，臨何校馮評。有乾隆四十一年手跋二則，又朱筆手記。

沈下賢集十二卷 唐沈亞之撰 八卷以下抄配

明刊本，九行二十字。

鈐有山陰祁氏、海鹽馬氏藏印。(癸丑見，平湖葛氏藏書。)

沈下賢集十二卷 唐沈亞之撰

清寫本,九行二十字。　葉樹廉跋。　鈐有張金吾藏印。(余藏。)

沈下賢文集十二卷 唐沈亞之撰

舊寫本,八行二十字。

鈐有"臣恩復"、"秦伯敦印"、"石研齋秦氏藏印"、"臣星衍印"、"東魯觀察使者孫忠愍侯祠堂藏書印","面城樓藏書印"、"順德温□勒所藏金石書畫之印"、"曾釗之印"。(壬午)

沈下賢文集十二卷 唐沈亞之撰

舊寫本,十一行二十二字。　有朱墨筆校。

"沈亞之集向來絶無善本,此册尚係舊鈔,又經義門老人精校,可稱完善,惟缺墓志二篇,表一篇,祭文八篇,當續補鈔,以成完帙。嘉慶丁卯正月八日寓京師宣武門外團雲書屋江都秦恩復記。"

"康熙庚寅從虞山錢楚殷借其鈔本校一過,錢本訛脱亦不可勝計,後於憩閒堂得季滄葦舊本,亦魯衛也,下賢文雖澀蹇,顧安得一可讀者乎! 何焯。"

"此三行斷爛之餘而僅存,附録備攷,顧千里記。"

何、秦、顧三跋均過録。書眉所記有"錢本"、"王本"及"文苑英華本",然不知王本爲何人,疑傳鈔時有脱逸也。(丁卯九月,王富晉書坊見。)

李文饒文集二十卷别集十卷外集四卷 唐李德裕撰

明正嘉間刊本,十行二十字,版心題"李衛公文集"。　前鄭亞序。本書正文大題在下,題"會昌一品制集"。外集末有後序,刻未全。(余藏。丙辰)

李文饒公文集二十卷别集十卷外集四卷 唐李德裕撰

△七六三七

明嘉靖刊本,十行二十字,次三行題"江西按察司副使吴從憲彙輯",

“袁州府知府鄭惇典校正”，乃補板時所加，原刻不如是也。　竟卷用朱筆校過，不記姓名。余録之嘉靖影本，與蕘夫校殘宋本時合時不合，要不可解。然其源甚古則無可疑，改定各字悉視刻本爲勝。鈐有“閩中蓼亭蕭夢松圖史之章”、“蘭陵世家”、“藏之名山傳之其人”、“玄賞齋”、“蕭蓼亭四世家藏圖籍”、“蕭夢松印”、“静君”、“晉安蕭蓼亭手定書籍”、“蘭話堂書畫印”、“蘭話堂”、“唐德咸印”、“有一氏”、“檇李刺史傅氏藏書”諸印。又有朱文大方印鈐于卷首，文曰：“名山草堂，蕭然獨居，門無車馬，坐有圖書，沈酣枕藉，不知其餘，俯仰今昔，樂且宴如。蕭蓼亭銘。”凡六行，每行六字。（涵芬樓藏書。丙寅）

李衛公文集二十卷别集十卷外集四卷　唐李德裕撰

明嘉靖間刊本，十行二十字。版心魚尾下記甲至癸十集。（文友堂見。癸丑）

李文饒文集十六卷　唐李德裕撰

明寫本，墨格，九行二十字。　有黄蕘圃丕烈跋二則，前則無年月，後則爲癸未人日。（癸丑）

李衛公文集二十卷别集十卷外集四卷　唐李德裕撰

△五四五一

明鈔黑格本，十行十八字。　前序及目録，每卷目録連本文，遇宋諱缺筆。卷十至十三、外集卷一版心記刊工姓名，有：趙禮、杜彦明、劉大賓、黄通、蔡授、梁文、周之貴、周雲、李儔、王彦、張石、李樠、余光祖、王珪、楊永年、黄公宥、劉銑、劉貴、胡遵、王清、郭俊民、劉鏡。卷中朱筆評點何義門焯筆。又有陸心源跋：

“季貺太守藏明鈔李衛公集二部，一本題曰李文饒集，此本題曰李衛公文集。太守以一本貽余，因借此本對勘，互有缺少，遂囑乳羔徐君各爲校補，俾成完書。陸心源。”

收藏有“鄭斯之印”白、“天人齋藏書”白、“孝弟祭尊之印”白、“謙齋”、朱文，此何義門之印。“黄友之印”白、“青易齋”朱、“語古”白、“飛雲閣”朱、三印均何義門印。“茂苑香生蔣鳳藻秦漢十印齋秘篋圖書”朱。（庚午）

忠謨謹按：此本先君嘗借校，有跋，收入羣書題記初集卷五。

李賀歌詩編四卷集外詩一卷 唐李賀撰

宋刊本，半葉九行，行十八九字不等，白口，左右雙闌。版心魚尾下記“李賀”二字，集外詩記“集外”二字。下記葉數，最下記刊工姓名。

首杜牧李賀歌詩集序，次目録。本書首行頂格題“歌詩編第一”，次行低九格題“隴西李賀”，下接正文，卷内無子目。每卷末題“李賀歌詩編第幾”，後空一行，接下卷之首，如前式。各卷相連，不另起葉，其葉數亦四卷相連，共六十四葉，另集外詩八葉。全書用宋乾道間宣州官文書紙印。

鈐有“玉蘭堂”白、“梅谿精舍”白、“鐵研齋”白、“辛夷館”朱、“翠竹齋”白、“季振宜藏書”朱、“季振宜字詵兮號滄葦”朱、“揚州季氏”朱、“滄葦”朱、“振宜之印”朱各印。又“乾學”朱、“徐健菴”白二印。

按：此書四卷相連，猶存卷子裝遺式，在宋刊中爲僅見，可寶之至。其字體雕工欹斜古樸，與余藏北宋本范文正公集有相似處，當是北宋刊本。其卷前序目、卷一首葉及集外詩一卷則南渡後所補也。觀其用宣城公文紙摹印，或是宣城刊本，俟再考之。（袁寒雲藏。）

歌詩編四卷集外詩一卷 唐李賀撰 △一一三八〇

明末毛氏汲古閣刊唐人四集本。毛扆手校。題：“癸卯八月十三日燈下勘畢”。

卷首鈐有“南宋本校過”正書朱文小印。（余藏）

唐李長吉詩集四卷 唐李賀撰 △二五五四

明金壇于嘉校刻本，九行二十一字。 前杜牧序，次李商隱撰小傳。目録題“金壇于嘉惠生梓”，一卷題“雲間壉之璞君瑕校”，二卷題“金

壇鄧伯羔孺孝校”，三卷題“金棃錕伯弢校”，四卷題“金壇于嘉惠生校。”（余藏）

忠謨謹按：此書先君别有跋，收入藏園羣書題記續集卷六。

李長吉詩集四卷外詩集一卷 唐李賀撰 △七六三四

明刊本，九行十八字，黑口雙闌。行濶字疏。次行題“隴西李賀”。（涵芬樓藏。癸丑）

錦囊集四卷外集一卷 唐李賀撰

明刊袖珍本，七行十五字，四周單闌。有隸書小傳。（乙卯）

唐太常寺奉禮郎李長吉詩集不分卷 唐李賀撰

明雲陽姜道生刊本，九行十九字，口上有“長吉”二字。卷尾有“雲陽姜道生重生父校刊”，“金沙王彦泓次回父仝校”二行。 首杜牧序、李商隱小傳、陸龜蒙書小傳後、唐書本傳。卷中各詩次序與明人他刻本同。

按：此書以行欵板式推之，似與前義山詩集不分卷本爲同時所刻者。揚州書友陳韞山寄贈。

丁卯集二卷 唐許渾撰

明末汲古閣毛氏寫本。鈐有“述古堂”、“西畇草堂”各印。（顧鶴逸藏書，壬子二月觀。）

增廣音註唐郢州刺史丁卯詩集二卷 唐許渾撰 □祝德子訂正

李□九〇八八

元刊本，十行十九字，黑口雙闌，版心上題許詩上三字行書，下記頁數，標題大字占雙行。後題：

“刺史 許渾字用晦撰”，“信安後學 祝德子 訂正。”

分體，上卷先七言八句，次七言絶句。下卷先五言二十韻三首，次五言十韻三首，次五言八韻五首，次五言四韻，次五言絶句五首，次散體詩五言八韻一首。

有黄蕘圃跋一首。庚午八月。

藏印有:"汪士鐘印"白、"閬源真賞"朱、"丕烈"、"蕘夫"朱小印、"士禮居"朱小印。(李木齋藏書。癸丑)

增廣音註唐郢州刺史丁卯詩集二卷 唐許渾撰　△六六四四

元刊本,十行十九字,與李木齋盛鐸所藏同。(瞿氏藏書。)

增廣音註唐郢州刺史丁卯詩集二卷 唐許渾撰

明刊本,十行十九字,白口,四周雙闌,似正嘉間刊本,但其中亦存舊板耳。　分體編次,與李木齋所藏元刊本同。(沈子封曾桐氏藏。甲寅)

增廣音註唐許郢州丁卯詩集二卷 唐許渾撰　□祝德子訂正

元刊本,版匡高六寸四分,寬四寸二分,半葉十二行,每行二十二字,黑口,四周雙闌。標目占雙行,下有白文"上卷"或"下卷"二字,作橢圓式,次行題"刺史許用晦撰",三行題"信安後學祝德子訂正"。上卷近體詩七言律一百三十五首,絶句二十三首。下卷近體詩五言二十韻二首,十韻三首,八韻五首,六韻七首,四韻未註首數一百七十六首內有六韻一首,絶句未註首數五首,散體詩五言八韻一首。凡異字均分註於上。下卷目録題名後有記三行:

"丁卯地名也,按集中有南海使院

對菊懷丁卯别墅五言六韻一首

夜歸丁卯橋村舍五言律一首。"(日本帝室圖書寮藏書,己巳十一月十一日觀。)

增廣音註唐許郢州丁卯詩集上下卷 唐許渾撰　□祝德子訂正

元刊本,十二行二十一字,黑口,四周雙闌。　前有大德丁未仲春朔金華王瑭希古序。後附陸游題丁卯橋詩一首。

按:此與帝室圖書寮藏本同,故不詳記。(日本前田氏尊經閣藏書,己巳年十一月十四日閱。)

唐張處士詩集五卷 唐張祜撰

清寫本,十行十八字。末葉有跋,言將抄寄何夢華刻之云云。(甲子)

盧仝詩集二卷集外詩一卷 唐盧仝撰 △四二五五

明刊本,十行十八字,白口,雙闌。字方整,當從棚本出。 末有吴郡陸涓跋五行,言以家藏宋本壽梓者。鈐有"范儀虞印"。(海虞瞿氏藏書。癸酉)

盧仝詩集二卷集外詩一卷 唐盧仝撰 △二二〇五

舊寫本,十一行二十一字。盧抱經文弨以朱筆校正,題:"乾隆丙午四月二十一日杭東里人盧文弨校閲"。卷一末。

又録佚詩四首,自全唐詩出,盧批云:"殊不似玉川"。集外詩前有韓盈序。後有翻宋刻本五行誌語,均與唐百家詩本同,不復録。(辛巳八月二十三日友仁堂送閲。)

唐玉川子詩集二卷外集一卷 唐盧仝撰

舊寫本,十二行二十四字。 後有徐獻忠跋四行,云以家藏宋本壽梓。似是明鈔本。(己未)

玉川先生詩集不分卷 唐盧仝撰

朝鮮古刊本,十行十七字,全集凡七十六題,卷尾有刻書人銜名如左式:

"大德五年辛丑三月 日東京官開板

別色前權知户長鄭天吕

校正麗澤齋生朴英工

監

副留守兼勸農使管局學事朝顯大夫版圖總郎金祐。"(日本内藤虎博士藏書,己巳十月二十八日閲。)

樊川文集二十卷外集一卷别集一卷 唐杜牧撰

明刊本,十行十八字,白口,左右雙闌。 前裴延齡序,次總目。正文每卷次行題中書舍人杜牧字牧之。明嘉靖間翻宋本。

鈐有"陳廷壽印"白、"衎齋"朱、"思贊"朱、"馬思贊印"白、"紅藥山房收藏私印"朱、"松下藏書"朱、"宗樠之印"諸印。(余藏。丙辰)

忠謨謹按:此書有跋,收入藏園羣書題記三集卷五。

樊川文集二十卷 唐杜牧撰

明翻宋本,十行十八字。　鈐有"甘泉江鄭堂考藏"、"顧澗蘋藏書"、"思適齋"、"田耕堂藏"各印。(李紫東寄來。庚申)

樊川文集二十卷 唐杜牧撰

明刊本,十行十八字。　前有嘉靖四十五年歲次丙寅秋九月既望賜同進士出身文林郎寧陵縣知縣前刑部主事豐城熊秉元序。

按:此與他明翻本不同,疑此刻在後。序尾多兩行。(壬戌見。)

樊川文集四卷外集一卷 唐杜牧撰　　△一〇二三三

朝鮮古刻本,八行十七字,白口四周雙闌。首行標題下有"夾註"二字。詩文皆加註,不知何人所撰。

按:此書楊惺吾有殘本二卷,余曾見之。(乙亥)

白雲唐處士方元英先生詩集十二卷 唐方干撰

清道光乙未裔孫白雲村方字玉活字版印行,版心有"紹遠堂藏版"五字。　元英詩十卷,其第十一、十二則皆其裔孫之詩附刊者也。卷末又增入歷代名人題詩及贊跋。卷尾有方字玉跋,則述校正排版之由,其時爲道光乙未春月。(辛未)

元英先生詩集十卷 唐方干撰

舊寫本,十二行二十字,與碧雲集共訂一册,藏印亦如前。

汲古後人毛綏萬以朱筆校過,黄丕烈以黄筆校過。毛校用墨格寫本及席刻,黄氏又以席刻補校。有"崇禎年戊辰六月馮氏空居閣閱"一行。又毛綏萬跋朱筆三則,黄丕烈跋二則,見楹書續録,不複鈔。

鈐有海源閣藏印二方。(海源閣遺籍。庚午)

元英先生詩集十卷 唐方干撰

舊寫本,十行十八字。　前有乾寧丙辰歲祁縣王贊序,又樂安孫郤撰元英先生傳。　鈐有"觀妙齋"朱文長印。(戊辰十一月)

李商隱詩集六卷 唐李商隱撰

明刊本,九行十九字,版心題"義山"二字,審其字體,當爲明嘉靖時刊本。　前李商隱小傳數行,次目録。本書分五言古,七言古,五言律,五言排律,七言律,五言絶句,七言絶句各爲卷,號數通各卷計之,七言律以下别爲號數。

按:義山詩清朝盛行,刻本最多,然求一明刻本,自汲古閣外殆不可得。前月在蘇州葉郎園同年許見嘉靖刻二卷,乃毘陵蔣孝唐人十二家集本也,雖非單刻,已爲罕見。頃來杭州,至述古齋李寶泉處得此書,爲之狂喜。渠輩視之不甚措意,不過與普通流行之王、孟、高、岑、飛卿、長吉等相擬,故索值亦不過昂。自余觀之,則較之通行宋元本更爲難得,然則雖謂與宋元同珍可耳。

聞陳韞山言,昔年曾得此刻本,以三十金售於何秋輦中丞。書爲項子京舊藏,子京有手識一條,云得此書值四兩。明季清初人收書以兩計者惟宋本爲然,觀汲古目可知,然則三百年前視此已爲珍秘,今日余之高自矜詡寧爲過哉。

此本五言已標排律,决非宋本所出也。己未七月十二日記。沅叔。

李義山集三卷 唐李商隱撰　△一一三八二

明末毛氏汲古閣刊唐人八家詩本。　介庵據陸貽典校宋本校。有跋録後:

"庚申立秋又四日病中以陸敕先較訂宋本對閲。介庵識。"(余藏)

李義山集三卷 唐李商隱撰

明末毛氏汲古閣刊唐人八家詩本。　毛扆手校。校至中卷贈從兄閬之一首止,以後未校。原註北宋本每葉二十行,每行十七字。題目俱低四字,標題李商隱詩集。(余藏)

李義山詩集不分卷 唐李商隱撰

舊寫本,分體爲次第,前有各家詩評。(己未)

李義山詩集三卷 唐李商隱撰 清朱鶴齡箋注

朱鶴齡箋本。 張佩兼載華點校,并删補註文。眉上行間粘箋殆滿,于朱註糾正極夥,手録楊致軒評,又傳朱竹垞評點。張跋附後:

"陸放翁言註詩誠難,此真善于註詩者也,況奥博如義山詩耶。閲長孺自序及凡例,乃倜然以鄭箋自任,可議者一。註中踈漏紕繆之處不一而足,亟亟付梓,不暇刊正,可議者二。若但以掠美責之,謂如宋齊丘之于譚峭,郭子玄之于向秀,則固不足以服其心矣。

静志居詩話於長孺少陵詩註及義山詩註不置褒貶,但云盛行於時而已。敬業堂評語有云:後世箋李詩未必功臣,奈何。兩先生皆非黨附虞山者也,且與長孺相識有素,其言尚如此,今人尊之幾如善註文選,毋乃過與! 陽坡山人"此跋在序例後,下有"張載華印"、"金鳳亭長"二印。

鈐有"涉園"、"金鳳亭長"、"張載華印"、"仲魚圖象"、"得此書費辛苦後之人其監我"各印。(臨清徐梧生遺書,己巳三月翰文齋閲。)

李商隱詩集十卷 唐李商隱撰

朝鮮古刻本,九行十七字。有補遺五葉。(辛未歲暮)

李羣玉詩集三卷 唐李羣玉撰

影寫宋刊本,十行十八字。 有毛晋潛在跋三葉。(顧鶴逸藏書。壬子)

李羣玉詩集三卷後集五卷 唐李羣玉撰

舊寫本,十行二十字。本集卷三末有"臨安府棚北大街睦親坊南陳解元宅經籍鋪印"一行。後集卷五末有"嘉靖丁未夏季松逸山居童子王臣録"一行。又有"丙戌中秋望日取毛刻本對過,此真秘本也,長武。"一行。

鈐有"汲古閣"白、"汲古主人"朱文大印、"士禮居藏"隸書朱文,又海源閣印二方。(海源閣遺籍。庚午)

薛許昌詩集十卷 唐薛能 △一一三八四

明末毛氏汲古閣刊唐人八家詩本。　毛扆手校,有跋録後:"甲辰臯月望後四日從宋本校一過。"

卷首鈐有"宋本校過"正書朱字小印。(余藏。)

忠謨謹按:此書有跋,收入藏園羣書題記初集卷五。

薛許昌詩集十卷 唐薛能撰

明末毛氏汲古閣刊唐人八家詩本。　何焯據宋本手校,用朱筆。(邢贊亭藏,甲戌二月見。)

黎岳集一卷附録一卷 △二一五一

明萬曆丙申龔道立刊本,九行十六字。

鈐有"晉安徐興公家藏書"、"徐熥之印"、"蘭屏鑑藏書"、"碧蘿書舫"諸印。(余藏。)

忠謨謹按:此書别有跋,收入藏園羣書題記續集卷六。

温庭筠詩集七卷 唐温庭筠撰

明弘治刊本,九行十八字,黑口,四周雙闌。　前有弘治己未建業李熙序,言韋蘇州集刻於陝,許郢州丁卯集刻於潤,陸放翁澗谷詩選刻于杭,陳履常詩刻于漢中,而庭筠集弗傳。予得此於同年顧華玉,顧得之羅君子文,羅得於江西右族,用是鋟梓云云。(乙亥)

温飛卿集七卷别集一卷 唐温庭筠撰

明刊本,九行十八字,黑口,左右雙闌。　鈐有"周遇吉印"、"樸學齋"、"上善堂藏書"、"吴起潛印"、"印萬所藏"、"竹瘦先生"各印。(余藏。)

温飛卿詩集九卷 唐温庭筠撰

清顧氏秀野草堂刊本。　何義門焯評點并校勘,用朱墨二筆。何氏識語録後：

“助教詩無槧本可對，席氏所刊自云照宋本，未必然也。凡乙巳所記宋作云何皆席氏本耳。大抵惟才調集樂府詩集二書曾經定遠先生手校者爲可信也，其他異同字則文苑英華得以參取，其餘當闕疑也。甲申二月何焯記。”

“丙戌冬日得東山葉裕所藏影鈔宋書棚本重校一過，焯又記”（辛未二月見。）

唐劉蛻集六卷 唐劉蛻撰

明吴馡刻本，七行十六字，卷末木記二行：

明吴馡梓于問青

堂時天啟甲子

前有丙寅元夕古宜豐半痴居士熊文舉序，又天啟甲子香城吴馡序。蓋先得桑民懌藏殘本，因輯補成帙刻之。有“竹垞”朱文二字大印、“長水胡氏敦仁堂圖書”白文印。（乙亥正月邃雅齋見。）

忠謨謹按：此書先君别有跋，收入藏園羣書題記初集卷三。

唐劉蛻集六卷 唐劉蛻撰

明崇禎刊本，七行十六字，版分陰陽葉、四周雙闌，無中縫。目録次行題明黄燁然黄也剛仝編輯。

前有吴馡紀事一篇，次崇禎癸未閩中黄燁然序。鈐有“忠諫名家”、“三山王氏叔子道徵印”、“閩三山王道徵叔蘭印”。（乙亥三月）

唐劉拾遺集六卷 唐劉蛻撰

此卽劉蛻文泉子集也。明末閔氏刊本，九行十八字。 前有崇禎庚辰烏程閔齊伋序，所據亦吴馡校本，但音釋微有更訂耳。此刻亦罕見，擬收之。（邃雅齋見。）

唐甫里先生文集二十卷 唐陸龜蒙撰

舊寫本，十一行二十四字。 鈐有徐時棟藏印。（古書流通處送閱。壬

戌）

重刊校正笠澤叢書四卷補遺詩一卷 唐陸龜蒙撰 △一二二一三

清顧氏碧筠艸堂刊本。

吴兔床騫校。 借郁陛宣東歗軒鈔本用朱筆。拜經樓藏本校用緑筆。鮑以文得林厂山抄本校用藍筆。海鹽吾以方影宋本校用墨筆，并抄小名録序及跋。借蔣春雨鈔本校仍用朱筆。 有吴騫長跋，又藍筆一跋在後。 周春跋，吾進跋。（癸丑）

笠澤叢書九卷 唐陸龜蒙撰 **附考一卷** 清許槤撰 △八四二一

清許槤刊本。 顧廣圻朱筆校，據一鈔本，十二行二十字。（李紫東寄來，已歸周叔弢。庚申）

笠澤叢書八卷 唐陸龜蒙撰 △七六四四

明紅格寫本，十二行二十一字。首行題"陸魯望文集"，下題"笠澤叢書"。 有元符庚辰鄆人樊開序，次龜蒙自序。卷一至五雜著，卷六詩，卷七律詩，卷八補遺。鈐韓葑、汪士鋐、袁子才印，皆僞也。（涵芬樓藏書。戊辰）

陸魯望先生笠澤叢書八卷補遺一卷 唐陸龜蒙撰 △一〇二四四

清吴氏拜經樓寫本，九行二十字。補遺十二行二十一字。吴騫手記云此卷行欵字數悉照宋本。 後有三山王益祥跋，又至元五年十一世孫德原題。尾録陸鍾輝跋。

鈐有"墨陽小隱"、"琹經樓"印。（邢贊亭新收，甲戌四月見。）

笠澤叢書四卷補遺一卷 唐陸龜蒙撰 李□七五三〇

清有竹堂寫本。分甲至丁四集。末有阮林朱筆記一則。（李木齋藏書。壬子）

唐貫休詩集一卷 唐釋貫休撰

明刊本，十行十八字。 有黄丕烈跋及校字：

"辛未孟冬月朔支硎澄公挈其徒孫無逸過訪求古居，相與談詩半日，輟此貫休詩、清塞詩兩種以贈，并以陳陽山所贈破山老師净如蓮花印伴之，以誌詩友石交之意云爾。復翁。”此題在貫休集封面。

“禪月集余有二本，此貫休詩集又一本也，惜無舊刻可勘。此刻小號似連，而文理殊未貫，知有缺失，小號已改刊矣。且與禪月多不合，無可校者。標題及字句間有歧異，存此作古本觀可耳。丁卯夏五月。復翁。”此跋在卷尾附葉。

“己巳重陽前一日，以宋刻唐僧弘秀集校，知三四葉係非原本，應有可據彼補入，餘序次多同，并校正數字。復翁。”此跋朱筆，在卷尾附葉。

第三四兩葉蕘夫題云：

“此二葉非此集原有，當削之，照唐僧弘秀集補入。”

五葉下五行“雨”改“兩” 六行“栽” 九行“外”。

六葉上七行“有”改“石” 下一行“自”改“似”。

八葉上二行一“不”改“水” 五行四“敦”改“數” 六行四“送”改“邊” 九行二十“寒”改“塞”。

九葉上七行六“江”

十一葉下三行一“誰”改“難” 下九行十二“塹”。

十三葉下三行廿“皮”改“衣”。

十四葉上一行八“不”改“癡” 一行十二“目” 一行十九“打” 四行八“荒”改“羌” 四行十五、十六、十七“盡江上”。（顧鶴逸藏書。癸丑）

禪月集二十六卷 唐釋貫休撰 存卷一至十二 △二一五八

明末毛氏汲古閣刊三高僧詩本。 葉樹廉手校。卷中無跋記，未標所據何本，然細審似據一舊抄本及柳大中僉本也。（余藏。）

胡曾詠史詩三卷 唐胡曾撰 通四十二葉

宋刊本，半葉十行，行二十二字，註雙行二十六七字不等。 有黄丕烈跋，記得書始末甚詳。 鈐有季振宜、徐乾學、汪士鐘各家藏印。

（顧鶴逸藏，壬子二月十一日觀。）

新板增廣附音釋文胡曾詩注二卷 唐胡曾撰

日本五山刊本，十行十六字，注大字頂格，每行二十字。（日本帝室圖書寮藏書，己巳十月十一日觀。）

新板增廣附音釋胡曾詩注三卷 唐胡曾撰

日本活字本，十四行二十字，詩題大字占雙行，注低一格，卷一次行標“詠史詩”三字，下署“廬陵胡元質註”。

按：此書宋刊本余曾見於顧鶴逸家，爲黄蕘圃所藏，今轉至吴氏矣。元明以來不見刻本，惟日本尚存舊刻，有一本十行十六字，注單行二十字，版式古雅，蓋與注千字文、古注蒙求三書同刻者也，經籍訪古志記之。（此書新獲於文禄堂。己卯）

經進周曇詠史詩三卷

南宋刊本，半葉十二行，行二十字，細黑口，四周雙闌，註雙行三十字。　首行題“經進周曇詠史詩卷之一”，次行低七字題“守國子監臣曇撰進”，三行低二格題“唐虞門”，又低六格題“吟叙”二字，均加黑蓋子，系以小黑圈，以下凡後題皆在前詩註下。遇宋諱皆缺末筆。卷尾有“泰興季振宜滄葦氏珍藏”墨筆一行。鈐有“五福五代堂寶”、“八徵耄念之寶”、“太上皇帝之寶”、“天禄繼鑑”、“乾隆御覽之寶”、“天禄琳琅”、“季振宜藏書”、“□吉夫氏”。

按：青山集、周曇詠史詩、纂圖互注揚子法言、朱文公校昌黎先生外集、博物志、山谷老人刀筆、佩觿、國語解八書久聞流出廠市，探詢半月，苦不得耗。嗣晤蔣孟蘋及周叔弢，兩君皆得寓目。繼而聞經手者爲寶華堂張秋山，因往訪之，秘不肯示。繼而孟蘋還價不諧而去，聞之悵往而已。昨夜亥刻，寶瑞臣前輩以電見告，謂八書皆在渠處，遣急足往取，夜分乃至。青山集古雅絶倫，恐爲海内孤本，詠史詩及昌黎外集、揚子法言均屬宋刊，餘皆明本，而佩觿乃以張氏澤存堂本冒充,獨爲可詫。因連夜將周曇詠史詩校勘一遍,餘皆略記行格印記如右,翌日親賫還之。聞索值至六千餘元,歲暮期迫,無力舉之,惟有望洋興歎而已。丁巳十二月廿七日記。 沅叔。

甲乙集十卷 唐羅隱撰

汲古閣刊本。何義門焯據宋本手校,用朱筆。宋本十行十八字。有跋:

"康熙辛卯,借得毛丈斧季少年校本,大抵未爲精盡,且亦非宋刻之善者,姑從之,以俟訪求于藏書之多者焉。焯記。"(邢贊亭藏書,甲戌二月見。)

讒書五卷 唐羅隱撰 存卷一至三,計三卷 李□三三六

舊寫本,八行二十字。 有大德六年前進士東嘉黄貞輔德弼序。後有任心齋手跋,録如下方:

"右羅子讒書共五卷六十題,余得之仁和汪明府琳家,卽命仲子昌諫録藏之。隱有自序、重序二篇,作于唐懿宗咸通八年。考隱著作,直齋書録云:"有甲乙集、後集、湘南集,又有讒書,求之未獲。"是此書宋時已罕覯。此影鈔本有大德六年黄貞輔、方回序跋,惟第二卷缺書兩頁子高之謙説天雞二篇,已從姚氏文粹補入,蘇季子等四篇仍缺焉。隱氣節自負,紀言書事皆有爲而作,匪徒以文詞尚也。其中傳寫多脱訛,暇日卽其可知者點正若干字,疑者姑闕,以俟後有讀之者。 乾隆五十七年仲秋既望震澤任兆麐心齋氏記於蓮涇之養正書塾。"

鈐印有:"汪士鐘字春霆號眼園書畫印"白文此印少見、"平江貝氏文苑"朱、"簡香藏書"白、"定父居士"朱、"汪琳之印"朱、"蓮浦"朱。(李木齋遺書。辛巳)

孫可之文集十卷 唐孫樵撰

宋蜀刻本,半葉十二行,行二十一字,白口,左右雙闌,與皇甫持正,

元微之諸集同式。(海源閣藏。丁卯十月廿九日與葉譽虎赴津見之,索二千五百元。)

唐孫樵集十卷 唐孫樵撰

明天啟五年吴馡石香館刊本,七行十六字,每葉陰陽各爲匡,不相連屬。　前有鎸唐孫樵經緯集記,題"天啓乙丑蓮花生日吴馡于字祖堂滌硯濡毫正冠稽首製"。次序自序。目録下題"明吴馡重訂",卷三、五、六、七、八、十咸有"乙丑春吴馡攷訂鋟于石香館"二行。卷尾有舊人朱筆題識三行,欸香蓮記。　鈐有"盱眙王氏十四間樓藏書記"朱文印。(余藏。)

忠謨謹按:此書先君别有跋,收入羣書題記續集卷三。

孫可之文集十卷 唐孫樵撰

朝鮮舊寫本,十二行三十字。(孫壯家閱。)

純陽吕真人詩不分卷 唐吕嵓撰

明寫本,棉紙藍格,十行二十四字。李紫東自上海收來,亦天一閣所藏也。(己巳五月)

重刊純陽吕真人文集八卷 唐吕嵓撰

明刊本,九行十八字,中版心,黑口雙闌。　前有序一首,爲估人刓去年月,以充宋刊。然文有迄今已六百餘年,予謬領玄綱云云,則亦明代道流所刻也。卷一自紀本傳,卷二三雜事,分神通變化、更名顯相、進謁儒門、經從道觀、游戲僧寺、市廛混迹、庵堂赴會、丹藥濟人、景物題詠、因緣會遇十門,卷四至七詩歌,卷八詞。(徐梧生遺書,翰文齋閱。己巳三月)

鈐有"錢唐丁氏正修堂藏書"、"項氏墨林珍賞"諸印。

唐皮日休文藪十卷 唐皮日休撰　△一一三八五

明正德十五年袁表刊本,十一行二十字。　前柳開序,次皮日休序,次目録。本書每卷篇目接連正文。後有正德庚辰吴下袁表邦正跋。

有舊人校並跋,録後:

"嘉慶丁巳購於蘇州,面籤書甚佳,不敢重裝,恐損之也。三月十日記。　戊辰十月充全唐文總纂,據内府本校一過。又記。"

按:袁表與袁褧、袞、衮爲昆弟行,此卽表所刊,密行小字,精雅絶倫。兩跋不知何人所書,前有平江貝墉印,或是磵香筆歟?　沅叔。(余藏。丙辰)

唐皮日休文藪十卷 唐皮日休撰

明許自昌刊本,九行二十字。與甫里先生集同函。(癸丑)

司空表聖文集十卷 唐司空圖撰　△一一三八六

宋蜀刊本,半葉十二行,行二十一字,白口,左右雙闌。　鈐有"翰林國史院官書"朱文大印,"劉體仁印"、"潁川鎦考功藏書印"各印。(余藏。)

司空表聖文集十卷 唐司空圖撰　△二一九三

舊寫本,十一行二十一字。小題作"一鳴集",其行格皆照宋刻本。序後目録,每卷又有目録連正文,與宋本正合。

鈐有"池北書庫攷藏"、"紅豆山房校正善本"、"紅豆書屋"、"惠棟之印"、"定宇"諸印。卷首有翰林院大官印。

前有王漁洋手跋十行,似不僞。録後:

"唐司空表聖集十卷,雜著八卷,碑版二卷,前有自序,云所撰密史别編,又有絶麟集述,亦其自著也。其與王駕論詩曰:"國初雅風特盛,沈宋始興之後,傑出於江寧,宏肆於李杜。右丞蘇州趣味澄敻,如清沇之貫逵,大曆十數公抑又其次。元白力勁而氣孱,乃都市豪估耳。"又與李生論詩曰:"江嶺之南,凡是資于適口者,若醯非不酸也,止於酸而已,若鹾非不鹹也,止於鹹而已,酸鹹之外,醇美者有所乏耳。王右丞韋蘇州澄澹精緻,格在其中,豈妨於遒舉哉。"晚唐詩以表聖爲冠,觀此二書持論,可見其所詣矣。濟南王士禛跋。"(庚辰收得。)

忠謨謹按:前二書均有題跋,收入藏園羣書題記三集卷五。

司空表聖文集十卷 唐司空圖撰

舊寫本,十一行二十一字。　前有靈石耿文光手跋一則,言得此書於沁水,竇氏多藏書,此集抄寫尚工,以二金購之,藏之蘇溪書庫。末署萬卷精華樓藏書跋尾。

鈐印列後:"王靖廷鈔書之印"朱、"太原仲子"白、"壽椿堂王氏家藏"白、"靖廷讀過"白、"張位之印"白。(乙亥)

司空表聖文集十卷 唐司空圖撰　△七六四五

舊寫本,八行廿字。目連正文。　趙味辛懷玉校宋本。(張菊生書。壬子)

鹿門詩集三卷拾遺一卷 唐唐彦謙撰

舊寫本,八行二十一字。　首武城鄭貽序。次總目。每卷次行題"絳州刺史唐彦謙"。諸跋録後:

"甲辰秋九月王乃昭藏本并校補。耿菴。"

"唐彦謙詩藏書家著録者甚罕,其編入胡氏唐音戊籤者僅三卷。乾隆癸卯中秋,借陸恭所藏金孝章手抄鹿門集凡三卷,與唐藝文志合。暇以戊籤校之,其詩在三卷中者衹五首,餘俱在孝章拾遺卷中。别有二十三首拾遺所無,因爲續補遺一卷附傳本之後云。廿九日吴翌鳳識"以上二跋在拾遺後。

"癸卯九月初吉,借古歡堂新抄本影寫于叢桂軒,越三日燈下畢茂苑張德榮識。"在卷尾。

續補遺後附録舊唐書藝文志紀事各一條。(甲寅)

鹿門集二卷 唐唐彦謙撰

舊寫本,十二行二十字。次行題"唐閬壁二州刺史唐彦謙茂業",版心下方有"鸞嘯齋藏本"五字。

鈐有"古吴陳鴻太丘氏書記",據目録知爲陳氏傳録錢氏本。末有臨錢牧齋跋七行。 有稽瑞樓印。(海虞瞿氏藏書。癸酉)

唐女郎魚玄機詩一卷 唐魚玄機撰 △八七一三

宋臨安府陳宅書籍鋪刊本,半葉十行,行十八字,卷末有"臨安府棚北睦親坊南陳宅書籍鋪印行"一行。前四葉雕工精美,後八葉粗率,非出一手。

裝爲册式,題詠極夥。目列後:

壽鳳題首隸書 余秋室集畫小影 陳文述詩四首 沈寀題字 朱承爵鑒四字 曹貞秀題詩四首 楞伽山人同觀王芑孫 李福題詞蕘 吴嘉泰詩翁 瞿中溶詩屬 戴延介詞題 孫延詞唐 顧蒓詩女 董圖華詞郎 袁廷檮詩魚 徐雲路詞玄 黄丕烈詩二首,機 夏文燾詩詩 黄丕烈跋二則 余集小簡 邗江釋達真詩 顧蒓小簡考沈寀事蹟 潘奕雋小簡、又題 歸懋儀詞 錫山女道士韵香詩四首 三松居士詩 石韞玉詩 潘遵祁題欵 徐渭仁詩 盛昱題欵

後有新跋兩段,一爲湘中黄氏,此書蓋卽其家所藏者也。(袁寒雲藏。戊午)

雲臺編三卷 唐鄭谷撰

明刊本,十行二十字。前自序大字。 有弘治甲子户部主事西秦張潛序,謂侍御沁水常君刻于秦。

雲臺編三卷 唐鄭谷撰 △一一三八七

明藍格寫本,九行二十字。 何焯以朱筆校,有跋録後:

"嘉靖乙未袁郡有雲臺編刻本,嚴介溪爲序,云得之故少傅王文恪公,公之本録自秘閣本,蓋出于宋刻也。蔣生子遵所收葉丈九來家書中有之,借校一過。 康熙辛卯春日焯記。"(余藏。)

忠謨謹按:此書有跋,收入藏園羣書題記初集卷五。

雲臺編三卷 唐鄭谷撰

席氏刻本。　陳乃乾假沈曾植藏明嚴嵩刊本校。(辛未)

玉山樵人集六卷香奩集不分卷 唐韓偓撰

舊寫本。　鈐何元錫藏印。(涵芬樓藏書。癸丑)

唐風集三卷 唐杜荀鶴撰 △一一三八八

明末毛氏汲古閣刊唐人四集本。　毛扆、陸勅先貽典合校本,有跋録後:

"玄默攝提格之歲辜月望日燈下校畢。"此斧季筆。

"斧季較後余復勘一過。十一月廿五日識於汲古閣。勅先。壬寅歲。"

"北宋本每葉二十四行,每行二十一字。"按,宋本次第與毛刻不同。

卷首有"北宋本校過"正書朱文小印。(余藏。)

唐風集三卷 唐杜荀鶴撰

明末毛氏汲古閣刊唐人四集本。　何煌校。(壬子)

唐風集三卷 唐杜荀鶴撰

明寫本,棉紙,烏絲闌,十行二十字。次行題"九華山人杜荀鶴"。前有太常博士顧雲序。卷上五言今體,卷中七言今體,卷下五七言絶句,共三百十七首。

按:此徐梧生遺書,余借校一過,改訂席刻本數百事。(辛未)

忠謨謹按:此書别有跋,收入藏園羣書題記初集卷五。

唐英歌詩三卷 唐吴融撰 △一一三八九

明末毛氏汲古閣刊唐人四集本。　陸貽典手校,並跋云:"癸巳六月十七日暑中借錢遵王抄本校畢。勅先。"　"中元日錢本再校一過,改正數字。勅先記。"(余藏。)

唐英歌詩三卷 唐吴融撰

明末毛氏汲古閣刊唐人四集本。　何煌從葉校本對臨。(壬子)

唐英歌詩三卷 唐吴融撰 △八四二六

清寫本，十行二十一字。彭元瑞校過，有跋録後：

“維揚馬氏萬卷樓舊鈔，嘉慶丙辰春重校，從全唐詩補末四首。芸楣記。”

收藏有“扶風”朱、“南齋”朱、“臣璐私印”朱、“半查”白、“孫從添印”白、“慶增氏”朱、“麥齋藏本”朱、“南昌彭氏”、“知聖道齋藏書”、“遇者善讀”白各藏印。（戊辰）

浣花集十卷 唐韋莊撰　卷一至三影寫補完

宋刊本，半葉十行，每行十八字，中板式，與書棚本小異。

按：余以明朱承爵刊本對勘一卷，竟少誤字，蓋朱刻亦出宋本也。（日本静嘉堂文庫藏書，己巳十一月十五日閲。）

浣花集十卷 唐韋莊撰　△二二三三

明正德間江陰朱承爵朱氏文房刊本，十行十六字，郡望題“杜陵韋莊”，與毛刻席刻異。據舊藏明鈔本知卷末有補遺詩二首，附朱承爵跋語六行，此本失去。闌外有“江陰朱氏文房”六字。己未人日購於火神廟書攤，别有跋語寫於書後。

浣花集十卷補遺一卷 唐杜陵韋莊撰

明藍格寫本，十行十六字，卷尾闌外上方有“江陰朱氏文房”六字。

“韋莊字端己，見素之孫，唐昭宗乾寧元年進士，授校書郎。王建開僞蜀，莊時在華州駕前，遷起居舍人，後爲蜀相卒。所著有浣花集，其弟藹嘗爲作序，今不存，姑缺之。既刻其集，又考得遺詩二篇附後，作補遺云。朱承爵子儋拜記。”

鈐有“覃磎”、“嘉興方氏子怡珍藏”朱文印。（蔣孟蘋藏，曾借校一過。丁巳）

浣花集十卷 唐韋莊撰

明藍格寫本。　鈐有汪士鐘印，潘西圃、碩庭諸藏印。（壬子）

白蓮集十卷附風騷旨格一卷 唐釋齊己撰　△一一三九〇

明柳僉大中寫本,九行十八字,宋諱皆缺末筆。柳僉識語録後:

"陳氏直齋書録云:唐僧齊己白蓮集十卷、風騷旨格一卷。今兼得之,爲合璧矣。元書北宋刻本,傳世既久,湮滅首卷數字,尚俟善本補完,與皎然、貫休三集並傳。嘉靖八年歲己丑,金閶後學柳謹志。"

藏印有:"錢後人謙益讀書記"朱、"季振宜印"朱、"滄葦"朱、"季振宜讀書"朱、"金氏文瑞樓藏書印"白各印。

按:此本爲柳大中寫本,曾藏錢牧齋謙益家,序中缺三十九字,又詩中缺處均經牧齋點記,卷七朱筆圈点亦牧翁之筆。後歸季滄葦振宜,最後爲勞平甫權所得。有跋記在敏求記中,據敏求記所言,此書亦曾歸遵王,卽記中所云又一本也。勞跋言副葉有"秋夏讀書冬春射獵"白文印、"函雅堂收藏書畫記",今不見,疑重裝時失之。(甲戌十二月十四日得之文友堂,價一百四十元。)

忠謨謹按:此書先君别有跋,收入藏園羣書題記續集卷四。

白蓮集十卷附風騷旨格一卷 唐釋齊己撰 △一〇六六四

舊寫本,九行十八字,鈐有"上郘馮氏私印"、"上郘"各印。 明馮班、清何焯手校,有跋録後:

"白蓮集十卷,定遠先生所手校,後轉入錢遵王家,蔣三揚孫得之以贈余。余書素無善本,一旦得此書,遂居其甲,喜而識其所自。康熙壬申六月何焯書。"此跋墨筆。

"此本乃定遠少年時所閲,雖優於汲古刊本,然亦未有宋刻精校。康熙戊子。復借錢楚殷架上牧翁舊藏本參校,庶爲善本,可資後來學吟者涉獵矣。長至後五日燈下焯又書"此跋黄筆。

鈐有"錢曾之印"。"文登于氏小謨觴館藏本"白文長印。(見於蟫隱廬。戊午)

唐李推官披沙集六卷 唐李咸用撰

宋臨安府陳宅書籍鋪刊本,半葉十行十八字,白口單闌,版心上方間記字數，卷中避宋諱。　有楊萬里序，序後有："臨安府棚北大街陳宅書籍鋪印行。"牌記一行。

前有目録五葉，爲席刻所無。

鈐印録後："藤井方明"白方、"向黄村珍藏印"白長、"静節山房宋本鑒藏之印"朱長、"讀杜草堂"朱方、"好古堂藏書記"朱長、"白水書院"朱長、"仁壽山莊"朱長隸、"星吾海外訪得秘笈"朱方、"宜都楊氏藏書記"白方。

是書楊惺吾得之日本。余于壬子十月在上海以二百銀幣得之，旋以歸之張菊生。嗣鄧孝先聞之，以藏有書棚本羣玉、碧雲二集，欲得此使三李合併，癸丑十月始自滬寄來，遂以歸之。一年之間此書四易其主，志此以作雲烟過眼觀可也。沅叔。

莆陽黄御史集二秩　唐黄滔撰

明正德八年癸酉刊本。十行二十字，白口雙闌，目録及每秩前後標題大字占二行。　首慶元二年洪邁序，次淳熙三年楊萬里序，次淳熙四年謝諤序，序半葉六行，行書。卷末正德七年八月賜進士二十世孫希英謹誌。(甲寅)

莆陽黄御史集上下秩　唐黄滔撰

明刊本，十行二十字，白口，四周雙闌。　前洪邁序、楊萬里序、謝諤序。書名大字占雙行，題曰"權分上下秩"。上秩後有"裔孫文林郎廣州東莞縣丞贇校勘"一行。(辛巳十一月六日見於翰文齋，潘伯寅滂喜齋遺書。)

莆陽黄御史集二卷　唐黄滔撰

舊寫本。賦一卷後題"裔孫文林郎廣州東莞縣丞贇校勘"。每詩文一類後均有校勘人結銜。(壬子)

唐黄先生文集八卷　唐黄滔撰

明萬曆刊本，九行十八字。　有萬曆丙午曹學佺序，言與歐陽四門同刻者。舊序有洪邁、楊萬里、謝諤地名題渝川諸篇。

諤序言嘗得眉山旌善院東坡大全兩集,乃其孫蜀守仲虎與弟季文所校而刊者,比之他處最爲無誤,今之所傳,皆以此本爲準的云云。附記于此,爲坡集刊本之一證。

藏印列下:“平輿之章”、“漢陽吴氏藏書”、“十策堂珍藏”。

忠謨謹按:此書有跋,收入藏園羣書題記三集卷五。

黄御史集八卷附録一卷 唐黄滔撰

明崇禎刊本,八行十八字,白口雙闌。 前慶元二年洪邁序,淳熙二年楊萬里序,淳熙四年謝諤序,萬曆丙午曹學佺序。凡例五則。崇禎十一年二十二世孫鳴喬等督梓。附録末有生卒年考,爲天啟元年二十世孫崇翰誌。

鈐有“五硯樓袁氏收藏金石圖書印”、“廷檮之印”、“袁氏又愷”、“烏程蔣祖詒藏”各印,又松江韓應陛、韓繩夫、韓德均各印。

此書刊印皆精,大字悦目。(乙亥)

唐秘書省正字先輩徐公釣磯文集十卷 唐徐夤撰

清錢遵王曾也是園寫本,十一行二十字。開化紙,墨格,版心左角上有“虞山錢遵王也是園藏書”十字。 前有建炎三年族孫師仁序,次徐玩序,次目録。卷一至四賦,卷五亦爲賦,然有目而文已佚,卷六以下至十皆古今體詩,其七律詩凡四卷卷七至十,共詩二百零八首。有錢竹汀大昕跋,録後:

“徐正字譔述見于崇文總目者賦五卷,探龍集一卷,今皆不傳。此釣磯集十卷乃其後人可珍所編,未詳何時人,其序稱延祐丁酉,似是元時,然延祐實無丁酉歲,疑傳寫誤爾。正字名它書多作寅,此獨作夤,未詳其審。唐人集傳于今者尟矣,此雖闕其第五卷,較之它本作二卷者爲善。壬子十月從蕘圃孝廉假讀,因記于卷尾。竹汀居士錢大昕”

鈐有"汪士鐘藏"白文印。(虞山瞿氏藏書。癸酉)

唐秘書省正字先輩徐公鈞磯文集十卷 唐徐夤撰

舊寫本,九行二十字。 前建炎三年族孫徐師仁撰序,次族人可珍序。陳仲魚鱣舊藏。

才調集十卷 蜀韋縠編

明刊本。有張宗松跋,録後:

"是集萬曆間沈雨若所刻,錢功甫輩復校勘修板,汰去沈刻譌字極多,洵善本也。校汲古閣本,中間字句同異約計二千字,與二馮批本的合。 乾隆乙酉年古鹽張宗松寒坪氏志。"

此本亦録有評語,不知爲何人筆。鈐有查嗣瑮印。

才調集十卷 蜀韋縠編

舊寫本。録馮默安舒、馮鈍吟班、馮簡緣武、錢牧齋謙益、葉石君樹廉諸家評點。康熙戊戌許燮堂寶君手臨。(己未)

李文山詩集三卷 校本改碧雲集

汲古閣刊本。何義門焯手校,補佚詩三首。(邢贊亭藏書。)

碧雲集三卷 唐李中撰

汲古閣本。 黄蕘圃丕烈以宋刊本校勘,又以元本再校。有手跋三則,不更録。毛鈔元本每葉二十行,每行十九字。

鈐有"黄丕烈印"、"復翁"、"蕘圃手校"、"清秋逸士"諸印。又"宋存書室"、"楊二協卿"、"楊氏海源閣鑑藏印"各印。(庚午)

碧雲集三卷 唐李中撰 △八四二八

明寫本,墨格,九行十八字。首題"登仕郎守新淦縣令知鎮事贈緋魚袋李中"。 有題識二則:

"崇禎甲申七夕後五日閲竟。幽吉堂主人識。"朱筆。"順治乙酉錢求赤氏閲本。"墨筆。

鈐有"吴越王孫"白、"錢孫艾印"白、"彭城"、"錢景之印"白、"錢氏幽

吉堂收藏印記”、“困學齋”、“幽吉堂”白、“蓉鏡”、“芙川”白、“秘帳”、“小琅嬛福地”各藏印。（沈子封藏書。己巳）

藏園羣書經眼録卷十三

集　部　二

北宋别集類

徐公文集三十卷 宋徐鉉撰

影寫宋刊本,十行十九字,版心有刊工姓名。

此書影寫精美絶倫,當是清初人所爲,原徐氏積學齋藏書,今歸涵芬樓。(己未)

徐常侍集三十卷 宋徐鉉撰　　△八四三〇

舊寫本,十行二十字。有人據宋本以朱筆校過。　有秘書郎陳彭年序淳化四年七月、胡克順進書表天禧元年並批答、行狀、李昉撰墓誌銘、李至等祭文淳化三年、李至輓歌詞、晏殊後序大中祥符九年、知明州軍事提舉學事徐琛跋。紹興十九年。

"徐公文集三十卷,南唐舊臣後入於宋東海徐鉉鼎臣之詩若文也。前二十卷在南唐所作,後十卷入宋所作。詩致清婉,在崑體未興之前,故無豐縟之習。其文儷體爲多,亦雅澹有餘,爲組織之學者見之或不盡憙,然冲瀜演迤,自能成家,不可得而廢也。李文正稱其爲文敏速,不樂豫作,臨事立揮草,云速則意思壯敏,緩則體勢疎慢。今觀集中之文,則其言也信。亦惟其如是,故亦無瀠洄渟蓄之趣、崩雲裂石之勢。此殆由人之才力各有所偏勝,雖使自知之,而固無能相易者乎。余從鮑氏借得此集,乃虞山馮己蒼舒手校本,余又爲正其所未盡者。録成復請江陰趙敬夫曦明覆審,又得十數條,其本脱者尚無從補正之,然此已可信爲善本矣。東里盧文弨"後鈐"翰墨奇緣"白文印。

其中第二十一至二十三卷爲朱竹垞彝尊手録本,張芷齋有跋:

"竹垞先生手鈔三卷,内韻譜序頗有脱訛,從元刻本校正,乙未季夏芷齋曝書,偶記于觀樂堂中。"

鈐印録後:"購此書甚不易願子孫勿輕棄"白、"秀水朱氏潛采堂圖書"朱、"秀水朱彝尊錫鬯氏"朱、"張載華印"回文、"佩兼"、"笏齋"、"衎齋"朱、"思贊"、"會稽章氏"、"壽康讀過"、"開卷有益"、"傳之其人"、"華山仲子私印"、"永以爲好"白、"寒中"、"仲安"、"天和居士"、"華山仲氏"白、"寒中子"白、"海角"、"紫陽山人"、"古鹽官州馬氏"、"古鹽官州靈泉鄉花山馬氏衎齋圖書印"、"天池之濱有怪物焉"朱、"衎齋師友傳遺之物"白、"爲農山澗曲"、"朱馬思贊印"、"扶風書隱生"、"馬玉堂印"回文、"馬寒中印"白文回文。

卷末有"道光辛卯歲武原馬氏漢唐齋收藏書籍"藍色木記。又識語録後:

"騎省集六册,秀水朱太史故物,卷中丹黄皆竹翁親自點勘,其手録半帙書法古雅,較之陋板惡抄,真同霄壤。後歸花山馬寒中先生,甲辰己巳間,南樓圖籍雲散,予乃得而有之。攬兹墨妙,不勝盛衰今昔之感。小山叢桂書齋識。"鈐:"閒身猶作蠹書蟲"白文印。(丙寅)

河東先生集十六卷 宋柳開撰

舊寫本。鈐有吴氏西齋朱文小印。(古書流通處送閱。壬戌)

河東先生集十五卷 宋柳開撰

舊寫本，墨格，九行十八字。　前有咸平三年門人張景序，次目録，題"門人張景編"。卷中"通"字缺末筆。有吴兔床騫唐鷦菴翰題手跋，録之於後：

"鐵圍山叢談云：江南徐鉉歸朝後，坐事出陜右，柳開時爲州刺史，開性豪横，稍不禮鉉。一日太宗聞開喜生膾人肝，且多不法，謂尚仍五代亂習，怒甚，命鄭文寶將漕陜部，因以治開罪。開得此報大懼，知文寶素師事鉉也，逮文寶垂至，始求于鉉焉。鉉曰：彼昔爲鉉也門弟子，然時異事背，弗能必其心何如，敢力辭也。於是開再拜曰，先生但賜之一言足矣，勿邺其聽否。鉉始諾之。頃文寶以其徒持獄具來，首不見開，卽屏從者步趨入巷，詣鉉居以求覲，立于庭下。鉉徐出座上，文寶拜竟，陞自西階，通温凊，復降拜。鉉乃邀文寶上，立談道舊者久之。且戒文寶以持節之重而鉉閑廢，勿復來也。文寶方乃詢其所欲，鉉但曰柳開甚相畏爾，文寶默然。出，則其事立散。據此，則仲塗雖擅一時，而人品不無可議。張景行狀謂不顧小謹，蓋其微詞。而陳直齋亦云開爲人史稱其傲很剛愎。合觀數説，則開先時自名曰肩愈者不亦妄乎！戊戌春日，偶從武林得舊抄本漫題首簡。兔床"

"近見蘭溪渥川據何義門校定善本栞本，後附義門跋語云：鈔本第十卷卷首相承缺半葉，他本遂并去第二篇矣。此本十卷，失卷首半篇，其第二篇尚自存也。又云：此本通字皆缺末筆，乃避明肅父諱，疑亦出於北宋刻云。是本通字正缺末筆，與何跋符合，且以校渥川栞本，勝者不可勝舉，今録於栞本眉端，覽者自擇焉可也。行狀末脱二行，栞本可補讀，不欲妄贅。戊辰正月廿八日翰題鐙下記。"

"柳州耳孫，好爲大言，理駁詞支，妄推太玄，漁洋卓識，名論探源，有物有恒，庶幾璵璠。　偶校河東集，以爲推與過情，爰作爲贊，不欲阿所好也。 五湖長。”

“是本録入拜經樓藏書記題跋記卷五”後鈐“晉昌”白文印。

鈐有“鷗安校勘秘籍”、“唐翰題”、“拜經樓吴氏藏書”、“海豐吴重憙印”各印記。（辛未元月）

河東先生集十五卷 宋柳開撰 **行狀一卷** 宋張景撰 △五五六四

清道光十一年東武劉喜海家寫本，竹紙藍格，版心有“東武劉氏味經書屋校鈔書籍”十二字。十一行二十字。目連正文。卷中遇宋帝空格。

有跋，稱據舊本移録。鈐有劉燕庭各印章。（乙亥二月見）

咸平集三十卷 宋田錫撰 △二五三八

明祁氏澹生堂寫本，十行二十字，竹紙藍格，版心有“淡生堂抄本”五字。 前有蘇軾序，范仲淹撰墓志銘，司馬光碑陰。彭元瑞跋録後：

“開卷十二疏伉直危切，自魏鄭公陸宣公外千古所罕見也。其詞多對舉，文體亦近。范文正公墓誌謂奏凡五十二上，文集五十卷。然則集外所遺者多矣。壬子清明前一日校竟書。芸楣。”

“北宋諸臣奏議中有上太宗論旱災論邊事兩篇，此集不載，鈔附於末。丁巳嘉平再記。”

收藏有：“南昌彭氏”、“知聖道齋藏書”、“遇者善讀”、“教經堂錢氏章”、“錢犀盦藏書記”各印。又近人徐行可恕、蔣祖詒諸印。（此集爲鄉人白堅所得，頃索來，擬收之。戊寅十月十五日。）

忠謨謹按：此書别有跋，收入藏園羣書題記三集卷六。

咸平集三十卷 宋田錫撰

舊寫本，十行二十字。 前有蘇軾田表聖奏議序，范仲淹田司徒墓誌銘，司馬光田司徒神道碑陰。次目録。篇中語涉宋帝提行空格，是從宋本出者。 鈐有“讀易樓秘笈印”朱文、“養和堂”白文各印。（己巳）

逍遥集一卷 宋潘閬撰

近代鈔本。有朱筆校,云據方濬頤本。(壬戌滬市所見。)

乖崖先生文集十二卷 宋張詠撰 **附録一卷** 卷七至十二及附録配明寫本

△八八五

宋咸淳五年己巳左綿伊賡崇陽縣刊本,半葉十行,行二十字,白口,左右雙闌。版心下魚尾下記"古詩"、"律詩"、"雜著"等字,殊爲少見。 首龔夢龍序,行書七行,次郭森序,九行。全書淡墨印,多糢餬。(海源閣書,辛未二月十二日觀於天津鹽業銀行庫房。)

乖崖先生文集十二卷 宋張詠撰

明寫本,八行十六字。鈐有"西□之章"、"思默别號右山"二印。(丙寅)

乖崖先生文集十二卷 宋張詠撰 **附録一卷**

舊寫本,十行二十字。 前天台郭森卿題辭,錢易撰墓誌銘,韓琦撰神道碑,又雜遺事等文。

鈐有"開卷一樂"、"汪厚齋藏書"、"汪士鐘讀書"、"潘氏桐西書屋之印"、"茉坡潘介繁珍藏之印"各印。(乙丑)

乖崖先生全集十二卷 宋張詠撰

清寫本,十行二十字。 卷中有朱筆墨筆校改處,朱筆審爲鮑以文手迹也。 鈐有"大興朱氏竹君藏書之印"、"笥河府君遺藏書畫"朱文各印。(己巳)

乖崖先生全集十二卷 宋張詠撰

舊寫本,十行二十字。 鈐有"許焞攷藏"白、"個是□夫手種田"腰圓各印。(癸酉)

乖崖張公語録二卷 宋張詠撰

宋刊本,半葉九行,行二十字。卷末有紹定庚寅刊於錢塘俞宅書塾木記。宋印。(顧鶴逸藏,壬子二月十一日觀於吴門。)

張乖崖文行録四卷 明劉忠輯

清初寫本,十二行二十四字。 前有弘治庚戌四川布政使文安邢表序,次維揚張頤序。據序言此爲四川布政使劉忠所輯刊也。卷一本傳事實,卷二賦詩文十三首,卷三四附録。

鈐有謙牧堂、曹楝亭各藏印,又"錢大昕印"、"竹汀"二印。(壬申十月廿六日文奎堂見。)

王黄州小畜外集二十卷 宋王禹偁撰 存卷七至十三,凡七卷

宋刊本,半葉十一行,每行二十一字,版心記刊工姓名。

按:此書刻工古厚,版式闊大,避桓字諱,則爲南宋初刊本審矣。(日本静嘉堂文庫藏書,己巳十一月十三日閱。)

王黄州小畜集三十卷 宋王禹偁撰 △二一三六

清乾隆二十五年趙熟典愛日堂刊本。

黄丕烈據宋本校,有跋。吴翌鳳據鈔本校,有跋。張紹仁據吾硯齋抄本校,有跋。(藏園收得。癸亥)

忠謨謹按:此書有跋,收入藏園羣書題記初集卷五。

小畜集三十卷 宋王禹偁撰

明寫本,十一行二十字。序可補抄本缺佚數字。 有"葉氏藏書"朱文方印,疑菉竹堂故物也。(直隸書局送閲。丙寅)

王黄州小畜集三十卷 宋王禹偁撰 △六六四八

舊寫本,十一行二十字。 後有紹興十七年黄州契勘造此書公文,具載紙板墨價,後列官銜八行。末並録萬曆庚戌謝肇淛跋,言從内府宋本鈔出者。 鈐有"蔣長泰學山氏收藏記"、"元龍"、"蔣曰翁"、"春雨秘笈"、"春雨賞鑒過物"各印。(丙子收得。)

忠謨謹按:此書有跋,收入藏園羣書題記三集卷六。

王黄州小畜集三十卷 宋王禹偁撰

舊寫本,十行二十字。 前有咸平三年十二月自序。後有紹興丁卯

歷陽沈虞卿序。又紹興十八年黄州契勘文及刊貲官銜。又萬曆庚戌三月望日謝肇淛跋。(丙寅)

王黄州小畜集三十卷 宋王禹偁撰　△一〇二五九

清倪氏經鉏堂緑格寫本,九行二十一字。　有紹興戊辰六月歷陽沈虞卿序。(徐梧生舊藏。乙丑)

王黄州小畜集三十卷 宋王禹偁撰

緑格舊寫本,經鉏堂校録,九行二十一字。　鈐有汲古閣、顧千里、翁覃溪印,皆僞。(瑞安楊志林寄來。乙丑)

王黄州小畜集三十卷 宋王禹偁撰　△七六五二

清寫本。

曹炎據宋本校正。有曹彬侯炎藏印。(涵芬樓藏。己未)

王黄州小畜集三十卷 宋王禹偁撰

耘業山房寫本,十行二十字。

鈐印列後:“章氏子栢過目”、“章紫伯所藏”、“楊灝之印”、“繼粱”、“席後浘字次韓”、“東吴席氏珍藏圖書”。又“國子監”大官印、“光緒戊子湖州陸心源捐送國子監之書匱藏南學”朱文木記。“前分巡廣東高廉道歸安陸心源捐送國子監書籍”白文長印。(邃雅齋送閱。乙亥)

宋林和靖先生詩集四卷附録一卷 宋林逋撰　△二一三一

明正德丁丑刊本,十行二十字,白口單闌。　前有正德丁丑錢唐洪鐘序,言地官主政西蜀韓君廷屬沈君履德蒐輯考訂,并續以名賢題跋,萃爲一卷壽梓云云。首梅堯臣序,次像及贊,次名賢題跋詩文姓字名號爵里目録,末附録一卷則宋史本傳及記載詩文。

藏印如下:“吴岫”白、“姑蘇吴岫家藏”朱、“馮知十”白、“馮彦淵讀書記”朱、“彦淵”朱、“知十印”朱、“馮氏藏書”朱、“臣瑩”朱白、“聽雨樓查有餘堂圖書”白、“神往”白、“燕庭藏書”朱。

卷中朱筆認爲馮氏手校宋本。

按:余舊藏一本,與此同式,惟失去洪序,又無附録及名賢姓名各葉,且係黑口,或是此爲原刻而余本乃翻刊耳。(邢贊亭藏書,庚午七月假校。)

忠謨謹按:此集别有跋,收入藏園羣書題記初集卷五。

宋林和靖先生詩集四卷 宋林逋撰

明刊本,十行二十字,黑口。 前皇祐五年梅堯臣序,後有拾遺詩一首、詞一首。卷一後註"有佳句云:草泥行郭索,雲木叫鉤輈。考失全篇"一行。卷二標題作"重刊西湖林和靖先生詩集"。

鈐有"曹溶"朱、"結一廬藏書"朱各印。(余藏。丙辰)

穆參軍集三卷附遺事一卷 宋穆修撰 △八四三六

舊寫本,十行二十字。題"河南穆脩伯長著"、"范陽祖無擇擇之編"。

有朱卧庵之赤手跋,録後:

"丁卯十一月初三日欲往玄都應許太守竹隱約,雨甚不果,經行之暇,閱此二卷,而長鬚以午飯進矣。卧庵赤。"在卷二末。

"宋初文體相沿五代,衰靡極矣,穆參軍伯長獨取韓柳二集刻而弆之,豈非豪傑之士哉!其集原屬宋刻,未有别本,故世流傳甚罕。今聞江北有新本矣,曹秋嶽侍郎曾携贈陸子繩仲,予得寓目,遂倩譚兄揚仲程子竟日録之。午飯畢,雨窗獨坐,復終此卷。卧庵赤。"

藏印列後:"休寧朱之赤珍藏圖書"朱、"留耕堂印"白、"寒士精神"白、"安貧樂道"白、"道行仙"白、"朱之赤印"朱、"卧菴"朱、"牧仲父印"朱、"商丘宋犖攷藏善本"朱。(此徐梧生司業遺書,蟠青書室持來。庚午)

穆參軍集三卷附遺事一卷 宋穆修撰 △六四六二

清經鉏堂緑格鈔本,八行二十字。 前祖無擇序,淳熙丁未臨江劉清之跋,後有均跋不著姓,十二行,言此本當從宋刻出。又蔣啓源跋。

“宋初王元之、楊大年爲宗工鉅人,其文章鴻麗,爲一代冠冕,然仍有聲偶之習,以始於對白爲工。至歐蘇而始邃然一宗于古,以追跡司馬班揚而上之,乃其源流則自柳穆始。予幼慕二公文,無如世遠言堙,流傳絶少,雖有抄本,譌以傳譌,無由是正。偶得棸川何丈道林草録本,雖非莊寫,尚仍宋刻之舊,藏之篋笥久矣,南北奔馳,未及參校。壬寅孟陬,病體少間,對榻無聊,翦燈細讀,恍然如見參軍剛介之氣,與粹然好學深思之心,諷咏玩味,有味其言,誠斯文之正宗、昌黎之嫡脉也。惜乎存者只此,無以窺其全豹。尤恨柳先生集雖有録本而無宋刻,點校之下不勝望蜀之歎。是歲人日均謹識。”

“壬戌夏日從厚齋主人携得竹垞閲本,用硃筆傳出。戊辰春王,復于師門傳得義門夫子手閲本,以紫宫錠别之。原書爲李秉臣手校,固是善本,復經再校,可無恨矣。吴門後學蔣啓源識于友蘭書屋。”

“秉臣跋語稿存此書後,未經裝好,恐或遺忘,因并録于其後。啓源又記。”

按蔣氏跋,則前跋之名均者當卽李秉臣也,竢再考之。(庚午閏六月)

穆参軍集三卷 宋穆修撰 **附遺事一卷**

清寫本。清彭元瑞知聖道齋藏書。 有友人章君式之鈺跋。(余藏。)

穆參軍集三卷 宋穆長撰

舊寫本,十行二十字。 鈐有惠父寓目白文印。(古書流通處送閲。壬戌)

河南穆參軍集三卷 宋穆修撰

清寫本,十行二十四字。 鈐有“吴氏西齋”、“沈氏小西山房藏印”二印。(文友堂見。癸亥)

河南穆公集三卷附遺事一卷 宋穆修撰

清錢曾述古堂影寫宋刊本,十行十八字。　鈐有平陽汪氏藏印。(壬子)

河南集三卷附録一卷 宋穆修撰 △五五六五

清寫本,十行二十字,次行題"穆修伯長"四字。馮登府跋録後:

"四庫館提要曰:穆參軍集三卷,附録遺事一卷,宋穆修撰。修終於潁蔡二州文學掾,然宋人皆謂之穆參軍,猶姚合終秘書少監,唐人皆稱姚武功也。宋自柳開初變文體,而其力不足以轉移風氣。自穆表章韓柳,一傳爲尹洙,再傳爲歐陽修,而炳然復古,其功實不可没。至其尊崇曹操之類,識有所闇,亦無庸爲之諱焉。"

"是書衹有宋槧本,鈔本流傳絶少,海昌馬當脱藥字洲藏,曾入王西莊著録,戊子七月余有越嶠之役,以此贈行。道光己丑春分日勺園記於閩督使院。"

收藏有"西莊居士"白、"王鳴盛印"白、"古懽閣"白、"登府手校"白、"小楊山人"白、"復菴曾讀"白、"謹堂曾讀"白、"謹堂鑑賞"朱、"楊廷錫印"朱、"石經閣"朱、"雲伯審定"朱、"謹堂"朱。又"一經傳舊德"朱、"晚知書畫真有益"朱兩印,皆馮氏印也。(已收)

河南集三卷 宋穆修伯長撰 △一〇二六一

清寫本,十行二十字。　後有劉清之跋。唐鷦安翰題二跋録後:

"穆河南集首葉有吕氏藏書印,卷末有耻齋葫蘆印,蓋石門天蓋樓舊鈔而歸於拜經樓者。丁卯七月雙星渡河日記。録入藏書題跋記卷五,己巳九月廿八日又記。"

"近于太湖廳東山翁氏得金亦陶處士手録宋元人集,其一爲穆參軍集,卷葉俱同,惟末附參軍遺事,金處士傳本哀穆先生文、悲二子聯句二首列在遺事前,卷無劉清之題一葉,卷二送崔伯盈序,後七行每行各空字一,此則接下直書爲微異耳。兩本互有優絀,合校便成一善本矣。己巳八月十日鷦安記。"

鈐有:"吕氏藏書"白、"耻齋"朱、"宋本"七疊朱文、"鶴安校勘秘籍"朱、"唐翰題審定記"朱、"重憙鑑賞"白、"石蓮闇所藏書"朱、"玉乳山房"朱。(邢贊亭藏書,乙亥二月記。)

文莊集三十六卷 宋夏竦撰

傳抄永樂大典本。有宋敏求序、江邈序。此書舊無刊本。(辛酉)

夏文莊公集三十六卷 宋夏竦撰 △二〇〇一

清寫本。清孔繼涵微波榭藏本。末葉注云:

"乾隆辛丑三月丁杰小山自都中抄貼。"(盛昱遺書。壬子)

文莊集三十六卷 宋夏竦撰

繆氏藝風堂寫本。 有紹興庚申江邈序。(古書流通處送閲。壬戌)

春卿遺稿一卷 宋蔣堂撰 △一一九九八

清寫本,傳鈔天啓元年裔孫鑛校刻本。 有天啓元年鑛序。鈐有"翰林院印"。(辛巳十一月六日見於翰文齋,吴縣潘伯寅滂喜齋遺書。)

東觀集七卷 宋魏野撰 △一一三九二

清寫本,墨格,十行二十字。 有宋蘭揮筠各印。

"魏著作詩世鮮刻本,此集從友人處抄借,中多譌字,不敢以意更改,當覓宋刻本校正之。乙丑六月既望,録於雲間之朱涇館齋。拙修居士金侃識。蘭揮手書。"

卷末有"丁亥季春周龍藻校"一行。

温忠翰手校記於上方,并録詩畫各條于卷末。(辛巳十一月六日見於翰文齋,潘伯寅遺書,已收。)

東觀集十卷 宋魏野撰 △二九七六

清寫本,鮑廷博朱筆校。 鈐朱色木記一方,文曰:

"乾隆三十八年十一月浙江巡撫三寶送到鮑士恭家藏鉅鹿東觀集壹部計書壹本。"(癸丑)

鉅鹿東觀集七卷 宋魏野撰

清寫本,十三行二十三字。章紫伯藏書,有印。(甲子)

鉅鹿東觀集十卷 宋魏野撰

清寫本,八行十七字。 前有薛田序。 鈐有抱經樓藏印。(壬戌)

景文宋公集□□卷 宋宋祁撰 殘存三十二卷

宋刊本,半葉十二行,行二十字,白口,左右雙闌。版心上記字數,下記刊工姓名,可辨者只張守中一人,及張、黄、品、照、義等一字。中縫題"景文幾"。版匡高及七寸。

此書字體古勁,頗具樸厚之意,版式横闊,麻紙瑩潔如玉,蝶裝,猶存宋代舊式。(日本帝室圖書寮藏,己巳十一月十一日觀。)

武溪集二十一卷 宋余靖撰 △二二三一

明成化九年蘇韡等刊本,十一行二十二字,大黑口,四周雙闌寬邊。

前成化九年丘濬序,次朝奉郎尚書屯田郎中騎都尉賜緋魚袋周源序。本書首葉次三行題"工部尚書充集賢院學士贈尚書右僕射累贈少師謚襄公余靖"。後附歐陽修撰神道碑銘及紹興丁巳韓璜書集後爲第二十一卷。 有黄丕烈跋,録後:

"明刻黑口宋人集世以爲珍,余武溪集向曾置一部,係黄紙者,質粗而墨氣淡。玆書友携此來,居然勝一籌矣。命工重爲易其面,餘仍舊也。 蕘翁。甲子十月十有三日。"

鈐有"丹鉛精舍"、"勞格季言"朱文各印。

按:據丘瓊山序,謂初得公集,手自鈔録,携以過韶,韶郡太守蘇君韡、同知方君新、通判涂君暐刻之郡齋。又言此集與張曲江集並得於館閣羣書中。疑與曲江集爲一時所刻,余見四明盧氏抱經樓藏有黑口本曲江集半部,板式與此正同也。此書戊申九月得於杭州,爲值只五番,當時尚不知有黄跋,入都詳檢乃得之,亦可笑也。沅叔丙辰冬日。

武溪集二十一卷 宋余靖撰

明成化刊本,十一行二十二字,黑口,四周雙闌。　鈐有"三山陳氏居敬堂圖書"朱文印。

按:此即丘瓊山自内閣鈔出,與張子壽集同時刊行者也。流傳極罕,世不多見,余二十年前得一本于塘棲勞季言家,有黄蕘圃跋語,前有成化序,兹帙闕失之矣。沅叔偶書。(邢贊亭藏書,甲戌二月見。)

武溪集二十一卷 宋余靖撰

明嘉靖刊本,十行二十字,黑口雙闌。(四明盧址抱經樓藏書。癸丑)

曲水集二卷 題宋會稽孫沔撰

舊寫本,八行十六字。　前有皇祐四年戊辰菊月既望,賜進士第龍圖閣直學士太子賓客壽光任顓序,次小傳一首,稱沔字元規,由進士累官樞密副使,仁宗時以不肯讀温成皇后册得罪罷歸,卒謚威敏,著有奏議十卷、雜著六卷行于世云云。

按:此集四庫未收,晁、陳二志亦不見,未知其真僞若何,竢詳攷之。戊辰祀竈日,沅叔。(已收)

安陽集五十卷 宋韓琦撰 **附家傳十卷别録三卷** 宋王巖叟撰 **遺事一卷** 宋強至撰

明正德九年張士隆河東翻刻本,十一行十八字,白口,左右雙闌。有曾大有序。(丁巳)

范文正公文集二十卷 宋范仲淹撰　缺卷第一　　△一一三九三

北宋刊本,半葉九行十八字,白口,左右雙闌。宋諱暑、樹、警皆爲字不成,桓字不避,是欽宗以前刻本。

按:此嘉定廖氏藏書,爲陳立炎捆載北來,特留此相示。惜缺首册,攜來者爲十五、十六兩卷,故衹記大略,未能詳盡也。(己未歲以千二百金收得。)

忠謨謹按:此書有跋,收入藏園羣書題記初集卷五。

范文正公集二十卷别集四卷尺牘三卷 宋范仲淹撰

元天曆戊辰歲寒堂重刊宋鄱陽郡齋本,十二行二十字,白口,左右雙闌,版心上記字數,魚尾下記文正集卷幾,下記葉數,最下記刊工姓名。間避宋諱。 蘇軾序後原有木記,經後人割去,以充宋刊。(故宫)

范文正公集二十卷别集四卷 宋范仲淹撰

元天曆刊本,十二行二十字,白口,左右雙闌,版心下記人名。 前有蘇軾序,别集後有乾道丁亥邵武俞翊跋、淳熙丙午北海綦焕跋,跋後有嘉定壬申仲夏重修一行,官銜二行:

"朝奉郎通判饒州軍州兼管内勸農營田事　宋鈞

朝請大夫知饒州軍州兼管内勸農營田事　趙旧櫶"

鈐有"中吴錢氏收藏印"朱及季滄葦、鄭昌英注韓居各印。(楊敬夫藏書,乙亥正月七日見。)

范文正公尺牘三卷 宋范仲淹撰

元刊本,十二行二十二字。蝴蝶裝。(景賢處見,盛昱遺書。)

范文正公尺牘三卷 宋范仲淹撰

明嘉靖二十年辛丑十六世孫范惟一刊本,十行十八字。有序。(壬子)

河南先生文集二十七卷 宋尹洙撰 **附録一卷**

舊寫本,十行二十字。 前有范仲淹序,附録傳志祭文等一卷。每卷目録連正文,語涉宋帝皆空格。有劉喜海題籤,云此帙得之大興朱氏茮華吟館。

鈐有"瞿氏用延"、"瞿氏藏書"、"嘉蔭簃藏書印"、"喜海"、"吉甫"、"笥河府君遺藏書記"、"子牧氏"各印。(己未)

河南先生文集二十七卷附録一卷 宋尹洙撰　存卷首、卷一至三、二十五至二十七、附録　△八四四一

明寫本。 黄丕烈手校,有跋:

“師魯集二十卷，承旨姚公手録本。予往刻師魯文百篇于會稽行臺，今迺得閱其全集，甚慰，因復梓行之。我朝古文之盛倡自師魯，一再傳而後有歐陽氏、王氏、曾氏，然則師魯其師資也。淳熙庚戌錫山尤袤延之跋。

余校此集後，又見一抄本，甚精，上鈐錢辛楣名號圖章，當是其家所逸者。中多脱失，略與此鈔同，余前云或宋刻殘毁所致，恐職是故也。草草不及細讎，惟末有尤延之一跋，似可見宋刻源委，爰録于右。蕘翁。”

“此本舊鈔式樣想從宋本録出，然缺落甚多，或宋刻殘毁所致。玆從吴枚庵抄本校，可云盡善也，如有宋刻出，當更有誤者。蕘翁。”

(周叔弢藏書。甲子)

河南先生文集二十七卷附録一卷附録補一卷 宋尹洙撰

△八四四二

清寫本，九行十七字。　前有高平范仲淹序。有康熙十九年九月新城王士禎跋，又辛酉夏六月識于國子監之東廂，又壬戌冬再記。有李南澗文藻識語：

“原本新城批語用朱筆，塗字用粉筆，改字用墨筆，標記用紅紙，今俱以緑筆代之，其朱筆文藻所加也。乾隆乙酉除日記于竹西書屋。”

按：是書李南澗文藻依王阮亭士禎本過録，卷内緑筆是也。其南澗所勘及引東都事略改正者均用朱筆，羅有高評語則用藍筆别之。附録之外南澗又引宋史本傳及宋人詩文雜記爲附録補遺，凡二十餘篇。鈐有“李生字曰香艸”、“文藻”各印。(丙寅)

孫明復先生小集一卷 宋孫復撰

清寫本。　清李文藻、羅有高手校，有跋，並録紀昀跋：

“乾隆丁亥歲予客濟南，借録孫明復小集于泰安故相趙氏，又録副以寄房師河間紀公。己丑入都,鄉先輩鴻臚朱公聞予有此書,索之,而原本不在行笈,紀公方戍西域,無從問其有無也。適郎君半漁呼余爲檢曝書籍,乃於亂紙堆中獲此及馮舒詩紀匡謬,皆予嚮所寄者,吾師皆手跋其後。亟假付同舍趙君鏡心影抄此册以贈朱公。公平陰人,藏書甚富,予借抄宋人集數種而其索抄於予者僅此及尹師魯河南集耳。其歲八月十八日,益都李文藻記於京師寓舍,時方患痰嗽閉門謝客三日矣。紀曉嵐先生跋語録後:

李南澗從泰安趙氏録此本,以余喜聚古籍,馳以寄余,凡文十九首,詩三首,似采合而成,非本書也,暇日當以諸書參校之。又墓誌一篇有録無書,亦俟暇日檢補之。丁亥九月三日河間紀昀記。

按:焦氏經籍志孫復睢陽小集十卷,此册僅可二三卷,殆從本集摘鈔者,而河間房師以爲采合而成,恐未必然。蓋孫明復詩文流傳絶少,如吕氏宋文鑑、顧氏宋文選、吴氏宋詩鈔、曹氏宋詩存諸書皆未有所載,其十卷之足本世宜猶有藏者,而是册從何而得嘗札問相國之子道軒,道軒不能答也。己丑十月十八日文藻再識。”

“重光單閼歲十月羅有高校於廣州新安官舍。歐陽子墓文在别本,應録入此本。”

“聶劍光嘗出十金謀刻此書,予卻其金而諾爲刻也。劍光泰安布衣,頗好事。大雲山人記。”(戊午)

新雕徂徠石先生文集二十卷 宋石介撰

明寫本,十行二十一字。總目在前,以下各卷目後接連文,提行空格,源出宋刊,有人以朱墨筆校過。鈐有“瑞露堂”方白文、“王氏延陵”方白文、“王季子印”朱文。

按:山東濰縣張氏光緒九年刻本爲徐梧生所校,附有校記,所記明影宋鈔卽是本也。沅叔記。(丙寅)

徂徠文集二十卷 宋石介撰

清初寫本,十行十七字。每卷目録接連本文,遇宋帝空格,猶是舊式。　鈐有兼牧堂及查士瑮藏印。

按:此書四庫本有脱佚,此本不缺。(余藏。)

徂徠石先生文集二十卷 宋石介撰

清彭氏知聖道齋寫本,八行十八字。　有彭元瑞手跋,録後:

“嘉慶庚申仲秋校再過,宋文鑑宋詩鈔外無它本,脱誤不少。芸楣記。”

鈐有“南昌彭氏知聖道齋藏書”、“硯録山房藏書善本”各印。(徐梧生遺書,己巳三月十六日閲。)

徂徠文集二十卷 宋石介撰

舊寫本,十行廿字。(壬子歲見,張菊生書。)

莆陽居士蔡公文集三十六卷 宋蔡襄撰　存卷七至二十四,計十八卷,餘鈔配

宋刊本,半葉十行,行十九字,白口,左右雙闌。版心中縫寬展,魚尾下記“端明集幾”,下記葉數,最下記刊工姓名。　後有朱少河錫庚跋。

按:此本紙墨明麗,以字體雕工論,疑亦江右所刊,海内孤本。海源閣舊藏。丁卯十月,有勞姓者持海源閣藏宋本二十六種在津求售。憫其流落,乃與葉譽虎、顔駿人諸君籌爲保書會,擬合力收之。二十九日偕譽虎赴津,得見二十三種,此書卽在其中,索六千五百元。其他孤本秘籍尚有宋本説苑索六千元、宋本新序索五千五百、宋本淮南鴻烈解索五千元、宋本荀子四千五百、宋本管子四千、宋本莊子三千、宋本王摩詰集二千五百、宋本三謝詩一千五百、宋本孫可之集二千五百、宋本范文正公集三千、宋本陶詩三千五百、宋本擊壤集三千五百、宋本愧郯録三千五百、宋本唐四家詩二千等。與諧價未成,尋爲有力者分攜以去。

宋蔡忠惠公文集三十六卷 宋蔡襄撰

明萬曆四十四年蔡善繼雙甕齋刊本。(壬子)

鐔津文集二十卷 宋釋契嵩撰

元刊本,中版式,十二行二十四字,細黑口,左右雙闌。每卷後列捐貲助刊人姓名一行或數行。 前屏山居士李之全序,次高安沙門釋德洪序,卷尾有至大己酉比丘永中重刊此集疏,又法珊跋,又林之奇跋,又至大仰山比丘希陵跋。永中跋録後:

"鐔津集諸方板行已久,惟傳之未廣因細其字畫重新鋟梓,工食之費荷好事者助以成之,其名銜具題各卷之末,惟冀義天開郎,性海宏深,庶有補于見聞,抑普資于教化者矣。至大己酉孟春吴城西幻住菴比丘永中謹誌。"

按:此書寫刻工麗方整,極似宋刊。然考經籍訪古志求古樓藏宋刊本爲十行十八字,與此版式固不同也。(日本内閣文庫藏書,己巳十一月十九日觀。)

鐔津文集二十二卷 宋釋契嵩撰

明永樂刻本,十行十八字,黑口,四周雙闌。目後有"永樂戊子季冬并周子名"小字二行。各卷後有助刻人名。(葉定侯藏。甲戌)

蘇魏公文集七十二卷 宋蘇頌

舊寫本,九行二十字。篇中空格及註御名等字,似源出宋刊。(庚午)

古靈先生文集二十五卷年譜一卷附録一卷 宋陳襄撰

宋刊本,版匡高七寸六分,寬五寸五分。半葉十行,每行十八字,注雙行,白口,左右雙闌。版心上記字數,上魚尾下記古靈集卷幾,下魚尾下記葉數,下記刊工姓名。

按:此本與瞿氏鐵琴銅劍樓藏本同,余曾校瞿本,其斷爛處覓此本核之,亦正相似。卷末使遼語録亦不全。審其字體刀法與真德秀西山讀書記極相類,或亦宋末福州刊本歟!(日本静嘉堂藏,己巳十一月十三日閲。)

古靈先生文集二十五卷附録一卷 宋陳襄撰

舊寫本，十行十八字。　前李綱序，次年譜，譜後有六世姪孫曄跋九行，末有紹興三十一年孫輝跋，蓋此集卽其孫輝刊于章貢郡齋者。卷中構字注犯御名，慎、敦不避，則此帙正從紹興本鈔出也。

陳輝及陳曄跋余别藏鈔本曾録之，不復寫。　鈐有誠齋居士白文印。

原李湛侯藏書，爲劉惠之收得，余幸得借校，并附志之。去年借瞿氏宋刊本校舊鈔本，其構字已缺末筆，且行欵亦略異，則此本似在瞿本之前，其十九卷中瞿本斷爛缺佚之文取此本勘之，完然具存，因補録以足之，是集遂頓復舊觀矣。無意獲完成此書，爲之忻慰不已。沅叔。己巳十一月二十七日。

古靈先生文集二十五卷 宋陳襄撰

舊寫本，十行二十字。卷目録後：

卷一紹□元年求賢詔、熙寧經筵薦司馬光等三十三人章稿，卷二賦，卷三古詩，卷四至六律詩，卷七、八書，卷九啓，卷十啓狀，卷十一序記，卷十二内制，卷十三表奏，卷十四至十六奏狀，卷十七、十八劄子，卷十九詳定禮文，卷二十文，卷二十一議論策題，卷二十二、二十三，易講義，卷二十四禮記講義，卷二十五墓志銘。附行狀志銘等八篇。（徐坊遺書，丁卯見。）

古靈先生文集二十五卷附行狀誌銘等 六篇 **年譜一卷** 宋陳襄撰

舊寫本，十行二十字。前七卷新鈔補全。　鈐有竹垞藏本印，僞。（乙亥五月見。）

司馬太師温國文正公傳家集八十卷 宋司馬光撰

明刊本，十行二十字，黑口，四周雙闌。　有劉毓家印。（已收。甲子）

趙清獻公文集十卷 宋趙抃撰

明成化七年閻鐸刊本，十一行二十字，黑口，四周雙闌。　有至治首元仲冬二十又六日蒙古晉人僧家奴序，言忝臺檄過大末郡，得公集于郡庠云云。又景定元年八月郡守天台陳仁玉序。（于右任書，李子東送來閲。癸亥）

趙清獻公文集十卷 宋趙抃撰　△三三一

明嘉靖四十一年壬戌汪旦刊本，十一行二十字，每卷後有"浙江衢州府西安縣校刊"一行。　前嘉靖壬戌衢州府知府楊凖序。

按：此集宋本分十六卷，其詩文次第亦同，但分卷異耳。北京圖書館有殘宋本，余曾校過，其第七卷首爲贈五嶽觀王道士詩，正是此本五卷之半。第十五卷爲補遺，凡詩文十二首，此本無之，因屬喬君勤孫鈔附十卷之末。宋刻異字卽校改于本字旁。沅叔。（余藏。丙辰）

直講李先生文集三十七卷外集三卷年譜一卷門人録一卷 宋李覯撰

明成化刊本，十一行二十字。　鈐有朱竹垞、張蓉鏡藏印。（壬子歲見。）

公是先生集不分卷 宋劉敞撰

明藍格寫本，九行二十字。　首詩，次外制，次論説雜文。（天一閣佚書。戊午）

公是先生文集不分卷 宋劉敞撰　殘

舊寫本，不分卷，首賦、次詩、次文，以分類爲次。　前有序，不著撰人，次采晁氏、石林葉氏、朱子語類、竹溪林氏諸家論原父文字。此册只存賦詩一帙。　鈐有"陸魚亭藏閲書"朱文印。（甲子九月廿七日得於宏遠堂。）

陶邕州小集一卷 宋陶弼撰 **附水鏡元公詩集一卷** 元元淮撰　二書同册

明刊本，九行二十字。　後有萬曆甲戌十一世孫應會重刊序。

都官集十四卷 宋陳舜俞撰

清彭元瑞知聖道齋寫本。（癸丑）

都官集十四卷 宋陳舜俞撰

舊寫本。 有慶元六年樓鑰序。 鈐有蔣鳳藻藏印。（古書流通處送閲。壬戌）

石學士集一卷 宋石延年曼卿撰 清石藴玉輯

原石琢堂藴玉太史所輯，刻石于祠壁，道光庚子，學官李振綱屬裔孫石陵茂才付之梓人，僅得詩四十五首，詩餘一首，恐其遺佚者正多也。他日當續輯之。

錢塘韋先生集十八卷 宋韋驤撰 存卷三至十八，凡十六卷

宋刊本，陸心源氏原題明刊，半葉十行，每行二十字。

按：此本實爲宋刊，且屬初印精湛。卷中宋諱亦缺筆，未審陸氏何以疏率至此，題爲明初刊。昔傳明吴匏庵寬藏宋刊本，缺第一、二卷，此本所缺正同，必爲吴氏藏本無疑也。（日本静嘉堂文庫藏書，己巳十一月十五日閲。）

錢唐韋先生文集十八卷 宋韋驤撰 缺卷一、二

舊寫本，九行二十字。（蟫隱廬見。丁巳）

安岳馮公太師文集三十卷 宋馮山撰 存十二卷

舊寫本。 前有嘉定十二年劉光祖序，又何德固叔堅序。十一行二十四字。（古書流通處送閲，已收。壬戌）

安岳集三十卷 宋馮山撰 存卷一至十二，計十二卷

舊寫本，顧沅藝海樓藏。（癸丑）

元豐類稿五十卷 宋曾鞏撰 存卷四十三之五十五至五十八葉，計四葉，又卷三十一、三十二兩卷

宋刊本，半葉十二行，每行二十至二十五字不等，白口，左右雙闌，版心上記字數，魚尾下記南九二字，下魚尾下記葉數，下方記刊工人名。張久中墓誌銘題下夾註云："此文有兩篇，意同文異，一篇附于本卷末"，十六字。其文中有異字旁注："某一作某"，刻之行間，此亦

宋本之僅見者也。其張久中墓誌銘今以顧刻本校之,自"君姓張氏"至"所與之游"九十六字與前篇同,自"者甚衆"以下至銘詞與後篇同,不知最後定本如是,抑編集者取兩篇合併而爲之也。

南豐集宋本久不傳,今遘此殘本,只寥寥四葉而異同乃如此,滋足異矣。涇陽張庾樓君出以相示,并屬余攜之南中求沈乙盦曾植爲之題記。比至海上,乙盦已病不能興,僅得擁被强起一觀而已。因留置篋中,匆匆逾月。今夕細雪霏林,圍爐不出,乃取刻本互讀,略記于此,得暇當手摹之以存其真。其時乙盦噩耗已傳至浹旬,此後賞奇析異誰與共哉! 念此淒然,爲之輟筆。 壬戌十月廿五夕記于藏園龍龕精舍。

卷三十一、三十二兩卷許君寶蘅藏。(甲戌立冬前一日獲觀。)

忠謨謹按:此書有跋,收入藏園羣書題記三集卷六。

元豐類稿五十卷 宋曾鞏撰

元刊本,十行二十字,白口,左右雙闌,版式寬大,版心上記字數,下記刊工名一字。 前有大德重刊元豐類稿序,爲大德八年夏五月廣平程文海撰。後有大德甲辰良月東平丁思敬跋,言前邑黄斗齋嘗繡梓而燬,得善本于公云礽留耕公,今再刻之云云,蓋爲山東東平邑刻本也。

鈐有"天全"、"濮陽李廷相雙檜堂書畫記"朱文二印。(故宫藏書)

按:是書大字方勁,似元刊白虎通德論,尚存天水之風。異書也。藏園。(丁卯七月)

元豐類稿五十卷 宋曾鞏撰 續附一卷 △八八三

元大德八年甲辰東平丁思敬刊本,半葉十行,行二十字,白口,左右雙闌,版心上記字數,下記刊工人名一字,版匡高廣異常。

有朱錫庚跋。鈐有明文氏玉蘭堂、王履吉、清季振宜、季應召及朱竹君藏印。

按:此與故宫藏本正同,故宫本前有大德八年程文海序,題大德重刊元豐類稿序,此本佚去,楊氏誤認爲宋本。(海源閣藏書,辛未二月十二日觀於天津鹽業銀行庫房。)

元豐類稿五十卷附録一卷 宋曾鞏撰

明成化刊本,十一行二十一字,黑口,四周雙闌,卷尾有"府學生員吴栢校正"一行。　前王震序,次明羅倫序,次成化六年一夔序,次年譜序,次序説,次像贊,次總目。(余藏。丙辰)

南豐先生元豐類稿五十一卷 宋曾鞏撰 △三三五

明嘉靖王杼刊本,十一行二十一字。

故人吴慈培臨何焯校本。　鈐有孫從添、陳鱣、袁廷檮諸印。(吴君臨終見托,暫寄余齋。)

南豐先生元豐類稿五十一卷 宋曾鞏撰　存二十七卷

明寫本。　前有正統十二年毘陵趙琬序,是從正統本鈔出也。鈐有趙氏天放樓印。(甲子)

曾南豐先生文粹十卷 宋曾鞏撰　存卷五至十,計六卷

宋刊本,半葉十四行,行二十六字,白口,四周雙闌,版心上記字數,下記刊工姓名,有王、震、同、甲、仝、吕、僊、宏、張、劉、孜、蔣各單字。避宋諱至敦字止。鈐有"謙牧堂藏書記"、"天禄琳琅"及盛昱藏印。(盛昱遺書,歸袁寒雲,余自寒雲假來一校,宋本脱誤頗甚。)

南豐曾先生文粹十卷 宋曾鞏 △三三七

明嘉靖二十八年安如石刊本,十行二十一字。　前嘉靖己酉王慎中序。每卷首題"盱江張光啟校","無錫後學安如石刊"兩行。卷末有"許文會寫"四字。　鈐有"古鹽馬氏"、"馬玉堂"、"笏齋"、"笏齋珍藏之印"各印。余以宋刊巾箱本校過卷五至十。(余藏。)

忠謨謹按:此書有跋,收入藏園羣書題記三集卷六。

洛陽九老祖龍學文集十六卷 宋祖無擇撰

舊寫本，九行十八字，版心有“知聖道齋鈔校書籍”八字。彭元瑞跋録後：

“龍學詩文坦明徑達，不爲鉤棘態，固宜其宦達而壽。當日曾掌制，與廬陵、臨川游，友孫明復，僚壻梅聖俞，賓客李泰伯，其文章宜多作，而集中詩僅百餘首，文僅四十二首，又無鴻篇鉅什，何也！是集其曾孫衎所編，附益一時唱酬之作，又其家數世文字一章一句皆入之，僅能成編，可謂賢子孫不忘其先人者矣，爲人後者所宜法也。壬子處暑雨窗記。芸楣。”

此跋前鈐“書種”，後鈐“貧貽子孫”二印，又彭氏三印。（乙亥）

洛陽九老祖龍學文集十六卷 宋祖無擇撰

舊寫本，十一行二十一字。李文藻跋録後：

“是書予既録副，遂手校一過，差字尚不甚多，第十二卷内脱二葉，可依李泰伯集補入，第九卷内潁川陳君神道碑銘脱去首數行，則無别本可證。擇之與永叔、聖俞游，尤善泰伯，詩皆不逮，獨其文簡質有法，頗似尹師魯，同時能此者未易數數也。集名焕斗者蓋取歐公送赴陝府詩“右掖文章焕星斗”句。乾隆己丑七月二十七日益都李文藻記于京寓。”

按：余以李氏宜秋館本校讀，粗有訂正。沅叔。丙寅十一月。（徐梧生遺書）

洛陽九老祖龍學文集十六卷 宋祖無擇撰

舊寫本，十行二十字。　後有紹定己丑郡文學趙體國後跋行書大字。鈐有明善堂安樂堂二印。（癸酉）

宛陵先生文集六十卷 存卷十三至十八，三十七至六十，共三十卷

宋刊本，半葉十行，每行十九字，白口，左右雙闌。版心上方記字數，下記刊工姓名，有王恍、金大受、金言、金明、顔友亨、唐思恭、唐彦、唐彬、劉青、劉中、侯琦、潘暉、張成、陳革、昌茂、盛彦諸人。每卷目

録接連正文,末葉記重修歲月銜名,具如下式,凡十一行:

"重修宛陵先生文集

自嘉定十六年端午修校

至十七年正月上元日訖事

司 書 王 安國監修

掌 計 殷 質

學 諭 貢 士虎監修

學 諭 王 應龍監修

直 學 盛 志剛

學 録 貢 約之

學 正 戚 夢實

文林郎充寧國府府學教授劉寅。"

按:此本乃紹興時刻而嘉定時重修者,如卷三十七内第四葉版心下方有"嘉定改元换"五字可證。卷末有紹興十年汪伯彦後序,銜爲知宣州軍州事,蓋刊於宣城者也,字體刀法頗與宋刊青山集相類。卷末附有島田翰跋語,謂曾見元翠巖精舍覆宋嘉定本於新平正毅先生許,是此集又有元刻矣。吾國所傳祇有正統本,宋元兩刻不獨目所未覩,即前人著録亦不及,不意乃于海外見此殘編,暮年眼福,私用自喜。(日本内野五郎家藏書,己巳十一月十日閲。)

忠謨謹按:此書有跋,收入藏園羣書題記初集卷五。

宛陵先生文集六十卷拾遺一卷附録一卷

明刊本,十行十九字,大黑口,四周雙闌,版心題卷幾。　首慶曆六年歐陽脩序。紹興十年汪伯彦重刊板序。在卷六十靈烏後賦後。

藏印有:"鶴儕"朱方、"鶴儕讀過"白方、"鶴口"朱方、"喬松年印"白方、"孫從添印"白方、"蓉鏡珍藏"朱方、"芙初女士姚畹真印"。

按:此即正統四年己未宣城太守袁旭廷輔刊本。(甲寅)

宛陵先生文集六十卷拾遺一卷 宋梅堯臣撰 △一一三九四

清康熙四十一年徐惇復白華書屋刻本。 清吴嗣廣評點并跋,吴騫跋。二跋録後:

"宛陵先生謂作詩雖寫難言之景,如在目前,含不盡見於言外。今讀其集,方知此語實先生自道所得也。敬業師曾語余宛陵正自突過摩詰,又云:宛陵仍是唐音,非宋調也。阮亭詩話作詩曰典、曰遠、曰諧,典諧易得,遠字惟韋蘇州及宛陵到之。"

"右跋當爲吴樵石先生筆。樵石名嗣廣,字芑君,邑諸生,嘗以詩文受知查初白先生,故稱敬業師,餘詳州志文苑傳。壬申秋日騫記。"(余藏。)

無爲集十五卷 宋楊傑撰

影寫宋刊本,半葉十行,每行十七八九字不等。 鈐有汪退谷、陳仲墒、包虎臣諸印。(朱幼平文鈞藏書。癸亥)

無爲集十五卷 宋楊傑撰

清萃古齋寫本,十行十八字。 前有紹興癸亥歲夏四月左朝請大夫知無爲軍兼管内勸農營田事趙士彩序,此集蓋士彩所編刻也。

卷一古律賦,卷二律賦,卷三、四古詩,卷五至七律詩,卷八、九序,附題跋,卷十記,卷十一表啟,卷十二碑誌,卷十三墓志,卷十四墓行狀表述,卷十五奏議。卷中語涉宋帝皆空格。

鈐有"曾在鮑以文處"、"劉燕庭藏書"、"嘉蔭簃藏書"、"文正曾孫劉喜海印"、"燕庭"各印記。

卷中校正各條加簽甚多。(己未)

范太史集五十五卷 宋范祖禹撰 存二十六卷,餘鈔配

清初寫本,十三行二十三字。 鈐有"長白敷槎氏堇齋昌齡圖書印"。(余藏。)

文潞公文集四十卷 宋文彦博撰 △三三八

明嘉靖五年王溱刊本，十行二十字。　有嘉靖五年吕柟序，序稱此集蓋其少子維申追輯成帙，而葉尚書少藴爲之序行。沁水李司徒叔淵家有抄本，字多差訛，他日巡按山西，潛江初公啓昭乃以其本付解州，柟爲之校正十七八，遂命平陽守王子公濟刊木以行云云。

鈐有"曾在南雲蔡氏聽鸝山館羣籤之内"朱文方印，"壬午以後小緑野記"長方印。（余藏。）

伊川擊壤集十卷 宋邵雍撰　存卷三至六，計四卷

明刊本，十行二十一字，細黑口，左右雙闌，字瘦勁，印本亦精。有補板，及抄配。有黄丕烈、錢天樹、邵淵耀、孫原湘跋。

鈐有明文氏玉蘭堂、二酉齋、周天球、毛氏汲古閣、清季振宜、張蓉鏡藏印。（癸丑見）

伊川擊壤集二十卷 宋邵雍撰

明嘉靖刊本，十行二十一字，白口，四周雙闌。有唐鷦安翰題題記，云以文靖書院本校過，又以虞山張氏宋本校。鈐有"硯田山長"、"從吾齋"及吴仲懌印。

鄱陽先生文集十二卷 宋彭汝礪撰

清沈彩手寫本，十一行二十一字。彩吴興故家女，平湖陸烜之妾，著有春雨樓集十四卷。

此書蔣氏密韻樓藏，余假歸取嘉慶二十三年高澤履本校之，改高本訛脱三百八十餘字，又補脱文十七行，佚詩一首。

忠謨謹按：此書別有跋，收入藏園羣書題記初集卷五。

南豐曾文昭公曲阜集二卷遺録一卷 宋曾肇撰 **首一卷**

△一〇二七四

舊寫本，九行二十字。次行題"宋曲阜侯謚文昭南豐曾肇子開著"，三行題"明魁星里十九世裔孫思孔校"。　前有萬曆癸卯南豐常侍裔吉水泉湖里同亨序，蓋曾姓族人也。言宗弟習卿輯遺文十一刻之。

次萬曆己亥裔孫思孔序，次家乘雜録，次像贊，次除官制。本書上卷奏議，自元豐八年至元祐七年。下卷奏議，自元祐七年至建中靖國元年。次遺録詔類、制、表、啓碑、記、墓誌銘、論、序、祭文、詩。

鈐有"兼牧堂書畫記"、"玉雨堂印"、"結一廬印"。(邢贊亭藏書，庚午七月十日借校。)

濂溪先生集不分卷 宋周敦頤撰　存卷首、目録、家譜、年譜、太極圖

△一一三九五

宋刊本，大版心，半葉九行，每行十八字，注雙行同，白口，左右雙闌，版心上記大小字數。宋諱貞字缺末筆，惇寫作忄亨或題光宗廟諱。

按：據目録，原書不分卷，今所存者至太極圖朱熹氏解止，都四十四葉。以下太極説、通書、遺文、遺事、附録、詩文皆缺佚。年譜末紀今上皇帝淳祐元年御筆以五臣從祀云云，則當爲淳祐刊本矣。(余藏。)

濂溪集三卷 宋周敦頤撰

明嘉靖刊本，十行二十字，黑口，雙闌，　有嘉靖甲辰漳浦王會序。(徐梧生遺書。丁卯)

周濂溪集六卷 宋周敦頤撰

明刊本，九行十六字。(故宫藏書。)

周元公集十卷 宋周敦頤撰　明周與爵輯　**世系遺芳集五卷** 明周與爵輯

明萬曆四十二年周與爵刊本，十行二十字。　卷一祠宇書院圖及像贊，卷二世系年譜，卷三遺書、太極圖説、通書、附録，卷四雜著、文、詩，卷五諸儒議論，卷六事狀，卷七歷代褒崇文字，卷八祠墓諸記，卷九諸人酬和、游覽詩，卷十祭文。有嘉靖甲辰王會等六序跋。

世系遺芳集載敦頤父及元明以來諸孫事蹟文字。前有萬曆甲辰序，後有與爵跋。

鈐有"明善堂珍藏書畫印記"、"泰和蕭敷政蒲提氏珍藏書籍之章"。(余藏。)

節孝先生文集三十卷 宋徐積撰 **語録一卷事實一卷**

明嘉靖四十四年劉祐刊本，十行二十字。　前嘉靖乙丑劉祐序，次淳祐庚戌王夬享序，次目録，目後題迪功郎淮安州州學教授翁蒙正景定甲子孟秋初吉重行編次校定。事實一卷在本集前。後有紹興戊辰萃跋。

按：此書版刻甚舊，當是明初刻本而嘉靖時補板者。（余藏。丙辰）

居士集五十卷 宋歐陽修撰　存目録、卷三至十五、二十九至三十三、三十七至四十七，共二十九卷　△五二三九

宋紹興間衢州刊本，半葉七行，每行十四字，注雙行二十四字，白口，左右雙闌。版心記"居幾"，下記刊工姓名，有王正、王子正、宋杲、周彦、周實、周昌、林彦、李明、洪其、范宜、徐昌、徐明、林宗、周先、楊端、劉、解、徐、杜、宗、祝、文、辛、陳、楊、吴□、亢、忠、振、圭、言、夆、暉等。版匡高七寸七分，寬五寸，字大約徑六分，開板宏朗，字體嚴整，宋諱桓構缺末筆，慎字不缺。每卷首行題"居士集卷第幾"，次行低四格題"六一居士歐陽修"，以下篇目連屬正文，卷末有"熙寧五年秋七月發等編定"一行。目録一卷半頁八行，每行二十二字，版心記"六一目録"四字，筆致清勁，與本書不同，然亦宋刊也。

按：此書余庚午春得之寶應劉翰臣啓瑞家，亦大庫佚書也，全書蝶裝十二巨册，封面明人簽題。尤可異者，於書頭竪題書名卷次，審其勢，則爲書脊向上插於厨中者也。余得書後參之羣目，證以考異，知爲衢州刊本。熙寧祖本既不可見，此本猶可窺歐公手定之舊，爲傳世歐集第一刻，亦足貴矣。

忠謨謹按：此書别有跋記，收入雙鑑樓藏書續記卷下。

新刊歐陽文忠公集五十卷 宋歐陽修撰　存卷一至三十五，下缺

明刊本，十一行二十三字，黑口，四周雙闌。次三行題"臨川後學曾魯得之考異"，"番陽後學李均度校正"。文字異處均雙行注于本句

下。 前有鴻武癸丑番陽李均度序,言蘇本遺脱甚多,鴻武辛亥丞永豐,得蔡侯行素新刊本,惜其斷簡訛字,有糢糊而不衆辨者,因與蔡侯及俞侯允中、邑庠李實、胡啓考訂補正,計三十餘簡,歷三月僅完云云。又俞允中序,題“洪武昭陽赤奮若冬十月朔後二日古溧”。按此書洪武作鴻武,不知何故?審其字體刀法,亦類正嘉間慎獨齋本,決非明初風氣也。沅叔。(己巳)

歐陽文忠公集一百五十三卷附録五卷 宋歐陽修撰 卷三至六、三十八至四十四、六十一至六十三、九十五、一百三十四至一百四十二配明抄本,凡二十四卷。宋刊存一百三十四卷 △一一三九六

宋慶元二年丙辰周必大校刊於吉州,爲居士集五十卷,外集二十五卷,易童子問三卷,外制集三卷,内制集八卷,表奏書啓四六集七卷,奏議十八卷,河東奉使奏草二卷,河北奉使奏草二卷,奉事録一卷,濮議四卷,崇文總目序釋一卷,于役志一卷,歸田録二卷,詩話一卷,筆説一卷,試筆一卷,近體樂府三卷,集古録十卷,書簡十卷,附録五卷,載祭文、行狀、謚誥、墓誌、碑銘、傳、事迹、神清洞記諸篇。共一百五十三卷,又附録五卷。每半葉十行,每行十八字。白口,左右雙闌。版心上記字數,下記刊工姓名,有蔡懋、蔡和、蔡文、蔡武、蔡忠、蔡錫,鄧新、鄧俊、鄧發、鄧振、鄧一、胡元、劉臻、劉寶等。每卷標題大題在下,小題在上,避宋諱極謹,至慎字止。内居士集、四六集、河東奏草字仿平原,與余藏内閣舊藏本同,爲益公初刊本。餘卷亦疏宕古雋,别爲一體。全書模印精湛,缺二十六卷明人精寫補入。附録末有編定、校定、覆校銜名。更有周必大跋語,稱公集自汴京、江浙、閩、蜀皆有訛謬,而廬陵所刊又甚。此本重加編校,自紹熙辛亥,迄慶元丙辰,凡經六載。躬其役者如必大及曾三異、羅泌、孫謙益皆同郡名儒,去取刊正咸有據依,各著其同異於卷末,蓋在公集爲最後之定本,亦元明諸刻之祖本。七百餘年之古刻、三千餘葉之鉅編,世傳歐公全集當以此本爲最矣。

鈐有“益”字朱文圓印，又“乾學”朱、“徐健菴”白二印。（丙辰歲得於吴門。）

歐陽文忠公集一百五十三卷 宋歐陽修撰　存目録一卷，居士集卷三至十、十四、十七、十八、二十至三十四、四十至五十，凡三十七卷

宋慶元二年丙辰周必大刊於吉州，半葉十行，每行十六字，白口，左右雙闌。版心上魚尾上記大小字數，下題歐陽文忠公集幾，下魚尾下記葉數，再下記刊工姓名，有：蔡懋、武、寧、景、元，第一種陳廣、陳弁、陳楫、陳道、陳念二、陳四、陳廣之、藍廣、李奇、劉忠、葉新、藍七、胡元、丁受、梅、文、亘、王、2、丁，第二種吴仲、余才仲、徐才、翁定、鄧俊、鄧新、鄧發、鄧一、鄧振、蔡忠、蔡錫、蔡和、蔡文、蔡武、劉臻、劉寶、銑、成、通、茂、湯、年、文定、允武、中、九、宗、振、俊、才仲、臻、發、忠、和、寶等第三種。避宋諱至慎字止。每卷首標題“居士集幾”，空一格題“歐陽文忠公集幾”，每卷末標題空一行題“熙寧五年秋七月男發等編定”，“紹熙二年三月郡人孫謙益校正”兩行。後附校記異同各條，每條標舉詩文題目，以白文别之。校記有“續添”“又續添”，各條同。

各卷鈐有朱文大木記，文曰：“××路總管李亞中置到官書，至治元年歲次辛酉九月朔旦儒學教授梅奕芳識。”卷中有前人所印朱圈句讀，眉上有評語，疑爲元人手筆。

按：是書余庚申夏得之寶應劉翰臣啟瑞家，蓋亦内閣大庫清末流出者也，行欵紙印與北京圖書館所藏内閣大庫殘本一一胳合，第卷第不能互補耳。各卷由三種合成，以卷十四、十七、十八各卷字類顔書者爲最精美，應是益公初刻本。此外一刻較方整，一刻較古拙，當是宋時覆刻本。然三種評語、圈點則同，疑元時卽集合各本而成。原册蝶装厚夾，厨架中可以豎置，抽取殊便，若今之歐装然。嘻，異矣！藏園。

歐陽文忠公集一百五十三卷 宋歐陽修撰

明天順六年海虞程宗吉州郡廨刊本,十行二十字,粗黑口,四周雙闌,每卷後有"熙寧五年秋七月男發等編定""紹熙二年三月郡人孫謙益校正"二行。

鈐有"燕翼堂印"、"王沅私印"、"芷橋氏"各印。

忠謨謹按:此書有跋,收入藏園羣書題記三集卷六。

歐陽文忠公集一百五十三卷年譜一卷附録五卷 宋歐陽修撰

明正德七年壬申劉喬刊本,十行二十字,黑口,四周雙闌。 前周必大序,次像贊,次年譜,次總目,次居士集序,次居士集目。總目如下:

居士集五十卷,外集二十五卷,易童子問三卷,外制集三卷,内制集八卷,奏表書啓四六集七卷,奏議十八卷,雜著述一九卷,集古録跋尾十卷,書簡十卷,附録五卷。

每卷後附校語,以陰文别之。居士集每卷後有"熙寧五年秋七月男發等編定","紹熙二年三月郡人孫謙益校正",四六集後有"紹熙三年十月承直郎丁朝佐"、"郡人孫謙益校正"二行。河東、河北奉使奏草後均有"紹熙五年十月郡人王伯芻校正"一行,濮議後有"紹熙五年十月郡人孫謙益王伯芻校正"一行,近體樂府後有"紹熙五年十月郡人羅泌校正"一行。附録後有編定校正人名,分紹熙二年、三年、四年、五年,覆校人分慶元元年、二年各銜名。(余藏。丙辰)

歐陽文忠公集一百五十三卷 宋歐陽修撰 年譜一卷 宋胡柯撰 附録五卷

明隆慶五年辛未邵廉刊於建郡,有序,十行二十字,刻印俱精。邵氏曾刻南豐先生元豐類藁五十卷,與此行欵同。(辛酉)

歐陽文忠公全集一百三十五卷 宋歐陽修撰

明嘉靖三十四年重刊吉州本,十行二十字。 有嘉靖三十四年銅仁陳珊序。(甲寅)

集古録十卷 宋歐陽修撰 存卷一至五

影寫宋刊本,十行十六字。鈐有仲魚圖象印,又"簡莊藝文"朱文小印,"得此書費辛苦後之人其監我"白文印。

按:此據慶元周益公刻本影寫者。(邢贊亭新收,甲戌四月見。)

廬陵歐陽先生文集□□卷 存六十四卷

宋刊本,半葉十四行,行二十七字,黑口,左右雙闌。字體瘦勁精湛。初印。(四明范氏天一閣佚書,南潯劉翰怡收得。甲寅)

歐陽先生文粹五卷 宋歐陽修撰

宋刊本,半葉十四行,行二十六字,白口,四周雙闌,版心上魚尾下記"歐文幾",下魚尾下記葉數、字數及刊工姓名。版匡高四寸八分,闊三寸四分。板式與三蘇文粹同。疑亦婺本也。(常熟瞿氏藏書。乙卯)

歐陽文忠公文粹十卷 宋歐陽修撰 陳亮輯

明萬曆十一年桐川寧允濟校刊本,十行二十字。有序。

鈐有"潁川伯子獻之藏書印"白、"曾藏洞庭葛春士家"、"林屋幽居"、"陳停私印"各印。(徐坊遺書。癸亥)

讀歐志疑五卷 王元啓撰

舊寫本,題祇平居士王元啓撰。 序稱於原集編次無序,正集存九種,外集蕪雜多僞作,痛加删汰以附正集之後,又附以書簡十卷。卷中於每篇俱有評語,字句亦有所考正。(癸丑)

樂全先生文集四十卷 宋張方平撰

舊寫本,九行十九字,鈔手頗舊。 鈐有安樂堂、明善堂印,又海源閣印。(海源閣遺籍。庚午)

樂全先生文集四十卷 宋張方平撰

舊寫本,十行二十字,從宋刊本出。 有蘇軾序。(臨清徐坊遺書,癸亥歲收。)

大字單編芻蕘奥論二卷 宋張方平撰

舊寫本，十行二十字。(與也是録、竊憤録合裝一册。丙子)

范忠宣公文集二十卷 宋范純仁撰

元刊本，十二行二十字，黑口，左右雙闌。鈐有“毛褒字華伯號質菴”、“蔡兆莕”、“季振宜印”，又中吴錢氏收藏印。(粤中黎氏藏書。丙寅)

類編增廣老蘇先生大全文集□□卷 宋蘇洵撰

宋麻沙本，半葉十五行，行二十五至七字不等，白口，左右雙闌，版心上魚尾下記“類編老幾”，其下雙魚尾，中間記葉數。存卷一至四。其前二卷爲古律詩，較世行本嘉祐集增多嘉州龍巖等題二十首，因屬瞿鳳起世兄爲影寫此二卷，以備異時重刻老蘇集可據以補入也。(海虞瞿氏藏。)

重刊嘉祐集十五卷 宋蘇洵撰

明初刊本，十行二十一字，黑口，四周雙闌，版心魚尾下題“嘉祐集卷第幾”，右闌外下方有耳，記葉數，通號。

嘉祐集嘉靖十一年太原府刊本行欵與此同，字體亦頗相近，但改爲白口單闌，版心標題在魚尾上，闌外葉數通號亦已剗去，訛字亦較多耳。(癸丑)

重刊嘉祐集十五卷 宋蘇洵撰　△八四四九

明嘉靖十一年刊本，十行二十一字，白口單闌。　後有嘉靖壬辰季冬知太原府事張鏜跋，蓋侍御南澧王公按晉之日命太原府翻刻者。鈐印列後：

“海濱逸民平泉鄭履準凝雲樓書畫之印”、“凝雲深處清暇奇觀”、“淡泉”、“大司寇章”，均朱文大印。清顧廣圻校宋本，有跋：

“此前明鄭端簡家藏書也，嘉慶壬戌得於金閶萃古齋書坊中。黄蕘圃有蔣篁亭臨校宋本，從之轉録焉。九月廿九日顧廣圻記”(余藏)

忠謨謹按：此書别有跋，收入藏園羣書題記續集卷六。

嘉祐集十四卷 宋蘇洵撰

宋刊巾箱本，八行十六字，薄紙印，甚精美，疑是宋末坊刻本。

顧氏又藏一部，行欵同而字體方板，結題無蘇字，字句亦小異，是明板。（顧鶴逸藏書，壬子二月觀。）

老泉先生集十四卷 宋蘇洵撰

明刊巾箱本，八行十五字。鈐有汲古閣藏印。（余藏）

老泉文玅三卷 宋蘇洵撰　明郭祥鵬選

明嘉靖二年施山刊本，九行二十字，黑口，版心書名白文。　有嘉靖二年施山後跋。弘治郭詳鵬選權書、衡論、幾策三種刊之眉州。（丁巳）

東萊標註老泉先生文集十二卷 宋蘇洵撰　宋吕祖謙註

△八七二〇

宋紹熙四年吴炎刊本，半葉十四行，每行二十五字，註雙行同，細黑口，左右雙闌，版心上魚尾下記泉幾，上記字數，闌上有標題，行間有墨擲，宋諱作陰識，或加圓圍以别之。目後有吴炎咨十行，録後："先生父子文體不同，世多混亂無别，書肆久亡善本。前後編節刊行，非繁簡失宜，則取舍不當，魚魯亥豕無所是正，觀者病焉。頃在上庠得　吕東萊手抄凡五百餘篇，皆可誦習爲矜式者，因與同舍校勘訛謬，析爲三集，逐篇指摘關鍵，標題以發明主意，其有事迹隱晦又從而注釋之，誠使一見本末不遺，義理昭晰，豈曰小補之哉！鼎新作大字鋟木，與天下共之，收書賢士伏幸垂鑒。紹熙癸丑八月既望，從事郎桂陽軍軍學教授吴炎濟之咨"

按：此書刊工精整，紙墨精良，建本之佳者。余辛亥歲在杭州梅花碑冷攤獲第四、五兩卷，袁寒雲見而愛之，因分第五卷以贈。後袁氏書散，輾轉歸潘明訓，僅存卷四。庚申歲，又得餘卷。因以小字本通鑑紀事本末一册自潘氏易回，遂爲完帙。此書散佚多年，幸假余手復爲延津之合，爲之欣幸無量。

王文公集一百卷 宋王安石撰　缺四至七，三十七至四十七，六十一至六十九，共缺二十四卷。存七十六卷，又目録二卷

宋刊本，十行十七字，白口，左右雙闌。版心上記字數，下記刊工姓名，有孫右、魏二、魏達、魏可、何下、文立、施光、陳宗、陳通、陳伸、江清、余亮、余全、余表、葉林、阮宗、吴暉、潘明、胡右、胡祐、李彪、林選、余才。宋諱完、慎不缺筆。

此書字體樸厚渾勁，紙細潔堅韌，厚如梵夾，每葉鈐“向氏珍藏”朱文長印楷書，紙背爲宋人簡啓，多江淮間官吏，有邵宏淵、查籥、汪舜舉、洪适、張傑、許尹、張運、吴巘、唐傑、張安節、李簡諸人。（劉翰臣藏，辛未三月入都見示。）

王文公文集一百卷 宋王安石撰　存卷一至七十

宋刊本，版匡高六寸八分，寬四寸八分，半葉十行，每行十七字，白口左右雙闌，大字疏朗。序目失去，自卷一至三十六爲文，卷三十七至七十爲詩，然無碑誌哀祭諸體，知是未完本也。卷一第一首爲上皇帝書，與紹興本以詩爲首者編次大不同，臨川集之異本也。鈐有金澤文庫、賜蘆文庫木記。

按：余故人潁川君居江淮之交，謹案：指寶應劉啓瑞翰臣，家藏王文公文集。其版式行欵正與此同。然余以爲視此可貴者有三：原書楮墨精湛，且紙背皆宋人交承啓劄，筆墨雅麗，真可反覆把翫，此可貴者一也。寮本無序目，於是談者妄生揣測，以爲卽真賞齋之一百六十卷本而佚其半者。此本目録完全，仍爲一百卷，不過次第與紹興本異耳，而積疑賴此盡釋，此可貴者二也。寮本缺七十以下各卷，此本缺卷四至六，三十七至四十七，六十一至六十九，共缺二十四卷，而七十卷以下完然具存，正可補寮本之缺，且必有佚文出羅鈔之外者，此可貴者三也。余嘗言于東都耆宿，約異時寮本刊行，余當爲作緣，俾以目録及後三十卷增入，以盡珠聯璧合之美，無使盈盈一水，終古相

望,使後人撫卷而增歎也。

臨川先生文集一百卷 宋王安石撰 李□七六

宋紹興二十一年兩浙西路轉運司王珏刊元明遞修本,十二行二十字。有明嘉靖五年補刊字。宋諱北宋皆缺筆,"構"字注御名。有紹興辛未王珏題九行,刊於浙西。

前有吴澄序,稱危素搜索諸本增補校訂,比臨川金溪麻沙浙西諸本頗爲備悉。

永樂十五年楊士奇集諸家論説語録於總目後。密行小字。 卷末有〔嘉靖丁亥秋仲
國子監補刊完〕牌子。(李木齋藏書。壬子)

臨川先生文集一百卷 宋王安石撰

宋紹興二十一年兩浙西路轉運司王珏刊元明遞修本,半葉十二行,行二十字。(癸丑)

臨川王先生文集一百卷 宋王安石撰 存目上、卷六至九,十八至二十一,二十六至三十四,四十二至五十,五十三至五十八,六十二至七十,七十四至八十一,八十九至一百。計五十九卷

宋刊元補元印本,半葉十二行,每行二十字。(壬戌文英閣送閲,索四百元。)

臨川先生文集一百卷目録二卷 宋王安石撰

明嘉靖翻宋本,十二行二十字。卷中遇宋帝空格。 前紹興十年黄次山重刊臨川文集序,次總目。每卷篇目接連本文。(余藏。丙辰)

臨川先生文集一百卷目録二卷 宋王安石撰

明嘉靖翻宋本,十二行二十字。何義門焯評點,略有校定。兹録其跋語于後:

"伯淳先生嘗謂熙寧初王介甫行新法,並用君子小人,君子正直不合,介甫以爲假學不通世務斥去,小人苟容諂佞,介甫以爲有才知

變通適用之。君子如司馬君實不拜副樞以去,范堯夫辭修注得罪,張玄祺以御史面折介甫被責。介甫性狠愎,衆人以爲不可則執之俞堅,君子既去,所用小人争爲刻薄,故害天下益深。使衆君子未與之敵,俟其勢久自緩,委曲平章,尚有聽從之理,則小人無隙可乘,其害不至如此之甚也。義門老民焯記。”

“内閣宋刻臨川集其行數字數卷帙與此皆同,唯華中甫真賞齋所藏獨爲一百六十卷,此本不知尚在人間否?以中甫之力能重開以傳而獨私之爲齋中珍玩,吁!可慨已。宣和書譜載荆公鎮金陵,作精義堂記,令蔡卞書以進,今此記不見集中,則所遺者宜多矣。康熙丙戌八月焯記。”

“東澗遺老小樓書目有殘本臨川先生集十六册,一卷之一百十四卷,殆與中甫所藏之本相同也。又記。”

“丁丑七夕承匡書塾閲畢一過。焯。”

鈐有“傲惰矯輕”、“吴下狂生”、“義門何氏家藏”、“何焯屺瞻”、“德符堂印”,皆義門藏印也。又有“周賚藏書”、“寧鄉周氏夢水山房”、“周夢公秘笈”諸印。(葉奂彬遺書,己巳五月見於直隸書局。)

臨川王先生文粹四卷 明姑蘇徐師曾輯

明刊本,十行二十字。 有陸魚亭藏書印,又汪氏振綺堂印。(甲子收得)

王荆文公詩註五十卷 宋雁湖李壁撰 存十七卷

宋刊本,半葉七行,行十五字,注雙行同,注語間有刓補擠寫者,各卷後有庚寅增注及抽换之葉,卽曾極景建所補也。

按:此書宋槧孤本,今藏南潯劉氏嘉業堂,繆藝風荃孫曾假影摹,余卽以之覆刻,爲蜀賢叢書之一。

王荆文公詩箋注五十卷 宋李壁撰 劉辰翁評點

元刊本,十一行二十一字,細黑口,左右雙闌。前年譜六葉,目録三

卷。題"雁湖李壁箋註""須溪劉辰翁評點"。卷中有圈點評語,"評曰"二字作陰文,在每句下。(甲寅)

王荆文公詩注五十卷 李壁注　存卷一至三,十五至十八,二十三至二十九,四十五至四十七,共十八卷

舊寫本,九行二十一字。　前有魏了翁序,次目録,全。卷首有翁覃谿方綱跋語并詩,録如下:

"乾隆戊戌秋,海鹽張明經芑堂燕昌語余曾于杭州見宋槧李雁湖注王半山詩卷一之三、卷十五之十八、卷廿三之廿九、卷四十五之四十七。每卷有庚寅增注,又注中每有較近日刻本多出數條者,并以篋中所鈔魏鶴山序見示。後二年庚子秋,同年盧抱經學士來都,談及是書,則抱經影寫一本,今審是過録,非影也。因乞抱經寄其本來假抄之。又後二年壬寅春,抱經自山右馳書至杭,取其寫本至京,余得借録,正十七卷。檢杭堇浦詩集有集奚氏翠玲瓏館,適有以宋槧李雁湖王荆公詩注殘本求售者云云,乃知此是足本之殘者。然堇浦、抱經、芑堂皆不著其鋟板之式及開琱之郡邑歲月,而此宋槧殘本今藏誰氏亦莫可考也。予昔年得宋槧施注蘇詩,今得借抄李注王詩,皆原本之未經後人删亂者,而又皆是殘本,事之相合固有如此者哉!既命小史審録而精校之,爰與張刻本同裝于篋。乾隆四十七年歲次壬寅五月廿七日,是日小暑,文淵閣校理司經局洗馬北平翁方綱識。"

"陳直齋書録解題云:注荆公集五十卷,參政眉山李壁季章撰,謫居臨川時所爲也。助之者曾極景建,魏鶴山爲作序。庚寅是紹定三年,雁湖以前八年卒,則增注者其卽景建歟?鶴山序稱石林嘗參預大政,今以洞霄之禄里居,此序在嘉定七年,則雁湖居臨川亦不甚久,其酬景建詩云:'新有千絲明曉鏡,舊無一畫贊宵衣',蓋居臨川時所作也。"

"從芑堂借抄得魏鶴山荆公詩注序志喜二首:奇哉許魏序,失得恰

同之。刻山谷詩注者以不見鄱陽許尹序爲憾,刻荆公詩注者,不見此序,今予皆得之。更補丹陵傳,曾充大滌祠。低佪元祐事,惻愴中興時。朱十題名石,追鑱亦未遲。序云石林嘗預大政,今以洞霄之禄里居,按朱竹望洞霄宫提舉題名記失載李壁名,以宋史本傳證之,當在嘉定時也。山谷任天社,荆公李雁湖。逞時諧謔語,今竟補遺乎。寶氣吾齋聚,精靈異代俱。東街報錢子,未可炫書厨。擇石前年題余所藏宋本施注蘇詩云:借瓻還瓻子與吾,吾齋敝簏不曾無。攜得山谷任天社,伴以荆公李雁湖云云。擇石所抄任注及所購李注皆有闕者,今故調之。

右二詩丁酉五月藁,今得抄足本,補録其詩于此。"

"借抄宋本李雁湖注王荆文公詩足本,喜而有賦六首:

青松夾路碧嶙峋,曾話三生捨宅因。對鏡千絲搔白髮,重教補注記庚寅。北使歸來老眼空,墨煤臨汝弔春風。峩峰萬卷凭高閣,忽落浮嵐暖翠中。眉山老守臨邛客,編輯初推薛肇明;笑共鄱陽許尹例,吾齋雙璧抵連城。任注山谷詩舊時抄本皆無許鄱陽序,予年前始抄得之。禁騷杜句發揮多,新本删來可奈何。大滌題名論舊事,城東尚恐失搜羅。雁湖注中附詩,厲樊榭宋詩記事頗有失者。蘇齋日日篆煙香,任史籤同弆注黄。擬並君家説文序,重開小楷仿歐陽。世所行説文五音本卽雁湖之父巽崖所編者,今刻本皆删去其序,予以寶蘇自名其室,室中藏宋槧施注蘇詩并抄足本黄山谷詩任淵注内集、史容注外集,史季温注别集。其宋槧施注則吴興傅穉漢儒仿歐陽率更楷書也。故人手札廿三年,師友勤劬感後先。予所藏李注張刻初印本是己卯春朱東江前輩所贈,其手題之字尚在卷前。今日杭湖數耆宿,遺文道古儻同編。予初見杭堇浦道古堂詩集,始知此宋槧本在杭,因訪求數年,今始得之。

右六詩今年二月稿,卽以柬抱經學士者,今將抱經答書草稿原迹粘附于後。蓋每卷後庚寅補注抱經過録時已併歸入前注矣,予因致抱經書言及之也。予所抄任注黄詩後亦有補出之注,予刻不敢併也。"

"奪于紛冗,久未作書俟安爲歉!承詢李雁湖注荆公詩,弟所見十七卷卽張芑堂所見是已,卷後元有'庚寅增注',計葉數不過一兩紙,不足别見,故抄時各按次第卽補入卷中,彼時未必取宋史校勘。今得兄指示,始知補注非出雁湖手明甚,惟記注中記考試一條並見,稍不熨貼,餘者無不安也,且有複出者,亦省去矣。尚有目録一册與張本同,惟後哀挽卷中有一詩目中却不載入,不知何故。張本係由元人劉須溪本出而去其評耳。雁湖名壁,下從土,其兄弟皆然,以五行相生之序,其父從火,其子則從土,俗間書作圭璧之璧,誤也!前月弟懇借太元首本,幸留意。並候近安不一。覃溪大兄同年侍史　年愚弟文弨頓首四月十一日。”

廣陵先生文集三十卷 題宋王逢原撰　外孫吴説編次

舊寫本,十二行二十四字。　前王荆公墓誌銘,門人劉發廣陵先生傳。　鈐有“藉書園本”印一方。(丙寅)

廣陵先生文集三十卷 宋王令撰　此祇録詩十二卷　　△二二〇九

石門吕氏舊藏寫本,竹紙藍格,十行二十四字,字迹雅秀,未審爲何人筆。　前録王荆公撰墓誌銘,次門人劉發撰傳。目録各卷連正文,題外孫吴説編次。其各卷次第與新刊本皆同,第刻本詩爲十一卷,此則十二卷,蓋遞推而下增此一卷也。

唐鷦安翰題題字書衣,照録于後:

“天蓋舊鈔曾藏海鹽張氏,後歸拜經樓,此與穆河南集同爲石門吕氏舊本。

未入題跋記中,末有‘玉乳山房’印,吴氏圓印也。首葉一行下方胡盧‘耻齋’兩字朱文印乃天蓋舊鈔本也。”

鈐有:“松下藏書”、“張載華印”、“佩兼”、“古鹽張氏”、“芷齋圖籍”、“耻齋”、“鷦安校勘秘籍”、“重憙鑑賞”、“吴重憙印”、“石蓮闇所藏書”。(甲戌十二月藻玉堂送閲,吴仲懌遺書。)

東坡集四十卷 宋蘇軾撰　缺卷三至六,十一、十二,十五至十八,二十一至二十三,二十八、二十九、三十六、三十七,共存二十三卷宋刊本,大版,版心高七寸七分,寬五寸八分。半葉十行,每行二十字,白口,左右雙闌。版心上魚尾下記“東坡集第幾”,次記葉數,下記刊工姓名,有王政、王璋、朱富、朱貴、李政、李忠、李証、李詢、李時、李憲、李師正、李師順、周彦、周宣、沈禧、洪坦、宋圭、宋昌、陳用、陳興、陳昌、陳紹先、徐高、高彦、卓允、許昌、葉青、黄常、蔡中等人。

前有乾道九年御製序,半葉八行,行十六字。分卷次第與别本同。

按:此本行款版式與余所見宋刊數本皆不同,審其結體方整,雅近率更,自是南渡以後浙杭風度。陳氏直齋書録解題述東坡集刊板有杭本、蜀本、吉本之别,此斷爲杭本無疑。

此爲市橋下總守獻書之一,兹將原跋及書目附後:

“寄藏文廟宋元刻書跋

長昭夙從事斯文,經十餘年,圖籍漸多。意方今藏書家不乏於世,而其所儲大抵多輓近刻書,至宋元槧蓋或罕有焉。長昭獨積年募求,乃今至累數十種,此非獨在我之爲難,而郡在西土亦或不易,則長昭之苦心可知矣。然而物聚必散是理數也,其能保無散委于百年之後乎!孰若舉而獻之於廟,獲藉聖德以永其傳,則長昭之素願也。虔以宋元槧三十種爲獻,是其一也。文化五年二月下總守市橋長昭謹誌。”

“市橋獻書目:内野——内野氏,内——内閣文庫,宫——宫内省圖書寮,帝——帝國圖書館,(訪)——見經籍訪古志。

周易王弼注三本(訪)

禮記鄭注二十本(訪) 帝

左傳集解十五本 帝

吕氏讀詩記六本(訪) 宫

中庸集注一本(訪) 内野

廣韻五本 内

畫一元龜十八本 宫

錦繡萬花谷一本(訪) 宫

方輿勝覽三十本 宫

伐檀集二本 内

司馬温公集十七本

東坡集十七本(訪) 宫

東坡集十六本(訪) 内

山谷集七本

右十四種一函

淮海集十本　　五朝名臣言行録十二本　内

以上十六種題宋本

書經集傳纂疏六本(訪)　内　　書經集傳通考四本(訪)　内

書經集傳旁通四本(訪)　内　　九經直音二本　内

漢雋五本　内　　陶靖節集四本　内

文中子一本　内　　韓文八本　内

批點杜詩十本　内　　唐詩鼓吹五本　内

三蘇文集七本　内　　玄玄棋經一本　内

後山詩注六本　内　　國朝名臣事略二本　内

以上十四種舊題元本

右十六種一函

文化五年戊辰五月　市橋下總守。”(日本内閣文庫藏書,己巳十一月十九日觀。)

東坡集四十卷後集二十卷 前集缺三十四至三十六,後集存一至八

宋刊本,半葉十行,行十八字,白口,左右雙闌,版心下方記刊工姓名。

按:此本字迹結體方整而有挺勁樸茂之氣,既非杭本,亦不類蜀本。考蘇嶠曾刻于建安,然審其刀法渾成,又無建安棱角峭厲之態,恐即直齋書録解題所稱之吉州本也。余曾覩明刻奏議十五卷,天禄琳琅書目以爲元本,其行款正與此相合,疑直翻雕此本,而筆意板滯。神氣索然矣。姑存此臆説,以竢詳考。(日本帝室圖書寮藏書,己巳十一月十一日觀。)

東坡集四十卷後集二十卷 宋蘇軾撰　存前集六至十五,後集一至三,五至十,共十九卷　△一一三九七

宋刊本,半葉十二行,每行二十三字,白口,左右雙闌,版心上記字數,下題“坡前六”、“坡後一”、或“東坡集六”等字,下記葉數及刊工

姓名。避宋諱至慎字止。審其字體疑江西刊本。(辛酉歲以四部叢刊全帙及百衲通鑑影本易得於汪星南。)

東坡先生後集二十卷 宋蘇軾撰 存卷四、五、六,計五卷

宋刊本,半葉十行,行十六字,白口,左右雙闌。版心魚尾上記字數,中縫作"東坡後集卷幾",間有"乙卯刊"、"庚子重刊"字樣,"庚子重刊"間有陰文,下記刊工姓名,有王九、阮圭、吉父、元、仁、生、京、李、明、志、清、森、熊等。

按:此黄州本東坡後集,存京已一年,頃還之繆筱翁矣。甲寅十月初六日,沅叔。(此書後歸南潯劉承幹嘉業堂。)

東坡先生後集二十卷 宋蘇軾撰 存卷十、十一,計二卷 △八四五二

宋刊大字本,半葉十行,行十六字,白口,左右雙闌。版心雙魚尾,書名題"東坡後集幾",上記字數,下記刊工姓名,有王九、阮圭、吉父、京、李、明、清、志、仁、森、熊、元等。是黄州刊本。(壬子歲正文齋見。)

東坡應詔集十卷 宋蘇軾撰 △七一八二

宋刊巾箱本,十四行二十五字,白口雙闌。版高四寸八分,寬三寸二分。字瘦勁似蜀刊本。 鈐有蕉林藏書印。(乙亥五月見。)

蘇文忠公文後集 宋蘇軾撰 存卷十六、十七

宋蜀中刊本,九行十五字,大字仿顔書,與余藏蘇文定集同。

又奏議一册,爲卷一十六至四十三葉、卷十。一至十葉。(文禄堂送閲,已校過,戊辰十一月廿三日。)

東坡集四十卷後集二十卷奏議十五卷内制集十卷樂語一卷外制集三卷應詔集十卷續集十二卷 宋蘇軾撰 **年譜一卷** 宋王宗稷撰 缺前集二十七至三十二卷、後集一至九卷

明成化四年程宗刊本,十行二十字,黑口,四周雙闌。鈐有"金元功藏書記"。(辛酉歲收得。)

忠謨謹按:此書别有跋,收入藏園羣書題記三集卷六。

蘇文忠公全集一百十一卷 宋蘇軾撰 **年譜一卷** 宋王宗稷撰

明嘉靖十三年江西布政司刊本，十行二十字，每集後有“嘉靖十三年江西布政司重刊”，“南豐縣學教諭繆宗道校正”二行。

前成化四年李紹序，次勑，次御製贊序，次江西布政司重刊全集義例，次年譜，次墓志銘，次本傳。全書爲東坡集四十卷，後集二十卷，奏議集十五卷，内制集十卷，外制集三卷，應詔集十卷，續集十卷。按：此書據其義例言填補改正二千餘字，删定損一百八十三葉，其中删去重複之詩文計一百一十七首，空格者改爲直下，又删去每卷之目，内外制改列奏議之後，其所改易亦得失參半，余别有跋詳之。要之力求整齊畫一，而古意蕩然矣。（余藏。丙辰）

蘇文忠公集一百十二卷 宋蘇軾撰 **年譜一卷** 宋王宗稷撰

△二五三五

明刊本，十行二十字，黑口，四周雙闌。前後序跋佚，字體圓湛刊工精美，似成化弘治間刊本。 卷首誥詞御贊本傳墓誌年譜，與成化本同，而卷次則分類編次，卷一、二賦，卷三至三十一詩，卷三十二至三十八論，卷三十九至四十二策，卷四十四經説，四十五至五十一書，五十二擬作，五十三至六十五書簡，六十六、六十七啟，六十八傳，六十九至七十二記，七十三、七十四碑，七十五、七十六序，七十七、七十八表狀，七十九至九十一奏議，九十二至九十四制誥，九十五至一百一内制，一百二青詞，一百三詞，一百四行狀，一百五銘，一百六、一百七贊，一百八頌，一百九至一百十墓誌，一百十一祝文，一百十二祭文。每類之中又各分細類。

按：此本傳世極稀，各家目録均罕著録，唯鄧氏羣碧樓有之，然亦失序跋，未能考其源流。其分類頗有倫次，疑其源出舊本，非明人率爾編輯所能爲。余别爲跋識之，此不贅。

忠謨謹按：此跋收入藏園羣書題記三集卷六。

東坡全集一百十二卷

明萬曆刊本,十一行二十五字。 有萬曆己酉黄嘉芳序,謂本刻自書賈質板其家而賈人濳逃,乃窮研考核,較諸雪川武林二集加詳審焉。有凡例七條,大氐合七集本而重加類次者。(壬子杭州所見。)

蘇文忠公奏議二卷題跋六卷内制十卷

明寫本,九行二十字。内制中有文二首爲今本所無。(蟫隱廬書,已收。丁巳)

東坡先生翰墨尺牘八卷

元刊本,十六行二十八字,黑口,左右雙闌。版匡高五寸,闊三寸三分。標題大字,占雙行。(常熟瞿氏藏。癸丑)

宋蘇文忠公居儋録五卷 宋蘇軾撰 明陳棨選輯

明萬曆刊本,順治十八年攝儋州事王昌嗣補板。

蘇文忠公表啟二卷 明朱睦㮮選

明刊本,題東陂居士睦㮮選校。十行二十字。 前有玩易山人序,後有嘉靖三十四年睦㮮序。(癸丑)

東坡先生禪喜集上下卷附禪喜紀事一卷 明凌濛初編

明刊本,八行十七字,四周雙闌,字仿松雪體,刻工精雅,卷後有繡水朱恒吉書。(己卯)

王狀元集百家注分類東坡先生詩二十五卷 宋蘇軾撰 題宋王十明纂集 東坡紀年録一卷 宋傅藻撰

宋建安黄善夫家塾刊本,半葉十三行,行二十三字,注雙行二十五至九字不等,細黑口,左右雙闌。題:"前禮部尚書端明殿學士兼侍讀學士贈太師謚文忠公蘇軾。"

集注姓氏後有牌子,文曰:

建安黄善夫刊 于家塾之敬室

前有西蜀趙夔堯卿序，又王十朋序。卷廿五十九葉至二十六葉配補，然亦宋板，第後印耳。（盛昱鬱華閣遺書，壬子入都見。）

王狀元集百家註分類東坡先生詩二十五卷　宋蘇軾撰　題王十朋纂集

宋建安魏忠卿家塾刊本，半葉十一行，行十九字，注雙行二十五字，細黑口，左右雙闌。百家注姓氏後有行書牌子，文曰：

建安魏忠卿 刻梓于家塾

按：此本字體峭麗，雕鏤精工，建本之至精者，其行格版式與萬卷堂本、虞氏務本書堂本全同，而精美過之。寮中又藏蘇詩，號爲小字杭本，卽建安黄善夫家塾刊本也，嘗于盛氏鬱華閣遺書中一見之。（日本帝室圖書寮藏書，己巳十一月十一日閲。）

王狀元集百家註分類東坡先生詩二十五卷　宋蘇軾撰　題王十朋纂集

宋建安萬卷堂家塾刊本，半葉十一行，行十九字，注雙行二十五字，細黑口，左右雙闌。百家注姓氏後有行書牌子，文曰：

建安萬卷堂 刻梓于家塾

按：此與前本行格全同，而鎸工略遜。（日本帝室圖書寮藏，己巳十一月閲。）

王狀元集百家註分類東坡先生詩二十五卷　宋蘇軾撰　題王十朋纂集　存卷一至十四　△四五二四

宋刊本，十一行十九字，注雙行二十五字，目録後有僞牌子一行："泉州提舉市舶司東吴阿老書籍鋪印。"

鈐有"吴龍錫印"，又"繼震"、"幼雲"、"宏農楊氏世家"、"楊復"、"彦岡"、"輯五"、"蘇齋"各印。（辛未十一月十二日九經堂送閲，已收。）

王狀元集百家註分類東坡先生詩二十五卷　宋蘇軾撰　題宋王十朋

纂集　存卷四至六，十九至二十五，共十卷，又配入元刊本卷十五至十八四卷

△四五二四

宋刊本，半葉十一行，每行十九至二十二字，注雙行二十五字，細黑口，左右雙闌，版心題"坡詩幾"或"詩幾"、或"寺幾"。宋諱匡桓等字缺筆。注後有增加者加陰文"新增"二字以别之。或加墨圍。（余藏）

忠謨謹按：此二書合配爲一帙，先君有跋，收入藏園羣書題記初集卷六。

王狀元集百家註分類東坡先生詩二十五卷　宋蘇軾撰　題宋王十朋纂集　**東坡紀年録一卷**　宋傅藻撰　存首册紀年録、序録

宋刊本，半葉十一行，行十八字，細黑口，左右雙闌，版心上方記字數。　首序言，次百家姓氏，次紀年録。　鈐有"乾隆御覽之寶"及"天禄繼鑒"印。序前半葉影寫補。

按：此卽盛昱氏書，由景賢售之袁克文氏。經手者乃撤去此首册紀年録序録等，忍哉！（丁巳歲文德堂見。）

王狀元集百家註分類東坡先生詩二十五卷　宋蘇軾撰　題宋王十朋纂集劉辰翁批點　**東坡紀年録一卷**　宋傅藻撰　△五七四五

元建安熊氏刊本，十一行十九字，注雙行二十五字，黑口，左右雙闌。

首趙公夔、王十朋序，次諸家姓氏，次門類，題東萊吕公祖謙伯恭分類，凡八十二類。次紀年録，次各卷目録，諸家姓氏及門類，書名上加增刊校正四字，姓氏後有牌子，文曰：

建安熊氏 鼎新繡梓

篆文二行。

鈐有"啟宗"、"虚谷草堂"、"密闇"、"玉局生"、"漢陽葉氏敦夙好齋印"、"葉名澧潤臣印"、"毛氏家藏圖書"、"方翼道人"、"莘山退士"、"毛繼祖印"、"强名曰道"、"毛氏起宗"。

按：此書號爲宋刻，而細審字體雕工，實元槧之佳者。余嘗别見殘本數卷。（余藏。）

王狀元集諸家註分類東坡先生詩二十五卷 宋蘇軾撰　題宋王十朋纂集　宋劉辰翁評點　存卷一、二、四、五，共四卷

元刊本，十一行十九字。黑口，左右雙闌。題廬陵須溪劉辰翁批點。行間有圈點，詩題下或詩後有評語，諸家注首一字人名用陰文。（甲寅）

王狀元集百家註分類東坡先生詩二十五卷 宋蘇軾撰　題宋王十朋纂集　劉辰翁批點

明刊本，十二行二十一字，注雙行二十六字，細黑口，四周雙闌，間有上下雙闌而左右單闌者，頗爲罕見，版心上魚尾下記"坡詩卷幾"等字，下魚尾下記葉數。序跋牌記已佚。（余藏。）

增刊校正王狀元集註分類東坡先生詩二十五卷 宋蘇軾撰　題宋王十朋纂集　**東坡紀年録一卷** 宋傅藻撰　△五四二一

宋建安虞平齋務本書堂刊本，半葉十一行，每行十九字，注雙行二十五字，細墨口，左右雙闌，版心上記字數。注家姓氏後有篆文木記曰："建安虞平齋務本書堂刊"，是建本之至精者。

鈐有"濮陽李廷相雙檜堂書畫私印"、"君明"、"孫子鑒賞"、"汪士鐘印"、"藝芸主人"、"汪士鐘曾讀"、"憲奎"、"秋浦"、"宋本"、"平江汪憲奎字秋浦印記"、"徐遵禮字從文别號涵虚子識"、"楊以增字益之又字至堂晚號寒樵行二"、"東郡楊紹和字彦合藏書之印"、"東郡楊氏宋存書室珍藏"各印。

按：此書海源閣舊藏，近歸周叔弢。後叔弢欲得余藏明鈔席上輔談、金俊明校、黄丕烈跋。明鈔賓退録、葉奕校、孫江跋。明鈔邵氏聞見録，陳增校。以此書爲報。

忠謨謹按：此書先君别有跋，收入藏園羣書題記續集卷四。

增刊校正王狀元集註分類東坡先生詩二十五卷 宋蘇軾撰　題王十朋纂集　**附紀年録一卷** 宋傅藻撰

宋虞平齋務本書堂刊本，半葉十一行，行十九字，注雙行二十五字，黑口，左右雙闌，版心上記字數。注家姓氏後有篆文木記曰："建安虞平齋務本書堂刊。"

此書字極方整，建本之精者。（癸丑）

增刊校正王狀元集註分類東坡先生詩二十五卷 宋蘇軾撰 題王十朋纂集

元刊本，十三行二十二字。後有廬陵□氏□□書堂新刊木記。（盛昱遺書，壬子見。）

增刊校正王狀元集註分類東坡先生詩二十五卷 宋蘇軾撰 題宋王十朋纂集 劉辰翁批點 缺卷三、四、十五、十六，計四卷

明刊本，十二行二十一字，注雙行二十六七八字，細黑口，四周雙闌。詩註各家姓氏後有牌子，已挖去，蓋欲充宋元刊本也。（乙卯歲蘇估柳蓉邨處見。）

經進東坡文集事略六十卷 宋郎曄撰 存四十卷，四十卷以後目録挖改

宋刊本，半葉十二行，行二十一字，注雙行，黑口，左右雙闌。前有御製文集序、贈太師制、東坡先生言行。

劉氏抱殘守缺齋藏，今見之董授經大理案頭。甲寅七月廿二日。沅叔。

註東坡先生詩四十二卷 宋施元之、顧禧撰 缺卷五至十，十九、二十，凡八卷，存三十四卷

宋刊本，半葉九行十六字，注雙行同，白口，左右雙闌。諸跋録後：

"坡詩多本，獨淮東倉司所刊明淨端楷，爲有識所寶。羽承乏于兹，暇日偶取觀，汰其字之漫者大小七萬一千五百七十七，計一百七十九板，命工重梓。他時板浸古，漫字浸多，後之人好事必有賢於羽者矣。　景定壬戌中元吴門鄭羽題"此跋半版七行。

"曩嘗於葉潤臣家得見嘉泰本施顧注蘇詩，歎爲瓌寶。一日坐殿廬中，桂侍郎以怡邸殘書見視，忽覩此本，以二十金購之，前後缺

八卷。此雖景定補本,然字畫清勁,粲若明珠,恐人間無復數本矣。同治十年伏日,早退題於東華門酒家。常熟翁同龢。”

“此景定壬戌吴門鄭羽補刻於淮東倉司之本,叔平六兄得於安樂堂散出之書者也。按施顧注蘇詩傳世者一爲絳雲樓藏本,已歸庚寅一炬。一爲汲古閣、傳是樓藏殘本,後歸宋牧仲、翁覃溪、吴荷屋、葉潤臣,卽嘉泰殘本也。嘉泰本缺十二卷,是本缺卷五、六、七、八、九、十,又缺卷十九二十。卷尾鄭氏一跋馮星實亦未見刻本,僅從人抄得。玩跋中語是就施武子原刊本修補其漫漶,非重刊也。此本在世間亦稀如星鳳矣。昔宋牧仲得嘉泰殘本,屬幕客補足刊行,其書爲人齒冷,不足置議。覃溪以查氏所補有未盡,曾爲補注八卷,今此本較嘉泰殘本多原注四卷,叔平顧再補之,以留原注真面,文字因緣非偶然也。叔平得此本不輕示人,獨囑蔭爲之跋,其爲欣幸何可勝言。而嘉泰殘本猶在人間,或者旦暮遇之乎!同治十年六月二十一日大雨中,吴縣潘祖蔭識。”

“光緒辛丑四月二十二日錢塘汪鳴鑾觀。”

宋牧仲本缺一、二、五、六、八、九、二十三、二十六、三十五、三十六、四十。凡十二卷,此本可補宋牧仲本二卷。

“嘉泰本缺十二卷,已爲六丁取去,此本又缺卷五、六、七、八、九、十,又缺卷十九、二十,共八卷真海内孤本。”繆荃孫筆。整理者謹按:此條爲另紙,夾藏園羣書經眼録第一册中。首段著録版式及鄭羽題,爲藏園老人筆。翁、潘、汪三跋爲周叔弢先生手録。後有繆荃孫氏小楷旁注二則,此第一則。

“查氏補注原書全録施顧注,自注低一格,標一‘補’字。施顧所注不必再采。後人刊板,删去舊注。翁氏所補又采施顧注之,不見原書。空議人非,不值一噱。”整理者謹按:此繆荃孫氏批注第二則。

忠謨謹按:此書先君有長跋詳記之,收入藏園羣書題記初集卷六。

初白庵蘇詩補註

紀曉嵐朱筆批評點定。卽刊行紀評蘇詩之底本也。卷二後有評語

四行,未知刊本收入否?(楊蔭北藏書。乙亥)

鈐有"瀛海紀氏閱微草堂藏書之印"朱、"春飃校正"白。

蘇文定公後集二十四卷 宋蘇轍撰　存第四卷十六葉,卷五、六全,卷七六葉,凡四卷　△一〇九六

宋蜀大字本,半葉九行,每行十五字,白口,左右雙闌,版心題"文定後集幾",下方記刊工姓名。宋諱桓字不避。

按:此書與蘇文忠公集同刻,原藏内閣大庫,光宣之交,流散四出,北京圖書館尚餘十許卷,鄧氏羣碧樓藏六卷,卷一至三,十六至十八。沈氏海日樓藏五卷,余歷年假得,校於別本。是册爲寶應劉翰臣啟瑞所得,後歸余齋。

按:此書初出時,羣咸以爲北宋蜀本。後游虞山,見瞿氏藏秦淮海集,板式行格與此悉同,廓字缺筆,板心題"眉山文中刊"五字,始知爲寧宗時蜀之眉山刊本。藏園記。

欒城集五十卷後集二十四卷三集十卷 宋蘇轍撰

明嘉靖二十年刊本,十行二十字。　有嘉靖二十年辛丑劉大謨序,又巡按四川監察御史交河王珩序,次凡例,次謚議,次目録。三集末有跋三首:淳熙六年筠州教授鄧光跋,淳熙己亥曾孫知筠州詡跋。

"校勘官:

文林郎筠州軍事判官　倪思

從政郎充筠州州學教授　鄧光

奉議郎知筠州高安縣事　閭丘泳"

開禧丁卯四世孫權知筠州軍事蘇森跋。

嘉靖辛丑四川按察司提督水利帶管提學僉事膠東崔廷槐書。

鈐有:"臣良弼印"白、"藝巖"朱二印。

按:此蜀王刻於蜀中者。原本爲内江張侍郎潮家藏,王命長史高鵬、教授舒文明校正鋟梓。其後活字本卽依此本印行者,行格序跋悉與

此同。(壬午)

欒城集五十卷後集二十四卷三集十卷目録二卷 宋蘇轍撰

明活字印本,十行二十字。　前嘉靖二十年劉大謨序,次嘉靖辛丑巡按四川監察御史王珩序,次凡例,次謚議,次目録。

據劉大謨序,謂内江張潮家有欒城集善本,蜀王令長史高鵬、教授舒文明校正鋟梓。觀其凡例惟詩題同卷重出者略加歸併,廟號空格者改爲直下,餘均仍舊,尚非妄事竄改者,第獨缺應詔集爲不可解。觀劉王序,此書嘉靖二十年蜀藩鋟梓,二序均爲蜀藩本作,此活字印本爲再翻蜀藩本耳。後有淳熙六年鄧光閭、及曾孫蘇詡跋。(余藏。)

欒城集五十卷後集二十四卷三集十卷應詔集十卷 宋蘇轍撰

舊寫本,藍格,九行二十二字。　有淳熙六年筠州州學教授鄧光跋,又曾孫知筠州軍事詡跋,後有校勘官倪思、鄧光、丘泳三行。又開禧丁卯四世孫知筠州軍蘇森跋均在三集末。後抄嘉靖四川按察使崔廷槐序,乃蜀王府刊本原序也。蜀藩本無應詔集,此未知何出。(甲寅)

類編增廣潁濱先生大全文集一百三十卷 宋蘇轍撰

宋刊本,版匡高六寸四分,寬四寸一分。半葉十五行,每行二十六字,注雙行同,細黑口,左右雙闌。詩文皆以類分,如紀行、述懷、雷雨、風雪、冰霜、四時、元日、上元、寒食、除夜、晝夜、古迹、山洞,分類多不倫,必坊賈所爲耳。

按:欒城集後有其曾孫詡跋云:欒城公集刊行者,建安本頗多缺謬,在麻沙者尤甚。今觀此本,板式行格字體勁峭而露鋒稜,必爲麻沙鎮所刊。且余見李椒微師盛鐸所藏類篇增廣山谷先生大全文集五十卷,舊藏海源閣楊氏,其版式字體與此正同。又書名標題咸與潁濱相配匹,必爲閩中同時書坊所合刊行世者。惟山谷大全集目前有牌子數行,題爲乾道端午麻沙鎮水南劉仲吉識。玆册逸去首册,無從證明爲足惜耳。(日本内閣文庫藏書,己巳十一月十九日閲。)

豫章黄先生文集三十卷 宋黄庭堅撰 存十六卷,三百三十七葉,計:卷二、十八葉,卷三、二十一葉,卷四、二十葉,内缺第四葉,卷五、十五葉,卷六、十四葉,内缺第二葉,卷七、十四葉,卷八、十九葉,卷九、二十四葉,缺第一、十八至二十四葉,共缺八葉,卷十、十八葉,内缺第一至三葉,卷十一、二十三葉,卷十二、十四葉,卷十三、三十一葉,卷十四、二十九葉,缺第三葉,卷十七、二十五葉,卷十八、二十三葉,卷十九、三十一葉,缺第三十半葉、三十一全葉,共計缺十五葉

宋刊本,半葉九行,行十八字,白口,左右雙闌,版心魚尾下記"黄二"、"黄三"等字,下記刻工姓名,有唐用、唐時、金宣等。十七至十九卷爲另一刻本,版心上方有字數,下記刊工姓名,有劉升之、陸祥、皋、安、蔡、山、良、仁、宣、王。鈐有"汪士鐘藏"白文長印。(庚申收得。)

豫章黄先生外集十四卷 宋黄庭堅撰 存六卷,計卷一、四十五葉,卷二、二十四葉,卷三、三十一葉,卷四、三十三葉,卷五、二十七葉,卷六、四十葉,末葉缺,又殘葉一

宋刊本,半葉九行,行十八字,白口,左右雙闌,版心記"後黄一"、"後黄二",下記刊工人名,有劉彦、劉僅、余彦、余京、彭世寧、彭新、彭達、彭立、上官慶、陳久、陳範、陳中、王明、王禮、王彦、王忠、莊文、楊才、施光、黄正、鄧明、鄧七、伍三、吴恭、嚴閏、嚴潤、田庚、達、六、忠、云等。

鈐有"汲古閣"朱、"虞山毛晉"朱、"字子晉"白、"東吴毛晉"朱、"在在處處有神物護持"白、"汪士鐘藏"朱、"汪振勳印"白回文、"某泉"朱、"敔樵楊敦厚重威章"朱各印。

有黄丕烈二跋,已刻,不録。

按:此書百宋一廛賦著録,所謂"異三摮乎豫章"者也。審其字體雕工,疑南渡初江右刊本,惜其殘佚太甚耳。(庚申十一月與二宋本陸放翁詩同得,價二千五百元。)

豫章黄先生文集三十卷外集十四卷别集二十卷簡尺二卷詞一

卷 宋黄庭堅撰 **伐檀集二卷** 宋黄庶撰 **山谷先生年譜三卷** 宋黄罃撰

明弘治葉天爵刊，嘉靖六年喬遷、余載仕重修本，十二行二十三字，白口，四周雙闌。　前嘉靖丙戌徐岱序，次嘉靖丁亥周季鳳序，後建炎二年洪炎序。别集後淳熙壬寅諸孫罃跋。伐檀集前有皇祐五年青社自序，後有嘉定二年諸孫罃跋，又罃跋。年譜前有孫罃序，後附别傳，又周季鳳重刻涪翁文集跋，嘉靖丁亥查仲道書山谷先生全書後。簡尺卷首及詞卷首皆有"前寧州知州婺源葉天爵刊行"，"知州九溪喬遷訂補"兩行。每卷篇目接連正文。

每册面有"菉竹堂"楷書朱記、"葉氏藏書"朱、"白堤錢聽默經眼"各印。

按：此書余别有跋詳之，此不贅。（盛昱遺書，壬子歲八十元收得。）

附**伐檀集二卷**　宋黄庶撰

題宋刊本，十二行二十一字。首題"前寧州知州婺源葉天爵刊行"，"知州九谿喬遷訂補"。下卷末有嘉定二年秋九月諸孫朝散郎直顯謨閣西浙路轉運判官罃跋，言所存多少作。又諸孫罃跋，言原本字劃多誤，得館閣傳本訂正云云。

按：此本乃嘉靖元年徐岱巡按江西時檄寧州所刊豫章黄先生文集、外集、别集、簡尺、詞後附刊者。始刻于弘治葉天爵，成于嘉靖六年。今題爲宋刊，去之遠矣。此亦市橋獻書。（日本内閣文庫藏書，己巳十一月十九日觀。）

重刻黄文節山谷先生文集三十卷 宋黄庭堅撰

明萬曆三十一年癸卯寧州知州方沆刊本，十一行二十字。　前有刊刻義例十一條。

類編增廣黄先生大全文集五十卷 宋黄庭堅撰　李□九○八五

宋乾道麻沙鎮水南劉仲吉宅刊本，半葉十五行，每行二十六字，細黑口，四周單闌。　前有門目，大字，半葉十行，細黑口，左右雙闌，次

目録二卷,半葉十五行,亦左右雙闌。目録卷下末葉後有牌子,文曰:

麻沙鎮水南劉仲吉宅近求到
類編增廣黄先生大全文集計
五十卷比之先印行者增三分
之一不欲私藏庸鑱木以廣其
傳幸學士詳鑒焉乾道端午識

後有黄丕烈跋,録如下:

"道光甲申之秋有平湖書友携示宋刻山谷大全集樣本,有刻有鈔,云是錢君夢廬屬售者,索直頗昂,雖心愛之,未及議易也。夢廬素係神交,并曾通假書籍,故遂札詢之。夢廬復云,山谷大全集諸家書目皆不著録,惟絳雲樓目有之,只廿六卷,此其全者,係沈茱園先生故物,後人因營葬,始用贈人。適余有他種書籍銷去,遂摒擋得之。書凡五十卷,中闕十三至十八卷,舊時鈔補,未知出自何本,蓋較絳雲所藏居然完璧矣。歲殘未暇付裝,越明年,余有滂喜園書籍舖之設,襄事者爲胡茂塘老友,手爲裝池,知缺卷外尚欠一葉鈔補一葉,統五百丹八云。乙酉孟夏月望後一日　蕘夫手識。"後鈐"黄丕烈印"白文回文一印。

鈐有"玉峯徐氏家藏"朱、"查昇之印"白、"沈廷芳印"白回文、"茱園"朱、"沈廷芳印"朱回文、"古柱下史"朱、"士禮居"白、"黄丕烈印"白回文、"蕘夫"朱、"百宋一廛"白、"復翁"白、"汪氏棊泉"朱、"汪士鐘印"白回文、"閬源甫"朱、"汪振勳印"朱回文、"棊泉"朱、"汪士鐘曾讀"朱及海源閣楊氏父子印。(李木齋先生藏。)

山谷詩前集註二十卷 宋黄庭堅撰　宋任淵註

影寫宋刊本,十三行二十三字,注大字低一格,題低四格。前有雍正丁未跋,稱賓記,不知何人,言影毛氏藏舊本録出,尚缺卷四、廿五、六,及卷十三首葉。(癸丑)

山谷詩集註二十卷 宋黄庭堅撰　宋任淵註

日本古刻本，九行十六字，注同，黑口，左右雙闌。前有紹興乙亥冬十二月鄱陽許尹敍，稱黄陳詩集序，乃鈔補者。後紹定壬辰日南至諸孫朝散郎行軍器監主簿兼權知南劒州軍州兼管内勸農事節制本州屯戍軍馬借緋埒拜手敬識。

山谷黄先生大全詩註二十卷 宋黄庭堅撰 任淵註 存卷一至四、六至十一、十四至十八，計十五卷

宋刊本，半葉十一行，行十九字，注雙行低一格二十三字，細黑口，左右雙闌。

有"永樂二年七月二十五日蘇叔敬買到"墨書一行。又有黄丕烈手跋。鈐有汪士鐘藏印。

按：此書建本，然雕工字體圓美，無宋刊峭麗之態，當是元刊本。書潛(余藏。)

山谷黄先生大全詩註二十卷 宋黄庭堅撰 任淵註

元刊本，半葉十一行，每行十九字，注雙行二十四字。低一格，實二十三字。

按：此本余亦藏一帙，爲黄丕烈故物，有手跋，只十八卷，且每卷缺葉亦多。末有"永樂二年七月二十五日蘇叔敬買到"墨書識語一行。(日本静嘉堂文庫藏書，己巳十一月十三日閲。)

山谷黄先生大全詩註二十卷 宋黄庭堅撰 任淵註

明弘治刊本，十行十八字，黑口，四周雙闌。 有弘治七年甲寅湖廣按察副使同知瑞州府事華亭□□序。詩中註語未刻。(田中慶太郎自日本寄文友堂裝訂者。壬戌)

山谷内集詩註二十卷外集詩註十七卷 宋黄庭堅撰 任淵、史容註 内集存卷十二至十四，外集存卷八、九、十二至十五

明初刊本，九行十九字。卽莫郘亭友芝所跋爲宋本者也。(戊午)

山谷内集詩註二十卷 宋黄庭堅撰 任淵註 **外集註十七卷** 宋史容註 **别集詩註二卷** 宋史季温註

朝鮮舊刊本,十行十七字,白口,四周雙闌,别集四周單闌,注雙行同。内集前有任淵序,紹興乙亥鄱陽許尹序,次目録,年譜附。外集前有嘉定元年晉陵錢文宇序,題雲薌室史氏註山谷外集詩序,次目録,年譜附。目前有史容小引。卷一首有賦二首。年譜起嘉祐六年辛丑,終崇寧三年甲申。(東來閣取閲,辛巳十一月,已收。)

山谷别集詩註二卷 宋黄庭堅撰 青神史季温註

明刊本,九行十九字,黑口,四周雙闌。 後有弘治己未豐城楊廉序。(天一閣佚書,癸丑收。)

山谷老人刀筆二十卷 宋黄庭堅撰

明弘治刊本,中板心。十二行十九字。 鈐有北平謝氏藏印。(壬子收得。)

山谷老人刀筆二十卷 宋黄庭堅撰

明刊本,十行十九字,白口,左右雙闌。

鈐印列後:"六硯齋"、"嘉興李氏鶴夢軒藏書畫記"、"鶏山法祥"、"武林高氏碧南藏書畫記"、"飛雲閣"、"法雲齋"、"乾隆御覽之寶"、"天禄琳琅"、"太上皇帝之寶"、"八徵耄念之寶"、"五福五代堂寶"、"天禄繼鑑"。(丁巳十二月廿七日寶瑞臣見示。)

黄太史精華録八卷 題天社任淵選

明朱承爵刊本,九行十五字,黑口單闌,版心中縫甚濶,魚尾下記"華一"等字,八卷末葉第八行題:"邑人朱君謨繕寫"。 前有任淵序,隸書大字,半葉六行。此書刻印皆精。(癸丑)

後山居士文集二十卷 宋陳師道撰

宋蜀中刊本,九行十五字,白口,左右雙闌,版心不記字數刊工。

前有紹興二年汝南謝克家序。有翁覃溪方綱題字,録如後:

"丙寅九月,覃溪以任注本校看。

一瓣南豐古墨香,較量壓架配蘇黄。新津注尚開雕未,紙貴誰論越與襄。

吾齋蘇黄集皆宋槧本也,越裝襄紙見後山文内。九月十七日晨起又題小詩。方綱。”

收藏鈐有“晉府書畫之印”、“姜氏圖書”、“蕉林藏書”、“蘇齋墨緣”、“覃溪審定”、“南海吴榮光書畫之印”各印。

按:此帙字撫誠懸,其版式正與二蘇集秦淮海集同,疑當時合刻尚不止此四家也。沅叔。(辛未二月初七日見。吴縣潘博山兄弟藏。)

後山先生集三十卷 宋陳師道撰

明弘治十二年馬暾刊本,十一行二十字,黑口,四周雙闌。　有弘治十二年己未夏四月二十七日奉議大夫山西等處提刑按察司僉事南陽王鴻儒序。每卷首葉有“後學南陽王鴻儒懋學重校”,第四行。“後學彭城馬暾廷震繡”第五行。兩行。卷三十末有“潞州儒學廩膳生員郭銘繕寫”一行。

每册鈐“廬江王文房記”方印。(文友堂見。丁巳)

忠謨謹按:此書有跋,收入藏園羣書題記續集卷四。

後山先生集三十卷 宋陳師道撰

明弘治本,彭城馬暾所刻,十一行二十字。

顧千里廣圻臨何義門焯校本。顧跋及何跋均録後:

“政和五年魏衍編次記云:離詩爲六卷,類文爲十四卷,合二十卷,目録一卷。未知其本尚在世間否。今弘治板卅卷,詩多七至十二,文但八卷,又多廿一至卅,驗其標題有茶陵陳仁子同備編校,即弘治板出於此,故不同也。衍記末云:又有解洪範相表、闡微彰善、詩話叢談,各自爲集,而陳仁子但有詩話叢談,尤不同耳。思適居士記。”

“義門手閲書及門下士所過最盛,往往有源流,蓋見舊本多耳。近此道幾絶,諸家藏者散失略盡矣。偶遇是集于五笥仙館,借而臨之。道光七年之閏,一雲老人記,時年六十二。”

“康熙庚寅,毛十丈斧季以萬曆間人抄後山詩自卷第一至第六一册借閲,因略校正自第三至此卷誤字。焯記。”在卷六末

“此卷以上何多摘任注,今不録。千翁臨并識。”在卷六末

“此卷弘治間刻本‘送邢居實序’脱後半,‘章善序’脱前半,凡二十行。己丑七月得嘉靖以前舊抄對校,因爲補寫。錢牧翁蓄書非得宋刻名抄則云無有,真細心讀書者之言。如浙之某某輩,徒取盈卷帙,全不契勘,雖可以汗牛馬,其實謂之無一紙可也。焯記。”在卷末。

“康熙己丑秋日從吴興鬻書人購得後山集殘本,中缺三、四、五、六,凡四卷。勘校一過,改定脱誤處甚多,庶幾粗爲可讀,而明人錯本誤人,真有不如不刻之歎也。焯記。”在卷末。

“道光丁亥臨于揚州新城寓齋。顧千里”在卷末。

“老學庵筆記云陳無己子豐詩亦可喜,晁以道集中有謝陳十二郎詩卷是也。建炎中以無己故,特命官。李鄴守會稽,來從鄴作攝局,鄴降虜,豐亦被縶纍而去,無己之後遂無在江左者,豐亦不知存亡。”此則在卷二十後,不署名,當是千里之筆也。沅叔記。

藏印鈐有:“檇李項藥師藏”朱、“萬卷堂藏書記”朱、“陳堂印”白、“春草間房珍玩”朱、“陳唐讀書記”白、“顧廣圻印”白、“顧澗蘋藏書”朱、“賞心樂事”白。

校本詩卷七以下題“外集”。(辛巳正月十一日,趙元方新收見示。)

忠謨謹按:此書别有二跋,收入藏園羣書題記三集卷六。

后山詩注六卷 宋陳師道撰　任淵注　存卷三下至六,計三卷有半,七册

△八四五七

宋蜀中刊本,半葉十三行,行二十四字,注大字低二格,詩題低三格,其后山自注則夾行小字,白口,左右雙闌,版心上魚尾下記巳三下等字,下記刊工姓名,可辨者有李彦、甘祖、小甘、張小四、張小五、張小

八、小十諸人，又甘、張、李、侯、鄧、梁、馬、楊、申、秋、昇、詮等。字體古勁，與蜀刻册府元龜、唐人詩集相類。避宋諱至搆字止，敦、慎不避。

按：此書今本十二卷，此三卷半適當其卷六至十二。據直齋書録解題著録，后山詩注六卷。卽任氏自注亦言詩止六卷，益以注，釐爲上下。可見今本分卷十二之非，此殘帙標題卷爲上下，仍是任氏舊式，甚可貴也。余嘗以校聚珍本，改定凡一千一百三十餘字，别爲跋詳之。

忠謨謹按：此書有跋，附校記，收入藏園羣書題記初集卷六。

后山詩註十二卷 宋陳師道撰　任淵註

明嘉靖十年遼藩朱寵瀼梅南書屋刊本，九行二十字，版心有“梅南書屋”四字。鈐有藉書園周氏印。（余藏）

后山詩註十二卷 宋陳師道撰　任淵註

清南津勞用霖三鱣家塾寫本，十一行二十字。　鈐有“顧澗薲藏書記”、“半樹齋戈氏藏書印”、“戈氏藏書”、“小蓮校本”、“戈襄”、“廷檮藉觀”、“紅蕙山房”諸印。（余藏）

后山詩註十二卷 宋陳師道撰　宋任淵註

朝鮮古活字本，九行十六字，註雙行，白口，四周雙闌，版心題“后山幾”。朝鮮薄皮紙印，字疏宕有古致。　首彭城陳先生集魏衍撰，後附政和丙申元城王雲題。次任淵序，次目録，年譜附。卷末弘治丁巳石淙楊一清跋。

鈐有“礪城宋氏”朱、“熙業克家”白、“寓翁”朱各印。（余藏。）

宛丘集七十四卷 宋張耒撰　缺卷三十八至五十

明謝肇淛小草齋寫本。（癸丑）

宛丘先生文集七十六卷 宋張耒撰　存四十三卷

清寫本，十行十七字。　鈐有“紅豆後人”印。

余嘗以校聚珍本,補脱文訛字極夥,補佚詩四十四首,不意此區區殘帙俾益若是之鉅也。

忠謨謹按:此書先君别有跋,收入藏園羣書題記續集卷四。

張右史文集三十卷 宋張耒撰

舊寫本,九行十七字。前録宋史列傳。 鈐有"翰林院印"大官印、又"臣昀私印"、"曉嵐"二印。

按:此本祇録賦、詩,無文,故卷數祇此耳。

張右史文集六十卷 宋張耒撰

舊寫本,九行十七字。 鈐有"笥河府君遺藏書籍"、"嘉蔭簃藏書印"、"海源閣印"。楹書隅録未著録。(海源閣遺籍,庚午見。)

張文潛文集十三卷 宋張耒撰

明嘉靖三年郝梁刊本,十行十八字。 前嘉靖甲申江都馬駧序,末有龍渠山人郝梁跋。

按:此本僅十三卷,未爲完書,然據馬駧序言,郝氏得宋本,取而刻置山房云云,則其根源亦遠,且字刻精整,固足存也。(余藏。丙辰)

張文潛文集十三卷 宋張耒撰 李□一四四

宋刊本校于明嘉靖郝梁刊本上,宋本卷目列後:

卷一進論五篇:遠慮上下、擇將上下、審戰。

卷二論七篇:本治論上下、敦俗、用大、知人、馭相、將。

卷三論六篇:憫刑上下、法制、論法上下、治術。

卷四論七篇:禮論三篇、秦、漢文帝、景帝、魏晉。

卷五論七篇:晉論、唐論上中下、明皇、代宗、德宗。

卷六論九篇:五代、莊宗、子産、魯仲連、樂毅、吴起、陳軫、應侯、商君。

卷七論十篇:子房、蕭何、陳平、田横、魏豹彭越、陳平周勃、衛青、司馬相如、司馬遷上下。

卷八論十一篇:丙吉、陳湯、趙充國、王鄭、張華、王導、屈突通、韓愈、裴守真、李郭、李德裕。

卷九雜著十篇：藥戒、讀唐書、讀韓信傳、讀南越傳、讀楚甘公説、題賈長卿續高彦休讀白樂天事、書宋齊丘化書後、老子義、書韓退之傳後、書吐蕃傳後。

卷十雜著十篇：續鄒陽傳、游俠、諱言、敢言、秘丞章蒙明發集序、賀方回樂府序、送李端叔赴定州序、李德載字序、進齋記、冀州州學記。

"張文潛文集亦名宛丘集，相傳南宋初已有四本：一本十卷，一本三十卷，一本七十卷，一本一百卷。國朝四庫所收之本則又七十六卷。今余得此本十三卷，係虞山馮氏與吴氏兩家藏本，與所記上五本卷帙不同，想卽胡氏應麟所見之本也。昨吴興書賈鄭甫田以宋建安余騰夫所刊永嘉先生標注張文潛集來，上有季滄葦與毛子晉圖書，書共十卷，與此本校對，篇目正同，惟分卷則異，因知此本卽南宋初十卷之本，後人亂其卷次耳。校正一通如右，俾不失宋本面目。篇中標註亦照建安本寫出，以便讀者。至字句異同無論允否並一一校注，不敢意爲去取，蓋校書之體例也。然賴以是正者已居十之九，益信古本之足貴。乙卯十二月初六日姑餘徐葵識。"(李木齋先生藏，借來一校。)

忠謨謹按：此書别有跋，收入藏園羣書題記續集卷四。

淮海先生閒居集四十卷 宋秦觀撰 存卷一至十八、二十七至三十四，計二十六卷 △一一四五五

宋蜀刊本，半葉九行，行十五字，白口，左右雙闌，版心上魚尾下題秦目，下記葉數。卷一第一葉下題"眉山文中刊"五字。避宋諱至廓字止。

按：此蜀大字本，與蘇文忠、蘇文定、陳後山三集全同，當爲同時同地所刊也。(海虞瞿氏藏書。)

淮海集四十卷後集六卷長短句三卷 宋秦觀撰 存卷三十至四十,共十一卷,内卷三十缺一、二葉,三十四缺四、五葉,三十六缺十六葉,三十七缺一、二葉,三十八缺九、十葉,三十九缺一葉

宋乾道九年高郵軍學刻紹熙三年謝雩重修本,半葉十行,行二十一至二十四字不等,白口,左右雙闌,板心上記字數,下記刻工人名,有曲釿、劉仁、劉志、劉明、劉文、劉宗、李憲、潘正、周佾、趙通等。魚尾下作秦卷幾。宋諱桓、搆、慎闕末筆。

此自午門紅本袋中清出者,今歸北京圖書館。(壬戌)

淮海集四十卷後集六卷長短句三卷 宋秦觀撰

宋乾道九年高郵軍刊紹熙三年謝雩重修本,半葉十行,行二十一字,白口,左右雙闌,版心上記字數,下記刊工姓名。 首閒居文集序,次舒王答蘇内翰薦秦公書,次曾子開答書,次蘇内翰答書,次后山居士撰淮海居士集序。後有嚴繩孫跋。

此書余在故宫御花園位育齋撿出,重裝付善本書庫。前有原簽題一葉。(戊辰)

淮海集四十卷 宋秦觀撰 存卷十二至二十五,計十四卷

宋乾道九年高郵軍刊紹熙三年謝雩重修本,十行二十一字,白口,左右雙闌,版心上記字數,下記人名。各卷中間有缺葉。黄蕘圃丕烈跋録後:

“此故友陶五柳主人爲余購得者,因借無錫秦氏宋刻四十卷全本手校過,故此不之重,其實非一刻也。今手校本已歸他所,而近又得一孫潛藏鈔本,因出此殘帙勘之,略正幾字,中有淮海閒居集序一葉錯入二十三卷中,以别本長短句偶存全集序文證之却合,因得考見宋刻源流,莫謂竹頭木屑非有用物也。蕘夫記。”(乙丑)

淮海集四十卷 宋秦觀撰 存卷八至十一

明刊本,十行二十一字,白口,四周雙闌。

按：此寫刻本，與張綖本不同。（余齋藏。）

淮海集四十卷後集六卷長短句三卷 宋秦觀撰

明嘉靖二十四年胡民表刊本，十二行二十一字。　前黄吉士序，次嘉靖己亥張綖序，次嘉靖乙巳盛儀序。後集有嘉靖乙巳張繪序。詞後有嘉靖己亥張綖跋。

按：據序，乃高郵州守胡民表以張綖本捐俸翻刻。張繪卽綖之弟。（余藏。）

忠謨謹按：此書别有跋，收入藏園羣書題記三集卷六。

淮海集四十卷後集六卷長短句三卷 宋秦觀撰

明刊本，十二行二十一字，白口，單闌。　前有嘉靖乙巳江都盛儀序，又己亥張綖序。目後有嘉靖戊午春漢中府重刊一行，蓋秦中翻張綖本也，相距已二十年矣。（癸酉）

淮海集四十卷後集六卷長短句三卷補遺一卷 宋秦觀撰

△八四六〇

舊寫本，十二行二十五字。　前有嘉靖乙巳江都盛儀刻書序。　虚止閣校一至四十卷，盛序後有虚止閣朱筆跋，又西齋有竹軒跋，卷三十後有讀書堂西齋虚止道人元元跋朱筆。黄蕘圃丕烈校殘宋本十二至二十五卷，又長短句。韓緑卿應陛校南宋本閒居集一至十卷。（癸酉十一月十二日見，周叔弢藏。）

參寥子詩集十二卷 宋釋道潛撰 △七六七二

宋刊本，半葉十二行，行二十四字。白口，左右雙闌。版匡高五寸三分，闊三寸四五分，版心記"參一"等字，下記刊工姓名，間記字數。在下方。宋諱桓、慎不缺筆。字仿褚體，與唐書同。白皮紙印，堅韌匀潔。有黄丕烈跋。

鈐有季振宜、徐乾學、汪士鐘及士禮居黄氏各印。（汪鳴鑾先生遺藏。癸丑）

參寥子詩集十二卷 宋釋道潛撰

宋刊本,半葉十一行,行二十三四字,黑口,左右雙闌。次行題"四明前天寧參寥後裔宗譓重集"。

鈐有揆敍謙牧堂、季振宜、北平謝氏諸印。

此本字不及汪鳴鑾所藏本之精勁,然亦宋時所刊。間有抄補之葉。(癸丑)

參寥子詩集十二卷 宋智果禪師道潛參寥撰 **東坡稱賞道潛之詩一卷** 明汪汝謙輯 △三五六

明崇禎八年汪汝謙刊本,九行十八字。題明古歙汪汝謙然明校。(余藏。)

參寥子詩集十二卷 宋釋道潛撰

清初寫本,十一行二十四字,板狹行密字小,蓋從宋刻傳寫也。

鈐有"安樂堂藏書記"、"檇李曹氏倦圃藏書"、"曹溶之印"、"潔躬"諸印,又海源閣楊紹和各印。(庚午)

寶晉英光集六卷 宋米芾撰

明末毛氏汲古閣寫本,九行十八字。 前有岳珂序,戒菴跋。後有唐鷦安翰題手跋,録如後:

"英光集六卷,毛氏汲古舊鈔,鄂國倦翁序後有戒菴跋,當爲明人,卽著戒菴隨筆之李君詡也。浙江採集遺書總目載有英光集八卷,鄂國序,正與此同。又云張丑記云,吴文定公原博故物也,萬曆丁丑中秋十日獲於公之孫所,校讐之次,摘録劉公四詩于後,以志梗概。此無張清河跋及四詩,當别是一本。遺書目所録乃知不足齋寫本,八卷疑是六卷之誤,書于後以竢考。丁卯四月八日獲此因記。"

藏印如下:"毛扆之印"白、"斧季"朱、"每愛奇書手自抄"朱白文各一方、"來雲館"朱、"悠然見南山"朱、"潤農"朱,以上皆毛氏印。"石蓮闇所藏書"朱。(邢贊亭新收,甲戌四月見。)

寶晉英光集六卷 宋米芾撰

舊寫本,十行二十字。黄蕘夫丕烈以宋本及張青父丑鈔本校過,有手跋,不更録。　鈐有"琅邪兼益堂記"朱文印。(海源閣遺籍。庚午)

忠謨謹按:此書别有跋,收入藏園羣書題記初集卷六。

寶晉英光集六卷拾遺八卷 宋米芾撰

舊寫本,八行十九字。　前後有戒菴跋二則。印文曰"中山王孫"。拾遺後四卷爲寶章待訪録、書史、畫史、硯史四種。末有嘉泰辛酉嗣孫米憲跋,跋後附豐氏跋:

"南宫山林集嘗見鈔本六十卷,兹則其孫憲所刻拾遺爾。歲嘉靖己酉六月甲子鄞豐道生觀於錫山華中甫真賞齋。"

鈐有"蔣氏求是齋藏書印"、"蔣維培孝卿甫"、"雲自在龕"、"荃孫"各藏印。(王晉卿送閲。丁卯)

寶晉山林集拾遺八卷 宋米芾撰 △八七三

宋嘉泰辛酉筠陽郡齋刊本,大版心,半葉十行,行十六字,白口,左右雙闌,版心上記字數,下記刊工人名。　前蔡肇墓誌,後有嘉泰改元嗣孫米憲手跋,以行書上版,字疏放,猶有祖風。此書世無二帙,明華氏真賞齋故物,有嘉靖己酉豐道生坊識語。(海源閣書,辛未三月十二日觀於天津鹽業銀行庫房。)

青山集三十卷 宋郭祥正撰

宋刊本,半葉十行,行二十字,白口,左右雙闌。　目録首行題"青山集目録",次行低四字曰"當塗郭祥正字功父",三行低二格曰"卷第一",四行低三字曰"歌行三十首"。目録後空一行題"青山集目録終"。本書首行題"青山集卷第一",次行與目録同,三行低二格曰"歌行三十首",四行詩題低四格。版心下方記刊工人名,有陳榮、陳脩、陳震、陳伸、黄淵、黄祥、黄寶、王明、王彦、汪靖、毛方、毛用、莊文、邊皓、閔昱、施光、楊説、楊詵、楊英、李璋、章旼、章英、馮詔諸人。宋諱貞、敬、桓、完、樹皆爲字不成。有宋代補板。卷中有朱色木記二,文曰:

“嘉興府學官書準
令不許借出咸淳貳　官
年拾壹月旦日重印”
“嘉興府府學官書依條不許借出係知府
何寺正任内發下嘉定甲戌七月　日記
從政郎充嘉興府府學教授　潘　友德⺁
宣義郎添差權通判嘉興軍府事　彭　放⺁
朝奉郎通判嘉興軍府事　沈　永⺁
承議郎權發遣嘉興軍府事　何　求仁⺁”

藏印列下:“謙牧堂藏書記”、“兼牧堂書畫記”、“朱彝尊印”、“曝書亭珍藏”、“春草堂圖書印”、“姑餘山人”。(丁巳)

倚松老人詩集二卷 宋饒節撰

宋刊本,半葉十行,行二十字,白口,左右雙闌,版心上記字數,上魚尾下題“倚松一”,下魚尾下記葉數,下記刊工人名。卷二卷尾書名後有:“慶元己未校官黄汝嘉重刊”一行。卷中間有補刊之葉。(仁和吴昌綬松鄰藏書。)

雲巢編十卷 宋沈遼撰　存卷七至十,計四卷

舊寫本,八行二十一字。每卷目録接連本文,尚是古式。(甲子九月廿七日得於宏遠堂。)

長興集四十一卷 宋沈括撰　存卷二十一、二十三、二十四、二十六、二十七、二十八、二十九、三十、三十二,共九卷

舊寫本,八行二十一字。每卷次行題“龍圖閣學士沈括存中著”。各卷目録數行接連本文。卷末有“從事郎處州司理參軍高布重校勘兼

監雕”。卷中語涉宋帝均提行或空格。

按:存中集本多缺卷,此視浙局本又缺矣。李寶泉處借來,因校一卷无異同,遂以還之,而記行欵於此以備考。(己未)

濟北晁先生雞肋集七十卷 宋晁補之撰

舊寫本,十二行二十六字。　鈐有季滄葦、王西莊、張月霄、汪士鐘、潘椒坡、叢睦堂汪氏、莫楚生各藏印。(癸未)

濟北晁先生雞肋集七十卷 宋晁補之撰

舊寫本,十行十八字,鈔字古雅,當是學人手筆。

鈐有“禮邸珍玩”、“李淮祺印”、“遐修”各印。(徐梧生藏。乙丑)

濟北晁先生雞肋集七十卷 宋晁補之撰

清寫本,十行十八字。

鈐有“張敦仁讀過”、“陽城張氏省訓堂經籍記”、“廣圻審定”諸印。(余藏。)

景迂生文集十八卷 宋晁説之撰

彭氏知聖道齋寫本,有朱筆校過,蓋彭元瑞筆也。(癸丑)

景迂生文集二十卷 宋晁説之撰

依閣本傳録,兹鈔卷目如下:卷一、卷二、三奏議,四、五古詩,六至九律詩,十易玄星紀譜,十一别著,有易規十一篇、堯典中氣中星、洪範小傳、詩詩序論中篇,十二别著,有中庸傳、三傳説、讀七史,十三雜著,有儒言,十四雜著,有歷元、辨誣、申劉、耻新,淨土略音,十五雜著,書,十六記,有劉氏藏書記,十七序,十八後記、贊,銘、題跋,十九傳,有揚雄别傳、墓表、墓誌銘,二十墓誌銘,首篇有缺文,二十三葉缺,塔銘、哀辭、祭文。(壬申歲暮。)

具茨晁先生詩集不分卷 宋晁沖之撰 △八四三六

明翻宋刊本,十行二十字,版心魚尾上方有“晁氏寶文堂”五字。

前有紹興十一年九月五日陵陽俞汝礪序。卷首標題下有“江西詩派”四字,卷末有“慶元已未校官黄汝嘉刊行”一行。

前後有章綬銜跋語三則,又粘有馬衎齋手札一張,云贈州長道長者,不知爲何人也。

鈐印列後:"馬氏家藏"、"寒中私記"、"馬思贊"、"衎齋"、"思贊"、"仲安"、"山邨居士"、"華山主人"、"衎齋之印"。又有章紫伯藏印數方。(甲子)

吴郡樂圃朱先生餘稿十卷附編一卷 宋朱長文撰

舊寫本,九行十五字。遇宋帝空格。

鈐有"長白敷槎氏堇齋昌齡圖書印"、"墨香堂圖書印"、"楝亭曹氏藏書","楝亭"各印。(文友堂取閱。甲子)

吴郡樂圃朱先生餘稿十卷 宋朱長文撰

舊寫本,十行二十四字。 有紹興甲寅姪孫思忠序。卷一至五古今體詩,以下文。 鈐有"璋煜校正"白、"掃葉山房"朱文長印。 有朱筆校字,是李璋煜筆。(翰文齋取閱。戊辰)

樂圃餘稿八卷 宋朱長文撰

舊寫本,十一行二十二字。 鈐有"掃葉山房"、"璋煜校正"各印。(徐坊遺書。癸亥)

樂圃餘稿十卷 宋朱長文撰

繆氏藝風堂新寫本。 有紹熙甲寅姪孫思序。(古書流通處送閱。壬戌)

龍雲先生文集三十二卷 宋安成劉弇偉明撰 存卷七至十六

明成化刊本,十行十九字,黑口雙闌。 鈐有"山陰祁氏藏書之章"、"澹生堂藏書記"、"曠翁手識"各印。(壬子)

演山文集六十卷 宋黄裳撰

舊寫本,十行二十字。 前有莆田王悦序,又自序。卷一至四古詩,卷五歌行,卷六至九律詩,卷十至十二絶句,卷十三至十八記,卷十九至二十二序,卷二十三、四書,卷二十五啓,卷二十六至八表,卷二九疏,卷三十、三十一詞,卷三十二挽詞,卷三十三、三十四墓志,卷三十五、三十六雜文,卷三十七試策,卷三十八、三十九周禮義,卷四十論孟義,卷四十一、四十二論,卷四十三至四十六策,卷四十七至六十雜説。

後有建昌軍學教授廖挺跋,又乾道丙戌子玠跋。有軍學刊書銜名四行:

"右從政郎建昌軍録事參軍權判官　　譚壽卿

左從政郎充建昌軍學教授權通判　　廖　挺

右朝請大夫通判建昌軍主管學事兼管内勸農營田事賜紫金魚袋　張公袞

右朝請大夫權發遣建昌軍主管學事兼管内勸農營田事賜紫金魚袋　黄　玠"

鈐有明善堂、安樂堂、"彝尊"、"曹震子和印"、"曹溶私印"、"潔躬"各印,又海源閣楊紹和各印。(海源閣遺籍。庚午)

姑溪居士文集五十卷後集二十卷　宋李之儀撰　存五至六、二十至二十五、三十、三十一、三十七至四十三,凡十七卷,又後集十六至二十,凡五卷

△一一三九八

明吴匏菴寬家寫本,棉紙墨格,十行二十字,版心有"叢書堂"三字。吴氏原鈔得十六卷,餘則後人補鈔也。余以新刻本校過,改正不少,洵堪珍秘,惜其殘缺,僅存少半耳。全書七十卷,估人乃挖去卷數别填,以充全書,可恨復可笑也。(余藏)

姑溪居士文集五十卷　宋李之儀撰

清初寫本,九行二十一字。　前天台吴黄序。又附録東坡、少游、初寮諸人題語。　鈐有曹溶、秦恩復藏印。(古書流通處送閲。壬戌)

姑溪居士文集五十卷後集二十卷　宋李之儀撰

舊寫本,九行二十一字。　近人以朱藍二色校改,似是訂正以付刊者。　鈐有"小山堂書畫印"朱文。(粤中黎氏藏書。丙寅)

姑溪居士後集二十卷　宋李之儀撰　存十四卷

舊寫本。　有帶經堂陳氏藏書印。(徐梧生遺書。丁卯)

止齋先生集十三卷 僞書　題宋馮敬撰

舊寫本,九行二十一字。　題北宋人雙溪馮敬静修撰,有甲戌秋八月望後三日臨川王本中序。全集皆詩,惟首卷賦一篇,末卷詞五首。鈐有"石研齋秦氏印"、"秦伯敦父"、"秦恩復印"、"小山堂書畫印"、"戴氏芷農收藏書畫印"、"翁同龢觀"諸印。

此書四庫不收,亦無刻本,竢再考之。

余頗疑此北宋人集而古今目録皆不載,殊不可解。嗣遍取各集檢視,乃知爲姑溪居士後集之十三卷,賈人作僞以欺人,而前輩皆不之察,可爲笑歎。(徐梧生遺書,丙寅見。)

潏水集十六卷 宋李復撰

傳抄永樂大典本。(辛酉)

道鄉先生鄒忠公文集四十卷 宋鄒浩撰

明刊本,十行二十字,黑口,四周雙闌,精印。當是天順成化間刊本。(涵芬樓藏書。己未)

道鄉先生鄒忠公文集四十卷續集一卷 宋鄒浩撰

明正德七年鄒翎刊本,十行二十字,黑口,四周雙闌。　前紹興五年李綱序,卷末正德七年冉涇邵寶重刊後序。

按:此本刊刻精整,乃明刊之善者,蓋公之孫無錫鄒翎字時用所重刊者也。(余藏。丙辰)

道鄉先生鄒忠公文集四十卷 宋鄒浩撰　存一本

明正德七年刊本,十行二十字,黑口,四周雙闌。　前有紹興五年李綱序。　鈐有明善堂、安樂堂二印。(庚午)

謝幼槃文集十卷 謝邁撰 **附溪堂集一卷**

舊寫本。　鈐有"黄丕烈印"、"蕘圃諸印"。(余藏。)

謝幼槃文集十卷 宋謝邁撰　　△三六二

舊寫本。　後有紹興壬申建康苗昌言跋及刻書人趙士鵬等官銜五行。又有"淳熙二年十二月陽夏趙燁重修"一行,吕本中跋,萬曆己酉謝肇淛鈔書跋,又其子杲跋,又林佶跋。

鈐有古香樓汪氏藏書印記,末有"柯庭流覽所及"印。(余藏。)

竹友集十卷 宋謝邁撰　存卷一、二

景寫宋刊本,十行十八字。　前有苗昌言序,又趙士鵬等銜名五行。(癸丑)

日涉園集九卷 宋李彭撰　△七六七六

舊寫本,孔葒谷繼涵手抄目。各卷分體。(蔣孟苹藏書。)

日涉園集十卷 宋李彭撰

舊寫本。　鈐有蔣香生鳳藻藏印。　此書舊无刊本。(辛酉)

慶湖遺老詩集九卷拾遺一卷後集補遺一卷 宋賀鑄撰

△八四六六

明謝肇淛小草齋寫本,棉紙墨格,十行二十字,版心有"小草齋鈔本"五字。　前有丙子子月庚戌江夏寶泉監阿堵齋序,後有元豐己未年冬十有二月庚申延平楊時跋,程俱撰墓誌銘,乾道丙戌歲仲夏望日邯鄲寇翼令威跋,紹熙壬子七月朔晉陵胡澄跋。補遺後又有紹熙癸丑三月五日胡澄跋。藏印列後:"徐㶿之印"白、"徐興公"白、"晉安蔣絢臣家藏書"朱、"鹿原林氏藏書"朱、"晉安徐興公家藏書"朱。(丁卯)

慶湖遺老詩集九卷拾遺一卷 宋賀鑄撰

清初鈔紅格本,八行十八字。

鈐有"曹溶之印"、"潔躬"、"安樂堂藏書記"、"王原祁印"、"明善堂覽書畫印記"各印,又海源閣、楊紹和各印。(海源閣遺籍。庚午)

慶湖遺老詩集九卷拾遺一卷後集補遺一卷 宋賀鑄撰

清寫本,十行二十字。宋諱注廟諱御名,是從宋刊出者。

鈐有"賜硯堂圖書印"、"查氏映山珍藏圖籍印"、"聽雨樓查氏有穀賞

圖書"、"名余曰瑩兮字余曰韞輝"、"依竹主人"、"北平翁方綱藏書印"。(癸亥)

慶湖遺老詩集九卷 宋賀鑄撰

舊寫本,十行二十字。有朱筆校過,有張紹仁各印。(丙寅)

慶湖集三卷 宋賀鑄撰

舊寫本,八行十七字。 詩視九卷本爲少,次第亦大不同,疑别出于一選本也。 鈐有"南樓珍藏"、"吴騫字槎客别字兔床"兩印。(甲子)

東堂集十卷 宋毛滂撰

傳録舊寫本,十行二十一字。 秀水沈叔埏以朱筆校過。 鈐有"會稽章氏式訓堂藏書"朱文印。(戊寅)

劉左史集四卷 宋劉安節撰 **劉給諫集五卷** 宋劉安上撰

舊寫本,十行二十字。 前有留元剛序。卷目列後:

左史集:卷一奏議、表、疏、狀、啓,卷二墓誌、祭文、青詞、經義,卷三經義、論,卷四策、雜著,附録語録三則、祭文、墓誌等

給諫集:卷一詩、彈事奏議箚子,卷二外制,卷三表啓,卷四策問、記、墓誌、頌、銘、偈、祝文、祭文,卷五經義,附録行狀。

鈐有"王鴻緒印"白文、"吟廬圖籍"朱文。 余曾校過。(丙寅十一月)

眉山唐先生文集二十卷 宋唐庚撰

舊寫本,十一行二十字。 前鄭太玉序,弟庾序,温陵吕榮義德修序。後鄭康佐跋,又紹興己卯男文若跋。 前十卷賦詩文,後十卷又别分賦詩文。

唐先生集七卷 宋唐庚撰 △八四六七

明嘉靖三年任佃刊本,九行十八字。題"眉山唐庚子西著",詩文上皆空一格。 有奉議郎太府寺丞鄭總太玉宣和四年八月十五日序,嘉靖三年夏六月望日蓉溪居士金獻民跋。

有黄丕烈跋:

"連日悶坐齋中,苦無藉以消遣之法,案頭即有書堆,皆習見之物,無可破寂者。今日晨起,有坊友持一包來,檢得唐子西先生集七卷本,因是嘉靖時刻,留之。出舊藏鈔本二十卷爲宋賓王所校,其據以校者即止有詩之本也,謂出於金星軺家。復檢文端堂書目,果有七卷本,後參諸延令書目,亦云宋眉山唐庚集七卷,始知是本古有之矣。兩家未載鈔刻,玆蓋刻本,中有云'淵聖御名',當是覆宋本。　辛未閏月廿三日,復翁。"

"今歲所見古書甚鮮,故遇此種明刻本亦珍重之,視爲奇秘矣。余喜祖本,此書雖明刻而宋賓王所校據之,余藏校本,無祖本,得祖本勝校本矣。重加裝潢,分爲四册,居然成部。閒窗展閲,頗助清興,去得此時已五易烏蟾。流光迅速,不能不動二毛之感也。八月廿有七日記。　復翁又識。"

鈐有"宣城李氏瞿硎石室圖書印記"、"宛陵李之郇藏書印"、"李之郇印"回文、"李氏伯雨"、"揚庭"、"曠然天真"各印。(此書周叔弢新得於上海書估李子東手,寄都付裝,因假觀記之。　沅叔。丁巳)

唐眉山詩集十卷文集十四卷 宋唐庚撰

清寫本,十行二十二字。　有朱墨筆校訂至多。　前有徐興公序,言得抄本二十卷於何玄子給諫家,遂録之。　抄筆審在乾隆前。(邃雅齋見。乙亥正月)

洪龜父集二卷 宋洪朋撰

舊寫本。　過録鮑廷博校本。後有光緒辛卯羅棨跋并詩一首。(壬戌)

洪龜父集二卷 宋洪朋撰

舊寫本,長洲顧沅校。(癸丑)

傅忠肅公集三卷 宋傅察撰

明末山陰祁氏澹生堂寫本,十一行二十字。宋諱小字旁注,提行空格一循舊式。

此北京圖書館藏書，余嘗以校光緒傅以禮刊本，改正凡三百四十餘字。

忠謨謹按：此書别有跋，收入藏園羣書題記續集卷四。

傅忠肅公文集三卷 宋傅察撰

經鉏堂寫本，十一行二十五字。　有周必大序。

鈐有"曹溶"、"潔躬"等藏印。（徐梧生藏書。乙丑）

傅忠肅公文集三卷 宋傅察撰

舊寫本，十行二十字。　前周必大序，後晁公休撰行狀。　鈐有"翰林院印"大官印，又"乾隆三十八年四月兩淮鹽政李質送到馬裕家藏傅察忠肅公集一部，計書一本"朱文大記，又有錢辛盦印、"教經堂錢氏章"。（王茂齋送閲。丙寅）

傅忠肅公文集三卷 宋傅察撰

舊寫本，十一行二十四字，緑色格紙，版心有"東武劉氏味經書屋校鈔書籍"。　鈐有"嘉蔭簃藏書印"及劉燕庭各印。（辛未三月，文友堂見。）

傅忠肅公文集三卷 宋傅察撰

舊寫本。　有傅以禮跋，録後：

"此本乃同治癸酉楊雪滄觀察所贈，藏之垂二十年矣。嗣從陸存齋觀察、丁松存明府假得吴兔床、吴州來兩家舊抄暨一藍格寫本，遂合家藏本命子眉姪詳列異同，標著脱衍，又經魏稼孫大令反覆互勘，是正良多。光緒庚辰冬夏躬自讐對，另繕清本，并以歷代著録書目及墓誌像圖增列卷首。今春重加審定，成校勘記一卷附後。是本舊闕數翻，且有楮墨渝敝者，已爲補綴完好，并通體校正。雪翁雅有同嗜，愛書如頭目，因先以此本歸趙，俟剞劂訖工，再以槧本分贈，卽以此爲息壤可也。　庚寅閏月既望，大興傅以禮節子氏識於三山寓邸之七林書屋。"（壬子見，索六十元。）

藏園羣書經眼録卷十四

集　部　三

南宋别集類

宋東京留守宗忠簡公文集六卷 宋宗澤撰

明嘉靖間裔孫宗明仲刊本，十行十八字，白口，左右雙闌。　有嘉靖文徵明序，黄姬水序，彭年序，吴郡胡應軫序。（乙卯歲見，戊午廠市又見一部，袁克文氏藏。）

龜山楊文靖公集三十五卷 宋楊時撰

明刊本，十行二十字，黑口，四周雙闌。　首從祀議，次宋史本傳，次行狀，次墓志，次年譜，次至順癸酉三山朱璽維洪序，缺前一葉。次目録。（戊辰）

龜山先生集十六卷 宋楊時撰

明弘治十五年壬戌延平府將樂縣知縣李熙刊本，十一行二十一字，白口單闌。　有弘治壬戌程敏政序，言龜山先生文集三十五卷不傳於世，館閣有本，鈔得重加彙次爲十六卷。（壬子）

龜山先生全集四十二卷 宋楊時撰　　△三六七

明萬曆十九年林熙春刊本。（甲子收得。）

龜山先生集十五卷 宋楊時撰

舊寫本，南昌彭氏知聖道齋藏，十行二十一字。　卷一至三書，卷四上書策問，卷五經筵講義，卷六經解，卷七史論，卷八辨，卷九王氏字説辨，卷十記，卷十一序，卷十二題跋，卷十三雜著，卷十四墓志銘，卷十五哀辭，祭文，傳。其次第與祠堂本不同。　有咸淳己巳丁應奎序，丁序别本亦不載，全文録後：

"龜山先生集序

龜山楊文靖與游謝諸公竝學程門，師友淵源道也，非文也。伊川與門人小簡嘗云，每勸楊某勿好著書，好著書則多言，多言則害道。嗚呼！載之空言不如見之行事，非千古聖賢心法乎！道學之中否邪説暴行有作，至於不可扶持，然後收名諸老，以鎮壓人望，小人之術巧矣，而未知爲君子謀也。龜山晚而遭遇，致位通顯，所條時事鑿鑿皆可用語，而卞經術亡誤明謗史之誣，則後世舉不能易也。嗚呼！使其言獲進用，則猶可救半，決不至爲無窮之遺憾矣。瀏其過化之邑，公嘗以催科不偶於當路。邑且然，而況事有大於邑者哉！士君子得時行道之爲難何其然？邑故有公祠，好是懿德民之秉彝者然也。朱君主學事，既新其祠，復鋟其文，簿正徐君攝邑而佐其費，高山景行，皆好仁之心，賢矣哉！君子不用于一時，未嘗不重于後世，天之未喪文也，君子可以自信矣。咸淳己巳二月既望，後學渌江丁應奎書。（臨清徐梧生司業藏書。乙丑）

梁谿先生文集一百八十卷 宋李綱撰 **附録一卷**

影寫宋刊本，十行二十字。附録一卷爲年譜、行狀、謚議、祠記、祭文、挽贊。（丙子）

宋丞相李忠定公奏議六十九卷附録九卷 宋李綱撰

明正德間邵武刊本，十行二十二字。末葉有"邵武縣丞吴興陸讓同刊"、"鄉耆李軒同校"兩行。（壬子歲保古齋見。）

初寮集八卷 宋王安中撰　存卷七、八，計二卷舊寫本，九行廿一字。(甲子九月廿七日得於宏遠堂。)

林泉結契五卷 宋泰山王質撰

舊寫本。　山友辭一卷，水友辭一卷，山友續辭一卷，水友續辭一卷，山水友餘辭一卷。　鈐有"休寧汪季青家藏書籍"、"古香樓"二印。(余藏)

西渡詩集不分卷 宋洪炎玉父撰　　李□一一八

舊寫本，八行十八字，字體及行格均極舊。　前有目録，後有補遺。

鈐有"清森閣書畫印"朱、"秦伯敦父"白、"臣恩復"白、"石研齋秦氏印"朱、"丁日昌字静持號禹笙"白各印記。

余昔年曾假朱幼平藏宋漫堂鈔本與新刻三洪集對校，補初至臨安等詩五首，在初入浙中之下。似正脱一葉。今石研本乃脱漏同，其不及漫堂本明矣，故未再校。(李木齋師藏書。)

西渡詩集一卷 宋洪炎玉父撰　　△一一一七五

清宋氏漫堂寫本，板心下方有"漫堂鈔本"四字。

鈐有"緜津山人"朱文方印。

蕭山朱幼平文鈞所藏，癸亥九月杪假來校勘新刻，補詩五首。　沅叔。

老圃集上下卷 宋洪芻撰　　李□二六六三

舊寫本，十行二十一字。　前録四庫提要，是仍出於大典輯本也。

卷末小識三行録如左

"乾隆己酉孟冬傳嘉興沈比部叔埏本，并校。"

"乾隆乙卯八月初四日文瀾閣四庫全書本恭校。"

"嘉慶戊午四月十四日重抄完，次日校訖。"

按：新刻西渡集後録有鮑廷博跋，亦借沈叔埏本對録，正爲乾隆己酉仲冬，其閣本再校亦與此同，是此本卽鮑氏原鈔也。眉間藍筆校語余識爲鮑廷博手蹟，則更可無疑矣。沅叔。(李木齋師藏書。)

丹陽集二十四卷 宋葛勝仲撰

舊寫本,孔葒谷繼涵手寫目録。(蔣孟苹藏書。甲寅)

丹陽集二十四卷 宋葛勝仲撰

傳鈔永樂大典本,繆荃孫校。

按:此書余藏大庫宋刊殘葉丹楊後集數葉。元明以來無刻本。(辛酉)

浮溪文粹十五卷 宋汪藻撰 **附録一卷**

明正德元年丙寅馬金刊本,十行二十二字,白口,四周雙闌,卷中有批有點。 後有明廬州知府周瑯序。

鈐有"金生閣"朱文大印,又"嘉稷之印"、"湖湘沙氏"二印。又劉喜海印。

按:此盛昱藏書,盛氏跋於書衣,謂是正德丙寅廬江刊,原有馬金序,此本失之。(余藏。丙辰)

浮溪文粹十五卷 宋汪藻撰 **附録一卷**

明嘉靖三十四年永州知府錢芹重刊正德元年馬金刊本,九行二十字,白口。 前有嘉靖乙卯守上湖南西蜀胡堯臣序。序後有"永州府知府錢芹重刊","同知戴維師校正"二行。後有正德紀元西充馬金礪父廬江郡廨序。

鈐有"晉史臣裔"、"小垣珍藏"印,又有"江西汪石椺藏手收書籍"楷書朱文印。(戊午)

浮溪遺集十五卷 宋汪藻撰 **附録一卷** △三七〇

清康熙七年汪士漢居仁堂刊本。 鈐有龔野夫、張紹仁、吴翌鳳藏印。十行二十二字。(壬戌歲收得。)

忠謨謹按:此書有跋,收入藏園羣書題記三集卷六。

浮溪遺集十五卷 宋汪藻撰 **附録一卷** △一一四〇〇

清吴焯繡谷亭寫本,烏絲闌,九行二十字。闌外有"西泠吴氏繡谷亭抄本”九字。書衣有吴焯手識。

鈐有“繡谷熏習”、“蟫華”、“疏雨熏習”、“華笑廎藏”、“王鼒印”、“烏程蔣維基家菇古精舍藏本”、“茹古精舍”、“願流傳勿損汙”各印。(辛巳十二月十五日得於文禄堂。)

忠謨謹按:此書别有跋,收入藏園羣書題記三集卷六。

莊簡集十八卷 宋李光撰

清寫本。蔣鳳藻藏書。　此書無刊本。(辛酉)

松隱文集四十卷 宋曹勛撰

舊寫本,十行二十字。　前有正統五年大理寺正玉湖洪益中序。(辛巳十一月六日見於翰文齋,潘伯寅滂喜齋遺書。)

石林居士建康集八卷 宋葉夢得撰

舊寫本,八行十六字。卷中遇宋帝空一格,宋諱亦標明某帝諱,蓋照宋本鈔也。　鈐有“朱彝尊錫鬯父”白文印、“讀易樓秘笈印”、“蕭元吉”、“午晴樓”、“屏山書屋”各印。(戊午)

石林居士建康集八卷 宋葉夢得撰　△一〇三一一

清寫本,十行二十字。宋諱注御名,小字,是源于宋刻。

“葉石林晁氏之甥,學有師承,筆力雄邁,猶有東京盛時風氣,非南渡諸人所及。按經籍志石林集百卷,今所傳止建康集八卷,餘率湮没,避暑録話、燕語、放言、玉磵等書猶存説部中,豈一人之身其著書傳與不傳亦各有數耶。石林之學尤邃于春秋,觀集中答王從一教授二書可見。

右録王漁洋跋于蠶尾集卷九,時嘉慶戊午夏四月廿四戊午芒種後三日天陰微雨,孔廣栻記于福持精舍,是日沈孝廉鵠村自南來。”(丙寅三月見。)

簡齋集十六卷 宋陳與義撰

舊寫本。　鈐有盧文弨藏印。(盛昱書。壬子)

增廣箋註簡齋詩集三十卷無住詞一卷胡學士續添簡齋詩箋正誤一卷簡齋先生年譜一卷 宋陳與義撰　胡穉註　存卷一至九,餘影寫補完

△八四七〇

元刊本,十行十八字,注雙行同,黑口,左右雙闌。　前有宋劉辰翁序,行書七行。紹熙壬子樓鑰序,紹熙改元竹坡胡穉序。行書九行。目録十二行二十二字,年譜同。　有黄丕烈跋七首録後:

"余向收得高麗板簡齋詩集箋注本,因借香巖書屋藏本勘之,無一合者,蓋彼所藏乃胡仲孺增廣箋注簡齋詩集本也。渠本缺第三十卷無住詞以下,而目録尚全,可考其顛末。其書實係元板。然傳是樓宋板書目有云:簡齋詩集九卷三本,胡穉宋板。方疑别是一刻,何獨云九卷?或傳是所儲非全本也。今秋我友吴春生携一殘本來,却止九卷而三本裝者,且首册有墨箋籤題云:胡注簡齋先生詩。宋刻殘本。卷中雖無徐氏各記,然向來藏書家以此爲宋本有明徵矣,又安知九卷者非卽前目所載者乎。遂假香巖本補其闕失,仍舊装册數而装之。其九卷已下擬别録以足之云。乙丑冬十月十七日蕘翁識于百宋一廛。"

"越十日雨窗無聊,重以周本勘一過,于蠹痕帋損處一一手自填補,真異乎不知而妄作者矣。前所補抄卽屬影寫,或因字迹模糊,或因臨時筆誤,亦皆親爲校正。每歎古書難得,卽得矣,又未必完善,所賴後人留心補緝耳。　蕘翁。"

"簡齋詩箋注從香巖藏本補全第十卷至二十九卷,纖悉影寫,卽遇原刻訛字及紙板破損處無不仍其舊觀,誠慎之至也。第三十卷未知可從他處獲全否。丙寅夏五月望後二日蕘翁識。"

"書此跋畢,撿所抄補者,三十卷中詩止缺幾行,惟無住詞失之,前跋偶誤耳。"

"錢唐何夢華影鈔得嘉禾人家所藏全本,屬補其闕。戊辰三月道

經吴門,因以鈔補八葉贈我,命工損裝足之,亦快事也。紙色墨痕均非一律,留此以見古書完善之難,必屢加蒐訪而始得全璧,勿謂小種書籍不必大費苦心也。顧余猶有憾者,嘉禾藏者刻與鈔尚未分明,卽周本紙渝墨敝處尚未能一一全寫,難之中又有難焉,誰云此書已臻美備耶,是在讀書者無倦耳。復翁”此跋朱筆。

“辛未季冬,同郡賜書樓蔣氏携出此書元刻,僅存一至十二卷,若取補余藏本,可多元刻十至十二,計三卷。惜物主視爲至寶,所索價出于意料之外,余以一笑置之。可見古書流傳太半散佚,此本幸遇余爲之補全,卽末卷非親見元刻勝于無矣。 月望前一日燒燭書,時積雪映几,嚴寒逼人,歲殘清冷之致聊以自娱。復翁識。”

“丁丑秋重觀蔣本,卷首年譜起首葉有‘乾學’、‘徐健菴’二印,目録剜去十三卷下,二序全文失。蕘翁又記”此跋黄筆。

前二跋潦草録畢。因迫欲乘車赴津,遂携末册來津,子刻手書五跋如右。原書因火急催還,不能久留,又索值至四百五十元,歲暮無力舉之,書此志慨。乙丑十二月廿四日記,沅叔。

增廣箋註簡齋詩集三十卷 宋陳與義撰 胡穉註

元刊本,十行十八字,注雙行同,黑口,左右雙闌,版心雙魚尾,上魚尾下記“簡齋注幾”,次行題“竹坡胡穉仲孺箋。”

鈐印有:“汪士鐘印”白、“三省”葫蘆朱、“棲雲樓”橢朱、“非昔珍藏”朱、“趙建私印”、“舊山樓秘笈”朱。(徐森玉送來,云是徐梧生家物。乙丑)

須溪先生評點簡齋詩集十五卷 宋陳與義撰

日本翻朝鮮古刻本,十一行二十字,注雙行,黑口四周雙闌,版心題“簡齋幾”。評語雙行,附本句下,行間有圈點,註附每篇後,雙行,低一格。 卷一賦,卷二至十三詩,卷十四銘贊,卷十五無住詞。 有劉辰翁序,又朝鮮柳希春跋,録後:

“陳簡齋集未能盛行於東方,有志學詩者恨之。歲癸卯,宋相麟壽出按湖南,多刊書册,而是集亦預焉。縣前宰柳侯泗掌其事,未畢而箇滿去,今年五月功乃訖。噫!宋相開廣文籍嘉惠後學之意於此亦可見其千一云。嘉靖二十三年甲辰五月上澣,承議郎行茂長縣監柳希春謹跋。 金章文、宗脩、崇軒、天圭、信連、法燈。刻手僧釋雄。都色記官金克寶。校正幼學張漢雄、李大訓。中訓大夫行茂長縣監柳泗。承訓郎守都事李士弼。嘉善大夫全羅道觀察使宋麟壽。"

又有日本江宗白翻刊跋,其略曰:

"宋詩之刊行於國朝者蘇、黄二家而已,其他至如后山、簡齋今之學者或未嘗稱其名者。……嘗得是集,手寫自珍,遂欲鋟梓廣其傳於不朽矣。於是以付剞劂氏,……恐未無差訛,請讀者訂焉。甲申冬十月 江宗白謹跋。"(余藏。)

北山小集四十卷 宋程俱撰 △一一四〇一

清道光七年張蓉鏡家影寫宋刊本,十行二十字。 前葉夢得序,門人中吴鄭作肅後序,次目録。後有程瑀撰行狀。卷尾録黄丕烈跋三則,錢大昕跋一則,瞿中溶題識一行。方若蘅、張金吾、邵淵耀、柳瀛選跋。 鈐有張蓉鏡印五十餘方,又方若蘅、張金吾、邵淵耀、柳瀛選各印。(余藏。)

北山小集八卷 宋程俱撰

明寫本,十二行二十四字。 詩文皆不全,後題晚學灊山施介夫編輯,蓋施氏就所見選輯之,非完本也。(天一閣佚書,北京圖書館新收。癸酉)

苕溪集五十五卷 宋劉一止撰

明寫本,十行十八字,烏絲闌,版心下方有"擁萬樓精抄"五字,鈔手極舊。然第七卷首四葉仍闕。

卷中有朱筆校字。卷十五後有朱筆一行:"甲申中秋前三日從杜紫荆館本校。”有“守信私信”，當爲李柯溪之印也。又鈐有“柯溪藏書”印。

苕溪集五十五卷 宋劉一止撰

舊寫本，十行二十字。　卷十六、十七兩卷不缺，優於時刻遠甚，可珍也。　鈐有“璜川吴氏收藏圖書”朱文印。（粤中黎氏藏書，丙寅三月借校。）

忠謨謹按：此書有跋，收入藏園羣書題記續集卷四。

苕溪集五十五卷 宋劉一止撰

舊寫本，十行二十字。卷中於宋諱皆注明，是從宋刻鈔出者。　鈐有“燕庭藏書”朱文方印、及“劉”朱文圓印二印。

按：沈氏新刊本卷十六書七首、卷十七表十四首全缺，此本則完然固在也。又卷七缺詩二十一題，此本亦缺，蓋其亡已久矣。

三餘集四卷 宋黄彦平撰

清顧沅藝海樓寫本。（癸丑）

沈忠敏公龜谿集十二卷 宋沈與求撰

舊寫本，九行十八字。　鈐有安樂堂、明善堂、“曹震宇印”、“鈍漢”各印。（庚午）

沈忠敏公龜谿集十二卷 宋沈與求撰

清寫本。　有乾隆庚午查岐昌跋，稱抄自秀水朱氏。（癸丑）

韋齋集十二卷 宋朱松撰 **附玉瀾集一卷** 朱槔撰

明刊本，十行二十字，白口，左右雙闌。　有淳熙七年傅自得序，淳熙辛丑梁谿尤袤跋。（戊午）

韋齋集十二卷 宋朱松撰 **附玉瀾集一卷** 朱槔撰

明刊本，陸心源氏原題元刊，十行二十字。

按：此乃明弘治刊本，余所見非一帙矣。（日本静嘉堂文庫藏書，己巳十一月十五日閲。）

韋齋集十二卷 宋朱松撰 **附玉瀾集一卷** 宋朱槔撰

清寫本,十行二十字。　鈐有“士禮居藏”朱文印。(癸亥)

陵陽先生詩四卷 宋韓駒撰

舊寫本,九行十八字,首卷次行有“江西詩派”四字,遇宋帝空格。

鈐有“毛子晉讀書記”朱、“臣毛晉印”朱回文、“虞山錢曾遵王藏書”。

按此書柳估蓉春已售去,余曾借來一校,沈乙盦曾植亦傳録一部。(丁巳)

陵陽先生詩集四卷 宋韓駒撰　△一一一七九

舊寫本,九行十八字。首卷次行下標“江西詩派”四字。　勞巽卿權手校,有跋録後:

“道光甲辰三月十八日立夏,以樊榭山人舊藏鈔本校。　顨卿。”

鈐有“蓼香館”、“丹鉛精舍”、“青孑”、“勞格”、“季言”諸印。

此本字蹟殊工雅,疑即巽卿手寫者。(徐梧生遺書。庚午)

陵陽先生詩四卷 宋韓駒撰

舊寫本,十行二十二字。　卷中有朱筆校過,是黄丕烈筆。　鈐有“黄錫蕃”、“嘉興李聘藏”印,又“許□鎬”、“孝耕”墨印。

余曾取校沈乙盦曾植新刻本,增改數十字,乙盦爲補刊校記於後。(余藏。)

陵陽先生詩四卷 宋韓駒撰

舊寫本,十行二十一字,語涉宋帝空一格。　取校沈曾植氏新刻本,一卷改訂數十字。　鈐有“衡陽常氏潭印閣藏書之圖記”大印。(邃雅齋見。乙亥正月)

陵陽先生詩集四卷 宋韓駒撰

舊寫本,十一行二十二字。　鈐有“璋煜校正”白、“掃葉山房”朱文長印各印。　有朱筆校字,是李璋煜筆。(翰文齋取閲。戊辰十一月)

廬溪先生文集五十卷 宋王庭珪撰　△三七六

明嘉靖五年梁英刊本，十行二十字。（徐梧生遺書。庚午）

盧溪先生文集二十卷 宋王庭珪撰

明寫本，十行二十一字，卷一標題下有“門人劉江編集”，“文林郎知江華縣事郡人蕭舉校正”，“中順大夫知永州府事宗孫爵重刊”三行。

有乾道壬辰胡銓序，淳熙丁未謝諤序，序後有“吉州東崗劉宅梅溪書院繕本”一行。附録一卷爲行實、行狀、墓誌、像贊及宋元人跋瀘溪手簡七則。韓子蒼、胡寅、謝諤、楊誠齋、李子賢、楊長孺、歐陽玄。 鈐有“李兆洛印”白、“養一”白、及巴陵方氏印。

按：嘉靖本五十卷，四庫著録同，此本獨作二十卷，細審篇第，大體不異，惟逐卷歸併耳。余取嘉靖本對校，别有跋語著其異同焉。攷卷一及卷□有校正重刊銜名兩行，當是明代重刊，然改正嘉靖本誤脱至夥，則所從出亦舊本也。（戊辰）

屏山集二十卷 宋劉子翬撰

明正德七年刊本，十行十九字，黑口，四周雙闌。 有紹興三十年六月朔籍溪胡憲序，乾道癸巳七月庚戌門人朱熹序，正德七年壬申夏六月建安後學□□跋。謚議公移墓表列傳下接總目。正德七年壬申冬十月朔日十二世孫澤後跋。（文友堂取閲。余有舊寫本，似就此刻傳録也。丁卯）

鴻慶居士文集十四卷 宋孫覿撰

明嘉靖刊本，九行十九字。 鈐有“長白敷槎氏堇齋昌齡圖書印”、“楝亭曹氏藏書”各印。（臨清徐枋遺書，已收。癸亥）

鴻慶居士文集四十二卷 宋孫覿撰

明寫本，棉紙藍格，十一行二十字，版心有“山泉書舍”四字。 前有周必大序。大字七行。 鈐有“蒼巖山人書屋記”。書衣上有題記：“正定縣呈送宋孫氏原抄著鴻慶集一部計 卷共十本係原任紹興府梁彬家藏之書”。（滂喜齋遺書，辛巳十一月見於翰文齋。）

忠謨謹按:此書别有跋,收入藏園羣書題記三集卷六。

鴻慶居士文集四十二卷 宋孫覿撰 存卷一至十八,廿七至卅二,計二十二卷

清寫本。勞權手校。(余藏。)

李學士新註孫尚書内簡尺牘十六卷 宋孫覿撰 李祖堯註

元刊本,題:"左朝奉郎充龍圖閣待制孫覿仲益撰""門人李祖堯編註"。十二行二十字,黑口左右雙闌,注雙行二十五字,目録每卷上有黑蓋子。 有陳道復、翁方綱、吴榮光跋,録後:

"嘉靖壬午八月十日借沈潤卿家工裝於金臺玉河橋邸。 道復志。"

"孫覿字仲益,晉陵人,宋大觀三年進士,高宗時仕至户部尚書,有鴻慶集四十二卷,其人平生言行略見於陳振孫書録解題及岳氏桯史諸書矣。 乙丑夏六月朔方綱記。"

"右南宋本,後有白陽山人跋,甲子夏得之家稷堂先輩。孫覿在當日頗以詞翰著,故手柬亦典雅。雲谷農部嗜此,將謀重梓,遂以贈之。嘉慶乙丑五月十二日記於友多聞齋。石雲山人吴榮光。"

"此書有慶元三年梅山蔡建侯行父序,應補鈔。森記。"

"右孫覿尺牘十六卷,其門人李祖堯編并注,是南宋坊間本,以校静海勵氏所藏舊本作十卷者,編次前後頗有揞拄。覿之爲人無足道,而此編之注則祖堯當日得自親所見聞,頗足以資考訂。荷屋編修持至蘇齋,共論正與吾齋禮記、殘本禮部韻略同時所刊也。 方綱。"

收藏印記有:"文壁印"白、"停雲生"白、"文徵明印"白、"二酉齋"朱、"道復"白、"陳氏道復"白、"白陽山人"白、"周生"朱、"周中子"白、"莊槑之印"白、"莊濬之印"白、"南海葉氏雲谷家藏"朱長、"葉圭祥印"白、"葉夢龍鑒藏"白、"鄭埴之印"白、"鄭氏文圃"白、"莔林審定"朱、"李灝印信"白、"伊秉綬印"白、"墨卿鑑賞"朱、"石根審定"白,各印甚多,不

備録。(癸丑見,爲袁克文寒雲收去。)

孫尚書内簡尺牘編註十卷 宋孫覿撰 李祖堯註

明嘉靖三十六年丁巳顧名儒刊於建陽,九行十九字。

題"宋左朝奉郎充龍圖閣待制户部尚書孫覿仲益撰","門人學士李祖堯注"。(乙卯)

孫尚書内簡尺牘編註十卷 宋孫覿撰 李祖堯注

明刊本,九行十九字,版心記刊工姓名。 有成化十七年錢溥序。後有崇禎己巳海鹽胡昭手跋,鈐"胡昭"、"鮮知"二朱文印。又一跋,署學洙,不著姓。(代張菊生收。丁巳)

豫章羅先生文集十三卷附録三卷外集一卷 宋羅從彦撰 **年譜一卷** 曹道振撰

明嘉靖謝鸞翻元本,十三行二十三字,黑口,四周雙闌。 前年譜,譜後至正三年延平沙邑曹道振跋。次目録。後有重刻跋。失去人名。年譜首葉有"進士曹道振編次校正","後學謝鸞重校新刻"二行。

按:此書余曾見元刊本於田中慶太郎處,乃郁松年藏書,因循不及購,嗣得此本,行欵板式悉同,蓋直從元本翻雕者。至正德姜文魁本則十行二十字,已改易舊式矣。(余藏。)

忠謨謹按:此書别有跋,收入藏園羣書題記三集卷六。

和靖尹先生文集十卷 宋尹焞撰 **附録一卷**

明嘉靖九年莆田洪珠越郡刊本,十行十八字。

前嘉靖九年蔡宗兖序,後嘉靖莆田洪珠刻書序。卷一年譜,卷二、三奏劄,卷四詩雜文書,卷五壁帖,卷六七八師説,卷九薦劄告詞,卷十銘記祭文挽章。編次與他集不同。

鈐有抱經樓及"潘咸耀印"、"姚連之印"各印。(余藏。丙辰)

和靖尹先生文集十卷 宋尹焞撰 **附録一卷**

影鈔明嘉靖九年莆田洪珠刊本。 郁泰峰松年宜稼堂舊藏。

宋陳少陽先生文集十卷 宋陳東撰

明天啓五年賀懋忠刊本,九行二十字,行間加圈點。詩文後兼有孫雲翼按語。　前録宋魏了翁序,後有賀懋忠跋。卷前尚有天啟五年孫雲翼序,而此本失之矣。(余藏。)

飄然集三卷 宋歐陽澈撰　　李□五一七九

舊寫本,十一行二十六字。　前有環溪吴沆序。卷中所載卽上欽宗三疏也。　鈐有"石倉手校"小印又"州來氏藏書印"。　吴允嘉批校。(李木齋先生藏。甲子)

歐陽先生飄然集七卷 宋歐陽澈撰

舊寫本,十行二十一字。　前有嘉定甲申歲重午日會稽胡衍序。卷一至三奏議,卷四至六爲飄然集,皆主近體詩,末附致語及書一首。前有紹興二十六年環溪吴沆序。卷七爲附録,爲二十世孫鉞所輯詔誥列傳墓表劄子哀祭等文。鋟梓者二十一世孫仕也。

鈐有"劉喜海印"、"宗正王孫"、"結一廬藏書印"、"嘉蔭簃藏書印"各印。吴沆序爲豫章新刻本所無。(王茂齋送閲。丙寅)

歐陽修撰集七卷 宋歐陽澈撰

舊寫本,十行二十字。語涉宋帝提行空格,猶存舊式。　前有永樂、洪熙、萬曆等序,當是據明本抄出者。　前有"璜川吴氏收藏圖書"朱文印,又有"蔣㙔"、"維基"兩印。(戊午)

歐陽修撰集八卷 宋歐陽澈撰

舊寫本,十行二十字。語涉宋帝空格。　前紹興二十六年吴沆序,嘉定甲申會稽胡衍序,永樂丁亥天台李至剛序,永樂丁酉崇仁縣知縣王克義序,洪熙元年同邑吴溥序,萬曆四十二年甲寅同邑吴道南序。又臨川湯顯祖述贊。

鈐有"古香樓"、"休寧汪季青家藏書籍"、"四明盧氏抱經樓藏書印"各印記。(己未)

東谿先生集二卷 宋高登撰

清咸豐二年十月刊本。　前録四庫提要。次宋史列傳，次漳州志傳，次歷代名臣傳，次林希元、黄直嘉靖刻本舊序。後附褒狀、祠記、言行録。又道光壬寅羅以智跋，咸豐元年顧廣譽跋。包世臣題封面，刊刻甚精。（丙子）

雪溪詩集五卷 宋王銍

舊寫本，十行二十字。題潁人王銍。　鈐有“謙牧堂藏書印”、“兼牧堂書畫記”、“禮邸珍玩”各印。又朱氏潛采堂藏印。（庚午）

雪溪詩五卷 宋王銍撰

清東武劉氏味經書屋寫本，十一行二十二字。鈐有“味經書屋”、“嘉蔭簃藏書印”各印。（癸酉）

雪溪詩五卷 宋王銍著

舊寫本。　有舊人朱筆校字。（方功惠書，歸涵芬樓。乙丑）

東萊詩集二十卷 宋吕本中撰

宋刊本，版匡高六寸二分，寬四寸九分，半葉十一行，每行二十字，白口，左右雙闌。　前有乾道二年曾幾序。

按：此本結體方嚴，當爲杭州刊本。余藏有宋刊江西詩派本，殘存卷十八至二十，外集卷一至三，凡六卷。以四庫本校之，則外集之第一卷爲四庫本之第十卷，是四庫本之編次不足據也。查四庫本爲馬氏所進鈔本，必是估人用殘本改竄，以充全帙者。然世上未聞有宋刻全本，此疑案似不能完讞也。昔沈乙盦曾植及張閬聲宗祥二君跋余藏本皆詳言之。今東邦存此宋本，得之忻慰無涯，惜余入庫時，適涵芬樓正倩工攝影，取視數葉，未經詳考。竢異時付印，庶可撥雲霧而覩青天矣。（日本内閣文庫藏書，己巳十一月十九日觀。）

東萊先生詩集二十卷外集三卷 宋吕本中撰　存卷十八至二十，外集三卷，計六卷　△五二四〇宋慶元五年黄汝嘉刻江西詩派本,半葉十行,行二十字,白口,左右雙闌,版心上記字數,下記刊工姓名,有余章、吴、定、新、興、卞、贊、仪,又有補版刻工吴仲、遂、高仲、黄鼎、曾茂、弓定、郁、延、京、傑、奐、震、孜、壽、升、昌、敬仲明等。外集目後有"慶元己未校官黄汝嘉增刊"一行,標題下有"江西詩派"四字。

鈐有"寶勑堂印"。沈曾植氏題七古一章。

忠謨謹按:此書先君别有長跋,收入藏園羣書題記續集卷四。

東萊先生詩集二十卷 題紫薇集 宋吕本中撰

明寫本,九行十八字,口上題"紫薇集"。 後有乾道二年曾幾跋,卷末有"慶元己未校官黄汝嘉重修"一行。 鈐有"清森閣書畫印"、"石研齋秦氏藏"諸印,明何良俊、清秦恩復舊藏。(余藏。)

東萊先生詩集二十卷 宋吕本中撰

舊寫本,十行十九字。 六卷後有"慶元己未校官黄汝嘉重脩"。鈐有知聖道齋藏印。

胡澹菴先生文集六卷 宋胡銓撰

舊寫本,九行十八字。 首宋史本傳。卷一制策,卷二奏疏表,卷三詩,卷四記序跋,卷五墓誌銘、祭文、傳,卷六書頌疏。前有門人楊萬里序。

鈐有"洪子彬"、"魯軒"、"師竹齋藏"各印。(辛未二月自南京保文堂收得,十元。)

澹菴胡先生文集二十五卷 宋胡詮撰

清寫本。 鈐有"三怡堂珍藏"、"張享豐印"、"雲程氏檢校印"、"祁氏藏書"諸印。(余藏)

五峯胡先生文集 宋胡宏撰 存卷一至三

舊寫本。 鈐有錢犀盦藏印,又劉喜海嘉蔭簃藏書印。(壬子)

致堂胡先生斐然集三十卷 宋胡寅撰

舊寫本,十一行二十二字,緑格,闌外有"經鉏堂重録"五字,蓋倪氏傳抄本也。 題"徽猷閣直學士左朝請郎提舉江州太平觀保定縣開國男食邑七百户賜紫金魚袋胡仲寅撰",端平元年春刊於東州道院。

前有嘉定三年八月望日南郡章穎序,端平元年九月戊申鶴山魏了翁序。(徐梧生藏書,已收。乙丑)

横浦文集十二卷 宋張九成撰

清康熙刊本。有闕里後學黄承璉序。(甲子)

棣香館小集一卷 宋楊申撰 按:六十家小集作棣華館

清元和顧沅藝海樓寫本。(癸丑)

汪文定公集十三卷 宋汪應辰撰 **附録一卷**

明嘉靖二十五年丙午夏浚刊本,十行二十字。 前嘉靖丙午玉山夏浚刻書序,後有弘治癸丑新安程敏政跋。

按:據程篁墩跋言:公集五十卷,舊有刻本,今亡,而秘閣獨存。嘗請閱之,力不足盡鈔也,手摘鈔爲十二卷。然則此蓋汪集節本,而夏氏刻時又冠以廷試策及遺事若傳爲十四卷。今併此節本亦不多覯矣。(余藏。丙辰)

莆陽知稼翁文集十二卷 宋黄公度撰

影寫宋刊本,十行十八字。 鈐有十經齋藏印。

按:此徐氏積學齋藏,近時李氏宜秋館本從此出。

莆陽知稼翁集上下卷 宋黄公度撰

舊寫本,九行二十字。三四五行題"男沃編","孫處權校勘","世孫廷用重校"。 前陳俊卿序,洪邁序,詞集有曾豐序,男沃跋,卷尾附傳、行狀、墓誌銘、壙銘。壙銘後男沃跋。 卷上賦、詩,卷下詩、文、詞。鈐有"滄葦"朱文印,不真,又有"領獎世守陳編之家"、"應氏家藏","千里共明月"各朱文印。

按:宋本爲十一卷,其文字次第均與此同,附録亦同,蓋十一卷者處

權刊於泉州,此則廷用所刊併爲二卷也。(文友堂見。庚午)

侍郎葛公歸愚集十卷 宋葛立方撰

舊寫本,十二行二十二字。　卷一至四詩,卷五樂府,卷六賦騷銘文,卷七八外制,卷九表,卷十啟。

鈐有"儷籯館"、"筠齋"、"彙英堂"、"蔣"朱文各印。(辛巳八月)

侍郎葛公歸愚集十卷 宋葛立方撰

舊寫本,十行二十一字。　鈐有"祕册"朱、"愛日精廬藏書"朱二印。(癸丑)

侍郎葛公歸愚集十卷 宋葛立方撰

舊寫本。　繆荃孫據宋本手校,並改定卷次。(古書流通處送閲,已收。壬戌)

香溪先生范賢良文集二十二卷 宋范浚撰

明刊本,十二行二十二字。黑口,四周單闌。題門人高旃編。　有紹興三十一年四月十三日同郡陳巖肖序。題目大字占雙行。張金吾愛日精廬舊藏(顧鶴逸藏書,壬子二月觀。)

香溪先生范賢良文集二十二卷 宋范浚撰

明刊本,題"香溪先生范賢良文集","門人高栴編"。十二行二十二字,黑口,左右雙闌。　前有紹興三十一年同郡陳巖肖序。

鈐有"新安汪氏啟淑私印"、"沈慈之印"、"曾在雲間嘯園沈氏"、"沈慈印"、"十峰"諸印。

香溪先生范賢良文集二十二卷 宋范浚撰

明刊本,十二行二十二字,黑口,左右雙闌。　前紹興三十一年同郡陳巖肖序。本書首行標題"香溪先生范賢良文集卷第一",大字占雙行,題上有黑蓋子,每卷尾標題亦同。次題"門人高栴編",次篇目,接連本文。敬、竟、鏡字皆缺末筆。(余藏,丙辰記。)

于湖居士文集四十卷 宋張孝祥撰

宋刊本,半葉十行,行十六字,白口,左右雙闌。版心雙魚尾。上魚尾上記字數,下記“于湖幾”。下魚尾下記葉數,再下記刊工姓名。有陳榮等。　首嘉泰元年昭武謝堯仁序,又弟孝伯序,皆抄補。目尾抄補七葉,十卷抄補五葉。　鈐有“文淵閣印”。(盛昱遺書,歸袁寒雲。癸丑)

于湖居士文集四十卷 宋張孝祥撰

明寫本,十行二十五字。首卷次行題歷陽後學萬可賢惺聞父。　鈐有“汲古得修綆”、“潘祖蔭印”、“伯寅”各印。(庚午)

夾漈遺稿三卷 宋鄭樵撰

舊寫本。　鈐有朱彝尊、張蓉鏡藏印。

以上三種與宋國録流塘詹先生集三卷及滹南集四卷、滹南詩話三卷,均寫本。爲一函。均鈐有黄丕烈印章,文曰:“平生減産爲收書,三十餘年萬卷餘。寄語見孫勤雒誦,莫令棄擲飽蟫魚。蕘夫氏識。”朱文方印。(壬子)

鄮峰真隱漫録五十卷 宋史浩撰　四十四卷原闕

清寫本,九行十八字。　鈐有慈谿馮氏醉經樓藏印。

按:此書光緒戊戌有刻本。(陳立炎處取閱。癸亥十月)

竹洲先生文集二十卷附録一卷 宋吴儆著

明弘治六年吴雷亨刊本,十一行二十一字,黑口,四周雙闌。　有弘治六年程敏政序,淳祐七年吕午序,嘉熙戊戌錦溪洪楊祖序,嘉熙元年十月外曾孫壻古鄮陳塤序,嘉熙二年曾孫吴資深進文集表。(丁卯)

竹洲文集二十卷 宋吴儆撰 **附録一卷**

明弘治六年吴雷亨刊本,十一行二十一字,黑口。提行空格尚是宋式。(癸丑)

竹洲文集二十卷 宋吴儆撰 **附録一卷**

明嘉靖刊本,十行二十字。 前端平乙未程珌序,次淳祐七年吕午序,又嘉熙戊戌洪楊祖序,又嘉熙改元陳塤序,弘治六年程敏政序。本書每卷首葉題"十四世孫繼良校正重梓"。附録後有吴資深進書表及文肅吴公謚告勅牒。

按:考嘉熙二年曾孫吴資深上其遺文爲三十卷,後經兵燹,版亡。十世孫雷亨始取家藏本刻之,卽程篁墩所序也。今此本爲十四世孫繼良校梓,則似又以雷亨本翻刻,其鋟木計當在嘉靖以後矣。(余藏。丙辰)

羅鄂州小集五卷郢州遺文一卷 宋羅願撰

明洪武二年七世孫傳道刊本,十一行二十一字,大黑口,四周雙闌。

前有宋濂、趙壎、李宗頤、蘇伯衡、林公慶、馬城序。後有王褘序,又趙汸序。(徐乃昌氏藏。)

羅鄂州小集五卷 宋羅願撰

明洪武刊本,十一行二十一字。 前有洪武二年宋濂序,新喻趙壎序,豫章李宗頤序,眉山蘇伯衡序,林公慶序,馬城序,師山鄭玉序。

卷中有朱筆評校語,審爲沈寶硯巖臨義門筆。有"寶硯居士"白文印。

鈐有"長洲顧氏藏書"、"湘舟過眼"朱文二印。(戊寅)

艾軒先生文集九卷附録一卷 宋林光朝撰

舊寫本,十行十九字。 有陳宓序,劉克莊序,淳祐十年庚戌三山林希逸序。鄱陽刻艾軒集序。 鈐有顧俠君、蔣西圃諸家藏印。(甲子)

蕊閣集二卷 題宋辛稼軒

舊寫本,九行十八字。 有稼軒自序,乃集唐人句爲詩,每韻一首,五七言各三十首。(己未)

崔舍人玉堂類稿二十卷附録一卷西垣類稿二卷目録一卷 宋崔敦詩撰

宋刊本,半葉十行,每行二十字,白口,左右雙闌。版心記"玉堂類稿卷第幾",或加"崔舍人"三字,下記刊工姓名,可辨者有王信,李忠、吴珙、李珍諸人,餘則記朱杞、陳杞、某梓,蓋皆鋟梓之義也。版匡高六寸五分,寬五寸。西垣類稿祇存第一、二兩卷,附録爲告身祭文哀挽等。日人柴邦彦有跋,録後:

"右宋槧玉堂類稿二十卷、西垣類稿二卷南宋崔敦詩所著,附録一卷乃其歷官制誥及祭文挽辭也。按敦詩宋史無傳,據萬姓譜及墓銘,崔字大雅,常熟人,紹興進士,官至中書舍人。性謹厚,知大體,所陳剴切,爲孝宗所器許。有文集二十卷、奏議五卷、制稿二十二卷。又著制海監韻等書,就司馬公通鑑舉論每代得失正邪,成要覽六十卷以奏御。帝命更定吕東萊文鑑,其增損去留率有意義云。又按藝文志所載周必大玉堂、西垣二稿二十二卷卽崔此稿矣。脱脱誤認爲周,蓋疏脱也。他若陳直齋解題以下諸家書目皆不著録,獨葉盛列之菉竹堂目録,則明代中其書猶存也。爾後四庫、敏求等録不復及,則或者已亡矣。此本古色鬱紛,其爲當初原板不可疑焉。首有金澤文庫印記,上杉氏舊藏也。流轉近歸於甑月堂小倉氏焉。凡宋刻傳者,唐人猶爲罕遘,況於萬里之外,其可不寶愛乎?借觀數十日,詳其編纂,僅止所職之文,制誥、口宣、批答及青詞致語等之外,無一文及别題,蓋所謂制稿二十二卷者矣。其他奏議文集知大體而剴切者,皆不可見,爲可惜也。小倉名祐利,以鬻書爲業。　皇亨和三年癸亥九月東讃柴邦彦記。"

此書字體方整,白麻紙厚韌,初印精善。(日本帝室圖書寮藏書,己巳十一月十一日觀。)

晦菴先生文集一百卷目録二卷 宋朱熹撰 △三三二九

宋刊本,半葉十行,行十九字,白口,左右雙闌。版心上魚尾下記晦菴文集幾,下記葉數,最下記刊工人名。(海虞瞿氏藏,乙卯歲見。)

晦菴先生朱文公文集一百卷目録二卷 宋朱熹撰　存卷一至九十四

李□四七二五

宋刊本,半葉十行,行十九字,白口單闌,版心記字數及刊工姓名。每卷後有考異。有明修版及鈔配。　鈐有"季振宜藏書"朱、"謙牧堂藏書記"白各印。(李木齋先生藏書,壬子歲見。)

晦菴先生朱文公大全集 宋朱熹撰　残册

明初刊本,十一行二十二字,黑口,左右雙闌。(癸丑見。)

晦菴先生朱子大全别集十卷續集十一卷 宋朱熹撰

明初刊本,十一行二十二字,黑口,四周雙闌。刻手不精。(蟫隱廬見。丁巳)

晦菴先生朱子大全别集十卷 宋朱熹撰

明初刊本,十一行二十一字,黑口雙闌。

鈐有:"葆中"白方、"玉乳山房"朱圓、"吾研齋藏書記"朱長方、"難得幾世好書人"白方。(癸丑見。)

朱文公大同集十卷 宋朱熹撰

元刊本,十一行二十一字,黑口,四周雙闌。　題"學生縣學司書兼奉文公祠陳刊用編"。有至正壬辰孔公俊序,次年譜節略,鄱陽千越都璋纂集。(己未)

晦菴先生語録大綱領十卷附録三卷 門人十三家所録

宋刊本,十一行十九字,細黑口,左右雙闌,每類標目大字占雙行。每類下側注凡若干條或若干段,作白文。　鈐有"楝亭曹氏藏書"、"吴郡西崦朱叔英書畫印"、"玉蘭草堂圖書"、"袁氏𦙶美"、"吴郡朱叔英西崦草堂印"。(孫叔榮藏書。戊辰)

朱子成書十種 廬陵後學黄瑞節附録

明景泰元年善敬書堂刊本,十一行二十字,注雙行低二格。　前有大德乙巳劉將孫序,目後有牌子,文曰:"景泰元年庚午善敬書堂新刊”。

子目列後：

太極圖　通書　西銘　正蒙　易學啟蒙　家禮　律吕新書　皇極經世指要　周易參同契　陰符經凡目言書各爲集，不分卷目。（北京圖書館藏書，戊午見。）

周益文忠公集二百卷 宋周必大撰　存省齋文稿卷一至八、二十八至三十六，平園續稿卷一至十五、二十七至三十、三十六至四十，玉堂類稿卷六至八、卷十一至十三，歷官表奏卷一至五、十至十二，承明集卷一至六，書藁卷九至十一，附録五卷全，共存六十九卷

宋刊本，版匡高六寸六分半，寬四寸四分，半葉十行，每行十六字，白口，左右雙闌，版心上記字數，下魚尾下記葉數，下記刊工姓名。每卷首小題在上，大題在下。避宋諱至廓字止。開禧二年丙寅其嗣子綸與曾三異、彭叔夏、許凌、羅克宣所校刊，凡必大名及其曾祖衎、祖説、父利建名皆缺末筆。　黄丕烈舊藏，入百宋一廛賦。

按：此書刊印極精，余曾見鄧氏羣碧樓藏殘本，正與此同。刻工蔡懋之名又見於余藏放翁先生劒南詩藁及歐陽文忠公全集，當卽吉州所刊也。（日本静嘉堂文庫藏書，己巳十一月十三日閱。）

平園續藁四十卷 宋周必大撰　存卷七至十、二十八至三十三、十一至十四，凡十四卷

清初藍格寫本，九行二十字。（庚午八月）

雪山集十二卷 宋王質撰　存卷五至十二，計八卷　　△一一四〇二

舊寫本，十行二十字。　鈐有“李南澗藏書記”朱、“李文藻印”白二印。李文藻校（此本得之南京書肆，值四元。辛未二月）

忠謨謹按：此四庫館初從永樂大典輯出時副本，與聚珍本不同。先君别有跋，收入藏園羣書題記初集卷六。

網山集八卷 宋林亦之撰

舊寫本，十行二十字，句下有自注及一作某。詩二卷、以下文。　有

劉克莊序,林希逸序。序後又跋六行。

前鈐"拜經樓吴氏藏書"朱文方印。(柳蓉春書。丁巳)

網山集八卷 宋林亦之撰

舊寫本,十行二十字。 有劉克莊序、林希逸序。又横塘劉氏跋。(癸丑滬市所見,代沈子培收。)

網山月魚先生文集八卷 宋林亦之撰

舊寫本,八行十六字。 有宋劉克莊序,林希逸序。 鈐有"孫爾準讀書記"朱文方印。(癸亥)

新註朱淑真斷腸詩集十卷後集八卷 宋鄭元佐註

明初本,十行二十字,黑口雙闌。 況夔生言以丁刻本校殊勝,蓋丁抄本出於此,而缺葉甚多,往往誤連之。(徐乃昌積學齋藏書,甲寅歲見。)

新註朱淑真斷腸集十卷後集七卷 宋鄭元佐註

清彭元瑞知聖道齋寫本。(癸丑)

斷腸集上下卷 宋朱淑真撰

舊寫本,九行二十一字。 前有田藝蘅序。 鈐有"汪氏傳書樓珍藏書畫之印"。(癸未)

東萊吕太史文集十五卷别集十六卷外集五卷 宋吕祖謙撰

宋刊本,十行二十字,白口,左右雙闌,版心上記字數,下記刊工姓名。元明遞修之葉則改爲四周雙闌,間有黑口矣。此帙無麗澤論説集。

按:此亦天禄琳琅藏書,各璽印俱存,惟棉紙明印,不足貴也。(徐梧生遺書,己巳六月二十一日,其婿史寶安攜來一觀。)

東萊吕太史文集十五卷别集十六卷外集五卷附録三卷 宋吕祖謙撰

宋刊明印本,十行二十字,白口雙闌,補版黑口四周雙闌,版心記字數及刊工姓名。

卷首鈐“翰林院印”滿漢文大官印，爲四庫館修書底本，卷中有館臣鈎點各處。收藏鈐有“葛體之印”、“毅調”、“禮培私印”、“掃塵齋積書記”各印。（辛未二月初一見。）

東萊吕太史文集十五卷別集十六卷外集五卷　宋吕祖謙撰　存別集十五卷，外集五卷。十三本

宋刊明修明印本，十行二十字，白口，左右雙闌，版心上記字數，下記刊工姓名。補板間有黑口者。（庚午）

東萊吕太史別集十六卷　宋吕祖謙撰

宋刊本，半葉十行，每行二十字，白口，左右雙闌。版匡高六寸八分，闊五寸二分，版心記子目，有“家範”、“尺牘”、“讀書雜記”、“師友問答”等字，上記字數，下記刊工姓名，有丁亮、丁明、李信、李思賢、李嵓、吴志、吴春、楊先、周文、周才、周份、吕拱、張文、張仲辰、張彦忠、張世䫆、韓公輔、羅裕、羅榮、陳靖、宋琚、姚彦、史永、劉昭、趙中等名。

鈐有：“鄭氏注韓居珍藏記”朱、“晉安蔣絢臣家藏書”朱、“晉安徐興公家藏書”朱、“建安楊氏傳家圖書”朱、“鄭杰之印”白、“名人杰字昌英”朱。

卷中宋諱不盡避，闊簾紙濕墨印，間有鈔補之葉。（余藏。）

東萊吕太史全集四十卷　宋吕祖謙撰

明刊本，十行二十字。字體類慎獨齋。缺卷十八至二十一，黄虞稷抄配。

卷一詩，二至十五文，卷十五目後有吕喬年記一則。十六至二十詩文并拾遺，二十一至二十六家範，二十七至三十一尺牘，三十二至三十五讀書雜記，三十六師友問答，三十七年譜壙記，三十八至四十祭文哀詩。

鈐有“黄虞稷印”白、“俞邰”朱二印。（朱秉乾書。癸丑）

吕東萊先生遺集二十卷　宋吕祖謙撰

清雍正時東陽王崇炳編輯。卷十二以下皆諸經及史説雜説也。版心有"敬勝堂"三字。(己巳元月)

止齋先生文集五十二卷 宋陳傅良撰 **附録一卷** △一一四〇三

明弘治翻宋本,十三行二十三字,黑口,四周雙闌。

鈐有"澹生堂藏書記"、"曠翁手識"、"山陰祁氏藏書之章"、"徐堅之印"、"鄧尉徐氏藏書"、"懷新館藏"、"褱新館藏書記"、"徐堅藏本"、"槩兒吕氏講習堂經籍圖書"各印。又有曠翁銘大方印。銘文别記。(壬戌歲翰文齋送閲,已收。)

止齋先生文集五十二卷 宋陳傅良撰 **附録一卷**

明弘治刊本,十三行二十三字。 前嘉定戊辰曹叔遠序,後嘉定癸酉曹叔遠跋。跋後有木記,文曰:

"嘉定壬申郡文學徐鳳鋟板於永嘉郡齋。"

鈐有"四明范氏圖書"朱文方印,蓋天一閣流出者也。(戊午歲楊壽祺寄來,韓左泉收去。)

格齋先生三松集□卷 宋廬陵王子俊才臣撰

舊寫本,九行十九字。 鈐有抱經樓藏印。(古書流通處送閲。壬戌)

梅溪先生文集二十卷後集二十九卷 宋王十朋撰

明正統五年刊本,十一行二十一字,黑口,四周雙闌,版心上魚尾下記"前一"、"後一"等字。卷二十五魚尾上忽題"後二十六",中脱二十五卷,以後遂諸卷錯失,其實卷中標題仍是二十五、文與目亦脗合,殆至終卷,卷内題二十九,而口上題三十,蓋卷中標題差失,非卷數有缺也。題"教授建昌何濆校正。"(余藏)

梅溪先生廷試策一卷奏議四卷文集二十卷後集二十九卷 宋王十朋撰 **附録一卷**

明正統五年劉謙、何濆刊天順六年重修本,十一行二十一字,黑口,四周雙闌。題"教授建昌何濆校正"。 鈐有長洲顧氏藏印。(甲子)

會稽三賦注一卷 宋周世則、史鑄撰

宋刊本，大版心，半葉九行，每行十八九字，注三十至三十二字不等，注中有注，白口，左右雙闌。版心有“三賦”二字，上方分注大小字數，下方間記刊工姓名。左闌外有耳，記“風俗”、“民事”、“蓬萊”等字。增注用陰文別之。宋諱廓字缺末筆，更加墨圍。字仿歐體，雋整可喜。間有補刊之版，則殊朴拙，然亦在宋元間。

按：三賦者首爲會稽風俗賦，題剡谿周世則注，郡人史鑄增注。次爲民事堂賦，次爲蓬萊閣賦，皆題愚齋處士注，卽鑄也。三賦作於紹興丁丑官越簽幕時，不載梅溪集中。前有愚齋史鑄序，題嘉定丁丑，距作賦時正甲子一周。此書宋刻流傳有二本：一爲三卷，見於蕘圃題識，今藏日本静嘉堂文庫，今鐵琴銅劒樓瞿氏所藏嚴充本正與之同；一爲不分卷，楹書隅録之季滄葦本，丁氏善本書目之影寫本，道光丁酉杜春生之翻刻本及此本是也。杜氏、丁氏本皆云出於朱卧菴所藏，今不知流轉何所。黄蕘圃生平所見四本，惟顧八愚一本尚藏海源閣中，然則此册可與南瞿北楊鼎足而立矣。　卷首缺序文二葉又半，尾缺一葉又二行，得書之翼日，令兒子忠謨據杜刻本影摹補完。

十一月廿三日藏園記。

會稽三賦註一卷 明南逢吉註　尹壇補

明嘉靖彭富刊本，十行二十字。題“明渭南南逢吉校注”，“明滇南彭富重梓”，“明上虞尹壇補註”。有嘉靖癸未秋九月姜泉南逢吉序，序後地圖一幅。　鈐有“毛子晉印”、“汲古閣”各印。（文友堂見。甲子）

蒙隱集二卷 宋陳棣撰

乾隆五十六年辛亥二月，鮑渌飲手寫本，又據閣本手校。（辛酉二月朔見於蔣孟苹家。）

倪石陵書一卷 宋倪樸撰

舊鈔本，十行二十字。　題麻城毛鳳韶集刊。有嘉靖丙戌聚峰毛鳳

韶敍。首傳,宋濂、吴師道撰,次書,次辨,次跋,次後序。　鈐有"明善堂覽書畫印記"、"安樂堂藏書記"二印,又"宣城石室李氏瞿鉶石室圖書"印記。(己未)

倪石陵集一卷 宋倪樸撰

舊寫本,丁氏持静齋舊藏。(癸丑)

樂軒先生集八卷 宋長樂陳藻撰

舊寫本。　有劉克莊序。目後陳起跋。(古書流通處送閲。壬戌)

攻媿先生文集一百二十卷 宋樓鑰撰

宋刊本,十行十八字,白口,左右雙闌。版心上記字數,下記刻工姓名,有阮、金滋、詹世榮、馬祖、朱阮、曹興祖、徐滋、丁松年、陳彬、方至、王壽、沈文、張明、丁松、丁之才、沈松、阮先、宋琚、董澄、顧澄、夏乂、劉宗顯。

鈐有"吴"、"孟章"、"青華小閣藏"三印。甚古。又"楝亭曹氏藏書"朱、"長白敷槎氏堇齋昌齡圖書印"朱、"湞生珍藏"白等印。

余嘗取校聚珍本,補正甚夥,别爲跋詳之。(翰文齋送閲,徐梧生遺書,丙寅正月十一日。)

義豐文集□卷 宋王阮撰　存卷第一　　△一一五五三

宋淳祐三年王旦刊本,半葉十行,行十八字,細黑口,左右雙闌。版心魚尾上記字數,下記刻工人名,有陳立、陳三、朱文、朱榮、蘇成、吴全、万金、鄭興、王夋、陳㬎等。　前有淳祐戊申大梁人趙希坓序、淳祐癸卯夏六月甲子里人吴愈敍。　鈐有"士禮居"、"黄丕烈印"、"復翁"、"汪士鐘印"各印記。

按:集爲王阮南卿所撰,目録自水調歌頭後有補綴痕,且卷首標題及版心均題義豐集卷第一,則其下有文可知,兹所存者只詩一卷,而又缺水調歌頭一首,殊爲可惜。然四庫著録卽已如此,文字既多改削,又逸去和歸去來辭一首,卷中訛謬滿紙。以江西胡氏新刻本校之,改正約二百字,設非親見宋本又何所取正耶!壬戌春得於豐順丁氏持静齋後人,海内孤本,洵足珍也。沅叔。

忠謨謹按:此書别有跋,收入藏園羣書題記初集卷六。

雙溪王先生文集十七卷 宋王炎撰

明嘉靖刊本,十行二十一字。　有嘉靖十年同邑潘滋序,嘉靖甲午大泝汪思序,三山鄭昭光序,嘉靖甲午鏞溪汪玄錫序。鈐有"孔繼涵印"、"葓谷"二印。(丁卯)

雙溪文集十七卷 宋王炎撰

明嘉靖刊本,十行二十一字。　前延祐胡炳文序,首葉題宋軍器大監金紫光禄大夫婺源縣開國男食邑三百户王炎著。(余藏。丙辰)

育德堂外制五卷 宋蔡幼學撰　存卷一至五,目録卷五後有補痕,當有缺卷

宋刊本,九行十八字,白口,左右雙闌,版心上記字數,下記刻工姓名。字體仿顔平原,刻印皆精。

鈐有:"蔡氏圖書子子孫孫永寶印"、"永哉一蔡昭祖宗文印"、"毛扆"朱、"斧季"白、"毛扆字斧季别號省菴"白、"叔鄭後人"白、"中吴毛斧季圖書記"朱、"與清堂"白、"毛姓秘翫"白、"毛扆之印"白、"斧季"朱。(丙寅)

撙齋先生緣督集十二卷 宋樂安曾豐幼度撰

明萬曆刊本,十行二十字。題十世孫自明輯,邑人後學詹事講校刊。(文在堂見。甲子)

象山集三十六卷 宋陸九淵撰　集二十八卷外集四卷、語録四卷

明嘉靖王宗沐刊本,十行二十字,白口,雙闌。(癸丑)

象山先生全集三十六卷 宋陸九淵撰

朝鮮活字印本,八行十七字。　有嘉靖己未荆門州儒學學正閩尤谿廖怨跋,則亦出於嘉靖本矣。(日本帝室圖書寮藏書,己巳十一月十一日觀。)

慈湖先生遺書二十卷 宋楊簡撰

明嘉靖四年秦鉞刊本,十行二十二字,白口,四周雙闌。目録版心下方有"江西高安藍糾寫","蘇州章景華刻"。 前有嘉靖四年江西巡撫陳洪謨序,言秦君出舊藏遺書若干篇,手自勘讎得十有八卷,以鑱諸梓。序後有宋史列傳,卷末有太倉周廣序,亦言篇章謬複,多所散逸,釐校彙粹,終以成集而梓行之。是此書出秦鉞、周廣之重輯,非宋時之舊矣。卷十八爲附録,其後又有續集二卷。(余藏。)

忠謨謹按:此書有跋,收入藏園羣書題記三集卷六。

雲莊劉文簡公文集十二卷附録八卷年譜一卷 宋劉爚撰

舊寫本,十行二十字。題"門人果齋李公晦方子編次","曾孫省軒劉應李希泌點校","十世孫道齋劉穩宗安重刊"。 前有正統九年十世孫穩序。附録前有嘉定十六年癸未李壆序,各卷皆世系、圖象、傳贊、謚議、挽碑、傳誌、書牘、公移各類。

鈐有"楝亭曹氏藏書"、"長白敷槎氏堇齋昌齡圖書印"各印記。(徐梧生遺書。丁卯)

野處類稿二卷 宋洪邁撰 △九九八五

舊寫本。 黄蕘圃丕烈校,陳西畇增據鮑氏本校,均有題記。(涵芬樓藏書。己未)

野處類稿二卷 宋洪邁撰

舊寫本,十行十八字。 鈐有晉賢及汪栢岛朱文印。(庚午)

盤洲文集八十卷 宋洪适撰 △七六九三

宋蜀中刊本,十行二十字,白口,左右雙闌,版心下記刊工姓名。宋諱廓、敦皆爲字不成。 歷經朱、項、徐、季、吕、宋、張諸家收藏,藏印記之如後:"華亭朱氏"白、"横經閣收藏圖籍印"朱、"項元汴印"朱、"子京父印"朱、"項墨林鑑賞章"白、"天籟閣"朱、"墨林山人"白、"項子京家珍藏"朱、"項墨林父秘笈之印"朱、"宋本"朱、"玉峰珍秘"朱、"乾學"朱、"徐健菴"白、"臣筠"朱、"三晉提刑"朱、"滄葦"朱、"張敦仁讀

過”朱、“葆采私印”白、“善養堂印”白、“季振宜藏書”朱、“季振宜印”朱回文。（乙丑）

盤洲文集八十卷 宋洪适撰

舊寫本。　鈐有汪氏古香樓藏印。（古書流通處送閱。壬戌）

盤洲文集八十卷附録拾遺一卷 宋洪适撰

舊寫本，十行二十字。（壬戌）

應齋雜著六卷 宋趙善括撰

傳鈔四庫全書本，十行二十二字。　前録提要。

鈐有“蔣氏茹古精舍鈔本”、“蔣維基印”、“子垕”各印。（癸未）

石湖居士集三十四卷 宋范成大撰　存卷八至十二、十五至三十四，計二十五卷

李□七〇

明弘治金蘭館活字印本，十行二十一字。

鈐有“宋本”朱橢、“汲古主人”、“蕉林藏書”、“赤松書屋”各印。（壬戌春見於文德堂，爲李木齋先生收去。）

石湖居士文集三十四卷 宋范成大撰

明寫本，十行二十一字。（余藏）

石湖居士集三十四卷

清順治九年董説寫本。卷首有“壬辰若雨寫贈”，六字，下鈐“張雋之印”。（余藏。）

忠謨謹按：此二書有跋，收入藏園羣書題記初集卷六。

石湖居士集選不分卷 宋范成大撰

明海虞馬宏道人伯手寫本。　前有崇禎丙子殷時衡介平序。（庚申）

范石湖別集四種 宋范成大撰

舊寫本，十行十八字。　前有嘉靖丁亥二月禮部員外郎前進士盧襄序。蓋合攬轡録、驂鸞録、吴船録、桂海虞衡志，更附以田園雜興詩寄同年項秉仁夏國符刻於建陽書坊者也。（己巳四月）

誠齋先生南海集八卷 宋楊萬里撰

宋刊本，版匡高五寸七分，寬三寸九分，半葉十行，每行十八字，白口，左右雙闌，版心雙魚尾，上記字數，下魚尾下記葉數。 後有淳熙丙午通判肇慶軍府兼管内勸農事劉焕跋，録後：

"詩人之作，類皆流於一偏，如樂天之俗，孟郊之寒，賈島之窮苦。是豈不欲變而通之，去其偏而諂於全？由其技之所局，不能改耳。至如韓昌黎則無施而不可，其發談笑、助諧謔、敘人情、狀物態、一寓於詩，而曲盡其妙，初不見其諸子之偏。蓋其所稟之高，所蘊之富，則形之吟咏者自然日光玉潔，周情孔思，千態萬貌，豈一偏之所能囿哉！侍讀誠齋先生乃今日之昌黎公也，爲詩之多至于一千八百餘首，分爲五集，而其風雅之變有三焉。世之論文者嘗謂自漢至魏四百餘年文體三變。史臣亦謂唐有天下三百年，文體無慮三變。文之在天下其變也如此之艱，而先生自紹興壬午以迄于今，方歷二紀，抑何變之之易，常非胸中涵蓄者淵泫澄深，無以異於昌黎，則詞源之溢，横流逆折，紆徐迅激，新奇百出，宜夫變之之亟，而非一體之可定也。先生之詩既與昌黎並駕，則知比諸劉夢得者亦未爲確論。涣幸出於先生之門，今得南海一集，總四百篇，不敢掩爲家藏，刊而傳之，以爲騷人之規範。餘四集將繼以請，則又當與學者共之。淳熙丙午十二月朔門生承事郎新權通判肇慶軍府兼管内勸農事劉涣謹跋。"

按：寮中别藏宋刊誠齋集一百三十三卷，爲端平元年所刊，内卷第十五至十八爲南海集，凡四卷，此則當時粤中單刊之本，視刊全集時早四十九年，且卷數增至倍。島田翰曾以全集本校之，第言字句小有異同。余未得比勘，不敢遽信其説也。（日本帝室圖書寮藏書，己巳十一月十一日觀。）

誠齋先生四六發遣膏馥十卷後集十卷續集十一卷别集十卷

題宋楊萬里撰　周公恕編類　存續集十一卷,後集六至十,餘鈔配

宋刊本,版匡高六寸七分,寬三寸七分,半葉十四行,每行二十二字,左右雙闌,標目大字占雙行。本集標題如下式:

"誠齋先生楊　萬里　撰述

廬陵後學周　公恕　編類"

續集題爲楊李二先生四六發遣膏馥,列名如下:

"誠齋先生楊　萬里　廷秀

梅亭先生李　劉　　公甫

廬陵後學周　公恕　編類

建安三請余　卓　　校桌"原低半格

別集標題與本集同,列名如下:

"誠齋先生楊　萬里　廷秀

廬陵後學陳　範　　季洪"

續集目録後有牌子五行,録如後:

江西四六前有诚齋後有梅亭
二公語奇對的妙天下脍衆口
孰不争先覩之今採二先生遺
藁切於急用者绣木一新便於
同志披覽以續膏馥出售幸鉴

簡體字爲原式

按:乾隆時四庫館從永樂大典輯出逸書目載有此書,然僅七卷,著其名於存目中。此則原刊全帙也。其書剌取諸家文集中排句及偶字分類編列,以備士子撏撦之用,殆坊賈射利所爲。託之誠齋諸人,亦猶史部中東萊評點標注之屬耳。提要謂書名取元稹誌少陵墓殘膏剩馥之語。然存目標題無發遣二字,不知發遣又作何解也。(日本帝室圖書寮藏書,己巳十一月十一日觀。)

楊誠齋文集一百三十三卷 宋楊萬里撰

舊寫本,十行二十字。題"嘉定元年春三月男長孺編定","端平元年夏五月門人羅茂良校正"。

顧千里廣圻校。(沈曾植先生藏書。壬子)

誠齋集四十二卷　宋楊萬里撰

清石門吕氏寫本,八行二十一字,朱藍二色筆點校。　唐鷦安翰題手記附下方:

"是本録入拜經樓藏書題跋記卷五,圖記悉著,己巳九月二十八日記"。"卷副葉有楨吕寧小記,後有以寧吕叔子小記,蓋亦石門舊藏本,藍筆點勘當卽其手畢"。"凡留字均缺筆,乃吕氏影鈔本"。

收藏印記有:"永以爲好"、"食舊德服先疇"、"以寧"、"吕尗子印"、"楨"、"以寧之印"、"鷦安校勘秘籍"、"晉昌"、"翰題印"、"海昌吴葵里收藏記"。

此書出吴仲懌家,藻玉堂送閲,記其大略。(甲戌十二月)

誠齋詩集　宋楊萬里撰　存十五册

舊寫本,十行二十字。卷末有"嘉定元年春三月男長孺編定"及"門人羅茂良校正兩行"。與别本同。(己未)

新刊廬陵誠齋楊萬里先生錦繡策二卷　宋楊萬里撰

明萬曆刊本。半葉十一行二十四字。題"宛陵跂巖李廷楫濟卿校正"。　有萬曆甲戌新安詹淮序,又天順三年南京國子祭酒安成吴節與儉序,又甲戌科進士潯陽後學勞鉞廷器後序。(甲子)

新刊劍南詩藁二十卷　宋陸游撰　存十卷,二百九十一葉,中缺六葉,計:卷一、三十三葉,卷二、二十九葉,卷三、三十四,卷四、三十葉,卷八、三十葉,欠第一二葉,卷九、二十七葉,卷十、二十七葉,欠二十四至二十七,計四葉,卷十四、三十葉,卷十五、二十八葉,卷十六、二十七葉,序二葉　△一一四〇四

宋刊本,十行二十字,白口,左右雙闌。版心下方記刊工姓名,有張明、張威、徐通、李忠、金彦、張定、金敦、王恭、師順、張彦等。　前有序二葉,大字九行,題淳熙十四年臘月幾望門人迪功郎監嚴州在城都税務括蒼鄭師尹謹書。本書首行標題"新刊劍南詩稿卷第一",次

行"山陰陸下空三格游下空一字務觀"。題低四格。　卷中有墨書標題於各詩上方,兼有評語,字畫清勁,爲宋人手迹。

鈐有"宋本"橢朱、"蔡廷楨印"白文回文、"廷相"朱、"伯卿甫"朱、"卓恕真賞"、"金匱蔡氏醉經軒攷藏章"朱、"汪士鐘印"白文回文、"閬源真賞"朱。又有墨記一方,録顔氏家訓借人典籍一則,題"虎瞻中齋録"。文録如後:

"顔氏家訓曰:借人典籍皆須愛護,先有缺壞,就爲補治,此亦士大夫百行之一也。濟陽江禄讀書未竟,雖有急速,必待卷束整齊,然後得起,故無損敗,人不厭其求假焉。或有狼藉几案,分散部帙,多爲童幼婢妾所點污,風雨犬鼠之所毆,實爲累德。吾每讀聖人之書未嘗不肅敬對之,其故紙有五經詞義及賢達姓名不敢穢用也。虎瞻中齋録"。(庚申)

放翁先生劍南詩稿六十七卷目録□卷 宋陸游撰　存目録六卷,詩八卷。計目録三册,一百十七葉:卷一、卷一至六目録,二十五葉。卷三、卷七至十二目録,二十二葉。卷四、卷十九至二十四目録,十八葉。卷五、卷二十五至三十目録,十六葉。卷六、卷三十一至三十六目録,十五葉。卷七、卷三十七至四十二目録,存十四葉。卷八、卷四十三至四十五目録,尾割去,未完。　本書存三册,一百三十七葉。卷四十二、十六葉,卷四十三、十八葉,卷四十四、十八葉,卷五十八、十七葉,卷五十九、十八葉,卷六十、十六葉,卷六十一、十七葉,卷六十二、十七葉。内卷五十八至六十二之卷數乃剜割填寫者　△一一四〇五

宋刊本,十行二十字,白口,左右雙闌。版心上記字數,下記刊工姓名,有董云、劉元、劉舉、劉寅、曾宣、胡允、胡生、吴元、阮才、天祐、余才、之滋、之宗、弓定、吴宗、胡必誠、胡果陰文、王文、董榮、劉振、張璟、蔡申、徐清、羅誼、操誠、胡睦、蔡章、蔡懋諸人。　目録卷一前十二葉紙背乃宋人詩草稿。

鈐有"華亭朱氏"白、"横經閣收藏圖籍印"朱、"徐子容印"白文,似元人、"汪士鐘印"白、"閬源真賞"朱。卷首有黄蕘圃詩二首,跋三則,録後:

“陳氏書録解題别集類下云:劒南詩藁續藁八十七卷。詩集類下云劒南詩藁二十卷,續藁六十七卷,蓋兩載之。而初爲嚴州刻前集,稿止淳熙丁未,自戊申以及其終當嘉定庚午,二十餘年爲詩益多,其幼子遹復守嚴州續刻之,則劒南詩藁與續藁固判然二刻矣。余家舊藏新刊劒南詩藁殘宋刻,無總目,其卷第之可考者有一至四,八至十,其卷第之剜改而猶可約略者有十四至十六,所謂嚴州刻是也。頃訪書玉峰吴氏,復得殘宋本放翁先生劒南詩藁。目録三册爲目録一至十、二十九至三十,三十一至四十五。放翁先生劒南詩藁卷四十二至四十四、五十八、五十九、六十至六十二,亦三册。第一册版心卷第可考,餘二册俱剜去,約略而得其卷第之次序矣。四十二卷中有己未冬至詩,六十二卷中有乙丑重五詩,合諸陳氏所云,必在續藁中,此皆題曰劒南詩藁者,必非幼子遹復守嚴州續刻之本。就乙丑數至庚午尚隔有五年,惜目録與詩卷第俱不全,無從得其究竟爲可恨耳。以余搜訪幾三十年,先後獲渭南、劍南宋刻,雖不盡全,渭南集五十卷,宋刻全。何幸而如此耶。復翁記”。

“余向從郡故家收得殘宋刻劒南詩藁十册,卷第多剜改,以毛刻勘之,得其原本卷第,而毛刻於各卷下注宋本者往往與殘宋本合。然此十卷外尚有注宋本字樣者,余所收中却無,未解其何謂。及續收此别本宋刻,存卷有八,覆取毛刻證之,與其注宋本字樣者適合,乃歎遇合之奇無過於是。蓋汲古當日所據以付梓者本非宋刻,偶得殘本十八卷校勘之,因爲記於卷尾,而不明言所得宋本之全否以示後人。豈知後世有勤於搜訪者次第得之,以重爲印證乎！兹取兩宋刻合之,其標題各異,原非一本,前所得十卷當卽劒南詩稿二十卷本,後所得八卷當卽續藁六十七卷本,雖本各不同,而行欵字數兩刻適合,從此會歸一處,依然延平劒合矣。余前收此書時未及將毛氏遇之於前，余復遇之於後，其一段因緣，有足爲書林佳話者。甲戌仲春，養疴杜門，日盤桓於樓下西箱，隨檢各書重加繙閱，補題於此。書魔書福余兩兼之，自笑竊自喜也。復翁。”

“好書積習愛探奇，菉竹空傷蔓草滋。不惜扁舟乘夜泛，復翁來讀放翁詩。　山明水秀鹿城西，解纜歸來日未低。十七年前舊游路，欲尋陳迹已全迷。

嘉慶庚午夏五月十有一日，夜泛至玉峰，觀書於吴氏。鑰啟數厨，舊刻絶少，惟放翁先生劒南詩稿殘宋刻爲絶佳焉。口占二絶句，以紀其游。逮中秋，始得挾貲捆載而歸。因余爲介，故全書皆由余齋運往，此書留下，竢議價易之，補録前作於卷首。”

沈曾植氏跋曰：

“書録解題所録劒南詩藁二十卷續藁六十五卷子遹所刻嚴州本也。汲古閣刻通爲八十五卷，子虡所刻江州本也。毛刻與陳録固以不同，而子虡自跋尚有遺詩七卷在八十五卷之外，合之當得九十二卷。汲古無遺稿，是所得江州本尚非完帙耳。又子虡稱翁自定戊申己酉後四十卷，題其籤曰劒南詩續稿，則續稿止四十卷，何以嚴州本爲六十七卷，江州本爲六十五卷？而鄭師尹序中何以先有詩藁續藁之目？宋藝文志所録續稿何以又有二十一卷之本？此皆疑不能定者，其樞紐全在鄭氏序闕字中剜换者，真可恨也！此宋槧本前刊“劒南詩稿”，後題曰“放翁劒南詩稿”，並無續集名目，恰與子虡跋中通前後爲八十五卷名曰劒南詩稿語合，然則劒南詩稿爲子虡改題，非毛氏改題。此之新刊劒南詩藁爲嚴州本，放翁劒南詩稿爲江州本，一爲子遹刻，一爲子虡刻，故前後紙墨不同，魚尾上一記字數一不記字數也。其四十二、三、四卷魚尾上别有廿三、四、五字，不知所記何數，疑子虡既通前續爲八十五卷，仍兼記其舊卷第者,而六十△卷又無之,此疑義之可思者。辛酉二月寐叟讀記。”

按:此二書余庚申歲獲之沽上,前本有淳熙鄭師尹序,核其刊工與篋藏嚴州小字本通鑑紀事本末合,其爲淳熙十四年嚴陵刊本無疑。眉上宋人批語字極古雋。惜紙墨微淄,爲後人描畫闌格,古意少失,爲可恨耳。後本麻紙初印精湛,目録背面有宋人題詩,雖字迹詞藻微遜前書,亦可珍也。其刊工姓名多與敝藏慶元二年周益公刻歐陽文忠公全集刊工合,殆亦吉州刊本歟!二書雖殘帙,然毛、黄以來,三百年間宋刊放翁詩之傳世者廑此,慎勿以其殘佚而忽之。藏園。

渭南文集五十二卷 宋陸游撰　△二五三一

明正德八年梁喬刊本,十行二十字。　前正德癸酉新安汪大章序,次宋史列傳,次目録。後有正德八年紹興府知府上杭梁喬序。

按:此本文四十二卷,詩九卷,詞一卷,卷中遇宋帝提行空格,知所據亦古本。蓋汪大章巡按浙江時,得省元張君直本,屬郡守梁喬刻之紹興郡齋者也。(余藏。丙辰)

謹按:此書有跋,收入藏園羣書題記三集卷六。

渭南文集五十二卷 宋陸游撰

明萬曆刊本,十行二十二字,白口,四周雙闌。提行空格,仍存古式。

其次第與正德梁喬本同。各卷詩後偶有評隲,乃劉辰翁語,蓋其中詩九卷卽據澗谷、須溪選本收入。卷首録正德癸酉汪大章序。

按:錢唐丁氏善本書室志於正德本之外亦著録此本,言於宋史列傳前有高安陳邦瞻序,此本已佚,設非丁志識之,不知爲陳氏所覆校者也。

忠謨謹按:此書有跋,收入藏園羣書題記三集卷六。

澗谷精選陸放翁詩集前集十卷 宋羅椅輯 **須溪精選陸放翁詩集後集八卷** 宋劉辰翁選 **别集一卷**

元刊本,十一行二十字,黑口單闌。 有道光元年黄蕘圃跋,又道光三年癸未一跋。(吴印臣以三百元收,後歸袁寒雲。)

澗谷精選陸放翁詩集前集十卷 宋陸游撰 羅椅輯 **須溪精選陸放翁詩集後集八卷** 宋劉辰翁輯 **别集一卷** △五五七二

明嘉靖十三年黄漳刊本,十一行二十字,黑口,四周雙闌。 前集題"澗谷精選",後集題"須溪精選",前集首葉第三行題"莆田澹峰黄漳仲瀾重刊"。有大德辛丑羅愸序,弘治十年吴郡楊循吉序,又南京户部主事蜀劉景寅序,嘉靖十三年甲午秋孟月吉旦徵仕郎知宜黄事莆田澹峰黄漳序。

按:此書舊有元刊本,劉景寅以授餘杭尹冉孝隆使刻之。黄漳又再刻之宜黄,卽此本也。己未六月余在揚州湯伯和家得後集别集。嗣而憶莫楚生丈似有全帙,馳書詢之,則全帙之外,適有前集十卷,遂舉以相贈。返都付工合裝,截鶴續鳧,修短合度,忘其補綴之迹。是書缺而復完,胥出楚丈之賜,而余於陸集多一善本,尤足幸也。十月初九日薑弇記。

忠謨謹按:此書有跋,收入藏園羣書題記三集卷六。

杜律分韻□□卷陸律分韻三十九卷

朝鮮古刊本,題"考文館奉教彙編",五七言各依官韻爲次。用活字印行,半葉十行,行十八字。陸律末卷後有附記一則,録於下方:

"上嘗教曰:聲明之治本之禮樂,而成均教胄以樂爲先。詩亦樂教中一事,詩教弛而求三百篇遺意於後世,能言之士,惟杜甫、陸游近之,律尤其聖也。今所以表章二子,蓋欲砭俗矯時,反之詩樂之正也。命詞臣集於摛文院考文館,昌慶宫弘文館分掌釐校,以韻類編,杜凡七百七十七首,陸凡四千八百七十七首。内閣所藏活字皆本於世宗甲寅字。上之甲寅重印三經四書大全,乙卯又範銅三十萬字,名曰生生字,用是字印是編。"(文友堂取閲。辛巳)

頤菴居士集二卷　宋劉應時撰

明嘉靖四年刊本,九行十五字。　前陸游、楊萬里序。後有劉允卿、都穆跋。據跋,此爲十七世孫劉允卿重刊者。

余取知不足齋本校之,改定二十餘字,補詩一首。

忠謨謹按:此書有跋,收入藏園羣書題記初集卷六。

水心先生文集二十九卷　宋葉適撰

明正統十三年黎諒刊本,十行二十字,黑口,四周雙闌。　前門人大梁趙汝譡序,序後正統十三年處州府推官章貢黎諒跋,次景泰二年泰和王直序,次總目。每卷標題下題"前集"二字,次行題"章貢黎諒編集"一行。

按:此集乃黎諒重編者,計搜集得八百餘篇,分爲二十九卷,葉集行世以此本爲最古矣。此本四明盧氏抱經樓藏書,余曾見之樓中,今雖剜去印記,尚可辨。余丙辰二月得之滬上,時陳立炎購盧氏書事尚未定,不知何以先爲人盜出。沈乙盦曾植聞之,留觀半月,爲著數語於後:

"水心集二十八卷世久不存,景泰本遂爲最古,然亦罕覯,平生只兩見耳。明季有刻本,卽從此出,雖文字小有出入,大體不異也。黎氏序中所稱文粹余嘗見之,小字巾箱本,與陳同甫文同刻,曰二先生文粹,頗疑卽提要所謂淮東本者。珍秘永存,勤者有獲,沅叔曷更訪之。丙辰三月寐叟借讀記。"

繆荃孫氏題沈跋後曰:"水心同甫兩文粹荃孫亦見之,索價一百五十元,後歸黄仲弢。"(余藏。丙辰)

水心文集四册不分卷　宋葉適撰

明寫本。存記、序、祭文、墓誌之類。書衣題"水心文、脉望遺編",不知何據也。(丁卯七月見,故宫藏書。)

水心先生别集十六卷　宋葉適撰

清寫本。　鈐慈谿馮氏醉經樓藏印。（陳立炎處取閱。癸亥十月）

客亭類稿□□卷 宋江陵楊冠卿夢錫撰　存四六編、雜著編、古律編，計十卷

宋刊巾箱本，半葉十一行，每行十八字，白口，四周雙闌。

原書不分卷。以四庫本核之，今存四六編者四，當四庫本之卷三至六；爲雜著編者三，當四庫本之卷七至九；爲古律編者二，當四庫本之卷十一、十三；按之四庫本，當缺卷一、二、十、十二、十四，共缺五卷。附諸老先生惠答客亭書啟編則爲四庫本所删去也。四庫所據爲知不足齋巾箱本，與此正同。又從永樂大典搜輯補綴，釐爲十四卷。然館臣編定時有删易，閣本傳鈔不免舛訛，不親見宋本殆無由知之。如登峴首賦，"限南北而增悼"下竟删去"蔽氊毳於陳梁，扇腥風於嵩少"一聯是也。余以四庫本對勘一周，改正之字殆過百餘，惜缺卷既無從寫完，存帙又半多蠹損，不獲竟掃塵之功，爲足慨也。甲子冬日記。沅叔。

忠謨謹按：此書有跋，收入藏園羣書題記初集卷六。

石屏詩集十卷 宋戴復古撰　卷九、十兩卷抄配 **東皐子詩一卷** 宋戴敏撰

明弘治十一年宋鑑、馬金刊本，九行十九字，黑口，四周雙闌。　有黄丕烈跋，前後八則。

鈐有璜川吴氏及張蓉鏡、黄丕烈各印。内"百宋廛清賞"白文印少見。（癸丑）

石屏詩集十卷 宋戴復古撰

明弘治十一年宋鑑、馬金刊本，九行十九字，黑口，四周雙闌。　前有謝鐸序，後有弘治戊午廬州府同知西充馬金汝礪後序。　鈐有"白堤錢聽默經眼"朱文印。（丙子）

忠謨謹按：此書别有跋，收入藏園羣書題記初集卷六。

石屏詩集十卷 宋戴復古撰　　李□一七六二

舊寫本，九行十九字。　前有東皋子戴敏詩，後附戴漁村等二十七

人詩。首至正戊戌宣城貢師泰序重刻此集,次趙汝騰、吴子良、樓鑰、包恢、趙以夫、趙汝談、真德秀、王埜、倪祖義、趙蕃、姚鏞、鞏豐、楊汝明各家序跋,皆宋人也。次各家題詩。目録前有西充馬金汝礪重編一行,則仍出於明刊也。(李木齋先生藏書,庚午元月閲。)

收藏有"謙牧堂藏書記","硯録山房藏書善本"二印。

南軒先生文集四十四卷　宋張栻撰　存二十八卷

宋刊本,十行十七字,白口,左右雙闌,版心上記字數,下記刊工姓名,卷中貞、桓、敦、擴字缺末筆。刊工有鄭春、江漢、方中、方淳、方茂、方忠、徐大忠、江浩諸人。　前朱元晦草書序七行。

鈐有"曲阿孫氏七峰山房圖籍私篆"長方朱文、"朱文石史"朱、"青霞館"朱、"曲阿仲子"朱各印。

按:是書缺一至四卷,三十三至四十四卷,共缺十六卷。當時進呈者以二十九至三十二各卷剜改爲一至四卷,以充完帙。沅叔。(丁卯七月查點故宫藏書所見。)

南軒先生文集四十四卷　宋張栻撰　存卷一至三

明初刊本,十二行二十字,黑口,四周雙闌。　鈐有"天禄琳琅"、"天禄繼鑑"、"乾隆御覽之寶"、"五福五代堂寶"、"八徵耄念之寶"、"太上皇帝之寶"各璽印。(壬戌)

南軒先生文集四十四卷　宋張栻撰

明刊本,十二行二十字,黑口,四周雙闌。　前有朱元晦序。

此本失前後刻書序跋,未知何時所刻,然觀其雕刻風氣,當爲弘治時所刊。　有人以朱筆校過,有跋:

"南軒先生文集宋張栻撰,此明初刻本甚罕。辛巳秋叚宋本校,小題低三格。宋本每半葉十行,行十七字,白口,雙魚尾。昔見元刊半葉十二行,行二十字,黑口,與此同,惜存第七八兩卷。首尾鈐乾隆御覽之寶,太上皇帝之寶,五福五代堂寶,八徵耄念之寶,天禄繼鑑等璽。此明覆元本,完整如新,可珍也。　南華館主識於燕京。”

鈐有“巢經簃藏書印”、“如皋沙元炳印”,又月河莫氏藏印數方,皆近人也。

按:此刻罕見,余藏明刊本二部,皆與此不同。沅叔記。(文禄堂書,辛巳歲暮取閲。)

新刊南軒先生文集四十四卷 宋張栻撰　△一一四〇六

明嘉靖元年劉氏翠巖堂慎思齋刊本,十二行二十三字,黑口,四周雙闌。　前淳熙甲辰朱熹序,序後題“時皇明嘉靖壬午元年孟冬之月吉旦翠巖堂京兆劉氏慎思齋重新刊行”。序後小木記刊南軒小傳。次目録,目下題“翠巖劉氏慎思齋刊”。本書首葉題“翠巖堂慎思齋刊”,卷尾有“翠巖堂”三字陰文横木記。

按:此本壬子春得之上海,最爲罕見,其刻工頗似慎獨齋,蓋必刊於建寧,故一時風氣使然也。沅叔。

南軒先生文集四十四卷 宋張栻撰　△一一四〇七

明刊本,十行二十字,白口,四周雙闌。卷一首題“知州後學繆輔之刊”,是嘉靖時卭州刻本也。　鈐有“葉氏菉竹堂藏書”、“曾在寶是堂”、“二褱收藏”各印。(鳳山遺書,已收。己巳三月)

南軒先生詩集七卷 宋張栻撰　△三九五

舊寫本,十二行二十字。目録後卷七下記云:“下有文集三十七卷不及盡録”,是仍從全集鈔出,非别有單行本也。

鈐有“海寧陳鱣觀”朱、“鵠安校勘秘籍”朱、“吴騫幼字益郎”白各印。

末有“乾隆辛丑春日從海昌書舟得之藏於拜經樓”、緑筆題識一行。(吴仲懌家藏書,甲戌十月二十五日津估持以相示。)

勉齋先生黄文肅公集四十卷附録一卷 宋黄榦撰　缺卷十一至十五

元刊本,十行十八字,黑口,左右雙闌。補葉有“延祐二年刊補”六字,下綴刊工人名一字,在下魚尾下。上魚尾上間記字數。卷中貞字缺末筆。

鈐有"乾隆御覽之寶"、"天禄琳琅"、"天禄繼鑑"、"謙牧堂藏書記"、"兼牧堂書畫記"各印。

查天禄目續編收入元板類。(此徐梧生司業藏書,翰文齋新收得者。己巳正月)

勉齋先生黄文肅公集四十卷附録一卷 宋黄榦撰

元刊本,陸心源氏原題宋刊,十行十八字,黑口雙闌。

按:此書余曾叚徐梧生坊藏本校過,其中有壞板,脱失文字甚多,檢視此本亦然,蓋同爲元刊元修之本也。(日本静嘉堂文庫藏書,己巳十一月十三日閲)

勉齋先生黄文肅公文集三十七卷 宋黄榦撰

清初寫本,十行十八字。卷中語涉宋帝皆提行空格,間有缺葉斷版,均照樣空白,是從舊刊鈔出者。前有建寧郡守桐城後學程仕謹序。行書。卷一至十四書,十五判語,十六詩,十七銘記,十八記,十九序,二十題跋,二十一啓,二十二婚書、疏、青詞、祝文、奏狀,二十三擬奏、代稟、論,二十四、五講義,二十六經説,二十七策問、公劄,二十八、九公劄,三十至三十二公狀,三十三、四行狀,三十五誌銘,三十六祭文,三十七雜著。

收藏有"新安汪氏"朱、"啟淑印信"白、"沈則恭藏書"朱、"沈則恭印"白、"揆石"朱、"沈揆石手定本"朱各印。卷中有朱筆校定處,甚舊。(戊辰八月廿七日文友堂送閲,乃新收者。)

勉齋黄先生文集四十卷 宋黄榦撰

蔣氏西圃鈔本。十行二十二字。 前有建寧守桐城後學程仕序。

徐梧生坊跋,謂程仕康熙癸未任建寧守,則此本乃從康熙刊本傳寫也。各卷分類與宋刊不同,對照如下:

卷一講義,宋刊二十四,卷二講義,宋刊二十五,卷三經説、論,宋刊二十六,卷四書,宋刊二,卷五書,宋刊三,卷六書,宋刊四,卷七書,宋刊五,卷八至十八書,宋刊卷六至十六,卷十九銘、記,宋刊十七,卷二十記,宋刊十八,卷二十一序,宋刊十九,卷二十二題跋,宋刊二十,卷二十三啟,宋刊二十一,卷二十四婚書、疏、青詞、祝文、奏狀,宋刊二十二,卷二十五擬奏、代奏,宋刊二十三,卷二十六策問、公箚,宋刊二十七,卷二十七至二十九公箚,宋刊二十八、二十九,合併爲二卷,卷三十公狀,宋刊三十,卷三十一公狀,宋刊拓爲三十一、三十二兩卷,卷三十二判語,宋刊拓爲三十九、四十兩卷,卷三十三判語,宋刊三十八,卷三十四雜著,宋刊三十七,卷三十五帖、牒、聯、卷三十六、三十七行狀、宋刊爲三十三、三十四,卷三十八誌銘,宋刊三十五,卷三十九祭文,宋刊三十六,卷四十詩,宋刊一。

鈐有"西圃蔣氏手校鈔本"、"琹集齋"二印。又"黄彭年印"、"子壽"、"東曙"、"曉峯鑑藏"、"晟"等印。(庚午六月二十一日翰文齋送閲,索八十元。)

孫燭湖集二十卷　宋孫應時撰

舊寫本,八行二十一字。　寶慶丁亥長至日門人涑水司馬述序。卷數次第與刻本同,蓋亦抄自永樂大典也。

鈐有"張子和珍藏書畫圖記"、"小瑯嬛福地張氏收藏"、"小瑯嬛福地"、"張定球印"、"倚青閣"、"祕殿紬書"、"瀛海仙班"諸印。(丙寅)

北溪先生大全集五十卷　宋陳淳撰

明弘治刊本,十行二十二字,黑口,四周雙闌。(文友堂見。癸亥)

北溪先生大全文集五十卷外集一卷　宋陳淳撰

舊寫本,十行二十一字。　有至元改元臘月澤州路儒學教授莆田宓軒王環翁序。　鈐有"竹坨老人"、"春雨堂校藏書籍印"、"婁堅之印"各印。

山房集前集八卷後稿一卷　宋周南撰

四庫館原稿本。此北京圖書館藏書,余取校涵芬樓祕笈本,改訂千餘事,補文九首。

忠謨謹按:此書别有跋,收入藏園羣書題記初集卷六。

橘山四六二十卷 宋李廷忠撰　存十八卷　△二九六三

明寫本,棉紙紅格,十行十八字。　鈐有"閩中徐惟起藏書記"朱文印,明徐𤊹舊藏。

按:此書後有缺卷、原爲二十卷。(嘉業堂藏書。辛未二月)

竹齋先生詩集四卷 宋裘萬頃撰

清康熙己丑精刊本。王懿榮氏舊藏。書衣曾剛父習經同年題記。(翰文齋送閲。庚午)

毅齋詩集别録一卷徐文清家傳一卷 宋徐僑撰

舊寫本。　有正德辛未十二月十一世孫興序,言成化丁酉得毅齋文集十卷欲鋟梓,不意壬戌遭回禄燼焉,幸是録存於别館,因以鋟梓云云。(方功惠家藏書,歸涵芬樓。乙丑)

梅山續稿十七卷雜文一卷 宋姜特立撰

清小山堂趙氏寫本,十一行十八字。　彭氏知聖道齋、朱氏結一廬遞藏。眉間有雍正戊申十月五日樊榭山人題記。

按:結一廬藏書後歸豐潤張幼樵學士,學士没後家居金陵,辛亥之際書籍爲人攫取,載至海上,列屋而沽,此書亦其一也。余先得上册,次年張菊生前輩又爲購得下册,遂成完書。

梅山續稿十七卷附雜文一卷長短句一卷 宋姜特立撰

舊寫本,十一行十八字,提行空格一依舊式,從宋刻抄出者也。　卷一前有小記云:"特立既備數宫屬,入則番直,出則應酬,無復灞橋風雪間思也。時時作應用小詩,雖有慚大雅,譬如鷄肋,不忍棄也,故録之,名曰續稿"云云。是此集爲特立六十以後爲東宫屬官後所作,以前當有稿别行矣。(修綆堂送閲,乙丑除夕記。)

信天巢遺稿一卷 宋高翥撰 **附林湖遺稿一卷** 高鵬飛撰 **江村遺稿**

一卷 高翥先人詩 **疎寮小集一卷** 高似孫撰

高江村刊本。 有黄虞稷序,江村跋。

又,鈔本一册,分上下卷,凡一百八十七首,皆附注。前有遺像、世系圖、理學嫡派、詩法嫡派二圖,後綴小傳,蓋其二十一世孫敬璋所輯。(辛未二月見。)

漫塘文集四卷 宋劉宰撰

明刊本,十行二十字,白口。上空一格。 有正德辛巳王臯序。(癸丑)

瓜廬詩一卷 宋薛師石 **附録一卷** △八四八一

明寫本十一行十六字,版心下方有"文始堂"三字。有嘉熙元年清明日東閣趙汝回序,序後三行有"王師安刊"四字。坿録四靈留題詩四首,末行有"程景思刻"四字。後有松台王綽撰瓜廬墓誌銘、嘉熙二年立夏日荆山劉植跋、東谷王汶跋、西里趙希迈跋、淳祐丙午夏五東畇老人曹豳跋,跋後附薛美詩一首。

有曹秋岳溶手鈔趙師秀詩三首。又何義門焯跋,録後:

"薛景石詩藏書家亦不易得,此編秋嶽侍郎於吴市得之,手録趙紫芝三詩于卷末,蓋其所最賞心者也。今歸邸主書庫,乃傳録一本而謹識其後。何焯。"

鈐有"安樂堂藏書記"朱、"明善堂覽書畫印記"白、"陸敬輿里人"朱各印。

按:此本詩之次第及首數與新印本同。明嘉靖黄省曾刻申鑒補注,版心亦有"文始堂"三字,當爲黄氏寫本也。程景思之名見宋本切韻指掌圖,則此爲影抄宋本。文友堂爲人代收,送來一閲,因漫記之,沅叔。戊辰三月朔。

程端明公洺水集二十六卷 宋程珌撰 卷二十五、六是附録

明嘉靖刊本,十一行二十一字。每卷首葉版心記"城西虬川黄鍊刊"

數字,或别一人名一二字。(戊午)

宋丞相崔清獻公全集十卷 宋崔與之撰

明刊本,十行十九字,黑口,單闌。 有嘉靖十三年瓊山唐胄序,嘉靖癸丑何維栢序。卷一至三言行録,卷四至七奏劄,卷八遺文遺詩,卷九宸翰贈挽,卷十贈挽。(丙寅)

龍川先生文集三十卷附録一卷 宋陳亮撰

明龍川書院朱彦霖刊本,十一行二十二字,大黑口,四周雙闌。 首紹熙四年誥文,次像贊,次嘉泰甲子葉適序。每卷前有"九世甥孫朱潤刊行"一行。第一卷末有"龍川書院朱彦霖捐貲刊行"一行。卷中遇宋帝皆空格,是從宋本出。(文德堂韓估送閲,索二百元,未得收,然終當收之,以配水心也。丁巳)

龍川先生文集三十卷 宋陳亮撰

明正嘉間刊本,十行二十字。每卷有"晉江後學史朝富編刻"、"惠安後學徐鑑校正"兩行。

鈐有汲古閣、金元功、馮偉、稽瑞樓、持敬齋、葛醻各收藏印。又據元本校過。(丁巳歲胡安甫送閲。)

重校鶴山先生大全文集一百十卷目録二卷 宋魏了翁撰 缺卷十八、十九,卅五至卅八、四十三至四十六,五十至五十三,七十五至七十七,一百八,共缺十八卷,存九十四卷 △八七二八

宋蜀中刊本,十一行二十字,白口單闌,版心魚尾下間記刻工姓名。

前有淳祐己酉夏五宛陵吴淵序。草書。宋本缺第一卷第一葉,又二葉前四行。黄蕘圃跋言缺二行者誤也。所缺三詩明本并題目削去,今抄存如下:

卷之一:古詩 遊古白鶴山 和薛秘書紱聞鵶韻 和虞永康剛簡滄江鶴再誕雛

有黄蕘圃丕烈跋兩則,又書所缺葉於前。卷尾有黄蕘圃跋兩則,錢竹

汀大昕跋三則。

後有隸書序,題開慶改元夏五月甲子諸生朝請大夫成都府路提點刑獄公……下闕。又影抄吴潛後序。鈐有"汪士鐘藏"白長、"乾學之印"白方、"健菴"白方。(孫廷翰藏,壬子十一月見。)

重校鶴山先生大全文集一百十卷 宋魏了翁撰 缺卷一至廿五

明錫山安氏活字印本,十三行十六字。每卷次行題"錫山安國重刊",版心上方有"錫山安氏館"五字。

鈐有"恭肅公家圖書"朱、"天官冢宰之章"、"世篤忠貞"皆白文大印、"蔡兆落"白、"玉階"朱。(乙亥)

重校鶴山先生大全文集一百十卷 宋魏了翁撰

明嘉靖三十年邛州知州吴鳳刊本,十一行十六字。題"邛州知州吴鳳、郡學王蔡校正","學正李一陽、訓導周南編次"。(壬子)

西山先生真文忠公文集五十一卷 宋真德秀撰

日本舊寫本,十三行二十一字。 前有正德庚辰莆陽黄鞏序,後有嘉靖元年常熟張文麟跋,卷尾有嘉靖三年孟夏書林精舍新刊一行。首卷及目録有"後學莆陽黄鞏校正","後學常熟張文麟同校"二行,蓋從明嘉靖本鈔出也。然今所傳嘉靖黄刊本乃半葉十行,行十八字,未審重刻本有改易行欵乎,抑倭人重鈔時改易也。書衣有日本墨書一行,云從永禄至天正頃五山僧徒所書寫本也,可謂古珍。

按永禄元年爲吾國嘉靖三十七年,天正元年爲萬曆元年,其鈔書時距刻本僅三四十年,似不當改易行欵,或原刻爲十三行而十行爲覆本乎? 竢再考之。

每卷鈐有"島田翰讀書記"白文印。(王晉卿購於廠甸,送閲。丁卯)

新刊瓊琯白先生玉隆集六卷 宋葛長庚撰

元刊本,十一行二十字,注雙行同,黑口,四周雙闌,版匡高六寸,寬四寸。目録標題大字占雙行,三四行跨行題"海南白玉蟾著",五六行題"卷之一",亦大字占雙行下各卷同。　卷一記,卷二歌,卷三旌陽許君傳,卷四許真君後傳,卷五逍遥山羣仙傳,卷六傳。本書題"白先生玉隆集卷一",後題"建安余覺華刊于勤有堂"。(朱君希祖持來,曾經日本人所藏,朱君新得之。庚午元月十七日記。)

海瓊玉蟾先生文集六卷續集二卷 宋葛長庚撰 附録一卷

明正統七年朱權刊本,十二行二十一字,大黑口,四周雙闌,版心記"白一"、"白二"等字。卷首標題大字占雙行。　前有端平丙申日長至文林郎新鎮南軍節度推官潘枋敍,大字行書。次玉蟾先生事實,嘉熙改元仲冬甲寅鶴林彭耜謹書,次目録。

鈐有"蓮涇鑒賞"白、"留爲永寶"朱、"桐軒主人藏書印"朱文長方、"茂苑韓氏藏書"白文長方印。此印最古,是明人印。

按:此書刊工精湛,極似元本,墨色亦佳,紙薄細黄潤,或以爲宋紙。然考此本輯自明寧獻王朱權,王爲明太祖第十六子,别號臞仙,千頃堂書目述王序至詳,此本佚去,殆欲充宋元本耳。然正統刊本精美可愛如此,亦良足貴,奚必冒充然後可珍耶。沅叔。

程榮刻漢魏廿一家附有此集,惜不及一校。(己未)

白石道人詩集二卷 宋姜夔撰

舊寫本,九行十八字。鈐有王氏印。(癸酉)

平齋文集三十二卷 宋洪咨夔撰

宋刊本,版匡高六寸四分,寬四寸五分,半葉十一行,每行十九字,白口,左右雙闌,版心題"平齋集幾",上方記字數。字體方整而無精湛之美,頗與棚本相類。此書目録舊題明本,張君菊生元濟改訂爲宋本,余細觀之,信宋刊不疑也。然考森立之經籍訪古志固以爲宋本也。(日本内閣文庫藏書,己巳十一月十九日閲。)

平齋文集三十二卷 宋洪咨夔撰

舊寫本。丁氏持静齋舊藏。(癸丑)

方是閑居士小藁二卷 宋劉學箕撰 存卷上

舊寫本。 有嘉定丁丑東里趙蕃昌父序，嘉定戊寅開封趙必愿序。序後有隸書牌子，文曰：

至正庚子仲冬 屏山書院重刊

鈐有謙牧堂藏印，又朱竹垞二印。（文德堂送閱。戊午）

方是閑居士小藁二卷 宋劉學箕習氏撰

舊寫本，八行十八字。 有嘉定十年劉維序，甥趙必愿序，又趙蕃序。（古書流通處送閱。壬戌）

翠微南征録十一卷 宋華岳撰 △七七〇二

舊寫本，十行二十字。 有黄蕘圃丕烈跋語。（涵芬樓藏。己未）

翠微南征録十一卷 宋華岳撰 △八四八八

清寫本。 鮑廷博校，勞權再校，均有跋。

按：此書請繆小山荃孫先生轉録劉刻本重校一過，并撰跋一篇，得此始知劉刻改易次第删削題目之謬。（壬子）

翠微南征録十卷 宋華岳撰

舊寫本，八行十八字。（辛巳十一月六日見於翰文齋，滂喜齋遺書。）

安晚堂詩集七卷 宋鄭清之撰

舊紙新抄本，九行二十字。（古書流通處閱。壬戌）

梅亭先生四六標準四十卷 宋李劉撰

宋刊本，半葉十行，每行十九字，黑口，左右雙闌。版心陽葉上記字數，下記人名。字體方峭俊麗，是建本之佳者。文分類爲次，如言時政、贄見、薦舉、舉科目、謝座主、賀正、賀冬各門。 鈐有"新宫城書藏"朱文印。（日本内閣文庫藏書，己巳十一月十九日觀。）

友林乙藁一卷 宋史彌寧撰

清翻宋刊本，陸心源氏題爲宋刊，八行十八字，版心記字數及姓名。

按:此帙乃清初翻刻本。其真宋本余爲袁寒雲克文購得於廠市英古齋,已影印行世。此本字畫雖極娟秀,以宋本比較,則神韻索然,殆虎賁之似中郎耳。(日本静嘉堂文庫藏書,己巳十一月十三日閲。)

方壺存稿九卷 宋汪莘撰 **附名賢遺翰一卷**

舊寫本,十行二十二字。題"休寧柳塘汪莘叔耕著"。　前有嘉定戊辰閬風劉次臯序,端平己未洛水遺民程泌序,咸淳重光叶洽山陰孫榮叟序,又王應麟序。萬曆甲戌里後學張應元續刻存稿序。後有乙丑改元東鄞學史唐卿跋,宗後學仁峰汪循跋、咸淳壬申華陽宇文十朋龜從跋。　鈐有方柳橋藏印數方。

方壺先生集四卷 宋汪莘撰

清刊本。　有程珌、孫嶸、王應麟、劉次臯序。(壬戌)

宋寶章閣直學士忠惠鐵庵方公文集四十五卷 宋方大琮撰

△二一五九

明正德刊本,九行十九字,黑口,四周雙闌。題"廣西按察司按察使族孫良永校正","廣東布政司右參政族孫良節編刊"。　前有正德八年癸酉南海病夫張詡廷實序。

鈐有"澹生堂藏書記"、"曠翁手識","山陰祁氏藏書之章"各印。(此陶蘭泉所藏,取來與余易書者。己巳五月)

默齋遺稿二卷 宋游九言撰

舊寫本。　鈐有結一廬朱氏藏印。(壬子)

履齋先生遺集四卷 宋吴潛撰

明刊本,題"宋左丞相許國公宣城吴潛撰","明同邑後學梅鼎祚編校","十二代孫吴伯敬閲梓"。　前有宋史本傳,卷一詩,卷二詩餘,卷三文、記、墓誌銘、贊、跋,卷四表、書、詞,又續附文三篇。

卷首鈐"翰林院印"大官印,"一六淵海"朱文印。(翰文齋取來,擬收之。壬戌)

履齋先生遺集四卷 宋吴潛撰

繆氏藝風堂寫本。題"明梅鼎祚編","十二代孫吴伯敬梓"。(古書流通處送閱。壬戌)

四明吟稿□卷 宋吴潛撰

清顧沅藝海樓寫本。(癸丑)

臞軒集十六卷 宋王邁撰

清寫本。 鈐慈谿馮氏醉經樓藏印。(陳立炎處取閲。癸亥十月)

宋國録流塘詹先生集三卷 宋詹初撰

舊寫本,景鈔明嘉靖刊本,題"裔孫景鳳、壁校"。 鈐有朱彝尊藏印。張蓉鏡題簽。(壬子)

樂軒先生集八卷 宋陳藻撰

舊寫本。 前史官劉克莊序。又有陳起識語,録後。

"樂軒先生隱居長樂之西郊,天分是祟,怡然自得。余向慕其人,以不獲見所著爲恨。没後二十餘年,後邨録其遺稿八卷,爲序其生平。余因借觀,抄寫一本,藏於篋笥云。錢唐陳起。"

鈐有"宋世濟印"回文、"誦芬"等印。(辛酉)

滄浪先生吟卷二卷 宋嚴羽撰

明正德十五年庚辰尹嗣忠刊本,十行十八字。 前正德庚辰都穆序。本書首葉書名大字占雙行,次題"宋樵川嚴羽儀卿著","後學趙郡尹嗣忠校正"二行。

按:此書大字精雅,據都穆序,爲崑山知縣尹嗣忠子貞所刊。(余藏。丙辰)

滄浪集四卷 宋嚴羽撰 △一〇三二七

明刊本,九行十八字,白口雙闌,題"夏大夏重校"、"林古度校"二行。

鮑渌飲廷博據元刊本手校,用朱筆。又舊人圈點,用藍筆。(邢贊亭新收,甲戌四月見。)

可齋雜稿三十四卷續稿八卷續稿後十二卷 宋李曾伯撰

舊寫本,十一行二十字,每卷後有"嗣男杓編次"一行。有淳祐壬子可齋自序,寶祐二年甲寅尤焴序,咸淳庚午男杓序,寶祐甲寅續稿自序。

雜稿目:一至三表,四至十四啓,十五至二十奏申,二十一賦記,二十二樂語,二十三上梁文、疏語、序,二十四青詞,二十五至三十詩,三十一至三十四詞。

續稿目:一表,二啓,三、四奏申,五記、銘、序、跋、樂語、上梁文、青詞,六詩,七、八詞。

續稿後目:一表,二啓,三至九奏申,十詩,十一、十二詞、雜著。卷中提行空格一仍舊式。

鈐有"皖南張師亮筱漁氏校書于篤素堂"、"篤素堂"、"張曉漁校藏圖籍之章"、"覺人珍藏"、"黎經誥印"、"重笏"各藏印。(丁卯)

可齋續稿後集 宋李曾伯撰 凡十二卷,存卷七、八,計二卷

舊寫本,十一行二十字。每卷後有"嗣男杓編次"一行。(甲子九月二十七日得於宏遠堂。)

泠然齋詩集八卷 宋蘇泂撰 四册

清鮑廷博據永樂大典本手寫。共一百四十六葉。(景賢所示盛昱遺書。壬子)

華谷集一卷 宋嚴粲撰

清顧氏藝海樓寫本。(癸丑見。)

菊澗小集一卷 宋高九萬

影寫宋書棚本,十行十八字。(張菊生藏。壬子)

後村居士集五十卷目録二卷 宋劉克莊撰

宋末刊本,半葉十行,每行二十一字,細黑口,左右雙闌。

按:此書余藏有殘宋本五卷,正與此同,海虞瞿氏亦有之。(日本静嘉

堂文庫藏書，己巳十一月十三日閲。）

後村居士集五十卷 宋劉克莊撰　存卷二十至二十四，凡五卷

宋末刊本，半葉十行，每行二十一字，細黑口，左右雙闌。　後有"門人迪功郎新差昭州司法參軍林秀發編次"一行。（余藏）

後村居士集五十卷 宋劉克莊撰　△八四九〇

清吕無黨手寫本，半葉十七行，每行三十字，版心有"講習堂"三字，卷末有"辛卯年南陽講習堂三月初二日始，九月晦日竣事"一行，下鈐"葆采"、"無隱印"白文二印。卷中留字缺末筆。　前有淳祐九年己酉竹溪林希逸序。各卷末有"門人迪功郎新差昭州司法參軍林秀發編次"一行。

收藏印録後："寒中"圓朱、"衎齋"葫蘆朱、"天和居士"朱、"思贊"朱、"寒中"朱、"小紅低唱我吹簫"朱、"古鹽官州馬思贊之印"朱、"花山馬仲安家藏善本"朱、"古鹽官州馬氏"朱、"馬中子印"白、"華山仲子私印"白、"朱馬思贊印"白、"世上一閒人"白、"永以爲好"白。此上均馬寒中印。"張敦仁讀過"朱、"陽城張氏省訓堂經籍記"朱、"古餘珍藏子孫永寶"朱、"文章太守"白。以上張古餘印。"宗橚"白、"古鹽張氏"白、"詠川"朱、"宗橚之印"白、"一字思嵒"朱、"松下藏書"朱。以上均海鹽張氏印。"廣圻審定"朱、"嘉興李聘"朱、"黄錫蕃印"白、"茮升過眼"朱、"讀易畫梅之室"白、"愛日以學及時以行"朱。黄蕘圃丕烈氏手跋云：

"此劉後村集，余于甲寅得之海鹽友人家椒升處，云是吕無黨手抄。得後又見一刻本，亦是書友海鹽携來者，云是宋本。然以余所見好元板書證之，乃元刻也。余友顧抱冲以緡錢十餘千易之。後椒升又携一半抄半刻本來，其抄者與余所藏本字迹相似，其刻者則又與抱冲所得本板刻正同。紫陽山長錢竹汀云後村集不止五十卷，今所見俱如是，殆未爲足本，始猶不信是説，及觀華陽顧

氏殘本,竟有六十卷字樣,方信竹汀之説爲確,而書之不可以槩論也如是如是。”

又有葉鞠裳昌熾跋云:

“順德龍君伯鸞以所藏舊鈔本後村居士集屬爲審定。前有跋一葉,稱得之海鹽友人家椒升處,椒升姓黄,名錫蕃,吾郡黄紹甫先生嘗從得古籍,以同姓,每稱爲家椒升。又有余友顧抱冲及華陽顧氏云云,抱冲爲澗濱堂兄,華陽主人名珊,號聽玉,皆富藏書,先後歸士禮居,則此跋之出蕘翁無可疑也。蕘翁又述椒升言此集爲吕無黨手抄,無黨名葆中,吕留良之子。余所見吕氏抄本遇留字皆缺筆,此集卷二挽陳潮州詩留字正缺末筆,版心又有講習堂字,其爲無黨手抄亦無可疑也。卷端有思贊、寒中、衎齋諸印及古鹽張氏、宗橚、詠川三印,知此集先歸插花山馬氏,又從馬氏轉入烏村張氏,其入張古餘太守家則更在士禮居後矣。藏弆源流歷然可攷,伯鸞其寶藏之。光緒癸巳長洲葉昌熾記于宣南寓次。”(此書見於文友堂,云出梁節菴家,小市正泉永購得送閱者。乙丑二月十四日。沅叔。)

後村先生大全集一百九十六卷　宋劉克莊撰

舊寫本,九行二十二字。　前有目録四卷,卷一至四十八詩,四十九賦,五十卷以下文,一百七十四至一百八十六詩話,一百八十七至一百九十一長短句,一百九十二、三書制,末三卷則行狀、墓志、謚議附入者也。

前有張月霄手跋,録如下:

“劉後村大全集一百九十六卷,宋劉克莊撰,假天一閣藏影宋抄本傳録,後有開慶改元續稿自跋。克莊有前、後、續、新四集二百卷,見墓誌銘,此蓋其合編之本也。案隱居通議曰:‘後村卒,其家盡薈萃其平生所著别刊少本爲大全集。’則是書卽出後村之家,宋時曾有刊板,天一閣本蓋從之傳録者,凡詩、文、詩話、内外制、長短句合一百九十三卷。其一百九十四至一百九十六則行狀、洪天錫撰、墓誌銘、林希逸撰。謚議同上各一卷也。諸家書目止有林秀發編五十卷本，此本則絶無著録者，惟文淵閣書目有劉後村詩二部，俱五十册，殘闕，卷帙繁重，或即是書。盧抱經文弨先生林本後村集跋云：‘後村集有百九十六卷，求之數年卒不見。’又云：‘石門吕氏後村詩鈔亦無出此集外者。’豈其全者非獨予不及見，即前輩亦未之見耶？則是書之罕覯久矣，非書城之鉅觀藝林之鴻寶哉！歲在道光二年琴川張月霄跋于愛日精廬。”

鈐有“慈谿馮氏醉經閣圖籍”、“五橋珍藏”二印。

按：此書爲友人徐芷升沅所藏，取上海翻印賜硯堂本校之，改正舛誤至多，知其所從者舊矣。沅叔。（辛未）

後村居士詩集六卷逸詩五卷詩餘一卷 宋劉克莊撰

活字印本，題“後學陳唐編”。（李廷棟送閲，已收。丁巳）

潤泉集二十卷 宋韓淲撰

清四庫館輯永樂大典本。舊鈔，烏絲闌格，九行二十一字。　鈐有“讀易樓收藏圖書記”朱文印。（戊寅）

雪窗先生文集二卷附録一卷 宋孫夢觀撰

舊寫本，九行十八字。　題“宋通議大夫守集英殿修撰致仕贈宣奉大夫孫夢觀著”，“明賜進士禮部給事中出知直隸江陰縣事裔孫應奎校刊”。前有嘉靖丁酉九月南京吏部給事中陳塏序，又危素撰本傳。後有嘉靖十六年廬陵劉教序，又裔孫應奎跋。　鈐有“翰林院印”滿漢文大官印。（徐梧生藏書。）

李忠簡公文溪存稿二十卷 宋李昴英撰　門人李春叟編　△四〇一

明刊本，九行十八字，白口，四周單闌。　有嘉靖癸丑南海黄衷子和序，嘉靖辛卯莆陽鄭洛書序，嘉靖戊戌高陵吕柟序，至元三十一年甲午李春叟序，成化庚寅同郡陳獻章序。畫象二幅，一湛若水贊，一文溪自贊。象前有莆田姚虞撰文溪傳。卷末有崇禎三年十三世孫宜

權跋，蓋取嘉靖舊版補綴行世耳，新舊凡二百六十九版。(此書在地安門外賴古堂買得。戊辰)

李忠簡公文溪集二十卷 宋李昴英撰　門人李春叟輯訂　△二五一七

清寫本，九行二十字。　有至元三十一年李春叟序，大德戊戌，門人陳大震序，次行狀，次像贊。　鈐有“安樂堂藏書記”、“明善堂覽書畫印記”。(徐坊遺書。癸亥)

宋學士徐文惠公存稿五卷 宋徐經孫撰　**附録一卷**

明萬曆四十二年徐鑒刊本爲鑒巡按福建時所刊。　鈐有徐惟起及鄭杰諸藏印。(余藏。)

據卷前徐鑒序，經孫集久佚，此爲鑒等所輯，爲傳世最早之本矣。(余藏。)

忠謨謹按：此書别有跋，收入藏園羣書題記續集卷六。

彝齋文編四卷 宋趙孟堅撰

清鮑氏知不足齋寫本。清勞格手校并補詩。(辛酉二月見於蔣孟苹家。)

玉楮詩藁八卷 宋岳珂撰　△八四九二

明寫本，十行二十字。　前有岳氏自序，後有褐山王士禛跋。　鈐有“執鄙吝者非我而誰”朱文方印。又鈐有“張貞從元氏書畫印”。全書計一百零七葉，中脱二葉，只百零五葉。此安丘張氏藏本，即四庫本所從出也。此外鈔本每卷有岳元聲等藏墨讐訂人五行，則據明末刊本所出，誤字甚多。(韓左泉購之山左客人，朱幼平收去。戊午)

玉楮詩藁八卷 宋岳珂撰　李□一二

抱經堂寫本，經盧弓父文弨手校，諸識語録後：

“岳侍郎玉楮集八卷，辛卯從鹿苑友人錢君述祖借得抄録。原書係明嘉隆間所刻本，頗多訛謬，隨手校讐一過，俟得善本精校可也。壬辰首春之七日谷蘭居士書。”“丙申九月二十五日閲訖。抱經堂主人書”“丙午十二月二十六日以岳元聲梓本對校一過。

紹弓父記。”

後有跋一篇,題云:

“乾隆四十一年九月書於鍾山書院。” “是書江陰朱生咸慶以本借予,遂鈔之,錯字甚多,改不能盡也。丙申九月十日盧文弨書於鍾山書院。”以上三條均朱筆。

鈐有“武林盧文弨手校”、“抱經堂寫校本”朱文二印。(李木齋先生遺書。辛巳)

棠湖詩藁一卷 宋岳珂撰

宋臨安府陳宅書籍鋪刊本,十行十八字,白口,左右雙闌,版心記字數。卷尾有“臨安府棚北大街陳宅書籍鋪印行”小字二行。首葉標題下有三字長墨釘。

鈐有“宋本”、“甲”、“毛晉私印”、“子晉”、“汲古主人”、“毛扆之印”、“斧季”、“書香千載”、“毛晉之印”、“毛氏子晉”,皆朱文。(己未)

雪磯叢稿五卷 宋樂雷發撰

題“宋寶祐癸丑特科狀元樂雷發撰”,“後嗣教諭樂韶、知縣樂武校正”。明活字印本,十行二十一字。前有正統丙寅西川周洪謨序,次雷發自序。後有成化十七年嗣孫户部主事樂宣跋。 鈐有季振宜、明善堂、安樂堂藏印。(滂喜齋舊藏,辛巳十一月見於翰文齋。)

忠謨謹按:此書有跋,收入藏園羣書題記三集卷六。

雪磯叢稿五卷 宋樂雷發撰

影寫明成化刊本。 鈐有“翰林院印”。(顧鶴逸藏書。癸丑)

雪磯叢稿五卷 宋樂雷發撰

清寫本,九行十六字,板心有“水邁閣鈔藏”五字。題“宋寶祐癸丑特科狀元樂雷發撰”,“後嗣教諭樂韶編集,”“知縣樂武校正”三行。

前有寶祐丁巳朔樂雷發自序,正統丙寅禮部尚書西川周洪謨序,後有成化十七年庚寅户部主事嗣孫樂宣跋。

按:此集羣賢小集有刻本,與此正同,因未校,遂還之述古書坊。舊爲山東高翰生藏書。(壬戌)

北磵文集十卷 宋釋居簡撰 存卷一至八 △七七一〇

宋刊本,十四行二十四字,白口,左右雙闌,版心上記字數,下記刊工姓名。 前有嘉定丁丑十月望日盱江張自明誠子敍,大字七行,次永嘉普觀義問宣子跋,跋後有牌子:"崔尚書宅刊梓"。 鈐有毛子晉、曹楝亭藏印。(涵芬樓藏。己未)

北磵文集十卷 宋釋居簡撰 存卷七至十,共四卷

宋刊本,半葉十四行,每行二十四字,白口,左右雙闌,版心上記字數,下記刊工姓名。

按:此書上海涵芬樓有宋本,與此同,缺九十兩卷,得此正可影印補完,亦快事也。(日本帝室圖書寮藏書,己巳十一月十一日觀。)

北磵文集十卷 宋釋居簡撰 △一〇四〇八

明寫本,十行二十字,版心下有"小草齋鈔本"五字。鈐有"周元亮鈔本"、"是書曾藏周元亮家"、"周雪客家藏書"三印。(徐梧生遺書,開價二百元。戊辰歲暮記。)

北磵文集十卷 宋釋居簡撰

舊寫本。 前有盱江張明誠子序。 鈐有朱竹垞、汪喜孫藏印,又師竹齋圖書記。(壬子)

北磵詩集九卷文集十卷外集一卷 宋釋居簡撰

日本五山翻宋崔尚書宅刊本。十四行二十四字,白口,左右雙闌,版心上記字數,下記刊工人名。文集後有牌子一行:"崔尚書宅刊梓"。

北磵詩集九卷 宋釋居簡撰 存卷一至六,凡六卷

日本五山刊本,半葉十四行,每行二十四字,白口,左右雙闌。

按:北磵詩集中土久佚,今此本行欵與文集同,是亦直翻宋本也。(日本帝室圖書寮藏書,己巳十一月十一日觀。)

北磵和尚外集不分卷 宋釋居簡撰

宋刊本,版匡高六寸三分,寬四寸四分,半葉十行,每行二十字。題"嗣法小師大觀編"。　前有淳祐庚戌清明後十日嗣法小師大觀序。首偈頌,次贊,次題跋,而以行述附之,亦大觀所撰也。末有應安庚戌遠孫圓月跋,是從日本五山刊本補録者。(日本帝室圖書寮藏書,己巳十一月十一日觀。)

雪巖吟草甲卷忘機集一卷 宋宋伯仁撰

宋刊本,十行十六字。　計詩二十二葉,題"苕川宋伯仁器之叟"。標題下隔一行地名人名,次行題"詩一百首",空二行自題一則,録如後:

"嘉熙丁酉冬但以歲月類抄,嘗刊是藁,少作之未悔者與焉。今觀陵陽先生室中語曰:賦詩十首,不若改詩一首。少陵有"新詩改罷自長吟"之句。伯仁遂以已刊之草痛爲改削,且三去其一,或猶曰未,豈非勉予進道之機歟! 姑存諸。"

有自序五行,行八字。鈐印章"結廬在人境"一首,又"雪巖"。目録詩七十首,附刊戊藁簡寄三十首。鈐有"清娱閣藏書印"。(戊午)

勿齋先生文集二卷 宋楊至質撰

舊寫本。下卷題敕賜高士右街鑒儀主管教門公事閤皂山楊至質撰。　鈐有"紅豆書屋"印,翰林院大印。(余藏)

文山先生文集十七卷别集六卷附録三卷年譜一卷 宋文天祥撰

存别集一卷,年譜又附録三卷

明初刊本,十一行二十四字,黑口,四周雙闌。(乙卯)

文山全集二十卷 宋文天祥撰

明嘉靖三十九年張元諭刊本,十行二十二字。(壬子)

文山先生集杜詩前後卷 宋文天祥撰 附録一卷

明成化刊本,十一行二十二字,黑口,四周雙闌。　前有文山自序,序後又有壬午正月元日跋三行。後卷末有牖式牌子,書文信國北歸宿温州江心寺詩一首。成化甲辰翰林編修四明楊守阯跋。附録爲楊士奇題詩一首;永嘉文信公新祠碑記,爲黄巖謝鐸撰;又祠堂記,安成劉遜撰。附歲祀文一首,祠堂圖、祭品、祭田等數目。

集杜詩五言絶句凡二百首,起社稷第一,終歎世道,題下略有小序數行。

收藏有:"停云"、"文彭"、"文元發"各朱文印。(辛未三月見)

新刊指南録四卷 宋文天祥撰

宋刊本,半葉八行,每行十六字,黑口左右雙闌。

按:此本卷中凡虜帥、逆賊及文天祥字又詩中避忌處皆成空格。蓋板刻于宋末,元初乃挖板印行耳。(日本静嘉堂文庫藏書,己巳十一月十三日閲。)

宋文潞公軒詩三卷 文天祥撰　翼城王泰編輯

明成化刊本。　有松江曹安序。　鈐有季滄葦、明善堂印。

疊山集十六卷 宋謝枋得撰

明景泰刊本,十一行二十一字,黑口,四周雙闌。　題"里生潭石黄溥編"。　前有景泰五年廬陵劉儁克彦序,云雜著、詩六十四卷藏于家,兵燹無存。御史黄溥采輯散佚,釐爲十六卷刻之。後有景泰癸酉黄溥序。　卷一七言絶句拗體,卷二五言八句,七言八句,附録投贈詩,卷三五言長篇,七言長篇,詞調,卷四書,卷五書,卷六序,卷七記,卷八墓誌銘,卷九説、跋,卷十啟,卷十一啟、狀,卷十二劄、詞、頌,卷十三表,卷十四疏,卷十五文,卷十六附録。

鈐有"臣存恕"、"勿之"、"香圃所藏"、"陸氏香圃"、"芝榮印信"、"蔣香生氏"、"秦漢十印齋收藏記"各印。(文禄堂見。庚午)

疊山集十六卷 宋謝枋得撰

明景泰黄溥刊本,十一行二十一字,黑口,四周雙闌。　鈐有五硯樓

袁氏、陳墫西畇、陳貞蓮、包子莊各藏印。(戊午)

疊山集十六卷 宋謝枋得撰

明嘉靖刊本,十行二十字。 題"里生潭石黄溥編"

竹溪鬳齋十一藁續集三十卷 宋林希逸撰

明謝肇淛小草齋寫本,十行二十字。 題"三山林希逸、門人石塘林式之編"。 前有庚午石塘林同序。序言前集六十卷。卷一至五古律,六雜著,七、八、九少作,十、十一記,十二序,十三跋,十四至十六四六,十七、十八省試詩,十九挽詩,二十祭文,二十一、二十二墓誌銘,二十三、二十四行狀,二十五至三十學記。

鈐有"晉安謝氏家藏圖書"、"冶南何氏瑞室圖書"、"周雪客家藏書"、"曾在李鹿山處"各印,均朱文。(戊午文友堂見,今歸蕭山朱文鈞氏。)

魯齋王文憲公文集二十卷 宋王柏撰 △一一四〇九

明正統刊本,十三行二十五字,黑口,四周雙闌。 題"盧陵銅溪劉同編輯","鄱陽三臺劉傑校正"。柏字會之,號魯齋,金華人,何基之弟子。

鈐有"叢書堂印"、"紅藥山房收藏私印",明吴寬、清馬秋藥遞藏。(文友堂送閲,已收。壬戌)

劉須谿先生記鈔八卷 宋劉辰翁撰

明嘉靖五年王朝用刊本,十一行二十一字,線黑口,左右雙闌。 有嘉靖五年峴邑張寰序,稱須谿全集世所罕傳,求之累年,僅得其記鈔總若干篇,此其什佰之一二耳。讀禮之暇,編次八卷。邑令王君偶訪余北野,見而異之,曰雖非全書,苟无能爲之以行于世,則是編將并廢以没,願畀以歸,亟爲捐俸鋟之梓。寰曰善哉,而僭爲之敍。王君名朝用,字汝行,蜀之南充人,爲余同榜進士云云。

按:此明張寰所編次,計記文七十篇,分爲八卷。刻本絶少見,丁巳十一月文友堂收之山西,余以刻書者爲吾鄉人,因以善價得之。

蘭皋集二卷 宋紫陽吴錫疇元倫著

明萬曆刊本,八行十四字,寫刻俱精。 有淳祐九年五月望日竹坡吕午序。 鈐有黄蕘圃丕烈父子藏印。(己未)

蘭皋集二卷 宋吴錫疇撰

精寫本,八行十六字。 前有淳祐九年竹坡吕午序,寶祐甲寅方岳序,咸淳改元梧岡程鳴鳳序,咸淳九年方回序,咸淳甲戌華陽宇文十朋跋,又羅椅跋。皆摹寫原迹,精美可翫,似從宋末元初本影寫者。(文友堂取閲。戊辰八月)

柴氏四隱集二卷秋堂集補遺一卷 宋柴望撰 **附墓誌**

△一一一八七

清嘉慶十七年戴光曾手寫本,所據爲知不足齋校正本。 卷一詩詞,卷二文。前有至正四年楊仲弘序,又明江山知縣張斗序,萬曆戊子十一世孫復貞序。後二序皆爲四隱集作,按之卷中,詩文皆柴望著,而仍襲四隱之名。後有戴氏四跋。

按:此書明以後久無刊本,余以此本取校李振唐新刊本,改正至百餘字之多。(趙君元方藏書。)

忠謨謹按:此書别有跋,收入藏園羣書題記三集卷六。

閬風集十二卷 宋舒岳祥撰

舊寫本,孔葒谷繼涵手寫目録。(蔣孟苹藏書。甲寅)

蛟峰集七卷 宋方逢辰撰 **山房先生遺文一卷** 宋方逢振撰 **蛟峰外集四卷** 明方中輯

明天順七年方中刊遞修本,十行二十二字,黑口,四周雙闌。 前天順七年錢溥序,後有胡拱辰跋,又嘉靖甲午績溪胡宗明序。

按:此本卷一至七爲蛟峰文,五世從孫淵所輯。卷八爲蛟峯弟山房先生遺文,六世從孫輔所輯。而併刻於七世從孫中,即錢溥所序也。版刻極古,是天順時所刊,經弘治時知縣陳渭、嘉靖時知縣徐慶衍遞加修補，故板式不一。用嘉靖時官文書紙刷印。

遞經天都陳氏承雅堂、知不足齋鮑廷博收藏，有翰林院大印及錢辛盦藏印，蓋錢氏自翰林院攜出，後書估張蘭亭捆載泰州錢氏書至京，余與建文刊本元音併得之張手。沅叔。（丙辰）

蛟峰先生文集十卷附山房遺文一卷外集三卷附山房外集 宋方逢辰、方逢振撰

明活字印本，十行二十一字，題"十一世孫方世德重編"。　有天順七年東吴錢溥序，景泰三年商輅序，嘉靖甲午績溪胡宗明序，言舊板殘缺，遍求善本校閲，缺者補之，訛者正之，没者明之二逾月訖工云云。又胡拱辰後序。（戊辰見，涵芬樓藏。）

陵陽先生集二十四卷 宋牟𪩘撰

舊寫本，九行十八字。每卷次行題"男應復編"，似從元刊本出也。

前有至順辛未男應復序。八行二十二字。（涵芬樓藏書。丙寅）

湖山類稿五卷汪水雲詩鈔一卷 宋汪元量撰 **補遺亡宋舊宫人詩一卷附録一卷**

吴枚庵翌鳳手寫本，行楷極清逸可翫。後有朱筆跋云："乙未送春日借張子充之抄本校録。枚菴。"後有長洲顧至跋，又有黄丕烈跋三則，見繆刻士禮居跋，不更録。

鈐有"楊氏海源閣藏"、"東郡楊紹和彦合珍藏"二印。　然楹書隅録并不載，其枚菴跋一行乃誤置之葉石君本内，何耶！（海源閣遺籍。庚午）

湖山外稿一卷 題水雲汪元量大有行唫　碧巢汪森晉賢搜緝

舊寫本，十行十九字。眉間有墨筆校字，是黄蕘圃丕烈手迹。别有朱筆校字，不知何人。

鈐有"惠定宇手定本"朱文印，又有楊氏父子五印。封面題字爲黄蕘圃手書。楊氏楹書隅録不載。（海源閣遺籍。庚午）

汪水雲詩不分卷 宋汪元量撰 △九六四○

舊寫本,九行二十一字。　有黄丕烈跋三則,邵恩多跋一則。又題識一行,文曰:"壬寅端陽前三日樂飢翁攜贈。"後鈐"眅章徵管之年"、"不寐道人收藏"白文二印。(癸丑)

汪水雲詩鈔不分卷 宋汪元量撰

舊鈔小帙,十行十九字,卽葉石君樹廉跋所云命兒子時疇對鈔者也。

"庚子之歲假得孫天來抄本,命兒子時疇對抄。次年辛丑正月改纂訛謬畢,因書于後曰:汪水雲以一技之末,見知于中宫,猶睠睠于故君,彼食禄垂紳之輩當何如耶?數百年後亦遭此大變,又當何如耶!讀時不覺爲之出涕。　洞庭東山轂道人。"

鈐有"葉萬"、"石君"、"樸學齋"、"樹廉"、"李鑑之印"、"明古"、"季姝氏"、"李琳"各印。(海源閣遺籍。庚午)

晞髮集六卷 宋謝翱撰

明嘉靖三十四年程煦刊本,十行十八字。題"明歙後學程煦校刊"。

前有嘉靖乙卯明新安後學洌山王景象啟明序。後有新安吴勳跋,又程煦刻書跋。(張幼樵藏。戊午)

晞髮集十卷 宋謝翱撰

明萬曆四十六年長溪令張蔚然刊本,九行十八字。　前有萬曆戊午張蔚然序,次吴仕訓、徐𤑳、陳鳴鶴、崔世召序,後有郭鳴琳跋,又彙録弘治、嘉靖、隆慶、萬曆四本舊序。蓋自弘治以來凡四刻,或作五卷,或作六卷,皆後人所輯,此十卷本爲徐𤑳所輯。檢卷中鈐有徐惟起印,則爲成書後徐氏自藏之初印本也。(余藏。)

忠謨謹按:此書有跋,收入藏園羣書題記續集卷六。

釣磯詩集四卷 宋丘葵撰

舊寫本。　有道光庚戌羅明智跋。共詩二百三十首,補鈔四十四首。(癸丑)

何濳齋先生文集十一卷 宋何夢桂撰 **附鐵牛翁遺稿一卷** 夢桂之孫何景福字介夫撰

舊寫本,十行十八字。第二行題:"明檇李岳元聲校正,宗孫論之重梓"。 前有成化二十一年金谿徐瓊序。 前鈐"翰林院印"。(癸丑滬市見。)

有宋福建莆陽黄仲元四如先生文藁五卷 宋黄仲元撰

明刊本,十行二十字,白口,四周雙闌,版心上方魚尾上題"黄四如集卷幾",魚尾下加黑圈,題"序"、"記"等一字。 有至治三禩清明後一日前進士清源傅定保序。後咸淳甲戌年宗簿余一謙跋,至治癸亥秋九後學廬山曹悳跋,跋後有鐘式木記,題"泰定改元"四字。又至治癸亥立秋日男將仕郎汀州路總管府知事黄梓跋。 各卷卷末標題下有寫手姓名:卷一葉標寫,卷二吴大綸寫,卷三王輻寫,卷四郎文焕寫。 鈐有梁蕉林藏印。(壬戌歲收得。)

忠謨謹按:此書别有跋,收入藏園羣書題記三集卷六。

四如黄先生文稿六卷 宋黄仲元撰

明刊本,十一行二十二字,白口,雙闌。 前有至治癸亥曹悳序。鈐有"徐燉之印"、"嘉樂堂"、"子慎"各印。(辛未二月)

霽山先生詩文集五卷 宋林景熙撰 △四一〇

康熙癸酉春沈天士刊本。沈崑銅之弟也。 有古歙汪士鋐序,方逢辰白石樵唱序,章祖程和父題白石樵唱,元統甲戌。章祖程注白石樵唱序,鄭僖題白石樵唱注,至元元年十月。遼藩光澤王重刊序,嘉靖七年。吴洪序。天順七年。據吕洪序稱,文十卷曰白石藁,詩六卷曰白石樵唱,歲久散亡,乃從葉公衡得白石樵唱,又從藏書中檢得序、記、賦、銘而下如干篇,釐爲五卷云云。

按:此刻出于遼藩本,删去章注,鮑正言重刊乃增入之。(帶經堂見。丙寅)

霽山先生白石樵唱六卷 宋林景熙撰　元章祖程注

明刊本,十行十八字,黑口,四周雙闌。次行題"知平陽縣事海康桐岡馮彬用先校正重刊"。　前有嘉靖庚寅張寰序。

鈐有季滄葦各印,又"償孺堂印"、"鷾鳯王孫"印。(邃雅齋送閱。丙寅)

古梅遺藁六卷 宋吴龍翰撰　△八四九六

清咸豐七年勞權手寫本,十四行二十字。題"宋新安古梅吴龍翰式賢甫著"。

第六卷後有勞權三跋。卷末附方虚谷回跋,後有勞權跋,録後:

"篁墩附載虚谷評語,初疑出瀛奎律髓,顧檢閱不登一字。尋得此跋於桐江集,因附録之。丁巳五月既望芒種,㽞卿記於雙聲閣。"(己未)

佩韋齋文集二十卷 宋俞德鄰撰

元刊本,十一行十九字,黑口,四周雙闌,版式甚大,版心上記字數,下記刊工姓名,寫印俱善。　有皇慶元年壬子四月建安熊禾序,十行十七字。序後有文四行:"行與字皆有疏密,如用,宜得善書者或臨或寫,排整亭當爲善。"(丁卯七月四日閲,故宫藏書。)

佩韋齋文集二十卷 宋俞德鄰撰

舊寫本。後四卷即輯聞也。　鈐有"武原張氏家藏"印,又"王靖廷鈔書之印"。(古書流通處送閲。壬戌)

佩韋先生文集十六卷輯聞四卷 宋俞德鄰撰

舊寫本。　鈐有"小山堂書畫印"。(癸丑)

則堂先生文集六卷 宋家鉉翁撰　缺卷五、六

舊寫本,九行二十五字。目前有"知白齋録本"一行。

鈐有葉名澧印。(辛巳十一月六日見於翰文齋,潘伯寅遺書。)

方時佐先生富山嬾稿十九卷 宋方夔撰

清丁氏持静齋寫本。題"從曾孫方宗大編集","梅間人何應元校

正”。(癸丑)

在軒集一卷 宋黄公紹撰

舊寫本。鈐有南昌彭氏知聖道齋藏印及仁和朱氏結一廬藏印。(壬子)

吾汶藁十卷 宋王炎午撰

明寫本,八行十四字。 有正德十年乙亥夷陵鄭元序。 鮑以文廷博手校本,有戴光曾跋。(乙丑)

吾汶藁十卷 宋王炎午撰 卷十爲附録

舊寫本,九行十六字,似從明正德十年刊本影寫者。卷六祭伯父訥齋歸葬文缺一葉。 有元統二年揭傒斯序,又歐陽玄序,正德十年鄭元序。 後有王士禛跋語。(壬戌)

吾汶藁十卷 宋王炎午撰

清寫本,九行十七字。 前歐陽玄序、揭奚斯序、鄭元序。後録王士禛跋。版心標書名爲鮑渌飲廷博筆迹,審爲知不足齋鈔本矣。(述古堂書坊取閲。丁卯)

紫巖于先生詩集三卷 宋于石撰

陳乃乾依趙素門本影鈔,原本出杭堇浦也。(辛未二月見於上海。)

紫巖于先生詩選三卷 宋于石撰

舊寫本,八行十八字。題“蘭谿于石著”“門人吴師道選” 鈐有朱竹垞、兼牧堂藏印。

寧極齋稿不分卷 宋陳深撰

舊寫本,八行二十五字。 首有騷一首,末有詞七首,銘贊三首,餘皆詩也。 有張丑題識二行:“陳清全先生詩藁藏於荻溪王寧遠氏,泰昌改元八月十日張丑敬觀。” 鈐有蔣子垕印。(辛巳)

寧極齋稿一卷 宋陳深撰 **附慎獨叟遺稿一卷**

舊寫本。勞氏燕喜堂藏書。(余藏)

春山四六鈔二卷 宋危昭德撰

舊寫本。　前有巽齋危先生列傳。上卷文十八首,下卷文三十二首。　鈐有抱經樓白文印,蓋四明盧青崖藏書,余得之書估陳立炎肆中。

艮巖餘稿四卷 宋梅應發撰

影寫宋刊本,十一行二十字。原本藏嘉善曹氏。(余藏)

仁山金先生文集四卷 宋金履祥撰

舊寫本。曹潔躬溶藏書。(余藏)

三山鄭菊山先生清雋集一卷 宋鄭震撰 **所南翁一百二十圖詩集一卷鄭所南先生文集一卷** 宋鄭思肖撰

舊寫本,十一行二十一字。文集後附小傳、題跋、補遺。又鮑以文廷博輯拾遺文二篇,詩九首。(濰縣高翰聲遺書。戊午)

白石子詩集一卷 宋鄭所南撰

舊寫本。　所存皆文,并無詩也。文目録後:清風樓記、無往處士説、送吴山人遠遊觀地理序、答吴山人遠游觀地理書此書三十六番,長逾萬言。考其文,知爲鄭思肖所南所著。辭吴澧請儒師書、三教記序、早年游學泮宫記、十方道院雲堂記、十方禪刹僧堂記。

鈐有"兼牧堂藏書印"。(徐梧生藏書。乙丑)

自堂存稿十三卷 宋陳杰撰

舊寫本,十行十八字。　前有咸淳甲午劉辰翁序,又咸淳甲戌前工部郎中玕谿陳杰壽甫序,序後三行如下:"初刊不無誤字漏章,今已逐一釐正,依次添入,仍有續卷見後。"

卷首題"賜進士豐城玕谿陳杰壽甫譔","弟進士陳霖憲甫録"二行。後有萬曆壬辰十世孫賓汝功跋。(葉定侯藏。甲戌)

宋貞士羅滄洲先生集五卷 題宋羅公升撰

舊寫本,九行二十字。　清戈小蓮襄手校,有跋。　鈐有璜川吴氏印。

趙寶峰先生集二卷附録一卷 宋趙偕撰

舊寫本，照嘉靖本抄，九行十八字。 有嘉靖趙繼宗序，甲寅仍孫文華跋。 孔葓谷繼涵手抄目録。鈐有知不足齋印。

古逸民先生集不分卷 宋汪炎昶撰 **附録一卷** △一一四一○

清法式善存素堂寫本，墨格，版心有"存素堂鈔本"五字。 炎昶字懋遠，新安人。所著凡詩一百九十七首，文五首。 後有嘉靖丁未族孫玩跋，又九世孫元錫跋，門人趙汸撰行狀，宋濂撰墓誌。附胡炳文與古逸書。

"乾隆甲申余主講龍城書院，史文忠公孫貽孫者出其所藏先人遺書見示，檢得此册，命男焜謄録一番，置之架中，幾五閱寒暑矣。今放舟霅川，篷窗有暇，因校閲一過，偶書數語于簡末，俾志歲月緣來耳。 一清識。"

鈐有馬笏齋、知不足齋鮑氏，結一廬朱氏各藏印。（已收。壬戌）

藏園羣書經眼録卷十五

集　部　四

金别集類

閑閑老人滏水文集二十卷 金趙秉文撰

舊寫本,九行十七字。　鈐有曹溶、吴焯藏印。(盛昱遺書。壬子)

滏水文集二十卷 金趙秉文撰 **附録一卷**　△八五〇〇

舊寫本,十行二十字。　何義門焯手校,有跋。黄蕘圃丕烈據朱卧菴之赤本再校,并手跋三則(周叔弢藏,癸酉十一月十二日見。)

滏水文集二十卷 金翰林學士承旨趙秉文周臣著　△八五〇二

舊寫本,墨格,十行二十字。　有元光二年楊雲翼序,昭陽後學李清題。　有周香巖錫瓚臨何焯跋並自跋:

"予所有滏水集傳于朱竹垞前輩,復借汲古毛氏本對勘,二本無大異同,獨此本間有多一二句者,意此本乃閑閑公之舊,朱氏本則後人病其凡冗而頗加删削,然間有失其本意處,不如……下缺"

"乾隆丙午夏日,從飲馬橋蔣氏假得何義門先生校正本對勘一過。何跋已不全,敬録于後,以志校本之所自得云。　香巖居士周錫瓚跋。"

藏印如下:"彖印"、"無盡"、"璜川吴氏收藏圖書"。(此書周叔弢收自上

海博古齋。丙寅）

滹南遺老王先生文集四十五卷附續編詩一卷 金王若虚撰

明祁氏澹生堂寫本，竹紙藍格，十行二十字，版心下方有“澹生堂抄本”五字。　前有欒城李冶序，東明王鶚序，彭應龍翼夫序，大德十年雙桂書院王復翁序。後有續編滹南王先生詩一卷。　有吴尺鳧焯手跋五則，録如下方：

“李冶字仁卿，真定欒城人，金朝進士，至元中以學士召就職。所著有敬齋文集四十卷，壁書叢削十二卷，泛説四十卷，古今黈四十卷，測圓鏡海十二卷，益古衍疑三十卷，見元史及續文獻通考。”此則在李冶序後。

“鶚字百一，曹州東明人，金正大元年登進士第一人。建元中統授翰林學士，謚文康。著論語集義一卷，汝南遺事二卷，詩文四十卷，曰應物集。”此則在王鶚序後。

“此本山陰祁氏藏書，前有澹生堂印記。按明詩綜祁承㸁字爾光，萬曆甲辰進士，歷官江西參政，所著有澹生堂集。詩話稱參政富于藏書，有手録羣書目八册，今存古林曹氏。此編校讎未精，再爲改正數百字，竟成完書云。”此則在王復翁序後。

“此卷數詩與中州集本微有字句不同處，覺中州集之爲善，想元遺山入選時摘其微瑕，不嫌改削耳。然此故原作也。此本校中州集多二首，‘宫女圍棋和王子端’係四首。又此本内‘白髮嘆’六韻卽後續集中‘感秋’之後半，想亦遺山因此詩而增改之耳。續集係據中州集編入，未嘗考此篇爲重出也。”此則在續編詩前。

“王若虚字從之，慵夫其號，稾城人，承安三年經義進士，歷管城、門山二縣令，用薦入爲國史院編修官，遷應奉翰林文字，爲著作佐郎，遷平涼府判官，召爲左司諫，轉延州刺史，入爲直學士。入元遂隱居不出。後東游泰山，至黄峴峰，憇萃美亭，談笑終焉。所著文章號慵夫集，又滹南遺老集傳于世，事見金史。案中州集稱若虚負重名,精經學史學,文章禮樂,一代偉人。北渡後隱居鄉里。據此,則滹南老人終于元未嘗仕于元,且其人已入金史文藝傳,焦氏經籍志編入元人,誤也。此本山陰祁氏藏書,康熙乙未春王歸繡谷亭收藏,因考史傳而附記于後。是月二十一日燈下書。"此則列卷末。

鈐有"澹生堂經籍記"、"曠翁手識"白、"子孫保之"、"山陰祁氏藏書之章",皆祁氏印也。又有"吴焯"白、"尺鳧"朱、"繡谷熏習"朱、"曾給筆札"朱、"繡谷"朱諸印,皆吴氏印也。又"吴重憙印"白。(己巳九月過申,見于陳乃乾處,索二百四十元,已收。)

滹南集四卷詩話三卷 金王若虚

舊寫本。　鈐有朱彝尊、張蓉鏡藏印。(壬子)

滹南集四卷詩話三卷 金王若虚撰

舊寫本,甚精美。　鈐有怡府明善堂印。(癸丑)

滹南集四卷詩話三卷 金王若虚撰　△一〇三二八

清寫本,十行二十字。書衣有劉喜海題識十一行,無欵。書中有校籤甚多,不著名氏。　鈐有:"知不足齋鮑以文藏書"朱文大印。

按:此邢贊亭藏書,余嘗借校,改正海豐吴氏近刻本頗多,别爲跋詳之。

忠謨謹按:此跋收入藏園羣書題記初集卷六。

水雲集三卷 金長真子譚處端撰

舊寫本,十一行二十五字。　有大定丁未東牟州學正范懌德裕序。(壬午)

遺山先生文集四十卷 金元好問撰 **附録一卷** 序目及卷一鈔配

明弘治十一年李瀚刊本,十行十九字,大黑口,左右雙闌。　前徐世隆序,中統三年李冶序,又慎獨老人王鶚後序,此係刻本。次目録。附録一卷載傳、誌、祭挽及投贈詩文。

按:此書前二十卷余得之滬賈陳立炎,丙辰春游滬上,晤沈乙盦曾植,偶及此事,乙盦瞿然曰,余亦有殘帙,未審可配否?及持書出,則正所佚後二十卷原書耳,因以日本活字本山谷詩注二十卷、嘉靖本後山詩注十二卷爲贈,乙盦遂取此書後半部加跋以歸余。 丙辰十一月初六日沅叔記。

沈跋録後:

"此沁水李叔淵弘治戊午刻本也,其佳處具施北研元詩注中,惜前二十卷闕焉不完。辛亥之冬,書估有以詩集來者,刻印尚在此前,疑是汝州本或元刻,欲購以配,價昂不可得也。歲丙辰,傅沅叔得潛采堂所藏李氏刻本前二十卷,舉以相示,紙色册裝,若合符節,蓋此卽潛采堂藏書,不知何年分散,前後三十年,余在厰市得其半,而沅叔于滬市得其半也。他日當以歸傅,爲延津之合。相從歲久,顧未忍遽别耳。寐叟。"

忠謨謹按:此書别有跋,收入藏園羣書題記三集卷六。

遺山先生文集四十卷 金元好問撰

明弘治十一年李瀚刊本,十行十九字,黑口,四周雙闌。 有中統三年陽月封龍山人李冶序,又陳郡徐世隆序,弘治戊午巡按河南監察御史沁水李瀚刻書序,附儲太僕手簡,又濟南杜仁傑直序,弘治十二年己未京口靳貴序。 題頤齋張德輝類次。 鈐有"有懷堂圖書印"。(丁巳余見于文友堂,後勸周叔弢收之。)

遺山先生詩集二十卷 金元好問撰

明弘治戊午李瀚刊本,十行二十一字,黑口,四周雙闌。 有何義門焯跋,録後:

"汝州所刊遺山詩視歸德所刊全集爲善,然印行頗少,汲古閣刊元人詩獨未見此本也。庚辰歲從金陵肆中得之,後又從虞山錢遵王借閲東澗老人遺山詩鈔,遂以朱點記于每篇之下,他年得吾書者尚寶惜諸。　康熙辛巳四月何焯記于語古小齋。”

鈐有:“文殊師利弟子”、“語古”白、“漢節”、“土風清嘉”白、“不事元後人”、“謙齋”。(朱幼平書,辛酉閲。)

元遺山詩集二十卷 金元好問撰

明末汲古閣刊本。　丁晏批校,補年譜,與翁撰有異同。(張菊生藏。壬子)

元遺山詩十卷 金元好問撰

舊鈔本,九行十九字,版心題“竹北亭手鈔”五字。

按:此本前四卷係就全集選録者,卷中缺字甚多,當爲原版斷爛所致,取汲古閣本勘之,頗有異字,其題下注字及一作某等多爲汲古閣本所無,第不知何人所選,何時刊板耳。其五卷以後則就選本所遺者續録之,則異字絶少見,意爲後人補鈔以足之,不足據也。沅叔。(述古堂書坊取閲。丁卯)

二妙集八卷 金段成己、段克己撰

清寫本,十二行二十二字。　前有吴澂序,段氏世德銘,乃虞集撰。後有泰定四年其子輔跋。又成化辛丑中州賈定跋,言得抄本于邑人寧藩參及先生之孫,訂訛補闕,以付刻云云。則此書爲傳抄明成化十七年刊本也。(癸亥)

二妙集八卷 金段成己、段克己撰

舊寫本,十二行二十二字。　有臨川吴澄序。　經舊人朱墨筆校過。(古書流通處送閲。壬戌)

棲霞長春子丘神仙磻溪集三卷 金邱處機撰

金刊本、半葉九行,每行十七字,白口,左右雙闌,版心記“磻溪一”、二等字。　前有大定丙午五月中條山玉峰老人胡光謙序,行書半葉七行,字撫顔平原,體格端嚴,鎸工古勁。語涉金帝皆提行空格。詩中所記歲月至大安元年己巳,刻梓當在大安之後矣。　鈐有“沈與文印”、“姑餘山人”、“毛氏子晉”、“汲古主人”、“乾學之印”、“健菴”、“東武劉喜海燕庭所藏”、“燕庭藏書”諸印。歷藏明沈氏野竹齋、毛氏汲古閣、徐氏傳是樓、劉氏味經書屋。

按：此集正統道藏收入，分爲六卷，實就此三卷本析之，惟卷三四次第略有參差耳。詩皆入元以前所作，取道藏本校之，於篇章初無增損，而字句大有差殊。詩句下原附音釋、自注，詞下所注原名道藏本多删落。詩詞下偶有小序，可考見生平及游踪者，藏本亦加删節，均賴此本校補。又，處機本傳云金宋之際俱遣使來召，不赴。然卷二世宗挽詞小引云：臣處機以大定戊申春三月自終南召赴闕下，召見於長松島云云，可正元史之失。全書白麻紙，淡墨印，己未歲得之隆福寺帶經堂書坊。

忠謨謹按：此書别有跋，收入藏園羣書題記三集卷六。

元别集類

湛然居士文集十四卷 元耶律楚材撰 △一一四一一

明寫本，十行十七字，間有十八字者，書名大字占雙行，似從元刊本出。前有萬松野老行秀序，王鄰序，隸書。孟攀鱗序。本書篇目在每卷前，連正文。

有朱之赤跋六段，録後：

“丁卯小春廿七日，細雨迎寒，燈昏手縮，勉强再三，始終此卷。卧庵老人朱之赤閲。”卷一

“次日早起送劉方伯殯，候諸同人，獨坐挑燈閲此。卧庵。”卷二

“十一月朔，冷風凍雨，不能出户，禮佛畢，經課飯食之餘，閲此三卷。雖精力未疲，覺手顫甚矣。卧庵。”卷四

“湛然居士元大丞相耶律文正王也。王學貫天人，才兼文武，不知其禪學之精深如此。此集爲孝章金先生所藏，曾許見假，未幾去

世。去冬震麓持以見示,始得易抄,春來奔走道路,席不得□,晨坐雨,獲校此二卷。戊辰二月三日赤。"卷九

"元宵以後藩伯宋公祖日來借書,無復餘閑。今早微雨,得校此卷。戊辰二月一日卧庵"卷十二

"粥後雨尚未止,又閲一卷。赤。"卷十三。(余藏。)

湛然居士文集十四卷 元耶律楚材撰

清金侃手寫本。　有後序一篇,題"戊午秋九月上澣,迂齋金侃録并識"。(盛氏遺書。壬子)

湛然居士文集十四卷 元耶律楚材撰　　△一〇三三〇

舊寫本。　有顧廣圻跋,録後:

"此蔣西圃家鈔本,江都陳穆堂逢衡所贈。道光丙戌花朝後十日,顧千里記。"

鈐有"西圃蔣氏手校鈔本"印,"一雲散人"印。又"温露齋陳氏珍藏"印。(丁巳)

湛然居士文集十四卷 元耶律楚材撰

清鮑廷博知不足齋藏本。有正書朱記在後册。　有何子貞紹基跋語。鈐有翰林院大官印,及進呈書木記。(丁巳)

藏春詩集六卷 元劉秉忠撰　存卷一至三,計三卷。　李□七八三七

明天順馬偉刊本,九行二十三字,黑口,左右雙闌。　有至元丁亥閻復序,天順五年馬偉序。題"中書參知政事魯國文定公左山商挺孟卿類稿","中順大夫浙江處州知府瀛海馬偉廷彦校正"。(李木齋遺書,癸未閲。)

藏春詩集六卷 元劉秉忠撰

明天順五年馬偉刊本,九行二十三字,黑口,左右雙闌。(沈曾植氏藏書。)

藏春集六卷 元劉秉忠撰

明弘治元年順德府刊本,九行十九字,白口,單闌。題"中書參知政事魯國文定公左山商挺孟卿類稿","中順大夫浙江處州知府瀛海馬偉廷彦校正"。前有至元丁亥翰林學士閻復序,次弘治元年判順德府事商山孔鑑序,天順五年辛巳河南南陽府泌陽縣吏臨川黎近久大後序。卷一至三七律,卷四七絶,卷五樂府,卷六附録誌傳狀碑銘祭文。鈐有"蕉林藏書"、"觀其大略"、"大中丞印"等印。(余藏。)

忠謨謹按:此書有跋,收入藏園羣書題記初集卷七。

藏春集四卷 元劉秉忠撰 △四二〇

舊寫本,九行二十一字,每卷題銜與天順馬偉本同。有至元丁亥閻復序。以天順六卷本核之,其卷一二當天順本之一二三,卷三當天順本卷四,卷四當天順本卷五,其天順本卷六附録鈔本無之。(余藏。)

藏春集六卷 元劉秉忠撰

舊寫本,十行二十一字。前有至元丁亥翰林學士閻復序。序後有二行:"參知政事左山商挺孟卿集""處州知府瀛海馬偉廷彦校。"(古書流通處送閱。壬戌)

劉文貞公全集三十二卷 元劉秉忠撰

舊寫本,十一行二十字。卷一至十二詩,十三卷以後皆文。前有同邑雲龍山人李冶序。(古書流通處送閱。壬戌)

張淮陽詩集一卷 元張弘範撰

影寫明正德周越刊本。有鄧光薦序。(繆氏藝風堂遺書。壬戌)

張淮陽詩集一卷 元張弘範撰

舊寫本。題"宿人周越校正重刊"。前至正十年許從宣序,又廬陵鄧光薦序。又正德周越後序。(楊耀松自杭州寄來。戊午)

郝文忠公陵川集三十九卷 元郝經撰

舊寫本。有正德序,傳鈔明正德二年李瀚刊本。四庫底本。(盛昱遺書。壬子)

張文忠公文集二十八卷　元張養浩撰

元刊本,十行十八字,黑口,左右雙闌。大字作顔體,疏古可喜。版心上記字數,下記刻工姓名,中縫題"雲莊類稿"。　卷末有雲莊小像及像記,後附張起巖所撰神道碑。三事忠告在内。(南皮張氏書,壬戌春文德堂見。)

張文忠公文集二十八卷　元張養浩撰

元刊本,十行十八字,細黑口,左右雙闌。大版心,大字悦目,頗宜老眼。(劉承幹氏嘉業堂藏書。)

張文忠公文集二十八卷附録一卷　元張養浩撰

清寫本,十行十八字。邵二云晉涵據振綺堂本傳鈔。　羅有高以朱筆校過,并加評隲。邵氏、羅氏識語録後:

"乾隆四十二年春借汪氏振綺堂藏本映鈔,晉涵記"。　"柔兆涒灘辜月借振綺堂家藏張文忠集鈔本傭人影鈔,强圉作噩余月鈔畢,適有修志之役,未及校勘,深用爲愧。　晉涵識于宗陽道院"。

"四月廿二日守風京口校"。此題在二十卷中。　"四月廿三日過江早飯後校完。有高記"。二十一卷後。　"四月廿一日校。有高記"。十五卷後。

鈐有"藉書園本"朱白、"林汲山房藏書"朱、"傳之其人"白、"晉涵之印"、"邵氏二雲"朱、各印。(文友堂取閲。戊辰八月)

歸田類稿二十八卷　元張養浩撰

明寫本,十行二十字。　序後有"泰定改元"鐘式木記。　鈐有曹楝亭寅藏印。(述古堂送閲。壬戌)

秋堂邵先生文集□卷　元邵□□撰　存卷二至五,計四卷

元刊本,十行十六字,黑口,四周雙闌。　鈐有"晉府書畫之印"、"敬德堂圖書印"、"姜氏圖書"、"清樂軒"各印。

按:邵氏至元間人,曾任婺州宣慰使,詩筆淺率不足觀,元詩選亦未

收,其集則海内孤本,内閣大庫故物,爲劉君翰臣所得,持以相贈。

忠謨謹按:此書别有跋,收入藏園羣書題記初集卷七。

牧萊脞語二十卷二稿八卷 元東山古迂陳仁子同俌述　門人李懋宣揚廷輯

△八四九九

舊寫本,十行十八字,卷中空格一仍舊式。　前有重光單閼季春樵溪逸民余恁序,又廬陵鄧光薦序,又壬寅元夕安成蕭龍友佐俌序。

二稿題門人譚以則伯可輯。

鈐有"楝亭曹氏藏書"、"長白敷槎氏堇齋昌齡圖書印"、"堇齋圖書"各印,又"卓觀樓"腰圓大印。(此書孤本,周叔弢藏,借來録副因記。)

忠謨謹按:此書别有跋,收入藏園羣書題記三集卷六。

月屋謾藁一卷 元黄庚撰　△八五〇四

清康熙十二年癸丑寫本,十行二十二字。卷末三行文曰:"天台山黄庚著","清源門壻林伯良編集","西秦菊存張瑛校正"。

有識語録後:

"康熙癸丑小春廿有四日,嬾髯野叟偶得元人手書天台山人集,喜而録之,時年六十有六"。後鈐"王氏乃昭"白文印。(德化李木齋先生藏。癸未)

月屋漫稿不分卷 元黄庚撰　△一一四一二

舊寫本,墨格,十行二十一字,版心下有"裘杼樓"三字,蓋汪森家鈔本。　前有泰定丁卯天台山人黄庚星甫序。其編次首五言律,次五言古,次七言絶,次七言律,次七言古。

鈐有"平陽藏書"朱、"敬翼堂印"白、"休陽汪氏裘杼樓藏書印"朱、"碧巢秘笈定本"白諸印記。

按:余昔年曾傳鈔黄氏詩稿,題爲月屋樵吟,分爲四卷,卷一五言律,卷二七言律,卷三七言絶句,卷四古風、長短句。取汪氏此本校之,不特字句改正不少,而各體溢出之詩多至四十八首,自是别爲一本,或當時並行兩本,故致此參差也。沅叔。(文禄堂見,辛巳收。)

月屋漫稿不分卷 元黄庚撰 李□二三一

舊寫本,十行二十四字。 前有泰定丁卯黄庚自序,又成化十三年丁酉山西都司署指揮僉事維揚張泰時亨序,題爲月屋樵吟,言其弟頤在翰林得全集於謝鳴治侍講,因校正其訛,刊於西塾。卷末有兩行題:"天台山人黄庚著","清源門壻林伯良集","西秦菊存張瑛校正"。 有朱筆跋四行:

"嘉慶丙子五月十二日手校一過,凡正三十七字。詩雖間有秀句,而體格多卑弱,至於一太守相過乃謂恩同滄溟之深,則所養亦太淺矣。 謝珊嶠識"下有"謝寶樹印"。(李木齋遺書。辛巳)

月屋樵吟四卷 元天台黄庚撰

舊寫本。 卷一五律九十首,卷二七律一百二十五首,卷三七絶一百九十二首,卷四古風長短句九首。 前有自序。(已録存副本。)

按:黄集别有一本,題月屋漫藁,不分卷。余得汪氏扆硯齋鈔本及劉氏味經書屋鈔本與此對勘,汪本溢出五律五首,七律七首,七絶十二首,五七古二十六首。然樵吟有而漫稿無者亦有五律一首,七律一首,七絶十三首,五七古六首。其文字差異又不可勝記。余就樵吟本校改,其所溢各詩分體補入,庶盡取二家之長彙于一帙,爲黄集增一較完之本。

忠謨謹按:此書别有跋,收入藏園羣書題記三集卷七。

剡源先生文集六卷 元戴表元撰

明初刊本,十行二十字,細黑口,左右雙闌,版心上方記字數,上魚尾下記"詩卷幾",版式寬展,中縫亦闊,字仿松雪體,結構方整而筆致秀勁,饒有元雕之風。疑卽洪武初宋濂所序刻于太學之二十八卷本也。 首録自序一首。卷一七古二十六首,卷二七古二十三首,卷三五古四十九首,卷四五言近體五十九首,卷五七言近體五十一首,卷六七絶六十八首。後附一葉，刊七古一首。篇幅約及今本之半，然六卷各體皆備，可知洪武初刊其存詩祇得此數也。余取郁氏宜稼堂刊本校之，其差誤幾于無篇無之，卽題目亦時有不同，改正甚多。

鈐有查映山印數方。

又，附舊鈔本二册，不分卷，殘存記十九篇，序十三篇，雜説二篇，賦一篇，銘二篇，贊五篇，祭文七篇，書題二十一篇，啟劄五篇、疏六篇，行述一篇，墓誌銘十篇，講義二十篇。以今本核之，改正亦多。（潘氏滂喜齋遺書，辛巳十一月十六日見于翰文齋。）

忠謨謹按：此書别有跋，收入藏園羣書題記三集卷七。

剡源先生文集二十六卷 元戴表元撰

舊寫本，每葉中縫題"南廬藏書"四字。 前元史本傳，次宋濂序、次萬曆元年周儀羽重刻序，次自序。（古書流通處送閲。壬戌）

剡源戴先生文集三十卷 元戴表元撰

明萬曆間後裔戴洵刊本，十二行二十三字。 有戴洵序，又周汝礪序。此書少見。（涵芬樓藏書。己未）

剡源戴先生文集三十卷 元戴表元撰

明萬曆刊本，十二行二十三字。 有嘉慶丁丑趙懷玉手跋。歷藏曹秋岳溶、鮑渌飲廷博、趙味辛懷玉、鮑正言、錢叔美杜諸家。（癸亥十月見于上海古書流通處。）

剡源集三十卷 元戴表元撰 **重刻札記一卷** 清郁松年撰 △四二四

清道光郁氏宜稼堂叢書本。清沈炳垣校，並録何焯批校及跋。余據上海涵芬樓藏明耕心堂寫本及朱翼厂文鈞藏本補校，又據舊寫本録金侃跋者再校，補正數百字。

剡源先生文集二册不分卷 元戴表元撰

舊寫本，十行二十字，文、詩各爲一册。 前有表元自序。後有金亦陶侃跋：

"人之性情不同,故其嗜好亦異,如文王之昌歜,曾皙之羊棗,屈到之芰,淵明之酒,嵇康之鍛,李納之奕,荀奉倩之婦,王子猷之竹,范汪王之梅,元章之石,劉邕之痂皆是也。余賦性最淡,一切世人所熱中奔競者舉無所好,顧獨好書。然家貧授徒以餬其口,安得有餘資買書,勢不得不從友人借抄,所謂少好抄書老而彌篤者矣。然亦用以耗壯心送餘年耳,非欲以矜博覽誇收藏也。歲己未,嘉禾曹侍郎秋嶽先生過余草堂,極稱元人戴帥初之文,許抄以寄我。會余客他郡者數年,歸訊先生,則已爲古人矣。於是帥初之名時往來胸中,或形諸夢寐。今年始獲借閲此本,如飢者得異饌,飽飫美滿,欣慰無已也。但係抄本,舛譌最夥,姑録存之,俟再購以校。按宋遺民廣録:帥初諱表元,慶元奉化人,咸淳中登進士乙科,教授建康,以恩轉文林郎户部,會國變,携家避鄰郡,兵定歸四明,不仕。家素貧,不事生産,逃竄之餘,無以餬口,授徒賣文,日手一編不輟,從榆林剡源家焉。年六十二,執政薦之,拜信州教授,再調婺州,辭。年六十七卒。著剡源集行世。戊辰新秋拙脩居士金侃録并志。"

鈐有"明善堂覽書畫印記"。(海源閣遺書,楹書隅録未録。庚午)

剩語二卷 元艾性撰 △一二〇〇九

清四庫館紅格寫本。(辛巳十一月六日見于翰文齋,潘伯寅遺書。)

剩語二卷 宋艾性撰

傳抄四庫全書本。(古書流通處送閲。壬戌)

養蒙先生文集十卷 元張伯淳撰 存卷一至五,凡五卷

元至正刊本,九行十七字,白口,四周雙闌,版心上方記字數。卷一首葉中縫下有"武林陳仁甫刊"小字一行。 首總目,目後有男采跋語,次泰定三年鄧文原序,次至順三年虞集序,次謚文。卷一册詔制表,卷二序,卷三記,卷四碑銘,卷五頌、銘、贊、箴、説、題跋,卷六祭文、疏,卷

七古詩,卷八絶句、五言律詩,卷九七言律詩,卷十詞。兹將張采跋語録後,可考見其刊集之始末也。

"先公文穆在□□由童子科及第,逮事聖朝,復以詞臣錫封受爵,然不喜以藻翰自能。既没,無成稿,命男炯訪求遺逸,僅得若干篇,釐爲十卷,刊之右塾,使無忘前人之徽烈。其藏諸人散于四方者,未能兼收並録,則中心之深嗛也。至正六年正月望日,中議大夫河東宣慰副使致仕男采拜手謹識。"

此書趙斐雲萬里自北京圖書館殘籠檢出,持以相眎。字體勁整,猶存天水遺風,行格寬展,與西湖書院本相類,惜只存前五卷耳。

余傳録結一廬鈔本,竢取此勘正之。(辛未十一月)

養蒙先生文集十卷 元張伯淳撰 存六卷 李□七七七〇

舊寫本。 鈐有"燕庭藏書"、"結一廬藏書印"。(德化李氏舊藏。癸未)

墻東類稿二十卷 元陸文圭撰

舊寫本。 孔葒谷繼涵手寫目録。(蔣孟蘋藏書。甲寅)

巴西鄧先生文集不分卷 元鄧文原撰

舊寫本,十一行二十四字。 鈐有"李禮南藏書印"。朱文。書衣有禮南題記三行,録後:

"元集賢學士兼國子祭酒鄧文原撰。文原學有本源,所作皆温醇典雅,大德延祐之際爲元代文章之極盛,實文原有以倡導之。惟原集罕傳,此本僅雜綴七十餘首,未盡所長耳。"(丁卯)

巴西文集一卷 元鄧文原撰

知不足齋寫本,十行十九字,計一百二十七番。鮑以文廷博手校。

鈐有"遺藁天留"、"知不足齋鈔傳秘册"朱白文。(甲寅)

玉斗山人集三卷 元王奕撰 **附録一卷**

舊寫本。 清汪士鐘藏書。有徐康子晉跋:

"此集舊藏藝芸書舍,咸豐十年冬得於古春申浦,雪窗呵凍,排悶斠字。　子晉。"(余藏。)

谷響集一卷 元釋善住撰

舊寫本。　鈐有"謙牧堂藏書印"。(徐梧生藏書。乙丑)

元松鄉先生文集十卷 元任士林撰

明永樂刊本,十三行二十三字。　前有趙孟頫撰墓誌銘,及京兆杜本序。

按:此書繆氏藝風堂藏,號爲元刊,余嘗見舊寫本,行欵與此同,有永樂三年胡儼後跋,卽從此本出。

元松鄉先生文集十卷 元任士林撰　△七七一九

清傳鈔明永樂刊本,十三行二十三字。題"句章任士林叔實著"。

有前貢士江陵熊釗序,丁卯孟夏朔墻東老叟陸文圭序,京兆杜本序,趙孟頫墓誌銘。又永樂三年冬十一月國子祭酒同修國史胡儼後跋,言其孫今福建參政勉刻梓以傳云云。

鈐有:"孱守齋"朱、"小學齋"朱、"潘氏桐西書屋之印"朱、"潘菽坡"白、"介繁"朱、"潘茮坡圖書印"朱、"崦西漁隱"朱、"黄鈞"朱白、"次歐"朱、"臣大昕"朱白、"辛楣"朱、"竹汀"朱、"宗室盛昱收藏圖書印"。

按:此書藏涵芬樓,壬戌八月假之北歸。其陸、熊、杜三序今刻本所無,當鈔補之。　沅叔。

元松鄉先生文集十卷 元任士林撰

舊寫本,十三行二十三字。　後有永樂三年胡儼序。　有道光十八年嘉定諸咸璋墨筆校,咸豐辛酉胡芝林黄筆校。(蘇估柳咏春送閲,索十六元。)

竹素山房集三卷附録一卷 元吾丘衍撰

舊寫本。題"魯郡吾丘衍子行"。　有杭世駿跋,嘉慶十年鮑廷博跋,又跋一則,題詩八首,又鮑正言詩四首。(楊耀松自杭州寄來。戊午)

松雪齋文集十卷外集一卷 元趙孟頫撰

元後至元五年沈伯玉刊本，十二行二十二字，白口，四周雙闌，板心上魚尾下記"松雪文幾"。　有大德戊戌剡源戴表元序，至元後己卯長沙何貞立跋。十卷後有至元後己卯良月十日花谿沈璜伯玉刻書跋語十四行。

鈐有"竹香草堂"朱、"趙昌國印"白、"趙氏忠甫"白、"師竹居書畫記"白、"四明豐氏西塾書畫印"朱。（余藏。）

松雪齋文集十卷外集一卷 元趙孟頫撰

舊寫本，九行二十一字。　有大德戊戌戴表元序、至治二年楊載撰行狀，次謚文，次目録，後有至元後己卯花谿沈璜跋。外集詩一首、序四首、記四首、碑銘四首、疏四首、題跋二首。後有至元後己卯長洲何貞立跋，天順六年知湖州府事大梁岳璿文璣跋。跋言得仲雍手書，鏤板于予婭家花城沈氏，惜其故板無存，重付刀筆云云。

按：此本有岳跋，則爲出自天順刊本矣。（述古堂書坊取閲，丁卯。）

松雪齋文集十卷 元趙孟頫撰

明末刊本，大字，九行十八字。題"新城霽宇王象乾閲"，"東明際虞崔邦亮校"。　清王懿榮舊藏，有跋。（壬戌）

松雪齋文集二卷 元趙孟頫撰

明正德七年方選刊本，十行二十一字，黑口，左右雙闌。　前正德七年陸崐序，次大德戊戌戴表元序。後正德辛未知烏程縣事浮梁方選跋。

按：此爲烏程知縣方選就全集中訂正，取其切於世教者若干篇釐爲上下二卷，屬司訓宣城陸君重刻於烏程邑庠者。（余藏，丙辰記。顧鶴逸亦藏一本，癸丑見。）

趙子昂詩集七卷 元趙孟頫撰　△一一四一三

元至正元年辛巳建安虞氏務本堂刊本，十一行二十字，黑口，左右雙闌。每卷標題大字占雙行，第三行題"宜黄後學譚潤伯玉編集"。目録及卷中每類均加黑蓋子。目後有"至元辛巳春和建安虞氏務本堂編刊"陰文一行。　卷一五言古詩,卷二五言律詩,卷三五言絶句,卷四七言古風,卷五七言律詩,卷六七言絶句,卷七六言。　鈐有"張厚坤藏書印"。

按:此書絶罕見,惟儀顧堂續跋載之,云比松雪齋集多"有所思"、"望美人"等詩十餘首,今考之信然。書目録後牌子題至元辛巳春和,考前至元辛巳乃十八年,其時子昂方廿八歲,又五年程鉅夫薦於世祖乃得進用,與集中往還諸人年代不相應,則非前至元可知。其後至元六年爲庚辰,次年辛巳正月朔改元至正,今此刻題至元辛巳春和,蓋地僻未奉詔書,故猶存舊號也。

余壬子春得後至元五年花谿沈伯玉刊本,然固爲習見,且爲明時印本,未足貴也。前月魯君純伯言其戚丁氏有元本趙子昂詩集,旋與杜詩、韓集同來。考沈氏刻於己卯,僅先此二年,疑刻時兩地不相謀,故其詩之次第不同,首數亦略有參差。偶取康熙時曹培廉刊本對勘數葉,已得異字十餘處。暇當合兩元刊互校之,以爲松雪集之定本云。　沅叔。

臨川吴文正公集四十九卷 元吴澄撰

明刊本,十行十八字,大黑口,四周雙闌。(庚午)

臨川吴文正公集四十九卷 元吴澄撰。存卷八至十、十四、十五、二十六至三十。計十卷

明刊本,十行二十一字,間有十九、二十字者,大黑口,四周雙闌。(戊午)

臨川吴文正公集四十九卷外集三卷 元吴澄撰 **年譜一卷行狀一卷**

明刊本,十行十九字,黑口。(癸丑)

臨川吴文正公集五十卷 元吴澄撰

舊寫本,十行二十一字。(沈子封舊藏。庚午)

文正公草廬吴先生文粹六卷 元吴澄撰

明刊本，十三行二十四字。　海虞吴訥編。前有宣德九年吴訥序，後有正統六年王世孫炬重刊跋。鈐有季振宜印，又"瞿氏鑒藏金石記"印。

山村遺藁一卷附録二卷補遺附録續 元仇遠撰

清寫本。　題"吴郡顧維岳手輯"。補遺附録題"知不足齋輯"。

鈐有"會稽章壽康藏"一印。（癸亥）

仇山村遺稿一卷 元仇遠撰

清何義門焯家寫本。存詩一百三十四首，雜著六首。余以乾隆五年項夢昶古香書屋刊本核之，項本視此增詩十首，然此本亦多詩一首，雜文四首。卷中朱筆校字爲何義門焯筆。

鈐有"松齋"、"文殊師利弟子"、"隨庵道人"、"静觀樓"、"黄絹幼婦"、"消摇游"、"吾師老莊"、"閑官養不才"各印，咸何氏印。　韓應陛舊藏。（丁丑春獲之滬上。）

忠謨謹按：此書别有跋，收入藏園羣書題記三集卷七。

筠溪牧潛集不分卷 元釋圓至撰

元刊本，十二行二十一字，白口四周雙闌。　前有方回序，後有洪喬祖跋。全書不分卷，以類相從，詩一，銘二，碑記三，序四，書五，雜著六，榜疏七。　至明刻則逕分爲七卷矣。（日本静嘉堂文庫藏書，己巳十一月十三日閲。）

小亨集六卷 元楊弘道撰

舊寫本。　孔葒谷繼涵抄目。（蔣孟蘋藏書，甲寅六月見。）

還山遺稿二卷 元楊奂撰 **楊文憲公考歲略一卷** 明宋廷佐撰 **附録一卷** 明宋廷佐輯

繆氏藝風堂傳抄明嘉靖元年宋廷佐刊本。　前有嘉靖元年王元凱序。（古書流通處送閲。壬戌）

魯齋全書七卷 元許衡撰

明正德十三年高傑刊本，十行二十字，黑口。　有何塘序。（述古堂送閱。壬戌）

静修先生文集二十二卷 元劉因撰

元至順元年庚午宗文堂刊本，十三行二十二字，黑口，四周雙闌，上魚尾下題“静修文集幾”。　首東平李謙序。卷一後有牌子，文曰：

至順庚午孟 秋宗文堂刊

鈐有“松江沈氏均初校藏金石書籍善本印記”朱、“樹鏞私印”白。（余藏。）

静修先生文集二十二卷 元劉因撰

元至順元年宗文堂刊本，十三行二十一字，注雙行，黑口。卷一後有“至順庚午孟秋宗文堂刊”木記。（顧鶴逸藏書，壬子二月觀。）

劉文靖公文集二十八卷 元劉因撰　影鈔首册

明成化刊本，十行二十字，黑口，四周雙闌，大板心。卷二十七附録，卷二十八考異。　鈐有“黄琳印”。“殿中司馬”、“敕褒忠節之家”、“守素黄氏”、“淮東書院圖籍”各印。（余藏。丙辰）

劉静修集三十卷 丁亥集六卷，遺文六卷，遺詩六卷，詩文拾遺七卷，續集三卷，附録二卷　元劉因撰　△一〇三三一

明弘治刊本，九行二十字，黑口，四周雙闌。　後有弘治辛酉慈谿周旋跋。

按：此本編次殊異。余藏有元至順庚午宗文堂刊本，爲二十二卷，又明成化刊本劉文靖公集，爲二十八卷，其篇數視此不減，而文字則較精審也。（邢贊亭藏書，甲戌二月見。）

雙溪醉隱集八卷 元耶律鑄撰

清寫本。　法式善舊藏，卽陶廬雜録中所記之得諸廟市四庫館副本

也。　樊樊山老人增祥藏，丁卯歲借來一校，改正知服齋叢書本六百五十三字，補佚詩一首。

忠謨謹按：此書别有跋，收入藏園羣書題記續集卷四。

許白雲先生文集四卷 元許謙撰 **附録一卷**

明成化二年張氏廣東刊本，十行二十字，黑口，四周雙闌。　前成化二年金華陳相序，言爲廣東方伯江浦張公所刻。次目録，次元史載白雲先生行實。附録載學箴一篇。又永樂辛卯黄淮跋，胡廣跋，天順六年錢溥跋。　卷後有乾隆壬辰蒦禪瑛寶題記。　鈐有季振宜、張照、揚州阮氏瑯嬛仙館印。（余藏）

許白雲先生文集四卷 元許謙撰　△二五四八

明正德刊本，十行二十字，黑口，四周雙闌，板心下方白文記字數。

有成化二年金華陳相序，正德十三年戊寅知肇慶府閩中黄瓊後序，題作白雲存稿。正統丁卯七月金臺後學李伸序，次元史載白雲先生行實，後成化乙酉江浦張瑄後序，正德十三年金華陳綱序。

鈐有"静脩齋圖書記"、"西河"、"毛古愚藏"均白文印，又汪閬源、潘茮坡各藏印，盛伯羲印。

此書爲鄧孝先邦述同年羣碧樓藏書，有跋語，不悉記。（丁卯歲收得。）

許白雲先生文集四卷 元許謙撰

舊寫本，十行二十字。　鈐有"朱彝尊印"回文、"秀水朱氏潛采堂圖書"、"燕庭藏書"、"嘉蔭簃藏書印"。（徐坊遺書。癸亥）

許白雲先生文集四卷 元許謙撰

舊寫本，十行二十字。　前有正統丁卯金臺李伸序，後有成化乙酉江浦張瑄跋，正德十三年金華陳綱跋，又淮陰胡璉跋。

有韓緑卿應陛跋，謂第三卷爲宋賓王手書。目録次行有"後學歸安凌應鈐重較"。　鈐有戈小蓮襄印。（癸酉十一月十二日見，周叔弢藏。）

默菴安先生文集五卷 元安熙撰

舊寫本,十行二十字。目後有泰定四年男廣寧路儒學正塈記十行,又有門生楊浚民氏校讎、蘇天爵編集官銜二行。與前校涵芬樓藏本同,不具録。

鈐有鮑以文三印,"蔣維基印"、"茹古主人"、"文廷式印"各印。(己巳四月)

默菴安先生文集六卷 元安熙撰

舊寫本,題:"前鄉貢進士真定路趙州儒學正門人楊浚民校讐","應奉翰林文字承直郎同知制誥兼國史院編修官門生蘇天爵編輯"。前有虞集序。 有失名人朱筆校。(蔣孟蘋藏。)

默庵安先生文集五卷 元安熙撰

舊寫本。 有泰定三年虞集序。 繆荃孫據清朱竹坨藏本校。(古書流通處送閱。壬戌)

雲峰胡先生文集十四卷 元胡炳文撰 △二五六八

明弘治二年藍章刊本,十行十八字,黑口,四周雙闌。卷一第二、三、四行題"裔孫用光蒐輯","濬編次","邑後學汪舜民校正"。 前編分記類、序類、説類、銘類、詩類、書類、啟類、箴類、詞類、賦類、傳類、題跋類、上梁文。後編爲附録。前有弘治元年南京太常寺少卿莆田陳音序,言雲峰文集二十卷,散佚無存,七世孫用光蒐輯得五卷,其子濬又博訪遺文,倍增于舊。成化丁未,東萊藍君文繡宰婺源,遂鋟梓焉。後有南京吏部主事海陵儲巏序,弘治己酉江西按察司僉事邑後學汪舜民跋,跋後有二行,文曰:"邑儒士程質繕寫"、"歙黄文敬刻梓"。陳序後目録,次遺像及贊,贊後有孫濬跋語,次明經書院圖,圖後有孫濬跋,次墓圖,圖後亦有孫濬跋,次元史列傳,次行實。(庚午收得)

秋澗先生大全文集一百卷 元王惲撰

明弘治十一年御史李瀚叔淵刊於汴梁,十二行二十字,黑口雙闌。

前有河南學政車璽序。前有秋澗小像及秋澗圖。據車序,稱爲祝直夫,包好問考正疑誤,馬龍、金舜臣繕寫翻刻。卷一至七十七卷皆詩文,七八、七九爲進呈裕宗皇帝承華事略六卷,元貞守成事鑑十三篇,八十至八十二爲中堂事記,八十三至九十二爲烏臺筆補,九十三至一百爲玉堂嘉話八卷。又目録一卷附録一卷。(癸丑)

秋澗先生大文全集一百卷 元王惲撰

舊寫本,十二行二十字。 有至大己酉王搆序,羅應龍序,後有"嘉興路司吏楊恢監督"、"嘉興路儒學學録余元第董工"、"前蘭溪州州判唐泳涯校正"三行。 鈐有朱笥河、嘉蔭堂、璜川吴氏、王雨堂藏印。

牧菴集二卷 元營州柳城姚燧端夫氏撰

舊寫本,十一行二十二字。 前泰定張養浩序,後有昌跋不著其姓,前有昌天順甲申跋。賦一首,詩古近體十二題,敕詔制策十二題,碑四首,記五首,序七首,碑銘六首,神道碑十九首,坿柳貫謚議。 鈐宋筠蘭揮印記三方,内"己丑進士"一印少見。(丙寅)

牧菴集二卷 元姚燧撰

舊寫本,汪閬源藏。後多金同知沁南軍節度使楊公傳,刻本有之。餘次序與宋蘭揮藏本不異。

余取聚珍本校一過,其中爲聚珍本所無者列目于後,别鈔補入:

高麗國王封曾祖父母父母制四首 淇陽王妻啜思蠻公主封王夫人制一首 襄陽廟學碑一首 寄暢純父治中五律一首 别王良輔七律一首。(涵芬樓藏。丙寅)

楚國文憲公雪樓程先生文集三十卷 元程鉅夫撰

明洪武刊本,十四行二十二字,黑口,左右雙闌。題"奉直大夫秘書監著作郎男大本輯録","翰林侍講學士中奉大夫知制誥同修國史同知經筵事門生揭奚斯校正"。 前至正丙戌歐陽玄序,彭從吉序,李好文序,至正十四年。洪武二十九年丙子熊釗序。附録一卷,目録一卷,年譜一卷,本書卷一至九玉堂類稿,卷十奏議存稿,卷十一至二十五文,卷二十六至末詩詞。(陶湘藏書,庚申歲余亦收一部。)

忠謨謹按:此書别有跋,收入藏園羣書題記續集卷四。

溧陽路總管水鏡元公詩集一卷 元元淮撰

舊寫本,十行二十字。 有正統九年甲子邵武縣教諭告水謝卓序。鈐有"汪魚亭藏閲書"朱文印。(己未)

漢泉曹文貞公詩集十卷 元曹伯啟撰 後録一卷

元後至元四年曹復亨刊本,大版心,半葉九行、行十五字,白口,四周雙闌,卷首二三行題:"文林郎江南諸道行御史堂管勾男復亨類集","國子生浚儀胡益編録"。語涉元帝提行空格。(江南圖書館藏。己未)

漢泉曹文貞公詩集十卷 元曹伯啟撰

舊寫本,九行十五字,題"文林郎江南諸道行御史台管句男復亨類集","國子生浚儀胡益編録"。語涉元帝空格提行,是從元刊本傳寫者。 有至元三年江南諸道行御史臺御史張起巖序,至元五年江北淮東道肅政廉訪使蘇天爵序,後至元四年國子司業呂思誠序,至元後戊寅玄教大宗師吴全節序。

按:漢泉漫稿曾見江南圖書館藏元刊本。後又見汲古閣寫本、存卷六至十,曾影鈔一部。又見金迂齋侃手寫本,只一至五卷,而卷中詩多空缺。兹湘人王培初携來舊寫本,以校金氏寫本五卷,計補缺文九葉,詩二十三首,又增逸詩六首。異時擬就金氏本校過者别鈔前五卷,以配影鈔汲古本,庶爲完帙。若復能以江南圖書館本校之,則爲盡善矣。

漢泉曹文貞公詩集十卷 元曹伯啟撰 後録一卷 存卷六至十,又後録一卷,計六卷

明末毛氏汲古閣寫本,十行二十字,第二行題"文林郎江南諸道行御史臺管勾男復亨類集",第三行題"國子生浚儀胡益編録"。卷六、七

七律,八、九七絶,十詞。　鈐有元本甲及毛氏父子藏印。(壬戌)

漢泉漫藁十卷 元曹伯啟撰

影寫元刊本,九行十五字。　有至元三年後丙子中元日癸丑通奉大夫江南諸道行御史臺侍御史張起巖序,後至元四年三月下旬有二日大中大夫國子司業吕思誠序。(余藏。辛酉)

陳剛中詩集三卷 元陳孚撰 **附録一卷**

明天順四年沈琮刊於廣州,十一行二十字,黑口,四周雙闌。卷一末題"雲間竹庭徐氏家藏,廣州府學校刊"一行。　前元史儒學傳,後有洪武壬申錢唐皇甫㬂序。卷尾有牌子録後:

"余家藏元翰林待制台陳先生剛中觀光
藁、交州藁、玉堂藁三卷併附録,是爲洪武
壬申浙江布政司刻板,今不多見傳之□
方。天順庚辰,余因知廣州,得録本校定一
二譌字,加書元史列傳於首,敬用捐俸繡
梓,以永其傳云。是歲八月望,平湖沈琮識。"

按:此爲天台陳孚所撰,卷一爲觀光藁,卷二爲交州藁,卷三爲玉堂藁,附録爲元史梁曾傳、元諭安南國詔、元奉使與安南國往復書、安南進萬壽頌并表奏。蓋孚與梁曾至元時同使安南國,其交州藁卽使安南所作。其安南卽事五言排律一首中多自註,於彼中風俗政教言之至詳,與附録各篇均爲極有關係之作。此書刻本至爲罕見,各家著録多不之及,余得之於盛意園家,卷中有劉燕庭、葉名澧印,蓋當時已互相珍秘矣。　沅叔丙辰冬。

玉井樵唱三卷 題遂昌柘溪尹廷高仲明著 △八五一三

舊寫本,十行二十一字,版心有"知不足齋正本"六字。　前有廷高書先君竹坡詩一段,又録元詩選小傳,傳後附考一則。

鈐有"翰林院印"滿漢文大官印,又"清愛堂"、"劉喜海"、"燕庭"、"燕

庭藏書”各印。(庚午十月)

清容居士集五十卷目録二卷 元袁桷撰 缺卷二十九、三十七、三十八、三十九、四十七、四十八,卷二十七、二十八、四十九、五十鈔補 △七七二六

元刊本,十行十六字,黑口,左右雙闌。字撫松雪體,刊印皆工。鈐有朱之赤收藏各印,又楷書朱文長方木記,文曰:“賣衣買書志亦迂,愛護不異隋侯珠,有假不返遭神誅,子孫鬻之何其愚。”(乙卯歲董授經以五百元收得,後歸袁寒雲。)

清容居士集五十卷 元袁桷撰

明寫本,十行十六字。 鈐有彭氏知聖道齋、朱氏結一廬藏印。(壬子)

此山先生詩集十卷 元周權撰 **附此山堂題詠**三葉

元刊本,十一行十九字,細黑口,左右雙闌,版心上記字數。行間有圈點。次行題陳旅校選。三行題歐陽玄批點,俱帶官銜。 有延祐袁桷序,歐陽玄序,陳旅序。後有謝瑞跋、揭奚斯跋。(癸丑歲見於南潯張石銘家。)

周此山先生詩集十卷 元周權撰

舊寫本,清秦氏石研齋藏書。 章式之鈺以四卷本校過。(余藏。)

周此山先生詩集四卷 元周權撰

明刊本,十行十六字,黑口雙闌。 有袁桷、歐陽玄、陳旅序,後有謝端、揭奚斯、柳貫序。(沈子培藏書。壬子)

周此山先生詩集四卷 元周權撰

清寫本。 有人以朱筆校過,分卷不同,似據元本校者。 有錢曾印,恐不真。又“白陽山人”印。(癸亥)

西翁近稿文集八卷詩集三卷 元譚景星撰

元刊本,十行二十字,細黑口,左右雙闌,版心標書名幾,下記“說”、“記”、“序”、“賦”等類一字,下方記字數。 前有延祐己未衡山何克

明復初序，及延祐庚申七夕後一日臨川黄常敬跋。後有延祐五年己未孟秋之月西翁譚景星明望序。近稿七卷：卷一説，卷二記，卷三序，卷四賦，卷五書，卷六頌，卷七雜著。詩集三卷：卷一五律，卷二七律，卷三古句七言。卷一尾有方木記五行云：

"進士覃公其父真德黄氏其
母父以文鳴母以節著景星
維其父之命明望維其儕之
稱邨西其明經之所稅西吾
老而西吾翁後脩過𥗽之心"

村西西翁詩集六卷文集十卷 元譚景星撰

元刊本，十行二十字，細黑口，左右雙闌，版心記詩幾文幾，及記類別一二字，下方記字數。卷首題"村西譚景星明望述"，"後學陳泗孔編"二行。　前有皇慶壬子自序，序後有記二行，如下式：

小村書塾刊梓 譚疇孔章謹識

文集卷一缺，卷二題"茶陵譚景星明望述著"，"廣漢甘楚材公亮校定"二行。後有陳泗孔仲濱跋。

詩集卷一五律，卷二五言古句，卷三七律，卷四七絶，卷五七言古句，卷六四、五、六言。

文集卷一缺，卷二論，卷三書卷三以下題同，卷六説，卷七記，卷八碑，卷九雜著，卷十誌。

按：譚氏兩集吾國各家著録皆不及，亦海外僅存之孤本也。（日本帝室圖書寮藏書，己巳十一月十一日觀。）

蒲室集十五卷書問一卷疏一卷 元釋大訢撰

清寫本。　前有至元四年虞集序。（余藏。）

弁山小隱吟録二卷 元黄玠撰

舊寫本,九行十八字。　前有至正乙酉玠自序。次補鈔四庫提要。卷一古體五言,卷二七言歌行雜體。　卷中有朱筆校字,末有“壬戌冬日燈下校閱,潔庵記”一行。

首鈐“翰林院印”大官印,又“天都鮑氏困學齋圖籍”朱、“詩龕書畫印”朱、“韓泰華印”白、“小亭”朱、“韓氏藏書”白、“玉雨堂”朱諸印記。

此書余於辛巳正月二十一日午刻見于文友堂書坊,因携歸記之。是夕該店失慎,全部書籍俄頃化爲灰燼,此書乃得免於難,亦幸事也。

續軒渠集十卷 元洪希文撰　卷七至十配補。

明祁氏澹生堂寫本,十行十八字。題“皇明白鹿山人浙蔡宗兗删正。”(涵芬樓藏書。己未)

何太虚文集十卷 詩稿六卷　外稿四卷　元何中撰

清道光咸豐間刊本,九行二十一字。

按:此書元明以後無刊本,外稿四庫未收,此雖近刻,亦足珍也。徐森玉舊藏,世好謝剛主國楨收得見贈。

忠謨謹按:此書别有跋,收入藏園羣書題記三集卷七。

知非堂稿六卷 元何中撰

舊寫本,竹紙烏絲闌,八行十六字,版心有“檇李曹氏倦圃藏書”八字。題“元臨川何中太虚著”,“後學孫何賤雅言編集”,“趙郡管時中校正”,凡三行。　前吴澂序,次延祐庚申太虚自序。

鈐印有:“曹溶之印”朱、“潔躬”白、“檇李曹氏藏書印”朱、“宋筠”朱、“宋氏蘭揮藏書善本”白、“雪苑宋氏蘭揮藏書記”朱、“有竹軒”朱、“蘭揮”白、“己丑進士太史圖章”白、“風月無邊庭草交翠”朱、“藏真精舍偶得”白、“雲心珍賞”白、“晉齋”朱。(北京圖書館新收之書,甲戌十一月借校。)

忠謨謹按:此書有跋,收入藏園羣書題記續集卷四。

知非堂稿十一卷 元撫樂何中太虚撰　△四三六

舊寫本,九行十八字。　前有洪武丙子鰲溪儒學致仕訓導桐江黄德民九皋序,次延祐庚申六月朔何中太虚自序,次元統二年十月揭曼碩序。卷一至六詩,以後文。(壬戌歲古書流通處送閲,已收。)

忠謨謹按:此書别有跋,收入藏園羣書題記三集卷七。

貢文靖公雲林詩集六卷 元貢奎撰

明弘治三年庚戌天台范吉刊本,九行十八字,黑口雙闌。卷五後有牌子:

徽州歙西	黄永昇貴全道清道齊 仇壽以銘以順刊

鈐有汲古閣藏印。(顧鶴逸藏書。癸丑)

貢文靖公雲林詩集六卷 元貢奎撰

舊寫本,十行二十二字。　有錢天樹跋,録後:

"按雲林集六卷元貢奎撰,原本七集,共百廿卷,今惟此集僅存,乃七集中之一集也。其鈔本出自祥符周雪客先生所鈔,甚足寶貴。雪客名在浚,又號耐龕,曾注陸游南唐書,未曾刊刻,古鹽張文魚先生得其底稿,高淳復加詳註,吴兔床、陳亮軒兩先生跋後。雪客爲櫟園先生子,家學淵源有自也。今南唐書註亦爲篴江所得,將來倘能付梓,真藝林中一大快事。朱竹垞先生曾歎賞不置,欲爲傳刻而未能也。　辛卯八月初八日識。夢廬。"

清周在浚、胡篴江、徐渭仁、周元亮遞藏。有印。(保萃齋送來看。壬戌)

雲林集六卷 元貢奎撰

新抄本。　有洪熙元年三山陳嵦序。(古書流通處送閲。壬戌)

中庵先生劉文簡公文集二十五卷 元劉敏中撰

元刊本,題"正議大夫前户部尚書魏誼編類"。半葉十一行,行二十一二字,細黑口雙闌。　前有元統二年儒林郎江浙等處儒學提舉番吴善序隸書,元統二年甲戌安陽韓性序楷書。目録上下卷,每卷後有

“後學錢唐葉森校正”一行。編次與四庫本迥異，卷數亦視四庫本多五卷。卷一至三碑記，卷四至十一碑銘墓誌，十二、十三序，十四銘、贊、頌，十五表牋、册、奏議，十六經疑、策問、雜著，十七賦、詩，十八至二十三詩，二十四、二十五樂府上、下。所收詩文視四庫本溢出不少，詞共一百二十六首，四庫本秖三十二首耳。

此書原爲海源閣所藏，有楊彦合跋録下：

“四庫本從永樂大典本重編，此則元時之原刻，完整無缺，亦珍笈矣。同治庚午秋八月，以朱提二十四星購于京師。彦合記。”

收藏各印如下：“怡府世寶”、“安樂堂藏書記”、“明善堂覽書畫印記”、“韓氏藏書”、“泰華”、“楊氏海源閣藏”、“楊紹和鑒定”、“東海楊氏海源閣藏”、“海源閣”。

余取傳鈔閣本校前十卷，碑記中已溢出二十三篇，其“大智全寺碑”文字差異頗多，疑後來改定之稿也。“靈泉庵記”文末原注“下缺”，據元刻補出九十三字，“順德忠獻王碑”補脱文一行二十一字，“趙珪墓銘”補脱文一行二十九字，“潘琚碑銘”補脱文三十字，“崔氏先塋記”補脱文一行二十五字，洵可稱天壤之孤本、希有之秘笈矣。 書潛記。（辛未十月）

中庵先生劉文簡公文集二十五卷 元劉敏中撰

舊寫本。自元刊本出，與四庫本不同。（己卯歲收得。）

忠謨謹按：此書别有跋，收入藏園羣書題記三集卷七。

静春堂詩集四卷 元袁易撰

舊寫本，九行二十一字。 前有延祐庚申高郵龔璛序。 松江韓德均藏本。（乙亥五月）

勤齋集八卷 元蕭𣂏撰

舊寫本。前有元代刊行原牒。 鈐有玉雨堂韓氏藏印。（壬子）

清河集七卷 元元明善撰

新鈔本,十行二十一字。　前有元學士文稿序,後附世系圖。

按:此元人元明善所著,繆小山前輩所輯,刊入叢書,此即依刊本抄出者。(壬申歲暮于文友堂見。)

石田先生文集十五卷 元馬祖常撰 **附録一卷** 卷二、三、十四至十五抄配

△八五一五

元至元五年揚州路儒學刊本,十行十八字,黑口,左右雙闌,大版心,上記字數,下方間記人名一字。字撫松雪,刻印俱精,在元刻中爲最上乘。

收藏印章有:"元本"、"汪文琛印"、"士鐘"、"閬源"、"駿昌"、"雅庭"、"平陽汪氏藏書記"、"郁松年印"回文、"泰峯"、"姑蘇城外人家"、"安貧樂道"、"麗文"、"大梁邢氏"。

卷首牒文不載,有王守誠序、蘇天爵序、陳旅序。

按:此乃真元刊本,世傳之本乃以明弘治六年熊翀刊本僞充耳,瞿氏書目卽然。此書張庾樓允亮家舊藏,前日自董授經宅取回,存案頭數日,因記其大要。沅叔。(癸亥)

馬石田文集十五卷 元馬祖常撰　李□四八三九

明弘治六年熊翀刊本,十行二十一字,大黑口,四周雙闌。　前有至元五年牒文。　四庫全書底本,鈐有"翰林院印"。有四庫館臣删改簽識多條,譯人地名改處尤多。(李木齋先生藏,壬子歲見。)

馬石田文集十五卷附録一卷 元馬祖常撰

陳午亭先生手鈔本,十行二十字。　前有牒文銜名七行。有王守誠、陳旅、蘇天爵各序。　鈐有"陳廷敬印"白文。(徐季孺藏書,己巳二月閱。)

雍虞先生道園類稿五十卷 元虞集撰　缺卷十七至二十

△一一四一四

元刊本,九行二十字,大黑口,四周雙闌。　前有至正二年歐陽玄

序,次江西廉訪司牒撫州路總管府文,後官銜七行,牒後載撫州路總管詹天麟、經歷黄天覺跋語。 鈐有"濮陽李廷相書屋記"長方朱、"梁清遠印"方朱、"耿文光印"白、"星垣"朱各印。

此書自文德堂取來,連翠岩精舍刻陸宣公集共索千元。(辛酉十月廿四日收。六百。)

雍虞先生道園類稿五十卷 元虞集撰

元刊本,撫州路總管詹天麟、經歷黄天覺刊,九行二十字,大黑口,四周雙闌。 前有歐陽玄序,又至正五年牒文。 鈐有大興徐氏藏書籍印、梁蕉林印,又翰林院印。(癸丑見。)

雍虞先生道園類稿五十卷 元虞集撰 存卷一至十五,廿七至三十,四十至四十五,共二十五卷

李□六○六九

明寫本,九行二十字。 鈐有士禮居、汪閬源藏印。(德化李氏舊藏。癸未)

道園學古録五十卷 元虞集撰

明景泰七年鄭達刊本,十三行二十三字,黑口,四周雙闌。分在朝藁,應制録,歸田藁,方外藁,目後附重增目録,其詩文仍散入各卷。 後有至正元年門人李本跋,言是集爲閩憲幹公使文公之五世孫炘所刻梓,其編輯則先生幼子翁歸及同門之友所爲。詳記各集卷數,亦不言有重增之文,則重增目録爲鄭達所加殆無疑矣,安得有元刻本一證之。

戊午殘臘周叔弢來書,言方地山將南行,欲以元本道園學古録歸余,因以三百金得之。除夕書至,細審之,實是景泰本而缺景泰七年鄭達重刊序。第其書初印精好,中有翁覃谿題語,要自可珍。至嘉靖刊本則重增目録已削去,并目亦散入各卷目中,元本面目益不可尋矣。異日當以蜀中刻本校正之。 沅叔。

忠謨謹按:此書别有跋,收入藏園羣書題記續集卷四。

道園學古録五十卷 元虞集撰

明景泰七年鄭達刊本,十三行二十三字,黑口,四周雙闌。　首有至正二年歐陽玄序,次玄書札一通,札後有葉盛跋五行,次景泰七年丙子崑山知縣鄭達序。葉文莊公盛附刊跋語録後:

"道園先生文集往時鎦伯温所刻大字本有歐陽圭齋此序,今板已亡矣。近見崑山新刻斡克莊建本,遂于先生四世從孫吴江虞湜家得此序,并書一通,冠諸首云。成化新正崑山葉盛識。"

此後有何義門焯識語及前人録錢竹汀大昕跋,照録于下:

"此伯温乃周伯琦字,非劉誠意也。劉在元時未嘗歷顯仕,見張伯雨詩集中,亦爲人謬改,不謂文莊偶有此失。　辛巳。"

"壬午春,余讀余廷心詩,有送劉伯温之江西廉使一篇,中一聯云:'況我同鄉友,同館復離羣',則元季别有一劉伯温,竢考之他集也。"

"道園逸藳中亦有題鎦伯温行卷詩序,稱之曰'監憲伯温鎦公',卽其人也。又有'謝鎦伯温'一首,有'病目誰能念左丘'之語。"此三則皆何義門手筆。

"錢少詹云:劉伯温者名沙剌班,由宿衛起家,歷監察御史,江浙行省左右司郎中,江西肅政廉訪使,嘗與克莊同修遼金宋三史,兩公皆河西人,當時所稱唐兀氏也。青田劉文成公以元統癸酉登第,與克莊同時,恐不知者以爲卽文成矣。"

"伯温所刻大字本、克莊新刻建本,兩刻無先後之别,俱係元本。此本景泰間崑山縣鄭達從克莊本翻雕。嗣後嘉靖間又翻景泰本。近所見黑口者俱嘉靖本也,不必言劉、斡兩本,卽景泰初翻本已,不多見矣。"此二則不知何人筆。

卷末何義門手鈔至正元年李本序,跋二行于後:

"嘉靖間撫州重刻公集,卽崑山本,後有此跋,因補録之。甲申夏日萬佛林精舍雨窗焯書。"

收藏鈐有"穀明堂"白、"德翼"朱、"黄丕烈"、"蕘圃"、"范家駿讀書"、"芷僊珍賞"、"文學侍從之臣"、"士禮居藏"各印。(庚午)

道園學古録五十卷 元虞集撰

明嘉靖本,十三行二十三字,黑口,四周雙闌。(庚午)

道園遺稿六卷 元虞集撰

元至正十四年吴江金伯祥刊本,十一行二十字,黑口,左右雙闌。

前有至正二十年金華黄溍序,次至正己亥眉山楊椿序,次綱目即目録。卷五後有至正十四年從孫虞堪識語十二行,稱學古録翰林珠玉已行世,慮其有所遺落,輒爲蒐獵,得詩章七百餘首。金君伯祥壽梓以廣其傳,命其子鏐書以入刻,外有雜文諸賦,俟諸他日云云。

此書余已覆刻,爲蜀賢遺書十二種之一。

忠謨謹按:此書别有跋,收入藏園羣書題記續集卷四。

新編翰林珠玉六卷 元虞集撰

元孫存吾如山家塾刊本,十一行二十字,黑口,左右雙闌。卷首題"新編翰林珠玉卷幾",次行題"儒學學正孫存吾如山家塾刊"。三行空一格加小圈題"邵菴虞集伯生父全集"。　卷一四五言古詩,卷二七古,卷三五律,卷四七律,卷五五絶,卷六七絶。每類中歸田藁之詩在後,加標題以别之。　鈐有"晉府書畫之印"、"安樂堂藏書記"等印。

按:此書中爲學古録不載者三十一題,與道園遺稿重見者三十二首,惟五七律各一首爲二集所不載。(沈曾植氏藏。)

又,此書余嘗覆刻,收入雙鑑樓刊蜀賢遺書十二種中。沈氏本卷四七律六十題、卷六七絶五十題以脱葉闕失,據日本静嘉堂文庫藏陸氏皕宋樓本補入。

忠謨謹按:此書先君有覆刻跋,收入藏園羣書題記三集卷七。

翰林珠玉五卷 元虞集撰

舊寫本。　鈐有屠琹隖藏印。　繆荃孫以元本校。（古書流通處送閲。壬戌）

伯生詩續編三卷　元虞集撰

元後至元六年劉氏日新堂刊本，十行十五字，黑口，左右雙闌。行書上版。　目後有至元後庚寅劉氏日新堂刊書識語。

按此書上虞羅叔言收入芸窗叢刻，此不贅。

伯生詩續編三卷　元虞集撰

明紅格寫本，十行十五字，標題"伯生詩後卷一"。（天一閣佚書，沈乙庵藏。癸丑）

楊仲弘詩集八卷　元楊載撰　存卷一至四

元刊本，十二行二十字，黑口，左右雙闌，上魚尾下記弘詩幾。　前有致和元年臨江范梈序行書。

鈐有"錢受之讀書記"朱、"薩道生"白、"陳崇本印"白、"伯恭所藏"朱。

按：此書字帶行體，刊刻極爲工雅，又爲牧翁故物，惜佚後四卷。（余藏。）

翰林楊仲弘詩八卷　元楊載撰

明嘉靖十五年丙申遼藩光澤王府刊本，十行二十字。上空一格。　有嘉靖十五年丙申梅南翁序。（甲寅）

翰林楊仲弘詩八卷　元楊載撰

影寫明嘉靖十五年丙申遼藩博文堂刊本，十行二十字。　前有宗藩梅南翁原匯序。又至大二年斐庾季昌序，又致和元年范梈序。　鈐有梁蕉林藏印。（癸丑）

范德機詩集七卷　元范梈撰

元後至元六年益友書堂刊本，半葉十一行，行二十字，細黑口，左右雙闌，書名大字占雙行。目録八行，題曰"綱目"。　卷一、二五古，卷三五絶五律，卷四、五、七古，卷六七絶，卷七七律。目後有牌子二

行,文曰:

至元庚辰良月 益友書堂新刊

(海虞瞿氏藏,乙卯歲見,又見江南圖書館藏一本。)

范德機詩集七卷 元范椁撰　△一一四一六

清影寫元後至元六年庚辰益友書堂刊本,十一行二十字,書名大字占雙行,卷首題"臨川葛雝仲穆編次","儒學學正孫存吾如山校刊",綱目後有"至元庚辰良月益友書堂新刊"兩行。　秦氏石研齋及蔣西圃藏書。

揭文安文集九卷 元揭傒斯撰

舊寫本。　有謙牧堂藏印,揆敍舊藏。(徐梧生藏書。乙丑)

揭文安公文集九卷詩集三卷續集一卷 元揭傒斯撰

舊寫本,十一行二十六字。有清宋賓王跋,録後:

"虞楊范揭四大家齊名元世,垂後之文獨道園先生已見其全,而仲弘、德機兩先生秖傳其詩,其文至今未見。揭傒斯文粹傳世秖五十七首,非其全也。今年春,得吴郡秀野艸堂所藏先生詩文全集,共一十四卷,其文計百廿六首。向所稱文粹之文乃其前作,非選粹也,曰粹名之耳,閲者自知之。雍正五年重陽節前四日書。"鈐"賓王印"、"蔚如氏"印。

鈐有"心遠堂"朱方、"宋蔚如收藏印"朱、"列歐"朱三印。(莫楚生棠藏書,丁巳歲獲觀。)

揭文安公文集九卷詩集三卷續集二卷 元揭傒斯撰

舊寫本。　鮑廷博手校,并臨宋賓王跋。整理者謹按:宋跋已見前條,不録。

末有補遺二篇,一"桂陽尹范君墓誌銘",一"李節婦傳",有鮑氏朱筆手記云:

"文共百廿六首,文粹所刻五十七首在其中矣,雍正五年重陽前五日校。”此亦録宋氏語。

詩集三卷題“門生前進士燮理溥化校録”，有鮑氏手跋云：

“右三卷汲古已刊，次第悉同，惟第三卷送孔文學、送李都事、送于孔昭三首此本所佚，而登祝融峯以下六首又汲古所未刊也。”

續集鮑氏跋云：

“右續集二卷俱就揭文安全集校正，其間未經朱筆點句者全集所遺，當覓他本正之。全集未刊凡五十七首。”

楊復吉氏跋云：

“揭文安公文集九卷，詩集五卷，宋賓王手校本，前有賓王題識六行，云得自吴門顧氏。按元百家詩選俱據汲古閣刊本，其“飲張氏別墅”以下詩四十首云從各選本録出者，自憶昨陪游歷源第三谷、題西壁山水圖、重餞李時毅、題雙龍圖八首外，皆此本所不載，則未見其果爲秀野藏本也。至揭文粹所登文五十七首俱集中翹楚，賓王乃謂文粹之文是其前作，非選粹也，亦不其然。甲寅中秋松陵楊復吉。”

鈐有歙西鮑氏、巴陵方氏各藏印。（翰文齋送閲，索八十元，庚午六月廿一日記。）

揭文安公文集九卷　元揭傒斯撰

清鮑廷博知不足齋寫本，九行十八字。鈐有“知不足齋抄傳秘册”印。

後録宋賓王跋。整理者謹按：文見前條，不録。

卷中藍筆録何義門焯評語。　鈐有陳墫仲遵藏印。（丁巳見。）

揭文安公文集□卷　元揭傒斯撰　存卷一至六　△二一八四

明刊本，九行二十字，四周雙闌。　前有九世從孫富文序，言旁搜徧采，審其真膺而去取之，編輯成帙，竢祠儲豐裕刻梓以傳。前有正德庚辰年號，則此本付刻必在嘉靖間矣。　詩六卷，未完。（徐梧生遺書，己巳三月收。)

忠謨謹按:此書别有跋,收入藏園羣書題記三集卷七。

揭曼碩詩集三卷 元揭傒斯撰 △二一八〇

元後至元六年日新堂刊本,十行十九字,黑口,四周雙闌。目録次行題"至元庚辰季春日新堂印行",本書次行題"門生前進士燮理溥化校録"。

缺卷三七葉至卷末,共五葉,余爲手寫補完。

此書余藏舊寫本兩帙,一爲影元刊,行欵與此正同,有人以朱筆據舊鈔本校過。一爲影明刊,題"元音獨步揭文安公詩集","門生燮理溥化集録",後列"明黄岡令四明王浩校正"一行。陳墫借黄丕烈藏蕘拙齋本校過。明刊只二卷,後附拾遺,詩之次第先後亦不同,今得此元刊本,則兩本所疑誤者昭然若發蒙矣。

忠謨謹按:此書先君别有跋,收入藏園羣書題記三集卷七。

揭曼碩詩集三卷 元揭傒斯撰

元刊本,十行十九字,黑口,四周雙闌。次行題"門生前進士燮理溥化校録"。　鈐有"佐伯侯毛利高標字陪松藏書畫之印"朱文方印。

按:此書與余藏本同,爲元後至元六年庚辰日新堂刊本(日本内閣文庫藏書,己巳十一月十九日觀。)

揭曼碩詩集三卷 元揭傒斯撰

明寫本。題"門生前進士燮理溥化校録"。　前人據元本校過。有李兆洛、張蓉鏡、季錫疇、黄廷鑑跋及識語,録如後:

"四庫書所録燮理溥化所編文安詩集四卷,續二卷,此本僅三卷,蓋非足本。　李兆洛識。"

"愛日精廬藏影寫元刊本與此同,目録後有至元庚辰季春日新堂印行一行。錢氏補元史藝文志有揭傒斯詩三卷,卽此。錢遵王述古堂書目著録是册,審是明初人手抄,朱筆亦從元刊本校正。吴原博舊藏，有弇州山人藏印，前賢珍重可知，不能據申耆先生所説爲非足本而輕視之也。　道光甲午春三月裝成。　芙川張蓉鏡漫志。”

“汲古刻本亦三卷，即從此出，不得謂非足本也。太倉季錫疇讀後記。”

“道光丙申中秋，琹川拙經叟黄廷鑑向芙川先生借讀，此尚是明初人抄本，可珍也。”（壬子三月十四日書友楊馥堂自蘇携申見示。）

元音獨步揭文安公詩集二卷補遺一卷 元揭傒斯撰

影寫明正德刊本。　有正德辛巳建業次川子王浩序，序後附梁寅揭文安公事蹟一篇，次川跋語次之

“右揭文安公事略，愚既按史氏之言而著之於前，復具梁氏之説而備之於後，所以表其人之可嘉可樂，而因以見其詩之可愛可傳也。次川子王浩識。”

諸跋録後：

“此亦當從燮理普化所編選録，次川子不知何人，分類殊不當，五排往往雜入五古中；所選亦不足盡神骨削秀之美，不足匹文粹也。兆洛識。”

“此曼碩詩之别本，備之存參可也。　錫疇記。”

“士禮居黄蕘翁所藏精抄善本，道光壬辰三月得之賦孫，芙川張蓉鏡誌。”（壬子三月十四日書友楊馥堂自蘇携申見示。）

元音獨步揭文安公詩集二卷補遺一卷 元揭傒斯撰。

△一〇三三四

清寫本，十行十九字。題“元進士門生燮理溥化集録”一行，“明黄岡令四明王浩校正”二行。　有正德辛巳建業次川子書序，次事蹟，附王浩識語五行。

清陳壿手校，有跋：

"嘉慶乙亥春正九日借蕘翁所藏養拙齋本校,并補闕一葉于卷首。西畇主人識。"此行朱筆,在卷末。

鈐有"仲遵"白文印。(丁巳歲獲之鏡古堂。)

忠謨謹按:此書別有跋,收入藏園羣書題記三集卷七。

揭文安公文粹一卷 元揭傒斯撰 △八五一八

明刊本,十一行二十字,黑口,四周雙闌。 失去前序,卷前只存元史本傳及目録。審其雕工,當在成化以前。何焯朱筆評校。(周叔弢新收之書,壬午冬閲。)

忠謨謹按:此書別有跋,收入藏園羣書題記三集卷七。

啍囈集一卷 元宋无撰

明嘉靖刊本,十行二十字。 有甲午元至正十四年廬陵鄧光薦中父序。有沈寐叟曾植跋。(丁巳見,沈子培海日樓藏。)

翠寒集三卷 元宋无撰

明刊本,十行十八字,黑口,四周雙闌。 有至元丙子子虛自序,鄧光薦序,元貞乙未趙孟頫序,延祐庚申馮子振序。鄧序汲古閣本不載。

鈐有"士禮居藏書"隸書印。(辛巳十二月十三日文禄堂王文進送閲。)

忠謨謹按:此書有跋,收入藏園羣書題記三集卷七。

新刊元進士歐陽起鳴先生論範一卷

明萬曆刊本,十一行二十四字。 題"宛陵跂巖李廷楫濟卿選校"。有成化戊子鄉貢進士石廬龔士卨子質序,萬曆甲戌李廷楫序。言論範舊集六十餘篇,兹選刻三分之一有奇云云。(甲子)

檜亭稿九卷 元丁復撰

元至正十年南臺御史張惟遠合刊前後集於集慶學宮,半葉十行,行二十字,白口,四周雙闌。每篇下注明"前集"、"續集"等字。前集其婿饒介編,續集門人李謹之編。(日本静嘉堂文庫藏書,己巳十一月十三日閲。)

檜亭集九卷 元丁復撰

繆氏藝風堂寫本,緑格紙。 有至元李桓序,又至正李孝先、危素、楊翮序。(古書流通處送閲。壬戌)

存復齋文集十卷 元朱德潤撰 **附録一卷**

明成化十一年項璁刊本,十一行二十字,黑口,四周雙闌。 前至正九年俞焯序,次目録,次附録誌銘序及其子事略。本書每卷首題"元征東儒學提舉睢水朱德潤澤民著","曾孫夏重編","賜進士湖廣按察使東吴項璁彦輝校正"三行。

鈐有"葉氏菉竹堂藏書"、"長洲顧氏藏書"、"湘舟過眼"、"灌稼村翁"、"蓮涇"、"太原叔子藏書記"、"笏盦"、"華國華印"、"江鶴亭曾觀"、"桐西居士庚申後印記"、"潘氏桐西書屋之記"、"潘茮坡圖書印"、"志萬"、"椒坡秘翫"、"茮坡潘介繁珍藏之印"、"崦西草堂"各印。

按:此書舊藏蘇州潘氏,印記纍纍,珍重可知。潘氏篆其首,定爲元槧本,不知附録中載其子復吉危太樸薦於太祖高皇帝,季子季寧洪武中以才德薦,太宗文皇帝登極官中書舍人,其曾孫在明中葉矣。則爲明刊無疑,潘氏殆未取書一觀耳。沅叔。朱氏集又有續集,四庫未著録,有舊抄本。(余藏。丙辰)

存復齋文集十卷 元朱德潤撰 **附録一卷**

明成化十一年項璁刊本。十一行二十字。 有順治丙申蔣芬跋、劉喜海跋。 鈐有師竹齋、王正孺藏印。(滂喜齋藏書。丁卯)

存復齋文集十卷 元朱德潤撰 存五卷

明成化十一年項璁刊本,十一行二十字,黑口。題"元征東儒學提舉睢水朱德潤澤民著","曾孫夏重編"。 有虞集大字序,又至正九年秋閏月望後,合沙俞焯午翁序。(顧鶴逸藏書,壬子二月觀。)

存復齋文集十卷 元朱德潤撰

舊寫本。　鈐有"玉雨堂印"、"韓氏藏書"兩印。又繆氏藝風堂藏印。(古書流通處送閱。壬戌)

淵穎吴先生文集十二卷附録一卷 元吴萊撰

元末明初刊本,十三行二十三字,黑口,左右雙闌。　前劉基序,次胡助序,次目録,目後男金華縣儒學教諭士諤跋,跋後有"金華後學宋璲謄寫"一行。　葉樹廉跋録後:

"吴淵穎集十二卷,濂溪宋學士編録,古人于師弟之誼甚篤,于此可見。然淵穎之學誠不愧乎一日之長而春秋猶其長也。及門高弟有濂溪、烏傷,二公皆有集行世,余日思一覩焉,而無資置之,中惟悒悒,不知何時得遂斯志也。近以虞山太史教天下讀書,風尚漸以復古,故濂溪與李懷麓、歸震川文集世頗宗之。今年太史已歿,主持文教者蓋難乎其人,惟誦其遺言而流傳其教思而已矣。追溯淵源,淵穎之集不可不反復誦之也。　時康熙甲辰歲夏六月廿三日葉石君重裝于成軒並跋。"

鈐有"九龍山人莫善誠堂藏書畫印"朱、"翰林院印"滿漢文大官印、"鬱華閣藏書記"白、"享之千金"朱各印。(朱幼平藏,庚午見。)

淵穎吴先生集十二卷 元吴萊撰

明嘉靖元年祝鑾刊本,有序。半葉十一行,行二十二字,白口,左右雙闌。　此爲翻元明間刊本,目録後"金華後學宋璲謄寫"一行猶存。　鈐有季振宜,汪士鐘、潘志萬、莫友芝各藏印。(癸丑)

金華黄先生文集四十三卷 元黄溍撰　存卷八至十二、十四至十六,計八卷

△二五五三

元刊本,十二行二十四字。

按:此與題文獻集者卷次文字頗有不同。此本内閣大庫佚書,余頻年獲之廠肆。内缺葉五葉,手寫補完。

忠謨謹按:此書有跋,收入藏園羣書題記三集卷七。

黄文獻公集二十三卷 元黄溍撰

元刊本,十四行二十五字,黑口,四周雙闌,版心上方記字數,有正統補版。 後有正統三年戊午同郡杜桓跋,言刊板置學宫,正統丁巳夏四月,學燬于火,板幸不毁,而闕失百餘,乃捐俸刊補之。初稿三卷,續稿上七卷,題"臨川危素編",續稿中六卷,題"門人王褘編",續稿下七卷題"門人宋濂、傅藻同編。" 又別録二卷,舊寫本,前有李鶴鳴序,後有張大輪跋,又嘉靖壬辰邑後學省菴觀跋。有龔橙跋:

"同治甲戌六月,用洋銀二員八角從蔣杲買得,□者金子山。 橙立秋日讀一過。"(涵芬樓藏書。己未)

黄學士文集二十三卷 元黄溍撰

明刊本,大板心,十二行二十四字,黑口,魚尾上記刊工姓名,單闌。

鈐有翰林院印,笪重光印。(癸丑見。)

黄文獻公文集八卷 元黄溍撰

舊寫本,十行二十一字。 前有宋濂序,危素撰碑,請謚文移。 鈐有"欽訓堂書畫記"白文印。(癸丑)

蒲菴集四卷 元釋來復見心撰

明洪武刊本,十三行二十四字,黑口,四周雙闌,中縫題"蒲集"二字,不著卷數。題門人曇鍠法住編次。 前有洪武十二年宋濂序,又歐陽玄序。卷一古詩五言、律詩五言,卷二古詩七言,卷三律詩七言,卷四絶句七言。末卷未標卷四,但題絶句,别起耳。

按:繆藝風老人荃孫有蒲菴集補遺,計詩文各一册,乞爲鈔存,附此卷後。蓋此本刻在洪武初,固非全稿也。(丙辰)

蒲菴集補遺不分卷 元釋來復見心撰

繆氏藝風堂寫本,繆荃孫手校。(古書流通處送閲。壬戌)

圭齋文集十六卷 元歐陽玄撰

明成化七年劉釪刊本,十一行二十一字,黑口,四周雙闌。各卷首題“宗孫銘鏞編集”,“安成後學劉釪校正”。

卷一賦頌,卷二至四詩歌,卷五以下文,卷十六附録。　鈐有“晚邨”白文印。(文萊閣取閲,庚辰二月二十日。)

圭齋文集十六卷 元歐陽玄撰

舊寫本,十一行二十一字。題“宗孫銘鏞編集”,“安成後學劉釪校正”。　鈐有“臣許乃普”、“滇翁”二印。(邃雅齋送閲。乙亥)

柳待制文集二十卷標目二卷 元柳貫撰 **附録一卷**

明初本,十二行二十字,大黑口,四周雙闌。　前蘇天爵序,危素序,余闕序。　標目二卷。

鈐印有“譚應徵印”白、“公度”朱白、“譚公度讀書記”、“江左”朱、“季振宜印”、“滄葦”朱、“御史振宜之印”白、“季振宜藏書”朱。

柳待制文集二十卷附録一卷 元柳貫撰

明寫本,十二行二十字。題“教諭泰和歐陽溥編輯”,“訓導江蒲郁珍校正”二行。(庚午)

上京紀行詩一卷 元柳貫撰

明初刊本,正德以前。十行十七字。　有謙牧堂藏印。(故宫藏書。丁卯)

順齋先生閑居叢藁二十六卷 元蒲道源撰

元刊本,九行十四字,白口,左右雙闌,字大而疏秀,薄皮紙,含草筋,極爲古舊。　前至正十年金華黄溍序,次目録。題“男蒲機類編”,“門生薛懿校正”二行,各卷同。

卷一古賦、古詩四言五言,卷二古詩七言,卷三律詩五言,卷四律詩七言,卷五、六律詩七言,卷七、八絶句,卷九至十一雜文,卷十二樂府,卷十三經旨策,卷十四傳記,卷十五制表牋,卷十六碑,卷十七書啟,卷十八序,卷十九、二十序,卷二十一字説序,卷二十二祝文,卷二十三祭文哀辭,卷二十四、二十五墓誌銘表,卷二十六行狀附録。鈔補及缺葉:目録卅一、卅二,卷三五,卷七十五、十六,卷九缺九、十,卷十四廿三、廿四,又廿九、卅兩葉下半斷板空缺不能補,廿六、卅二、卅五。卷十六三,卷十七十三、十四,卷十八七、八、十七、十八,卷二十一九、十。

此書爲張辟非舊藏,有"張雋之印"。總目下有張氏題字如下:"丙申十一月得之錢生,云周恭肅公家藏舊物。"

按:余舊藏有元刊本殘帙,自卷十四至二十六,其上半部尚存故宫圖書館,爲天禄琳琅舊儲。又藏有明遐寄齋鈔本全帙,其字體行格一依元刊,爲張月霄藏本。沅叔。(辛巳歲暮。)

順齋先生閑居叢藁二十六卷 元蒲道源撰

元刊本,九行十四字。　陸心源氏稱其字畫娟美,體兼歐褚,當爲名手所書。

按:此書余藏有半部存卷十四至二十六,故宫圖書館亦藏半部,可以合璧。第卷中壞板頗多,檢視此本亦復相同。余别收得明代遐寄齋寫本,九行十四字。其缺字處亦然。恐世更無初印完本矣。(日本静嘉堂文庫藏書,己巳十一月十三日閲。)

順齋先生閑居叢藁二十六卷 元蒲道源撰　存卷十四至二十六,共十三卷

△一二三九七

元刊本,九行十四字,白口,左右雙闌。字撫松雪體,寫刻工致。

鈐有"謙牧堂藏書記"、"季振宜印"、"滄葦"各印。

文友堂送閲,言首函尚可踪迹,其裝潢完整,亦似非殘帙也。　辛酉十月廿三日。沅叔。(已收)

順齋先生閑居叢藁二十六卷 元蒲道源撰 **附録一卷** △四四四

清遐寄齋寫本,九行十四字,藍格,版心上有"遐寄齋"三字。　每卷題"男蒲機類編","門生薛懿校正"二行。遇朝廷等字提行空格,間有空白之字,似從元本影鈔者。　鈐有"愛日精廬藏書"、"張氏月

霄"諸印。(余藏)

所安遺集一卷 元陳泰撰　△八五二四

舊寫本,十行二十字,據明成化本抄。　鈐有"晉江黄氏父子藏書"一印。(癸酉十一月十二日見,周叔弢藏。)

所安遺集一卷 元陳泰撰

舊寫本,十行二十字。　曾孫朴編,來孫瑶、銓重刊。有成化丁未來孫銓跋。　鈐有"蔣子垕收藏印"、"歙鮑氏知不足齋藏書"二印。(辛巳)

所安遺集一卷 元進士長沙陳泰志同撰　△一〇七二一

舊寫本。題"曾孫朴編集","玄孫章訂定","來孫瑶刊行","來孫銓重刊"。　鈐有戴光曾印。(古書流通處送閲。壬戌)

圭塘小稿十三卷别集二卷續集一卷外集一卷 元許有壬撰 **附續録**

明成化六年許顒刊本,十行二十字,黑口,四周雙闌。題"元中憲大夫同僉太常禮儀院事弟有孚編"。有葉盛序,弟有孚序,張翥序,至正庚子弟有孚序,成化改元海昌朱禋跋,成化己丑番易丘霽跋,成化六年知南康府五世孫顒後跋。(癸亥收得,後讓與陶蘭泉。)

吴正傳先生文集二十卷 元吴師道撰

明棉紙藍格寫本,十三行二十二字。卷十七後有"侍書洪壽録"小字一行。　前至正六年九月甲申烏傷黄溍序。附録東陽張樞撰墓表,京兆杜本撰墓誌銘,元史本傳。　後有杜楚跋語墨迹,録下:

"正傳先生集楚得從其裔孫貞源處借讀,爰作而歎曰:先生之世距今且三百餘歲矣,而讀其書,味其指,不啻親炙于一堂而躬聆其言論之斐亹也。後生末學抑何幸歟!第念先生道氣湛深,學術醇正,且與同郡何北山、金仁山諸先正後先頡頏,使從祀聖宫,頒布其籍于學官,夫何惡焉!惜盛典尚堙,而其書僅爲一家之藏也。

然聖朝稽古右文,闡揚幽逸,豈無有任風教之責者力爲表章,俾先生之德久而彌耀,與程朱諸大儒並馨香典祀者乎！爲屬文聞孫尚什襲是編以竢,愚且拭目企之矣。時康熙十七年歲次戊午季秋重九,宛陵後學杜楚敬題”下鈐“拙菴”朱、“杜楚之印”白二印。

“此本壬申春見于一骨董家,適于囊中告罄,質衣浼沈司訓素庭購得之,每恨無副墨可讐,故忽忽未一寓目。頃從其後人吴秀才勗處假所藏家稿,剪燭一校過,幾意寒漏已殘矣,因漫題數字于其末。時甲戌十月五日偶影居士書。”

此跋朱筆,卷中校字當卽是人。

“此本前有至正六年烏傷黄溍序,後無宋濂碑銘而有元史本傳,題爲吴正傳先生文集,自非崑山本。後經康熙十七年宛陵杜楚題,蓋吴氏裔孫貞源所藏者,又經偶影居士從其後人吴勗藏家稿校過,益爲可信之本矣。印記曰“臣晉涵印”、曰“文淵閣校理”、是邵二雲先生也。又鳴野山房、重遠書樓則不可知矣。”

此爲友人姚華茫父跋。鳴野山房爲山陰沈復燦霞西,見丁氏藏書志。

鈐有“鳴野山房”朱、“重遠樓印”朱、“臣晉涵印”白、“文淵閣校理”朱各印。

按:此集近年胡季樵刻入續金華叢書中,所據爲八千卷樓丁氏本,脱誤閎多,暇時當取此本校定。(庚午閏六月二十七日,見于文禄堂。)

頃以金華叢書一校,分卷大體不異。惟明刻本卷一、二、十一、十二、十四各卷均附補遺,此鈔本則咸列本卷中,可知原本固未缺失,緣展轉傳寫致有脱佚也。全書補賦一篇,改正增補一千六百字。此書皕宋樓有元刊本,十六行二十四字。據黄丕烈跋稱,原書有夾簽,爲傳録者竄改之處。寫本改易舊觀,實從此出。卷首序缺半葉,卷十四脱第十八葉云云。今此本竟不缺,則非出此元刊明矣。又胡刻金華叢書所據八千卷樓本第十四卷"送梁仲庸御史序"以下六篇前後互羼,此本亦不誤。是則此本較傳世元明諸刻均有勝處,家傳稿本,固是可貴。

忠謨謹按:此書别有跋,收入藏書羣書題記初集卷七。

燕石集十五卷 元宋褧撰　存卷一至五,九至十二

舊寫本,九行二十字。題"姪太常奉禮郎彌編次","應奉翰林文字危素校正"。　前有至正八年八月中書省咨江浙等處行省牒文,次至順元年序,失名。次歐陽玄序,次許有壬序,次吕思誠撰傳,次危素後序。

鈐有"琪園李鐸收藏圖書記"、"長白敷槎氏堇齋昌齡圖書印"、"曹楝亭氏藏書"、"墨香堂圖書印"各印。

按:先生諱褧字顯夫,大都人,由進士累官至翰林直學士知制誥同脩國史,封范陽郡侯謚文清。(戊午)

宋翰林燕石集十五卷 元宋褧撰

元宋褧顯夫撰,題姪太常奉禮郎彌編次,應奉翰林文字危素校正。二三行。舊寫本,十行二十二字。　前有至正八年中書省咨浙江行省屬學校刊印牒文,次至順元年歐陽玄序,至正六年蘇天爵序,又許有壬序,吕思誠序,至正七年危素後序。卷一至十詩,以下文,後有附録。卷末有洪武辛亥武義何之權跋,又洪武戊午永康吕煢跋。

按:此帙爲宋賓王所校,後有"康熙辛丑初夏同錢方蔚、汪天立校閲,婁水賓王記"二行。其吕煢跋後七行亦賓王所手寫也。卷中亦時見補鈔之葉。至校訂之字,賓王用墨筆,别有朱筆,當是汪、錢二人也。

舊藏周季貺書鈔閣,書衣有題字,今歸蕭山朱幼平。(甲戌)

宋翰林燕石集十五卷 元宋褧撰

舊寫本,十行二十一字。次行題"元廣陽宋褧顯夫著",三行題"應奉

翰林文字危素校正”，四行題“姪太常奉禮郎彍編次”。

有至正八年中書省咨文江浙等處行中書省文，至順元年歐陽玄序，至正六年蘇天爵序，至正六年許有壬序，吕思誠序，至正七年危素序。（辛酉）

秋聲集四卷 元黄鎮成撰

明徐㶿等編刊本，九行十八字。（戊午）

秋聲集四卷 元樵川黄鎮成元鎮著

舊寫本。　四卷皆詩，前自序一首。　有翰林院大官印。卷中有分校劉景岳粘簽，蓋四庫全書底本也。（徐梧生書。乙丑）

雁門集八卷 元薩都剌撰

明成化二十年張習刊本，十一行二十一字，大黑口，四周雙闌。（海虞瞿氏藏書，丙子歲見。）

按：此集與余新收之眉菴、静居、北郭三集版式鎸工皆同，三集亦成、弘間張氏所刊，别跋詳之。

雁門集六卷 元薩都剌撰

舊寫本，十二行二十四字。　有至正丁丑秋八月望嘉議大夫禮部尚書兼集賢待制史局總裁官吴郡干文傳序。謂又有巧題百首，皆七律詩，别爲一集云云。又有成化乙巳玉田劉子鍾廷振序。（辛酉）

薩天錫詩集不分卷 元薩都剌撰

明弘治十六年李舉刊本，十行十九字，黑口，四周雙闌。　有成化二十一年乙巳劉子鍾廷振序，又知兖州府事關中趙蘭廷猗序，弘治十六年癸亥東昌知府雁門李舉後序，稱刻于郡齋。全書不分卷，以各體爲次。

鈐有“曲阜孔昭薰過眼”、“桂林胡氏書巢圖書”、“舊雨草堂”各印。（江陰繆氏藝風堂書己未。）

薩天錫詩集不分卷 元薩都剌撰

明謝肇淛小草齋寫本，棉紙藍格，九行十九字，上方有“小草齋鈔本”五字。　全書分體不分卷。　黄丕烈朱筆校，有跋二則。

鈐有“晉安謝氏家藏圖書”、“周元亮鈔本”、“麗兑經眼”、“蕘薌圃”、“士礼居”、“蕘圃手校”、“汪士鐘”各印。(癸丑)

新芳薩天錫雜詩妙選藁全集 元薩都剌撰

日本明曆三年丁酉刊本，八行十八字，黑口單闌，板心記天全二字。題：“明曆三丁酉歲仲夏念日鮹藥師通開板屋餔粕子壽梓。”(癸丑)

按：此本無序跋，詩後附文七首，皆爲緇流而作。其詩太半爲汲古閣本所不載，其載者字句亦頗有不同，驗其板式及標題之新異，從元本翻刻無疑，蓋當日單行之本，與後來彙刻之本宜其不相合也。此書本楊鄰蘇老人守敬所藏，以余嗜好之深，癸丑冬日在上海瀕行，遂舉以相贈。丙辰十月卄九日沅叔記。

陳衆仲文集十三卷 元陳旅撰　殘存卷一至四　△八五二六

元刊本，十行二十字，黑口，左右雙闌。　前有明人沈麟手録國史本傳，并記云：“衆仲集不多見，嘉靖丙申偶得此元朝舊本，因手録其傳于前，以識歲月，七十二翁竹東沈麟書。”次至正辛卯夏晉安林泉生序。有吴兔床騫跋，録後：

“按千頃堂書目陳旅安雅堂集十三卷，今世行本大率相同。予舊藏此元刻本二册，曰‘陳衆仲文集’，攷諸家簿録，皆未見有此目，未審其同異若何。卷首林泉子序作于至正辛卯，距衆仲之卒已十年，當是其子歛容初刻本。雖僅存四卷，而詩則已全。零編蠹簡，何可不什襲珍之。兔床記。”

卷尾粘附黄蕘圃丕烈手札二通，録後：

“月前承顧，簡褻爲罪。面懇將尊藏宋元板書抄一細目，以便爲所見古書録附編之助，蒙允録寄。再有懇者，咸淳臨安志敝藏尚有鈔配，謹將卷數開□，如鄴架亦係抄本固無庸論，若有宋刻在余本抄補卷内者，祈惠借一校，即交陳簡莊帶付更便也。草此奉候，即請兔床先生日安。　黄丕烈頓首。　計開抄補卷數：一卷、八十一至八十九卷。”

“日前在尊寓敍談半日，極爲良朋聚首樂事。所借槎翁元刻陳衆仲文集與舊儲少詹所贈本同，印却在先，藉此可填補磨滅之字，喜極！竭半日之力已校畢矣。惜錢本尚多三卷，八至末失之。弟雖有明本全者在，然未敢取補也。奉還槎翁時，乞問拜經樓中尚有別本完全者否。弟於古書總思以缺者補全爲快，而又不敢以他本相補，故遇之爲難，今得見此，何快如之。吴本脱首張翥序一首，失林泉生序半葉，卷中破碎不一，是可以錢本補也，不識槎翁有意成全之否？兹特繳上，乞查收。歸舟想尚有待，何日顧我一談，當煑茗以待。壽階晤否？其議論若何？便希及之。上簡莊二兄先生。　弟丕烈手啟。廿七日。”

鈐有“徐嘉炎印”、“華爰收藏書畫”、“拜經樓吴氏藏書印”、“樝燕緒字翼夫”、“家在蘇州望信橋”、“燕緒”、“檵亭”諸印記，又有“吴兔床書籍印”長印。（甲子）

安雅堂文集十三卷 元陳旅撰　　△一二二六二

明山陰祁氏澹生堂寫本，藍格，十行二十字。　有至正九年河東張翥序，至正辛卯同郡林泉生清源序。　後有廬陵楊士奇序，又成化二年温州知府郡人邵銅序。　題曰重編。

鈐有“澹生堂經籍印”、“曠翁手識”、“子孫世珍”、“山陰祁氏藏書之章”、“四明盧氏抱經樓藏書印”各印記。（博古齋送閲。甲子）

安雅堂集十三卷 元陳旅撰

清初寫本，十行二十字。　前至正九年己丑翰林修撰河東張翥序，至正辛卯同郡林泉生清源序。後有廬陵楊士奇跋。語涉元帝空格提行。

卷一賦辭操詩五七絶句,卷二五七律,卷三五古七古,卷四至六序,卷七至九記,卷十碑表,卷十一碣、碑、墓銘,卷十二墓志銘,卷十三雜文。

鈐有:"謙牧堂藏書記"、"朱彝尊錫鬯甫"、"别業小長蘆之南殳皮山之西陝石大紗横山之北"、"燕庭"各印。(己未)

安雅堂集十三卷 元陳旅撰 存卷一至三,凡三卷 △二一八八

清寫本。 黄丕烈據元刊本校,有跋:

"秋間從萃古齋收得明刻陳旅安雅堂集,缺首三卷,係鈔補者,筆墨甚新,姑存之以備數而已。頃訪友胥江,路出昇平橋南,於經義齋書坊獲此三卷,較前所收者爲舊,因携歸。取與明刻行欵相同,惜上下方稍狹小,倘他日重付裝池,可留此棄彼也。 壬戌十一月二十五日燈下記。蕘翁。"

"余藏元刻陳衆仲文集七卷,嘉定錢少詹所贈,因取以校此三卷,諸多改正補脱,元刻多漫漶,兼有描寫字,則此本未始不可爲讀元本之助也。 冬至日校畢記。丕烈。"此跋朱筆。

元刻作陳衆仲文集,十行二十字。(余藏。丙辰)

傅與礪文集十一卷 元傅若金撰 **附録一卷**

明洪武十七年傅若川刊本,十行二十一字,黑口,左右雙闌。 前有洪武甲子梁寅序。 鈐有曹溶藏印。

京肆見,爲周叔弢收得,假來一校。丙子十一月沅叔記。

傅與礪詩集八卷 元傅若金撰 **附緑窗遺藳一卷** 元孫淑撰

△一一四一五

清康熙四十一年金侃抄本。有跋録後:

"緑窗遺稿載陶南邨輟耕録中,南邨云:'嗟夫孫氏之詩依乎禮義,先生之詩哀而不傷,舉得性情之正,是可傳也已。'余録與礪詩,因附録於後,以與礪數詩亦正集所失編也。前四卷抄於十年之前,因留秀野堂,今年夏始抄全。腕力之衰其筆跡互異如此,擲筆爲

之慨然。壬午七月迂齋并識，時年六十有八。"後鈐"亦陶"一印。（余藏）

傅與礪詩集八卷 元傅若金撰 △一一一九七

清寫本，版心刻"文瑞樓"三字，十一行二十一字。次行三行題"仕丘宋應祥伯禎點校"，"弟傅若川次舟編刊"。

法時帆式善藏書，鈐有"詩龕鑑藏"、"時帆珍玩"、"存素堂珍藏印"、"詩龕居士"、"存素堂圖書印"各印。（庚申）

番陽俟菴先生文集三十卷附録一卷 元李存撰

舊寫本，十三行二十四字。 有永樂三年翰林修撰同郡徐旭序，知雲南建水州銀峯王和序，東魯鄒濟序，又徐旭像贊。 有毛古愚、劉燕庭、朱笥河諸家藏印。（丁卯寶書堂送來，已收。）

滋溪文藁三十卷 元蘇天爵撰 存卷二十六至三十，計五卷

△一二二六八

元刊本，十行二十字，黑口，四周雙闌，魚尾上記字數。版匡高六寸八分，濶四寸七分。（繆氏藝風堂藏書。乙卯）

滋溪文稿三十卷 元蘇天爵撰

舊寫本，十行二十字。 前有趙汸序。目後有馬祖常、陳旅跋。又像贊二首。

滋溪文集三十卷 元蘇天爵撰

舊寫本，十行二十字。 前有趙汸序。

鈐有朱竹坨印。

青陽先生文集九卷 元余闕撰

明正統十年高誠刊本，十二行二十二字，字體活動，有元刊遺意。

黄丕烈手校。周錫瓚、汪士鐘遞藏，有印記。（獨山莫棠楚生藏，見于吴門。）

青陽先生文集十一卷 元余闕撰

明刊本,十行二十二字,白口雙闌。　前有青城山人王汝玉序,鄱陽程國儒序,雲陽李祁序,弘農許讚序。據許序,乃正德初侍御沈人傑頒刻於太原郡舍者也。　本書次行題"門人淮西郭奎子章編輯"。版心題作"卷上"、中、下,一二三四爲卷上,五六七八九爲卷中,附録十、十一爲卷下,題"後學維陽張毅仲剛續輯",卷十爲文集附録、卷十一爲忠節附録也。　鈐有"曾在王鹿鳴處"、"怡園主人"二印。(辛未二月。)

青陽先生文集六卷　元余闕撰

明正德十六年刊本,十一行十九字。　前正德辛巳劉瑞序,鄱陽程國儒序,雲陽李祁序,正統淮南高穀序。次余左丞傳,次目録。後有青城山人王汝玉序,莆田彭韶跋,正德庚辰張文錦跋。

按:此正德辛巳宣城太守胡汝登東皋刊本,張文錦爲之讐校者也。盛伯羲昱舊藏。(余藏。丙辰)

周翰林近光集三卷扈從詩一卷　元周伯琦撰

清初寫本,墨格,九行十八字。　前伯琦自序,次目録,卷第四爲扈從詩,亦有伯琦自序,次爲紀行詩二十四首,次爲扈從詩序,伯琦自述,次紀行詩十首。　末有歐陽玄跋,門生海昌賈祥麟跋。

鈐有"兼牧堂書畫記"、"謙牧堂藏書記",又海源閣楊氏藏印二方。

按:此帙余以傳抄閣本校過,改正五百字,補詩九首。余别有跋。(海源閣遺書,然楹書隅録不載。庚午)

周翰林近光集三卷扈從集一卷周翰林集補遺三卷　元周伯琦撰

清鮑渌飲廷博手寫本,十行二十字,渌飲據紅豆山房本手校,扈從集又據澹生堂本、振綺堂本校過,補遺似渌飲所輯。(辛酉二月朔見于蔣孟蘋家。)

近光集三卷扈從詩一卷周翰林集補遺二卷　元周伯琦撰

鮑氏知不足齋寫本,鮑渌飲廷博手校。　前有虞集序。扈從集有歐陽玄跋,又門生海昌賈祥麟跋。鮑氏朱筆跋録後:

"嘉慶乙丑九月十九日從元刻本校正,惜元刻亦有漶漫處,未能悉補耳。通介叟記,時年七十有八。"

後附周翰林集補遺上下卷。上卷遺詩三十首,采自吴都文粹、山志總集、書畫跋中。下卷遺文十五首,亦采自各書。後有題識一行:"嘉慶九年正月二十五日録畢。鮑正言。"

渌飲又手書補入理公岩記、杭州三生石題名、戴九靈畫像贊三首。(壬午)

近光集三卷扈從詩一卷 元周伯琦撰

傳鈔文瀾閣四庫本。 勞季言格手校,所據爲紅豆山房惠氏本,其卷三末補詩五首,又殘詩四首,與余所校謙牧堂本同,改字亦極多。

鈐有"勞格季言"、"青子"及繆氏"雲輪閣"、"藝風審定"各印。

經濟文集六卷 元李士瞻撰

影寫元刊本。題"元翰林學士承旨楚國公東安李士瞻著"。(盛昱鬱華閣遺書。壬子)

經濟文集六卷 元李士瞻撰 曾孫侃編次

舊寫本。題"玄孫懷恢憲宥重校刊"。(繆氏藝風堂遺書。壬戌)

盧圭峰先生集七卷 元盧琦撰

舊寫本,九行二十字。題莆陽陳誠中編。前録元史本傳。 鈐有巴陵方氏藏印。(癸未)

蛻菴詩集四卷 元張翥撰

明洪武刊本,衡山釋大杼北山編集,十三行二十四字,細黑口,四周雙闌。 前有豫章沙門釋蒲菴來復序,後有洪武十年冬天界善世禪寺住持天台釋宗泐序。

按:此書及蒲菴集皆得之盛意園昱家,各家著録皆爲鈔本,此洪武初刻殊爲罕覯,且筆意渾成圓滿,猶有元時矩矱,彌可寶也。繆荃孫氏爲鈔補序一篇,詩二十三首。 又據勞氏丹鉛精舍輯本補文一篇,

詩十一首,共爲一册,附此集後。(丙辰)

蜕菴詩集四卷 元張翥撰

清影寫明洪武刊本,十三行二十四字。 前有釋蒲菴來復序,後有洪武十年釋宗泐序。 鈐有黄丕烈及海源閣楊氏印。又毛氏一印,僞。(余藏。)

忠謨謹按:此書别有跋,收入藏園羣書題記初集卷七。

五峰集六卷 元李孝光撰 △一一二〇〇

舊寫本。 前有弘治甲子知樂清縣事鳳陽懷遠錢杲刻書序。 勞格據鮑廷博手寫本校。有跋録後:

“咸豐壬子六月,吴興丁寶書以鮑渌飲先生手寫本寄示,因據校一過,補詩十六首。鮑本後附補遺三卷,渌飲從玉山雅集諸書又文集一卷、止十首,雁山十記一卷别録成帙。廿二日午刻季言識。”

鈐有“曾在姚古香處”、“孔傳金印”、“周長濬字舜元號秋渚永嘉人”各印。(己未歲李寶泉自杭州寄來。)

李五峰集十一卷 元李孝光撰

清寫本。 鈐有問禮堂、師竹齋印。(任邱邊氏空青館舊藏。壬子)

蟻術詩選八卷 元邵亨貞撰

明隆慶六年汪稷刊本,十一行二十一字,版心下方有“好德軒”三字。有“長洲吴曜書”、“張敖陸本章權刻”兩行,在卷三末。(丁巳十二月見于文德堂。)

栲栲山人詩集三卷 元岑安卿撰

舊寫本,十三行二十四字,精抄。題“後學宋立僖重編”。 鈐有施閏章、江聲藏印,壹是堂讀書記印,又有白堤錢聽默印。(壬子)

栲栲山人集三卷 元岑安卿撰

舊寫本。鈐有“玉雨堂印”、“韓氏藏書”兩印,又“翰林院印”滿漢文大官印。盛昱舊藏,有周鑾詒跋:

"此册爲同年韻蒔宗侯所藏,上鈐翰林院印,蓋四庫底本,不知何時流入韓氏,韻蒔復從韓氏得之者也。今歲四月,韻蒔又於琉璃廠肆得一舊鈔本,乃從宋立僖刻本迻寫者,凡分三卷,前多小序一首,不著撰人名,後多送友七律詩半首,下缺二葉,有宋立僖後序一篇,佚其上半。書中有施閏章、江聲、秦大士、翁方綱諸印。韻蒔既有雙本,乃贈我此册,備益所藏,豈非快事。校讀一過,識此以旌高誼。壬午五月二十五日,時寓居韻蒔意園之蓬心室。 鑾詒。"(徐梧生遺書。丙寅)

栲栲山人詩集一卷 元岑安卿撰

舊寫本。 鈐有"芷齋圖籍"印、"竹素山房"印、"古鹽張氏"印。(甲子)

栲栲山人詩集不分卷 元岑安卿撰

舊寫本,版心有"十經齋"三字。(己未)

貢禮部玩齋集十卷 元貢師泰撰 殘存卷第六

明嘉靖隆慶間刊本,十行二十字。題"宛陵貢師泰著","會稽沈性編"。(甲子九月廿七日得于宏遠堂。)

貢禮部玩齋集十卷 元貢師泰撰 **拾遺一卷**

清寫本,十一行二十二字。 有至正十九年桐川錢用壬序,上虞謝肅序,金華王禕序,青陽山人余闕序,至正戊戌新安程文序。前有紀年録,門人朱燧編。後附拾遺一卷爲刻本所無。 鈐有"天都黄曉峯藏印"。(朱文鈞藏書,壬戌歲見。)

貢玩齋文集十卷 元貢師泰撰 存序目、卷九、十。 **紀年録一卷** 元朱燧撰

舊寫本,十三行二十四字。有吴騫跋録後:

"貢尚書玩齋集十卷,嘗刻於宣城,此抄本逸其前八卷,吾友巢飲朱君所藏也。尚書元末避地小桃源,爲遂寧令公師,且迎其孥於家,生乎吾養,死乎吾葬,至於今,尚書丘墓與夫春秋祀事皆小桃

源之朱世掌弗替。而其賢者又往往喜讀尚書之書,刻本不得,則轉相傳録,雖殘編斷帙寶之若天球大貝,如巢飲斯篇是也。自尚書之歿迄今已四百有餘歲,而朱氏敬其師猶若此,何其篤也!昔揚子雲既没,弟子侯芭葬而喪之,世都其義,以今視古,奚翅過之。大雅云:無言不讐,無德不報,寧遠之後,魁儒碩生,代不乏人,天之所以報之者良不爲薄矣。巢飲爲寧遠適系,爲人温然儒雅,好學不倦,有先民之矩矱。皆方祭酒予家,因借讀是編,不禁有觸而題其後,以爲修弟子職者勸。乾隆戊辰九月晦日休寧後學吴騫書於小桐溪之愚谷。"(癸亥)

按:玩齋集爲其門人謝肅、朱燧、劉中所編,凡十二卷,至正乙未迺穆泰、楊綱、桂郁、鄭貫等刻梓以行,今不傳久矣。明天順初沈性又以殘稿及各家所傳彙爲十二卷,刻之寧國學宫,即此抄本所從出也。然沈刻各家藏者亦皆十卷,未審何緣致誤。清乾隆乙未南湖書塾刊本實從沈刻出,然以此殘卷校之,訂遺補闕乃至數十首。疑南湖本底本適有闕佚也。

忠謨謹按:此書别有跋,收入藏園羣書題記續集卷四。

貢禮部南湖詩集上下卷 元貢師泰撰

舊寫本。四代孫貢欽編次,有弘治元年欽序。六代孫貢靖國重刊,有萬曆癸未貢靖國跋。　鈐有"禮南校本"、"東武李氏收藏"二印。

按:此集余别有舊鈔六卷本,詩之首數次第悉同,惟七古列五古後耳。沅叔。(丙寅)

羽庭集六卷 元劉仁本撰

舊寫本。失名人以朱筆校,係從大典本勘改者。(余藏。)

不繫舟漁集十六卷 元陳高撰　存卷一至十二

舊寫本,九行十八字。各卷第三行題"明八世孫侯官一元較"一行,是從明刊本出也。　前有眉山蘇伯衡序,成化元年雲南按察副使同邑吕洪序。

鈐有“錫山邵氏家藏”白、“謙牧堂藏書印”白、“海源閣”朱、“東郡楊紹和彦合珍藏”朱各印。(文友堂送閲。庚午八月)

不繫舟漁集十五卷附録一卷 元陳高撰

舊寫本。題“元慶元路録事平陽陳高著”,“明八世孫侯官一元較”。半葉九行,行十八字。 前有蘇伯衡序,成化元年邑後學吕洪序,言蘇伯衡付謝復元鋟梓未就,因捐俸鏤板。附録爲墓誌祭文及投贈詩文也。舊爲徐柳泉所藏,有跋:

“陳子上不繫舟漁集十五卷附録一卷三本,同治乙丑二月二十七日城西草堂徐氏收藏。子上嘗爲慶元路録事,是亦吾鄉名宦也,况其人固元季忠臣乎,尤當亟存之。十一月十二日時棟記。”

鈐印有:“徐時棟秘笈印”、“柳泉書畫”、“城田草堂”、“弗學不知其善”,以上徐氏印。“有宋荆州田氏七萬五千卷堂”、“潛叟秘笈”、“田偉後裔”、“伏侯在東精力所聚”,以上田伏侯印。(壬申十一月文友堂見。)

句曲外史貞居先生詩集五卷 元張雨撰

明初刊本,十行二十字,黑口,左右雙闌,卷首二三四行題:“吴郡海昌張雨伯雨撰”,“江浙鄉貢進士姪誼編類”,“吴郡徐達左校正”。前有徐氏序,隸書,七行十二字。(海虞瞿氏藏書,丙子見于滬上。)

句曲外史貞居先生詩集五卷 元張雨撰 △七七三九

影明精寫本,十行二十字,黑口,左右雙闌。 首卷題“江浙鄉貢進士姪誼編類”,“吴郡徐達左校正”兩行。 有徐達左序。 鈐有黄蕘圃印章,又“元本”、“甲”各印。(涵芬樓藏書。己未)

句曲外史貞居先生詩集七卷附録一卷 元張雨撰

舊寫本。 前有徐達左序。第七卷爲雜言、詩餘及散文之類。附録爲碑記及投贈詩文之類。 鈐有慈谿馮氏醉經樓藏印。(李子東處取

閱。癸亥十月)

詠物詩一卷 元謝宗可撰　閩中蔣玢絢臣校補　　李□八三二〇

明寫本,八行十七字。有蔣絢臣玢手跋、郭柏蒼手跋。　鈐有"鄭氏注韓居珍藏記"。(德化李氏舊藏。癸未)

僑吴集十二卷 元鄭元祐撰

舊寫本,十二行二十四字。密行細字,從張習本鈔出者。　卷中有夾籤,乃四庫館修書諸臣所擬者,四庫底本。　前有"翰林院印"滿漢文官印,又"海源閣"、"楊保彝藏本"二印。(庚午)

鹿皮子陳先生文集四卷 元陳樵撰

清寫本。　有"林氏善友堂讀畫藏書印"、"阮林子收藏印"各印記。(余藏。)

鹿皮子詩集四卷 元陳樵撰　盧聯編輯

舊寫本。　有正德戊寅慈谿周旋序。　鈐有"于秋溟家秘本"印。(古書流通處送閲。壬戌)

師山先生文集十一卷 元鄭玉撰

明刊黑口本,十一行二十三字。　有至正丁亥二月婺源程文序,至正庚寅三月朔鄭玉序。此序題餘力稿。刻本當在明初,卷中提行空格。

師山先生文集八卷遺文五卷 元鄭玉撰　　△一〇三三七

明祁氏澹生堂寫本,竹紙藍格,十行二十字,版心有"澹生堂抄本"五字。　卷首有婺源程文以文序,至正丁亥。玉自撰餘力稿序。至正庚寅。遺文前有金華王褘序。洪武庚戌。

藏印如後:"山陰祁氏藏書之章"白、"曠翁手識"白、"澹生堂經籍印"朱、"子子孫孫世珍"朱、"禦兒吕氏講習堂經籍圖書"朱。(乙亥二月記,邢贊亭藏。)

聞過齋集八卷 元吴海撰　　△一一四一八

明鈔舊鈔合配本。卷一至三宋蘭揮筠家藏清鈔本,後又得明鈔本於廠市，正補足之。但與宋氏藏鈔本分卷不同耳。　題"門人靈武王偁編次"，"進士永嘉胡寧校正"。前有辛巳春正月既望將仕佐郎前温州儒學教授永嘉徐起序。

鈐有"友竹齋"朱、"宋筠"朱、"己丑進士太史圖書"白、"宋氏蘭揮藏書善本"白各印。（盛昱遺書，壬子歲收。）

北郭集六卷補遺一卷又補詩一卷 計二十四首　元許恕撰

舊寫本。　有洪武十四年溝南老人里中張端序，洪武癸亥國子監學録金文徵序，洪武乙丑天台林右序，洪武十八年蘇伯衡序。

後常熟許玉森題詩并跋，又鮑廷博跋。又錢江姚鋤跋。（楊耀松自杭州寄來。戊午）

北郭詩集六卷 題大元澄江書院山長許恕如山撰

舊寫本，十一行二十字。　卷一詩三十五首，卷二詩四十一首，卷三詩二十八首，卷四詩四十八首，卷五詩四十六首，卷六詩五十四首，補遺四首，共詩二百五十六首。有洪武十四年辛酉夏五月溝南老人里中張端序，洪武癸亥夏四月國子監學録吴郡金文徵序，洪武十八年乙丑三月前史官眉山蘇伯衡序，洪武十八年乙丑正月天台林右序。古虞後學范餘慶跋。卷尾附陳克艱其難札，康熙戊午常熟支裔玉森芝田跋。　鈐有"禮南手拓"白、"東武李氏收藏"朱各印。（文友堂送閲。戊辰八月廿七日）

玉笥集十卷 元張憲撰

舊寫本，十二行二十一字。　前有成化五年安成劉釪序，萬曆己亥徐惟起跋。後有成化五年全椒黄瓌跋，又金陵王琮跋，又平原侯杲跋。　書衣有朱少河錫庚手跋，録後：

"讀書敏求記張憲玉笥集十卷，憲字思廉，會稽山陰人，居玉笥山，自名玉笥山人。讀其'怯薛行琴操十二首'誠留心斯世之士，劉釪稱思廉以忠義自許，良不誣也。"

收藏鈐有“大興朱氏竹君藏書之記”及劉燕庭各印。

全書朱筆校過,不知爲何人筆。鈔手古雅,“留”字缺末筆,殆吕氏講習堂故物也。(文友堂見。辛未三月)

玉笥集八卷 元張憲撰

經鉏堂重録本,十一行二十一字。 鈐有文登于氏小謨觴館藏印。(戊午)

丁鶴年詩集四卷 元丁鶴年撰

明初刊本,十行二十一字,一曰海巢集、二曰哀思集,三曰方外集,四曰續集,後附其兄弟等三人詩。

按:此書顧廣圻氏得之以贈黄丕烈,黄定爲元刊,刻入琳琅秘室叢書。友人陳君援庵垣以詩中歲月考之,入明者甚多,列爲四證,以糾其失,其説至確。蓋明初刻書猶有元代風氣,收藏家往往誤認,非獨此一集也。此本視陳増校本少詩六十餘首。

鶴年詩集三卷 元丁鶴年撰

明正統刊本,十行二十一字。 後有楊士奇跋(沈子培藏。壬子)

鶴年詩集三卷 元丁鶴年撰

明刊本,陸心源氏誤題爲元刊,十行二十一字。 有明徐興公𤊹手跋。

按:此本爲明刊,當在正統、景泰之間。(日本静嘉堂文庫藏書,己巳十一月十三日閲。)

鶴年先生詩集三卷 元丁鶴年撰

舊寫本。題“門人四明戴稷、戴習,修江向誠、向信道,方外曇鍠編次”。 前有至正甲午戴良序,又虎丘澹居老人至仁跋。後附録兄吉雅謨丁、愛理沙、表兄吴惟善各詩,烏斯道撰丁孝子傳。末有楊士奇跋。鈐有“古鹽馬氏笏齋珍藏之印”。(文友堂見。辛未)

丁鶴年先生詩集不分卷 元丁鶴年撰 △八五三九

舊寫本,十行二十字,題"拙修居士校録"。後附鶴年兄吉雅謨丁愛理沙及表兄吴惟善詩,烏斯道撰丁孝子傳。 前有至正甲午戴良序,又虎丘澹居老人至仁跋。 後有楊士奇跋。

鈐有"金侃之印"、"四飛山人"、"謙牧堂藏書記"、"兼牧堂書畫記"、"禮邸珍玩"各印。

按:此本玩其筆法,金侃手寫無疑也。沅叔。(己巳)

忠謨謹按:此書别有跋,收入藏園羣書題記續集卷四。

海巢集四卷 元丁鶴年撰

傳鈔明正統刊本,十一行二十一字。清陳西畇墫以朱筆校過。 余以琳琅祕室叢書本對勘,多出詩六十餘首。然則正統本編次雖不合,而實勝明初本多矣。(翰文齋送閲。壬戌)

一山文集九卷 元李繼本撰

明刊本,題"元進士翰林檢討東安李繼本撰","孫容城縣儒學教諭伸編次","福建侯官縣儒學教諭臨川黎公穎校正"。十一行二十三字,黑口,四周雙闌。 前有景泰癸酉黎公穎序,門人李敏序。

鈐有澹生堂祁氏各印,又鮑氏二印。封面有祁曠翁銘印一大方,文曰:"澹生堂中儲經籍,主人手校無朝夕,讀之欣然忘飲食,典衣市書恒不給,後人但念阿翁癖,子孫益之守弗失。曠翁銘。"(乙卯)

一山文集九卷 元李繼本撰

舊寫本,十二行二十三字。 前有門人李敏序,景泰癸酉侯官教諭黎公穎後序。似據明景泰刊本抄出者。(聚珍堂送閲,云購自南皮張氏者。癸亥)

正思齋文集十二卷 元上饒夏天祐玄卿撰

清寫本。 有至正庚寅鄱陽李存序。 鈐有慈谿馮氏醉經樓藏印。(陳立炎處取閲。癸亥十月)

江月松風集十二卷補一卷 元錢惟善撰 △八五四一

清翁栻手寫本,卷尾手跋數行。見刻本,不録。　又黄蕘夫丕烈跋。亦見刻本。又湖山嵐月主人記三行。卷中朱筆爲金亦陶侃改。　鈐有“金元功藏書印”、“揚庭”、“名山樓”各印。(庚申)

江月松風集十二卷 元錢惟善撰

臨清徐氏歸樸堂鈔本。　有至元後戊寅陳旅序,至元五年夏溥序,後附續集詩三首。卷首摹“遺稿天留”、“竹垞老人”二印,是從竹垞本傳録者。徐梧生坊從大雅集及漁洋筆記補詩三首,并書之卷尾。余以錢保塘清風室刊本勘之,卷一補村居題目一行,又補缺字若干。(徐梧生遺書。丙寅)

江月松風集十二卷 元錢惟善撰

清寫本。前有至元後戊寅陳旅序。汪氏古香樓舊藏。(余藏。)

龜巢集二十卷 元毘陵謝應芳撰

清寫本,九行十八字。　前有洪武十二年歲己未七月既望前浙江儒學副提舉豐城始豐山人余詮序,范陽盧熊序。　四明盧氏抱經樓藏書。

按:此書四庫著録爲十七卷,此獨爲二十卷,與本傳合。卷一賦,二至十詩,十一詞,十二書,十三疏,十四序,十五記,十六、十七啟,十八題跋、説、雜體,十九行狀、銘、贊、箴,二十祭文,與四庫本迥然不同。近時有謝蘭生刊本,只十卷,有賦、詩、詞,無文,所據正二十卷本,言出於季滄葦所藏。然今本賦、詩共十卷,詞别爲十一卷,與季刻又不符。疑此爲清初人重編之本,致與季本不合,視四庫著録之十七卷本十三卷後又别出詩文者更不侔。暇時當取各本合勘,庶足以證其同異所在耳。(余藏。)

龜巢集二十卷 元謝應芳撰

清寫本,九行十八字。　前有齊郡張紳雲門序,又徐莊裕撰傳,又蝶花外史跋。　有甬上人夾籤,云較四庫本多三卷。(古書流通處送閲。

壬戌）

龜巢集十七卷 元謝應芳撰

舊寫本，十一行二十字。卷四以下每卷有目。

鈐有海源閣及楊保彝印。楹書隅録未録。（海源閣遺籍。庚午）

東皋先生詩集五卷 海陵馬玉麟撰　滄洲野客校正

清初寫本。　有至正丙午王宗堯序，又周伯琦序，成化改元樗齋重刊跋。　鈐有曹楝亭、長白敷槎氏、北平謝氏藏印。

東皋先生詩集五卷 元馬玉麟撰

清初寫本。　據後序爲影寫成化刊本。　鈐有清顧嗣玄藏印。（壬子）

石初集十卷 題元安福周霆震撰　門生山東僉事廬陵晏璧彦文編輯

清初寫本，九行二十字。　有劉玉汝成之序，洪武癸丑。陳謨心吾序，洪武六年。葛化誠夫序，洪武七年。梅間張瑩序，玄默困敦。附録一卷，晉安林堅後序，洪武辛酉。同邑彭時後序，成化七年。淳安商輅後序，成化九年。同邑劉宣後序，成化七年。有王漁洋士禛彭芸楣元瑞手跋，録後：

“周處士石初集詩雜文各五卷，七言歌行如金城、豫章、潯陽諸篇可以庀史，近體朴直無足觀者，文詞亦多陳腐，不甚洗鍊，大抵鄉塾老儒本色耳。王士禛借觀偶書。”

“癸卯夏，坊估以馬氏叢書樓此帙來鬻，中有阮亭手題，詞甚貶斥。石初生前至元，歿洪武，年八十有八，身閲有元一代興亡，當庚申君末造，吏貪將殘，兵驕寇熾，生民流離塗炭之苦，身丁患難，一發之于篇什，視少陵三吏三别酸楚過之，有小雅大東告哀遺意，垂爲世鑑，是謂真詩。阮翁但解流連光景，修飾句法，嵌一二稀用字爲工而已，此詣奚足以知之。芸楣校竟且識，以竢論定。”

鈐有“知聖道齋藏書”、“南昌彭氏”、“遇者善讀”三印，又“結一廬藏書記”一印。（徐梧生遺書。丙寅）

石初集十卷 元周霆震撰

舊寫本,題"門生山東僉事廬陵晏璧彦文編輯"。 前有洪武劉玉汝四序,後有成化間商輅等三跋。前有王漁洋士禛跋。孔葒谷繼涵抄目録,朱筆校。(蔣孟蘋藏,甲寅六月見。)

山窗餘稿一卷 元甘復撰

舊寫本,十三行二十字。 前有成化丙午邑人劉憲序,成化癸卯餘干趙琥後跋。 鈐印如下:"文瑞樓"、"結社溪山"、"家在黄山白岳之間"、"金星軺藏書記"、"真意"、"汪士鐘藏"。(癸酉)

山窗餘稿一卷 元甘復撰

影寫明成化刊本,十行十六字。 前有成化丙午邑人劉憲序,後有成化癸卯餘干趙琥跋。跋後録"嘉慶庚辰季冬借王迂樓藏本傳録,蕘夫",墨書一行。别有黄蕘圃跋二則。蓋黄氏從成化本影寫,繆藝風又屬其夫人照黄本傳録也。卷首書名下有"江陰繆夏耦孫鏡涵影寫"小字一行,兼鈐藝風夫婦印章四方。

考此集胡宿堂前輩已刻入豫章叢書,然隨意檢閲,劉憲序卽失刻,"寄陳君伯柔詩"二首又"失題詩"一首胡刻亦未録,緣三詩以明板斷裂,每行佚去上五字。疑胡氏所據必爲閣本。以余所見,凡四庫所收書序跋多不完,若文字有闕失不能妄補,輒徑行删落,兹集亦其例也。篇中文字或有異,竢對勘畢詳列之。(此本藝風哲嗣子壽假閲,後以相貽。庚午)

梧溪集七卷 元王逢撰

明刊本,十三行二十二字,黑口,四周雙闌。 明末毛氏汲古閣舊藏。陸氏原題元刊本上空一格,實行二十三字。

按:此本有明景泰補板序,爲景泰七年陳敏政重修本。(日本静嘉堂文庫藏書,己巳十一月十五日閲。)

梧溪集七卷 元王逢撰

舊寫本，卷三四爲十三行，餘卷則十行，其格皆二十字。　有朱墨筆校過，似以知不足齋本及列朝詩集校正，中有鮑以文手筆。（辛巳八月二十三日友仁堂取閲。）

釋梧溪集訂譌 清顧廣圻撰

顧千里廣圻手稿，爲葉雲樵刻梧溪集而作。前有千里手記十三行。鈐有"一云散人"印。（海虞瞿氏藏書。癸酉）

吾吾類稿三卷 元吴皐撰　存卷三

愛日精廬藏寫本，大約從四庫本鈔出者。（文德堂送閲。戊午）

樵雲獨唱集六卷 元葉顒撰　△九六四三

清寫本，甚工。題"元金華雲鼲天民景南葉顒撰"。　黄丕烈據殘元本以朱筆校，又據鈔本以墨筆校。黄跋録後：

"戊辰秋七月白露後一日，友人陶琅軒赴金陵趕考，寄我殘元本樵雲獨唱，有鈔補者，内中間有原缺處，想所據本無也。因用硃筆校元本，以墨筆參鈔補。卽如此册，本吴伊仲舊藏，亦屬可信，而字句實有不知妄改處，信元本爲可寶。余喜古書，不論全否，以舊本爲據。陶君知余之深，故搜得寄余，連夜手校如右。時天氣新涼，燒燭閲此，校畢已月上矣。　七月十八日，復翁識。"

鈐"士礼居"、"校庵瀏覽所及"、"伊仲"各印。（蔣孟蘋收。癸亥）

静思先生詩集上下卷 題元處士吉水桂林郭鈺彦章撰　明國子生八世從孫廷昭編

舊寫本，十行二十字。　前有洪武二年廬陵羅大已伯剛序。　鈐鮑以文廷博藏印三方。（沈子培遺書。）

九靈山房集三十卷 元戴良撰

明洪武刊本，十四行二十字，黑口，四周雙闌。

按：此本極罕見，而刊工殊潦草。然王褘、宋濂序皆以手書上板。（日本静嘉堂文庫藏書，己巳十一月十三日閲。）

九靈山房集三十卷 元戴良撰

清傳寫明正統刊本，十四行二十字，語涉元帝提行空格，猶存舊式。

前有至正二十五年揭法序，晉府長史桂彦良序，又洪武宋濂序。後有正統十年從曾孫統跋，當是據明正統十年戴統刊本影鈔，而正統本又出于洪武也。有跋録後：

“吾鄉戴先生叔能文集世鮮傳本，舍弟箌雲於嘉慶辛酉獲此本于京師，藏已二十餘年。戴氏今爲吾鄉望族，不知能另爲梓行否？舊本稍有損壞，重加潢治，題……（下有缺文）。 道光丁亥十一月十一日周心如識。”

鈐印列後：“鶴溪”朱圓、“長水胡氏敦仁堂圖書”白方、“楊芳燦”白、“才叔”朱、“枕善齋”朱、“灑雪居珍藏”朱、“松風亭長”白、“周爲漢”朱、“牧白生”白。（張姓持來，索一百二十元。戊午）

九靈山房集三十卷 元戴良撰

傳寫明正統十年戴統刊本。 有正統乙丑從孫統序。 鈐有朱子清、劉彦清藏印。（盛昱遺書。壬子）

九靈山房集三十卷 元戴良撰

舊寫本，墨格，十二行二十字，版心中縫有“晚邨”二字。卷十後有“甲申四月懿曆督鈔於東河此近樓”題記一行。卷十一、卷二十四同。卷十三作“曹錨補鈔”云云，卷十四同。卷二十六作“循先補鈔”。 有至正二十五年中順大夫秘書少監揭汯序，翰林待制烏傷王禕序，晉府左長史四明桂彦良序。卷一至七山居稿，一至三詩，四至七文。卷八至十四吴游稿，卷八九詩，十至十四文。卷十五至二十三鄞游稿，十五至十七詩，十八至二十三文。卷二十四至三十越游稿。卷二十四、五詩，以下文，卷三十爲像贊及諸人題詩。（癸酉十月）

灤京雜詠一卷 元吉水楊允孚和吉撰

舊寫本，十行二十字，注大字另行。 鈐有“棟亭曹氏藏書”、“棟亭”、“墨香堂圖書印”、“長白敷槎氏堇齋昌齡圖書印”各印。

此書鮑氏刊本分二卷。(與舊寫本吴郡樂圃朱先生餘稿十卷合裝一函。甲子歲文友堂閲。)

灤京雜詠二卷 元楊允孚撰

鮑氏知不足齋寫本。　後有羅大已跋,又成化十三年三月羅璟跋。(壬午)

鶴田蔣先生文集二卷 元建陽蔣易師文撰

舊寫本,九行二十字。　前至正十七年春文林郎江西等處儒學副提舉邵武黄鎮序,至正辛丑十月丁亥臨川葛元喆序。　有蔣玢題識,録後:

“此集爲楊文敏公家藏,徐興公前輩得之于建寧書肆,僅有序文二卷,尚有十二卷弗存。其作文大有源委,然中多宋氣,想習熟諸先輩而來,不能改其面目,亦是潛心學究之流亞者也。絢臣玢識。”

“蔣易字師文,建陽人,篤信好學,工詩善屬文,有鶴田集及編元朝風雅行于世。建寧府志文學傳。”

“蔣易字師文,從杜本遊,徧交知名士,博極羣書,編摩句定,手自删録。學極精到,肆筆爲文,直追古作。　左丞阮德柔分省於建,待以上賓。所著有鶴田集并編類先朝風雅行於世,爲師杜本作清江碧嶂集,文名籍甚,著潭陽文獻。”

此後尚有投贈詩數首,不具録。

文友堂送閲,因爲四庫所未收,記其大略於此。(己未)

雲陽李先生文集十卷附録一卷 元李祁撰

明弘治刊本,十行二十字,黑口、四周雙闌。　有弘治三年庚戌台人謝鐸序。

按:乾隆刊本四卷乃就此併省者,然詩文乃互有出入。(丁卯七月二十八日查點故宫藏書所見。)

雲陽李先生文集十卷附録一卷 元李祁撰

舊寫本,十行二十字。　卷一律賦古律詩,卷二律詩絶句,卷三序,卷四序,卷五序,卷六序記,卷七記,卷八墓銘表傳,卷九雜著,卷十雜著。附録中有歐陽玄贈序,又哀辭輓詩。成化安成彭華、莆田陳音、義興邵珪、長洲吳寬、晉陵陸簡各跋。錢唐倪岳、新喻傅瀚、栝□潘辰書後。李東陽撰墓表。洪武庚戌東甌郭永錫跋。按:據墓表,先生名祁字一初,元統癸酉李齊榜第二人進士及第,授婺源州同知,遷江浙儒學副提舉,入明徵辟不就。其集爲永新俞千户茂所刻而族孫東陽又重刻者也。(戊午)

書林外集七卷 元袁士元撰

明正統刊本,十行二十字,黑口,四周雙闌。　前有正統三年戊午同郡陳敬宗序。

按:據序,菊邨袁先生鄞人,諱士元,字彦章,仕元,爲鄉縣學官,陞鄮山書院山長,再陞翰林國史檢閲。子廷玉,永樂初授太常寺丞。其孫尚寶少卿名忠徹是也。此集四庫未收,他家亦鮮著録,惟帶經堂陳氏藏有鈔本。今歲見此刊本于廠市,後爲袁寒雲克文所得。頃聞涵芬樓有新印本,其序乃失去,若非此本殆不知其家世矣。至新本有無異同未得勘讀,當屬森玉一爲之。　沅叔。(戊午)

聽雪先生集十□卷 元王寔撰　存六卷

舊寫本。題"臨江路同知錫山王寔安節著","鄉貢進士六世孫王宥編次","同邑晚生玉林潘緒校正"。　存卷五雜著,卷六五言選詩,卷十二七言長律,卷十三歌行,卷十四五言排律,卷十五。七言排律。　後附尹璠通府復華梅心柬。言以此集付王氏子孫。卷末有崇禎四年仲春十二世孫以敬頓首拜録一行。

按:此集自來不登著録,千頃堂書目載元人集至三百八十七部,亦無此集。雜著中年號有至正、至元所作,或記錫山、京口等地,文、詩多應酬之作,殊少佳篇,特以罕見而著之耳。(楊味雲收,庚辰元月見。)

又按:寔字安節,無錫人,官臨江路同知。文中有從事軍旅之語,又有貽危太樸、周伯温、劉伯温詩,知嘗在兵間,並與當代名輩往還。詩中有紀年者自延祐迄至正,則其人已在元季矣。卷六末有崇禎四年仲春十二世孫以敬拜録一行,似由後人搜輯成卷,然編次無法,似未成書也。

忠謨謹按:此書别有跋,收入藏園羣書題記三集卷七。

倪雲林先生詩集六卷附録一卷 元倪瓚撰

明天順四年刊本,十行二十字,黑口,四周雙闌。題"荆溪蹇曦朝陽編集"。 前有天順四年錢溥序,後有天順四年卞榮序,又樂正老人荆南蹇曦朝陽跋。字體秀勁可愛。(沈子培海日樓藏書,丁巳歲獲觀。)

倪雲林先生詩集六卷附録雜著樂府一卷 元倪瓚撰

明寫本,十行二十字。 前有樂正老人荆南蹇朝陽序,後有天順四年前進士户部郎中同郡卞榮題詩并跋。

藏印録後:"隴西李氏收藏圖書"朱、"茗話齋"白、"李熺之印"朱、"承晦父"朱、"李氏承晦"白、"踈嬾齋"朱、"毛晉之印"朱、"汲古主人"朱、"子晉"、"李熺之印"白、"席鑑之印"朱白文、"席氏玉照"朱、"毛氏子晉"朱、"開卷一樂"朱、"安定李氏"。(戊辰王晉卿送閲,索值百元。似明人抄本,從蹇刻出。)

倪雲林先生詩集六卷附録一卷 元倪瓚撰 △二三二七

明萬曆刊本,九行二十字,白口單闌。 前有天順四年錢溥序,爲蹇朝陽刻此集而作。又萬曆辛卯王穉登序,言先生詩有二刻,一爲江陰孫大雅序,一爲華亭錢學士序,皆歲久剥裂,其八世孫珵捐鏹授鋟云。卽此本也。各卷皆題"蹇曦編集","珵重刊"二行。末有樂正老人蹇曦後序,又天順四年卞榮識。(邃雅齋送閲,已收。乙亥)

玉山草堂集一卷 元顧瑛撰 李□五二四六

檇李曹氏倦圃寫本,墨格,八行十七字。 趙撝叔之謙手寫補詩四

首。　鈐有漢陽葉氏藏書印。(德化李氏舊藏。癸未)

麟原王先生文集十二卷後集十二卷附録一卷 元王禮撰

明初刊本,十二行二十字,黑口,四周雙闌,中版心,初印精好,附録後有"紫陽後裔朱焅書","新安歙邑黄氏刊"二行楷書。　有永新劉定之序,又己巳雲陽李祁序。劉序題王子讓集。兩序皆行書大字六行。前後集皆文,無詩。(癸亥)

王麟原文集二十四卷 元王禮撰

明藍格寫本。　有賜書樓印。(滂喜齋藏書。丁卯)

麟原王先生文集十二卷 元王禮撰

舊寫本,竹紙緑格,十一行二十四字。　前有劉定禾序,又雲陽李祁序。(辛巳十一月六日見于翰文齋,潘伯寅遺書。)

來鶴草堂稿既白軒藁竹洲歸田藁 元吕敬夫撰 **附鶴亭倡和一卷**

舊寫本,鈔手甚舊,疑在清初。九行十七字。　有至正戊子昆陽鄭東序,天順三年崑山鄭文康記。在鄭東序後。(癸丑)

來鶴草堂稿八卷 元吕誠撰

舊寫本。　黄蕘圃丕烈手校。　鈐有秀野草堂藏印。(蔣孟蘋藏書。辛酉)

花谿集三卷 元沈夢麟撰

清寫本,九行十八字。題"按察使同邑陸珩編","副使吴瓊校",是從弘治丁巳刊本出也。取沈氏枕碧樓新刻本一校,改正二百六十八字之多。(文友堂借校。)

東山趙先生文集十二卷 元趙汸撰　存卷一至八、十一、詩補、文補、附録各一卷　△一一四二一

明寫本,十一行二十一字。(甲子歲收。)

楊鐵崖詠史古樂府不分卷 元楊維楨撰

明刊本,十行二十字,大黑口,四周雙闌。　前有閼逢敦牂之歲金華

章懋序。古樂府與董氏詠芬室翻刊本同。　鈐有"素齋文式"及汪魚亭藏印。(葉定侯書。)

鐵崖先生詩集 元楊維楨撰　甲至癸十集

舊寫本,十二行二十四字。各集列後:

甲集七律,乙集五七絶,丙集七古,丁集古樂府後集,太史金華黄溍晉卿評點,門人雲門章琬孟文編注,戊集古樂府後集,有章琬跋語,己集鐵龍詩集,鐵史,庚集鐵笛詩七言律,辛集草玄閣後集,壬集草玄閣後集鐵笛詩七言絶句,癸集草玄閣後集。(己未)

楊維楨詩集不分卷 元楊維楨撰

明寫本,藍格,版心有"西樓筆札"四字。合三百四十五題,附録文二篇。　卷末有皇甫汸、俞安期二跋,皆僞。首卷有長白重謙持菴氏讀記九則,蓋以爲鐵崖手稿而珍視之也。　鈐有"吴氏珍賞"、"西玄松州樗翁寶綸堂藏書"各印。

此書文友堂持來,因以刻本校誦,略有改正。乙丑十月朔,沅叔。

東維子文集二十卷 元楊維楨撰

舊寫本。蕭山三間草堂藏書。(癸亥十月觀于古書流通處。)

東維子集十六卷 元楊維楨撰　△八五四五

舊寫本,版心題"印溪草堂"四字。　金耿菴俊明手校,各卷有"甲寅建子月重校"朱筆一行。鈐印如下:"不寐道人"、"不寐道人收藏"、"吴會孤雲"、"俊明"、"耿菴"、"誰與玩此方草"、"孝章"。又有"鳳凰巢藏書"朱文大印,"琪園李鐸收藏圖書記"朱文方印。

篇中各詩爲十干集、古樂府、東維子集所無者記目如後,計四十九首:

虞美人七古、題鍾馗七古、在荆秀堂醉後書遺虞先允恭七古、詠櫓七古、題楊妃春睡圖七古、夢游仙府歌七古、桃核杯歌七古、易水歌七古、寄衛叔剛七律第三首、嬉春五首七律、瑶芳樓聯句同、寄虞伯弘同、送吕左轄還越同、投來使同、孟夏三日宴周生瑞蓮堂同、午赴嘉樹堂招七律、韓致用經訓堂聯句同、次雲間散吏孫元實韻題韓致用面爽軒同、聯句書桂隱主人齋壁七排、紀夢中作書報遺復元七排、花朝清素軒聯句同、題畫上小景七絶、明皇吹簫圖同、題李白問月圖其二、同、古明鏡歌鼓吹曲十三篇七古、愁莫愁曲七古、清江引樂府、鍾海鹽席上作、天香行樂府、上橘隱仙翁壽、客樓小詠二絶七絶、相逢七絶、五雲書屋賦、青龍任氏來青、覽暉二樓七律、丹鳳樓同、題趙文敏自作小像同、送譚貫還孟城同、題龍門寺聽雪軒同、賀人納壻同、題錢金衮綾錦墩同、送道士之上海同、楊妃舞翠盤同、龍灘紀詠同、陸士衡讀書草堂七絶、元虛上人示余馬遠拓本。七絶二首。(徐梧生藏書。乙丑)

東維子集不分卷 元楊維楨撰

舊寫本,十行二十一字。　分五言古詩、七言古詩、七言律詩、七言長律、五言律詩、四言詩、五言絶句、七言絶句、歌行聯句。　鈐有朱竹君、劉燕庭藏印。(董授經購于帶經堂,六十五元,己未歲。)

鐵崖文集五卷 元楊維楨撰

明刊本,十行二十字。　題"昆陵朱昱校正"。卷末後有"姑蘇楊鳳書於揚州之正誼書院"一行。(張菊生書。壬子)

楊鐵崖文集二卷 元楊維楨撰

舊寫本,墨格,十行。　有釋性安跋。　鈐有"楊維楨印"、"鐵笛山人"二印。(顧鶴逸藏書。壬子)

梁石門集十卷 元梁寅撰 **首一卷** △四七六

清乾隆十五年新喻知縣暨用其刊本。(壬戌收。)

重訂石門集□□卷 元梁寅撰

影寫明嘉靖刊本,十二行十八字。　前有嘉靖壬子李先芳序。　有黄蕘圃丕烈跋。竢抄。　鈐有朱竹垞彝尊、戴松門光曾印。(葉定侯藏書甲戌四月見。)

石門先生集十五卷 元臨江梁寅孟敬撰　門人黎卓崇瞻編次

△八五四七

舊寫本，九行十八字，目列後：

一賦，二賦，三五言古詩，四樂府，五歌行，六歌行，七五律、五言長律、五絶，八七律，九七律、七言拗體七言長律，十七絶，十一記，十二記，十三記，十四序，十五序。

鈐有"藉書園印"、"華綺"、"天和"、"華氏天和"各藏印。

按：此本文至序而止，疑此後尚有疑佚也。（徐梧生遺書，周叔弢收。丁卯）

韓山人詩集九卷續集八卷 元韓奕撰 △二二三四

清初寫本，九行十九字。　前有永樂七年姚廣孝序，後有永樂己丑梁用行跋、釋行可跋，又永樂七年蔣用父跋。續集前有永樂九年趙友同序録。　護葉有王聞遠朱筆跋，文曰：

"雍正己酉長夏，借得先輩毛子晉鈔本細校一遍，共添改旁書七十又九字。七夕後學蓮涇王聞遠識，時年六十有七。"

鈐有"知不足齋鮑氏藏書"、"知不足齋鮑氏正本"、"鮑以文藏書記"諸印。（余藏。）

忠謨謹按：此書別有跋，收入藏園羣書題記續集卷五。

韓山人詩續集不分卷 元韓奕撰

舊寫本，十行二十二字。　詩以分體爲次，末有詞三十闋。附王彝蒙齋記。　鈐有"雈溪胡氏珍藏"朱文印。（辛巳八月）

後圃黄先生存集四卷 元黄樞撰 **嚮明齋詩文附後**黄維夫撰　乃後圃之孫也。

明刊本，十行二十一字，題"門人戴玭校梓"，"古林山房重刻"。　卷一至三詩詞，卷四文。有雲南按察副使方塘汪思序，嘉靖庚戌，南京禮科給事中郡人游震得序，嘉靖庚戌，又門人李本立序，洪武癸亥，程叔春序。洪武癸亥。族孫遥跋，族孫杲跋。均嘉靖庚戌。（丙寅十一月二十八日邃雅齋送閲。)

鼓枻稿六卷 元虞堪叔勝著

舊寫本,十行二十一字。計六十八番。

鈐印録後:"南陽講習堂"朱方、"籠鵝館"白方。(乙卯歲蘇估柳蓉春處見。)

張大家蘭雪集二卷 元張玉孃撰 △七七四九

舊寫本,題"白龍張玉若瓊氏著","稽山孟恩光仲齋氏校"。版心下方有"知不足齋正本"六字。 孔葒谷繼涵手抄目録,朱筆校。(蔣孟蘋藏書,甲寅六月見。)

蘭雪集二卷 元張玉孃撰

舊寫本。題"松楊張玉孃女史"。(盛昱遺書。壬子)

藏園羣書經眼録卷十六

集 部 五

明別集類

潛溪先生集十八卷 明宋濂撰 黄溥輯

明刊黑口本,十一行二十五字。題“後學弋陽黄溥澄濟選編”,“後學古相羅倚尚絅校正”。 鈐有“潘祖蔭藏書印”。(徐坊遺書。癸亥)

潛溪後集十卷 明宋濂撰

明洪武刊本,半葉十三行二十五字,黑口,四周雙闌。 前有歐陽玄序。後有至正丁酉楊維楨後序。又趙汸、龍舒李崇、□淵後序。 鈐有“安養院藏書”楷書朱印,是曾入日本者。

按:此爲景濂未出山所作。嘉靖時所刊宋學士集七十五卷亦無此集,蓋當時固已單行。余別有景濂文粹十卷,爲洪武時刻,其文與此集大半相同也。

又一殘本,題“潛溪先生集”,十一行二十五字,存第九卷。(乙亥)

宋學士全集三十三卷 明宋濂撰

明嘉靖二十九年庚戌刊本,十一行二十四字。(癸丑)

宋學士文粹十卷補遺一卷 明宋濂撰 存卷一至五,餘鈔配

△一一四二三

明洪武十年鄭濟刊本,十六行二十七字,黑口,左右雙闌,中縫寬闊,字體疏勁,鐫工亦精好。 前有洪武八年自序,言文粹共十卷,而詩居其一,又二年門人鄭濟乃跋而刻之。後有洪武丁巳鄭濟刻書跋,録後:

"右翰林學士承旨潛溪宋先生文粹一十卷,青田劉公伯温丈之所選定也。濟及洧約同門之士劉剛、林静、樓璉、方孝孺相與繕寫成書,用紙一百五十四番,以字計之一十二萬二千有奇。於是命刊工十人鋟梓以傳,自今年夏五月十七日起手,至七月九日畢工,凡歷五十二日云。先生平生著述頗多,其已刻行世者潛溪集四十卷,羅山集五卷,龍門子三卷,其未刻者翰苑集四十卷。歸田以來所著芝園集尚未分卷。在禁林時,見諸辭翰,多係大製作,竊意劉丈選之或有所遺,尚俟來者續編以附其後。惟先生受知聖主,輔導東宫,名滿天下,文傳四夷,則不待區區之所贊頌云。洪武丁巳七月十日門人鄭濟謹記。"

按:此書景濂門人鄭濟等六人分寫,刻於洪武十年,極爲罕覯。余得之書友李子東手,原缺五卷,假莫楚生棠藏本,倩喬君大壯曾劬、王君麟伯等五人手寫補之。

忠謨謹按:此書别有跋,收入藏園羣書題記初集卷七。

宋學士文粹十卷 明宋濂撰

明刊本,十三行二十五字。 鈐有"新宫城書藏"朱文印,蓋水野氏舊藏也。

按:此本在燕京曾見一帙,當爲成、弘間刊本。(日本内閣文庫藏書,己巳十一月十九日觀。)

宋學士集九卷 明宋濂撰 附録一卷

明崇禎十三年曹荃刊本,九行十八字,題"梁谿曹荃元宰校訂"。

前崇禎庚辰曹荃自序,次參較姓氏,題閩漳張燮紹和纂,同郡黄道周等同較,蓋卽紹和所編而荃爲之出貲付刊耳。

卷一賦、五古,卷二五七古,卷三五律,卷四五律,卷五七律,卷六五排、五七絶,卷七序,卷八表,卷九書、讚佛文、祭文。末爲附録、集評、遺事三門。與張燮編漢魏六朝七十二家集同。(余藏)

重鋟誠意伯文集二十卷 明劉基撰

明成化刊本。　卷一翊運録,二至四郁離子,五至十四覆瓿集并拾遺,十五至十六犂眉公集,十七、十八寫情集,十九、二十春秋明經。有楊守陳序。　鈐印録後:"廷檮之印"朱、"袁又愷氏"朱、"五硯樓袁氏收藏金石圖書印"朱、"曾藏汪閬源家"朱、"潘志萬長壽印"白、"潘氏桐西書屋之印"朱、"潘茉坡圖書印"朱、"宗室文慤公家世藏"、"聖清宗室盛昱伯羲印"朱。(盛昱遺書,壬子景賢見示。)

重鋟誠意伯文集二十卷 明劉基撰

明嘉靖刊本,十一行二十一字,黑口雙闌。(壬子)

覆瓿集二十四卷 明劉基撰　存卷一至六,十九至二十四,計十二卷

△七二八

明宣德五年劉貊刊本,十二行二十四字,黑口,左右雙闌。　前有宣德五年羅汝敬序。(寶應劉啟瑞氏藏,庚申夏見。)

王忠文公文集二十四卷 明王禕撰

明正統劉同刊本,十三行二十六字,黑口,四周雙闌。題"鄱陽三臺劉傑編輯","廬陵銅溪劉同校正"二行。密行細字,猶有洪武時風範。(余藏。)

翠屏集四卷 明張以寧撰

明成化十六年嗣孫張淮刊本,十一行二十二字,黑口雙闌。題:"前國子博士門人淮南石光霽編次","德慶州儒學訓導嗣孫張淮續編","德慶州儒學學正後學莆田黄紀訂定","德慶州判官後學閩泉莊楷校正"。　有宋濂、劉三吾、陳璉、陳南賓各序,皆洪武年,陳南賓序後

有木記，文曰：

詩文一依監本博士石仲
濂先生批點中間漏板不
復刊行今將家本增於後
成化十六年庚子歲孟冬
吉旦嗣孫張淮捐俸重刊

有高氏跋語，録如後：

“丁巳三月二十一日得此集於南鄉肆中，六月六日訪曹潔躬侍郎，閱定武蘭亭，末有先生跋，書法古淡，喜極，歸而識於此。固齋下鈐“高兆之印”、“友漢居藏”二印。

鈐有：“貝墉”、“文瑞樓”、“遺安堂”、“王蓮涇”、“顧湘舟”、“千里庵”各藏印。（壬子）

翠屏集四卷 明張以寧撰

墨格精寫本，九行二十一字。前有洪武間宋濂、劉三吾、陳璉、陳南賓各序，與刻本同。後有洪武甲戌門人石光霽跋，則成化本所無也。鈔手極工緻。 鈐有“郁松年印”白方回文、“泰峯”朱方。（癸丑）

説學齋集不分卷 明危素撰

舊寫本，十行二十六字。 末有歸有光跋。文凡一百三十三首。（徐季孺藏書，己巳閱。）

説學齋稿二册 明危素撰 △一〇三四一

清初曹溶家寫本，十行二十字，版心有“檇李曹氏倦圃藏書”八字。收藏有“衎齋”、“石研齋秦氏印”、“恩復”、“秦伯符父”諸印。

按：此書凡文五十二首，蓋不完本也。已校過，改正數十字。沅叔。（文友堂見。戊辰）

危太樸雲林集二卷 明危素撰

精鈔本，九行十九字。 前有雍虞集序。 鈐有“曾在李鹿山處”、“鄭氏注韓居珍藏記”朱文印。（徐梧生遺書。庚午）

危太樸集一册 明危素撰

明寫本,十四行二十六字。　前有隆慶辛未括蒼山人葉恭焕跋。有勞季言格校字。(辛未歲暮)

蘇平仲文集十六卷 明蘇伯衡撰

明正統七年處州府推官章貢黎諒校正重刊本,十二行二十四字,黑口,四周雙闌。　前有劉基序,次目録。題"迪功郎蒙陰縣主簿永嘉林與直編集"。(甲戌)

丹崖集八卷附録一卷 明會稽唐肅處敬撰

舊寫本,十一行二十字。　前危素序、宋濂序、戴良序,又申屠衡息耒稿序。後有天順八年平湖沈琮跋,蓋此集即沈所鋟梓也。　黄蕘圃丕烈以朱筆校定,所據正天順黑口本,有跋九行。已刻入士禮居題識中,不更録。

鈐藏章如下:"蕘圃手校"、"南錢草堂藏書記"、"南錢草堂"、"梅谷"、"陸烜子之印"、"春雨樓校藏書籍印"。

原書爲張蕘友所藏,今歸陶蘭泉湘。(庚午八月)

東皐録三卷 明釋妙聲撰　存上卷一卷

舊寫本,十行二十字。前録毛晉所述傳略。　鈐有"謏聞齋"、"竹泉珍玩圖籍"二印,上海顧氏舊藏也。(庚辰)

密菴稿十卷 明初謝肅原功撰　△一一四二八

明初刊本,十二行二十二字,黑口,四周雙闌。　分甲至癸十卷。甲卷五言古詩,乙卷歌行,丙卷近體五言、長律五言、近體七言,丁卷近體七言,戊卷近體七言、長律七言、絶句五言、絶句七言,己卷記,庚卷序,辛卷序,壬卷墓誌、傳、行狀、説,癸卷跋、誄、祭文、銘、雜著。題門人始寧任守禮校正,沛郡劉翼南編次。詩集有洪武戊寅劉翼南後序,文集有金華戴良序。缺目録,前五葉鈔補。　有道光初元晚香居士汪鏞手跋六行。

按:是書文淵閣四庫著録爲八卷,據提要言,傳本久稀,藏書家罕著於録，因于永樂大典中録其詩文編爲八卷。然則此本爲當時館臣所未見，其於大典中所輯，卷數既不符合，文字斷難復舊觀。不意百餘年後，原帙復出，可儲爲異日考訂四庫之資，其爲珍秘，殆不亞于宋元槧刻矣。因重值收之，而詳記其始末焉。戊辰東坡生日記。藏園。

忠謨謹按：此書别有跋，收入藏園羣書題記續集卷四。

胡仲子集十卷 明胡翰撰 △一一四二九

明洪武十三年王懋温刊本，十行二十一字，黑口，四周雙闌。 鈐有"太原叔子藏書記"。（余藏。）

胡仲子集十卷 明胡翰撰

清初寫本。 鈐有"朱彝尊錫鬯父"、"某會里朱氏潛采堂藏書"、"謙牧堂藏書記"各印。（徐梧生藏。乙丑）

胡仲子文集十卷 明胡翰撰

舊寫本。有盛昱跋，録後：

"據王懋温跋，文十卷，古近體詩二卷，附録一卷。此本文九卷，詩一卷，有古體，無近體，亦無附録。"（壬子歲見。）

胡仲子先生信安集二卷 明胡翰撰

明弘治癸亥刊本，十行二十字，上空一格，黑口雙闌。

前有弘治癸亥開化吾哻序，言訪求遺稿，刻於衢州，工甫訖，適都玄敬以全集屬沈邦伯，將續刻並行云云。則此刻非足本矣。又洪武十三年宋濂序。 葉奂彬德輝有題記。

按：此弘治十六年沈杰刊本，余篋中别藏十卷本，行欵與此正同。沅叔。己巳四月。

白雲藁五卷 明天台朱右撰

清寫本。 有至元五年李孝先序，又清河張天英序，又危素序，又倪中序，又楊翮序，又劉仁本序，又宋濂序。

封面鈐有"乾隆三十八年四月兩淮鹽政李質穎送到馬裕家藏白雲藁一部,計書一本"朱記,又翰林院印。(辛酉)

王常宗集四卷 明王彝撰

舊寫本,十一行二十字。 前有弘治十五年都穆序,集中先文後詩。

有張蓉鏡跋,録後:

"嘉定王先生集近來友人屢屬覓之不得,戊寅秋中忽見此本,書寫精妙,用筆古雅,極似錢求赤先生所書,細審裝治,爲述古堂錢遵王家故物,遂以重價購得,亦别集中罕見之秘册也。嘉慶己卯中秋後十日虞昜張蓉鏡識。"(吴縣潘氏滂喜齋遺書,辛巳十一月六日見于翰文齋。)

清江貝先生集十卷 明貝瓊撰

明刊本,十一行廿一字,黑口,四周雙闌。(癸丑)

劉仲脩先生詩集六卷文集二卷 又名山陰集 明初臨江劉永之撰

清初寫本,十二行二十字。 前有洪武壬戌同郡梁寅序,嘉靖乙卯新喻一溪簡霄序,言重刻者永之十世孫相成也。嘉靖癸丑清江敖英序。題重刻山陰集。

收藏有"朱彝尊印"白、"秀水朱氏潛采堂圖書"朱、"謙牧堂藏書記"白、"兼牧堂書畫記"朱、"硯緑山房藏書善本"朱各印記。(文友堂送閲。戊辰八月廿七日)

劉仲脩先生集八卷 元劉永撰

舊寫本,九行二十字。 有洪武壬戌梁寅序,嘉靖乙卯新喻簡霄序,稱重刻山陰集。又嘉靖癸丑清江敖英序。本書詩六卷,文二卷。(己未)

滄螺集六卷 明孫作撰

明末汲古閣刊本,十行十七字,粗邊,字體肥厚,極古雅,與他刻本迥别。每卷後有虞山後學毛晉訂一行。弘治丙辰三月廿日邑後生薛章憲謹記。卷後有鄉貢進士都穆校一行。(已收。)

忠謨謹按:此書别有跋,收入藏園羣書題記三集卷七。

臨安集十卷 明文林郎國子博士致仕錢宰撰

明澹生堂寫本,十行二十二字。　有洪武二十九年宰自序二首。本書詩五卷,文五卷。　鈐有"禦兒吕氏講習堂經籍圖書"、"難尋幾世好書人"、"玉雨堂印"、"韓氏藏書"各印。(己巳正月)

臨安集六卷 明錢宰撰　△一二〇一〇

清四庫全書館稿本。　有翰林院印。(滂喜齋藏書。丁卯)

尚絅齋集五卷 明童冀撰

四庫全書館底本,十行十八字。　原本據明鈔。館臣刮改削,可恨!(盛昱遺書。壬子)

趙考古先生文集二卷 明趙撝謙撰

清寫本。鈐有翰林院藏印。(盛昱鬱華閣遺書。壬子)

武夷藍山先生詩集六卷 明藍仁撰

舊寫本,棉紙藍格九行二十一字。　前正統二年丁巳羊城陳璉序,又洪武庚辰吉水倪伯文序,次張榘序,次橘山真逸蔣易序。　鈐有"蒼巖山人書屋記"朱、"蕉林藏書"朱、"觀其大略"白各印。

文德堂送閲,以新刻本略對,無甚異字,蓋從正統本鈔出也。　沅叔。(辛未十月十四日)

高太史大全集十八卷 明高啟撰　△一一四二六

明景泰元年劉宗文等刊成化五年劉以則重修本,十一行二十字,黑口,四周雙闌。　前有洪武二年長山病叟胡翰序,洪武庚戌翰林院侍講金華王禕序,洪武三年史官吴郡謝徽序,又啟自序,永樂元年周立序,皆題缶鳴集者也。次傳一篇,洪武乙卯隴西李志光撰。周立序後附王益題記五行,兹録如下:

"缶鳴集乃永樂初周公禮始刻詩一千首,至景泰初徐用理重刻詩二千首,印行久矣。今用理以板付益藏之,乃增太史公并周君序于前，李志光傳於後，庶知此集權輿於公禮，盡美于用理也。姑書此記始末，俾讀詩者鑒知。戴溪王益謹識。”

每卷後有助貲刊書姓名：

卷一常熟錢允言助刊，　卷二常熟錢允輝助刊，　卷三崐山王宗嚣助刊，　卷九常熟陳原錫助刊，　卷十四常熟劉宗文助刊。

後有成化五年南京國子助教海虞高德序，言吾邑澧溪思學劉公宗文昔既助刊，歷歲滋久，字畫漫滅，厥胤以則慮久而湮泯，重行補劄，以廣其傳云云。是此本刊於景泰時劉宗文，而成化間劉以則從而補板也。故人吴佩伯曾叚去與嘉靖本對校，記其異同於卷尾，因備書之，以資攷覈焉。

“傅丈先得白口本，無刻書序跋，審字體似出正嘉間，繼又得此本，因以前本歸余。甲寅冬初借此本相勘，改正白口本誤字二百有奇，補脱四十一字，補闕百九十三字，而此刻亦誤五十餘字，脱二字，賴白口本補正。又白口本多詩三首，俱書於夾籤。十月望日勘畢，十八日還硃并識。慈培。”

收藏鈐有“金元功藏書記”、“仲陶所藏”朱文印。（余藏。）

高太史缶鳴集十二卷　明高啟撰

明嘉靖刊本，十一行二十字，白口雙闌。　題後學愚姪周立公禮校正重編。　有洪武三年史官吴郡謝徽序。（甲寅收得。）

高太史梟藻集五卷　明高啟撰　△一一四二五

明正統九年鄭顒、邵昕刊本，十行二十字，大黑口，四周雙闌。　前有正統九年六月望日正議大夫資治尹工部左侍郎雙崖周忱序，洪武乙卯隴西李志光撰高太史傳。　題後學周立編輯。

鈐有“盱眙吴氏望三益齋藏書印”。（甲戌歲見于文友堂書坊，已收。）

姑蘇雜詠一卷　明高啟撰　△八五五四

明洪武刊本，十二行二十字，黑口，四周雙闌。首行題“高季迪賦姑蘇雜詠”,次行“郡人周傅叔訓編”。前有洪武四年高啟自序隸書,後有洪武三十一年歲戊寅郡人周傅識。

鈐有“檇李項藥師藏”朱、“堯峰山人”朱、“鳳皇池上人”白、“陸氏深父”白“秀水朱氏潛采堂圖書”朱、“臨安志百卷人家”白諸藏印。又有唐鷦安、吴仲懌各章,不具記。又唐氏跋二則,無關考證,亦不録。

(乙亥正月六日見,周叔弢藏。)

眉菴集十二卷補遺一卷 明楊基撰

明成化二十一年吴郡張習刊本,十一行二十一字,黑口,四周雙闌。

有明嘉靖間王獻臣、王玉芝題字,黄丕烈跋。

按:此書據古渝江朝宗序,教授鄭鋼曾爲刊行,今鄭本不可得見,傳世刊本當以此本爲最早。癸丑歲獲之蘇州楊馥堂,同年董綬經堅求割愛,因以歸之,後游南中,復得此帙,與静居北郭俱。沅叔。

忠謨謹按:此書别有跋,收入藏園羣書題記續集卷五。

静居集六卷 明張羽撰 附録一卷

明弘治四年吴郡張習刊本,十一行二十一字,黑口,四周雙闌。 前有弘治元年盱江左贊序。末有張習後志及童冀所撰墓銘。 鈐有“鵝湖世家”、“顧炯之印”、“玉函山房藏書”、“南齊李子裔孫遂徵私印”各印。

按:此原編六卷本,分體編次。以後萬曆陳邦瞻刊本改爲四卷,内容任意歸併。四庫據以入録,近豫章叢書本因之,後人幾不知原編爲六卷矣。余取豫章叢書本校之,是正良多,别爲跋詳之,此不贅。

忠謨謹按:此跋收入藏園羣書題記續集卷五。

北郭集十卷 明徐賁撰

明成化二十三年吴郡張習刊本,十一行二十一字,黑口,四周雙闌。

前有成化丙午吴興閔珪序,末有張習自跋。

按:此書萬曆間陳邦瞻重刊,已改爲六卷,四庫即以入録,已非習編之舊。沅公。

忠謨謹按:此書别有跋,收入藏園羣書題記續集卷五。

西菴集十卷 明初孫蕡撰 △五八六二

明弘治癸亥金蘭館活字印本,十行二十一字,中縫上方有"弘治癸亥金蘭館刻"八字。 前有弘治十六年癸亥吴郡張習序,言檢舊篋得西菴集一帙,固非全帙而諸體稍備。大理寺正陳公思道、吾郡太守林公思紹皆先生鄉人,圖欲印行,屬校其亥豕,釐爲十卷云。是此集乃習所編訂也。後有崐山八十七翁顧恂跋,言先生詩見於嶺南珠玉集中纔七十餘首,僉憲張公所藏諸體略備云云。

鈐有"天一閣"、"古司馬氏"二朱文印。

按:千頃堂書目載孫蕡西菴集九卷,孫典籍集句一卷,又和陶詩,與此卷數不符,未知黄氏所録爲何刻也。下注仕歷較張習序爲詳,録如下:

"孫蕡字仲衍,南海人,洪武中授工部織染局,出爲虹縣主簿,選入爲翰林典籍,後外補平原主簿,罷歸,尋除蘇州府經歷,謫遼東,坐黨禍死。"

張序則言官翰林典籍,奉使秦晉楚蜀之境,其踪迹詩中可以考見也。世好趙君元方藏,庚辰元月見示,爲撰一跋歸之。

忠謨謹按:此跋收入藏園羣書題記三集卷七。

順成文集四卷 明初饒州王琛字廷實撰

明天順刊本,十二行二十字,黑口,四周雙闌。 前有天順甲申宗室寰中散人序,序後有"清源王府圖書"、"奉藩清暇"、"藩屏之章"三印,蓋王府刻本也。又有洪武己未王士琛序,後有天順五年鄱陽徐節貴中序,蓋受業于廷實之子子進,故取而刻之以傳。末有"匠人沈誠、沈詮刊"一行。

鈐有"文瑞樓"、"金星軺藏書記"、"結社溪山"、"玉函山房藏書"諸

印。(己巳四月)

蚓竅集十卷 明管時敏撰 存卷一至五

明永樂元年刊本,十行二十字,黑口,四周雙闌。次行題“雲間管時敏撰”,三行題“西域丁鶴年評”。評在各詩後,以陰文“評曰”二字别之,行間有圈點。 有洪武三十一年正月楚府教授廬陵吴勤序,永樂元年歲次癸未奉議大夫楚府右長史山陰胡粹中序。據序,知管爲楊維楨弟子,仕至楚府左長史,詩則楚王所刊也。(戊午文友堂見。)

蚓竅集十卷 題雲間管時敏撰 西域丁鶴年評

明刊本,十行二十字,黑口,四周雙闌。 前有洪武三十一年正月楚府教授廬陵吴勤序,又周子冶撰全菴記,又永樂元年楚府右長史山陰胡粹中序。

卷末有何焯手寫詩一首。

鈐有“土風清佳”白文,何焯印、“汪士鐘藏”白、“小謨觴仙館”白各印。(北京圖書館新收,辛未歲暮假校。)

忠謨謹按:此書别有跋,收入藏園羣書題記初集卷七。

緑苔軒詩集五卷 明錢蒙撰

舊寫本,十二行二十四字。 前有洪武二十四年王達序。

此錫山錢蒙字子正詩集,族孫公善編。(丙子九月收得。)

忠謨謹按:此書别有跋,收入藏園羣書題記三集卷七。

天游雜藁文集十卷 明王達撰

明洪武刊本,十三行二十字,黑口,四周雙闌。 前有洪武壬午方外張寓序。每卷題爲“翰林學士耐軒王先生天游雜藁”。下列三行:“翰林侍讀學士錫山王達達善述”,“門生南平知縣門人胡濱駸梓”,“門生凌序,翟厚編集”。

卷一琴操、賦、詩、文、檄,卷二論、説、讚,卷三讚、辨、講章,卷四記,卷五序,卷六傳、祭文、跋、訟辭。□辭、又雜辭,卷七景仰撮書,卷八雜説,卷九筆疇,卷十

筆疇、筆記。(戊午)

半軒集十二卷補遺一卷 明王行撰

明刊本,十一行二十一字,黑口,四周雙闌。 鈐有吴寬朱文印。

愛理先生集十卷 明初劉駟撰

明刊本,十行二十一字,黑口,四周雙闌。 前有弘治六年兵部郎中林雍序。

駟字宗道,號悔作子,愛理先生門人私謚也。其父實字惟賢、學者稱慎翁先生,漳州龍谿人,宋後村先生之後也。壬戌取天下秀才試於京師,駟名列第一,又舉德行科,拜都御史,旋被罪謫南詔,是集皆家居在鄉校時所作,其試策章疏皆不載。卷一、二雜著,三祭文,四、五詩,六中庸説,七、八、九書,十附録。(徐梧生遺書。丁卯)

甘白先生張子宜詩集六卷 明張適撰

明刊本,十行二十一字,黑口雙闌。(沈子培藏書。壬子)

甘白先生張子宜詩集六卷 明張適撰

舊寫本。 有永樂元年朱逢吉序,正統三年陳鎰序。 鈐有四明盧氏抱經樓藏印。(古書流通處送閲。壬戌)

李草閣詩集六卷拾遺一卷 明李曄撰 **附筠谷詩一卷** 明李轅撰

清寫本。 舊爲拜經樓吴氏藏書。(余藏)

圓菴集六卷 明天台釋居頂玄極撰

明永樂刊本,十二行二十一字,黑口,四周雙闌。 前有楊士奇序,略言頂公於國朝來復宗泐諸老差後,蜀獻王遣幣聘之。高皇帝聞其名,召爲僧録左講經,陞左闡教,兼住持靈谷寺。既謝世,其徒崇遠收稡散逸,僅得其詩賦雜文二百首,釐爲六卷云云。

卷一詩、賦、辭有四明山賦一首,卷二序,卷三序,卷四序,卷五説,卷六序、記。有成都金堂縣棲賢山道場,禪寺石塔記 游金山記。(趙元方藏書,己卯十二月廿七日携示。)

春草齋集十卷 明四明烏斯道撰

明季刊本。存詩集一至二,文集三至六。 有解縉序,宋濂序。八世孫獻明跋,言此集爲蕭大宗師所刻。 鈐有翰林院官印,蓋當日四庫書,卷中有館臣改定格式各處。(翰文齋送閲。壬戌)

春草齋集十卷 明烏斯道撰

傳鈔本,版心有"毋自欺齋校本"六字。 前有洪武八年宋濂序。卷一至五詩,卷六至十各體文。 鈐有"舸月"朱文印。(徐梧生遺書。己巳三月)

海叟集四卷 明袁凱撰

明正統刊本,十二行二十一字,黑口,四周雙闌。首行"海叟集卷之一",次行"雲間袁凱景文著"。 全書以詩體分類,卷一琴操、樂府、四言古詩,卷二五言古詩、七言古詩,卷三五言律詩、七言律詩,卷四五言絶句、六言詩、七言絶句。 收藏鈐有"陳嗣科印"、"城南居士"、"響泉齋圖書印"各記。(癸酉二月二十四日,趙萬里攜來,因校一過。)

忠謨謹按:此書别有跋,收入藏園羣書題記初集卷七。

袁海叟在野集不分卷 明袁凱撰 分體不分卷 △二一五一

清汪氏屐硯齋寫本,烏絲闌,版心有"屐硯齋"三字。 卷尾有汪文柏手跋八行。

按:此書世行者爲康熙六十一年曹炳曾城書室刊本。取此本校之,曹刻有而此本無者四十七首,此本有而曹本無者三首。其它字句亦多所訂正。蓋爲汪氏取諸本彙輯者也。

鈐有盧氏抱經樓藏印,又"柯庭餘習"一印。(余藏。)

忠謨謹按:此書别有跋,收入藏園羣書題記初集卷七。

安分先生文集十卷 明鄭本忠撰

舊寫本。題明秦府教授四明鄭本忠著,子復言、雍言編,翰林檢討同郡周翰校正。 前劍沙陳山序,海虞吴訥序。卷一至六文,卷七至九賦、詩,卷十雜文。

鈐有揆叙謙牧堂及朱竹垞藏印。(己巳)

斗南老人詩集四卷 明胡奎撰

舊寫本。題"教授臣胡奎虚白子撰"、"教授臣周冕奉勅編次"。 前有墨林後學題詞一段,言嘉靖甲子友人盛草汀過吴,得先世所藏侍御姚穀菴手抄斗南詩四卷云云。 有"兔床藏印"、"堇浦校定"印。(甲子)

陶情集六卷 明姑蘇易恒久成撰

明永樂刊本,十二行二十字,黑口,四周雙闌,密行細字,刊刻甚工。

有永樂三年吴興莫士安序,又芝山樵朱逢吉序。行書。永樂四年汝南周傅後序。

有明陸嘉穎、清盛昱題識,録如後:

"先生姓易諱恒字久成,宋蓮峰先生斗南之後,能詩,勵行,與袁子英華同爲昆山顧阿瑛客。洪武應薦至京,以老疾辭歸。有陶情集。

天啟乙丑三月朔日清明,檢姑蘇志補録。 陸嘉穎。"

"陸嘉穎乾隆進士,兹豈同名歟?伯羲記。"

鈐印列後:"嘉穎"白長、"硯隱"白、"蓮樵曾觀"朱、"蓮樵成勳鑑賞書畫章"朱、"青易齋""心有軒"朱方、"貞志齋"朱、"畢瀧審定"朱、"儆惰矯輕"朱。(丁巳年文友堂見。)

陶情集六卷 明姑蘇易恒久成撰 存卷四至卷六

舊寫本,後有永樂四年丙戌汝南周傅後序。半葉十二行二十字。

按:此集曾見明初巾箱本,黑口,密行,亦殘帙也。(庚辰)

達止集三卷 明周仲敬撰 **附永感阡詩序跋**

舊寫本。九世孫宋序刊。 有洪武時伍介貞、吴沆題。(壬戌)

附提舉集一卷 明周静撰

明萬曆十九年辛卯八世孫宷刊。　有序,謂静字安卿,元儒石初之孫,仲敬之子,使南番,没於海。(壬戌)

附蹄涔集一卷 明周日強撰

明萬曆十九年辛卯八世姪孫宷濟甫刊本。　有序,謂日强字定卿,成化時人。卷中爲詩文。(壬戌)

附愚直存稿一卷 明周愚直撰

明萬曆十九年六世孫宷刊本。有序,謂愚直明成化時人,卷中皆詩。(壬戌)

附佩韋存稿二卷 明周□撰

明萬曆十九年四世孫宷刊本。　有序。

按:以上周氏家集五種,詩文均不足存。(壬戌)

青金集八卷 明史遷撰

舊寫本,十行十九字。題"清齋先生金沙史遷良臣著","同邑後學王瀚仲裔編輯"。　前序,署洪武甲戌朔旦野趣軒人題。　鈐有盧氏抱經樓藏印。(己未)

省愆集二卷 明黄淮著

明宣德刊本,十行二十一字,黑口,四周雙闌。　有楊榮序,宣德八年。金幼孜序,楊溥序,宣德七年。黄淮自序,楊士奇後序。宣德癸丑。　鈐有金元功藏書印。

此集以省愆名者,淮以輔太子監國得罪,囚繫十年,此詩皆獄中所作者也。(文禄堂取閲,辛巳十二月十四日記。)

巽隱程先生文集四卷 明程本立撰 △五五七五

明嘉靖元年吴德翼刊本,十行二十字,白口,四周單闌。題"賜進士嘉興吴昂編輯","同郡庠生馬淮校正"二行。　前有嘉靖元年雲南布政使司左参議古閩後學林庭㭿序。　卷一、二詩,卷三、四文,附録爲狀略。前後有抄補數葉。

後有康熙壬寅跋,言得之海虞錢氏。不署名。鈐有“廣凋淨友”、“思庵”、“初陽之印”、“時寅父”各印。又“葛雲薛印”、“履垣氏”。(辛未二月收得。)

忠謨謹按:此書有跋,收入藏園羣書題記初集卷七。

巽隱程先生文集四卷 明程本立撰

明嘉靖元年吴德翼刊本,十行二十字,與余藏本同。　黄蕘圃丕烈跋,録後:

“余向藏巽隱集四卷,係重刻本,蓋明神廟時濮陽淶所梓也。其序云集舊有刻者二,一刻于南溪吴公,再刻于西虞范公,今皆廢無存,是明神廟時已鮮舊刻矣。郡中香巖書屋中亦藏濮本,他無有焉! 昨歲始獲吴刻,此本是也。同爲四卷,而敍次迥殊,此似編年,彼爲分類,其不同者一。題下詞句彼此互有損益,自當以吴刻爲準。余蓄書必初刻,故舍濮而取吴,登諸明人集目。濮刻有弘治乙亞李廷梧序,謂出自其家曾孫山所編,尤可見其敍次所由來。此本失之,當據補于卷首。壬申人日燒燭識。　半恕道人筆。”(甲戌四月十六日觀于長沙葉定侯家。)

天台林公輔先生文集不分卷 明林右撰　上下二册　△五六七一

舊寫本,十行二十四字。目録列後:

序三十六首,記二十七首,墓誌銘七首,傳四首,跋六首,書二首,題識二十首,琴操二首,祭文一首。有查慎行題識二則:

“林公輔先生名右,明洪武朝人,被薦授職閣門下。所著文計一百五篇,不分卷帙。余得抄本於友人齋頭,補綴破爛,别録如右。原本舊用朱墨校閲,每篇段落及乎字句之間多有鉤畫甲乙處,於作者命意眉目分明,要是留意於先民矩矱者,故并其圈點悉依原本,以存其舊焉。初白翁。”

“又按:先生臨海人,洪武中與葉見東等並徵官中書舍人,與方正學友善。嘗奉璽書行邊,有功,進春坊大學士,命輔導皇太孫。以事謫中都教授，棄官歸。靖難初，聞正學被禍，爲位哭於家，成祖召之不至，械至京，猶欲用之，先生對曰：罪人逃死已久，藉令可仕，當與方孝孺同朝矣。成祖怒，劓之死。南渡後追贈禮部尚書，謚貞穆。事載華亭明史列傳。世但知先生爲文士，罕有稱其忠義者，特表出之。康熙辛丑四月，查慎行再識。"

藏印如下："查慎行印"朱、"南書房史官"白、"得樹樓藏書"朱、"拜經樓吴氏藏書"朱、"露鈔雪購"白、"鷦安校勘秘籍"朱。（己卯十二月）

天台林公輔先生文集三卷 明洪武時天台林右撰

舊寫本，十二行二十二字。　序三十六首，記二十七首，墓志銘七首，傳四首，跋六首，書二首，題識二十首，琹操二首。

鈐有"鄭氏注韓居珍藏記"朱、"曾在李鹿山處"朱各印。（戊辰）

巢睫集四卷 明曾棨撰

舊寫本，十行二十字。　有成化七年辛卯繁昌吴琛序。棨字子啓，江西永豐人。　鈐有"汪魚亭藏閲書"朱文印。（己未）

梧岡集四卷 明唐文鳳撰

舊寫本。存詩四卷。文四卷佚去。法梧門藏。（丁卯）

南齋先生魏文靖公摘稿十卷 明蕭山魏驥撰

清刊本。　弘治十一年洪鐘序，康熙己酉來集之序。（古書流通處送閲。壬戌）

香臺集三卷 明瞿佑撰

明寫本，藍格，十行二十二字。　詠古來女子事，每事四字爲題，詠以七絶一首。前有小引，後加注解。大約爲天一閣佚書。（癸亥）

河汾詩集八卷 明薛瑄撰　殘存卷三、四

明刊本，九行二十字，黑口，四周雙闌。（庚辰）

方山先生文録六十七卷 明薛瑄撰

舊寫本。　有繆荃孫跋，與全集本不同。（古書流通處送閲。壬戌）

東里詩集三卷 明楊士奇撰

明正統刊本，十行十八字，黑口，四周雙闌。 前有正統元年五月楊溥序。隸書。（長沙葉定侯藏，甲戌四月觀。）

逃虚子詩集十卷 明姚廣孝撰

清金氏文瑞樓寫本，十一行二十二字，版心有“文瑞樓”三字。 卷一、二五言古詩，卷三、四七言古詩，卷五、六，五六言律詩，卷七、八，七言律詩、五六言絶句，卷九、十，七言絶句、樂府歌行。續目十題，二十八首。首卷次行題“資善大夫太子少師吴郡姚廣孝”。 前録錢牧齋謙益列朝詩集小傳及朱竹垞彝尊静志居詩話二則。鈔手極工雅。

鈐有“金星軺藏書記”、“結契溪山”朱、“文瑞樓”、“家在黄山白岳之間”白 諸印。（丙子）

逃虚子詩集十卷 明姚廣孝撰

舊寫本，九行二十字。題“明資善大夫太子少師吴郡姚廣孝著”。前有成祖文皇帝御製碑文。 鈐有“夢曦主人藏佳書之印”一印。（德友堂見。）

逃虚類稿十卷 明姚廣孝撰

舊寫本。次行題“獨菴稿”。半葉十行二十一字。 前有廣孝壬辰冬十一月自序。卷一賦、頌三首，卷二記十一首，卷三碑塔銘四首，卷四表、墓誌銘二首，卷五序十二首，卷六讚、銘、説十六首，卷七雜著八首，卷八傳、行狀、祭文六首，卷九書、題跋九首，卷十疏二十二首。 鈐有“謙牧堂藏書記”、“玉雨堂印”、“韓氏藏書”、“黄時起印”、“聞興”諸印。

按：四庫存目逃虚子集十一卷，類稿補遺八卷，天一閣藏本。今此本衹十卷，有文無詩，自別一本也。存目又言附載道餘録二卷，持論尤無忌憚。此本序中言二程、晦菴三先生以斥攘佛老爲心，二程遺書中有二十八條,晦菴語録中有二十一條,極爲繆誕,余逐條據理剖析,稿成藏笥中有年,今因公退,檢故紙得此稿,即净寫成帙,曰獨菴稿云云。檢兹帙并無此等文,當在載道餘録中。愚按道衍詩文疏宕有清氣,在文士中亦足自立,特以行跡詭異,爲後人所訾,故四庫既不著録,而其集至今數百年亦無有刊而傳之者。因覩此舊帙,聊舉其大槩,使後有考焉。戊辰十二月廿七日,沅叔記。

忠謨謹按:此書别有跋,收入雙鑑樓藏書續記卷下。

逃虚類稿五卷 明姚廣孝撰

清初寫本。次行題"獨庵稿,釋道衍"。 舊爲東吴王蓮涇家藏書。(余藏。)

逃虚類稿五卷 明姚廣孝撰

清金氏文瑞樓寫本,十一行二十二字,版心有"文瑞樓"三字,與逃虚子詩集十卷同裝一函。 全書分五卷,而不標卷次,題曰"獨菴稿",一賦、頌、記,二碑塔銘、表、墓銘、序,三、序、讚、銘、説,四雜著,五書、題跋。

鈐有"金星軺藏書記"、"結契溪山"、"文瑞樓"、"家在黄山白岳之間"諸印,與前書同。

按:丁氏善本書室藏書志有此書,爲乾隆時兩淮鹽政李質穎所進馬裕家藏本。惟類稿後有補遺一卷、道餘録一卷,爲此本所無耳。(丙子)

逃虚子集□卷 明姚廣孝撰 存三卷

舊寫本,存詩三卷。 鈐朱竹垞印,僞。(己巳)

三山翰林院典籍高漫士木天清氣集不分卷 明高棅撰

舊寫本,十行二十二字,墨格,版心有"怡顔堂鈔書"五字,未審何人。書則高棅詩集也。

友石先生詩集五卷 明王紱撰 △二一八六

明弘治元年榮華刊本，十二行二十字，黑口，四周雙闌。　前永樂二十年壬寅秋七月下澣翰林侍讀學士奉訓大夫兼國史廬陵曾棨序，次洪熙元年龍集乙巳仲春朔日翰林院侍講承直郎吴門王進汝嘉序，序後有弘治元年歲次　月辛丑科賜進士直隸常州府無錫縣知縣藍田榮華重刊二行。卷末附録王洪著王孟端小傳，章昞如撰行狀，胡廣撰墓表。

鈐有："文瑞樓"白、"家在黄山白岳之間"白、"結社溪山"朱、"金星軺藏書記"朱、"文瑞樓主人"朱、"太原叔子藏書記"白、"蓮涇"朱、"崦西草堂潘茉坡圖書印"朱、"笏盦茉坡潘介繁珍藏之印"朱、"潘氏桐西書屋之印"朱。

此書老友吴松鄰昌綬所贈，有跋録後：

"此本與存復齋同是吴中舊物，同出潘氏所藏，丙辰十二月奉貽沅叔先生，以當遺念。仁和吴昌綬病中記。"

盤谷集十卷　明劉廌撰

舊寫本，十二行二十四字。　前有門人同里甘泉生陳谷序。

此爲劉誠意伯之孫廌字士瑞文集，廌以洪武二十三年襲爵，次年卒。(丙子九月閲，已收。)

忠謨謹按：此書别有跋，收入藏園羣書題記三集卷七。

柳莊先生集不分卷　明承直郎太常寺丞袁珙撰

舊寫本。其子中書舍人袁忠徹所編録。　有永樂九年辛卯吴郡姚廣孝序。　鈐有"四明盧氏抱經樓藏書印"白文方印。(己未)

節菴存稿不分卷　明于謙節菴撰

明刊本，十一行二十二字。　有成化十二年仁和夏時正序，成化十二年孤子于冕序。(邃雅齋送閲。丙寅)

于肅愍公集八卷　明于謙撰　附録一卷

明嘉靖大梁書院刊本，九行二十一字，白口，四周雙闌，版心下方有

"大梁書院刊"五字。　前有嘉靖丁亥河南巡按御史簡霄序,次成化諭祭文附録一卷。後有河南按察副使四明王應鵬跋。

本書詩六卷,文二卷。有閨思七言一首,詞頗輕艷,亦廣平梅花之旨也。又梅花百詠詩七律一百首,尚工。(丙子)

職方周先生詩文集二卷 明周岐鳳撰

明正統十三年戊辰刊於南京,九行二十一字,黑口,四周雙闌。　有嘉慶丁卯黄丕烈跋。(戊午)

吴思菴文粹十一卷 明海虞吴訥撰

清乾隆四年周耕堂南手抄本。卷末有題記云時年七十一。　有黄蕘圃、張芙川藏印。(壬子見。)

禮庭吟稿三卷 明孔承慶撰

明刊本,九行十六字。　孔子六十世孫承慶著。

有景泰三年許彬序,天順元年劉鉉序。(癸亥)

呆齋存稿二十四卷 明劉定之撰

明刊本,大板心,十六行二十八字。　前有正德癸酉門生長沙李東陽序。定之官至禮部左侍郎,兼翰林學士,賜尚書,謚文安。卷一奏稿,卷二代祀録乃天順元年奉命至嵩嶽致祭往還日記,卷三、四經筵周易講章,附書經講章,卷五宋論北宋諸帝每帝一篇,卷七宋論南宋諸帝帝各一篇,卷八永新人物録,卷九行狀、祝文,卷十賦、哀辭,卷十一墓誌銘,卷十二墓表、碑銘、傳,十三記,十四序,十五雜著,十六書、家書,十七跋,十八儷語,十九、箴、銘、贊、頌,二十五古,二十一七古,二十二五律,二十三七律,二十四五絶、五排、七絶、七排。　鈐有"蕉林藏書"朱文方印及"蒼巖山人書屋記"朱文長方印。(甲子十月初一日文友堂取來記之。)

新編蘭軒詩集二卷 明滇南永昌蘭軒費氏懿芳撰

舊寫本。同郡李庸編次。　有天順會稽陳蟄序。

鈐有四明盧氏抱經樓藏印。(古書流通處送閲。壬戌)

完菴詩集二卷 明劉珏撰

明正德刊本,半葉十行,黑口。　前弘治十七年長洲吴寬序,後正德王鏊序。刻工極古雅。　鈐有“錢謙益印”、“楊灝之印”、“繼梁”、“汪士鐘藏”諸印。

卞郎中詩集□卷 明卞榮撰　存卷一至三,計三卷

明成化刊本,題“門生錫山吴鋌編刊”,十一行二十一字,黑口,四周雙闌。字體秀勁,刊工雅麗,似張習所刊僑吴、夷白諸集而精美過之。　前有浙江左布政使祁陽寧良序,又成化十二年南京大理寺卿仁和夏時正序。據序言,卞爲江陰人,正統十年進士,官户部郎中,字華伯,别號蘭堂。其它竢别考之。存卷一至三,爲七古歌行、五律、七律。(甲戌)

姚文敏公遺藁十卷 明姚夔撰

明弘治刊本,十二行二十二字。(壬子)

和唐詩正音四卷 明餘姚楊榮時秀撰

明成化刊本,十行二十字,黑口,四周雙闌。　前有成化十四年錢溥序,又自序。後有眉山萬冀序。據自序言,成化丙戌自成均歸省,途中取元楊士宏唐詩正音追和之,僅就四百首。壬辰登第,官工部,又補和如數,同官吴汝哲爲鋟梓云。

吴中古蹟詩一卷 長樂王賓仲光撰

舊寫本。　鈐有抱經樓藏印、壹是堂讀書記各印。(古書流通處送閲。壬戌)

擬古樂府二卷 明李東陽撰　何孟春解　謝鐸、潘辰評

明隆慶刊本,八行十六字。　有弘治甲子東陽自序。燕京何夢春解,方石謝鐸、南屏潘辰評,暘谷魏椿刊。有吉府長史四明秦應鶩瑞之父撰後跋,言魏公先刻楚辭,後刻是書。

鈐有“清芬堂書畫記”、“蕭寥亭四□家藏圖籍”、“以身守之罔敢失

墜”、“天漢浮槎散人”、“南皮張氏”。(癸亥)

康齋先生文集十二卷附録一卷 明吴與弼撰

明嘉靖五年丙戌撫州郡守林維德重刊本,十行二十一字,黑口。有蜀嘉徐岱序,弘治七年甲寅知府吴泰序。(辛酉)

思玄集十六卷 明桑悦撰 存卷六、七、十一至十六,計八卷

△一一四三一

題“柳州府通判海虞桑悦民懌著”,“賜進士羅池計宗道惟中校”。明萬曆二年桑大協活字印本,十行二十一字。後有萬曆二年粤西柳融、青城野史李祝協韶後序。

卷一雜著,卷二雜著,卷三文,卷四碑,卷五序,卷六記,卷七誌、表,卷八説、贊,卷九賦,卷十五言古詩,卷十一和古人詩,卷十二長詩,卷十三五言律詩,卷十四七言律詩,卷十五五七言絶句,卷十六詩餘。(癸亥述古堂送閲,已收。)

文淶水詩集一卷附遺文 明文洪撰

明正德十年刊本,十二行二十字。題贈中憲大夫南京太僕寺少卿前易州淶水縣儒學教諭文洪著。前有王鏊、李東陽正德十年序,又洪自序。據序,洪乃文徵明之祖父。(戊午)

匏翁家藏集七十七卷補遺一卷 明吴寬撰

明正德三年其子吴奭刊本,十二行二十四字,白口,左右雙闌。前李東陽、王鏊序。後有徐源後序。

忠謨謹按:此書别有跋,收入藏園羣書題記三集卷七。

文温州集十二卷 明文林宗儒撰

明刊本,十二行二十字。刻印極精。有梁同書、劉墉借讀題記。(壬子)

牡丹百詠集 明吴郡張淮豫源撰

明弘治寫本,九行十五字。前有弘治癸亥都穆序,後有弘治癸亥

姪瑋跋。鈐有朱竹垞、黄蕘圃藏印。(葉定侯藏書,甲戌四月觀于長沙。)

沈石田詩集二卷 明沈周撰

明弘治十六年癸亥集義堂刊本,九行十九字,白口,左右雙闌,板心魚尾上有“弘治癸亥集義堂刊”八字二行。(文友堂見。己卯)

楊南峰先生集 明楊循吉撰

明萬曆刊本,有錢允治序,目列後。

遼小史一卷　金小史一卷　齋中拙詠一卷　廬陽客記一卷　蘇州識略六卷　攢眉集一卷　金山雜志一卷　都下贈僧詩一卷　燈窗末藝一卷　菊花百詠一卷。(丁巳)

南峰楊先生松籌堂文集十二卷 明楊循吉撰

墨格開化紙寫本,繕寫精雅。題“吴郡楊循吉著”,“上海顧從德校”。

前有萬曆改元上海後學顧從德序,後有黄省曾撰樂府序。卷一賦、辭、菊花百咏、都下贈僧詩,卷二古詩、近體詩,卷三記,卷四序、引,卷五碑,卷六墓誌銘,卷七墓誌銘、墓表、墓碣,卷八雜著,卷九雜著,卷十詞,卷十一駢儷,卷十二樂府。(徐梧生藏書。乙丑)

赤城夏先生集二十三卷 明夏鍭德樹撰

明刊本。題“南京大理左評事天台夏鍭樹德著”,“南京刑部尚書同郡趙大佑校”。　有嘉靖乙丑仲春南京刑部尚書同郡後學趙大佑序。卷二十二、三爲外集。(翰文齋見。乙丑)

柳塘楊先生早朝詩三卷 明楊子器名父撰　殘,存卷一五葉,卷二三葉,卷三五葉

明寫本。　前錢仁夫序三葉,後子器跋一葉。小楷精湛,疑當時備付梓之用者。五律、七律、七絶每卷各一百首。(余藏。)

忠謨謹按:此書别有跋,收入藏園羣書題記續集卷五。

李大匡文集八卷詩集十三卷附録一卷 明嘉魚李承箕撰

明寫本。有大印如左式:

續文獻通考館貯庫守書 盗賣盗買者俱照律治罪 有捕獲盗賣者賞銀十兩

(滂喜齋藏書。丁卯)

大崖李先生集三十卷 明嘉魚李承箕世卿撰

舊寫本,十行二十字,間有空缺之字。　前有東湖子吴廷舉序,龍江居士唐錦序,弘治三年兄承芳序,楊起元大崖祠堂記。(辛巳十一月六日見于翰文齋,潘伯寅遺書。)

西村集二十八卷 明史鑑撰

舊寫本。標題後二三行題:"松陵史鑑明古父著,門人文徵明閲。""雲間陳繼儒醇儒父校,耳孫册編輯"。　徐釚録錢謙益跋,後題:"辛巳夏六月松風老人書,時年六十有二。"鈐"舊史徐釚"白文印。

西村文集八卷 明史鑑撰

明史氏忠孝堂藏,陳繼儒輯本,較潘耒刊本多三分之二。(王鴻甫藏書。甲寅)

東所先生文集十三卷 明番禺張詡撰

舊寫本。卷一至九奏疏雜文,卷十至十三詩。　有嘉靖辛亥黄佐序,南昌張希舉序。後有倫以諒跋,沈瀚跋。詡爲白沙門人,登進士第,授户部主事,隱居不出。　鈐有"明善堂覽書畫印記"、"安樂堂藏書記"二印。(甲子)

心齋稿六卷 明四明李麟撰

舊寫本。　有正德十二年關中張原序。　鈐有盧氏抱經樓藏印。(古書流通處送閲。壬戌)

空同先生集六十三卷 明李夢陽撰

明刊本,似慎獨齋刊本。十一行廿二字。(癸丑)

鏡山詩集□卷 明李汎彦夫撰

明刊本,卷首有"西郭方漢子澄校行"一行,卷末有"祁門城西徐廣刊刻"一行。　有嘉靖四年胡纘宗序。(古書流通處送閲。壬戌)

熊士選集一卷 明豐城熊卓撰

明嘉靖范欽刊本。凡五古三首,七古二首,五律六首,七律二十首,五絶三十首,七絶二首。卷首標題下有"四明范欽校刊"小字一行。

前正德七年李夢陽序。後豐城知縣雁門吴嘉聰跋。附録月湖楊廉撰墓誌銘,又祭文三首。末有嘉靖癸卯吉人陳德父刻是集跋。謂卓弘治丙辰進士,官監察御史。(庚午)

邊華泉集詩七卷文六卷 明邊貢撰

明嘉靖萬曆間刊本,十行二十二字。　前有名郡魏允孚序,言舊刻不載文,從先生仲得數十篇,重鋟于濟云。(徐梧生遺書。丁卯)

華泉先生集詩八卷文六卷 明邊貢撰

舊寫本,九行二十四字。　前有名郡魏允孚序。　鈐有"萊孝"、"養貞"、"蘭雪齋"、"吴氏藏書"、"兔床經眼"各印。封面唐鷦安翰題題字。(乙亥)

居夷集三卷 明王守仁撰

王守仁謫黔中所作詩文,明嘉靖三年甲申丘養浩刊本,十行二十字,有序。　乾隆四十九年元和馬紹基朱筆校過。(癸丑)

何氏集二十六卷 明何景明撰

明嘉靖間沈與文野竹齋刊本,十行十八字,序首葉版心有"野竹齋雕"四字。　前有嘉靖三年蘭谿唐龍序。

按:此書寫刻均極精工,頗爲罕覯。鈐有"何仲子印"白文一印,疑是何小山印記。(余藏。)

忠謨謹按:此書别有跋,收入藏園羣書題記三集卷七。

鈐山堂集四十卷 明嚴嵩撰

明嘉靖三十年嚴氏自刊本,十行二十字,白口,左右雙闌,版式横寬,版心亦寬。白棉紙初印,雕鎸亦極精好。(余藏。)

鈐山詩選七卷 明嚴嵩撰　楊慎選輯並批點

明嘉靖刊本,九行十八字。　有嘉靖三十一年壬子楊慎序。　李□五一九七

莊渠先生遺書十六卷 明魏校撰

明嘉靖四十年王道行、張焯刊本,十行二十一字。　四庫著録止十二卷。(德化李氏舊藏。癸未)

徐迪功集六卷附談藝録一卷外集四卷 明徐禎卿撰

舊寫本,九行二十四字。　前有李夢陽序。外集有皇甫汸序,皇甫涍後序。

鈐有:"萊孝"、"養貞"、"蘭雪齋"、"吴氏藏書"、"兔床經眼"各印,與華泉集同,當爲同時所鈔。

聽真稿二卷 明正德間陸奎章撰

明刊本。　前有奎章自序,又南海倫文敘伯疇序。後有同邑周塡序,又嘉靖己亥李儒序。本書詠古代名人,自大禹起至元順帝止,人爲一絶句,以仿胡曾、周曇詠史詩者。(乙丑)

張愈光詩文選八卷 明永昌張含撰

明刊本。　前有龍巖趙維垣序。　鈐有曹溶及安樂堂藏印。(辛巳十一月六日見于翰文齋,潘伯寅遺書。)

太史升庵文集八十一卷 明楊慎撰

明萬曆十年蔡汝賢刊本,十行二十字,白口,四周單闌。從子有仁編輯。　前有宋仕、陳文燭序,蔡汝賢跋,稱刊于蜀中。(余藏)

忠謨謹按:此書别有跋,收入藏園羣書題記三集卷七。

南中集七卷 明楊慎撰　卷中題升庵南中集

明嘉靖刊本,九行十九字,黑口,單闌。　前有永昌張含序,次蒙化朱光霽序,次嘉靖丁卯譙郡薛蕙序隸書,嘉靖丁酉南充王廷後跋,皆謫戍滇南中所作也。

南中續集四卷 明楊慎撰　卷中亦加升庵二字

明嘉靖刊本,半葉九行,行十三至十六字不等,以行草書上版,未審何人手筆,白口,四周雙闌。　前有嘉靖庚戌永昌張含序,次嘉靖己酉鈍菴王廷表序。

楊升庵詩五卷 明楊愼撰

明嘉靖刊本,九行二十字,白口,四周雙闌。　前有嘉靖二十四年河汾孔天胤序,序首亦題"南中集"。末卷後有"門人丘文舉李世芳楊富春集録"三行。

按:此册詩與前兩帙多相同。

楊升庵詩五卷 明楊愼撰

明萬曆刊本,半葉六行,乃以升菴手寫草書上版者。　前有萬曆丙午巴郡後學楊芳以德序。題作楊升庵先生草書詩小引。後有萬曆丙午嶺右後學張文熙跋。(已收。)

頃見鄭君振鐸藏一帙,正與此同,然細審彼乃原刻,余所得此帙乃翻版也。(丁丑春得于申江。)

忠謨謹按:此書别有跋,收入藏園羣書題記三集卷七。

西玄詩集一卷 明上郡馬汝驥撰

明嘉靖刊本,九行十八字。　有嘉靖十七年胡纘宗序,又歷下劉天民後序,又北郡吕顓幼通序,又中谿馬汝駿序。汝驥之兄也。(丁巳述古堂見。)

薛西原集二卷 明薛蕙撰

卽薛蕙集也。明嘉靖十四年李宗樞刊本,十行二十字。詩低一格只十九字。　前有奉議大夫河南按察司僉事秦中李宗樞敍,題嘉靖十四載中春十日。詩以年爲次,自乙亥至癸未,凡九年。(癸酉)

薛考功集十卷 明薛蕙撰

題考功郎中亳薛蕙君采著。明萬曆刊本,九行十八字。　前有萬曆辛卯沔陽陳文燭撰序。凡詩八卷,文二卷。

按:此集與西原集合裝爲六册,書衣籤題猶明代原式,米色絹爲衣,書籤標以朱字,頗爲古雅。文德堂持此見示,因記存之。西原集刊于嘉靖十四年,考功集刊于萬曆十九年,相距五十五年。西原集先行,只九年之詩,首數較少,考功集刻于晚年,蓋全稿也。然西原集之名世多不之知,余廿餘年見考功集凡三帙,西原則今日始創見,則流布之少可知矣。(癸酉)

蔣南泠集十二卷 明蔣山卿撰

明刊本,刻甚精善。題"門人洛陽喬佑校"。 嘉靖刊本。(徐梧生遺書,丁卯歲見。)

鹿原集不分卷 明戴欽撰

明寫本,棉紙藍格,十行二十五字。 首爲賦三首,末有玄鷟子問答一篇,其餘皆詩,詩以分體爲次。鈐有"吴興藥龕"、"授經樓藏書印"二印。

按:此天一閣書,玉溪戴欽著,見四庫存目。(辛巳)

夢澤集十七卷 明王廷陳撰,存卷七至十四,計八卷

明嘉靖四十一年王廷瞻刊本,九行十六字,白口,四周單闌。藍印本。(余藏。)

文太史詩四卷 明文徵明撰 △二五六三

明萬曆十六年文肇祉刊文氏家藏詩集本,十二行二十字,題"翰林院待詔兼修國史文徵明徵仲"。有嘉靖癸卯十二月南充王廷序,又戊午除日自序。(丁巳見,已收。)

宸章集録

明藍格寫本。内嘉靖時御製文及紀事,楊一清等在内閣恭賀詩,又勅議、或問多篇,皆御製文。(甲寅)

白厓文集四卷 明四明包梧子木撰

明嘉靖刊本,八行十八字。 前有嘉靖丙辰山東右布政使南充王廷

序，館甥項守禮序。

鈐有“李氏中麓草堂圖籍記”粗朱文、“蒼巖山人書屋記”等印，又劉燕庭“味經書屋”長印。（辛巳十一月六日見于翰文齋，潘伯寅遺書。）

林屋集二十卷 明蔡羽撰　△二二三一

明嘉靖八年刊本，詩文各十卷，十二行二十字。　有自序一首。（余藏。）

南館集十三卷 明蔡羽撰　△二二三一

明嘉靖二十二年王廷刊本，十二行二十字。末有“嘉靖癸卯孟夏刊”一行。　後有嘉靖己酉門人陳宏策跋，言林屋集爲門人刻行，南館集則没後爲郡守南岷王公所刊，板藏郡齋。戊申歲，宏策乃加讐校，與林屋集合行云。

按：羽曾爲南京翰林院孔目，故以南館名其集。余别跋詳之，此不贅。

忠謨謹按：蔡集别有跋，收入藏園羣書題記三集卷七。

羣玉樓稿七卷 明建安李默撰

明隆慶刊本。　有萬曆元年康大和序，隆慶六年何鏜序。（辛巳十一月六日見于翰文齋，潘伯寅遺書。）

雲岡先生文集十六卷 明閩雲岡龔用卿撰

明刊本，九行二十字。　前嘉靖壬戌王應鍾序。

鈐有“閩中徐惟起藏書印”朱文長方印。（辛巳十一月六日見于翰文齋，潘伯寅遺書。）

蘇門集八卷 明高叔嗣撰

明嘉靖刊本，十行二十字。　前嘉靖戊午古鄖春岡劉訒序，嘉靖丁酉明州陳束序。嘉靖癸亥門人毛愷後序，又揚州知府張正位後序。據毛序言，後岡陳公首梓於湖省，水陽亢公再梓于汴省，此本則總漕毛愷付揚守張正位梓於揚州者也。

卷一爲考功稿，卷二爲□□稿失首葉，卷三爲晉陽稿，卷四爲入楚稿，皆古今體詩，卷五至八乃序、記、碑志、雜著。(己巳三月文友堂閲。)

張文獻集十二卷

明嘉靖刊藍印本，十行二十字，中板心。南雄知府李而進刊。(癸丑十二月，覩于四明盧氏抱經樓。)

高東溪文集不分卷附録一卷

明嘉靖刊本，十二行二十字。題"次崖閩銀同林希元茂貞編"，"卓峰江金谿黄直以方校正"。 有嘉靖丙戌林希元序，黄直後序。(己未)

李中麓閒居集十二卷 明章丘李開先撰 十二册

明嘉靖刊本，九行十八字。 前有嘉靖丙辰開先自序。(己巳)

居敬堂集十卷 明趙康王厚煜撰 存卷一、五、六、七，凡四卷

題"大明趙王枕易道人著"。明嘉靖四十四年其子成皋王載垸所編刊，九行二十字，白口雙闌。 前有嘉靖四十四年乙丑吏部尚書安陽郭朴序，又河南布政左史孔天胤序，都察院右副都御史鈞陽黨以平序。卷一古詩五古、七古、五律、五排，卷二七律、五絶，卷三七絶、詩餘、奏疏，卷四序，卷五序，卷六記、説、傳、銘、贊、頌、題跋，卷七雜著，卷八尺牘，卷九碑志，卷十祭文。

按：此書極罕覯，余別有題識，此不贅述。(余藏。)

嘷囈棄存□卷 殘存卷三、四、五、六，凡四卷，一册

明棉紙藍格寫本，十行二十字。題"大夢山人傅氏"，下注"紀三"兩字。皆五七律詩絶句也。當爲明中葉後人。(乙亥)

斛山遺稿四卷 明富平楊爵撰

明刊本。 有萬曆六年知廬州府臨川曾如春序。

鈐有"劉氏小墨莊藏"、"曾經劉筠川讀"印記。(壬戌)

豐村集二十九卷 明壽郡魏圻撰

明刊本，九行十八字。 有嘉靖丙寅同郡吴道東序，又甲子冬關中

王丕顯序，又自序。（潘伯寅遺書，辛巳十一月見。）

少華山人續集十五卷 明西京許宗魯撰

明刊本，十行十八字。卷一標題下題歸田稿。　有嘉靖三十六年丁巳四川按察使喬世寧序。（戊午）

奚囊蠹餘二十卷 明虎林張瀚著

明萬曆刊本，十行十九字。有隆慶戊辰自題。　前有隆慶三年曹天祐序，蕭廩序，徐養正序，范應期序。（吴門潘氏滂喜齋舊藏，辛巳十一月六日見于翰文齋。）

袁文榮公文集六卷 明袁煒撰

明刊本，十行十八字。　有萬曆元年門人王錫爵序。卷一爲目，卷二爲文，此例特罕見。（潘伯寅遺書，辛巳十一月。）

石室私抄九卷 明候官魏文焲撰

明刊本。　有萬曆丙戌沔陽陳文燭序，卽魏文焲之文集也。前二卷皆讀子史短論小題跋之屬，以下則詩文。（己巳元月）

楊忠愍公集五卷 明楊繼盛撰

明隆慶刊本，十行二十字，白口，雙闌。　有隆慶四年汪道昆序，三年莆中林潤序。（余藏。）

屠漸山蘭暉堂集四卷 明屠應埈撰　　李□五二五〇

明刊本九行十七字。　有嘉靖壬子黄佐序。（德化李氏舊藏。癸未）

竹醉翁集二卷 明長洲顧汝玉粟如撰

明刊本。　前有申時行傳，鄧以讚引，袁洪愈、皇甫汸、王世貞、黄時濟、夏相虞、余偲諸人序跋。首卷第一葉鈐有顧汝玉印。　又有盧氏抱經樓藏印。（古書流通處送閲。壬戌）

王百穀集 明王穉登撰

明萬曆刊本。爲燕市集二卷、青雀集二卷、竹箭編二卷、明月篇二卷。燕市集有朱察卿序及百穀自序，卷末有“隆慶庚午三月靖江縣朱宅快閣雕本”二行。青雀集有西河毛文燁序、王世懋序,卷末牌子亦同上。竹箭編有萬曆屠隆序、自序,後有“萬曆庚辰仲夏青浦縣雕本”二行。明月篇有自序。各集詩文並載。竹箭編有童子鳴墓誌銘。(文友堂取閲。辛巳)

温函野詩集上下卷 明洛陽温如璋撰 △二〇五〇

明寫本,棉紙藍格,九行十八字。 鈐有劉燕庭、朱修伯藏印。(辛巳十二月十三日文禄堂閲。)

王文肅公文集五十五卷 明王錫爵撰

明萬曆刊本。 前有申時行序,其孫王時敏書。又何宗彦序。(辛巳十一月六日見于翰文齋,潘伯寅遺書。)

衛陽先生集十四卷 明甘陵周世選文賢撰

吴郡姚希孟序,朱之蕃撰傳。舊寫本。(丙寅)

逍遥園集選二十卷 明東明穆文熙撰

明刊本,九行二十字,石星批,有上闌。 前有萬曆十五年石星序,又劉懷恕序。(潘氏滂喜齋舊藏,辛巳十一月六日見于翰文齋。)

歸先生文集三十二卷 明歸有光撰 **附録一卷**

明萬曆四年翁良瑜雨金堂刊本,十行二十字。 有舊人臨錢謙益評點,書法頗肖。(余藏。)

震川先生集三十卷别集十卷 明歸有光撰

清康熙十四年歸莊等刊,乾隆四十八年歸景灝、景伊重修本。

嘉慶辛酉莊述祖用朱筆評點,並用黄筆過録彭南畇評語。又舊人用桃紅筆臨錢牧齋謙益評點。光緒乙酉七月翁松禪師同龢用紫筆臨寶雲上人評點,又用藍筆臨錢木庵良擇評點。(余藏。)

四溟山人全集二十四卷 明謝榛撰

明萬曆二十四年趙府冰玉堂刊本,十行二十字,版心有“趙府冰玉堂”五字。清秀水莊氏舊藏,全書經朱筆評點、圈選、塗改,甚爲精當,必出名家手筆,惜不知出誰手。余别爲跋詳之,此不贅。(余藏。)

忠謨謹按:此跋收入藏園羣書題記初集卷七,又一跋收入三集卷七。

醒後集五卷 明盧維禎撰

明刊本。薛士彦序。 鈐抱經樓藏書印。(古書流通處送閲。壬戌)

正氣堂集十六卷續集七卷餘集四卷又近稿一卷鎮閩議稿一卷洗海近事二卷 明俞大猷撰

明刊本。(任邱邊氏空青館藏書,壬子二月見。)

尚友堂詩集十三卷 明錫山龔勉子勤撰

明刊本,八行十六字。 前有沈思孝、王世貞、茅坤、錢鍾義各序。分游學、令嘉、里居、吴川、金陵、守嘉七集。(辛巳十一月六日見于翰文齋,潘伯寅遺書。)

灌園吟一卷 題灌園翁陳詩雅仲撰

舊稿本,不分體。 卷末一行王聞遠題曰:"康熙歲壬寅孟秋金獅里心友何二兄贈。蓮涇識"後鈐"聞遠"朱文印。 前有灌園生傳一篇,爲萬曆乙未士塢山人史羊生玄年撰,言其人敦行誼,盛文藻,文質彬彬君子人也。鈐有"汲古閣"朱文長方小印。(文奎堂見,壬申十月廿六日。)

詹養貞先生文集三卷 明豫章詹事講撰

明刊本。 有萬曆戊戌門人朱之蕃序。(古書流通處送閲。壬戌)

毅齋查先生闡道集十卷 明涇查鐸毅齋撰

明刊本。 萬曆三十七年樊良樞序。(古書流通處送閲。壬戌)

端峰先生松菊堂集二十四卷 明東越孫鏊著

明萬曆刊本,九行十八字。 前有萬曆張垣序。(辛巳十一月六日見于翰文齋,吴縣潘伯寅遺書。)

張陽和不二齋文選七卷 明張元忭子蓋撰

明萬曆刊本。(滂喜齋藏書。丁卯)

新刻郭青螺先生自學編二十卷 明泰和郭子章相奎撰

明萬曆刊本。内分蠙衣生粤草十卷,蜀草十卷。 有萬曆庚寅同邑周應鰲序。所録皆文,無詩,疑詩章别有專集也。蜀草卷四有西南三征記一篇,紀征松潘夷、建夷、馬夷之事,皆隆、萬間事,足資考證,當録存之。 鈐有"北平黄氏萬卷樓圖書"、"孫氏萬卷樓印"二印。(己巳二月)

丁清惠公遺集八卷 明嘉善丁賓禮原撰

明刊本。 前孔貞運序,次崇禎戊寅嘉善知縣李陳玉序。卷一至四奏疏,五六雜著,七八書牘。(潘伯寅遺書。辛巳)

宋布衣集二卷 明宋登春撰

題趙郡宋登春鵝池撰,中州王培益仲閲。 前有徐學謨撰鵝池生傳,卽萬曆五年徐氏所刊也。(己未)

支華平先生集四十卷 明檇李支大綸心易撰

明清旦閣刊本,九行十九字。 有鄒迪光、陳繼儒、李日華、唐時、戈靖邦諸人序。又舊刻藝餘、耕餘、政餘、斅餘諸人序。詩頗淺率,文亦多酬應之作,不足觀也。(壬午)

快雪堂集六十四卷 明馮夢禎撰

明萬曆四十四年黄汝亨、朱之蕃刊本,九行十八字,行格疏朗,刊於金陵者。 鈐有"陸鍾輝印"、"渟川"、"汪喜孫印"、"揚州汪喜孫孟慈甫印"、"問禮堂圖書"各印。(余藏。)

忠謨謹按:此書别有跋,收入藏園羣書題記三集卷七。

唐宗伯文集□卷 明唐文獻撰

明刊本,九行二十字。題華亭唐文獻元徵父著,關中門人崔爾進漸逵父校。(辛巳十一月六日見于翰文齋,潘伯寅遺書。)

占星堂集十六卷 明唐文獻撰

明刊本。(滂喜齋藏書。丁卯)

石倉詩集三十三卷 明曹學佺撰　　李□一六九○

曾孫岱華乾隆十九年甲戌重刊本。　有葉向高序及乾隆甲戌同里陳治滋序。卷目列後：

一金陵初稿，二金陵集，三掛劍篇，四海色篇，五游房山稿，六藤山看梅詩，七續游藤山，八玉華篇，九苕上篇，十錢塘看春詩，十一游太湖詩，十二芝社集，十三天柱篇，十四春别篇，十五豫章稿，十六江上篇，十七潞河集，十八武林稿，十九巴草，二十蜀草，二十一雪桂軒草，二十二湘西紀行，二十三浮山堂，二十四福廬游稿，二十五聽泉閣，二十六夜光堂，二十七森軒詩稿，二十八桂林詩稿，二十九桂林集，三十更生篇，三十一賜環篇，三十二西峯集，三十三西峰四六草。（余代李木齋師收，戊辰二月。）

郎潛集六卷 明高出撰

明萬曆刊本，九行二十字。　前有馮元成序。　鈐有明善堂、安樂堂藏印。（吴縣潘氏滂喜齋遺書，辛巳十一月六日見于翰文齋。）

石頭庵集五卷 明石霜山僧江夏如愚撰　亦稱藴璞上人

明刊本，半葉九行十八字，題秣陵徐應選督刻。在傅序後。　有禮部侍郎江夏美命郭正域序，南京國子監司業了心居士傅新德序，萬曆辛丑宣城湯賓尹序，萬曆己亥皖人顔素序，閩中曹學佺序，萬曆辛丑豫章祝世禄序。卷一至三詩，卷四書啓，卷五書啓、雜文。

飲河集上下卷 明石霜山僧如愚撰

明刊本，九行十八字。二卷皆詩。　有萬曆辛丑吏部侍郎四明周應賓序，萬曆丁酉三城道人阮自華序。

空華集上下卷 明石霜山僧如愚撰

明刊本，九行十八字。題“武陵龍膺選”，“剡溪周汝登校”，下卷題“柞林袁宏道選”，“豐干潘之恒校”。　有萬曆壬寅爾時居士于若瀛序，萬曆丁丑石公山人袁宏道序，萬曆癸巳中牟張民表序。二卷均

詩,其有關燕京者録後:

卧病摩訶菴、靈光寺對雨五律、秋日游香山寺十二韻五言排律、登洪光寺栢嶺咏栢五律十四韻、游慈壽寺三首五律、過天寧寺禮萬壽戒壇五律、從翠微寺過宿萬佛庵。五律。均卷上。過摩訶庵訪見公五律。

止啼齋集一卷 明石霜山僧如愚撰

明刊本,九行十八字。題"公安袁宏道選","夷陵劉戡之校梓"。此卷爲序、疏、跋、書各文。

以上四集並陰符經解一卷五書皆一人所著同時所刻者,第不知共爲幾種耳。文友堂送看,言新收於山西省者,索價甚高,姑誌於此。五種皆半葉九行,行十八字。(辛巳十二月記。)

雲石堂集十二卷 明魏郡成靖之撰

明末刊本。封面題成文穆公集。 前有錢謙益序。(潘氏滂喜齋遺書,辛巳十一月見于翰文齋。)

翠娱閣評定鍾伯敬先生合集十二卷 明鍾惺撰

題"錢唐陸雲龍雨侯評定","陸敏樹生參閲"。明崇禎刊本,九行二十字。評語列本文後或闌上,行間有圈點。 前有崇禎丙子陸雲龍序,又天啓壬戌虞山沈春澤舊序。

卷一賦、序,二序,三序,四碑記,五論,六論,七表、疏、書牘,八書牘、説、辨、雜著、引、題跋,九傳,十行狀、墓誌銘、祭文,十一疏、頌、偈、銘、贊。(斐英閣送閲,已收,辛巳十月。)

林初文先生詩選一卷 明福唐林章撰

明刊本。題"閩江吴三畏、句吴尤盛明選","白下胡宗仁校"。 有萬曆丁未尤盛明序,又丁未里人曹學佺序,崇禎元年仲男古度跋。後有道光甲辰章綬銜跋。(甲子)

玄對樓巳集七卷 明漆園穆光胤仲裕撰

明刊本,明漆園穆光胤仲裕撰,以丁巳歲游稿,故題曰"巳集"。 卷一至卷三爲江南游記,凡十篇,自東明至南京,歷無錫、諸暨、紹興、杭州、蘇州、松江各地,共一萬九千六百言。卷四至卷七則沿途紀游及酬唱之作也,得詩二百九十七首。前有董其昌繪圖一幅,焦竑題字,陳繼儒、趙宧光、鄒迪光、李本寧、朱之蕃、顧起元諸人贈詩。山陰吴晃繪小像,題萬曆四十五年,五十四歲。有張爾葆、董其昌、陳繼儒、李維楨、黄汝亨、嚴澂、趙宧光、汪聖敎諸人贊語,蓋亦北方啖名之士也。(乙亥)

崇相集十九卷 明閩縣董應舉撰

舊寫本。　有董純如序,天啓癸亥董可威序。應舉字見龍,閩安鎮外塘頭人,明末官至少司空。(古書流通處送閲。壬戌)

王叔聞詩三册 明王鐕撰

王無可手寫本。　叔聞名鐕,崇禎時人。無可名元茹,皆彦泓族人,見金壇志。有同治十二年丹徒陳鴻綬跋語。(徐坊遺書。癸亥)

王葵源詩二册 明王歷昌撰

王元茹手寫本。　癸源名歷昌,萬曆癸卯舉人,官南安令,彦泓之父也。有同治十二年丹徒陳鴻綬跋語。(徐坊遺書。癸亥)

孫璧聯先生文集不分卷 明季錢唐孫瑴撰

稿本。分奏疏、封事、序、引、檄、示、啓、記、賦各類。缺記、賦各篇。前有崇禎辛巳吴麟趾序,序作於英州官署,孫在吴幕中也。序中稱哲謂篇,當是其原書之名。(己未)

羽聖氏偶然吟不分卷 明孫瑴撰

稿本。上册分體,下册標各集名如下:偶然雜詠,霞骨先生稿,粤游日注。内題璧聯先生稿。

卷首有"屏石山人"、"羽聖"兩印。　集中皆流連風景拉雜酬應之作,文筆至爲冗闒,詩亦淺陋。惟中有"上監國潞藩"、"上貝勒王"、"復陳大將軍"等書,與時事略有關係,蓋其人亦宦游桂粤間者。從

蟫隱廬取閲,記其大略如右。沅叔記。(己未)

吹景集十四卷 明董斯張撰

舊寫本,九行十九字。題烏程董斯張遐周著,韓昌箕仲弓訂。前有王德元序,又淩義渠序。(丙子九月)

雪浪詩一卷松寥詩一卷吴裝詩一卷 明程嘉燧撰

雪浪詩十行十七字,版心題"玄暢室"三字。松寥詩八行十五字,版心題"泠風臺"三字。吴裝詩七行十二字,版心題"偈庵"二字。

右明刊孟陽程氏詩一册,前有庚申唐時升序。松寥詩孟陽自序,後有婁子柔序。詩爲松圓老人手書上版,雅雋絶倫,序亦各人自書,誠罕見之品。(乙丑歲杭州抱經堂見,已收得。)

忠謨謹按:此書别有跋,收入藏園羣書題記三集卷七。

松圓浪淘集十八卷 明程嘉燧撰

明刊本。(滂喜齋藏書。丁卯)

鼇峯集二十八卷 明徐𤊹惟起撰　　李□一一七三

明天啓刊本。　有天啓乙丑關中南居益序。　又朱謀瑋壽言、曹學佺、張燮壽序。(戊辰二月十三日代李木齋師收。)

澹寧居集十卷 明梁溪馬士奇撰

明刊本,九行二十一字。　前有華埜序,又徐調元序。(辛巳十一月六日見于翰文齋,潘伯寅遺書。)

迦陵集不分卷 明賁禺黎遂球美周撰

舊寫本。題"明賁禺黎遂球美周著","同社謝長文伯子訂"。　前有西園張萱題詞,又鄧雲霄跋,又有崇禎壬申謝長文序。言於黎爲中表。本書前爲賦、頌,以下詩。卷末有"崇禎歲在閼逢涒灘清和穀旦荻渚四知堂居士録"一行。　鈐有"四明盧氏抱經樓藏書印"、及吴仲懌二印。吴氏手書小傳於首。

按:美周所著有蓮鬚閣集二十六卷,刊入粤中十三家集中,其詩文視此殆增數倍。據徐世溥序言,合迦陵集二百四十二首及明月集、丙子長安往還詩,删訂爲詩七卷、賦二十六篇,總名之曰蓮鬚閣集。今此帙爲詩正二百四十餘首,知爲迦陵集原本,即謝長文序所云少作也。偶取刻本核對,如卷首存賦六首,其"碩人可懷賦"、"南國佳人賦"、"花妖賦"刻本皆不録,蓋徐氏彙訂删去之矣。張萱、鄧雲霄、謝長文三人序跋及美周目後自題,崇禎辛未臘八。刻本亦經删落。其詩之汰去者亦當不尠。然此册雖多少年之作,存之亦可覘其詩境之變遷焉。(會古堂閲。乙亥)

舜水先生文集二十八卷 明朱之瑜撰

日本寫本,題門人西山源光圀輯。　前有源綱條序,安東守約序。有魯王敕,並摹監國之寶大印於前,題監國魯九年。(翰文齋韓子源家所看潘伯寅遺書,辛巳冬至後一日記。)

張蒼水詩文集不分卷 明張煌言撰

舊寫本。似後人輯録者,上册首紀言,記公被執事,次徐孚遠姜宸英序,爲奇零草作,次詩,詩餘。下册首全祖望神道碑,次北征録,次文集。似就稿本輯録而成。有嚴可均、姚椿識語。(壬子歲杭州收得。)

忠謨謹按:此書别有跋,收入藏園羣書題記三集卷七。

瑯嬛文集□□卷 明陶菴張岱撰

稿本。(沈子培藏書。壬子)

天啓宫詞一卷 明陳悰撰 崇禎宫詞一卷 清王譽昌撰

天啓宫詞常熟陳悰次杜撰,凡一百首。崇禎宫詞常熟王譽昌露湑撰,一百八十六首。二家於卷前均有題詞,卷首均有庚午彭家屏駢體序。王氏於卷末題有五言長律一首,詩有小引,言宫詞刻於辛未之秋,已二十三年,今聞内府備有是編,獲塵御覽,深蒙嘉賞,且有有才何以不遇之歎,因作此以寄慨云。後題康熙癸巳。按:癸巳爲康熙五十二年。

二書同時所刻,以楷書上版,頗爲精雅,半葉九行,每行十九字,注雙行低一格,版式四周雙闌,頗爲稀見。(辛巳十月收。)

天啓宫詞一卷 江南小臣(明陳悰撰)

崇禎宫詞一卷 東吴雀樵　(清王譽昌撰)

弘光宫詞一卷 東吴雀樵　以上三書合鈔一册

舊寫本。清王懿榮舊藏。(壬戌翰文齋送閲。)

亭林詩集五卷文集六卷 明顧炎武撰

清潘耒刊本。　嚴元照評點,有跋。(戊申秋收于杭州。)

忠謨謹按:此書有跋,收入藏園羣書題記三集卷七。

亭林先生餘集一卷 明顧炎武撰

清彭紹升家寫本。前有乾隆三十八年冬十月紹升序,序文改竄尚是親筆。鈐有"二林曾孫"印。文目録如後:

廟號議、廟諱御名議、書太虚山人象之譚後、三朝紀事闕文序、山西按察副使寇公墓誌銘、貴州道監察御史王君墓誌銘、常熟陳君墓誌銘、從叔父穆菴君行狀、與潘次耕書札五首、與任君衡。(壬戌滬市見。)

南雷文案十卷外卷一卷續文案吾悔集四卷撰杖集一卷南雷詩曆三卷子劉子行狀二卷 明黄宗羲撰 **學箕初稿二卷** 清黄百家撰

清康熙刊本。

忠謨謹按:此書别有跋,收入藏園羣書題記三集卷七。

嶺海焚餘二卷 明仁和金堡道隱撰

舊寫本。上卷起隆武乙酉十月,止丙戌八月。

前有題句云:"承君遠相臨,古道紛輝映,我本出家兒,豈以衹相贈,若增一點世問心,便是羅睺星入命。"末署"隔角道人題",下有"澹歸"印,則亦道隱自書也。(邃雅齋送閲。乙亥)

確菴文集四十卷 明陳瑚言夏撰

汲古閣刊本。卷一至十爲詩,分頑潭、隱湖、玉山、婁江、鄧尉、淮南、楚江、蟻橋、破山、苕溪山樓西郊後蟻橋東野紫陽雙鳳各集。十一爲詩餘，未刻。十三至二十三爲序記雜文，然多未刻。二十四聖學入門書，二十五至四十爲講學全規、蓮社約法、蔚村講規、淮雲問答講義刻七、條議刻三、開江書、築堤書、治綱、典禮會通、天文書、日記。均未刻，但存目耳。

前有錢謙益、白登明序，王吉武小傳。題門人徐釚、翁叔元、毛扆等較閲。（辛酉）

浮山文集前編三卷 明方以智撰

舊鈔稿本，竹紙紅格，十行二十四字。　前有西疇老人何如寵題序，知爲方仁植之子密之所作也。内題“稽古堂初集一卷，二集上下卷”。次行題“歲己酉少子中履編次于青原歸雲閣”。

文目録下：

初集目：擬求賢良詔澤社題，擬上求治書，文論，結客賦，九將。終永懷、念誰昔、黍自鞠、陰女赫、勞作所、告臺顛、矢神聽、強消摇、抽亂曲。

二集上：擬上求讀書見人疏，史漢釋詁序，五言古詩序，清芬閣集跋，廬墓考序，廬墓考論贊，龍唐山題辭，陳卧子詩序，麻孟璿古逸詩載序，血書孝經題辭，士習論，劉遠生生還疏序，曠達論，俟命論上下，寄張爾公書，又寄張爾公書。

二集下：親臣議，貨殖論，瞿稼軒年伯詩序，送李舒章序，書通雅綴集後，夫夷山寄諸朝貴書，冰井記，七解。（乙亥正月邃雅齋見。）

春酒堂存稿□卷 明鄮山周容撰

舊寫本。　前有自序，鈐有“周容”、“鄮山”二印，蓋稿本也。　鈐有四明盧氏抱經樓藏印。（古書流通處送閲。壬戌。）

容菴存稿三卷孤臣述一卷附録二卷 明季許令瑜撰

舊寫本。卷一詩，卷二尺牘，卷三雜文。　令瑜崇禎癸未進士，選仙游縣知縣，唐王時升禮部主事，改給事中。孤臣述一篇四千三百五

十五言,則其自述仕唐王時事實也。其子鼒爲之箋注。 又有道光戊申同里祝萬壽跋。(甲子)

東行百詠集句 存中下卷

和東行百詠集句 存中下卷

再和東行百詠集句 存中下卷

明刊本,十一行十八字,黑口,四周雙闌。不知何人所撰集,句亦不工,似其人謫官於遼東者也。(甲戌)

清别集類

牧齋文集不分卷 清錢謙益撰 沈德華選輯 計十二册

舊寫本,十行二十字。 前有吴興沈德華序,略言雅好先生之文,故翻譯其全,窮年丹黄鉛槧,一再至三,汰其浮靡,存其雅馴,始自嚮言,至于題跋,手録成編云。蓋就全集選録,自嚮言外爲文一百八十七首。 目後有"康熙甲辰陽月范陽後學鄒鎡寫校畢"一行。全編皆一手所寫,字仿小歐,秀勁可喜。

鈐有"藴采樓珍藏圖書金石"、"慈谿耕餘樓藏"各印。(辛巳三月見。)

牧齋詩鈔不分卷 清錢謙益撰

清康熙刊本,十二行二十二字,軟體字。 自還朝以至投筆集皆在,但避忌字句已缺而不書矣。(辛未二月見于上海。)

吴梅村詩注十二卷附詞一卷詩話一卷 清程穆衡迓亭注

△二二四九

清嘉慶十六年黄氏士禮居寫本,黄丕烈手校,有跋。(余藏。)

青溪遺稿二十八卷 清孝感程正揆端伯撰

清刊本。有沁州吴琠序,門人王士禛序,後學嚴正矩序,汪士鋐序,門下晚學生吴陳琰序。卷一至十六詩,十七序,十八記,十九傳,二十墓誌銘,二十一啟,二十三、四題跋,二十五像贊,二十六、七雜著,

二十八奇夢録。(翰文齋見。丙寅)

雲中集一册 清曹溶撰

舊寫本,曹倦圃溶詩稿。(壬子)

胡文學全書□卷 清胡文學撰

清刊本。 康熙癸卯董文驥希轍序。(胡任御史。)

鈐有四明盧氏抱經樓藏印。(壬戌古書流通處送閲。)

尊水園集略十二卷 明德州盧世漼德水撰

清刊本,封面中間有"書林劉經邦張鴻儒刻行"一行。 有順治庚子李源序,程先貞序,趙其星序。 鈐有四明盧氏抱經樓印。(壬戌古書流通處送閲。)

緑滋館藁九卷考信編二卷徵信編五卷 清吴士奇撰

清康熙二十八年刊本,新都吴士奇無奇撰。前八卷文,後一卷詩。

前有施閏章撰吴太常傳,又同里吴之騄後序。康熙己巳。

考信編有萬曆庚申温陵李叔元序,皆論歷代史事,徵信編皆記述明代政事人物。後有康熙庚申吴甲周序。(丙子)

覲菴詩稿漸于集四卷 清陸貽典撰 △七七五七

舊寫本。(涵芬樓藏書,己未閲。)

曉菴遺書一卷 清吴江王錫闡撰

清孔氏寫本。有跋録後:"乾隆丁酉秋九月,在京師借周林汲編修本携歸録副。正月十三日兩窗記。誧孟"。"二月壬辰朔校完"。(癸酉)

貞固齋試藝一卷續義二卷 清傅以漸撰

舊寫本,清聊城傅以漸應試文及平日經義稿。前有傅以漸自序一首。(己未記。)

之溪老生集十一卷 清濾州先著撰

清初刊本。爲藥裹集二卷、藥裹後集二卷、藥裹續集二卷、勸影堂詞三卷。　前有盍且子傳,蓋鳥名,自呼得過且過者也。詞序于壬辰四月,爲清順治九年。　著字遷夫,别字蠲齋、又字染庵。(許星台所藏,今歸北京圖書館。丙子冬余亦獲一帙。)

忠謨謹按:此書别有跋,收入藏園羣書題記三集卷七。

安雅堂存稿不分卷 俞嵩庵撰

舊寫本。　康熙癸卯史在明序,程鳴序。(古書流通處送閲。壬戌)

宋荔裳入蜀詩 附文五首　清宋琬撰　△六六六五八

宋玉叔詩,王漁洋士禛重録評點。　前有漁洋手跋八行。爲庚辰十一月十九日所書,時玉叔下世久矣。其跋録後:

"康熙壬子予與宋荔裳按察前後入蜀,不及相見。明年荔裳入覲,卒于京師,予甲寅乙卯間家居,嘗得其入蜀詩一卷,寫留笥中,久之遂失去其本,思之輒悵惘。庚辰秋,余官刑部尚書,荔裳之子思勃自萊陽至,投一卷,正入蜀詩也,喜而亟録存之。先是辛亥歲,荔裳在京師屬余選定其集,次爲二十卷,携以入蜀,今此本不可復覩矣,惜哉!"

題跋諸家姓氏録下:錢寶琛、莫友芝、趙金爔、陳倬、潘介繁、季錫疇、王榮年、葉裕仁、繆星遹、唐仁壽、李善蘭、戴望、張文虎、高心夔、潘樹辰、管慶祺。　又敬之先生手跋十一行。(海虞瞿氏藏書。癸酉)

虬峰文集二十卷 清淮南李驎西駿撰

清康熙刊本。　前有庚辰自序。卷一賦,卷二至十三詩,卷十四至二十文。前有自述二十五則。(翰文齋見。丙寅)

平圃遺藁十四卷 清上海張宸青琱撰

何子貞紹基家寫本。前有徐元文撰六十壽言,又自序一首。書衣有何氏跋語:

"嘉慶己卯夏在龔定菴處見是書,假歸閲未竟,爲魏默深取去,采入經世文編,知世無刻本,惟上海徐紫珊家有之。後因周芝生任上海道,始屬其借鈔寄都,蓋逾年始至,得此書之難如此,而三君已先後作古人矣。咸豐己未初春,蝯叟偶記於濼源講社。”

收藏鈐有:“雲龍萬寶書樓”、“道州何氏收藏圖書印”兩印。(東方圖書館藏書,戊寅十月十四日見。)

雪晴軒文稿四册詩集一册 清宋和岸圃撰

舊寫本。書中有上韓慕廬、宋漫堂書,蓋康熙時人也。 觀其游溝溝崖記、湯泉記、兔兒山記、十景山記、閟魔崖記,所言多淺陋,是鄉曲小儒之游幕於北方者。(甲子)

撫雲集十卷 清虞山錢良擇木菴撰

舊寫本。鈐有“錢楷之印”白文,似是原稿之清本,竹紙朱闌,寫蹟古雅。 前有康熙乙亥叔祖陸燦序,時年八十有四。又自序一首,作於康熙丁亥也。兹節録如左。湘靈序云:

“木菴弱冠走京師,辟爲王官師傅,才益奇,名日益噪。大吏出使海外,請與偕往,飂風箭激,漫瀾粘天,常一日踔數千里,魚龍之所撞突,隝溆之所瀠洄,顧益自喜,以謂軟紅塵坌,須此一番擺蕩也。又同朝貴使塞外絶域,盾背磨墨,日次記其游歷閒關,多博望、玄奘、耶律楚材所未到,而題詠附焉。直北去雲中界五千里,下馬拾文石,鐵鏽羅紋如海南香樹根,持贈予充怪石供。猶記土官譯其地曰拏喇克帶搜疾不喇也。其弔詭放意如此。”

自序云:

“九歲學屬對,遂學詩。十三歲同里雪屋孫先生、定遠馮先生、族祖湘靈先生見之,皆驚其可教,遂刻意爲詩。三十年詩多不可算,隨手散去無存者。澄江有繆生者,篤好予詩,搜羅得萬首,選定三千餘首手録,予弗知也。或告予試訪之,信然。出示予,予攫得盡燒之,繆驚歎累日。自是絶不作詩,即作益艱得,即得輒爲人持去,檢吾篋無一詩。甲戌秋,訪海昌陳觀察傅巖於天雄,傅巖正色責予曰:'子心力盡用於詩,乃散佚若是。子老矣,一旦死不傳,負前輩指授,非子之罪耶!'予媿謝。然業已亡其藁,不得已求諸腹笥,得三百餘首。明年歸,從友人扇頭壁端得二百餘首。游餘杭遇故友山陰朱栽亭子衣客,得其所藏百餘首。聞吴姬吕月仙蓄予詩甚夥,訪之死矣,啟其奩,得其手録幾四百首,合之共千百,取陶詩語名之曰'撫雲集',族祖爲之序,置篋中未嘗示人。又十二年,取閲之,覺其雜,復削其半,存其半,編次成帙,命幼子靄録以呈傅巖,時康熙丁亥立秋日。"

卷一至九存古今體詩四百八十五首,卷十爲詠古一百首,著之目而未鈔入,當是未完本也。木庵從張文端鵬翮使俄羅斯,著有出塞紀略,集中有出塞詩一百韻,卽紀其事。然其游記附録詩不少,兹乃概不收入,知其甄采之矜慎矣。集中又有恭王席上元夕應教詩,又恭王世子鶴仙挽詞。湘靈序所言辟爲王官師傅者,蓋在王府授世子鶴仙課讀也。至出使海外則集中不可考矣。(此書爲東方圖書館藏本,借觀記之。戊寅冬至日。)

扶桑閣集□□卷附詩一卷 清海昌朱日觀撰 存卷五至十二、十四,計九卷,附録一卷 △二五八六

清康熙書林劉鍾甫刊本。存卷五至八,爲西瞻詩,卷九爲錦江詩,卷十戎州詩,卷十一、十二東將詩,卷十四西山詩。日觀康熙時人,管芷湘庭芬有跋,言極罕見。(甲子)

離六堂集十二卷 清釋大汕撰

清懷古樓刻本,題"嶺南長壽釋大汕厂翁氏譔"。 前有繪圖三十四幅一行脚,二負薪,三遣魔,四讀書,五供册,六默契,七遇異,八演洛,九觀象,十説法,十一吟哦,十二遨游,十三訪道,十四作畫,十五吹簫,十六賣卜,十七釣魚,十八夢游,十九雅集,廿看雲,廿一秣馬,廿二賣雨,廿三浣花,廿四法起,廿五卧病,廿六出山,廿七領衆,廿八酌古,廿九注書,卅抱琴,卅一論

道，卅二製器，卅三北行，卅四長嘯。每圖各有題贊，多一時名人，如屈大均、黄周星、曾燦、梁佩蘭、魏禮、陳恭尹、徐釚、吴綺、高簡諸人。

前序有曾燦、柘城王培、南州熊一瀟、秣陵張Ｘ、番禺屈大均、高層雲、唐化鵬、徐釚、吴綺、梁佩蘭、宜賓樊澤逵、周在浚、長沙陶煊、李方廣、毛際可十五人，又自序。詩評有陳其年、張杉、方文、王培、吴伯朋、魏憲、徐作肅、陳昌國、宋犖、童樞、黄河圖十一人。

本集前有賦三首，末卷爲詩餘，題曰"繪空詞"，毛際可序之。

按：集中有越南國大將軍詩，徐電發序言及海外紀事，又謂自安南回，建寶閣于粤秀山之西，則此集刻在海外紀事之後矣。乙亥十月，沅叔。

善卷堂文集十卷 清陸繁弨撰

清寫本。 有陳廷會徐烱序。 鈐有四明盧氏抱經樓藏印。(壬戌古書流通處送閲。)

學文堂集□卷 清陳玉璂椒峯撰 存四十七卷 △一三三七

清康熙刊本。 有馮溥、吴偉業、王崇簡、周亮工、盧紘序。(壬戌古書流通處送閲。)

荼菴詩集八卷 清常熟龔克庸叔度著

舊寫本。 有雍正癸卯徐祖望序，康熙五十四年楊儐序。 卷中有空葉未寫定者，當爲底本。(瞿氏藏書，癸酉閲。)

雞肋集一卷 清揆敍撰

題"長白揆敍愷功父惟實居士著"，"男永壽仁山甫較訂"。楷體精刊本，九行二十字，版心有"謙牧堂"三字。 前有查慎行序。收古今體詩一百四十一首。(辛巳十一月六日見于翰文齋，潘伯寅遺書。)

益戒堂集八卷 清揆敍撰

舊寫本。(癸丑)

樂静堂集不分卷附雞肋集一卷 清揆敍撰

舊寫本。凡壬申、癸酉二年詩,各爲一卷。有查慎行題。附雞肋集一卷。　鈐有“四明盧氏抱經樓藏書印”。(小市會賢堂送閱。乙亥)

流鉛集十六卷 清吴農祥著　方婺如定　男裕僧彌校字

舊寫本。卷一賦,二表、書,三書,四啟,五啟,六疏,七記、序,八序,九序,十序,十一序,十二序,十三跋、碑,十四誄,十五墓誌銘、哀詞,十六墓誌銘、祭文。

盧抱經朱筆校過。鈐有盧文弨借觀印、袁壽階廷檮印。(徐梧生遺書。丁卯)

騰笑集八卷 清朱彝尊撰　△二五二三

清康熙二十五年朱氏曝書亭自刊本。有馮柳東登府跋三則。(余藏。)

忠謨謹按:此書别有跋,收入藏園羣書題記三集卷七。

曝書亭集詩注二十二卷 楊謙纂

清楊氏木山閣刊本。　有趙氏跋,録後:

“余家舊藏曝書亭全集,後得此本,注釋明備,更便下學誦習。上有堇浦先生批筆,尤可寶貴。往來南北,遺失二卷,亟倩書手補寫而丹校之,後來人當奉若拱璧也。嘉慶己卯花朝,蓼生翁識于桂林節署之省僁室。” 鈐有“趙慎畛印”、“慎畛讀過”、“省僁室”諸印。

按:批點無大意義,細審亦非大宗之迹,當是傳録也。(余君嘉錫持來屬爲審定者。戊辰)

風懷詩補註一卷 清馮登府撰　題小樵李亭長緝補

馮登府手稿。與梵雅、酌史巖摭談合訂一册。(翰文齋見。庚午)

隨園詩集一卷 清茨村胡介祉著

原稿本。　有宿松朱書字緑序,前附朱竹坨贈詩二首。　鈐有“安邱王菉友藏書畫印”。(己巳正月)

敬業堂詩集四十八卷附鈔補詩四十九、五十兩卷 清查慎行撰清張宗橚手寫。末有"乾隆庚申季春月下弦夕武原後學張宗橚録"。卷中"赤"字缺末筆,避其祖惟赤諱也。 前有花溪後學許昂霄蒿廬氏跋九則,乃敍搜輯未刻原委及原稿與刻本異同耳。 下方有岐昌案語,乃先生之孫所考證異字。上方朱筆藍筆皆張公所書。刻本有朱黄藍三色平點,未注明何人之筆。(丁巳)

湛園未刻稿四册 清姜宸英撰

清寫本。(壬子)

華鄂堂詩稿二卷附研山十詠 清古婁周彝策銘撰

清刊本。 鈐有翰林院印及江蘇巡撫進書木記。(孫壯家閲。)

高陽山人文集十二卷 清襄城劉青藜太乙撰

清寫本。卷中有贈汪舟次序,則康熙時人也。

劉氏爲康熙丙寅進士,翰林院庶吉士。(甲子)

寓巖詩稿四卷 清谷湖沈寧遠撰

稿本。 前有寓巖自序,言聚稿成編,始康熙辛巳,迄雍正甲辰,得四卷。 鈐"朱稼翁曾觀"朱文印。(癸亥)

長吟閣詩集八卷 清吴人黄子雲士龍撰

清刊本。全書皆朱筆批點,末題"庚辰夏日避暑閲此于小琳琅館,何堂"。

含中集五卷 清廌青山人李鍇撰

李鍇手寫本,極精雅,每卷有"臣鍇"白文印,題簽下有"眉山李氏"印。 有雍正三年錢唐周京序,行書,有周氏名號墨印。又康熙乙未錫山同學弟顧衡文駢體序。序後有焦明子傳,不著撰人。(丁卯)

懷玉山人詩集十卷 清秀水馬學乾撰

清刊本。 有沈疇初、樊圃、金學超、王廷相、沈鑑、張問陶、稱門人。葉維庚序。(癸亥)

一瓢齋詩存六卷 清薛雪撰

清埽葉村莊刊本,十一行二十字,白口,左右雙闌,版心下題“埽葉村莊”四字。　前有甲寅冬沈德潛序,次目録,次正文。全書分六卷,然各卷不標卷次,但題“一瓢詩存”而已。序後有“吴郡李士芳鐫”一行,精刊本,楷書甚秀雅。(已收。)

謙谷集六卷 清秀水汪筠撰

舊寫本。筠乾隆時人。(壬子)

李穆堂先生文集一册 清臨川李紱撰

舊寫本。王艮齋侍御選,中有數篇爲侍御手寫,朱墨筆改定處亦侍御筆。　鈐有“吴卓信印”、“項儒”二印。(壬戌歲古書流通處送閲。)

御製詩文十全集五十四卷 清高宗弘曆撰

前有乾隆五十九年正月彭元瑞進書表,言大功十次告成,編集御製詩文爲十全集。十功者:初定金川、初定準噶爾、再定準噶爾、平定回部、再定兩金川、平定臺灣、平定緬甸、平定安南、初定廓爾喀、再定廓爾喀。凡五十四卷,二十八册,用武英殿活字印行。

按:此書不入聚珍版叢書目中,當是印成較晚也。(己巳三月)

御製詩注合編七十三卷 清高宗弘曆撰

紅格寫本,不知何人所編,摘高宗御製詩注分門輯録,其中頗關掌故。

卷一之五:聖德,敬天、法祖、勤政、愛民。

卷六之三十一:神功,開創、戡定、征伐。

卷三十一之三十六:政治,職官、庶政、蠲賑、訓飭。

卷三十七之四十一:禮樂,大祀、中祀、盛典。

卷四十三之五十五:文學,釋經、評史、典籍、書畫。

卷五十六之六十八:地輿,宫院、宫苑、行宫、盛京、名山、大川、河渠、祠廟、藩部。

卷六十九:物産,鳥、獸、御馬、魚、木、果、穀、草、蔬、花、石。

卷七十之七十三器用。宗器、寶器、文器、武器、玩器、雜器。

子目中更分小目,不備録。御製詩至嘉慶爲止。此書擬勸北京圖書館收之。(丁卯)

南皐山人詩集類稿二十八卷 清高鳳翰撰 存二十二卷

△一一八八〇

原稿本,竹紙楷書,半葉十行行十八字。前有畫像一幅,桐山陳璐、懷寧李葂、海陵田雲鶴、桐城張純諸人題贊。又雍正甲寅自題小引。

擊林集四卷,湖海集七卷。自戊子至丁未。 岫雲集一卷,丁未、戊申。 鴻雪集十六卷。己酉、庚戌,缺卷二至七,凡六卷。鴻雪集中又分吴中前稿九,康山稿十、十一,湖州前稿十二,長興稿十三,湖州後稿十四,吴中後稿十五,吴中稿十六。每卷後均題"詩若干首,乾隆甲子山人自編"一行。又題"男汝魁孫攀鱗存,甥王泰來手録"。(潘伯寅滂喜齋遺書。)

南皐山人斆文存稿十五卷 清高鳳翰撰 △一一八八〇

原稿本。序卷一,傳卷二,墓銘附。記卷三,書卷四,四卷合一。表狀、誌銘、題跋、書後、碣卷五,祭文卷六,説卷七,賑荒八議卷八,修城條議卷九,江行日記卷十,康熙己丑由江西返家。南行日記卷十一,雍正六年戊申由家南行,渡大江經蘇州至安慶。皖江紀行卷十二,雍正八年自新安至浙江送高陽劉方伯、肅拓淳化閣帖十跋。賦卷十三,尺牘卷十四,三卷合一。雜著卷十五。二卷合一。(辛巳十一月六日見于翰文齋,吴縣潘伯寅滂喜齋遺書。)

益齋存稿五卷 清秦溪半邏野堂錢元昌朝采著

舊寫本。 前有乾隆壬戌自序,後有乾隆二年海隅汪應銓手跋。

又益翁存稿一册,云題識雜録,有乾隆七年益翁自序。(丁卯)

沙河逸老小稿六卷附嶰谷詞一卷 清馬曰琯撰

清乾隆二十三年馬曰璐刊本,十行十九字,線黑口,四周單闌。 前有沈德潛、陳章序。 精刊本。(已收。)

鮚埼亭集三十八卷 清全祖望撰 **經史答問十一卷**

清寫本,十行二十一字。　舊人以刻本校過,注於闌上,用墨筆,文字異同處極多。　前有跋録後:"乾隆庚子八月從程魚門先生處假鈔,未得善本,不能校也。葑町識。"

鈐有"王友亮印"、"卧廬所藏善本"、"南儕"各印。(余藏。)

補注句餘土音三十二卷 清全祖望撰　陳銘海新涯增注

舊寫本。　題"鐵槎主人手抄"。(壬子)

豹留集一卷 清武山吴莊友篁撰

吴字半園,具區人。有王鳴盛序。舊寫本。(甲子)

惜抱先生尺牘八卷 清姚鼐撰

清道光二年山右郭汝驄刻,有跋。陳用光爲之序。此書第一刻也。(文友堂收鄂恒氏書。辛未)

朱竹君文集稿本 清朱筠撰　五十册

清大興朱氏稿本,其子錫庚校。(壬子歲見。)

鶴溪文編四册 王鳴韶撰

舊寫本。　凡文一百九十二篇。　有錢竹汀大昕、王蘭泉昶跋。又汪炤跋。(長沙葉定侯藏書,甲戌四月閲。)

蜀行紀事草一卷 清汪承霈撰

隨兩金川用兵,在幕中紀事而作,手寫付刊。(辛未歲文友堂所收鄂恒家藏書。)

冰壺山館詩鈔 清金華王夢庚撰

此册題道烏紀程草,蓋至西藏烏拉途中紀行之作也。舊寫本。(辛未歲文友堂所收鄂恒家藏書。)

知聖道齋讀書跋尾一卷 清彭元瑞撰

紅格宣紙精寫,似清内府所書,或彭氏領閣事時屬胥史所録也。(乙亥)

桐樹園集六卷 清大梅彝齋超悟日休氏撰

清刊本。　有李文胤、孫榮旭、蔡啟僔、李象坤、林必登、周斯盛、董楨、張起宗序，次自序。　鈐四明盧氏抱經樓藏印。（古書流通處送閲。壬戌）

一行居集八卷附一卷 清長洲彭紹升撰

道光五年乙酉葆素堂刊本。龔孝拱橙跋録後：

“大人官京師時有此書，小子時未有知識讀之，匆匆三四十年，求之久而不得。歲庚午，識隱莊謝兄，惠借讀之，泣誓頂禮，隱兄之德亦不敢忘也。辛未穴日橙志，時同寓洪口。”（莫楚生遺書，己巳九月。）

脩潔堂初稿二十二卷 清江寧寧楷端文撰

舊寫本，卷末有儒林外史題辭。　寧氏乾隆時人。（庚申）

陳一齋先生藁 清麟山陳梓頫恭撰

清寫本。分“客星零草”、“閏魚集”、“薇山倡和録”，末附詩文二卷。言從手稿録出者。寫手工雅。（癸亥）

陳一齋先生詩集十卷 清麟山陳梓頫恭撰

清寫本。寫手工雅。（癸亥）

紅櫚書屋文集七卷 清孔繼涵撰

孔氏原稿本，雜體文凡七卷。（己巳二月見，徐梧生遺書）

胡天岫詩一卷與衆集一卷 詞清胡山撰

清寫本。山初名日新，字天岫，宜興人，僑居海鹽，徙梅會里，有葑汀稾、寓廬集、東武吟。　有屠焯昭仲序，李符分虎序，錢樟魚山序，朱邁日跋。（癸亥）

拜經樓詩稿一卷 嘉慶庚申 **江上玲瓏集一卷** 與查梅史汪小海倡和詩 **拜經樓續稿一卷** 辛酉 **中吴游草一卷詞附** 均清吴騫撰

四種共爲一帙，乃吴兔床先生騫手稿也。改訂極多。（癸亥）

一壑小游仙集一卷江上玲瓏集一卷可懷續録一卷 吴兔床騫至白

岳省墓日記，附詩八 **徐姬小傳一篇** 吴兔床妾徐蘭貞　清吴騫撰

以上四種鈔成一帙，並附諸題跋，拜經樓吴氏寫本。（癸亥）

蠡塘漁乃一卷 清吴騫撰　△六〇〇六

清乾隆戊戌吴氏拜經樓寫本。吴騫手校。

南澗居士文稿一册 清李文藻撰

稿本，凡文三十三首。

按：功順堂叢書刊有南澗文集，兹以鈔本核之，潘刻上下卷凡文四十首，鈔本文三十三首，然同者只十六首，其餘皆刻本所無也。兹録其目于左，異時齊魯人士有志刊南澗遺文者可求而得焉。

顔太守父母壽序濟南太守顔濬溪之父母　祭王封翁文王木舟之祖　潘翁壽序潘晰微，九十一　張明府六十序張柯岩，代，爲宅郎求婚啟甲午十一月，駢文　告城隍廟文代諸城令宫懋讓　庚辰會墨選序代　祭内黄知縣馬君文，　勸農告示四六文　天后宫瞻田記益都　嚴母閔孺人壽序　女丹霞小傳代　李書升八十二歲序代黄崗二石橋記　葉淑人墓誌銘歐陽永祷之妻　書邵璟傳後　祝雲岫姚方伯六衺壽序　胡夫人壽序金侍郎之妻　張君帥甫墓志銘名承宣（癸酉）

研六堂文抄十卷 清績溪胡培翬撰

清光緒四年刊本。（甲子）

汪孟慈文稿一册 清汪喜孫撰

舊寫本。（甲子）

月齋文集八卷詩集四卷 清張穆撰

張石洲穆手書藁本。各篇有批有校，大字草書似何子貞紹基，小行書粘簽者爲祁文端寯藻。又有何願船附記各條。其卷七"莫公事略"、卷九"泗州府君事輯"以單行刻本附入，第泗洲事有增訂耳。　鈐有"實府讀過"印。（癸酉）

辨志書塾文鈔十六册詩詞附後 清李兆洛撰　△一三二〇

此卽李申耆先生養一齋文集稿本也，未知視刊行本異同若何！　有六承如跋，録下：

“論議一，辨説二，雜著三，序四時文序附，跋五，書六尺牘附，贈序七壽序附，記八，碑九，墓誌十，傳狀十一，哀祭十二，讚頌箴銘十三，駢體文十四。曩師嘗欲國朝文，與生甫毛先生商定目次，兹承箴山師命，爲師編次文目，卽宗其意而變通之，分類如右，非敢憑私臆也。道光辛丑八月，門人六承如謹識。”（徐梧生遺書。丁卯）

渡瀘草一卷 清莊學和撰

舊寫本，凡三十二首。中有打箭鑪詞二十四首，小注足資考證。附録蔡時和武侯祠記一首，送陳衡北入覲詩一首。

無近名齋文鈔四卷 清長洲彭翊仲山撰

清道光二十二年壬寅蘇州刊本。（庚午）

浮邱閣詩草二卷 清湯鵬撰

古今體詩各一卷。此亦海秋詩初刻本。（文友堂收鄂恒家書。辛未）

遂初齋文集四卷 清通州劉邦鼎石臣著

前有道光十七年范仕義序，又李琪序。刊本。（甲子）

定盦文集三卷附餘集 清龔自珍撰

清道光三年癸未龔氏手訂初刻本。附初集總目。文加圈識。（文友堂收鄂恒家書。辛未）

痁枕録一卷 清余弼撰

清寫本。弼新安人，咸同間人，有小樂府十二章，述洪楊時事。（癸亥）

勤學齋文草二册 清壽陽祁儁藻撰

壽陽祁氏家清稿，版心有“䙪䚯亭存稿”五字。可資考證者抄其目於下：

靈石何耿繩夫婦墓誌銘何道生之子　祁定中墓碑　趙廷武墓碑邑人

傳青主手書杜句分韻跋　平定張觀藜墓誌銘孫名瑋，不知於石洲何屬也　季弟幼章行略即宿藻，官江寧布政使　沈愚亭毛詩傳箋異義解叙　族叔祁樹棃墓碣　德壯果公年譜序蒙古德楞泰，花沙納之祖父　族兄祁雲衢朝駿墓表　從兄祁步衢朝驤墓碑　族兄潤章玉瑁墓碣銘。（揚州張子重寄來，旋即還之。己卯）

藏園羣書經眼録卷十七

集部六

總集類一

七十二家集三百四十二卷 明張燮輯

明天啟、崇禎刊本，目列後：

宋大夫集三卷周宋玉，有甲子序以上周一人　賈長沙集三卷賈誼，有序　重纂司馬文園集二卷司馬相如，有甲子序　重纂董膠西集二卷董仲舒，甲子序　重纂東方大中集二卷東方朔，甲子序　王諫議集二卷王褒，天啟甲子序　揚侍郎集五卷揚雄，有題詞　馮曲陽集二卷馮衍，有乙丑序　班蘭台集四卷班固，乙丑序　張河間集六卷張衡，有序　重纂蔡中郎集十二卷蔡邕，昭陽大淵獻(癸亥序)　孔少府集二卷孔融，癸亥序　諸葛丞相集二卷諸葛亮，辛酉序　以上漢十二人　魏武帝集五卷曹操　魏文帝集十卷曹丕　重纂陳思王集十卷曹植，壬戌序　王侍中集三卷王粲，有序　陳記室集二卷陳琳，乙丑序　增定阮步兵集五卷阮籍　嵇中散集六卷嵇康，此册以張溥本配　以上魏七人　傅鶉觚集六卷傅玄，辛酉序　孫馮翊集二卷孫楚，有序　夏侯常侍集二卷夏侯湛，有序　潘黄門集六卷潘岳　傅中丞集四卷傅咸　潘太常集二卷潘尼　陸平原集八卷陸機　陸清河集四卷陸雲　郭弘農集二卷郭璞　孫廷尉集二卷孫綽,重光協洽(辛酉)序　重纂陶彭澤集五卷陶淵明,壬戌序　以上晉十一人　謝康樂集八卷謝靈運,有序　顔光禄集五卷顔延之,崇禎辛未序　鮑參軍集六卷鮑照,崇禎己巳序　重纂謝法曹集二卷謝惠連,序　謝光禄集三卷謝莊,庚午序　以上宋五人　謝宣城集六卷謝朓　王寧朔集四卷王融　以上齊二人　梁武帝集十二卷蕭衍　梁昭明太子集五卷蕭統,重光作噩序　梁簡文帝集十六卷蕭綱　梁元帝集十卷蕭繹　江醴陵集十四卷江淹　重纂沈隱侯集十六卷沈約,壬戌序　重纂陶隱居集四卷陶弘景,丁卯序　重纂任中丞集六卷任昉,甲子序　王左丞集三卷王僧孺,有序　陸太常集二卷陸倕乙丑序　劉户曹集二卷劉孝標,甲子序　王詹事集二卷王筠,丙寅序　劉秘書集二卷劉孝綽,乙丑序　劉豫章集二卷劉潛,有序　劉中庶集二卷劉孝威,有序　庾度支集三卷庾肩吾,有序　何記室集三卷何遜,癸丑序　吴朝請集四卷吴均序　以上梁十八人　陳後主集三卷陳叔寶,序　徐僕射集十卷徐陵,天啟元年序　沈侍中集三卷沈炯,序　江令君集五卷江總,乙丑序　張散騎集二卷張正見　以上陳五人高令公集二卷高允,甲子序　温侍讀集温子昇,天啟甲子序　以上北魏二人　邢特進集二卷邢邵,序　魏特進集三卷魏收,甲子序　以上北齊二人　重纂庾開府集十六卷庾信,天啟元年序　王司空集三卷王褒,甲子序以上北周二人　隋煬帝集八卷楊廣,壬戌序　盧武陽集三卷盧思道,序　李懷州集二卷李德林,甲子序　牛奇章集三卷牛弘,序　薛司隷集二卷薛道衡,序　以上隋五人。(庚午見。)

六朝詩集二十四種五十五卷

明嘉靖刊本,十行十八字。　前有嘉靖二十二年癸卯薛應旂序。有"毘陵陳奎刊"小字一行。目列後:梁武帝集一卷蕭衍　梁簡文帝集二卷蕭綱　梁元帝集一卷蕭繹撰　梁宣帝集一卷蕭詧撰　後周明帝集一卷宇文毓撰　陳後主集一卷陳叔寶撰　隋煬帝集一卷楊廣撰　陳思王集四卷魏曹植撰　阮嗣宗集三卷魏阮籍撰　嵇中散集一卷魏嵇康撰　陸士衡集七卷晉陸機撰　陸士龍集四卷晉陸雲撰　謝康樂集一卷劉宋謝靈運撰　謝惠連集一卷劉宋謝惠連撰　謝宣城集五卷南齊謝朓撰　江文通集四卷梁江淹撰　鮑氏集八卷劉宋鮑照撰　梁沈約集一卷梁沈約撰　梁劉孝綽集一卷梁劉孝綽撰　梁劉孝威集一卷梁劉孝威撰　何水部集二卷梁何遜撰　陰常侍集一卷梁陰鏗撰　王子淵集一卷北周王褒撰　庾開府集二卷北周庾信撰。(乙卯)

忠謨謹按:此書別有跋,收入藏園羣書題記續集卷六。

三家詩八卷

曹子建二卷　謝靈運二卷　陶淵明四卷

張潮、卓爾堪、張師孔三人輯刊,寫刻精雅,絶似林吉人手書,前有卓爾堪序。(徐梧生遺書,翰文齋閲。己巳三月)

合刻兩張先生集十七卷

張文昌集八卷唐張籍撰

張于湖集八卷宋張孝祥撰附録一卷

明崇禎六年張時行刊本。(盛昱遺書,壬子收,二元。)

三體宫詞三卷　△二五三九

唐王建宫詞一卷　蜀花蕊夫人宫詞一卷　宋王岐公宫詞一卷

明萬曆二十二年吴氏雲栖館刊本,十行十八字。有牌子二行,文曰:

"萬曆甲午晉陵

吴氏雲栖館梓"(乙丑歲杭州抱經堂見,已收。)

忠謨謹按:此書別有跋,收入藏園羣書題記初集卷八。

十家宫詞十二卷 存四家,計六卷

宫詞三卷宋趙佶撰　宫詞一卷宋張公庠撰　宫詞一卷宋王仲脩撰　宫詞一卷宋周彦質撰

宋刊本,半葉十行,行十八字,白口,左右雙闌。版心記"宣和一"、二、三,及"張詞"、"王詞"、"周詞"幾。避宋諱慎、敦字。

按:十家宫詞共十二卷。内王建、花蕊夫人、王珪各一卷,爲三家宫詞。和凝、宋白、張公庠、周彦質、王仲脩各一卷,爲五家宫詞。益以宣和御製三卷、胡偉集句一卷,合爲十家。朱彝尊曾據上元倪闇公藏宋本録副重刊。此帙所存祇四家,其中張公庠題卷第二,周彦質題卷第三,王仲脩題卷第四,蓋卷第一爲和凝也。余嘗取校朱氏刊本,宣和宫詞改正二十四字,張公庠宫詞改正五字,王仲脩宫詞改正十一字,周彦質宫詞改正十五字,通計五十五字。(周叔弢藏書。)

忠謨謹按:此書别有跋,收入藏園羣書題記初集卷八。

三家宫詞三卷

明刻花蕋夫人、王建、王岐公三家,半葉十行,行十八字,白口,左右雙闌,字體秀雅,鐫工精麗,卷末有牌子二行,文曰:

武陵季子梓
於萬玉山居

藏印録下方:"姚有本印"回文、"人錫又字曰立菴"白、"齊郡馮氏家藏"。(乙亥正月初十日,文禄堂見。)

唐初四家集八卷 每家二卷,賦、詩,無文

明刊本,十行十八字。雕刻甚精整。　前有寶慶元年謝枋得序。(辛巳十一月六日見于翰文齋,潘伯寅遺書。)

唐四傑集四卷

明嘉靖刊本,王、楊、盧、駱各一卷,秖賦及詩,每集前有小傳數行。半葉十一行,行二十一字,白口,四周單闌。　前有嘉靖戊申西橋山人建安程寬序,云是集也,建安楊太僕嘗刻之于家,建陽張明欲重刊書坊以廣其傳云云。楊炯集後有"建寧府張二店賣"一行,是卽序所稱張明也。(壬申)

李杜詩集十六卷 唐李白、杜甫撰　李、杜集各八卷,明萬虞愷輯,白文無注

明嘉靖二十一年萬虞愷刊本,十二行二十二字。　前有序,題嘉靖

壬寅洪都萬虞愷書於無錫之氷玉堂,序稱近見大梁李公有李刻,關中許公有杜刻,皆去其註。予因其二本,命庠生邵勳訂其訛,間增其逸,彙而併刻云云。并録正德己卯大梁李濂、嘉靖五年關中許宗魯兩序。鈐有“平山姚培謙唐材之印”、“伴鶴老人”各印。(余藏,丙辰記。)

王孟集十卷 王摩詰集六卷,孟浩然集四卷

明仿宋刊本,十行十八字,白口雙闌。 前有前進士守南陽府推官穎川陳鳳序,略言孟孔彰惜二集未有善刻,屠公出貲爲倡,刻置郡齋。别駕胡景顔、竇汝成助之,郡博士吴定甫視其役。適有餽蘇刻者,遂取以卽工云。嘉靖丁酉七月十九日。(丙子)

唐十子詩十四卷 常建三卷 郎士元一卷 嚴維一卷 劉義三卷 于鵠一卷 于濆一卷 于武陵一卷 邵謁一卷 伍喬一卷 魚玄機一卷

明嘉靖刊本,十行十八字。 前有嘉靖甲辰秋七月朔日石谷山人王準序,又嘉靖丁未孟秋一序,言友人周水部吴下得宋本唐十子詩,授余刊之云云。甲辰序言吴下刊本内郎士元集有蜀本,劉、于詩有平陽本,其他雖摘見諸集,全本尠見。獨于鄴卽于武陵原本兩存,稱鄴者少詩三首,題目并一二字稍異,大要則同,校而合于一。常建本少傳,併刊之,再刊關中,庶傳者廣矣云云。是原本十子無常建,王氏併于鄴、于武陵爲一家,遂加入常建,仍爲十子也。卷首有詩人爵里二葉,葉後有石谷子跋八行録如下:

“石谷子曰:宋本唐十子詩内郎士元集有蜀本,劉于詩有平陽本,其他雖摘見諸集,全本尠見,獨于鄴卽于武陵原本兩存,稱鄴者少詩三首,題目并一二字稍異,大要則同,校而合于一,并常建本刊之。”

每卷後有“石谷書院宋板重刻”一行。(寶華堂書店送閱。甲子)

唐詩十家集四十七卷

明天啟四年甲子如皋李之楨刊本。言吴中徐長谷輯百家唐詩行世，余搜其逸者録之，補所未備云云。十家爲：

徐侍郎集二卷徐安貞　劉隨州集十一卷劉長卿　韋蘇州集十卷韋應物　李贊皇集二卷李德裕　陸補闕集三卷　皮學士集二卷皮日休　許刺史集七卷許渾　鄭郎中集五卷鄭谷　歐陽助教集二卷歐陽詹　黄侍御集三卷黄滔。

有各家世覈，蓋著其仕歷及雜評詩話之類耳。各卷均刻圈點，亦明人積習。卷後亦附補遺。

十二家唐詩二十四卷 明張遜業輯

明嘉靖三十一年江都黄埻刊本，九行十九字，版心下有"須彌亼栞劍室"六字。目列後：

王勃集二卷　楊炯集二卷　盧照鄰集二卷　駱賓王集二卷　陳子昂集二卷　沈佺期集二卷　杜審言集二卷　宋之問集二卷　孟浩然集二卷　王摩詰集二卷　高常侍集二卷　岑嘉州集二卷。（余藏。）

前唐十二家詩二十四卷 △三一四

明萬曆三十一年霏玉軒刊本。十二家爲王、楊、盧、駱、陳、杜、沈、宋、王、孟、高、岑，家各二卷。（余藏。）

中唐十二家集七十七卷 明蔣孝輯

明嘉靖二十九年毘陵蔣孝刊本，十行二十字，白口，左右雙闌。前有薛應旂序，蔣孝自序。序後有"卧龍橋東三徑主人"牌子，又"毘陵陳奎刻"一行。目列後：

儲光羲集五卷　劉隨州集十卷外集一卷　毘陵集三卷　錢起集十卷　盧户部集十卷　孫集賢集一卷　崔補闕集一卷　劉賓客集六卷　張司業集六卷　賈浪仙集十卷　王建集八卷　李義山集六卷（余藏。）

忠謨謹按：此書有跋，收入藏園羣書題記續集卷五。

晚唐十二名家集二十五卷 明朱之蕃輯

明萬曆四十年朱之蕃刊本,九行十九字。 前萬曆壬子金陵朱之蕃序。目列後:

孟東野集十卷 鄭谷集二卷 許渾集三卷 姚合集一卷 杜牧集二卷 薛能集一卷 李中集一卷 吴融集一卷 羅隱集一卷 李頻集一卷 許棠集一卷 杜荀鶴集一卷

按:此集刻工殊草草,然唐人小集有爲他刻所無者,姑存之以作勘讐之用。(余藏。丙辰)

唐人詩集 存二十一種

明棉紙藍格寫本,九行二十字。 存目列後:

李頎詩集一卷唐李頎 劉隨州詩集十一卷外集一卷唐劉長卿 郎士元詩集一卷唐郎士元 皇甫冉詩集一卷唐皇甫冉 皇甫御史詩集一卷唐皇甫曾 包祕監詩集一卷唐包佶 包刑侍詩集一卷唐包何 追昔游詩集二卷唐李紳 顧非熊詩集一卷唐顧非熊 盧仝詩集二卷外集一卷唐盧仝 玄英先生詩集十卷唐方干 李山甫詩集一卷唐李山甫 許琳詩集一卷唐許琳 崔塗詩集一卷唐崔塗 張蠙詩集一卷唐張蠙 章孝標詩集一卷唐章孝標 唐女郎魚玄機詩一卷唐魚玄機 題"戊子八月初一日校宋本" 比紅兒詩一卷唐羅虬 鄭巢詩集二卷唐鄭巢 章碣詩集一卷唐章碣 伍喬詩集一卷南唐伍喬。(乙卯)

唐詩二十六家集五十卷 明黄貫曾編

明嘉靖三十三年黄氏浮玉山房刊本,十行十九字,目後有牌子,爲嘉靖甲寅首春江夏黄氏刻于浮玉山房二行。目列後:

李嶠集三卷 蘇廷碩集二卷 虞世南集一卷 許敬宗集一卷 李頎集三卷 王昌齡集二卷 崔顥集二卷 崔曙集一卷 祖詠集一卷 常建集二卷 嚴武集一卷 皇甫冉集三卷 皇甫曾集二卷 權德輿集二卷 李益集二卷 司空曙集二卷 嚴維集二卷 顧況

集二卷　韓君平集三卷　武元衡集三卷　李嘉祐集二卷　耿湋集三卷　秦隱君集一卷　郎士元集二卷　包何集一卷　包佶集一卷各卷後間有書手刊工姓名。李嶠集卷中末有"吴時用書黄""周賢金賢刊"二行。

按:諸集無序跋,亦不言所據。余取明朱氏刊唐百家集對勘,編次先後既合,詩中缺字亦同,則其自朱本覆刻大略可知。其中亦有出自活字本者,崔顥集次第卽與朱刻不同,而與活字本合。

忠謨謹按:此書别有跋,收入藏園羣書題記續集卷六。

唐詩四十家

明寫本十行二十字。鈐有"蒼巖山人書屋記"。各家目列後:

秦隱君、韓君平、郎士元、林寬、章碣、秦韜玉、張蠙、崔塗、杜荀鶴、李昌符、李山甫、于濆、張喬、吴融、朱慶餘、章孝標、顧非熊、盧仝、李遠、喻鳧、曹唐、伍喬、孟貫、于武陵、邵謁、曹鄴、李洞、曹松、王周、李益、戎昱、嚴維、李咸用、李建勳、司空曙、耿湋、羅隱、杜牧、李商隱、姚合。(癸酉)

唐人集 存四十九種

明銅活字印本,九行十七字。目列後:

唐太宗皇帝集二卷(蔣)　許敬宗集一卷(袁、蔣)　虞世南集一卷(袁、蔣)　盧照鄰集二卷(袁)　駱賓王集二卷(袁)　杜審言集二卷(袁、蔣)　李嶠集三卷(袁)　王勃集二卷(袁)　楊炯集二卷(袁)　沈佺期集四卷(袁、蔣)　陳子昂集二卷(袁、蔣)　張説之集八卷(袁、蔣)　唐玄宗皇帝集二卷(蔣)　蘇廷碩集二卷(袁)　張九齡集六卷(袁)　孟浩然集三卷(袁、蔣)　孫逖集一卷(袁、蔣)　李頎集三卷(袁)　王昌齡集二卷(蔣)　祖詠集一卷(袁、蔣)　王摩詰集六卷(袁)　高常侍集八卷(蔣)　崔顥集二卷(袁)　崔曙集一卷(袁、蔣)　儲光羲集五卷(袁、蔣)　常建集二卷(袁)　秦隱君集一卷(袁、蔣)　劉隨州集十卷(袁、蔣)　嚴維集二卷(蔣) 岑嘉州集八卷(蔣) 包何集一卷(袁) 包佶集一卷(袁) 李嘉祐集一卷(袁、蔣) 錢考功集十卷(蔣) 皇甫冉集三卷(蔣) 皇甫曾集二卷(蔣) 嚴武集一卷 郎士元集二卷(袁、蔣) 戴叔倫集二卷(蔣) 耿湋集三卷(袁) 韋蘇州集十卷缺卷一、二,存八卷(袁) 韓君平集三卷(袁、蔣) 司空曙集二卷(袁、蔣) 李端集四卷(袁) 盧綸集六卷(蔣) 李益集二卷(袁、蔣) 羊士諤集二卷(袁、蔣) 武元衡集三卷(袁、蔣) 權德輿集二卷(袁)

此書袁寒雲克文藏三十七家,蔣孟蘋汝藻藏三十二家。兩家合之,可得四十九家。(甲寅歲見。)

唐百家詩 明刊本

明刊本,十行十八字,白口,左右雙闌。子目列後:

唐太宗文皇帝集一卷 虞世南集一卷 許敬宗集一卷 李百藥集一卷 楊思道集一卷 董思恭集一卷 劉廷芝集一卷 王勃集二卷 楊炯集二卷 盧照鄰集二卷 駱賓王集二卷 唐喬知之詩集一卷 陳伯玉集二卷 杜審言詩集一卷 沈雲卿集二卷 宋之問集二卷 李嶠集三卷 蘇許公集一卷 蘇廷碩集二卷 張説之集八卷 張九齡集二卷 盧僎集一卷 唐玄宗皇帝集二卷 崔顥詩集一卷 李頎集一卷有正德己卯跋 祖詠集一卷 孟浩然集二卷 王昌齡詩集二卷有正德己卯袁翼題,言刻唐詩數家而此尤可喜云 常建詩集二卷 顔真卿集一卷 崔曙集一卷 嚴武集一卷 郎士元詩集一卷 皇甫冉詩集二卷 皇甫曾詩集一卷 唐司空文明詩集一卷 李端詩集三卷 耿湋詩集一卷 嚴維詩集一卷 唐靈一詩集一卷 唐皎然詩集一卷 唐包祕監詩集一卷包佶 唐包刑侍詩集一卷包何 華陽真逸集二卷顧況 顧況集二卷 戴叔倫集二卷 權德輿集二卷 武元衡集三卷 羊士諤詩集一卷 唐張處士詩集五卷張祜 唐秦隱君詩集一卷秦系 會昌進士詩集一卷馬戴 吕衡州詩集一卷吕温張司業樂府集一卷張籍　李長吉集一卷李賀　李嘉祐集五卷　劉滄詩集一卷　盧仝詩集二卷集外詩一卷翻宋本,有跋　朱慶餘詩集一卷　周賀詩集一卷　喻鳬詩集一卷　項斯詩集一卷　曹鄴詩集一卷　李洞詩集三卷有跋　李昌符詩集一卷　李山甫詩集一卷　崔塗詩集一卷　張喬詩集四卷　張蠙詩集一卷　邵謁詩一卷有跋　劉駕詩集一卷　唐李推官披沙集六卷李咸用　劉叉詩集三卷　蘇拯詩集一卷　章孝標詩集一卷　于濆詩集一卷　李丞相詩集二卷宋本翻刻李建勳。　唐女郎魚玄機詩一卷有跋　比紅兒詩一卷羅虬　唐貫休詩集一卷　唐齊己詩集一卷　僧無可詩集一卷　曹松詩集一卷　劉兼詩集一卷　鄭巢詩集一卷　王周詩集一卷　于鄴詩集一卷　儲嗣宗詩集一卷　章碣詩集一卷　伍喬詩集一卷　唐姚鵠詩集一卷　李遠詩集一卷　羅鄴詩集一卷　林寬詩集一卷　經進周曇詠史詩三卷　劉威詩集一卷　秦韜玉詩集一卷　殷文圭詩集一卷　牟融集一卷　唐求集一卷　許琳集一卷　李君虞集二卷

右百家詩據目缺王維、李端、韓翃、戎昱、李益、于鵠五家,多牟融、唐求、許琳、李君虞四家,計一百一家。每卷前有"乾隆御覽之寶"、"天祿繼鑑"、"天祿琳琅"諸印,蓋自清内府流出者,余得之隆福寺,更爲配入二十餘家,乃得此數。丁氏目謂各家數多不同,余疑當時首彙刻者爲吴中袁氏,其後逐漸增加,流布有先後不同,故多寡因之亦異,至朱警乃裒集增爲百十二家,冠以徐獻忠唐詩品耳。卷中有正德袁翼跋語,字體刊工亦類彼時所刊,後印者乃有嘉靖補板,丁氏謂板刻半出成弘、亦未深考耳。(余藏。丙辰)

唐百家詩附唐詩品一卷

明嘉靖庚子華亭朱警刊本,十行十八字,白口左右雙闌。凡初唐二十一家,盛唐十家,中唐二十七家,晚唐四十二家,其家數詳載彙刻書目。目後有朱警後語一篇,言先大夫雜取宋刻裒爲百家,友人徐

君伯臣作唐詩品一卷,乃徇其所尚,差爲品目,於舊本之外補入十二家,而徐君所撰冠諸篇首云。是徐氏詩品非爲此刻而作,故詩品所列八十五家中,朱氏所收有衹七十四家,其王維以下十一家不見此刻也。詩品前有徐獻忠自序一首。詩前亦載賦、頌。(戊寅十一月)

唐二十四家詩集

明刊本,十行十八字。卽唐百家詩之零種,而僞造一序目于前。玆照録如下:

"余友葉潛仲以風雅自任,藏書甲宇内,近得歐陽永叔手輯唐二十四家詩,袖以相示。余謂此希世之寶也,不可以自私,盍付之剞劂,公諸海内,則有裨于後學不淺,聊識數語,以冠其首云。淳熙二年春三月迪功郎新差昭州司參軍林秀發題。"按:此林秀發銜名抄自後村居士集,又妄加淳熙年號于前。

存太宗皇帝、宋之問、沈雲卿、崔顥、常建、皇甫曾、羊士諤、嚴維、包何、包佶、僧無可、李君虞、蘇拯、司空曙、王周、李建勳、張喬、孟貫諸家。(故宫藏書。)

席刻唐人百家詩三百二十六卷 清席啟寓編

清席啟寓刊本。有葉燮序,又康熙壬午吴郡席啟寓序,言歷三十年始刻成,爲卷二百八十有奇云云。(癸丑)

沈氏三先生集八卷 内分小卷附沈下賢集十二卷

明刊本,九行二十字。似萬曆時刊本。内分西溪文集十卷,長興集十三至三十卷,三十二卷,雲巢集十卷。每卷有"從事郎處州司理參軍高布重校兼監雕"一行。(涵芬樓藏書。己未)

沈氏三先生集八册 宋沈括、沈遼、沈遘撰

影寫明刊本,半葉九行,行二十字。第二行撰人題全銜。有:"從事郎處州司理參軍高布重校兼監雕"題記。(癸丑)

宋人小集□□家 存四十七家

清寫本，十行二十字，版心有“觀稼樓鈔書”五字。目列後：上加點者羣賢小集有之，凡四十四種，其陶邕州、春卿二種小集所無也。

·藏拙餘藁古汴武衍　·雲卧詩集盱江吴汝弌　·露香拾藁石門黄大受　·秋江烟草河陽張弋　·靖逸小草建安葉紹翁　·雪巖吟草苕川宋伯仁　·瓜廬詩薛師石　陶邕州小集永州陶弼　·斗野藁支卷邗州張藴　·臞翁詩集敖陶孫　·學吟古徐朱南杰　張載華據影宋本校，有跋春卿遺稿蔣堂　·疎寮小集高似孫　·蒙泉詩集臨川李濤　華谷集嚴粲　·吾竹小藁柯山毛珝　·看雲小集盱江黄文雷　·雪蓬藁剡溪姚鏞　·葛無懷小集山陰葛天民　·梅屋吟臨江鄒登龍　·芸隱勸游藁浮玉施樞　·芸隱横舟藁浮玉施樞　·橘潭詩稿錢唐何應龍　·庸齋小集龍泉沈説　·學詩初集金華王同祖　·芸居乙藁錢唐陳起　·菊潭詩集霅川吴仲孚　·心游摘藁福唐劉翼　·静佳龍尋稿建安朱繼芳　·静佳乙稿建安朱繼芬　·端隱吟稿長樂林尚仁　·山居存稿閩人陳必復　·北窗詩藁盱江余觀復　·雅林小藁古栝王琮　·招山小集廬陵劉仙倫　·雪林删餘建人張至龍　·小山集長沙劉瀚　·雪窗小集大梁張良臣　·鷗渚微吟開封趙崇鉘　·西麓詩稿四明陳允平　·檜庭吟稿丹陽葛起耕　·抱拙小稿汴人趙希楷　·雪泉詩廉村薛嵎　·雪磯叢稿樂雷發　·漁溪乙稿錢唐俞桂　·竹所吟藁建安徐集孫　·散藁碧澗利登

每卷鈐有“張載華印”、“佩兼”、“芷齋圖籍”、“古鹽張氏松下藏書”各印。（辛未十二月二十三日見，北京圖書館新收書。）

宋人小集□□家　存五十八家　十七册

清寫本，九行十六字，凡五十六種，每册鈐有“朱彝尊錫鬯父”白文、“竹垞”朱文、“靈石何氏藏書”朱文、“長水胡氏敦仁堂圖書”、“叔涵心珍愛物”諸印。　目列後：

葉紹翁靖逸小草　張弋秋江烟草　杜旃癖齋小集　危稹巽齋小集　羅與之雪坡小稿　張藴斗野稿支　劉翰小山集　張良臣雪窗小集　趙希楷抱拙小稿　葛起耕桂庭吟稿　利登散稿　張至龍雪林

删餘　高似孫疎寮小集　黄大受露香拾稿　吴汝弌雲卧詩集　武衍適安藏拙餘稿　毛珝吾竹小稿　鄧林皇荂曲　胡仲參竹莊小稿　朱繼芳静佳龍尋稿　朱繼芳静佳乙稿　林尚仁端隱吟稿　陳必復山居存稿　陳鑒之東齋小集　徐集孫竹所吟稿　陳允平西麓詩稿　薛嵎雲泉詩　施樞芸横舟稿施樞芸隱倦遊稿　·陶弼邕州小集　李濤蒙泉詩稿　·嚴粲華谷集　王琮雅林小稿　劉仙倫招山小集　黄文雷看雲小集　姚鏞雪篷詩　沈説庸齋小集　吴仲孚菊潭詩集　陳起芸居乙稿　王同祖學詩初稿　趙崇鉘鷗渚微吟　葛天民小集　鄒登龍梅屋吟　朱南杰學吟　余觀復北窗詩稿　吴淵遺稿　敖陶孫臞翁詩集　俞桂漁翁詩稿　高翥菊磵小集　樂雷發雪磯叢稿　宋伯仁雪巖吟草　·尤袤遂初小稿　薛師古瓜廬詩稿　何應龍橘潭詩稿　釋斯植采芝詩集　采芝續集　劉翼心游摘稿　林希逸竹溪十一稿

其中尤袤、嚴粲、陶弼三家不在羣賢小集中，上加·者。餘則顧刻讀畫齋本皆有之。(徐梧生遺書，己巳三月翰文齋閲。)

橘潭詩藁 宋錢唐何應龍子翔

庸齋小集 宋龍泉沈説惟肖

學詩初藁 宋金華王同祖與之

芸居乙藁 宋錢唐陳起宗之

菊潭詩集 宋雪川吴仲孚

雲泉詩集 宋唐栖釋永順山老　(各一卷，以上合一册)

舊寫本，十行二十字。　鈐有包虎臣藏印。(翰文齋送閲。壬戌)

宋元小集□□家 存八十一家

清康熙間寫本，十行十九字，每卷皆題“古鹽范希仁邢村輯”，版心有“也趣軒”三字。各家皆不分卷，其詩分體列入。目列後：

晏元獻殊　任忠敏伯雨，字德翁，眉山人　劉檢討弇，字偉明　趙萬年裨幄

集 楊蟠字公濟 陳龍川亮 陳默堂名淵字幾叟,沙縣人 趙昌父字章泉 陸象山九淵 姚仲純孝錫,豐縣人 李忠簡昂英 謝疊山枋得 賀方回鑄鄭所南思肖 魏處士野 宋雪巖伯仁 鞏仲至字粟齋 徐致中 姜白石夔 王介翁鎡,括昌人 王性之銍 唐清父涇,龍山人 彭秋宇 吕仲安定,説劍吟 吕聲之大亨,雁山雜詠 羅端良願,鄂州集 羅豫章從彦 李延平侗 張南軒栻 黄勉齋幹 吕東萊祖謙 魏鶴山了翁 真文忠德秀 高菊磵翥 朱韋齋松 真山民 楊德夫脩,豐城 陳石堂普 韓古遺信同,字伯循,寧德人 王魯齋柏 劉無黨迎 嚴滄浪羽 吴式賢龍翰 李文簡燾 林月漁亦之 陳樂軒藻,字元潔,福唐人 林鬳齋希逸 尤梁溪袤 方孚若信孺,莆田人 杜清獻範 崔與之字正子,增城人,菊坡集 徐文惠經孫,字中立,豐城人 徐鹿卿德夫,清正集 周元公敦實 張横渠載 尹和靖焞 楊龜山時 張宛丘耒 周益公必大,小傳後有康熙乙酉歲孟秋下浣日邢村手鈔一行。 王盧溪庭珪 李竹谿彌遜,連江人 曾茶山幾 胡忠簡銓 吕居仁本中 胡五峰宏 高東溪登 劉屏山子翬 釋明表淨端,吴山詩録 釋慈受 釋真淨雲菴集 釋鐔津契嵩 釋惟悟 釋宇昭 白玉蟾葛長庚 黄姬仲希旦,號支離子,邵武羽客 宣和宫詞 朱淑真 以下元人楊仲弘載 范德機梈 吴草廬澄 貢玩齋師泰

每册鈐"芷齋圖籍"、"張載華印"、"佩兼"各印。(徐梧生遺書,己巳三月。)

宋詩三十七家

明潘是仁訒叔甫輯校,九行十九字。 有李維楨序。詩皆分體。

林逋六卷、唐庚七卷、米芾、蔡襄、秦觀、王曾、文同、嚴羽、晁端友、王十朋、孫覺、葛長庚、晁補之、陳師道、李植、趙抃、裘萬頃、曾幾、陳與義、鮑由、陸游、謝翶、戴復古、宋伯仁、賀鑄、戴昺、翁卷、趙師秀、徐照、徐璣、劉克莊、方岳、真山民、江端友、花蕋夫人,朱淑貞、李清照。

(甲寅)

元人小集十二種 九册

清金侃手寫本，目列後：

傅與礪詩集八卷元傅若金撰　緑窗遺稿一卷元孫淑撰　康熙四十一年金侃寫本，有跋　霞外集十卷元馬臻撰　所安遺集一卷元陳泰撰　漢泉漫稿一卷元曹伯啟撰　金囦集一卷元元淮撰　肅雍集一卷鄭允端　鹿皮子集四卷元陳樵撰　静思先生詩集六卷元郭鈺撰　虞道園學古録八卷元虞集撰　居竹軒詩集四卷元成廷珪撰　南湖詩集二卷元貢性之撰　黄文獻公集五卷元黄溍撰（張菊生藏。壬子）

馮氏五先生集五卷　明馮琦編　明馮裕及其子惟健、惟重、惟敏、惟訥撰

方伯集一卷明馮裕撰　陂門集一卷明馮惟健撰　大行集一卷明馮惟重撰　石門集一卷明馮惟敏撰　光禄集一卷明馮惟訥撰

明刊本，九行十九字，楷法雅雋。　前有李維楨撰五先生合傳。（辛巳十一月六日見于翰文齋，潘伯寅遺書。）

以上叢編

文選注六十卷　唐李善注　存西都賦、東都賦，計十六葉

北宋刊本，半葉十行，行十六至十九字不等，注雙行二十四五字不等，白口，四周單闌，板心上題"李善注文選第幾"，下記葉數，無魚尾，而以横線闌斷之。

按：此與北京圖書館藏殘本同，"通"字缺筆，卽世傳所謂天聖明道本。别見殘本數卷，余亦收得數葉，均内閣大庫舊藏。（寶應劉啟瑞翰臣藏，庚申四月見。）

文選注六十卷　唐李善注　存卷一至六。十三、十四、三十一至三十九，四十九至六十，計三十卷　**附李善與五臣同異一卷**　△七三二

宋淳熙八年池陽郡齋刊本，半葉十行，行二十一字，注雙行同，白口，左右雙闌，版心上記字數，下記刊工姓名。字體長方，結構嚴謹。

鈐有揆敍謙牧堂藏書記。後附李善與五臣同異，舊抄本。（瞿氏藏書。乙卯）

文選注六十卷 唐李善注　存卷十一至二十　△二二九七

宋淳熙八年池陽郡齋刊遞修本,半葉十行,行二十一字。補版多。(南皮張氏藏書,壬戌春見于日知報館。)

文選注六十卷 唐李善注

南宋刊本,半葉十行,行二十至二十一字不等,注雙行二十至二十四字不等,白口,左右雙闌,版心上記字數,下記刊工姓名。字體謹嚴,筆有鋒穎,皮紙初印精美,完整如新。(癸丑)

文選注六十卷

宋刊本,十行十九字,字體肥滿,與今胡刻同。(瞿氏藏書。乙卯)

文選注六十卷 唐李善注

明弘治元年唐藩朱芝址刊本,十行二十二字,黑口,四周雙闌。　前成化丁未唐藩希古序,次目録,次李善表,次吕延祚表,次昭明太子序,次元人余璉序。本書首葉李善銜名後題"奉政大夫同知池州路總管府事張伯顔助率重刊"。　後有弘治元年戊申唐世子跋。

按:此明唐藩翻刻元張伯顔本,行格如舊,而張伯顔銜名舊爲一行者已改爲兩行。至晉藩嘉靖四年再刊時,則又於張伯顔前題養德書院,而行格亦大改易矣。(余藏。丙辰)

文選注六十卷 唐李善注

明弘治元年唐藩刊本,十行二十二字,注同黑口,四周雙闌,每卷題"李善注上"三四行,下列"奉政大夫同知池州路總管府事張伯顔助率重刊"五六行。　前有成化丁未希古序,言六臣注板本藏在南雍,刓缺不完,近得善本,止存善注,間有增注,因命儒臣校刻以傳云云,下鈐"唐國圖書"印,蓋唐藩據元張伯顔本校刻也。舊序表後有元余璉序,言同知府事張正卿俾邑學吴梓校補遺繆,遂命金五十以自率云云,即題欵所稱助率重刊者也。後有弘治元年唐世子跋,言先考莊王得昭明所選善本,筆而録之,芟其附註之繁,正其傳寫之謬,序諸

卷端，爰命鋟梓。奈功方成而親已逝云云。（丙子）

文選註六十卷 唐李善注

明嘉靖元年汪諒刊本，十行二十字。 前有雕文選序，題“嘉靖癸未冬十二月立春日濮陽李廷相識”，言偶得宋刻鋟梓。首葉版心下有“九華吴清床刀筆”七字。

目後附汪氏刊書目一葉，照録於後：

“金臺書鋪汪諒見居

正陽門内西第一巡警更鋪對門，今將所刻古書目録列于左，及家藏古今書籍不能悉載，願市者覽焉。

翻刻司馬遷正義解註史記一部　重刻名賢叢話詩林廣記一部

翻刻梁昭明解註文選一部　重刻韓詩外傳一部十卷，韓嬰集

翻刻黄鶴解註杜詩一部全集　重刻潛夫論漢王符撰一部

翻刻千家註蘇詩一部　重刻太古遺音大全一部

翻刻解註唐音一部　重刻臞仙神奇秘譜一部

翻刻玉機微義一部，係醫書　重刻詩對押韻一部

翻刻武經直解一部，劉寅進士注　重刻孝經註疏一册

俱宋元板　俱古板

嘉靖元年十二月望日，金臺汪諒古板校正新刊。”（己未）

文選注六十卷 唐李善注

明刊本，陸心源氏誤題元刊，十行二十字，注雙行二十一字。

按：此乃明嘉靖元年金臺汪諒本也。（日本静嘉堂文庫藏書，己巳十一月十三日閲。）

文選注六十卷 唐李善注

明末汲古閣刊本。舊人臨何焯、錢陸燦評校。有錢跋二則及臨者□元基識語録後：

“康熙十二年癸丑九月喪四兒，十四年喪黄氏女，乙卯九月喞哀赴

館常州,以筆墨塞痛。乙卯十月二十九日始還易農文選瀹注,而余閲本亦告竣,記於卷末。明年臯令清出一本换去,至甲子天士又借臯令本對臨,然中多缺落,天士之尊甫臣禾卽以易余本,余因自校補一遍藏於家,因追記第一部後所失之大略,並各本去留之故,時年七十有四,乙丑三月十二日陸燦識。"

"余第一閲文選本爲鄧生木上取去,第二閲本則楊生臯令臨一副本見還,此本則孫生天生所臨也,間或有缺落,或字畫錯誤處,乙丑三月無事,索歸原本,又重對一遍,留於家塾,年紀日邁,手戰眼花,料未能再自定一本,此本不可復出示人。時上旬丁卯日,陸燦記" 在卷三後。

"乾隆壬申端陽後借得張大鹿泉處錢、何兩先生合批文選一部,老眼昏花,不能小楷,爰倩庭生弟對臨一過,七夕臨畢,元基識,時年七十。"(余藏。)

文選注六十卷 唐李善撰 △一〇三五七

明末汲古閣毛氏刊本,清阮元跋並臨馮武、陸貽典、顧廣圻校跋。識語録後:

"嘉慶乙丑閏月十三日校起。"

"馮竇伯據晉府諸本校本。原用紫色筆校又用朱筆覆校過,今以朱筆臨校。原本塗改甚繁,今悉照舊,一筆不省,以全本來面目。"

"陸勑先據遵王宋本校本原用藍色筆校,今以黄筆代。原校有漫滅不辨字者,粘籤葉中,以備考核。又原本有墨筆校者,今亦以墨筆臨校。"

"顧澗薲據周氏藏宋尤袤槧本校本原用黄色筆校,今以緑色筆代。又顧另有案語,用墨筆,皆著名,今亦以墨筆臨寫。又今所用乃翻刻汲古初印本,有與原刻不對處,皆用淺黄色筆塗改,蓋改從原本,以著畫一。"

"殘宋本存卷目共計三十又五:三、四、五、六,以上四 十三、十四、十五,以上三 十八、十九、廿、廿一,以上四 廿八、廿九、卅、卅一、卅二、卅三、卅四、卅五、卅六、卅七、卅八、卅九,以上十二

四十九、五十、五一、五二、五三、五四、五五、五六、五七、五八、五九、六十,以上十二。”(乙卯)

文選注三十卷 唐吕延濟、劉良、張詵、吕向、李周翰撰存卷一至二十,二十六至二十九,又卷三十半葉,計二十四卷另半葉,餘抄配

南宋建陽崇化書坊陳八郎宅刊本,每半葉十二行,每行二十三字,注雙行二十八至三十字,白口,左右雙闌。目前題“重校新雕文選目録”

序後有牌子二,文曰:

“凡物久則弊,弊則新。文選之行尚矣,轉相摹刻,不知幾字,字經三寫,誤謬滋多,所謂久則弊也。琪謹將監本與古本參校攷正,的無舛錯,其亦弊則新與?收書君子請將見行板本比對,便可槩見。紹興辛巳龜山江琪咨開”

(◦ 建陽崇化書坊 ◦)

(◦ 陳八郎宅善本 ◦)

鈐有毛表、徐乾學、蔣鳳藻、王勝之藏印。

文選注六十卷 唐李善并吕延濟、劉良、張詵、吕向、李周翰撰　存卷三至五、九至十一、十五至十七、二十一至二十三、二十七至三十五、四十五至四十七、又二十六一卷爲别一印本,共二十五卷　△一一四三五

宋明州刊紹興二十八年補脩本。半葉十行,每行二十一至二十四字,注雙行二十八至三十字,白口,左右雙闌。版心下方記刊工姓名,有原版、紹興補板及再補板三批。原版爲江政、王因、王乙、王伸、王時、毛諒、毛章、徐彦、徐宗、徐逵、徐全、張瑾、張清、張逢、張由、葉達、葉明、高起、黄大、黄覺、駱晟、駱昇、施章、吴浩、吴詢、董

明、陳然、劉文、洪先、蔡政、余尚、郭富、郭政、阮宗、許中、通、高等；紹興補版有洪茂、劉信、劉仲、方成、葛珍、宋道、葉亢；再補版有丁文、王寔、王進、王臻、王允、王椿、王諒、王學、王舉、王雄、王臻、方祥、方祐、李顯、李珪、李良、李涓、李忠、楊昌、楊永、蔡忠、蔡正、陳亢、陳文、陳忠、陳真、陳高、陳辛、陳才、張學、毛昌、施藴、施俊、俞珎、俞忠、潘與權、洪明、洪昌、洪乘、徐亮、宋林、朱宥、朱芾、朱文貴、朱諒、金敦、顧宥、周彦、吴宗、吴正、吴政、吴定、黄暉、蔣春等。又有蔡忠重刊、施端重刊、王允重刊、徐宥重刊、金敦重刊、方祐重刁等。宋諱原版桓、構不缺，補版缺桓字。首行題"文選卷第幾"，次行低五格題"梁昭明太子撰"，三行又低一格題"五臣并李善注"，四行目録，目後連正文。

按：此書余辛酉歲得之寶應劉翰臣啓瑞家，亦清末自内閣大庫佚出者。蝶裝八册，以蟲傷不可復理，改訂爲二十四册。紙微黄，鈐有"晉府書畫之印"、"敬悳堂圖書印"、"子子孫孫永寶用"各印。内卷二十六一卷白麻紙淡墨印，爲天禄琳琅舊藏，鈐有"乾隆御覽之寶"、"五福五代堂古稀天子寶"、"八徵耄念之寶"、"太上皇帝之寶"、"天禄琳琅"、"天禄繼鑑"各璽。又有"竹塢"朱、"玉蘭堂"朱、"戊戌毛晉"朱、"毛姓秘翫"白、"宋本"朱橢、"季振宜讀書"朱、"御史振宜之章"白、"竹下閑人"朱、"聖清宗室盛昱伯羲之印"朱及景賢、袁克文氏各印。舊爲明楊慈湖、文徵仲、毛子晉、清季滄葦遞藏，後入乾隆内府。光緒中爲人盗出，盛伯羲收得八册卷二十至二十八。壬子盛氏書散，爲景樸孫賢所得。後袁寒雲克文得四册，餘爲李椒微先生盛鐸收去。此册卽寒雲所餉余者也。後有袁氏手跋，録後：

"按天禄琳琅後編目録所載末有識云：'右文選版歲久漫滅殆甚，紹興二十八年冬十月，直閣趙公來鎮是邦。下車之初，以儒雅飾吏事，首加修正，字畫爲之一新，俾學者開卷免魯魚三豕之訛，且欲垂斯文于無窮云。右迪功郎、明州司法參軍兼監盧欽謹書。'據跋，乃四明刻，當時尚存全書，此四卷不知何時流出，爲盛伯兮祭酒所得，予得自盛戚景氏。乙卯三月望日，寒雲識於倦繡閣。"

内閣大庫本二十四卷有沈曾植氏題詩：

"排門客入攜槧牘，聳如秋隼健如鶚。朝儛觀乎校讎略，明州文選十行二十大二十一或二十二三十小字。板心亦有重刊氏，喜甚清明不昏瞢。昭文張氏亦有殘本，已漫漶。君來我聞所未聞，君歸我且何云云，善保册府爲長恩。　沅叔以此見示，留置齋中十日，漫賦小詩，記其行欵。寐叟。"

"闇澹春陰不速客，異書唧袖發緘縢。微吟上巳接寒食，刻歲明州紀紹興。鬼作長恩應不餒，印成寶篋或相憑。他年會是茅亭客，話我南于白髮僧。　上巳日沅叔自杭州看桃花歸，促題于諸公題名後，以爲紀念，口占應之。寐叟。"

文選注六十卷 唐李善并五臣注　有鈔配

宋明州刊紹興二十八年修本。版匡高七寸二分，寬五寸二分。半葉十行，每行二十至二十三字不等，注雙行三十至三十三字，白口，左右雙闌，版心中縫題文選幾，下記刊工姓名。每卷書名題"文選卷第幾"，次行低五格題"昭明太子撰"，第三行低六格題"五臣并李善注"，以下目録、連正文。目録低二格，文目低三格，篇目低二格，撰人低三格。刊工有王臻、陳文、毛昌、王進、方祐、張學、陳政、俞珍、方祥、潘與權、徐宗、蔡正。又有洪明、李珪、陳忠、李顯、王寔、楊昌、蔡忠、陳才、蔣椿、方祥、李良、施俊等、皆加"重刁"或"重刊"字以别之。原刻之版雊、慎皆不避，蓋北宋刊本紹興時補修也。首卷鈔配，末卷有紹興二十八年盧欽跋八行，録後：

"右文選板歲久漫滅殆甚，紹興二十八年冬十月，直閣趙公來鎮是邦。下車之初，以儒雅飾吏事，首加修正，字畫爲之一新，俾學者開卷免魯魚三豕之訛,且欲垂斯文于無窮云。右迪功郎、明州司法參軍兼監盧欽謹書。"

按:此明州本文選乃北宋刊版而紹興修補者。余舊藏一卷,爲袁寒雲克文所貽,即天禄琳琅著録,有楊慈湖墨筆批點者。天禄琳琅藏本檢查尚存五十一卷。嗣又獲殘本二十四卷,皆麻紙初印,駸駸有全書之半矣。今來東邦,得覯此帙,後復于東洋文庫幸覩全帙,足知此本見存于世者所在多有。然求欲一北宋原刊未經修版者,竟不可得。嗚呼!汴京文物經靖康金狄之禍,蕩然不復留遺矣,可勝歎哉!(日本帝室圖書寮藏書,己巳十一月十一日觀。)

文選注六十卷 唐李善并五臣注

宋明州刊本,版匡高七寸二分,寬五寸二分,半葉十行,每行二十二三字,注雙行三十字,白口,左右雙闌。版心下方記刊工姓名,重刊者記某某重刊或重刁。末有紹興二十八年明州司法參軍兼監盧欽跋。

按:此帙與帝室圖書寮藏殘本同,惟竟體完整,無鈔補之卷,爲足珍耳。(東洋文庫石田幹之助藏,己巳年十一月十九日閱。)

文選注六十卷 唐李善、吕延濟、劉良、張詵、吕向、李周翰撰

宋贛州州學刊本,半葉九行,行十五六字不等,注雙行二十字,白口,左右雙闌,版心下記人名。每卷有校官銜名三行:"州學司書蕭鵬校對　鄉貢進士李大成校勘　左從政郎充贛州州學教授張之綱覆校。"鈐有"番禺俞守義藏"、"年年歲歲樓珍藏書印"、"會稽沈氏光烈字君度"、"停雲館"各印。又方柳橋功惠及張香濤之洞各藏印。(辛未四月見。)

文選注六十卷 唐李善并五臣注

宋贛州州學刊本,半葉九行,每行十五字,注雙行二十五字。　朱卧庵之赤舊藏。(日本静嘉堂藏書,己巳十一月十三日閱。)

文選注六十卷 唐李善并五臣注　存卷四至七、三十七、三十八、四十五、四十六、

五十一、五十二、五十五、五十六，共十二卷

宋贛州州學刊元明遞修本。半葉九行，行十三至十六字不等，注雙行二十字。每卷後有左從政郎充贛州州學教授張之綱等校勘三行。卷中有弘治十八年重刊及正德元年補刊葉。（壬子）

六臣註文選六十卷 唐李善、吕延濟、劉良、張詵、吕向、李周翰撰

△一一四三六

宋刊本，十行十八字，注雙行二十三字，細黑口，左右雙闌，版心上記字數，不分大小字，上魚尾下記文選幾，左闌外上方記篇名。　前吕延祚進書表，十行十六字。次李善表，同。次文選序。次目録。首卷首行題"六臣註文選卷第一"，次行低六格題"梁昭明太子撰"，三行低六格題"唐李善并五臣注"，四行低一格題"賦甲"，五行低二格題"京都上"，六行低三格題"班孟堅兩都賦二首"。字體遒麗，鋒稜峭峻，墨色如漆，字畫中猶見木板紋，是建本初印之最精者。鈔補二十餘葉。

鈐印有："陳淳私印"、"五芝堂印"白文大方、"孫朝肅印"回文白文、"恭父"白、"孫孝若圖書記"朱小方、"鶴閒閣珍藏圖書"白、"滄葦"白、"垣莽"朱、"桂嵒書籍"朱、"汪士鐘印"白文回文、"閬源真賞"朱、"徐坊印信"朱、"臨清徐坊卅四歲後號曰蒿菴"朱各印。

按：此本刊工稜角峭厲，是建本之至精者，與上海涵芬樓藏本同。即印入四部叢刊者。然涵芬樓本缺卷三十至三十五六卷，印本亦差晚，此則六十卷完整，紙如玉版，墨光如漆，初印精善，經明陳道復收藏。傳世建本文選，當推甲觀。原臨清徐梧生坊舊藏，辛未歲余以六千金收之。

六臣註文選六十卷 唐李善、吕延濟、劉良、張詵、吕向、李周翰撰　存卷三至六

宋刊本，十行十八字，注雙行二十三字，細黑口，左右雙闌。刻工精麗。　鈐有"晉府書畫之印"、"保氏直方"、"居敬"、"菊巖"各藏印。

（劉翰臣藏書，庚申四月見。）

六家文選六十卷 唐五臣并李善注，存二十六卷　缺卷十八至二十六、二十九至五十、五十八至六十，計缺三十四卷，用明嘉靖袁褧嘉趣堂刊本配補

宋刊大字本，半葉十一行，行十八字，注雙行二十六字，白口，左右雙闌，版心記"文選一"，下記葉數，最下加魚尾，下記刊工姓名。　前有李善上文選注表。卷首頂格標題"六家文選卷第一"，次行低六格題"梁昭明太子撰"，三行低七格題"唐五臣注"，四行低七格題"崇賢館直學士李善注"，五行低一格題"賦"，六行低二格"京都上"，七行低四格"班孟堅兩都賦二首"。卷二後有"嶺南李天麟西樵公子記"墨書一行。鈐"李天麟印"、"西樵公子"。　餘卷亦間有之，不悉記。

鈐有"丙戌進士"朱、"陳氏子有"白、"竹素堂"白、"淮南蔣氏宗誼"朱、"豫園主人"、"雲間潘氏仲履父藏書"各印。

按：是書字體古茂疏勁，版式闊大，與眉山刊蘇文忠、蘇文定、秦淮海諸集相類，蓋卽蜀中刊本。考其行格與明袁褧嘉趣堂翻宋廣都裴氏本同，當爲裴氏原刊本。余生平未見二帙，洵罕秘矣。（丁卯七月初四日清點故宫藏書，見之于昭仁殿。）

六家文選六十卷 唐五臣并李善注

明嘉靖十三年至二十八年吴郡袁褧嘉趣堂覆刻宋廣都裴氏刊本，十一行十八字，白口，左右雙闌，行格與故宫藏宋蜀中廣都裴氏本悉同。序後有裴氏牌記三行，文曰："此集精加校正，絶無舛誤，見在廣都縣北門裴宅印賣。"

卷六十後有袁氏牌子，隸書，文曰：

吴郡袁氏 善本新雕

卷三十後題："皇明嘉靖壬寅四月立夏日吴郡袁氏㒳庚草堂善本雕"二行，卷四十後題："此蜀郡廣都裴氏善本，今重雕于汝郡袁氏之嘉趣堂，嘉靖丙午春日。"

有袁氏刊書題識，稱始刻于嘉靖甲午，成于己酉，計十六載云云。

六臣註文選六十卷 唐李善、吕延濟、劉良、張詵、吕向、李周翰撰

明萬曆二年崔孔昕刊本，九行十八字，注雙行同，白口，四周雙闌。目録題六臣名，後有校官銜名四行："明中憲大夫崔孔昕校　奉議大夫黨馨　承直郎朱守行　承直郎郭宗磐同校。"

版心下方記刊工姓名及字數，字體方板而棉紙墨印皆精。前有昭明太子序。

鈐有"張乃熊"、"菦伯"、"吴興沈氏珍藏書畫印"各印記。（丙子）

六臣註文選六十卷 唐李善、吕延濟、劉良、張詵、吕向、李周翰撰

明萬曆二年崔孔昕刊，萬曆六年徐成位重修本，九行十八字，注雙行同，白口四周雙闌。有萬曆二年汪道昆序，序後有"冰玉堂重校"五字。又萬曆六年田汝成序，言得宋本重鋟于家塾，命蘅兒校讐云云。後昭明太子傳，傳後有木記十行，録如後：

"郡齋舊有六臣文選刻，久而殘失，山東崔大夫領郡，重爲剞劂。但校讐者鹵莽，中多舛訛，甚以俗字竄古文，觀者病之。余暇日屬二三文學詳校，凡正壹萬五千餘字，庶幾復見古文之舊。又以爲讀書論必得其人，故略梁史梓昭明小傳。錢塘田叔禾舊有文選序一章，足袪世俗之惑，亦以併梓。若司馬佳什則與此選不朽者，是宜冠諸篇首　萬曆戊寅季夏吉雩杜徐成位識。"（癸丑）

六臣註文選六十卷 唐李善并五臣撰

明潘惟時、惟德刊本，九行十八字，版式字數與崔孔昕刻本同，但四周單闌耳。目録第四行題："大明新安巖鎮潘惟時惟德刻。"（甲寅）

六臣註文選六十卷 唐李善并五臣注　三十册

明嘉靖刊本，九行十八字，注雙行同，白口，左右雙闌，版心題文選一、二等字，下方記刊工人名一字。（庚午）

六臣註文選六十卷 唐李善并五臣註　三十册

明嘉靖刊本,九行十八字,注雙行同,白口,四周雙闌,版心題,文選一卷、二卷等字,下方無刊工姓名。(庚午)

增補六臣註文選六十卷 唐李善并五臣注　殘本,存卷失記

元大德間陳仁子刊本,十行十八字,注雙行二十三字,細黑口,左右雙闌。首行題"增補六臣註文選卷幾",次行題"梁昭明太子撰,唐六臣集註",三行題"茶陵前進士古迂陳仁子校補"。(丁巳見于廠肆。)

六臣註文選六十卷 唐李善并五臣註 **諸儒議論一卷** 元陳仁子撰

明翻茶陵陳仁子刊本,十行十八字,注雙行二十三字。白口,單闌。

前蕭統序,列六臣名。次吕延祚進五臣集註文選表,次李善上文選註表,次陳仁子輯諸儒議論。後附大德己亥冬茶陵古迂陳仁子跋,下有牌子。次目録,六臣後題"茶陵前進士陳仁子校補"一行。本書首葉標題下題"梁昭明太子蕭統撰"一行,次唐六臣名注一行,次低一格題"賦甲",次低二格題"京都上"。李善注在前,五臣注在後。牌子如下:

茶陵東山陳氏 古迂書院刊行

(余藏。丙辰)

文選注六十卷 唐李善并五臣注

日本活字印本,十行二十二字,黑口單闌,版心題文選幾。卷六十末有題記六行:

"右文選板歲久漫滅殆甚,紹興二十八年冬十月,直閣趙公來鎮是邦。下車之初,以儒雅飾吏事,首加脩正,字畫爲之一新,俾學者開卷免魯魚三豕之訛,且欲垂斯文於無窮云。右迪功郎、明州司法參軍兼監盧欽書。　慶長丁未沽洗上旬八蓂板行畢。"(余藏)

風雅翼十五卷 選詩補注八卷、選詩補遺二卷、選詩續編五卷

明弘治刊本,八行二十字,黑口,四周雙闌。總目第三行題"新安金德玹仁本校正",四行題"建陽縣知縣何景春捐俸刊"。　有至正乙

已會稽夏時序，至正二十一年平江路學道書院山長上虞謝肅序，翰林侍讀兼鴻臚少卿曾日章序，知上虞縣事黄子南序。（羅少眉送閲，云是元刊，朱幼平言是弘治本，細審之信然。壬戌）

文館詞林 唐許敬宗撰　存卷第六百八十八，計一卷

唐時日本人寫本，存卷第六百六十八，詔三十八，赦宥四。題"中書令太子賓客監修國史弘文館學士上柱國高陽郡開國公許敬宗奉敕撰"。按目，自漢哀帝改元大赦詔應二十八首，查本卷至簡文帝即位大赦詔僅七首，則卷尾所缺尚多。紙背爲古寫佛經，本卷紙質黄韌，筆法儁美，與高野山正性院所見卷子同。卷末有屋代弘賢、吉田漢官、市川世寧、松平定信、市橋長昭諸人題跋。

按：同年董授經前歲曾在日本搜訪文館詞林十卷，精印行世，第此卷乃獨見遺，未知何故。然授經書舶庸譚中固曾目見而手識之矣。兹特詳載題跋于左，冀别有所見，後來者更彙集而刊行之，亦文府之逸典也。

"右文館詞林卷第六百六十八，吾同好高橋真末今春游京師廣購古書所得也。歸後秘襲而不敢示人。吾嘗言李唐之世隣好最親，其事物至今多足徵也，故真末以之歸余。吁嗟！既亡彼，見存此，實曠代奇書也矣。然今所得僅六紙，亦足以見其體，何不爲珍玩哉。寬政九年十月二十三日，源弘賢識之。"押文如是。

"宋王應麟玉海引唐會要曰：顯慶三年十月二日許敬宗修文館詞林一千卷上之，崔元暐等訓注。垂拱二年二月十四日新羅王金政明遣使請唐禮並雜文章，令所司寫吉凶要禮，並于文館詞林采其詞涉規戒者勒成五十卷賜之。二十四日書"。

倭名類聚鈔云："一百袟文館詞林。楊文公談苑曰：景德三年有日本僧入貢，名寂照，本國有文館詞林、混元集等書。"

"嘗聞畿内古刹有文館詞林，亡失焉，僅存第三百三十八、第六百五十五卷，其尾題'校書殿寫，弘仁十四年歲次癸卯二月爲冷泉院

書'二十字、'嵯峨院印'四字云。今此卷亦其殘卷乎？雖不知是書爲誰手,筆力沈著,字様端嚴,波撇之末咸有法度,妙妙不可思議,非學唐人者決所不能也。以詞林之奇與入木之妙,永爲不忍文庫之榮焉。二十八日題。"

"後聞之稻山行教言曰:攝津國矢田部郡桂尾山勝福寺藏文館詞林零本二卷:其一乃第三百三十八卷,缺其首;其二乃第六百九十五,首尾全存而題跋乃如向所識,冷泉印三顆在跋語之處。跋語二行,行十二字。其第六百九十五于卷末題目之處亦印'嵯峨院印'一顆。'冷泉院印'方一寸七分,'嵯峨院印'方一寸六分,皆覆字畫。"

"新唐書蓺文志許敬宗文館詞林一千卷,嚮聞西京殘册,久索觀窺,頗疲企跂,丁巳十一月十日同立原君伯呰又觀此卷於弘賢掌史家,洵爲料外之希覯,豈非幸哉。篁墩青溪宫題文館詞林古卷後。""弘仁文物專法於李唐,此卷當時所書寫,如與唐人相接于一堂上,真希世之寶也。戊子八月海上毛河世寧拜觀。"

"寛政九年冬月,觀于觀□堂。"

"文化甲戌四月下澣梅雨新晴日,觀此卷于亦無樓中,神韻與唐人頡頏。檀春居士。"(日本帝室圖書寮藏書,己巳十一月十一日觀。)

文苑英華一千卷 宋李昉等輯　存二百三十一至二百四十,計十卷一册

宋刊本,十三行二十二字,注雙行同,白口雙闌。版心上記字數,下記刊工姓名,有丁俊、劉亮、劉信、原、振、賓、懋、心、思、胡昌、天祐、景年、喻激、曾千、全、度、柔等。卷中凡關于校訂之處均以白文别之,宋諱避至廓字止。每卷後標題後空一行書"登仕郎胡柯、鄉貢進士彭叔夏校正"銜名。

鈐有"内殿文璽"、"御府圖書"、"緝熙殿書籍印",均南宋内府所鈐。附葉有墨書木記一行,文曰"景定元年十月初六日裝褙臣王潤照管

訖"。黄綾書衣,藍色綾籤,宋人手書書名卷數及本册門類,蓋宋時原裝,與北京圖書館所藏十册正同。此亦内閣所儲,宣統元年清查時流出于外。鈐有"晉府圖書之印"、"敬德堂章"、"子子孫孫永寶用",則明晉府印也。

秋浦周叔弢頃以重值得之,因假歸校李刻本,其異字别爲校記。(己巳十二月十三日記。)

文苑英華一千卷 宋李昉等輯　存卷二百五十一至六十,二百七十一至八十,計二十卷,二册

宋刊本,十三行二十二字,白口,左右雙闌。版心上記字數,下記刊工姓名,有宗賓、克明、况天祐、信、劉亮、進、俊、胡彦、胡昌、吴等。卷二五一至卷二六〇中。上魚尾下記文幾百幾十幾,異字註本句下,作"一作"或"集作"或"某書作",每卷前有目,卷末標題後空一行題"登仕郎胡柯、鄉貢進士彭叔夏校正"一行。　每册首有"内府文璽"、"御府圖書"、"晉府書畫之印"三印,尾有"緝熙殿書籍印"、"敬德堂章"、"子子孫孫永寶用"三印。書衣黄綾,藍綾籤題書名卷數,旁加藍方紙題門類,書衣背縫有"景定元年十月二十五日裝背臣王潤照管訖"墨印木記一行,蓋宋内府裝也。與北京圖書館所藏本同。(庚申四月初九,見于寶應劉翰臣家。庚午收得卷二百五十一至二百六十一册。)

蓬海珠叢一千卷 卽文苑英華。存一百五十册,七百四十三卷　李□七三一四

明藍格寫本,十三行二十三字。每卷首尾有"捧日樓"朱文大長方印,"子孫永寶"白文大方印。

張樾丞自河南收來,余見其褎然鉅帙,所録皆唐以前文,乃取文苑英華核之,其分卷分類及每類之文與英華咸合,卽句下注"集作某類"、"表作某"或每篇后考訂異同無一不合,乃知明人鈔取英華全帙,改題書名以欺人,亦如北堂書鈔明人寫本改題古唐類範之類也。且卷帙殘缺甚多,估人乃言世無傳本,欲索高價,其情可憫,其妄亦可怪

矣。缺卷列下以備考:

一之六、卅七之四十七、五十九之六十三、一百十之十四、一百廿一之廿六、一百四十四之六十七、一百七十二之八十六、二百六之九、二百卅四之卅八、二百五十五之六十、三百四之十三、三百廿六之卅九、三百五十二之五十六、三百六十二之七十八、四百十九之二十二、四百卅四之卅八、四百四十四之六十四、四百七十之七十四、五百十三之二十四、五百七十一至七十五、五百七十九之八十二、六百四之八、六百七十四之七十七、七百九之十二、七百廿九之卅一、七百五十一至五十五、八百五十六之六十、九百廿九之卅二、九百四十五之五十、九百六十一之六十五。(乙丑歲見,後爲李木齋先生收去。)

會通館印正文苑英華纂要八十四卷 宋高似孫輯 **文苑英華辨證十卷** 宋彭叔夏撰　△二一七六

明正德元年刊本,七行十三字。卷中惟標題及卷第幾二行大字,餘均小字雙行。版心上方題"歲在柔兆攝提格",下方題"大若干字,小若干字",中縫題"文苑英華"四字。卷中詩文句皆以墨圓圍隔之。前有正德元年華燧序,錄後:

"終古類書者衆矣,會通館謄翻讎校者數矣,自分年當衰暮,而崇前人加惠後學之心未嘗少衰,爲可愛爾。正德改元,館方從事於君臣政要,而客有以文苑英華請翻印傳世以垂不朽者。展誦間,連珠貫玉,照耀眉目,主人惟以得之爲可喜,而館人咸以篇章瀚漫,未易卒就,有妨政要爲辭。隨欲却之而心有違,諾之而慮弗果。時吾從姪孫子宣爲郡庠生,招與計事。子宣曰:'昔宋孝宗居玉堂,閱秘閣所貯文苑英華,苦太舛錯,有害觀覽。時周益公直夜,宣對承命,取内架所貯正本,集諸學士校勘精讐,節序便觀,將進以備講筵。相承謬誤,轉失其真。弗克就緒,而益公致政。歸田始得重加研訂,去其煩冗,凡有資於文墨者不因短聯隻句而有棄也。分類而成，凡八十四卷，復注辨證十卷，所謂存什一於千百者。高緝古、彭叔夏贊助之功爲多也。是集深有利於科目，緣世乏印本，士子争趨慕之而不可得，雖或得之，亦不可以徧觀而共覽，實當代之闕典也。某近得印本於陳湖陸氏，寶藏未久，執事苟從事於舛錯有害瀚漫之集，曷若從事於節序便觀有資之集爲愈，所謂用力少而成功多者也。然則是集之行豈但効之於一時，爲某一人之私榮私利，誠天下士子之公榮公利也，其遠辱且害也不亦多乎！'且請序其事以爲士子倡和，因書以遺之。時正德改元冬十有二月丙辰日也。六十八翁古吴華燧序。"（余藏。）

古文苑九卷

精寫本，十行十八字。　鈐有"虞山錢曾遵王藏書"朱文印。（癸酉）

古文苑注二十一卷　宋章樵撰

宋刊本，半葉十行十八字，白口，左右雙闌。版匡高六寸八分，闊五寸。字形方整。有紹定壬辰章樵自序，吴淵後序，又江師心、盛如杞二跋，盖淳祐丁未盛氏重修本。（乙卯歲見，瞿氏藏書。）

古文苑註二十一卷　宋章樵撰　存卷一至四

宋刊本，半葉十行，行十八字，白口雙闌，版心記刊工姓名，注雙行同。　有黄丕烈手跋三則，辛未小春一則，道光四年甲申二則。（乙亥五月）

古文苑注二十一卷　宋章樵撰

明刊本，十行十八字。印甚精。（海虞瞿氏書，索八十元。辛酉）

古文苑注二十一卷　宋章樵撰

明萬曆刊本。　盛昱校，有跋録後：

"古文苑明季以來世行皆此本。孫淵如得九卷原本刻于平津館，金山錢氏又重刻此本于守山閣，而以九卷校正。"此跋題書衣上。

"此書非章樵注本，直章樵改本耳。取宋刻九卷本改之如右。光緒辛巳九月初五日伯希。"此跋在目後。（盛昱遺書，索十元。壬子）

玉臺新詠十卷續五卷 陳徐陵輯　明鄭玄撫續輯　△一一四三四

明萬曆刊本,九行十八字,白口,左右雙闌,版心下記刊工姓名。

前有新安吴世忠序,序後有"吴郡徐普書"五字。又吴門研山迂生方大年重校跋語,略言嘉靖己亥鄭君玄撫徽郡人訪得鈔本一帙付梓,復選陳隋外集坿于後。四十許年,版已散弛。萬曆己卯冬,過吴興華林里故友茅稺延所居,其子元禎命工重刻之,復加讐校,正其魯魚三豕,百每一二,比鄭爲精云云。元禎字公良。徐陵序後有識語二行如下:"己卯季秋朔日錢塘袁大道書于心遠樓。"

目前有名家次序。每卷首第二行題"吴興茅元禎重校"。續集五卷題"新安鄭玄撫選","吴興茅元禎重校"。每卷末均署"姑蘇徐普書"。全書字兼行楷筆致秀逸。

忠謨謹按:此書有跋,收入藏園羣書題記續集卷五。

玉臺新詠十卷 陳徐陵輯

明刊本,十行十八字。篇首序文題陳尚書左僕射太子少傅東海徐陵。次名家世序,次每卷目録,次本書,題"東海徐陵編"。

按此書與趙刻本次第不同,字句亦多異。(余藏。)

玉臺新詠十卷 陳徐陵輯

明崇禎六年趙均刊本,十五行三十字,篇目在每卷前。　前徐陵序,後有永嘉陳玉父序,次崇禎六年癸酉吴郡寒山趙均序。(余藏。)

忠謨謹按:此書有跋,收入藏園羣書題記續集卷五。

玉臺新詠十卷 陳徐陵撰

影寫本,十五行三十字,與趙刻同。(丁巳)

玉臺新詠十卷 陳徐陵撰

舊寫本。卷末題"康熙丙辰三月廿五日借馮氏正本校勘無訛"。鈐"邵陵之印"、"瓜侯"二印。又録趙均跋,又李維楨跋、馮定遠班跋、道人法頂跋,又南陽轂道人葉萬跋。(蘇估柳蓉村送閱。)

玉臺新詠十卷　陳徐陵撰

舊寫本,似明末清初人手筆,十二行二十四字。每卷題"陳尚書左僕射太子少傅東海徐陵字孝穆撰",與趙本同。　鈐有"李生"、"字曰香草"二印。蓋李南澗文藻舊藏也。

忠謨謹按:此書有跋,收入藏園羣書題記續集卷五。

樂府詩集一百卷目録二卷　宋郭茂倩撰　卷十九至二十六、九十六至一百配元至正元年集慶路儒學刊本,卷二十七至三十四配清鈔本　宋刊存者八十一卷

△七九〇五

宋刊本,半葉十三行,每行二十三字,白口,左右雙闌,版心下方記刊工姓名。宋諱玄、眺、讓、爔、匡、胤、禎、恒、煦、勖、樹、佶,均缺末筆,嫌諱亦謹避,構字右方下無冉,似是後印時剜去者。字體方整,結構謹嚴,雕鎸精整,是宋刊之最工者。

收藏鈐有"乾學之印"白、"健菴"朱、"葉裕"白、"祖仁"白、"東吴葉裕祖仁藏書印"、"宋少保石林公二十一世孫裕"、"稷墅堂"白、"季振宜字詵兮號滄葦",又"習古"。陽文藍印。

刊工姓名有王珍、王亮、王通、王介、王玠、王沔、李文、李岳、李古、李恂、李懋、李度、徐杲、徐宗、徐昇、徐顔、朱明、朱禮、朱祥、朱初、周用、周浩、周彦、沈敦、沈紹、時擧、時明、余永、余竑、葛彬、葛珍、黄常、蔣先、胡吉、姚臻、趙實、戴全、駱成、雷昇、金茂、毛諫、劉忠等。補版有包端、高彦、程亨、張圭、潘民四人。

按:是書戊午仲冬鄉人白堅持示,云出朝邑閻敬銘家,後因孫君伯恒之介,展轉獲之。宋刊存者七十九卷又目二卷,爲崑山徐氏舊藏,餘卷配元刊本有葉裕印。及舊寫本。以卷中刊工核之,王珍、徐杲、徐昇、徐顔、陳恂、姚臻、余永、余竑八人見余藏北宋末杭本廣韻,朱祥、朱禮、沈紹見臨清徐氏藏紹興九年臨安府刊唐文粹,王珍、徐杲、徐昇、余竑又見南海潘氏藏紹興十六年浙東茶鹽司刊事類賦,王珍、徐

杲、朱明又見紹興十六年刊高誘注戰國策，李恂、李懋見瞿氏藏紹興刊管子，葛珍見敝藏明州本文選紹興二十八年補版。諸書均南北宋間浙之杭、越、明諸州刊本，則此本爲同時同地所刊無疑。復以諱字核之，此書避諱極謹，雖嫌字皆避。卷中避桓字，而構作𣓌，顯係印行時始剷去。然則其爲始刊於靖康而成於紹興歟？其補板刊工中包端、高彦又見於紹熙三年刊八行本禮記注疏，卽世所稱之黄唐本禮記。則光宗前後又曾修補矣。此書海内孤本，自季、徐之後，二百年來不顯於世，諸家書目未見著録。余閲肆三十年，捨此外，僅見殘本三數卷，源出内閣大庫，然與此本複出，亦不能補其闕失也。

忠謨謹按：此書别有跋，收入藏園羣書題記三集卷八。

樂府詩集一百卷 宋郭茂倩撰

元至正元年集慶路儒學刊本，十一行二十字，黑口，左右雙闌，版心上方間記字數。　有至元初元菊月朔文學冷掾周慧孫序，至元六年十二月□一日永嘉李孝光序。

余據宋本校，又傳録陸勑先貽典校本，陸校據馮班、趙均、錢求赤校本。（余藏，後歸董綬經。）

忠謨謹按：此書有跋，收入藏園羣書題記三集卷八。

樂府詩集一百卷 宋郭茂倩撰

元至正元年集慶路儒學刊本，十一行二十字，大版心，細黑口。左右雙闌。魚尾上記字數，下間記一字。皮紙印，無補板。（乙卯歲見于蘇估柳蓉春處。）

古今歲時雜詠四十六卷 宋蒲積中編

舊寫本，十行二十字。遇宋帝空格。題："翰林學士兼侍讀學士知制誥史館修撰上護軍常山郡開國侯食邑一千二百户宋綬公垂原編。"

有紹興丁卯仲冬眉山蒲積中致龢序。　劉燕庭藏書。（帶經堂、會文堂見。壬子）

聲畫集八卷 宋孫紹遠撰

明寫本，棉紙藍格，十行二十字。取楝亭十二種本一勘，改訂四百三十七字，别爲跋詳之。此書日本有宋刊本，惜未能一校。（天一閣佚書，得于金誦清肆中。）

忠謨謹按：此跋收入藏園羣書題記初集卷八。

聲畫集八卷 宋孫紹遠編

舊寫本，九行十七字。　有淳熙丁未谷橋孫紹遠稽仲序。　鈐有"曹溶私印"白、"潔躬"朱、"曹震甲私印"白、"明善堂覽書畫印記"白、"安樂堂藏書記"朱各印。

按：此本卷八末至東坡題李伯時畫趙景仁琹鶴圖二首以下缺詩八首。余曾收得天一閣寫本，此下二葉損壞葉之下半，可知此本正出于天一閣本，以兩葉殘缺，故删去不鈔耳。沅叔手記。（海源閣書。庚午八月）

詩準四卷 宋何無適、倪希程輯　存二卷　　△七七七七

宋刊本，半葉十一行，行十八字，白口，左右雙闌。版心上記字數及刻工人名，有李林、王昭等字，魚尾下標"詩"一字。首行題"詩準卷之一"，次行頂格陰文題"歌詩正體"，以下凡箴銘各類標題均用陰文。三行低一格題"雅比"二字，加墨圈，以下風雅頌等亦加墨圈以别之。空一格，"虞書帝庸作歌曰"云云。　鈐有"季振宜藏書"朱文小印。（己未）

詩準四卷詩翼四卷 宋何無適、倪希程輯

明萬曆十二年新樂刊本，十行十八字。　前有序及青州知府沈大忠序。後有嘉靖甲申郝梁跋。　鈐有"南郇草堂校定"、"雲間陶氏藏書之印"、"風溪陶崇質家藏本"各印。又"南郇草堂陶氏家藏善本"正書朱記。（余藏。）

忠謨謹按：此書别有跋，收入藏園羣書題記續集卷六。

重廣草木蟲魚雜詠詩集□卷 殘本，存十卷

宋元間刊本,十行二十一字,黑口,四周雙闌。存卷六、七、十一、十二、十三、十四、十五、十六、十七、十八,共十卷。　鈐有"朱彝尊印"白、"竹垞老人"朱、兩印。(己巳五月閲。)

萬寶詩山三十八卷 缺三卷

明刊本,十五行二十三字。(盛昱遺書,號爲宋本,壬子景賢見示。)

分門纂類唐宋時賢千家詩選十五卷後集五卷

宋刊本,十一行二十一字,黑口,左右雙闌。次行題"後村先生編集",各類標目大字占兩行,上加黑盖子。宋諱不避,殆宋末坊刻。

按:曹楝亭翻刻本行欵正同,而詩題上陰文"唐賢"、"宋賢"、"時賢"諸字概行删去,詩題人名多失載,于是乙詩混入甲作者比比皆是。又一詩而數首者,于人名注明幾首,曹刻亦佚之。曹刻詩中闕字此本皆有之,卷中改正之字亦數百計。至續集五卷則楝亭所未見,因别鈔存之。雖殘帙寥寥,亦孤本秘笈矣。

此書銅山張君伯英得于端匋齋方家,有徐積餘乃昌藏印,疑開府江南得之餽遺者也。聞繆小山荃孫前輩言,積餘游東瀛時所獲。各卷均有補寫詩,亦日本舊學家手筆。　鈐有"香山常住"墨記。(乙丑)

瀛奎律髓四十九卷 元方回輯

明天順刊本,十行二十一字,注雙行同,黑口,四周雙闌。　前有至元癸未方回序,後有皆春居士跋,跋下有"龍遵叙印",似即龍氏跋也。序跋後幅均爲估人裁去,以充元刊,故明代年號皆不存。第龍氏跋中固有天順甲申叨守新安之語,則終不能掩也。

收藏鈐有:"傳是樓"、甚新,不類健庵之印。"麗藻樓"、"新安徐氏藏書"、"曾燠印信"、"蝯公"、"因是"、"朱翁"、"徐聖秋讀書記"、"徐氏傳是樓"、"金鑵印"、"炳文氏"各印記。(此亦海源閣書,董廉之送閲。癸酉)

精選唐宋千家聯珠詩格二十卷 元于濟、蔡正孫輯

朝鮮古刊本,十行十七字,黑口單闌。題"番易默齋于濟德夫、建安蒙

齋蔡正孫粹然編集”。選唐宋人七絶，摘其體格不同者，分類次列，且加以評語及增注，皆爲初學肄習之用也。　有蒙齋野逸叟蔡正孫序庚子春三月，玉淵王淵潛道可序于龍湖書堂大德己亥花朝，番易默齋于濟德夫序大德丁酉。（己巳三月）

天下同文集五十卷 元周南瑞輯　缺卷十七、十八、三十、三十一、三十四、三十五、四十一，存四十三卷

明末毛氏汲古閣影寫元刊本，十四行二十四字。卷内題“前甲集”，目後有“隨所傳録，陸續刊行”二行。後題：“廬陵周南瑞敬輯”一行。鈐印有：“元本”朱橢、“甲”朱、“希世之珍”朱、“毛晉之印”朱、“毛氏子晉”朱、“汲古主人”朱方、“汲古得修綆”朱、“宗正曾孫”白、“劉喜海印”白、“嘉蔭簃藏書印”朱。（壬子會文堂見，後爲鄧君邦述收去。）

六朝聲偶集七卷 明吴人徐獻忠選

明嘉靖刊本，十行十六字，每卷後有“長水書院刻”一行。左闌外有耳，刻“華亭徐氏文房”六字。卷一首葉版心下方記“姑蘇顧俊刻”五字。　前有雲間沈愷序。（友仁堂取閲。辛巳九月）

光嶽英華詩集十五卷 明許中麓輯

明洪武刊本。題“汝南後學許中麓仲孚編輯”，“豫章揭軌孟同校正”。十一行二十字，黑口，四周雙闌。　有洪武十九年歲次丙寅正月望日豫章揭軌序，九行十六字。序後木記三，文曰：“山雨亭”、“揭新河印”回文、“揭孟同印”回文。

所選皆七律，自唐杜審言起至元代周敮止。卷一杜、沈、宋以下至李白，二十一人　卷二杜甫　卷三王維、岑參以下至曹唐二十五人。又補遺五人，王維、岑參、郎士元、温庭筠、李義山　卷四元劉因、張易等七人　卷五虞集等七人　卷六王士熙等十二人　卷七歐陽玄等十三人　卷八張翥等十二人　卷九張天雨等十七人　卷十貝闕等二十人，又補遺虞集等十四人　卷十一魏觀等七人　卷十二元宣

伯常等四人　卷十三揭軏等四人　卷十四釋宗泐等三人　卷十五吴伯宗、樂韶、饒偘、周啟共四人。

藏印鈐有:"明善堂覽書畫記"、"安樂堂藏書記"、"王懿榮"、"海上精舍藏本"、"福山王氏正孺藏書"、"顯處視月"諸印。

忠謨謹按:此書有跋,收入藏園羣書題記續集卷五。

羣英珠玉五卷 明范士衡輯

明寫本。題"明桐川范士衡集編",士衡德州人。"文江蕭顯謨校正"。

前正統四年己未瑞州府新昌縣丞范士衡序,後新昌儒學訓導蕭顯謨序。亦正統四年。范序前缺一葉,蕭序略言鄱陽劉仔肩之雅頌正音、江陰朱善繼之鼓吹續編、西川晏陳鐸之鳴盛詩選不能無遺珠棄玉之嘆,今新昌貳尹范君所編羣英珠玉乃厥甫静庵先生校書秘閣時之所聞見,及同寅建安王公光之所傳録,公暇于詠柏軒中裒集之云云。是此集乃士衡父静菴所輯而士衡從而纂成壽梓者也。其入選皆七律,每人一首,人名下略注字號、籍貫、官階,卷一宋人,自張齊賢起,至陳簡齋止,二十三人。中有王操上李昉相公一首,罕見。卷二元人,自閻復起,至陸景龍止,三十五人。中有陳益稷(交趾王)、李林子相、張易仲疇、吴元德子高、達兼善、吴浩養浩、楊鵬翼、上官伯圭、成廷珪元華、潘純子素、陳謙子平、桂瑔懷英,陸景龍德陽,均不經見。卷三至五皆明人。殊不曉其用意之所在,緣其罕覯,故詳志之。後有崇禎人跋語:

"羣英珠玉五卷皆七言律詩,宋一卷,元一卷,而國朝詩居其三。選者范士衡亦非知名之士,前有吾郡王介峰藏書印,故收之。崇禎壬午春孟廿五日鮮知道人識。"

朱記一方録於後:

"積書以遺子孫,未必能讀固也。然吾以此發身,凡一卷一帙皆手自校閲,不忍棄之,亦欲復付後人以爲筌蹄。吾子若孫牢須愛護收葺,以讀以傳。如或散漫損污,不知珍惜,甚至鬻及借人,不知省愧者,其不肖也。嘉禾王介峰藏書樓記。"(王富進書坊見。丁卯)

詠梅集句一卷 明錢唐沈行輯

明刊本,十行十七字,大黑口,四周雙闌。 前有弘治癸丑長城吴琉序,後有弘治九年杭郡丁養浩跋,卷末有吴興張甯題七絶一首。

本書集唐宋元人詩句爲詠梅七言律詩,凡一百二十首。(戊辰)

掌中觀物集十三卷 明漳南王墀輯 四册

明寫本。 前有隆慶己巳墀自序,云裒搜誌書古今登臨題詠,部歸省分,以遺同志,云云。自南北直隸、山東、山西、河南、陝西、浙江、江西、湖廣、四川、福建、廣東、廣西、雲貴,爲卷十三,而以安南附焉。入選者起自唐人,迄於明中葉,近體爲多,而古體較少,間有漢魏之作,其命名之意殆不可解。其序文多理學門面語,亦明人結習使然也。大率所據者不出大明一統志耳。文友堂新收此書,以其罕覯,故詳記之。(己巳二月見。)

詩紀一百五十六卷 明馮惟訥輯 存初唐詩紀卷十六至三十,凡十五卷

清何焯朱筆點勘。卷二十一至二十三爲陳子昂詩,跋云"康熙乙未八月借安溪先生架上宋本校過"。其餘杜審言、劉希夷、李嶠、沈佺期皆校勘至精,第不知所據何本。間有據鈔本及文苑英華校改者,均經註明。

按:此書銅井文房莫氏所藏,己未六月十一日見於莫楚生丈棠架上,因伯玉詩擬付刊,得此可以參證,餘人當取本集或全唐詩對臨,遂假以歸。

詩紀一百五十六卷 明馮惟訥輯 存百二十三至二十八李白詩六卷

明萬曆刊本。清田軺朱筆臨何義門評校並加點識,筆致工雅,字體亦雅近義門,當是其弟子也。

"太白詩二十卷,義門先生閲本,先君已于乙亥春仲以此册對臨,復命小子從真跡覆校,藏之篋中,今歲重爲裝訂,因記於後。惜語古齋原本久屬之玲瓏山館中矣。丙戌九月下浣秋田軺書。"

此書甲戌正月獲於廠甸冷攤,其直一金。沅叔。

石倉歷代詩選□□卷 明曹學佺輯 卷首題十二代詩選,存八百八十八卷

△二一四五

明刊本,九行十八字,版心記某代某人,目列下:

古詩十三卷 唐詩一百卷拾遺十卷 宋詩一百七卷 金元詩五十卷 明詩初集八十六卷 明詩次集一百四十卷 明詩三集一百卷 明詩四集一百三十二卷缺第一百零一卷 明詩五集五十卷 明詩六集一百卷缺六十七至一百 明詩續五集一卷 明詩再續集□□卷存三十一、四十一、四十六、四十七,計四卷 明詩三續集十五卷 明詩社集十三卷 明詩閩集一卷 明詩閩閨秀集一卷 共八百八十八卷,三十四函,二百三十五册。

按:文淵閣四庫著録此書止於明次集,故秖得五百六卷。余昔年得一部尚有七集八集,又有分省之集如川閩等省,皆未刻完者。後乙丑歲歸於陶蘭泉,告以此書極不易得,異時仍以還我。乃蘭泉忽以叢刻各書以三萬金讓於人,此書亦在其中,常以爲憾。今見此帙,完整視前書爲勝,雖少有缺佚,終當收之,以彌前者之憾也。前書有"禮邸珍玩"之印,卽書目中所記者也。沅叔。(辛巳十二月)

朱紘集四卷 清宋犖撰 △一〇三六四

宋氏稿本,題"商丘宋犖牧仲編輯"。藍格,版心有"漫堂鈔本"四字。

選録唐宋元明詩,爲廟堂應制之用。目列後:

卷一:帝德、聖孝、聖學、萬壽、朝會、郊廟、農事、宴賞。

卷二:行幸、苑囿、山陵、城闕、勝蹟。

卷三:人材、征伐、后妃、太子、藩王、大臣、外國、奉使、災祥、咏物。

卷四:時令、貢獻、書史、圖繪、寓直、諍諫、天象、頒曆、仙釋、音樂。(邢贊亭藏書,甲戌立夏記。)

古竹圃文選詩鈔不分卷 共十册

舊寫本,不知選人。自燕荆軻起至明季止,大家諸人各自爲卷。

鈐有"宋犖之印"、"雪苑宋氏蘭揮藏書記"。前有康熙壬子宋牧仲跋,文義劣陋,疑出僞託也。(徐梧生遺書。己巳)

皇霸文紀十三卷 明江東梅鼎祚纂輯

明刊本,十行二十字,題"江東梅鼎祚纂輯,男士都校閲"。　鈐有巡察山西等處官關防。(己卯)

迂齋先生標注崇古文訣二十卷 宋樓昉輯

宋刊本,半葉十二行,每行二十三字,白口,左右雙闌。

有黄丕烈手跋。

按:此本密行細字,建本也。(日本静嘉堂文庫藏書,己巳十一月十三日閲。)

迂齋標註諸家文集五卷 宋樓昉輯。不標卷次,先秦兩漢文爲一集,九十四葉,唐文爲一集,一百一葉,宋文爲一集,三十八葉,存三集。　△八七三三

宋刊本,半葉九行,行十九字,白口,左右雙闌。版心上記大小字數,中記"古文"二字,下刻刻工名一二字,有黄雲、李林、岳元、吴瑞、李珍、王信、王昭、林挑、朱浩、行、文、拱、印、仁、雲、士、共、李、吴、林、金、浩、信、珍、用、王、永等。宋諱玄、朗、殷、匡、恒、貞、徵、勗、桓、完、構、慎、惇、敦、廓、讓皆爲字不成。行間有圈有點有擲,批評語小字在行之右,每篇題下有總評數行。　有寶慶丙戌嘉平月既望永嘉陳振孫序行書七行。卷首次行低六格題"鄞人樓昉暘叔",三行頂格標"先秦文",四行頂格標"樂毅",五行低二格標"答燕惠王書"。

先秦文四首　兩漢文十七首　昌黎文二十二首　河東文十四首崇古文訣視此增多昌黎文三首,河東後加李習之一家。宋文二十首。

按:宋文當不止此,疑已缺失矣。(丁巳)

某君跋云:

"此編卽崇古文訣之初稿,文訣本之排編修益而成,不若此之簡當精確矣。姚珤序文訣云:廣文陳君鋟諸梓,時寶慶丁亥,此編陳振

孫序爲寶慶丙戌,蓋先成文訣一年。明正德二年文訣重刊於廣西,未述先有此編,天禄四庫亦莫蒐及,後世幾無聞焉。獨直齋書目傳之,延令書目收之耳。”

鈐印有:“項靖之印”白、“檇李項藥師藏”朱、“萬卷堂藏書記”朱、“寶墨齋記”朱、“季振宜印”朱、“滄葦”朱、“御史之章”白、“槯槯客印”白、“兼海樓藏書印”白。(戊午)

增註東萊吕成公古文關鍵二十卷 宋吕祖謙撰

宋刊本。次行題“東萊吕祖謙伯恭譔,建安蔡文字行之註”。半葉十二行,行二十三字,白口,左右雙闌,注雙行同,版心上記字數,下記刊工姓名。宋諱恒、匡、桓、貞、敬均缺筆,“慎到”作“謹到”,“貞觀”作“正觀”。字體方整厚實,不似建本。每篇總評語在題目次行,詳評在本文每段或每句下。(辛未十一月廿八日文德堂韓左泉持示。)

名公書判清明集不分卷

宋刊本,存户婚一門二十二類二百三十六葉。半葉九行,每行十六字,黑口,四周雙闌。

按:此爲海内孤本,諸家書目所不載,惟錢竹汀大昕曾見之。上海涵芬樓已攝取影本歸國,將付印以傳焉。(日本静嘉堂文庫藏書,己巳十一月十三日閲。)

精騎六卷

宋刊本,中版心,半葉十三行,行二十三字,白口,四周雙闌。目録每卷上有黑蓋子,目後有牌子,文曰:

婺州永康清

渭陳宅刊行

第一卷韓退之文、柳子厚文、李文公文、唐文粹。

第二卷歐陽公文集、王荆公文集、嘉祐集。

第三卷東坡文集、東坡易解。

第四卷東坡書解、東坡論語解、潁濱老子。

第五卷曾南豐文、張右史文、秦少游。

第六卷陳瑩中文、李邦直文唐、贊、五代、紀贊。

皆摘録文字精要,爲帖括之用。 收藏鈐有“震齋”朱文長印、“季振宜讀書”朱文小印。(癸亥)

東澗先生絶妙古今文選四卷 宋湯漢輯 △七七六九

元刊本,十行十八字,注雙行同,細黑口,左右雙闌,板心上記字數,下間記人名,口上作古文一二等字。宋諱貞、恒皆缺末筆。卷中間有圈點評註,評註有取西山者。 鈐有“李氏文通”、“香河李氏家藏書畫印”朱文二印。

己未十月二十日到津,在東門内文林閣王茂齋處見,印本尚佳,亦有補板,書雖不足貴,而元刊則殊罕見,故詳記之。王索價千元,余謂不過值三百元,至多五百元止耳。後余代蔣孟蘋收之。沅叔。

新刊諸儒批點古文集成前集七十八卷 宋王霆震輯

△七一八五

題“宋廬陵王霆震亨福選編”。分甲至癸十集:甲集六卷序。乙集八卷記。丙集七卷書。丁集八卷表劄。“丁集”字已挖去。戊集八卷論。己集八卷論。庚集六卷銘。辛集七卷封事、疏狀。“辛集”字有挖補。壬集八卷圖、解、辯、原。癸集九卷辭、議、問答、設喻。

宋刊本,半葉十三行,每行二十五字,黑口,左右雙闌,每卷標“前甲集”等字,以陰文别之。 鈐有“翰林院典籍廳關防”滿漢篆文朱記,又“建霞秘笈”朱文印。

按:此書選周秦以迄唐宋名家之文,分類輯録,每文標題,行録各家評語,篇中加圈點擲,或每段間以批語,爲初學便誦計。然宋人之文已佚者多賴此以傳,如馬默齋子才,曾搏齋豐諸集,亦殊足矜秘也。是書先入四庫館,卽四庫底本,館臣於書中避忌處删落極多,賴此以明。又卷中丁集之表劄辛集之封事等,於前後卷爲不類,其陰文所標某集字已挖去,當是後集配入以足之者。館臣不查,以爲完書,而謂後集已失,亦賴此以發其覆。據翰林院印知後入翰林院,不知何時又入袁漱六家,自袁氏轉歸江建霞標、費屺懷念慈,余得之費氏,蓋生平手收宋本之第一部也。後有楊守敬、繆荃孫、莫棠、張元濟四公跋語。

忠謨謹按:此書别有跋,收入藏園羣書題記初集卷八。

西山先生真文忠公文章正宗二十四卷 宋真德秀撰　存卷十五、十九、二十、二十一上、二十二下、二十四

元刊本,十行二十字,線黑口,左右雙闌,注雙行同。卷中皆加句讀。每卷後有"國學正奏名蔡公亮校正"一行。　收藏鈐有"士礼居藏"隸書印、"黄丕烈印"、"梧桐鄉汪嵐坡藏"、"馬氏家藏圖書世世子孫永保"各印。(辛未二月初一見于蟫隱廬,索四百元。)

西山先生真文忠公文章正宗二十四卷 宋真德秀撰　殘本

元刊本,半葉十行,行二十字,黑口,左右雙闌,版心上記字數,下記刊工姓名。　鈐有"乾隆御覽之寶"及"天禄繼鑑"印。(癸丑)

二十先生迴瀾文鑑十五卷後集八卷

宋建安江仲達刊本,半葉十二行,行十九字,細黑口,左右雙闌,左闌外記篇名。宋諱不盡避,蓋宋末坊本。二十先生者,司馬光、范仲淹、孫復、王安石、石介、汪藻、洪遵、張栻、朱熹、吕祖謙、周必大、楊萬里、劉子翬、鄭湜、林之奇、劉穆元、張震、方恬、戴溪、陳公顯。題"承奉郎連州簽判虞祖南承之評,慢亭虞夔君舉箋注"。目録及二十先生行實後均有木記,文曰:

建安江仲達 刊於羣玉堂

(江南圖書館藏。)

中州啓劄四卷 元蒲陰吴弘道輯

明刊本，十二行二十四字，黑口，四周雙闌。 有成化三年莆田翁世資重刻序，大德辛丑江西儒學副提舉許善勝序。録文凡二百首，皆金元人尺牘，版式甚古雅。(海虞瞿氏藏書。癸酉)

疊山先生批點文章軌範七卷 宋謝枋得輯 △七七七一

元刊本，十行二十二字，黑口，左右雙闌。次行題"廣信疊山先生謝枋得君直編次"。文中有注釋，有批評，皆小字旁列，行間有圈、有點、有擲，每篇前後間有總評語，前低五格，後低七格。卷一至三爲放膽文，四至七爲小心文，每卷揭"放膽文"等，用大字占雙行，上加黑蓋子，以"侯"、"王"、"將"、"相"、"有"、"種"、"乎"七字分記各卷。卷一標題下注"侯字集"三字，以陰文别之，各卷同。

全書經錢牧齋謙益用朱筆評點。卷首鈐有"錢謙益印"白文方印。有康熙五十一年許運昌跋，録後：

"康熙壬辰之秋，余客商丘館舍，漫堂先生持此見贈，乃錢牧翁所閱善本也。苦雨淒風，孤燈丙夜，得與吾鄉前輩相晤對，亦客情第一樂事也。是歲下元望後二日，後學許運昌記。"(余藏。)

類篇層瀾文選前集十卷後集十卷續集十卷别集十卷

元刊本，十三行二十字，細黑口，四周單闌。書名標題次行題"雲坡家塾鼎新刊行"一行。下有牌子，其文如左式：

今將舊本所選古文重新增添，分爲前後 續别四集，各十卷。前集類編賦詩韻諸雜 著，以便初學者之誦習。後、别、續三集類編 散文記傳等作，以資作文者之披閱，先後 體製次序秩然，真視舊本大有逕庭。幸鑒！

前集十卷：卷一楚辭，卷二至四賦，卷五古詩，卷六歌行，卷七曲、吟、題、贈，卷八詩總上下、銘，卷九頌，卷十贊、箴。

後集十卷：卷一、二原，卷三至五論，卷六説，卷七文，卷八難、辯、解，卷九戒、言，卷十題跋、文總類、檄、露布、祭文、哀詞。

續集十卷：卷一、二上書，卷三至七書，卷八封事、議，卷十狀、表。

别集十卷:卷一至四記,卷五至七序,卷八、九碑,卷十墓誌、傳。(壬午三月)

文章類選四十卷 明慶王朱㮵輯

明洪武三十一年慶王朱㮵刊本,大版心,十四行二十字,黑口,四周雙闌。　前有洪武三十一年凝真子序,言將昔人所集文選、文粹、文鑑、翰墨全書、事文類聚諸書所載之文類而選之,分五十八體云。其書冗雜已甚,全無宗旨,標目冗碎,義例舛陋,故不爲世所重。考慶王以洪武十六年就藩寧夏,三十年始建邸。其書鎸刻不精,蓋以邊遠之地難致良工,然版式寬展,字體疏朗,尚存元代風範,則時代使然也。(吴縣潘氏滂喜齋舊藏,辛巳十一月六日見于翰文齋韓子源處。)

忠謨謹按:此書别有跋,收入藏園羣書題記三集卷八。

經濟類編六十一卷 失名撰　殘本,存三十五卷

明吴氏叢書堂寫本,棉紙墨格,十二行二十四字。存卷列後:

卷三五行占驗　卷四曆法　卷五儀象時令　卷十四六書,字文論附　卷十六御書、御製　卷十七帝號紀年、世譜卷二十氏族故事　卷二十一禮制、郊祀、明堂　卷二十二宗廟　卷二十三封禪、社稷羣祀　卷二十七樂制　卷二十八律吕,度量衡附　卷二十九樂歌、樂舞　卷三十樂器上　卷三十一樂器下　卷三十二官制上　卷三十三官制下　卷三十四禄秩、封爵、階官　卷三十五選舉　卷三十六武舉、銓選、考課　卷三十九宰相下　卷四十翰苑館閣、臺諫上　卷四十一臺諫下、守令上　卷四十二守令下、功臣　卷四十三奉使、節義上　卷四十四節義下　卷四十五儒林上　卷四十六儒林下　卷四十七歷代人才上　卷四十八歷代人才中　卷四十九歷代人才下　卷五十兵制　卷五十八宫室中　卷五十九宫室下　卷六十器用　卷六十一昆蟲草木

按:此明鈔經濟類編殘本不知何人所撰,卷中已述至元代,或爲元明人所作,然與馮琦所撰之書則大不同,蓋彼爲一百卷,又皆采論議文

字，而非專述典類也。沅叔。（余藏）

赤牘清裁五卷 明楊慎輯

明刊本，楊升庵慎選刻於永昌，十行二十字，刻甚古雅。　有永昌張合序。嘉靖甲午王廷表後序。（乙卯）

赤牘清裁二十八卷 五册

明寫本，篇數甚少，與刻本相差甚多。（壬子）

藝贊三卷 明任慶雲輯

明刊本，九行十八字。　前有嘉靖壬辰正月玄玄子序。皆選唐宋元諸家文。（庚午）

唐宋元名表上下卷 上下又各分卷一二　明嘉靖壬寅滁陽胡松輯

明嘉靖刊本，十行二十字，行間有圈點。　有胡松自序一篇，蓋刊於山西督學時者。又有嘉靖辛丑上黨李新芳序。凡唐表六十一首，宋表二百五首，元表二十二首。有張天覺鄂州謝上表一首。宋元表中多罕見之文。（己巳）

名家表選八卷 明陳壿選輯

明刊本。　有嘉靖丁未四月東越宛委山人陳壿自序，云刻之崇正書院，以示嶺海諸生者也。後有廣州府學校授殷從儉序。卷一唐人，以下均兩宋人，間有罕見之文可以鈔存者。（丁卯）

續玉臺文苑四卷 明江元祚輯

明刊本。題横山江元祚邦玉輯。崇禎壬申東武葛微奇序。輯歷代女子之文，多元明人作，頗有希見者。（聚珍堂送閲，云收自南皮張氏。癸亥）

以上通代

藏園羣書經眼録卷十八

集　部　七

總集二

西漢文類四十卷 宋陶叔獻輯　存卷三十六至四十，凡五卷 △七一三六

宋刊本，半葉十三行，行二十四字，白口，左右雙闌。版心魚尾下記西漢文類幾，下記刊工姓名。版匡高六寸六分，闊四寸八分。卷四十末題："紹興十年四月日臨安府彫印。"（鐵琴銅劍樓瞿氏藏，乙卯觀。）

兩漢文鑑西漢二十一卷、東漢二十卷　宋陳鑑編

明刊巾箱本，高約四寸，寬約二寸餘。九行十八字，版心題"漢文鑑幾"，或"東漢文鑑幾"。　前有端平甲午石壁野人建安陳鑑序。六行十二字。（壬子）

文粹一百卷 宋姚鉉輯 △一〇七二六

宋紹興九年臨安府刊本，半葉十五行，行二十四至二十七字不等，白口，左右雙闌。版心上魚尾下記粹幾，下記葉數，最下記刊工姓名，有王成、王允成、王因、王受、牛實、弓成、朱祥、朱禮、阮于、何全、胡杏、吴邵、沈紹、陳然、徐真、董明等。　前有序，半葉十三行，行二十二至二十四字。後有寶元二年吴興施昌言後序，半葉十三行，行十八九字不等。卷末有紹興九年臨安府開雕并銜名，録如下：

"臨安府今重行開雕唐文粹壹部,計貳拾策,已委官校正訖。 紹興九年正月日。右文林郎臨安府觀察推官林嵤、左承直郎寧海軍節度推官周夯、右承直郎臨安府觀察判官蘇彦忠監雕。左從事郎浙西安撫司准備差遣劉嶸重校。"

鈐有,"玉蘭堂"白、"牧齋"朱、"季振宜印"朱、"御史之章"白、"振宜珍藏"朱、"延陵"朱、"歸來"白、"御史振宜之章"白、"季振宜印"朱、"滄葦"朱、"宋本"朱、"乾學"朱、"徐健菴"白各印。

此書杭本之至精者,臨清徐梧生遺書,索六千元,無力舉之,僅得借校三卷,視許增榆園刊本頗多改正。(乙丑)

文粹一百卷 宋姚鉉輯

明初刊本,十五行,行二十五六字,細黑口,左右雙闌。 鈐有"田耕堂藏"朱、"郁松年印"白文回文、"泰峰"朱三印。(癸丑)

重校正唐文粹一百卷 宋姚鉉輯

明嘉靖徐焴刊本。半葉十四行,行二十五字,白口,左右雙闌。 前人以朱筆校過,補正不少,且有出許刻之外者。 收藏有"李長靖字安圖"朱文大印。(庚午)

王狀元標目唐文類十二卷

明活字印本,十行二十字,次行題"祁東李氏銅板印行"一行。

鈐有"淞南趙秉淵印"、"趙氏清娱閣藏書記"、"曾爲徐紫珊所藏"、"隨軒"、"勞權印"、"勞權過眼"、"王懿榮"、"福山王氏正孺藏書"各印。書籤爲王可莊殿撰所題。

中興間氣集二卷 唐高仲武輯

影寫汲古閣本。舊人臨何義門焯校。何跋云據述古影宋本,從人假校者也。(癸丑)

松陵集十卷 唐皮日休、陸龜蒙撰

明弘治十五年劉濟民刊本,十行十八字。 前皮日休序。 正文首行題"松陵集卷第一",旁注"往體詩一十二首",各卷同。後有弘治壬戌都穆跋。據跋知是吴江令劉君濟民授儒士盧雍校勘捐俸刻之者。(余藏)

忠謨謹按:此書有跋,收入藏園羣書題記續集卷五。

松陵集十卷 唐皮日休、陸龜蒙等撰

明末毛氏汲古閣刊本。顧千里廣圻依宋本詳校,凡字體之不同者均照改。宋本半葉十二行,行字不等,序後連本文,無目録。卷末朱筆跋云:

"黼季用宋版校,余又校一過,時乙卯仲春十六日也。陸貽典記。改正約六十字。" "乙卯七夕後三日時介于勘一過,正七字。" "丙辰春分後三日陳在之勘過。"

有顧廣圻傳録毛扆跋一首,黄丕烈手跋二則,顧廣圻手跋一則,録如後方:

"余得宋彫本松陵集,凡有異同校入行間。客見而笑曰:'吾聞讀書觀大意,魯魚必讎,猶之可也,乃字同體異毫髪必校,毋乃刻舟求劒耶!'余曰:'有説焉。若字體異而音義同、如謌歌、逕徑,勿改可矣,若余予、煙烟異體異音,苗苗、紙紙分毫增減截然兩字,豈可不改?至于間字自古從月,唐碑宋槧絶無間字,傳寫之誤,以月爲日,舉世沿習,莫知其非,烏得不正?其有以謚爲諡、濕爲溼、派爲派、柕爲朽郭忠恕先已早辨之,則宋刻之失也。'客曰:'有是哉!子盍識之,毋更貽後人之惑也。'因略疏于左。汲古後人毛扆。 乾隆甲寅九月澗蘋顧廣圻傳録。"

"松陵集弘治間有劉濟民刻本,都玄敬跋之詳矣。先君子得古本重刊之,是時扆尚未生也。失怙以來,檢藏本不得,深入悵快。甲寅歲,吴興賈人持宋刻四册求售,不惜重價購之。閲第三卷,有都睦及虎山樵人二印。其第八卷天竺寺桂子詩以下板有刓缺,副葉有深柳讀書堂補鈔。第十卷自寂上人院聯句至末亦係抄補。大約都本缺譌處劉本略同。劉與都爲同年友,意此即其原本也。字體整密,欵式古雅,凡北宋廟諱俱缺一筆,高宗御名嫌名或左或右鑿去半字。其爲北宋本無疑。隨用比校家刻,多所是正。但間有補板,亦有譌字。後五年,從錢氏借得宋槧殘本第二卷,其首番尚屬原刻,更用比校,又正三字。宣、騷、瀰。夫書得宋刻亦可矣,尚有原板補板之不同,因知先輩讀書必訪求古本,良非無謂,今有云讀書何必宋板者,請以此相質。　己未六月朔日,隱湖毛扆識。""毛斧季校本松陵集余于數年前從邵書友處見之,而未及購買。後聞其歸于顧抱冲,遂從借歸,擬傳録一本,因循不獲從事,而抱冲已作故人,書猶未還,心殊怏怏。抱冲從弟澗薲適館余家塾,出其所傳録本爲贈。凡書中佳處,悉一載于後跋,與斧季手校真本無毫髮之異矣。而抱冲藏本有手抄何小山跋語一紙,余又傳録于此,一以見昔人校書之勤,一以見故友藏書之善,今而後校本松陵集之可寶,不僅以斧季手跡爲重也。至抱冲之本所校宋刻精妙處,澗薲當細爲摘出,俾抱冲遺孤成立讀之益加明了,豈不快乎!
嘉慶二年秋九月二十二日書于讀未見書齋。黄丕烈。"
"毛十丈有小字殘本十一紙,不忍捐棄,于故簏檢出,僅一卷之半,費三日工裝褫,此壬辰歲事也。去年九月,毛丈作古。今月望日,其孫持書售人。余感老人愛重宋槧意,以三星銀買之,取校所刊之本,更無譌誤。老人恒言此集修校爲精,信也!康熙甲午萬壽太歲年夏六月十七日,何仲子識于語古東軒。溽暑亢旱,焦灼土田,余得于軒中抱卷納涼,爲樂何如!宋本十二行廿二字,遇搆俱虚,唯存左旁,似是高宗時刊本,而通字中缺豎畫,又仁宗未親政時所刊,爲不可解。"
"斧季手校此書極爲精細,此本余甲寅九月所摹也。原本藏小讀書堆中,有抱冲記録何仲子跋語一紙,有云:'毛十丈有小字殘本十一紙,取校所刊之本更無譌誤。老人恒言此集校修爲精,信也。'今此正其已校之本,依宋刻者加圈别之,其餘如'誰可征弄楝',卷一,'弄楝'漢縣許叔重作'梇楝'者,而'征弄'刻作'梁'。'莊生問枯骨,王樂成虚言'卷二,'王樂'卽見莊子至樂篇,而'王'刻作'三'。'君看杖製者'卷四,此用左氏哀廿七年傳而微誤耳,而刻作'荷製'。'遠帆投何處'卷五,'帆'字本去聲讀,而刻作'棹'。'箬下斬新醒處月'卷八,'斬新'唐人詩多有之,而刻作'漸新'。又宋本用字最古雅者,若以'斥候'爲'斥堠','嘔妍'爲'嫗妍','彫龍'爲'雕龍','遂古'爲'邃古','苞羅'爲'包羅','底下'爲'低下','鈴閤'爲'鈴閣','步綱'爲'步罡','負檐'爲'負擔','蕭灑'爲'瀟灑','楊州'爲'揚州','楊雄'爲'揚雄','三茆'爲'三泖','查頭'爲'槎頭','飱霞'爲'餐霞','常娥'爲'嫦娥','戟支'爲'戟枝'。蓋'遂古'出楚辭天問,'戟支'出三國志吕布傳,字皆如宋刻,而皮陸時恐未必有'罡'、'嫦'等字也,卷内皆未經更正,僅藉校得見而已。仲子此跋殊弗爲確。蕘圃插架未具此書,檢以歸之,而識其崖略如此。嘉慶改元歲在丁巳九月廿有一日燈下書,時在王洗馬巷之士禮居中。澗薲顧廣圻。"(癸酉)

竇氏聯珠集五卷 唐竇常等撰

宋淳熙五年王崧刊本,半葉九行,每行十七字,白口,四周單闌。末有淳熙五年四月旦日朝散大夫權知蘄州軍州事北海王崧跋,稱刊諸公府,因知爲湖北蘄州刊本。(劉君承幹藏書,原繆藝風藏,爲藝風堂中宋本之冠。)

竇氏聯珠集五卷 唐竇常等撰 △一一四三七

明末毛氏汲古閣刊唐人四集本。何焯手校本,有跋録後:

"康熙辛卯春日,蒙汲古主人西河十丈以勘校唐人詩數種見借,此五竇聯珠集字蹟似馮丈補之所校,而頗嫌其略。會余購得葉丈九來所藏宋本,乃顧大有故物,因詳加是正,凡改五十餘字。中行'杏山館聽子規'一篇諸本脱去,仍爲補録,竊比顏介家訓先有缺壞就爲補治之意,恨以病目字失楷正爾。後生義門何焯附識。"(余藏)

竇氏聯珠集五卷 唐竇常等撰

清袁廷檮家傳鈔宋刊本,九行十七字,版心有"袁氏貞節堂鈔本"七字。有黄丕烈跋,録後:

"竇氏聯珠集宋本藏余家,此鈔即從出者,末録毛跋,此壽階所增也。宋本竇常集末多'杏山館聽子規'一首,毛刻所無,想所據本脱葉。中有硃筆校勘,乃義門手筆。余所藏有一舊鈔,亦脱是首,可知世所行本除宋本外此爲近真之本矣。復翁"

鈐印有:"五硯樓"、"宋本"、"袁廷檮印"、"壽階"、"貞節堂閣書印"、"仲魚圖象"下繪小象、"得此書費辛苦後之人其監我"、"唐翰題審定記"諸印。

書衣有唐翰題題記,録後:

"竇常集末有'杏山館聽子規'一首,此陳徵君持贈拜經之本,影宋鈔,何義門先生校,後有黄蕘翁跋,曾藏袁壽階五硯廔,又歸陳簡莊,均有印。"

按:義門卒于雍正年間,袁氏爲乾隆末年,時代不相應。義門校本在余家,校于汲古初刻本上,此校筆當爲過録,想唐氏屬筆偶誤耳。藏園附記。(癸酉九月三十日)

才調集十卷 五代蜀韋縠編

汲古閣刊本。目後有徐玄佐、孱守居士馮班、陸貽典、鱸鄉漁父、夕公、鮮民、赤復各跋,密行細字,十四行,凡一葉,各本未見。何義門焯手校並批。(葉定侯藏,甲戌四月閲。)

才調集十卷 五代蜀韋縠編 李□一〇二

汲古閣影寫宋刊本,十行十八字。

鈐印録後:"宋本"朱楕、"甲"朱方、"毛晉私印"朱方、"子晉"朱方、"汲古主人"朱方、"大布衣"白方、"錢曾"朱楕、"述古堂圖書記"朱長方、"錢曾之印"白方、"遵王"朱方、"錢氏校本"朱長、"虞山錢曾遵王藏書"朱長、"賢者而後樂此"白長、"求赤讀書記"白長、"錢孫保印"朱方、"友竹軒"朱楕、"筠"朱圓、"雪苑宋氏蘭揮藏書記"朱長。(李木齋先生藏書。壬子)

唐百家詩選二十卷 宋王安石輯 存卷九至十六,計八卷

△一一四三八

宋刊本,版狹而長,半葉九行,行十八至二十字不等,白口,左右雙闌。版心下方記刊工姓名,有王仲、王華、王景、陳祐、陳彦、徐岳、謝興諸人。卷中宋諱鏡、竟、敬、懸、貞、樹、署、佶、均爲字不成。補刊之版不及原板字體方整嚴重也。卷十五末葉儲光羲詒余處士詩:"市亭忽雲構","構"字注"御名"。

卷九至十二共收六十四人:

薛能六 王建八 李涉四 趙嘏一 楊巨源十六 賈島十 司空曙六 許渾十三 李羣玉三 韓渥五 皇甫冉十八 張繼二 盧綸五 高適十八 李郢二 戴叔倫六 李頎六 包佶二 張彪三 羊士諤三 岑參四 令狐楚二 郎士元五 陳羽一 吴融七 盧仝二 劉滄四 雍陶三 劉言史六 張祜六 常建一 孟浩然三 皮日休三 李涉四 戎昱二 劉將任一 李頻一 王昌齡一 項斯二 劉商二 李遠三 盧象一 于逖一 沈千運一 竇鞏二 明皇一 熊孺登一 鄭畋一 曹鄴一 李嘉祐二 薛逢一 章碣一 曹唐一 崔顥二 崔國輔一 杜荀鶴一 崔魯四 李約一 于武陵四 竇庠一 劉駕一 崔塗一 王駕一 馬戴一

按:王荆公唐百家詩選郡齋讀書志、直齋書録解題皆言就宋次道家

藏唐人集一百八家選其佳者,而不明著其爲分類與否。今以各家著録考之,其行世實有二本,一爲分人選録,一爲分類選録。分人本康熙時商邱宋中丞曾據宋本翻雕,前有乾道己丑四月望日蘭皋盤谷倪仲傳序。然何義門焯手校本見皕宋樓藏書志有跋云:"八卷乃秘閣藏書,商丘公從東海司寇家得之。二十卷全者斧季得之吴興鬻書人,鈔本,非宋刻也。書跡類明初人,亦不知與八卷有異同否。商邱喜於復完,不復研覈,但非出於毛之僞造,或真爲荆公之舊耶!"又曰:"余見錢牧翁手校岑嘉州詩,上有荆字印者,或與此不盡合,此則其可疑者,豈牧翁一時疏略耶!"據此,則商邱所刻當時卽有致疑者矣。以今考之,倪序言初得是詩於香溪先生家藏之秘,嗣得南昌刻本,惜其字畫漫滅,故鏤版以新其傳云云。是商邱刻實原倪本,第宋刻殘缺,以鈔本足之,遂啟人疑竇耳。然自此刻盛行而舉世幾不知有分類本矣。顧分類本流傳實稀,惟皕宋樓有殘本,存卷一至五,十一至十五,凡十卷,編次全然不同,卽百宋一廛賦注中所謂小讀書堆分類本也。前有元符戊寅七月望日章安楊蟠序。其所存十一至十五五卷,余所獲殘本亦有之,各類卷目正復相符。然楊蟠序言,細字輕帙,不過出斗酒金而直挾之於懷袖中,以其詞測之,或是巾箱本。而余藏此本則版匡甚高,大字疏朗,則楊序爲别一刻,而兹刻則轉録楊序耳。至於分人之本,倪氏得之臨川者爲南昌刻本,其書見百宋一廛賦注,半葉十行,行十八字。古人一書而兩本並行、詳略互見者,如郡齋讀書志、名臣言行録之類甚多,又烏足致疑乎。此書存八卷,四卷得之文德堂書坊,四卷以明東吴徐氏活字本曹子建集易之於張君庾樓。至義門謂牧翁校岑嘉州詩與荆公選不盡合者,是牧翁所據必爲分類本,義門以商邱刻證之,宜其多所抵牾也。楊蟠序世不多見,兹録之左方,陸本所存合余本去其複者得十三卷,並鈔其類目於後,以資參證。　乙丑立春前一日傅增湘記。

謹按:静嘉堂本已影印行世,楊序不録,僅録各卷類目於後:

卷一日、月雨、雪、雲　卷二四時、晨昏、節序、泉石　卷三花木、茶菓、蟲魚　卷四京闕、省禁、屋室、田園　卷五棲隱、歸休　卷九投獻、慶賀、酬答　卷十僧道　卷十一音樂、書畫、親族、墳廟、城驛、雜詠　卷十二古宮榭、古京室、古方國、昔人遺賞、昔人居處　卷十三送上　卷十四送下　卷十五別意、有懷　卷十六邊塞、軍旅、射獵。

忠謨謹按:此書别有跋,收入藏園羣書題記初集卷八。

唐百家詩選二十卷 宋王安石輯　存卷一至五,十一至十五,凡十卷

宋刊本,版匡高七寸六分,寬四寸,半葉九行,每行二十字,白口,左右雙闌。版心上魚尾下記唐詩選幾,下魚尾下記葉數,下記刊工姓名。　前有元符戊寅章安楊蟠序。

按:此爲分類本,與商丘宋氏所翻宋本不同。余亦藏有殘本八卷,爲卷九至十六。字撫歐體,樸厚方整,南宋諱不避,當是北宋末年鋟梓。第其中有補修之葉及挖補一二行及一二字者,則已入南渡矣。如卷十五儲光羲詒余處士詩:"市亭忽云構","構"字注"御名",其結體纖率,氣息薄靡,與原鎸迥異。(日本静嘉堂文庫藏書己巳十一月十三日閲)

又,静嘉本頃已影印行世。承惠一帙,取與余藏本相較,卷十一至十五二本俱存,而各葉仍有互異者,蓋補板先後不同耳。然則此書之補鎸亦屢矣。

萬首唐人絶句一百一卷 宋洪邁輯

明嘉靖刊本,十行二十字。七言七十五卷,五言二十五卷,六言一卷。　前有紹熙元年洪邁序,又三年進書劄子,重華宫賜劄子謝表,别奏劄子,奏耿柟不受書劄子,謝南内奏狀。紹熙四年。目後有嘉定辛亥新安吴格識會稽郡齋修補書板事

"唐人絶句詩凡一百一卷,半刻會稽,半刻鄱陽,嘉定癸未新安汪綱守越,遂搨鄱陽本併刻之,使合爲一。既畢工,姑識其末,是歲

二月既望書於鎮越堂。"

"萬首唐絶句詩自宋刻迄今又多漫謬蠹闕矣。都憲陳公俾愚領校刊之任,愚雖三年勞于兹,亦烏能免譌舛之非乎哉!維昔始之以淳熙庚子,而今繼之以嘉靖庚子,數之偶然有可識焉耳。辛丑人日,姑蘇門生陳敬學書。"

中縫下方間刊有"德星堂"三字。

按:此故人葉郎園藏書,有奂彬及啟勛、啟蕃各印。(庚辰)

分門纂類唐歌詩一百卷 宋趙孟奎輯 存十六卷 △八五九○

汲古閣影宋精寫本,十行十八字。每卷前附目録,大題在下,其文如下:"天地山川類卷第十八　趙孟奎分門纂類　唐歌詩十八。"

前有咸淳改元正月十五日趙孟奎序,言發吾家藏,手出綱目,合訂分類,囑李君足成之,旁收逸墜,得一千三百五十三家,四萬七百九十一首,十餘年而後畢云。存卷如後:

卷十八天地山川類　卷二十□天地山川類　卷二十一天地山川類第二十一　卷三十二天地山川類第三十二　卷九十一草木蟲魚類第三　卷九十二草木蟲魚類第四　卷九十三草木蟲魚類第五　卷九十四草木蟲魚類第六　卷九十五草木蟲魚類第七　卷九十六草木蟲魚類第八凡十卷,又複出十八、二十二、九十一、九十三、九十四、九十六,計六卷。(徐梧生遺書,己巳五月見。)

分門纂類唐歌詩一百卷 宋趙孟奎輯 存十一卷

清曹楝亭家影寫宋刊本,十行十八字。　前有咸淳改元正月十五日趙孟奎序。原書一百卷,今存者只十一卷,取宛委别藏影本校之,乃進呈時頗有更動。

第一曉晚類:曹本白居易"暮立詩"下尚有項斯"黄州暮愁"一首,只存三行,阮氏進呈宛委本删去。第二山類一卷:曹本前缺數葉,不知屬於何卷。然張子容"巫山詩"之前尚有六行,存殘詩二行,又鞠侯詩五律一首。阮本以其殘缺,删去前六行,别補目録一葉,自“巫山詩”鈔起,以致直至卷末行格皆非宋本之舊矣。

第二十二山類:曹本卷首有缺葉,現存郭密之“石門山詩”之前尚有殘詩六行,阮本删去,别鈔目一葉又六行以補其缺,於是此卷以石門山爲首。卷末此本齊己“假山詩”下尚有薛濤“題從生假山詩”三首,又張籍“秋”、白居易“秋山”詩各一首,阮本皆删去。

第□□□川類:曹本缺卷首各葉,其下爲皮陸太湖諸詩。今阮本亦鈔目於上以補其缺,以皮日休“太湖詩”爲本卷之首,豈知此詩之前尚有皮日休“七相三公盡白鬚”七絶一首,阮本竟删之。卷末止於張九齡“玄武湖詩”,而此本其後尚有李白“郎官湖詩序”十四行,阮亦删去矣。

第九十一花類:此本目録缺一下二上兩半葉,阮本補之。

第九十二、第九十三:兩本同。

第九十四:第十九葉原缺。其十八葉末乃杜甫“除草詩”,阮本以其殘缺,遂改“除草”爲“移草”,而以房彦謙“移從杜城曲”一詩接之。於是以下各葉皆遞推一行,與原本異矣。卷末王周“金盤草”詩後尚有張説“冬日見牧牛人擔青草歸”七言一首,阮本乃遺落不存。

第九十五,木詩:兩本同。

第九十六木二詩:卷末顧況“洞庭孤橘歌”後尚有杜甫“病橘”一首,詩三行,不完。阮本以不完删去。

後有毛扆跋二則,又附葉文莊盛書後一則。曹寅手跋如下:“是書曾藏虞山錢宗伯家,首卷子晉借鈔,得脱絳雲之炬,真靈光矣。甲申修全唐詩,從斧季借閲,增入人詩甚多,觀者不可以爲芻草而輕之。寅。”

鈐有:“楝亭曹氏藏書”、“長水外史”白、“聽雨樓收藏書畫印記”、“查瑩藏本”、“慧海樓藏書印”、“竹南藏書”、“堇齋圖書”、“長白敷槎氏堇齋昌齡圖書印"、"查映山讀書記"、"賜硯堂書畫印"、"依竹堂章"、"學山堂印"。　壬午三月初九日藏園記。

忠謨謹按:此書有跋,收入藏園羣書題記三集卷八。

箋註唐賢三體詩法二十卷 宋周弼輯

明刊本,十一行十九字,注雙行同,四周單闌。　前大德九年方回序,次圖五幅,次世系紀年。　陸敕先貽典以元本校勘,並補鈔第二十一卷,每卷均記月日。卷尾跋語録後:

"借葉林宗元本録,遵王王府本校正,十六卷内補詩二十五首,末卷八首則林宗本也。初九日校完識,貽典。"　"葉林宗元本共補詩三十三首"此跋在二十一卷末。卷中補録之葉多爲敕先親筆。

增註唐賢三體詩法三卷

日本古刻翻元本,十行二十二字,注雙行同。詩内增注以陰文别之。

有至大二年重陽日裴庾季昌序,方回序,次綱目,次唐代十道圖及開基、混一、藩鎮各圖,次求名公校正咨目十四行,次凡例,次世系紀年,次詩人小傳。(壬戌)

唐僧弘秀集十卷 宋李龏輯

宋陳宅書籍鋪刊本,十行十八字,白口,左右雙闌,版心下方間記刊工人名,有翁天祐、徐、林二等字。前李龏和父序,序後空二行有牌子,如下式:

"臨安府棚北大街睦親坊南陳解元宅書籍鋪刊行。"

卷十後有牖式丹色木印記:

"嘉興崇德鳳鳴世醫蔡濟公惠家無甔石之儲
惟好蓄書於藏以爲子孫計因書此傳之不朽。"

鈐印有"蔡氏公惠"、"乾學"、"徐健菴"、"季振宜藏書"、"濮陽李廷相雙檜堂書畫私印"朱文大長印。第二卷第八葉原缺,新鈔補。

清宫舊藏,函帙仍内府原裝,内有原簽一紙。凡六行。

“弘秀集原一套,四本,五十六年三月十六日暢春園發下去襯紙改插套,一本,係唐朝名僧之詩,宋寶祐年間人李龏纂録並序。宋板。”(壬申正月初六日見于文友堂。)

忠謨謹按:此書别有跋,收入藏園羣書題記續集卷六。

唐僧弘秀集十卷 宋李龏輯,存卷一至八,計八卷 李□九〇八九

宋陳宅書籍鋪刊本,十行十八字,白口雙闌,版心上記唐僧幾,下記刊工姓名翁天祐,翁、天祐刊。二、三、四卷皆此字,大約一人所刊也。

有黄丕烈跋四段。乙亥二月、癸亥端陽、丁卯端陽、己巳中秋。(李木齋先生藏書。癸丑)。

唐僧弘秀集十卷 宋李龏撰

明末毛氏汲古閣刊本,每卷後題“男扆再校”。此本與八行本不同,卷十尚顔詩不誤,是校改重刻也。(甲子)

註解章泉澗泉二先生選唐詩五卷 宋趙蕃、韓淲輯

明刊本,八行十六字,白口,左右雙闌,注雙行低一格,十五字。首卷標題後題“章泉先生趙蕃昌父精選”,“澗泉先生韓淲仲止精選”,“疊山先生謝枋得君直註解”三行。 前有謝枋得序。

鈐有“徐縉珍賞”、“徐氏珍藏”、“玉堂學士”、“徐玄佐印”皆朱文、“經筵日講官”白文、“汪士鐘印”白、“閬源真賞”朱各印。

是書刊印精美,爲徐文敏舊藏,玄佐其子也,莫丈楚生棠戊戌九月得於滬瀆。此書四庫未録,阮芸臺元始以進呈。(己未)

註唐詩鼓吹十卷 元郝天挺撰

明刊本,十行二十字,注雙行同,白口左右雙闌,版心魚尾上記字數大若干小若干,下記人名一字,或作某某刊三字。版匡約高七寸餘。字體方整,猶有宋意。厚皮紙,初印,紙幅濶大。 前有趙孟頫序,又蜀西武乙昌序,又一序,祇題燧字。(癸丑)

唐詩鼓吹註解大全八卷 明廖文炳註

卷首版式録後:“新刊唐詩鼓吹註解大全卷之一金字卷首行　古岡後學廖文炳註解二行　翰林院庶吉士同年馬象乾校正三行　弟廖文燧閱編四行　閩書林鄭世魁繡梓五行”

前有萬曆五年馬象乾連城序。卷八末有牖式牌子,文如下:萬曆壬辰年孟夏月書林鄭氏雲齋繡梓。(丁卯歲田中慶太郎自日本寄來。)

唐音十四卷 元楊士弘撰　存始音一卷、正音六卷,計存七卷

明洪武二十三年建安博文堂刊本,十行十八字,大黑口四周雙闌。始音目後有牌子,文曰:

洪武庚午仲冬 建安博文堂刻

(甲寅)

唐詩始音一卷正音六卷遺響五卷 元楊士弘輯

明初建安葉氏刊本,九行十八字。有題識,文曰:

建安葉氏 鼎新繡梓

又有“三峯記”鼎式木記。

抱經樓盧氏青崖藏書。余於癸丑十二月至甯波靈橋門内君子營盧宅訪之,盡一日之力,記其大要。書目四巨帙,普通之書咸具。其各省志書數百種多清初之本,圖書集成鈔本一部則當時館臣底本,盧氏以重金購歸者也。大樓五間,加以重鑰,十三房分掌之,凡開樓必各房有人到乃啟鑰。並具酒飯焉。全書索價十萬元,余未給值,而盧氏乃揚言余出值四萬元,至見諸報紙以張大之。聞後迄無問津者,不知將來流轉何人之手也。沅叔。

增奇集二十□卷 明失名人撰　存二十二卷

明刊本,十一行二十一字,白口,四周雙闌,版心上方記詩家姓名。此書不知何人所輯,卷首題“紫霞洞天仙□譔”,其墨印左爲“仙”字,右字不可辨。　前有行書序,録後:

“增奇集序:詩總集三百篇之未之聞也,漢魏以降,傳於世者莫唐

爲盛。蓋其三百年間以之取士，故尚之者衆，業之者力，奇材比迹而辭致蔚興，莫不充金石而造聲，吹芝蘭而競臭，盛矣哉，宜其爲世所傳也。當時元次山諸家所選篋中、南薰等集已非一編，而楊士弘唐音之傳爲最盛，黄娶又删其六十餘首，增千二百餘首，爲唐音集成。況猶有未及者，將終於寥落，弗獲大鳴，奚可以哉！余嘗收摭散逸之餘，裒録成編，復得如干篇。蓋將發其光華，振於垂泯，傳於無窮，譬猶總衆采以成章，會百川而爲海，益可見其盛者。大抵五言緻而七言舒，盛唐高而晚唐下，若諸家體裁風氣之所懸又未可一日語也。昔元晦謂伯恭文鑑有止編其文理佳者；有其文且如此而衆人以爲佳者；有其文雖不甚佳，而其人賢名微，恐其泯没，亦編其一二篇者；有文雖不佳，而理可取者。是編亦有以云。”

序後有補綴痕，當是年號及撰書人，書估去之以充宋元刊本云。然序中引黄娶書，則爲明刊明矣。卷一詩五百七十九首，五古，唐太宗至獨孤及，卷二詩二百四十九首，五古，劉長卿至靈一，卷三詩四十首，五古，起姚合至貫休，卷四詩二百五十一首，七古，起王勃至獨孤及，卷五七古，前缺六葉，卷六詩五十二首，七古，起温庭筠至齊己，卷七詩一百二十一首，起太宗至岑參，卷八詩四十九首，五排，起皇甫冉至劉禹錫，卷九詩三十首，五排七排，起賈島至韓偓，又附杜甫、王建、韓偓三人，卷十三百五十七首，五律，起太宗至秦系，卷十一詩二百三十六首，五律，起皇甫冉至靈一，卷十二一百六十七首，五律，賈島至齊己，卷十三詩九十二首，七律，沈佺期至獨孤及，卷十四詩一百二十六首，七律，皇甫冉至靈澈，卷十五詩一百八十四首，七律，賈島至譚用之，卷十六詩一百五十三首，五絶，起楊炯至朱放，卷十七詩一百八十四首，五絶，起皇甫冉至太上隱者，卷十八詩九十九首，五絶，起文宗至吕岩，附録八字，卷十九詩一百八十三首，七絶，起王勃，至君山父老，卷二十詩三百十五首，七絶，起皇甫冉至靈一，卷二十一，詩三百四十四首，七絶，起賈島至齊己，卷二十二詩二十八首，各體，起徐賢妃至闕名。

收藏鈐有“素恩堂印”、“百城居”、“年歲一床書”、“占得人間一味愚”

各印。此書字體寬博厚重,刻工精湛,有北魏風格,極似道園類稿。(庚午二月初九日曾叔度送閲,已收。)

忠謨謹按:此書别有跋,收入藏園羣書題記三集卷八。

唐詩品彙九十卷拾遺十卷 明高棅輯

明弘治六年癸丑江西提刑按察使張璁刊本,十行二十字,黑口,四周雙闌。前洪武辛巳玉融馬得華序,次靈武王偁序,次洪武乙亥仲蒙子後人林慈序,次洪武癸酉春新寧高棅總序,次引用書目,次歷代名公敍論,次凡例,次詩人爵里,次總目:五古二十四卷,七古十三卷,五絶八卷,七絶十卷,五律十五卷,五言排律十一卷,七律九卷。末題“已上諸體共九十卷,合詩五千七百六十九首”。每體中又以正始、正宗、大家、名家、羽翼、接武、正變、餘響、傍流爲次。拾遺十卷編排同,共收詩九百五十四首。目後有洪武戊寅棅自誌。後有成化十三年丁酉江西提刑按察使三山陳煒刻書跋,次弘治癸丑江西提刑按察副使滇南張璁跋,言舊刻在南昌,寄旌陽鐵柱宫,弘治戊申燬於火,訪張東白太史,得元刻本,因請歸贛,壽梓以續其傳云。

全書十七册,明代舊裝,以格、物、致、知、誠、意、正、心、脩、身、齊、家、治、國、平、天、下十七字爲次,每册版心刊一字。缺葉缺卷明萬曆以前鈔補。書衣籤題亦明式。(海源閣佚書,庚午歲收得。)

唐雅二十六卷 明張之象輯

明嘉靖三十一年無錫縣刊本,九行十七字,白口雙闌。每卷次行題曰:“大明嘉靖壬子歲直隸常州府無錫縣置板”,一行。(余藏)

唐詩類苑一百卷 明卓明卿輯

明萬曆丙戌崧齋木活字印本,十行二十字,中縫有“崧齋雕本”四字。

前萬曆丙戌王元美序,次汪道昆序,次屠隆序,次李自奇序,次卓明卿自序。各卷題“仁和卓明卿澂父編輯”,“華亭張之象玄超、長洲毛文蔚豹孫同校”。(余藏。)

十種唐詩選五卷 清王士禛選、宋犖編 △一〇三六八

題"新城王士禛選、商丘宋犖編",原寫稿本,十行十九字,藍格,版心有"漫堂鈔本"四字。分初唐、盛唐、中唐、晚唐四類,其言十種者,國秀、搜玉、極玄、又玄、才調、河岳英靈、篋中、御覽、中興、唐文粹也。漁洋原編,而牧仲又重加檢録,以成此編。鈐有"宋犖"、"牧仲"、"謾堂"各印。(邢贊亭藏書,甲戌立夏見。)

西崑詶唱集二卷 宋楊億等撰 △二一五〇

明嘉靖十六年張綖玩珠堂刊本,十二行二十字,版心上方有"玩珠堂"三字。 前有嘉靖丁酉張綖序,楊億自序,次詩人姓氏一葉。此書去冬見於上海秦曼青更年許,頃由羅子經振常購到。(壬戌)

忠謨謹按:此書有跋,收入藏園羣書題記續集卷五。

西崐酬唱集二卷 宋楊億等撰

清古香樓刊本,以宋本校正。 有康熙馮武、朱俊升序。(壬戌)

西崑酬唱集二卷 宋楊億等撰

影宋精寫本,十二行二十字。 有王蓮涇、季滄葦藏印。(丁卯七月查點故宫藏書所見。)

西崑酬唱集二卷 宋楊億等撰

舊寫本,絶精。虞山周楨以寧、雲間王圖煒彤文注。(海源閣遺籍。庚午)

西崑詶唱集二卷 宋楊億等撰 **附見山堂遺詩一卷** 清益都趙作肅撰

清趙秋谷執信刊本,十行十九字。 有漁洋山人跋,封面題"重刊宋本,見山堂藏版"。 又附見山堂遺詩一卷,據王易序,益都趙作肅遺稿,其從姪秋谷宫贊擇其什三存之,是知此本爲趙氏所刊也。(庚午)

九僧詩一卷 宋釋希晝等撰 李□三六

汲古閣影宋精鈔本,十行十八字。 鈐有席氏、汪氏、惠定宇各印。

（德化李氏舊藏。癸未）

九僧詩一卷 宋釋希晝等撰

清道光丙申刊本。 前有石韞玉序，云從周香巖藏毛鈔本出。（丁卯）

月泉吟社谷音河汾諸老詩中州集中州樂府序目小傳

金俊明手寫本，有跋。甲寅秋七月。有黄蕘圃丕烈跋。己卯季冬望後一日。（癸丑）

聖宋文選全集三十二卷

宋刊巾箱本，版高五寸，闊三寸八分半葉。每半葉十六行，行二十八字，白口，左右雙闌。版心下方記字數及刊工姓名，有周彦、李昌、李珍、李忠、張佐、楊昌、陳章、陳彦、余政、吴正、黄中諸人。蠅頭細楷，結構精嚴，有歐陽率更意，較蘇文爲厚重，當亦婺本之精者。

卷尾有嘉慶八年黄蕘圃丕烈跋，已刊行，不更録。 鈐印有："士禮居"白、"蕘圃"朱、"恩福堂藏書印"白、"煦齋藏弆"朱、"介文珍藏"朱諸印。近人則有蔣氏密韻樓、張氏適園、擇是居、蔣祖詒各印。書衣有"愚齋圖書館藏"朱文大印。（辛巳十二月十三日文禄堂取閲。）

聖宋文選三十二卷 存四卷，餘鈔配

宋刊本，半葉十六行，行二十八字，細黑口，左右雙闌。字撫歐體，當是浙刻。其密行細字，與三蘇文粹相類，疑是婺本。（江南圖書館藏，丁氏故物。）

聖宋文選全集三十二卷

清初寫本，十六行二十八字，照宋本鈔，字略放大。 前有康熙己巳嘉善柯崇樸序，據序，爲石門吕晚村先生屬覓此書，乙丑歲至京都，從朱竹垞轉假得崑山徐相國家宋刻本鈔録二部，一以遺竹垞，一自攜歸。 鈐有"紅藥山房"、"馬寒中"及商丘陳濂藏印。（余藏。）

新刊國朝二百家名賢文粹三百卷 存卷十五、十八至二十、九十至九十三、一百六十四至一百六十八、一百七十至一百七十六、一百八十四至一百九十、二百五

至二百八、二百七十二至二百七十七、二百八十五至二百八十六,計存四十一卷

△八五九四

宋慶元三年書隱齋刊本,半葉十四行,每行二十四字,白口,左右雙闌。缺宋諱至敦字止。審其雕工,當是蜀中刊本。各卷鈐有甓社書院文籍楷書朱記。內卷一百七十至七十六計七卷余藏。(壬戌)

後又見海源閣舊藏一百九十七卷,卷次均經剜改。諧價未成。

新雕聖宋文海一百二十卷 宋江鈿輯　存卷四至九,計六卷

影寫宋刊本,十三行二十二字,書名大字占雙行。卷四古賦,卷五賦,卷六賦,卷七記,卷八銘,卷九詔。其文字多爲罕見者,如周美成之續秋興賦、足軒記,張商英之雲居山真如禪院三塔銘、賜門下詔、崇經術詔、配享詔,皆不見他書。王子韶之六聖原廟賦、崔伯易之感山賦,皆鴻篇鉅製,不可多得,宜録存之。(北京圖書館據瞿氏藏宋刊本影寫。甲戌)

皇朝文鑑一百五十卷目録三卷 宋吕祖謙輯存目録上、中,卷四至二十七、二十九至四十七、六十九至七十四、七十八至一百四、一百三十六至一百四十一,計存八十四卷,餘鈔配

△六六六四

宋嘉泰四年新安郡齋刊本,半葉十行、行十九字,白口,左右雙闌。版心上記字數,魚尾下記文鑑幾,下記刊工姓名。　首吕祖謙進書劄子,謝賜銀絹除直秘閣表,次周必大序。　鈐有明吴氏叢書堂、葉盛、韓世能、張丑、項藥師、毛晉諸印。

按:是書摹印精善,紙背有宋時紙坊朱記,宋槧宋印無疑。丁卯六月假得,校於明五經堂刊本上,改正甚多。

皇朝文鑑一百五十卷 李□九〇七〇

宋刊本,十三行二十一字,黑口。目録題新雕皇朝文鑑。遇宋諱以墨圈别之。

吕祖謙劄子後有牌子,文曰: 麻沙劉將仕宅刊行

鈐有:"古潭州袁卧雪廬收藏"白方、"種玉樓藏書印"白方二印。(李木齋藏書。壬子)

宋文鑑一百五十卷目録三卷 宋吕祖謙輯

明嘉靖五年晉藩養德書院刊本,十三行二十一字。 清沈欽韓朱筆校。(癸丑)

宋文鑑一百五十卷目録三卷 宋吕祖謙輯

明刊本,十三行二十一字。 前周必大奉勅撰序,次吕祖謙劄子,次目録。(見于上海蟫隱廬。戊午)

聖宋名賢五百家播芳大全文粹□□卷目録□卷 宋葉棻編。魏齊賢校正 存一百卷,目録七卷 △七七六八

宋刊宋印本,半葉十四行,行二十五字,白口,左右雙闌,版心上方記字數。有紹熙改元庚戌八月朔南徐許開仲啟序行書八行。次本朝名賢總目,計五百家,每家標舉謚法或名字,次播芳大全雜文之目,此葉大字六行。自表啟至題跋,爲類三十有三。次目録七卷。目二三行題云:"衢山精舍葉棻子實編""富學堂魏齊賢仲賢校正。"

鈐有"吴江徐氏記事"、"季振宜藏書"、"石川張氏崇古樓珍藏印"、"方岩"、"劉桐珍藏"、"烏程劉桐一字秋崖祕玩"、"花笑廎藏"、"王專"、"□香樓藏"、"陶菴"圓印、"芳洲"、"虞山許氏圖書之印"。

壬戌十一月廿九日天津文焕齋書坊送閱。目録及每卷卷首均有挖補痕迹,蓋爲惡估剜改,欲以殘書充完本也。可惜之至! 書計四十册,余代蔣孟蘋汝藻收之。

聖宋名賢五百家播芳大全文粹宋葉棻編 魏齊賢校正 存卷二十八至三十一,共四卷

宋刊本,半葉十四行,每行二十五字,細黑口,左右雙闌,板心上記字數,上魚尾下題方幾。

卷二十八謝除授啟分執政、侍從二門,文三十五首。

卷二十九謝除授啟分館職、監司、守倅三門,文二十三首。

卷三十謝到任啟分帥臣、憲使、漕使三門,文二十八首。

卷三十一謝到任啟分倉使、諸司、大尹、太守四門,文三十五首。

共文一百二十一首。

按:是書各家著録皆傳寫本,惟季振宜書目有宋刊二十册,十餘年來訪求未得。慈溪李氏以千金購得明寫本,余曾假閲,然烏焉魚魯莫從是正也。壬戌冬,於津門見宋刻本一百卷,審其印記,知即季氏舊藏,後歸烏程劉疏雨瞑琴山館,改裝爲四十册。惟逐卷剜改標目,湊足百卷之數,蓋自季氏相傳已非全帙矣。旋議定以二千金收之。惟時蔣孟蘋汝藻在京,因疏雨爲同里先輩,堅欲相讓,遂載之而去。然孤帙鉅編,明以來傳寫皆從兹出,要爲海内祖本,思之耿耿。癸亥春南游,見此殘本,因亟收之,以彌前憾。見鳳一毛、窺豹一斑,聊以敝帚自珍云爾。藏園記。

聖宋名賢五百家播芳大全文粹一百卷目録七卷 宋葉棻編 魏齊賢校正

明藍格寫本,十行二十至二十四字不等。前有紹熙改元庚戌八月朔南徐許開仲啟序,次名賢總目,計五百。次目録七卷。題:"衢山精舍葉棻子實編","富學堂魏齊賢仲賢校正"。

鈐有"重光"白、"子宣"朱、"存素堂珍藏印"、"詩龕墨緣"、"時飄珍玩"諸印。(己巳)

聖宋名賢五百家播芳大全文粹□□卷 宋葉棻編 魏齊賢校正存卷一至四,每卷皆分上中下子卷 李□三五八○

朝鮮古活字印本,十行十七字。題目大字,文字首尾及文中關鍵處亦用大字,餘皆夾行小字。文中提行空格一存宋式。 鈐有"宣賜之記"朱文大印,又"□川氏圖書記"、"晚翠亭"鐘式印。(李木齋先生遺書,辛巳)

聖宋名賢四六叢珠一百卷 宋建安葉棻子實編

明寫本，十四行二十五字，每門類大字標題占雙行。目後有“建安陳彦甫刻梓於家塾”二行。首有慶元丙辰九日錦谿吴奂然景仲序。

有明王寵手跋，録後：

“此書爲建安葉子實編，慶元丙辰錦溪吴焕然序。按慶元爲宋寧宗年號，然則著者想亦同時之人矣。書内分種類十六，宏博富麗，頗堪瀏覽，且爲宋刻精本，近代歷爲收藏家寶貴，因從吴從明宗丞家借得，命兒子女輩鈔之，以作每日字課。余偶得暇亦間爲書寫，斯亦家庭中之一樂事與！嘉靖壬辰嘉平月雅宜山人王寵附記。”（翰文齋送閲。癸亥）

忠謨謹按：此書别有跋，收入藏園羣書題記三集卷八。

聖宋名臣獻壽文集十二卷 存卷一至五，計五卷

明寫本，十行十九字，注雙行同。　鈐有“竹泉珍玩”、“謏聞齋”二印，蓋上海顧氏藏書也。存卷一至五，兹録其目如下：卷一賦，卷二頌，卷三記，卷四四言詩，卷五五言律，卷六七言絶句，卷七、八七言律，卷九七言律，卷十七言律，卷十一七言律，卷十二七言律。

按：此書各家未經著録，其篇中撰人有署官職者，有題别號者，有題書名者，如道山集、南游集之類。有題字而不著姓者，雖四六酬酢詩文，然其中多罕見之人，當爲録副本存之，以補各家佚文。（己巳正月初三日沅叔記。涵芬樓藏。）

羣公四六十集

明棉紙紅格寫本，十一行二十字。不著撰輯人，所採皆南宋啟劄之文，分甲至癸十集，每卷前各有目，附記如下：

甲集：王履道安中五首　葉少藴夢得七首　韓子蒼駒五首　綦叔厚崈禮八首　沈元用晦五首　黄季岑次山十一首　董仲達穎八首　邵公濟博九首　朱廷玉輅二首

乙集：程子山敦厚三十九首　胡邦衡銓二首　陳阜卿之茂六首　周茂真麟之五首

丙集:汪聖錫應辰十一首　趙莊叔逵八首　王龜齡十朋四首　洪景伯适十四首　龔實之茂良三首　任元受盡言十首

丁集:晁子西公遡二十六首　趙德莊彦端八首　黄仲秉鈞二首　周子充必大六首　張安國孝祥十六首

戊集:王宣子佐三首　沈德和介二首　王季高端朝二首　李粹伯處全八首　楊廷秀萬里二十五首　鄭少嘉丙二首

己集:劉子駒芮八首　吴仲權鎰十五首　孫從吉逢吉二十一首　孫正之逢年四首

庚集:王民瞻庭珪三十二首

辛集:鄭顧道望之六首　侯彦嘉賓二首　侯彦周寘十首　陳仲思符二十四首

壬集:趙循道企十首　沈唐叟堯夫七首　王周士以寧四首　胡仁仲宏二首　邵懷英穎一首　王弱翁謙九首　黄景聲遹五首　陳君舉傅良三首

癸集:李漢老邴十首　翟公巽汝文十一首　張全真守二首　程元裕克俊五首　楊行甫逵八首　余致勳堯弼二首　蔣子禮芾一首(涵芬樓藏書,己巳元月見。)

宋藝圃集二十二卷 明李蓘編選

明萬曆刊本。題"中鄉李蓘子田編選","上黨門人暴孟奇校梓"。前隆慶元年丁卯順陽李蓘序,後有萬曆丁丑門人暴孟奇跋。全書共二百八十四人。

鈐有翰林院大官印。

三孔先生清江文集四十卷　孔氏雜説一卷 宋孔文仲、孔武仲、孔平仲撰　存孔氏雜説一卷,孔平仲集二十一卷　△一一四三九

明墨格寫本,十行二十字。　前有慶元五年周必大序,後有王蓬跋。雜説後有淳熙庚子九月臨江假守吴興沈誥跋。　鈐有"華亭朱氏文

石山房藏書印”朱、“文石朱象玄氏”朱白文、“泰峰所得善本”朱、“錢大昕印”白。

按:新刊本孔平仲集衹十五卷,胡宿堂跋謂後六卷遍尋不獲,四庫本亦缺。兹帙乃完然無失,洵可珍也。余曾得吕氏講習堂寫本,校新刊本一過,其分卷差舛處按之,與此鈔本同,知近代傳本咸從此出矣。　沅叔。(戊辰十一月四日史寶安持示,已收。)

三孔先生清江文集三十卷 宋孔文仲、孔武仲、孔平仲撰△二一九二

清禦兒吕氏影寫元刊本,九行二十二字,每葉口上有“講習堂”三字。

有慶元五年四月甲戌少傅觀文殿大學士致仕益國公周必大序。卷一、二爲經父文仲集,卷三至十九爲常父武仲集,卷二十至三十爲毅父平仲集。卷首有“保中藏書之章”朱文印。卷中“留”字“敨”字均缺末筆,盖避家諱也。鈔手是一人,絶古雅精美。鈐有莫郘亭父子印。(柳蓉村送閲,己未。)

三孔先生清江集三十卷 宋孔文仲、孔武仲、孔平仲撰

舊寫本,十四行二十四字。篇中有空缺至十數行者,疑從舊本照録,以存其真之故,刻本則接連而下矣。　有人以朱筆校過。　鈐有“謙牧堂藏書記”、“兼牧堂書畫記”、“北平謝氏藏書印”各印記。(徐梧生藏。乙丑)

三孔先生清江文集四十卷 宋孔文仲、孔武仲、孔平仲撰

舊寫本,十行二十二字。卷一至二爲經父集,卷三至十九爲常父集,卷二十至四十爲毅父集。近時胡氏豫章叢書刻三孔集,其毅父集卷十六至二十一凡六卷原文全佚去,此本獨完好,殊爲罕覯。其卷末王蓮跋各家鈔本皆不存,余收得明鈔殘本只存毅父集,卷尾蓮跋斷爛,僅存數行,兹乃全存,尤足貴也。王跋録後:

“三孔先生曰文仲經父,曰武仲常父,曰平仲毅父,元祐間是與二蘇齊名,當時黄太史有“二蘇上聯璧,三孔立分鼎”之句。其居鄉則與

原父、貢父相後先，今雖庸人孺子皆知其有二劉三孔也。兄弟俱進士高第，經父舉賢良方正，對策極陳新法之害，直聲尤凜然。□厲名節、博學詞章則有未易伯仲者。若歷官出處大槩，實録載之爲詳，獨其文世所見者惟毅父續世説、珩璜新論、詩戲凡三集。舊所稱經父集五十卷、詩書論語説、金華講義、内外制、雜文百餘卷，與毅父它文今皆不復傳。遳來清江，敬拜□□□□□□□寥落無聞，家集又往往散逸，冥搜旁索□□□□□□□□□八百餘篇，屬教授許成之、新蘄春知監徐得之編次，且屬新廣東帥幕劉性之、分寧知縣徐筠、清江主簿曾焕校定，遳亦時自寓目於其間。既成，釐爲上中下三帙，合四十卷，少傅大丞相益國周公冠之以序，於是一家遺文一郡闕事得以粗舉。夫士君子之立言，其傳與不傳蓋有幸不幸，未遂以存亡顯晦爲能否工拙也。況三先生名聲卓卓，自不可掩，奚待文而後見？而遳竊有意於此，亦豈獨好其文，欲因是以取重於時哉！前輩之風流緼藉日以泯没，凡可按以窺尋，想像其萬一者，幸未百年，尚可訪求，而卒置之，未免慊然于中，此遳之所以拳拳也。卷數比舊所稱殊不類，度多闕遺，且雖參訂，終不無舛誤，懼復散亡，乃鋟諸梓，有志于是者幸竟成之！慶元五年四月望，朝奉大夫權發遣臨江軍兼管内勸農營田事濡須王遳謹識。"（蟠青書室尹輔廷新自南中收得，辛未歲暮見。）

三孔先生清江文集三十卷 孔文仲二卷，孔武仲十七卷，孔平仲十一卷

△一〇三七〇

舊寫本，九行十八字。 鮑淥飲廷博手校文仲二卷。鈐有"天都鮑氏困學齋圖籍"朱文印。（邢贊亭新收，甲戌四月見。）

重廣眉山三蘇先生文集□□卷 宋蘇洵、蘇軾、蘇轍撰 存卷一至四、十五至八十，計七十卷

李□九〇七八

宋紹興三十年饒州德興縣銀山莊谿董應夢集古堂刊本，半葉十三行，行二十七字，白口，四周雙闌。字數人名在版心上中下不一律，

遇宋帝空一格。合三蘇文分體載之,與文粹體例同,而卷數不同。有牌子,文曰:"饒州德興莊谿豢龍應夢集古堂善本。"

各卷後多有題識,擇録一、二。

"饒州德興縣莊谿書癡子董應夢重行校證,寫作大字,命工刊板衡用皮紙印造務在流通,使收書英俊得兹本板端不負於收書矣。紹興庚辰除日因筆以紀志歲月云。"卷二十八末。

按:此書李木齋先生藏,丁巳歲獲觀。卷中諸題識均稱"寫作大字",而實爲小字密行,頗疑爲南宋中葉翻本,安得取其刊工姓名一勘之。

三蘇文粹七十卷 宋蘇洵、蘇軾、蘇轍撰　卷十一至十八、二十二至二十四、二十九至三十五、四十八至五十、五十三至五十九、七十等卷鈔補,宋本存者凡四十一卷

宋刊本,版匡高八寸二分,寬五寸六分,半葉十行,每行十八字,白口,左右雙闌,版心記字數及刊工姓名。避諱至擴字止,蓋寧宗時刊本也。　季滄葦、張金吾、張芙川遞藏。有李兆洛、邵淵耀、孫原湘跋,不具録。

按:三蘇文粹余生平所見者三本,皆密行小字巾箱本。此本版式寬展,大字精嚴,紙墨瑩潔,殊爲罕觀。且老泉文後附詩二十二首,爲明刊十四行本所無,尤爲足珍。陸氏定爲蜀本,余審其字畫方嚴峻整,恐仍是浙本耳。南渡以後蘇文解禁,上自九重,下迄士庶,咸嗜其文,風行一世。留都爲士大夫所萃止,或此時别開大版以供誦習,非如短書小帙徒備懷挾之用也。(日本静嘉堂文庫藏書,己巳十一月十三日閲。)

三蘇先生文粹七十卷 宋蘇洵、蘇軾、蘇轍撰

宋婺州吴宅桂堂刊本,版高五寸四分,半面闊三寸九分,是巾箱本。每半葉十四行,每行二十六字,白口,四周雙闌。版心下魚尾下記字數及刊工姓名,有吴正、劉正、翁彬、何昌等。避宋諱至慎字止。字體俊整,鎸工精湛。目後有牌子,文曰:

婺州義烏青口 吴宅桂堂刊行

首葉冠以御製蘇文忠文集敍贊。十一行二十字。第一至十一卷老泉先生,十二至四十三卷東坡先生,四十四至七十卷潁濱先生。

卷首鈐有"忠孝"白文葫蘆印,甚古。海源閣舊藏,有楊紹和及宋存書室諸印。(辛巳十二月十三日文禄堂取閲。)

三蘇先生文粹殘本 宋蘇洵、蘇軾、蘇轍撰　存老泉先生十一卷

宋刊本,十四行二十六字,中板式,白口,四周雙闌,寫刻精湛,與袁寒雲克文藏南豐文粹殆同時所刊也。目後牌子 婺州義烏青口吴宅桂堂刊行

鈐有:"天會"、"舊山樓藏"、"非昔珍藏"、"趙次公真賞"、"葉奕之印"、"林宗"各印。(丁卯)

吕氏家塾增注三蘇文選二十七卷 宋蘇洵、蘇軾、蘇轍撰　存卷一至八。

卷首題"東萊先生吕祖謙伯恭遴選","建安蔡文子行之增注"。

全書二十七卷,選書策史論爲多,以備士子帖括之用。合三蘇選一百二十餘篇。

宋刊本,半葉十四行,行二十五字,注雙行,細黑口,左右雙闌。宋諱不避,遇宋帝空格。版心題"文一"等字。　前有嘉定乙亥重午日武夷隱吏序。疑卽當時所刊。　鈐有"毛晉"朱、"郭申堂庚寅年收書印"白等印。(丁巳)

柴氏四隱集五卷 宋柴望等撰

舊寫本。　清彭元瑞知聖道齋藏書。(余藏)

宋國史秋堂公詩集 後題柴氏四隱集 **二卷**

清戴光曾手寫本,九行二十五字。　前有至正四年七月襄陽楊仲弘序,次知江山縣事沛上柴垣張斗序,萬曆戊子十一世孫柴復刻集序。

後有戴光曾跋,録後:

“余與鮑丈淥飲交二十餘年矣。余之性愛古書及搜羅前人祕笈，與淥飲講習討論，每得異書彼此借抄，相與傳觀訂正以爲樂。淥飲年老貧病，且有家累，不通音問經年矣。癸酉五月十日，忽偕夏君儼過余，形神枯槁，索然意盡。新患頭疽雖愈，而窘態日甚，心計日龐。詢以近況，自云生以書爲命，今開卷輒忘，精神不能檢束，藏書已散，不復向此中討生活矣。余聞之酸鼻。送之去，因檢淥飲歸余之書及借抄之本，内有二册係淥飲手校前人遺集，久假未歸者，共四種。此秋堂集則余已録之副本也。既歎淥飲老境之衰，兼惜秘書之不可再得，因附記于此。松門戴光曾。”

“嘉慶癸酉七月，淥飲忽奉旨恩賞舉人，此異數也。晤于省垣，老病初愈，後福正未有艾。光曾又識。”“甲戌七月聞淥飲已歸道山，此種書籍皆經淥飲手校秘藏而余假録者，不可多得也。光曾。”

鈐有“嘉興戴光曾鑒藏經籍書畫印”、“錢天樹印”、“夢廬借觀”三印。（癸酉）

中州集十卷樂府一卷 金元好問輯　中州樂府配影抄日本五山刊本

元至大三年曹氏進德齋遞修本，每半葉十五行，行二十八字，白口，四周雙闌。　分甲至癸十集。卷首遺山自序。其前題曰中州鼓吹翰苑英華序，此葉通十六行。次總目，題翰苑英華中州集總目。其首葉序“鼓吹翰苑英華”六字及次葉總目“翰苑英華”四字字體微異，行氣亦不聯貫，顯爲後人補入。余别藏日本五山翻刊本，首題“乙卯新刊”四字。是此書初刻當題“乙卯新刊”。

鈐有“傳是樓”、“徐乾學印”、“健菴收藏圖書”、“茂苑香生蔣鳳藻秦漢十印齋秘匧圖書”諸印。

按：世傳清初毛斧季扆在都下得蒙古刊本，爲徐健菴乾學豪奪以去。此本有徐氏印，當卽徐氏所奪者也。樂府一卷原缺，余取日本五山覆刻本補入。樂府後有“至大庚戌良月平水進德齋刊”牌記二行。近年董君綬金假去影摹，重刊行世。（余藏。）

忠謨謹按:此書别有跋,收入藏園羣書題記續集卷五。

翰苑英華中州集十卷樂府一卷 金元好問輯

元至大三年曹氏進德齋刊明印本,半葉十五行,行二十八字,白口,四周雙闌。序題稱"中州鼓吹翰苑英華"。

封面如下式:
廣。集國朝之風雅
勤　翰苑英華
書　中州詩集
堂。焕星斗之文章(癸丑)

中州集十卷 金元好問輯甲至癸十卷

明弘治九年李瀚刊本,十一行二十一字,黑口,四周雙闌。標題稱"中州甲集",版心題"中州甲"三字。

鈐有文選樓藏印。(烏程蔣孟蘋藏書,甲寅六月初九觀於上海。)

中州集十卷樂府一卷 金元好問輯

汲古閣刊本。鈐有虞山毛氏汲古閣收藏印。　前人以元本校過。有"消遥游"、"松齋"、"清白吏孫"、"文殊師利弟子"、"閑官養不才"、"不薄今人愛古人"、"隨菴圖書"、"游戲三昧"、"吾師老莊"、"隨菴道人"、"青松白玉"、"好花看到半開時"、"静觀樓印"、"濃陰醉海棠"、"坐花醉月"、"衡孫永寶"、"古懷堂"、"紉秋蘭以爲佩"、"黄絹幼婦"、"隨菴"、"雲破月來花弄影"諸印。

按:以卷中各印證之,蓋何義門焯校本。(徐坊遺書,邢贊亭收。)

忠謨謹按:此書别有跋,收入藏園羣書題記三集卷八。

中州樂府一卷 金元好問輯

明嘉定九峰書院刊本,八行十六字,版心有"山水源頭"四字。　有嘉靖十五年漢嘉彭汝寔序,又麻城毛鳳韶後序。嘉定守高登刊於九峰書院。

每人均有小傳。(癸丑)

中州樂府一卷 金元好問輯

影寫元至大三年庚戌平水曹氏進德齋刊本。十五行二十八字。末葉書:"至大庚戌良月平水進德齋刊"。

收藏印有:"佛桑仙館"白、"姚氏畹貞"白、"芙初女史"朱、"晴川張氏小琅嬛清閟精鈔秘玩"朱、"楊希銓印"白、"硯芬"朱。(乙卯)

中州樂府一卷 金元好問輯

舊寫本,八行十五字,板心題"山水源頭"四字。卷末有"至大庚戌良月""平水進德齋刊"二行,從明九峰書院本出。(丁巳歲文德堂見。)

乙卯新刊中州集十卷樂府一卷 金元好問輯

日本五山本,十五行二十八字。 首自序,次張德輝序,次目録。目録題"乙卯新刊中州集",總目卷首題"中州甲集第一"。 每卷有總目,目後低二字分目,有黑蓋子。(余藏。)

河汾諸老詩集八卷 元房祺輯

明弘治刊本,十行十七字,黑口,四周雙闌。 題横汾隱者房祺編。

前有弘治十一年戊午河南按察司副使晉城車璽序,言李公叔淵出是集屬郟令王龍刊行,是仍李瀚所藏本也。後有房祺自序,又尊賢堂高昂霄具白八行,蓋皇慶癸丑高氏所刊,而李氏從而覆雕者也。(天一閣佚書,北京圖書館新收。癸酉)

河汾諸老詩集八卷 元房祺輯

明弘治十一年刊本,十行十七字,黑口,四周雙闌。 有弘治十一年戊午河南按察司副使車璽序。又大德辛丑横汾隱者房祺序,皇慶癸丑尊賢堂高昂霄跋。言刻此書本末。(乙卯歲見,沈子封藏。)

國朝文類七十卷目録三卷 元蘇天爵輯

元至正間西湖書院刊明成化補修本,十行十九字,黑口,左右雙闌。明補板有"成化九年"陰文四字。 前有至正二年公文二篇,王理、陳旅二序,目後有"儒士葉森點□"六字。(戊午上海蟫隱廬見。)

國朝文類七十卷目録三卷 元蘇天爵輯

元至正二年西湖書院刊明成化十八年補修本，十行十九字，黑口，左右雙闌，版心記字數，補板板心有"成化十八年"字。卷中語涉元帝空一格。　前有至正二年牒文，後有元統三年太原王守誠跋。（戊午）

谷音二卷 元杜本輯 李□一

明末毛氏汲古閣刊詩詞雜俎本。何義門焯據鈔本手校，并加評點。有跋録後：

"康熙壬辰十月得葉文莊公所藏抄本手校一過。所録諸人之詩，適當天下大亂，不暇多讀書，故氣調或失之淺促。然以小傳尋之，無不與其人相應者，庶幾爲得言志之本云。義門何焯記"

鈐有小印，文曰"不事元後人"。（李木齋先生遺書。辛巳）

谷音二卷 元杜本輯

題清江杜本伯原父輯，舊寫本。　後有戊午重九日蜀郡張槼序。又丙午都睦記，謂此書得之建安楊中舍仕儆云。（李廷楝送閱。丁巳）

皇元朝野詩集前集五卷後集五卷 元傅習輯

元刊本，中板心，十一行二十一字。一卷以後標題皇元下加"治音"二字。題："盱江梅谷傅習説卿采集"，"儒學學正孫存吾如山編類"，"奎章學士虞集伯生校選"。　後集孫氏輯，無傅習名氏。

按：前日余爲張菊生元濟購得元本，大板，每集祇三卷。（壬子）

皇元風雅後集四卷 元孫存吾輯

元刊本，半葉十三行，每行二十一字，黑口，左右雙闌。書名占雙行，下題"孫存吾編類"，"虞集校選"二行。有"成就院"楷書墨記。（日本西京東福寺藏書，己巳十月二十九日閲。）

元詩前集六卷後集四卷 元傅習、孫存吾輯

明李氏建安書堂刊本，題作元刊。九行二十字，題"傅習説卿采集"，"孫存吾如山編類"，"奎章學士虞集伯生校選"。與皇元風雅同，當

卽是書而異其名耳。有書肆刊書啟,録後:

"本堂今求名公詩篇,隨得卽刊,難以人品齒爵爲序,四方吟壇文友幸勿責其錯綜之編,倘有佳章,毋惜附示,庶無滄海遺珠之嘆云。李氏建安書堂謹咨。"(丁卯七月閲,故宫藏書。)

大雅集八卷 元賴良輯 楊維楨評 △六四六一

清初曹溶家寫本,九行十六字,墨格,版心有"檇李曹氏倦圃藏書"八字。題"天台賴良善卿編輯","會稽楊維楨廉夫評點"。 前至正吴興錢鼒敍,又楊維楨序。(古書流通處送閲。壬戌)

大雅集八卷 元賴良輯

舊寫本,十二行二十字。 前至正辛丑楊維楨序,序後賴良跋七行。次至正壬寅吴興錢鼒敍,又席帽山人王逢後序。各卷前題"天台賴良善卿編輯","鐵雅先生會稽楊維楨評點"。 鈐有"謙牧堂藏書記"、"兼牧堂書畫記"二印,又海源閣藏印二方。

按:此謝剛主國楨所藏,取羅刻對校,改正補訂凡八百七十五字,卷七補缺葉一番,卷六補脱詩一首,賴跋亦新刻所無。别撰有跋志之。其標題及詩中均署"鐵雅先生",不作"鐵崖",亦異聞也。戊寅十一月沅叔。

忠謨謹按:此書别有跋,收入藏園羣書題記三集卷八。

大雅集八卷 元天台賴良善卿編 會稽楊維楨廉夫評

臨清徐氏歸樸堂寫本。 有至正辛丑楊維楨序,至正壬寅吴興錢鼒敍,席帽山人王逢後序。卷首摹"氷香樓"、"毛古愚藏"二印,亦從毛氏本移寫者。(丙寅見,徐梧生遺書。)

元音十二卷 明孫原理輯

明,建文刊本,十二行二十二字,黑口,四周雙闌。

前有洪武十七年歲在甲子冬十月既望四明山人烏斯道序,辛巳九月曾用藏跋。曾氏跋略曰:作詩爲難,校正尤難,……邑人張君中達學博見高,凡有前輩述作一經於目若賈者之市物,自能識其貴賤而價第之。故丞于浙之定海也,得以間日校正元朝百餘年間諸公詩歌而板行之,其淑人也遠矣哉。近年此板幾于遍傳,而君之美意竟泯。……君有子曰再隆,今充邑庠生,惓惓以其尊府校正元音而不得表白其姓名爲恨,故徵予言以弁其端云云。末署辛巳九月下澣同里曾用臧追書。

卷首有四庫館臣簽一條,出姚姬傳手,録後:

"元音十二卷,選元一代人詩,略於元初而詳於元末,爲古體少而近體多,明初人選本。有烏斯道序。 損脱選者之名,定海縣丞張中達校正刊行者也。 纂修姚鼐。"

按:此書舊爲翰林院所藏,蓋當日四庫發還之書留於院中者也。卷首有浙江巡撫三寶採進朱記可證。昔時翰林前輩充清秘堂差者得觀藏書,然往往私携官書出。泰州錢辛盦在館最久,精於鑒别,故所携多善本。宣統庚戌津估張蘭亭至泰州,在錢氏家中捆載十餘笈以還,其中鈐院印者十有九,人往往争持以去,余惟得此書前六卷及方蛟峰集而已。後又自王鴻甫手得後六卷,遂爲完帙。此書舍此本外無刻本,亦可謂世間孤籍矣。曾跋署辛巳,當爲建文三年,則爲建文間刊本矣。選詩者姓名適在前葉,不知何時損去前半葉之半,遂爾失之。皕宋樓不見原本,據一抄本謂是孫原理撰,然其抄本并烏序而無之。丙辰歲沅叔手記。

鈐有"錢桂森辛白甫"白、"暫爲御史再入翰林"朱、"犀盦藏本"、"教經堂錢氏印"。(丙辰)

元音十二卷 明孫原理輯

明建文刊本,十二行二十二字,黑口,四周雙闌。 前有洪武十七年烏斯道序,次建文辛巳同里曾用臧追書。卷十二末有失名氏及陳益稷、程文海、滕賓、虞集各詩,目録内不載其名。(内閣大庫佚書,寶應劉氏

藏。乙亥二月)

元音十二卷 明孫原理輯,兩鉅册 △八六〇〇

明棉紙藍格寫本,十行二十二字。 收藏印有"漢陽吴氏藏書"朱、"平輿之章"白、"嘉蔭簃藏書印"。

按:此書昔年曾見之會文齋何厚甫處,旋爲同年董綬金大理所得。綬金方刻此書,假余所藏建文時刊本影寫,迨其後刊工告竣,而余之原本展轉歷年,遂致遺失,至今思之爲之不怡。此本後售于袁抱存。抱存留海上數年,藏書盡散,不知何時又流入廠市。今日冒雨游文友書坊,忽見之,如故人之久别乍逢,忻感萬端,因撮記其略于此。文友評價二百元,余方欲大鬻篋藏,以了宿逋,固無餘力收此,志之玆册,作雲烟過眼觀可耳。沅叔。(癸酉)

元音遺響十卷 題盱江胡布子申撰述 後學張烈光敢校刊

舊寫本,十二行二十字。鈔手頗舊,狹行密字,書名大字占雙行,是從明初本影鈔也。目録次行標"悾悃樵音",三行題"建民子申胡先生遺稿",蓋卷一至八皆胡布詩。卷九題"古盱張達季充遺稿","盱江胡福元澤類集"。卷十題"黎川劉紹子憲遺稿","盱江胡福元澤類編"。

藏印如下:

"朱彝尊錫鬯印"、"謙牧堂藏書記"、"兼牧堂書畫記"、"北平謝氏藏書印"、"燕庭藏書"、"别業小長蘆之南殳史山之東西陜石大紃横山之北"。又楊紹和各印。(海源閣遺籍。庚午)

元藝圃集六卷 明順陽李蓘編選

明萬曆十年刊本,十行二十字,白口,單闌。 前有萬曆十年壬午五月李蓘自序,八月再序。次目録,通一百十八人。 鈐有"野艇"、"郄翁"二印。(余藏。)

敦交集一卷 元上虞魏仲遠輯

舊寫本。有鮑廷博跋：

"乾隆三十八年三月二十四日傳録朱氏曝書亭本於兩廣會館,並校一過。朱跋云:作者二十四人,詩七十六首。今本二十六人,詩七十五首,此從朱氏原本對録,似朱跋誤也。八十五老人介叟誌。"(丁巳)

草堂雅集十三卷 元顧瑛輯　存卷五、六

影寫元刊本,十二行二十二字。(壬子)

草堂雅集十三卷 元顧瑛編

舊寫本,九行二十一字。中多缺字。(徐梧生藏書。乙丑)

草堂雅集十三卷 元顧瑛輯　卷一、二、三、九均有後卷　△八六〇一

舊寫本。序目及楊維楨一卷均鮑廷博手抄。鮑廷博手校,各詞均用本集及他本校過,以朱墨筆題記於上。廷博校此書在庚午辛未間,稱通介叟,已八十二三矣。此書爲繆藝風所藏,後歸吴印臣。(壬子)

玉山草堂集一册 元陳基、黄溍詩

舊寫本。鈐有"謙牧堂藏書記"。(徐梧生舊藏。乙丑)

至正庚辛倡和詩一卷附名公手翰至正庚辛考世編

舊寫本。前有周伯琦序。(蔣孟蘋藏書,甲寅六月見。)

至正庚辛倡和外集一卷 清朱彝尊輯

舊寫本。　前有周伯琦序。後有朱彝尊跋。(丁巳)

元詩選十集

清顧氏秀野草堂原本。乙、丙、丁、戊、己、庚、辛下、壬各集皆盧弓父文弨臨桑弢甫評點本,餘以他本配完。盧氏跋及莫丈楚生棠手記均附後:

"是書評點係桑弢甫先生所加,金天來家有先生親筆點定者,借録之。尚有二三集未録,因予秖有初集,未購其全也。俟它日足成之。錢唐盧文弨識,時乾隆十有一年正月四日。"

"家中舊有元百家詩選初集十一册,乃盧抱經手録桑弢甫評讀本。惜甲集佚失,庚辛兩集前後亦不完。今年乃在蘇州得殘本數册,既取家中本所少者配入,其重複者仍裝訂别存,丙丁兩集尚完,戊己庚辛皆非全集也。同日又收二集、三集,所缺不多,三集僅存小半矣,均俟他日求之。"按:此題無欵,爲莫楚生棠所記。

收藏鈐有"長白敷槎氏菫齋昌齡圖書印"、"楝亭曹氏藏書"、"范陽盧氏"、"盧文弨"、"數間草堂藏書"、"文弨讀過"各印。又"獨山莫氏銅井文房藏書印"及莫祥芝、莫科、莫棠、莫祁各印。(辛未)

滄海遺珠集四卷 明沐景顒輯

舊寫本,明沐景顒黔寧王仲子輯名人之作三百餘首,正統元年楊士奇爲之序,江西袁州府萬載縣知縣海陽陳璨重刊。采詩人名列後:朱經、方行、朱琳、曾炟、韓宜可、王景新、丁汝玉、逯杲、王汝玉、胡粹中、楊宗彝、劉叔讓、楊子善、張洪、范宗暉、施敬、僧天祥、僧機光。(辛酉)

皇明文衡一百卷 明程敏政輯 卌二本

明刊本,十二行二十三字,白口單闌。題"翰林院學士新安程敏政選編","鄉進士國子監助教永康范震校正","賜進士應天府儒學教授郊郢李文會重校"三行。(庚午)

皇明文衡一百卷 明程敏政輯

明嘉靖刊本,十二行二十三字,白口單闌,卷首題三行如下:"翰林院學士新安程敏政選編","鄉進士國子監助教永康范震校正","賜進士應天府儒學教授郊郢李文會重校"。

按:此從成化本翻刻者,目後有牌子,照録下方:

"皇明文衡一書原板出在金陵,廼於我朝名賢之所著,纂集百餘卷。其間載有聖道、治度、詔誥、表章、詩書、禮樂、詞賦、碑銘、序文、形物、議論、諸事類,正後跋俱全集也。今書坊宗文堂購得是本，命工刊行，以廣其傳，四方君子幸爲鑒焉。時嘉靖八年孟春月穀旦　本堂　告白。”(余齋藏。)

江南春一卷 明沈周等　　李□六一一六

明刊本，十行二十字。按：此爲沈周等追和倪雲林江南春詞，作者四十九人，見四庫存目。據提要，有湯科、陳瀚之作，又袁表序，此本失去。藏園。(德化李氏舊藏。癸未)

野航雜著一卷 明朱存理性父撰　　△一〇五三六

朱氏手稿本。起成化壬辰，至弘治甲子，三十三年内者，共三十一則，多書籍題跋考證。(丁巳見，已收得。)

皇明三先生文粹二卷 明宋濂、劉基、方孝孺撰　明龐龍輯

明刊本，十二行二十二字。正德癸酉浙人龐龍取劉基、宋濂、方孝孺三人之文選爲此書，有龍自序及山陰宋溥跋。卷一後有牌子，題：“嘉靖乙巳孟春月龍岡安仁翁氏刊”

封面如下式：

劉伯温先生 宋景濂先生 方希直先生	皇　明　三　先 龍岡安仁翁氏梓 生　文　粹　集

按：此書刻工甚古雅，或是正德本而加嘉靖牌子耳。(己未)

金蘭集四卷補録一卷 明徐達左輯　　△七八五六

舊寫本，十行二十一字。　清朱之赤、黄丕烈跋。(癸丑)

忠謨謹按：此書有跋，收入藏園羣書題記續集卷五。

皇明風雅四十卷 明徐泰輯

明嘉靖十二年嘉定張沂重刊本。有嘉靖癸未徐泰自序，次凡例，次詩人名氏，入選者四百八十四人。刻本精雅。　鈐有“淡泉”、“大司寇章”二印，明鄭曉藏書。(古書流通處送閲。壬戌)

禪藻集六卷

不知何人所輯，題“桂林南嶠任良幹校刊”，版心有“南嶠書院”四字，

要是明嘉靖間刊本也。(己巳正月)

小瀛洲社詩六卷 明錢穛穀、鍾祖述輯

題小瀛洲十老社詩,"東圩翁孫錢穛穀、西皋翁孫鍾祖述輯","曾孫錢千秋、鍾令聞較"。

明刊本,九行二十字。前有十老小傳,錢穛穀撰:其名録後:

朱朴七十八,西村,山人 錢琦七十五,東畬,太守 徐泰七十四,豐厓,令君 劉鋭六十二,海村,將軍 吴昂七十三,南溪,方伯 陳鑑七十一,勾谿,山人 徐咸東濱,太守 鍾梁五十九,西皋,郡守 釋永瑛五十七,石林,上人 陳瀛六十四,古厓,令君 有錢穛穀序,崇禎十一年,鍾祖述序,徐咸題圖記,正德 鍾祖保跋,萬曆癸丑。 小瀛洲圖五幅。嘉靖壬寅墨山陳詢寫,萬曆癸丑古吴申於燕臨。 後有霜紅氏跋。(文禄堂書,辛巳歲暮取閲。)

國雅二十卷續國雅四卷 明勾吴顧起綸玄言輯

明萬曆顧氏奇字齋刊本。自洪武迄隆慶分士品二百人,閨品二十一人,仙品八人,釋品十四人,雜品三人。續雅二百十人。 前有國雅品一卷,于每人下略加評論,乃詩話之類也。末有牌子,文曰:

勾吴武陵郡 奇字齋新雕

(丙寅歲直隸書局送閲。)

七才子詩解七卷 明陳繼儒句解 李士安補注

明刊本。前七子。(壬戌)

西曹秋思一卷 明晉安董養河、濮州葉廷秀、鎮海黄道周仝撰

舊寫本。上平詩每人一首,倪元璐校閲。(孫壯藏書。)

明文霱二十卷 明武林劉士鏻羽石評選

明刊本。自劉宋迄于鍾譚皆入選。 有朱微、吴太冲、洪吉臣諸序,皆崇禎時人也。鈐有金孝章俊明、徐星伯松藏印。(己巳正月)

皇明經世文編殘本 存二百四十四卷,又重卷六,殘卷三

方岳貢序,黄澍序,張溥序,許譽卿序,馮明玠序,徐孚遠序,陳子龍

序。凡例凡三十三則,華亭宋徵璧撰。鑒定名公姓名凡一百八十六人。名臣爵里姓氏。

按:此書爲陳子龍、徐孚遠、宋徵璧三人所編,始于崇禎戊寅仲春,其年冬卽告成。全書五百卷,補遺四卷,入選者亦五百餘人,可云宏才敏識矣。人自爲卷,不以體分,其中多有名臣碩學遺稿不存而賴此以傳其梗概,故尤足貴也。存卷列後方:

卷五六七補梁材、王禕　五宋訥、貝瓊　六蘇伯衡　七朱升、桂彦良　八葉伯臣、王軏　九方孝孺　十練子寧、徐顯卿　十一解縉　十□康太和　二十黄福　二一鄒緝、李時勉　二二王翺、周忱、張純、劉斌　二三孫原貞　二四周敍、吴節　二五王直　二六楊溥、陳循　五一李東陽　五二韓雍　五三姚夔　五四郭登、楊洪　五五戈謙　五六葉盛　六一馬文升　六二徐溥　六三楊守陳　六四何喬新　六五秦紘、許進　六六王越　七三倪岳　七四倪岳　七五劉大夏　七六白昂、彭韶　七七楊廉、鄒智　七八羅倫　七九韓文　八十林俊　八一林俊又重一卷　八二屠勳　八三李傑、董越　八四程敏政　八五楊璿　八六原傑　八七王復　八八章懋　八九儲巏　九十謝遷、費宏　又、九十喬宇　九六至九八王瓊　九九、一百顧清　百二至百七楊一清　百八王鏊　百九楊廷和　百十姜洪、范珠　百十一朱應登　百十二蔣冕　百十三羅玘　百十八至百二十王守仁　百二七何景仁、王九思　百二八康海　百二九劉玉、汪循　百三十劉龍　百三一劉麟　百三二何瑭　百三三孫懋、方良永　百三四周用　百三五張邦奇　百三六至百三七王廷相　百三八鄭善夫　百三九萬鏜　百四十董玘魏校　百四一崔銑　百四二夏良勝　百四八至百四九韓邦奇　百五十至百五三林希元　百五四史道　百五五余珊　百五六謝汝儀　百五七至百五八馬卿　百五九舒芬、楊慎　百六十汪文盛、章僑　百六一徐問　百七二至百七五霍韜　百七

六唐龍　百七七汪應軫　又百七七鄭自璧　百七八張岳又百七八同　百七九張衮　百八十張珩、楊選　百八五鄒守愚　百八六夏言百八七同　百八九何良俊　二百十一楊名、楊爵　二百十二侯綸、張東壺　又二百十二許倫　二百十三趙伸　二百十四黄佐、王朝用　二百十五屠應畯、孫陞　二百十六至二百十九曾銑　二百二十姚淶　二百二五至二百一六胡松　二百二七至二百二九魏焕　二百三十王邦直　二百三一至二百三二趙炳然　二百三三至二百三四趙貞吉　二百三五茅坤　二百三六田汝成　二百三七趙時春　二百三八至二百四十唐順之二百四一王維楨　二百四六胡宗憲　又二百四六徐獻忠　二百四七阮鶚　二百四八唐樞　又二百四八袁袠　二百四九章焕　二百八十殷士儋　二百八一至二百八五劉燾　二百八六海瑞　二百八七陳以勤　二百八八高儀　二百八九萬士和　二百九十林爊　二百九一陸穩　二百九二蔡汝楠　三百一至三百四張居正　三百五鄒應龍、林潤　三百六宗臣　三百七李攀龍、吴國倫　三百八至三百十二王世貞　三百十三至三百十四汪道昆　三百十五張佳胤　三百十六趙錦　三百十七徐學謨三百十八吴桂芳　三百二二至三百二六戚繼光　三百四六至三百四七魏時亮　三百四八吴中行、沈思孝　三百四九張四維　三百五十陸光祖　三百五一至三百五四潘季馴　三百六六徐元太　三百六八余有丁　三百六九許國　三百七十王家屏　三百七五管志道　三百七六許孚遠　三百七七至三百七八宋應昌　三百八二張位　三百八三沈懋孝　三百八四萬象春　三百八五趙世卿　三百八六曹于汴、鍾羽正　三百八七至三百八八王任重　三百八九至三百九十吕坤　三百九一至三百九二沈鯉　四百二張養蒙　四百三至四百四侯先春　四百五史孟麟、許弘綱　四百六劉應秋　四百七曹時聘　四百八徐學聚、楊寅秋　四百九馮時可　四百十沈一貫　四百十一朱賡

四百十二余繼登　四百十三張棟　四百十四于慎行　四百十八薛三才　四百十九王德完　四百二一鄒元標　四百二二涂宗濬　又四百二二同　四百四七至四百四八余懋衡　四百四九王紀　四百五十至四百五三袁世振　四百五四周之龍　四百五五黄承玄　四百五九至四百六一熊廷弼　四百六二至四百六三李之藻　四百六四丘禾嘉　四百六五至四百六六朱燮元　四百七十至四百七二徐光啓　四百七三馮從吾、高攀龍　四百七四左光斗。

以上共存二百四十四卷，又重卷六，殘卷三。（癸酉）

忠謨謹按：此書别有跋，收入藏園羣書題記三集卷八。

明文遠三百卷

題“甬江徐文駒子文論次”，“西昌羅景泐亦潭同選”，“受業羅仰錡慎調參閲”。封面有朱文木記曰：“全刻三百卷。未竣。”

卷一至四賦，卷六記，卷十二賦，卷十三册、詔、誥、敕等，卷十四至二十奏疏。又傳二本，未刻卷次。所録之文自明初宋濂、烏斯道至明季陳子龍等。其文稀見者録目如下：

李時勉：北京賦　王猷：定湯琵琶傳　任瀚：宋狀元僕射何公顯忠祠記　商輅：請革西廠疏　丘志克：惠世揚傳　鄭之元：方震孺傳　陳子龍：朱燮元傳　朱右：攖寧生傳滑壽字伯仁。全篇多言醫事　戴良：滄州翁傳吕復，亦盡述醫案及論醫理醫書。（癸未）

明文案□□卷 明黄宗羲輯　四十八册

舊寫本。

一、二賦，三至五奏疏，六碑、頌、議，七、八論，九至十四書，十五至十八傳，十九至廿四墓文，廿五哀文，廿六至卅二記，卅三至四十五序，四十六至四十八古文。（壬子）

詩慰續集 豫章陳允衡伯璣評選

清刊本，十一行二十三字，每集首葉版心下方有“澄懷閣藏板”五字。

詩後及行間各有評語,間加圈點。封面小啓録後:

“初集廿家已刻行世,一二集中姓氏尚有求其全稿未得者,不能依次授梓。兹取篋中已訂數家,及海内君子近日見示先集與亡友之作,隨所丹鉛,登之棃棗。名曰續者,以俟推廣,庶成大觀云。”

目列後:

渚宫集石首王啟茂天庚,王璲序。　天爵堂集甬東薛岡千仞,林古度序。　潭庵集臨川湯開先季雲,傅占衡序,孫汧如序。　時術堂集皖桐方其義直之,陳焯序。　王學人遺集新安王玄度尊素,吴道會序。　棗堂集豫章釋行溥等可,自序,劉不息序。　嶧桐後集貴池劉城伯宗,陳際泰、史可程序。　河郵集歷陽戴重敬夫,黎遂球、張自烈序。　四溟山人集山東謝榛茂秦,自序,陳文燭序。　林孝廉集福清林章初文,林古度之父。曹學佺、王惟儉序。　涉江集新安潘之恒景升,江盈科、屠隆序。　溉園集豫章萬時華茂先,舒日敬、陳弘緒序,喻珩序。　自娱齋集武林聞啟祥子將,劉同升序。　鼇峰集閩徐熥興公,南居益序。　蓮鬚閣集番禺黎遂球美周,萬時華、徐世溥序。　昔耶園集豫章余正垣小星,康范生、胡學浹序。　射堂集歸安吴夢暘允兆,林時對序。　雪鴻集貴竹謝三秀君采,李維禎序。　汉上集新都程可中仲權,董復亨序。

篋衍集十二卷 清陳維崧撰

舊鈔稿本,闌外有“罨畫溪别業”五字。　鈐有“士禛私印”、“御史中丞”、“蔣京山藏書”、“晚號炳學”。(徐季孺藏書。乙巳二月)

振雅堂詩最十卷 清松江倪匡世輯

清刊本。前有康熙戊辰自序,次就正録,列天下諸先生姓名,凡四百二十六人。次凡例。言必宗初盛,稍近蘇陸者不選。每卷一集,凡入選者二百八十四人。第一家爲錢牧齋,已刓毁。(己巳九月)

國朝文會初編 清平河趙熟典藥齋輯

舊寫本,十行十九字。目録列後。凡八十五家,家爲一册。

魏裔介兼濟堂集　魏象樞寒松堂集　宋琬安雅堂集　孫宗彝高郵,字孝則,

愛日堂文集　王熙宛平，字胥庭，王文靖公集　熊伯龍熊學士文集　施閏章愚山學餘集　張習孔古歙，字黄岳，詒清堂集　周茂源鶴静堂集　湯斌湯子遺書　郝浴中山文鈔　黎士弘託素齋文集　王士禛帶經堂集　汪琬鈍翁類稿　計東改亭集　李繼白鄴下，字夢沙，望古齋集　熊賜履經義齋集　吴琠沁州，字伯美，思誠堂集　陳廷敬午亭文編　李念慈涇陽，字劬菴，谷口山房文集　彭孫遹松桂堂全集　方殿元九谷集　田雯古歡堂集　侯方域壯悔堂集　侯七乘汾西，字仲輅，孝思堂集　范鄗鼎婁山，字彪西，五經堂草草草　衛既齊郇陽，字爾錫，廉立堂集　方象瑛健松齋集　陸隴其三魚堂文集　徐乾學憺園集　李振裕白石山房藁　韓菼有懷堂文集　汪懋麟百尺梧桐閣集　彭定求南畇文藁　王奂曾太平，字元亮，旭華堂文集　張象蒲平河，字嵩陸，山移草　程康莊武鄉，字崑崙，自課堂文集　董以寧武進，字文友，正誼堂文集　謝良琦全州，字仲韓　錢肅潤錫山，字礎日　毛際可安序堂集　林雲銘晉安，字西仲，挹奎樓集　李鄴嗣杲堂文鈔　衛蒿曲沃，字匪莪，絳山集　王猷定南昌，字于一，四照堂集　杜濬變雅堂集　魏際瑞魏伯子集　魏禧叔子文集　魏禮魏季子文集　林璐錢唐，字鹿菴，歲寒堂存稿　顧炎武亭林文集　邵長蘅青門簏稿　孫治仁和，字宇臺，孫宇臺集　尤侗西堂全集　陳維崧迦陵文集　毛奇齡西河全集　龎塏叢碧山房文集　朱彝尊曝書亭集　潘耒遂初堂集　徐釚南州草堂集　李澄中諸城，字渭清，艮齋文選　陸次雲北墅緒言　孫枝蔚溉堂文集　傅山霜紅龕集　宋犖西陂類稿　高士奇清吟堂集　姜宸英湛園未定稿　朱軾　方苞望溪集　方婺如集虚齋集　錢陳羣香樹齋文集　黄之雋唐堂集　李紱穆堂初稿　儲大文存研樓文集　王珻太原，字石和，王石和文　班艮篤聞喜，字連山，坦齋文集　曹一士四焉齋文集　沈德潛歸愚文鈔　郭啟元古閩，字復齋，介石堂文集　王鳴盛西莊始存稿　雷士俊涇陽，字伯籲　邱維屏邱邦士文集　張泰交析城，字洎谷，受祜堂集　錢澄之田間文集　余懷研山草堂集。（癸酉十一月五日得之文友堂，價一百二十五元。）

皇清詩選十二卷 清錢唐陸次雲雲士選

清刊本,中縫刻"詩平初集"。(庚辰)

朋舊遺詩合鈔二十二卷 清南城曾燠輯

舊寫本,有燠自序。所收各家列後:

郭廷翕虞受,即墨人,南城知縣　王太岳定興人　吴峻揖峯,金匱人,乾隆副榜　張鳳孫少儀,華亭人,乾隆舉鴻博,薦經學官,雲南糧道　彭紹升　吴智始乾,吴縣貢生　陸錫熊耳山　董潮曉滄,海鹽人,官編修　王嵩高少林,寶應人,廣西慶遠府知府　龔景瀚海峯、閩縣人,甘肅蘭州知府　景江錦穀水,錢塘人,潮州知府　折遇蘭佩湘,陽曲人,乾隆進士,揭陽知縣　汪中　李傳燮夢岩,臨川人,乾隆舉人,廣西興縣知縣　劉汝器菽原,陽湖人,乾隆舉人　楊倫西和,陽湖人,乾隆進士,廣西荔浦知縣　李驥元鳧塘,綿竹人,乾隆進士,官中允　余鵬年伯扶,懷寧人,乾隆舉人　徐鑅慶朗齋,崑山人,乾隆舉人,湖州知府　李如筠介夫,乾隆進士,官編脩　王寧焯熙甫,高密人,乾隆進士,官御史　史善長誦芬,吴江人,諸生　李御琴夫,丹徒人,諸生　褚廷璋筠心,長洲人,乾隆進士,翰林侍讀學士　錢澧　劉汝蕃賡虞,陽湖人,乾隆進士,官編修　楊夢符六士,常州人,乾隆進士,刑部員外郎　余鵬翀少雲,懷寧人,監生。(乙丑)

七秩贈言一卷 清吴騫註

清寫本,録壽序,壽詩各篇。吴兔床騫手注各人履歷于後。(癸亥)

壽雪山房雅集詩一卷

清寫本。以酒近南山祝壽杯,每人拈一字賦詩爲祝,附贈言後。(癸亥)

試律叢話四卷 清梁章鉅撰

清刊本,有吴廷琛序。前有歷次會試、順天試、朝考、散館大考、召試各試帖詩題,可資考訂。(文友堂收鄂恒氏遺書。辛未)

同調集一卷

舊寫本。大興龍鐸雨樵、舒位鐵雲兩人唱和之作。(古書流通處送閱。壬戌)

以上斷代

人海詩區四卷 撰輯人佚名 △一一二四一

舊寫本。卷一都城、宫殿、橋閘、祠墓,卷二苑囿、驛館、園亭、坊市,卷三畿甸、邊障、山峪、水淀,卷四歲時、風俗、寺觀、雜詠,此門又分絶藝、仙釋、花卉、品味、器用、羽族、漕運七類。共十六類。每類之詩分體爲次,先五古,次七古,五律,七律,五絶,七絶、五排,而以詞附於後。其詩自唐始,下逮清初,然以元明人爲多,清初有王士禛、吴偉業、王崇簡、閻爾梅、龔鼎孳、田雯諸人。前後無序跋,各門中如都城、宫殿園亭間有小序,繹其詞意,似明季遺民於順康間輯此也。詩題下多有小注,乃編者所增,考據多有可取。彭元瑞跋録後:

"人海詩區四卷購自馬氏叢書樓,不著編人姓名,視日下舊聞所收爲多,彼誌地,此選詩,各有指也。所收元詩爲多,亦其勝處。于忠肅條下注有吾杭語,蓋浙人所輯。 壬子孟秋朔,芸楣記。"(世好趙君元方新收,庚辰四月假來録副。)

忠謨謹按:此書有跋,收入藏園羣書題記三集卷八。

五山耆舊今集初栞八卷 清楊廷撰輯

輯通州清朝以來鄉先輩詩,計順、康兩朝都一百七十四人,得詩一千九百零三首,人爲小傳,而附以一經堂詩話。廷撰所自作。其曰今集者,以曾編宋元明以來詩爲耆舊前集也。清刊本。(文友堂閲。己巳)

吴都文粹十卷 宋鄭虎臣輯

舊寫本,九行二十一字。 鈐有"潘茮坡圖書印"朱文長方印。(乙丑)

吴都文粹續集五十六卷補遺一卷 明錢穀輯

舊寫本,八行二十一字,是照四庫本鈔出者,故行欵一依閣書。卷五十三、四原缺,卷五十亦有殘佚。鈐有"吴江淩氏藏書"朱、"淩塗字麗生一字礪生"朱、"臣錫麒印"白、"竹泉珍玩圖籍"白、"家藏北宋印經"白諸印。卷尾有"貝墉讀過"朱文印。卷首鈐朱文大木記一方,文曰:

"昔司馬温公藏書甚富,所讀之書終身如新。今人讀書恒隨手抛置,甚非古人遺意也。夫佳書難得易失,稍一殘缺,修補甚難。每見一書或有損壞,輒憤惋浩歎不已。數年以來,蒐羅略備,卷帙頗精,伏望觀是書者倍宜珍護,卽後之藏是書者亦當諒愚意之拳拳也。謏聞齋主人記。"(戊辰)

吴郡文編二百四十六卷 清長洲顧沅輯

舊寫本,共四十册。有朱琦、石韞玉、梁章鉅、董國華序。(王培生處見。癸丑)

吴中倡和集八卷 清梁章鉅輯

清道光十年刊本。 前有梁章鉅序,後有遵義王青蓮序。嘉慶壬戌會榜同年在吴中倡和之作,梁茝林章鉅方任蘇藩,輯爲此編,付王青蓮刻之。如陶雲汀、卓海帆、朱蘭坡、吴棣華廷琛、李芝齡宗昉凡十數人。(己巳三月文友堂閲)。

崑山雜詠三卷 宋龔昱輯 △三七三六

宋開禧丁卯刊本,半葉八行,行十四至十八字不等,白口,左右雙闌,版心上魚尾下記"崑山雜詠上",下魚尾下記葉數。字大如錢,約五分見方,結構疏古,略帶行體。版匡高七寸,濶四寸九分。白皮紙濃墨初印。惜邊闌描補。黄氏褙爲蝴蝶裝。(常熟瞿氏鐵琴銅劍樓藏,乙卯訪書觀于罟里。)

崑山雜詠二十八卷 存卷五至十一,又十五至二十一,凡十四卷 明俞允文輯

明隆慶刊本,十行十八字,白口,單闌,楷寫精雅,卷末有"周可順寫"、"唐尹刻"二行。

按:此本乃明人所輯補,非宋人原本也。宋本今在常熟瞿氏,余曾見之,大字古雅可玩。(甲戌)

玉山名勝集四卷 元顧瑛輯

明弘治刊本,八行二十二字。每有一名勝,如亭館齋堂之屬,必摹刻

名人題榜,篆隸書三字或四字於首,并記某某篆顔隸顔,然後録題詠于其下,亦噉名之結習也。第刊本至罕覯。 有楊循吉跋:

“右仲瑛館題咏集,朱性父藏録本也。仲瑛風流文雅之盛,雖之百年,猶可想見。視今世富家,皆多粟農夫耳,卽與仲瑛充除糞之役,固知亦不納也。鄙哉!鄙哉! 弘治元年八月中秋日吴人楊循吉題。”(日本内閣文庫藏書,己巳十一月十九日觀。)

玉山名勝集六卷 元顧瑛輯

明刊本,八行二十二字。 前黄溍序,李祁序,萬曆丁酉金陵朱之蕃序,又丁酉七月杜郵居士朱正伯序。六卷凡七百餘葉。黄序後有“朱太史玉華館雕”正書大字一行。凡名勝亭館皆摹寫篆隸題額,刊于詩文之前。有安樂堂、明善堂印,又葛體之印。(海源閣遺籍。庚午)

玉山名勝集八卷 元顧瑛撰 存卷一至五

舊寫本,十行十九字。清鮑以文廷博依所見四本手校,丹黄盈溢,密若繁星。鈐有“知不足齋鮑以文藏書”、“天都鮑氏困學齋圖籍”諸朱文印。(余藏。)

玉山名勝集上下卷 元顧瑛輯

清南昌彭氏知聖道齋鈔校書籍,墨格,十行二十二字。版心有四字。據萬曆刊本傳抄。 有黄溍、李祁、張翥各序。(癸酉)

常熟文獻志十八卷 明管一德士恒編次 缺卷六至九 存十四卷

明萬曆刊本,十行二十字。 前有吴郡守豐城李右諫序,知縣瀛海耿橘序,萬曆乙巳管一德自序,凡例十二則。 鈐有“温陵陸氏藏書”印。(余藏。)

隱湖倡和集三卷 蔚村陳瑚確菴選 汲古後人毛褒華伯訂

清康熙二年汲古閣刊本,十行十九字。 有康熙二年楚蘄盧紘序,順治辛丑馮班序,陳瑚序。 鈐有“俊明”、“孝章”二朱印,又“不寐”白、“耿菴”朱各印。(余藏。)

錫山遺響十卷 明翟公厚、潘繼芳、莫息輯

明刊本,題"邑人翟公厚、潘繼芬輯","進士莫息裁定"。十行二十字。　前有弘治十八年乙丑莫息序。選輯錫山古今人詩,自湛長史挺至明談敬義縉止。　鈐有:"天一閣"朱長、"古司馬氏"朱二印。天一閣佚書。(乙卯)

荆南唱和集一卷 元周砥馬治唱和

清休寧汪森裘杼樓寫本。(壬子)

荆溪外紀二十五卷 題邑人沈敕編輯　真州雲壁李文校正

明嘉靖刊本,十行二十二字,白口雙闌,版心上方有"宇郵書屋"四字。　前有李文序,言輯于嘉靖戊戌,梓成于嘉靖乙巳。次凡例十一則,次分卷目。後有嘉靖乙巳楚山沈敕後序。卷一至十一詩,十二詞,十三賦,十四碑銘,十五序、十六十七記、十八奏議,十九書,二十題跋,二十一節義傳,二十二列傳,二十三寓賢,二十四風土記拾遺,二十五紀遺雜説。　收藏鈐有"顧嗣立印"、"俠君"、"秀野草堂顧氏藏書"等印。(辛未二月見)

新安文獻志一百卷附先賢事略二卷 明程敏政編

明弘治刊本,十三行二十七字。印甚精。　鈐有"新安吴氏石湖珍藏"白文印。(繆荃孫藏書。辛酉)

新安文獻志續編 存卷七卷八,一册,皆記也

明刊本,十二行二十五字,白口,左右雙闌。不知何人所輯,凡若干卷。然文中已有嘉靖年號,自非篁墩所續也。(己卯)

宛陵羣英集十二卷 元汪澤民、張師愚同編八册

清寫本,有至元元年汪、張序。(宏遠堂書,壬子歲見。)

王官谷集三卷 明丁仲本輯

明刊本,十行二十字。前有圖三葉。邑令丁仲本輯。　前有嘉靖五年吕柟序,又十三年焦子琳王官書院圖集跋,二十年章丘張舜臣序。

鈐有季滄葦及明善堂印。(辛巳十一月六日見於翰文齋,潘伯寅遺書。)

潞公軒詩二卷 明翼城王泰編集

明刊本,九行十九字。　前有成化二十二年武邑教諭松江曹安序。前附東圃記及潞公軒圖。(潘伯寅遺書,辛巳見。)

雍音四卷 明天水胡纘宗編次

明刊本,十行二十字,版心有"清渭草堂"四字。　前有嘉靖戊申陝西巡撫謝蘭序。纘宗自序,後有隴川胡初仲一識。跋後有銜名二行:"承務郎皮永　從仕郎石岳","承事郎楊綸　朱文繡校。"末葉有王任賢識語八行,如木記式:

"可泉公于舒撰安慶志,刻于皖郡;于秦撰鞏郡記,刻于隴水;于留都編秦漢文,刻于吴門,又刻于冀寧;今居林泉,編雍音,刻于成紀。然尚有所撰儀禮集注、春秋集傳、讀子録、漢音、魏音、唐雅未刻,刻其在天水乎?雍音之刻任賢有微勞,倘仍刻儀禮春秋諸書,任賢亦何敢辭勞耶!是編刻于丁未初冬,成于戊申仲春,蓋嘗呵凍矣。交河王任賢志。"

此書以録雍地之詩爲主,首逸詩,次内編,爲卷一、二,次外編,爲卷三、四,自漢至元,分體選入。(己巳)

梅會詩人遺集

清康熙六十一年李維鈞刊本,共十四家:

激楚齋詩集四卷李衷純廣霞　秋槐堂詩集二卷王翃介人　靈蘭館詩集二卷范路遵甫　大經堂詩集二卷屠爌闇伯,屠逵、屠馭附　采山堂詩集八卷周篔篔谷　懷古堂詩集一卷徐貞木士白　荇谿詩集四卷繆泳濳初　漁莊詩集一卷屠焯昭仲　演谿詩集一卷徐在皆山　苹園二史詩集二卷史宣綸練溪,史翼經頤菴　道南堂詩集四卷李琇璩亭　花南老屋詩集五卷李符耕谷　嬾人詩集一卷蔡燿遠士。(甲子)

會稽懷古詩一卷 明山陰唐之淳撰　長洲戴冠次韻

明刊本，九行二十字。刻甚工雅。　前有紫霞子撰序。後有同郡翁好古撰序，又天台王俊華序。唐字愚士，詩凡三十首。（德友堂見。甲子）

甬上耆舊詩三十卷 清胡文學編

舊寫本，十二行二十四字。起文種至周文學朝俊。（癸未）

金華文統十三卷 明趙鶴撰

明正德刊本，十行十八字，黑口單闌。　前有正德六年金華知府江都趙鶴序，蓋卽鶴所編也。次文統例訓，次目録。文凡一百二十五首，二十六人。後有正德壬申金華知縣李玘跋。　鈐有"何焯之印"、"無勇"、"雲谿"、"飛雲閣"，皆義門印也。又有"鄭斯之印"。（辛未）

麟溪集十卷 明鄭太和輯

明初刊本，十二行二十字，黑口，四周雙闌。　前當塗潘庭堅序，次濟南陳益序。書爲浦江鄭氏彙集百年以來名人投贈詩文及傳誌序記之屬，而以家規等附於後。卷一序，卷二跋，卷三志銘、記，卷四傳，卷五墓銘，卷六辭、贊、賦、頌、樂府，卷七古詩，卷八律詩，卷九附録，卷十續增。各卷所載多元人撰述，惟續增一卷爲明初人。（余藏。）

按：四庫存目此書爲卷二十有二，别篇二卷。前十卷以十干紀卷，後十二卷以十二支紀卷，此帙爲十卷，正前集也。然其各卷並不以十干爲紀。余别有明刊殘本，其標題正作"壬"、"癸"等卷，蓋此刻在前，編次本不同，後刻者别加天干，於卷内各詩亦有增益。因悉此建文本爲最初刻，加天干者乃逐年增訂之本也。卷中所收危素、柳貫、歐陽玄諸人詩文今集中多不載，尤足資補正焉。（余藏。）

忠謨謹按：此書别有跋，收入藏園羣書題記續集卷六。

釣臺集八卷 吴希孟編

明嘉靖刊本。有廖道南序。（壬子）

成都文類五十卷 宋袁説友撰

明刊本，十行十八字，黑口，四周雙闌。　前有慶元五年二月望日寶文閣學士通議大夫四川安撫制置使兼知成都軍府事建安袁説友序，序後官銜八行：

"迪功郎監永康軍崇德廟扈仲榮　迪功郎新差充利州州學教授楊汝明　從事郎廣安軍軍學教授費士成　從事郎前成都府府學教授何悳固　文林郎山南西道節度掌書記宋德之　文林郎前利州東路安撫司幹辦公事趙震　宣教郎新奏辟知綿州魏城縣主管勸農公事徐景望　奉議郎新軍安軍使兼知夔州雲安主管勸農公事借緋程遇孫　編集。"

此書無刻書序跋，似嘉、萬間風氣。序文見四川藝文志，不具録。(丁卯)

全蜀藝文志六十四卷 明楊慎輯

明嘉靖刊本，十三行二十六字，白口，四周雙闌。　後有巡按四川監察御史上虞謝瑜重修四川總志後序。又有嘉靖壬寅按察司副使周復浚後序，亦爲總志而作。此藝文志蓋附刊於總志之後者也。卷六十四後有刊書官銜名八行：

"督理供應官布政司理冏所副理問略陽劉芬　謄寫管刊吏黎佩玉　何如毅　通吏晏鋭　朱尚俊　禮房吏彭廷貴　袁□□　鄧偉"

(壬午中秋)

東冶國朝文編

清寫本，自黎士弘至梁章鉅凡三十四家。選目列下：

黎士弘媿曾　薛鎔依南　李光地厚庵　陳夢雷省齋　林雲銘西仲　陳遷鶴介甫　陳萬策謙季　鄭亦鄒居仲　蔡士遠梁邱　莊亨陽復齋　方邁日斯　余甸田生　鄭方坤荔鄉　孟超然缾菴　藍鼎元鹿洲　晃山此種刻本輯入，但題晃山文抄，不知何人　劉永標良瑞　劉永樹蔭蒼　林喬蔭樾亭　林澍蕃　林雨化于川　祖之望舫齋　官崇志齋　鄭振圖涵山　陳從

潮韓川　吴賢湘清夫　陳壽祺恭甫　陰承方静夫　伊秉綬墨卿　盧遂　黄世發力夫　陳蘭疇陸亭　郭龍光韶溪　梁章鉅芷鄰

鈐有"王大經讀"印。内鄭亦鄒鄭成功傳頗詳,又有陳夢雷與李安溪絶交書。(壬子見。)

綏安二布衣詩二册 不分卷

丁布衣詩一册,題"閩綏安丁之賢德舉著"。前有同里何梅撰小傳,康熙戊子海陽梁夢劒序。朱布衣詩一册,題"閩綏安朱國漢爲章著"。前有同里何梅撰小傳,海陽梁夢劒序。

舊寫本,九行十九字。　前有康熙庚寅蕭山毛奇齡序,又同里連青序。　鈐有"秦伯敦父"、"臣恩復"、"石研齋秦氏藏"三印。

傳略言丁布衣始以世亂不樂家居,挾策入都,客南司空邸,將獻書闕下言兵事。會司空罷官歸秦中,挾布衣與俱,書不果上。遂匹馬循賀蘭山出長城訪求古戰陣營壘,與朔方豪傑謀畫爲搗賊巢穴計,而自成已陷長安入潼關,明社遂亡,乃脱身南歸,資裝揮斥已盡。有王將軍建牙汀州,招致幕下,稍資給之。贈以一婢,小字海鸞,納爲側室,生一子。未幾王將軍别調去,布衣偕海鸞歸里,竟窮困以死。死後邑令秋浦檀光熿爲經紀其喪,爲書碑曰詩人丁布衣之墓。秦中詩多散佚,家居貧不能具紙筆,所爲詩多草書曆日背上,何梅得其稿于友人謝先九處,字漶漫不識者以意繹之云。

朱布衣晚號獨醒居士,少孤,事母孝。弱冠讀書爲文,長於五七字,負大略,欲自樹立於時。甲申變聞,狂走登越王臺,北向號慟累日夜,悉棄舉子業,賦詩見志,託于賈人以自晦。歷吴越,涉荆豫,往來燕趙齊魯之郊,與僮僕傭儈共甘苦權子母,垂橐而出,捆載而返,然卒非其志也。倦游里居,數以其贏餘爲德於鄉。歲時伏臘父老子弟杯酒過從,咏歌送日,意忻忻如也。(辛巳三月)

以上地方藝文

附**萬象空明集** 又名存異録

舊寫本。此乃降乩鬼神所作之詩,前有序二首,又凡例八則。神詩話第一,鬼詩話第二,無名氏鬼詩話第三,仙詩話第四,女仙詩話第五,釋詩話第六,狐詩話第七,精靈詩話第八。又辨惑一篇,象壇銘一篇。又取壇上問答語粘於各門上。

此與苞桑叢識合訂一册,似亦左氏所録,其荒忽迷惘,不足論也。沅叔。(辛巳十一月杪,斐英閣送閱。)

藏園羣書經眼録卷十九

集　部　八

詩文評類

文心雕龍十卷 梁劉勰撰

弘治刊本，十行二十字。　有弘治十七年馮允中刊書序：

"天地間物莫奇於書，奇則秘，秘則不行，此好古者之所同惜也。有能於其晦伏之餘，廣而通之，使不終至於泯没，非吾黨其誰與歸！梁通事舍人劉勰撰文心雕龍四十九篇，論文章法備矣。觀其本原道聖，暨於百氏，推窮起始，備陳其訣，自詩騷賦頌而下，凡爲體二十七家，一披卷而摛詞之道具。學者如不欲爲文則已，如欲爲文，又舍是莫之能焉。莫作者之指南，藝林之關鍵，大可以施廟堂，資制作，小亦足以舒情寫物，信乎其爲書之奇也。余素粗知嗜文，每覽是書，輒愛玩不忍釋，然惜其摹印脱略，讀則有歎。兹奉命至江南，巡歷之暇，偶聞都進士玄敬家藏善本，用假事正，既慰夙願矣。因以念夫國家右文圖治，彬彬乎著作之盛與三代比隆，屈宋班馬並駕於當時者踵相接，則故無庸求古以爲法矣。惟是典謨訓誥之用，章疏表啓之作，以迪後進而備時需者，不可一日缺，則是編能無益乎？此余捐廩而行之者蓋有以也。不然，世以其奇也而秘,至有克爲者,又直視其秘而不之鋟,以永厥傳,抑豈公天下之心哉!按史,勰字彦和,東莞莒人。既成書,以見沈約,約大重之,嘗陳諸几案,其爲當時所貴如此。覽者其毋徒以吕舍人所謂文一小技,與揚子雲雕蟲者埒,則庶乎資有益之文而余志副矣。時弘治十七年四月上澣日,文林郎監察御史郴陽馮允中書於姑蘇行臺之涵青亭。”

又有都穆序,他刻本有之,不録。　鈐有“歙西方氏收藏金石文字書畫圖籍印記”朱、“趙暉之印”、“方鼎鋭印”、“子穎”、“張九乘印”、“九傳”諸印。(張楚寶同年藏書,出售于廠市,爲日本人田中慶太郎以二百元買去。丙寅)

文心雕龍十卷 梁劉勰撰

明刊本,十行二十字,黑口,雙闌。字帶軟體,與嘉靖本不同,原題元本則誤矣。蓋弘治馮允中本也。鈐有“真賞”葫蘆印、“謙牧堂藏書記”、“瞿明揚印”。(故宫藏書。)

文心雕龍十卷 梁劉勰撰

明嘉靖十九年汪一元刊本,十行二十字,版心上方有“私淑軒”三字。

前有刻書序,嘉靖庚子新安石巖方元禎撰,稱是書時罕傳本,吾邑汪子仁卿博文談藝,喜而校刻之云云。卷一次行題“明歙汪一元校”六字。(余藏。)

文心雕龍十卷 梁劉勰撰　　李□三四七六

明嘉靖十九年汪一元刊本,十行二十字,白口,左右雙闌,版心上方有“私淑軒”三字。卷一首葉二行題“明歙汪一元校”一行,記刊工姓名,有黄璉二字。前有新安方元禎序,題嘉靖庚子六月。經徐興公𤊹手校。徐氏於此本誤奪之字悉予改正,闌上并録諸家攷訂之言,大抵取升菴説爲多。卷中鈔各本序,其目如下:

梁書劉勰傳　曲江錢惟善序至正十五年乙未　古歙佘誨序嘉靖癸卯

臨橋葉聯芳序嘉靖乙巳，爲樂刻而作　樂應奎序　青社誠軒戴壐信父序嘉靖四十五年丙寅　馮允中序弘治十七年甲子書於姑蘇行臺，用都元敬本　建安程寬序嘉靖辛丑建陽張子安明重鋟於閩　湘東伍讓子謙序萬曆十九年辛卯刻置郡庠　卷末附録滇中原跋一段。

卷首崇禎己卯興公跋，卷八末跋，卷末萬曆辛丑三月徐惟起跋、又丁未夏日、庚戌跋、壬子仲秋跋、己未秋日跋。惟起卽興公也。附録曹能始書。兹取徐興公諸跋照録如下：

“此本吾辛丑年校讐極詳，梅子庾刻於金陵，列吾姓名於前，不忘所自也。後吾得金陵善本，遂舍此少觀。前序八篇半出吾抄録，半乃汝父手書，又金陵刻之未收者。家藏書多，此紙易蛀，當倍加珍惜，時取讀之，可資淹博也。　崇禎己卯中秋書付鍾震。”

“眉上小字是吾所書，間有謝伯元註者，伯元看書甚細耳。”

“隱秀一篇諸本俱脱，無從覓補。萬曆四十七年戊午之冬客游豫章，王孫朱孝穆得故家舊本，因録之，亦一快心也。興公識。”在卷八末。

“劉彦和文心雕龍一書詞藻璀璨，偶儷豐贍，先人舊藏此本已經校讐。㶿少學操觚，時取披覽，快心當意，甘之若飴。每有綴辭，采爲筌餌，此羊棗之嗜，往往爲慕古者所竊笑也。然秘之帳中，積有年歲，非同好者，不出相示。但彦和自序一篇，諸處刻本俱脱誤，乃抄諸廣文選中。近於友生薛晦叔家獲覩抄本一副，乃其叔父觀察滇南得歸者，中間爲楊用修批評圈點，用硃黄雜色爲記。又自秘其竅，不煩説破，以示後人，大都於其整嚴新巧處而注意也。遂借歸數日，依其批點，蓋自愧才不逮前人，而見識謭陋，得以此爲法程，不啻楊先生之面命矣。前跋云禺山者初未知何許人，兹按升菴文集，禺山張姓，字愈光，雲南永昌人，年八十，工詩善書。集中有跋愈光結交行，又有龍編行答禺山，又有五老圖壽禺山八十，又有重寄張愈光二律，又有存歿絶句懷及愈光，又有寄愈光六言四首。觀用修詩文推轂之言,可以識禺山之大概矣。 萬曆辛丑三月望日徐惟起書於緑玉齋。”

“此書脱誤甚多,諸刻本皆傳訛就梓,無有詳爲校定者。偶得升菴校本,初謂極精。辛丑之冬攜入樵川,友人謝伯元借去讐校,多有懸解,越七年始付還。余反覆諷誦,每一篇必誦數過,又校出脱誤若干,合升菴、伯元之校,尤爲嚴密。然更有疑而未穩,不敢妄肆雌黄,尚俟同志博雅者商略。丁未夏日徐惟起”

“附録曹能始書:文心雕龍曾校過數本,但首篇有莫不原道心裁文章之句,恐脱。及第四十隱秀篇自玄體變爻而成化起,至珠玉潛水止,俱亡。想兄所校者已精,幸録此二篇見示,則爲完書矣。戊申八月朔弟佺頓首。”

“梅慶生重梓有朱之蕃序一篇。”

“庚戌穀日又取鬱儀王孫本校一過。 惟起書。”

“按:藏經出三藏記卷第十二載勰有鍾山定林上寺碑銘、建初寺初刱碑銘、僧柔法師碑銘三篇,有其目而無其文。曹能始云沙門僧祐作高僧傳乃勰手筆,今觀其法集總目録序及釋迦譜序、世界記序等篇,全類勰作,則能始之論不誣矣。 壬子仲秋五日興公志。”

“萬曆己卯雲間張之象序一首,未録。”

“又有都穆跋一首,朱謀瑋跋一首,刻在梅慶生本。”

“第四十隱秀一篇原脱一板,予以萬曆戊午之冬客游南昌,王孫孝穆云曾見宋本,業已鈔補,予亟從孝穆録之。予家有元本,亦係脱漏,則此篇文字既絶而復蒐得之,孝穆之功大矣。因而告諸同志傳抄,以成完書。古人云書貴舊本,誠然哉。 己未年秋日徐興公又記。”

“徐惟起子延壽字存永,有尺木堂稿。孫鍾震字器之,有雪樵集。”

鈐印録後："徐惟起印"白、"風雅堂印"白、"閩中徐惟起藏書印"朱、"晉安徐興公家藏書"朱、"閩中徐𤊹惟起藏書"朱、"徐惟起印"朱、"徐氏興公"白、"興公"橢圓,朱、"徐𤊹之印"白、"緑玉山房"朱、"鼇峰清嘯"白、"南州高士孺子之家"朱、"鄭氏注韓居珍藏印"朱、"鄭杰之印"白、"昌英珍藏"朱。(李木齋先生遺書,辛巳五月借校。)

忠謨謹按:此書别有跋,收入藏園羣書題記三集卷八。

文心雕龍十卷 梁劉勰撰 △五〇七

明嘉靖二十二年癸卯古歙佘誨刊本,十行二十字,白口,左右雙闌。前有佘誨刻書序。

按:是書余曾得嘉靖十九年汪一元刊本,版式行格與此正同,前有嘉靖庚子新安方元禎序,版心上方有"私淑軒"三字,其付梓較此本早三年。然余詳審之,實即一版也。蓋佘氏序言校梓,實並未重刊,第取汪氏舊版刊落校者姓名一行及版心三字,其刊工人名黄璉、黄瑄、黄璵等尚存。然於汪本誤字多已改正,如卷八事類篇有才富而學貧句,其下應疊學貧二字,汪本脱失,此本則已嵌增於本行矣。其最著者,如末卷序志篇余齒在踰立下,脱文至三百二十二字,此本亦悉爲補完,疑佘氏補版固已見升菴及徐、謝諸人之校本。故知佘氏此本雖不及金陵梅慶生本,然視汪本初刻已差爲完善矣。

忠謨謹按:此書别有跋,收入藏園羣書題記三集卷八。

文心雕龍十卷 梁劉勰撰

明萬曆七年張之象刊本,十行十九字,贊低一格,白口,左右雙闌,版心下方陽葉記刊工,陰葉記字數。每卷有校書人姓名,録後:

"山人陸瑞家"卷一 "太學生程一枝"卷二 "鄉貢士諸純臣"卷三 "鄉貢士陸光宅"卷四 "鄉貢士張雲門"卷五 "郡庠生董開大"卷六 "鄉貢士楊繼美"卷七 "山人蔡懋孝"卷八 "山人沈荆石"卷九 "太學生錢日省"卷十

前録梁書本傳。有萬曆七年己卯雲間張之象序,言此書舊乏善本,譌舛特甚,比客梁溪,見友人秦中翰汝立藏本頗佳,遂梓之,與史通并傳云。然余詳檢卷中,其嘉靖本缺失處亦未能更正,卷末序志篇嘉靖汪一元私淑軒本"齒在踰立"下奪失三百二十字,至佘誨時,乃從廣文選中得其自序爲補完之。張氏此本距佘氏本已三十年,而奪文仍付闕如,似亦未能參稽衆本詳爲審正矣。

此本近時收入四部叢刊,以失去前序,誤題嘉靖本。余取家藏張本勘之,并核其各卷刊工,始明證其誤。惟中有特異者,則序志篇中奪文三百二十字,余藏本已爲增補無闕,意其刻成以後始見佘本,復爲補入,余本適爲後印,轉視叢刊所收涵芬樓藏初印本爲完善矣。

忠謨謹按:此書别有跋,收入藏園羣書題記續集卷五,三集卷八。

楊升庵先生批點文心雕龍音註十卷 明梅慶生音註

明萬曆三十七年自刻天啓二年重修本。　何焯手校,有跋:

"隱秀篇自'始正而末奇'至'朔風動秋草''朔'字,元至正乙未刻於嘉禾即缺此一葉,此後諸刻仍之。胡孝轅、朱鬱儀皆不見完本。錢功甫得阮華山宋槧本鈔補,後歸虞山,而傳録於外甚少。康熙庚辰,心友弟從吴興賈人得一舊本,適有鈔補隱秀篇全文,除夕坐語古齋走筆録之。焯識。"

"辛巳正月過隱湖訪毛先生斧季,從汲古閣架上見馮已蒼先生所傳功甫本,記其闕字以歸。如'疏放豪逸'四字顯然爲不學者以意增加也。上元夜焯又識。"均卷八後。

"按此本至正乙未刻於嘉禾,弘治甲子刻於吴門,嘉靖庚子刻於新安,辛卯刻於建安,癸卯又刻於新安,萬曆己酉刻於南昌,至隱秀一篇均之闕如也。余從阮華山得宋本鈔補,始爲完書。甲寅七月廿四日書於南宫坊之新居,時年七十四歲。功甫記。"

"康熙庚申余弟心友得錢丈遵王家所藏馮已蒼手校本,功甫此跋已蒼手抄於後。乙酉携至京師,余因補録之。已蒼又記云:謝耳伯嘗借功甫本於牧齋宗伯,宗伯仍秘隱秀一篇。已蒼以天啓丁卯從宗伯借得,因乞友人謝行甫録之,其隱秀一篇恐遂多傳於世,聊自録之。則兩公之用心頗近於隘,後之君子不可不以爲戒。若余兄弟者,蓋唯恐此篇傳之不廣或致湮没也。乙酉除夕,香案小吏何焯呵凍記。"(余藏。)

按:此書善本傳世甚稀,阮華山之宋刊本自錢功甫一見後踪跡遂隱,卽黄蕘圃所得之元至正嘉禾本亦不知何往。明代刻本漸多,據余所知見者,凡十一刻。最先者爲弘治甲子馮允中刻於吴門,有都穆序,曾見之故人吴佩伯慈培家。次則嘉靖辛卯建安本,次則庚子新安汪一元本,次則辛丑建陽張安明本有程寬序,次則癸卯新安佘誨本,實則取汪一元本刊落汪校姓名及版心"私淑軒"三字,又於行間嵌補脱簡數百字而已。次則乙巳沙陽樂應奎本,有葉聯芳序。次則丙寅青州藩府本,有誠軒載璽序次則萬曆己卯雲間張之象本,十行十九字,今四部叢刊印行者是也,然失去前序,誤題爲嘉靖本。次辛卯貴陽郡庠本,有湘東伍讓序,次則癸巳朱謀㙔本。最後爲萬曆己酉梅慶生本,悉取諸家校證之説,重爲改正,别增音注。至天啓二年第六次校定刻版,復改補七百餘字,其千百年來混淆不可爬梳者,至此乃粗可誦習焉。他若王惟儉之訓故本,胡維新之兩京遺編本尚所不計。後黄氏叔琳有輯注之作,於梅刻多所糾正,其訛文奪字亦綜合諸本之得失以定其是非。此編一出,則凡明刊各本皆可束置不觀矣。

文心雕龍訓故十卷 明河南王惟儉撰

明萬曆刊本,十行二十字。每卷末及每篇末均記校若干字,並各記寫刊人姓名。 舊人以硃筆校改各本異字於行間及上方。(壬子)

鍾嶸詩品三卷 梁鍾嶸撰 △五六〇一

明嘉靖吴郡沈與文繁露堂刊本,十行十六字,板心下方有"繁露堂雕”四字。卷中評各人詩其標題均以陰文別之。卷末刻文獻通考三行，嘉定丁黼跋六行。　有跋録後：

“鍾參軍漢魏六朝詩品三卷爲品詩之祖，世不槩見，賞鑒家當置之瑶函玉軸之中，五川子記。”

鈐有吴天章、張蓉鏡藏印。(丙辰余藏。)

按：此爲詩品傳世最古刻本，鎸工精整，是正嘉間風氣。故人葉奂彬稱顧璘近書前序有“吴郡沈與文校刻”小字，末有“吴郡沈氏繁露堂雕”亞字形印。則此本亦沈氏所刻也。或謂沈氏嘗刻春秋繁露，因以名其堂，竢再考之。

忠謨謹按：此書别有跋，收入藏園羣書題記三集卷八。

樂府古題要解一卷 唐吴競撰

明寫本，十行二十字。　前有嘉靖九年邑後學陸東序，又河間知縣梁梧序。後有布衣柳僉志，又己酉冬十二月東跋。

按：此書余嘗取校汲古閣本，增補二百餘字及前後序跋。(丁巳歲收得。)

忠謨謹按：此書有跋，收入藏園羣書題記三集卷八。

詩式五卷 唐釋皎然撰

舊寫本，九行十八字。後録柳僉、葉奕、錢嘉錫跋：

“唐釋晝公杼山集十卷、詩式五卷，吴城藏書家向未聞有此二本。予今嘉靖間得文集於鬻書生龐佑，得詩式於陸元大隱君，三年之間爲合璧矣。詩係宋抄，元欠數首，敢以本集序文數目爲考獵弘秀等集足之，題下書一‘補’字是也。東吴閶門柳僉大中識歲月於穹窿山房之三遠齋中，時嘉靖六年四月望後八日也。”

“崇禎三年四月，得是書於馮氏，馮從牧齋借得，余授奚静宜諸徒分寫，八月初六晚歸余。吴縣葉奕。”

“吾州顧麟士先生之子伊人先生號稱博覽，此書寔其所藏，其所從來可知矣。余於康熙辛丑借令似皖公孝廉,鹿鹿未及抄也。今皖兄以此書爲先人所珍,又世所希有,寓書來索。余乃於恩科報罷之後負熱抄之。雍正元年六月初八日,太倉錢嘉錫識於太平里之銘三書屋。"(丁巳歲代張菊生收。)

東坡先生詩話一卷 宋蘇軾撰　李□三三八

明寫本,棉紙藍格,九行二十字。　天一閣舊物。(李木齋先生遺書。辛巳)

石門洪覺範天厨禁臠三卷 宋釋惠洪撰　△二五一六

明朱絲闌寫本,九行十八字。　目録後有正德二年黎堯卿跋,録後:

"礦礫不鍊不成,霧縠不湼不麗,吾人欲染指風雅而無所師授,尠不墮落外道者,況聖了達玄奥哉!天厨禁臠釋洪覺範編也,頗得三昧法闞詩壇蹊徑在焉。勝國前有摹本,而今亡矣,予得其鈔本訂之,將與海内豪傑共之,秣陵鄉進士張天植遂成吾志刻之。正德丁卯,丁川黎堯卿跋。"

按:此書四庫入存目,稱其強立名目,旁生枝節,所論古詩押韻換韻尤不知古法。然自滄浪詩話卽力詆此書,以爲最害事。其爲覺範所撰當時已行世無疑,視藝苑雌黄、木天禁語出於依託僞造者有間。且張進士刻本今世已不得覯,歷代詩話亦未收,此外更別無覆刊者。原本爲天一閣所流出,故録而存之。(余藏。)

後山居士詩話一卷 題宋陳師道撰

宋刊本,半葉十二行,每行二十字。卽宋本百川學海中之一種也。(日本静嘉堂文庫藏書,己巳十一月十三日閲。)

優古堂詩話一卷 宋吴幵撰　殘存十八葉　李□四

明寫本,十一行二十一字。題"洪熙元年春三月六日林子中借録於家藏,計四十一紙。"

經朱藍筆校過,有篆文題:"九沙氏經讀。"諸家跋記録後:

“録此書已經三百年矣,鈔本之難得者。康熙丁酉立夏日,清景山樓披閲一過。先君所藏書,恨牽於物欲,不能盡讀之。徐駿。”

“辨摘蘇東坡詩誤處二三則,切當可喜,其餘雜見他書,且多疏脱也。駿識。”

“此較他本多所是正,明人鈔本之罕見者。道光丙戌仲夏讀竟。顧蒓。”

“道光庚寅春日,向芙川兄借觀一過,程恩澤。”

“余所藏宋元佳刻太半散佚,惟舊鈔名校尚有一二小品存篋衍。近來爲貧計,取而估直求售,每册至賤者亦必以幾餅計。予竊自笑向日重價收書,銖積寸累,每作一錢物可得書不易得之想。今欲棄之,有誰與余同好耶!吾恐卽貶價仍無過而問焉者矣。頃有平湖賈人持數十種古籍來,大段不如予所藏,而價且過之。浙省不售,遂携至蘇,其難售與予所藏同。乃因欲易余家刻,姑揀一二種應其請,而予之可笑益甚。就卷中近日儲藏各家如長塘鮑氏、嘉興戴氏皆予舊識,卽平湖錢氏亦素所神交者。追而溯之,太原之王、崑山之徐又在吾郡,則是書之去浙而來蘇幾若吾蘇之尚有緣也。謹就其題識圖章渾括成章,以寄予之感慨,俾予之可笑與後人同笑云爾。　洪熙鈔本真難得,三百年來又幾春。去徐跋時又百餘年。父子儲藏傳是舊,友朋轉徙夢廬新。近出錢味夢軒。一經世守逾珍寶,千金窮搜劇苦辛。“一經千卷”,卷中圖章字。我有一椿輸鮑老,好書堆案轉安貧。　蕘。乙酉六月朔題。”

“此書不知何時散去,已忽忽忘之矣。今爲芙川先生得之,郵寄,復得展玩,玩已,如華嚴示現已,同傷世事。近來已消種種相,惟書癡尚未擺脱淨盡,求先生當頭棒,感甚!感甚!癸巳夏錢天樹漫志。”

“道光癸巳初秋竹槎居士楊希鈺展閲一過。”

“古今詩人造句多暗合,此句某人某句襲某人句意,未免泥於辭字而欠圓通矣。中又載張子房與四皓書,竟是一篇四六文字。豈西漢之初留侯已創此體,而謂韓退之與李渤書學其步驟,何不辨體裁而厚誣之耶!宋人學識如此類者甚多,因閲次摘其瑕。至謂洪熙舊鈔之可寶貴,固不待余言也。　道光己亥仲春月眉叔張爾旦借閲一過。”

“道光乙未清和月辛峯老民蔣因培觀,洪熙至今三百餘年矣,芙川兄宜珍護之。”

“道光甲午冬子月九日,過芙川先生味經書屋,獲覩以識欣賞,此不易得秘册也。合江陶廷杰。”(杭州古懽堂寄來,李木齋收。甲寅)

增修詩話總龜四十八卷後集五十卷 宋阮閲輯　　△五一一

明嘉靖二十四年月窗道人刊本,十一行二十二字。　前嘉靖甲辰張嘉秀序,次郴陽李易序,次目録,次集一百家詩話總目。本書首葉題“龍舒散翁阮一閲宏休編”,“皇明宗室月窗道人刊”,“鄱陽亭梧程珖舜用校”三行。全書分甲至癸十集,卷末有寫字刊書人名三行。(余藏。)

忠謨謹按:此書别有跋,收入藏園羣書題記三集卷八。

增修詩話總龜前集五十卷後集五十卷 宋阮閲輯

明寫本,九行十八字,棉紙無格。目後有集一百家詩話總目。題“龍舒散翁阮一閲宏休編”。前集計十四册。見於同好堂。

莫楚生言,渠家有後集抄本,正與此同,乃一書分析者。旋自南中寄到,歸董授經,同好前集亦收去。余嘗校勘一過,知明刻删削甚多。(癸丑)

四六話二卷 宋王銍撰

清内府寫本,紅格,八行二十一字。題“詳校官户部額外主事臣談祖綬”,“總校官編修臣吴裕德等三人”。(丁巳歲閲,蟫隱廬書。)

風月堂詩話三卷 宋朱弁撰

明寫本,棉紙藍格,十行二十字。　前有庚申閏月戊子觀如居士序。其時朱弁尚滯金庭,故序中謂爲北方所傳之本。

按:世傳此書爲二卷本,此則三卷。余取寶顔堂秘笈二卷本校之,二本卷中次第亦有異,寫本内有脱文空行,刻本悉爲連綴。合二本校之,以抄本爲勝,補刻本脱文二條,改訂六十二字,别爲跋詳之。(天一閣佚書,丁巳南游收得。)

忠謨謹按:此跋收入藏園羣書題記初集卷八。

陳學士吟窗雜録五十卷 宋陳應行輯

明嘉靖四十年辛酉金陵書坊陳守泉刊本,十二行二十字。　前紹熙五禩重陽後一日浩然子序,序後有"嘉靖辛酉孟夏吉旦金陵書坊家藏宋本重刊"一行。次門類,題"狀元陳應行編"。全書以十干字分編。卷末有"金陵三山街陳守泉刊行"一行。

按:據序言,余於暇日編集魏文帝以來至於渡江以前凡詩人作爲格式綱領以淑諸人者,上下數千載間,所類者親手校正,聚爲五十卷云云。今考全書十八卷以前專采古人論詩旨訣,如魏文帝詩格、鍾嶸詩品及唐之賈島、白居易、王昌齡、李嶠諸人,至宋梅堯臣而止,以下則雜采古詩及聯語,分類編爲譜格之式,疑即陳應行所手編也。書亦坊賈射利所爲,而采輯頗富,且版刻猶具舊式,所言宋本重刊殆非妄也。　沅叔。(余藏。丙辰)

吟窗雜録五十卷 題宋陳應行編　存序目,卷一至二十,三十一至四十

明寫本,十二行二十字。題狀元陳應行編。有紹熙五年浩然子序。

鈐印如下:"春雨鑒賞圖書"、"蕭誠之印"、"一齋"、"曾在蕭湘浦處"、"程氏殿材藏玩"、"仲子"、"程家栴監賞章"、"木樨香館范氏藏書"、"程氏家栴字殿材號枝雲之章"、"心霽齋主人"、"元龍"、"徐鍾翳印"、"挺生氏"、"三立堂主人"。(丁巳)

全唐詩話三卷 題宋尤袤撰

明正德二年秦昂刊本，九行十七字，大黑口，四周雙闌。有正德二年丁卯陝西布政使右參議臨汾安惟學序，言巡按陝右，河東秦公民望得此書，躬自校閲，託強左史加磨對而壽諸梓云云。（于右任書，癸亥十月李子東送來閲。）

全唐詩話三卷 題宋尤袤撰

明正德十二年刊本，十行十八字，大黑口，四周雙闌。　前有正德二年陝西布政司安惟學序。後有咸淳辛未遂初堂跋。後正德丁卯汝南強晟跋。跋後有木記三行，文曰："正德丁丑春正月穀旦東魯鮑繼文伯正重刊於雲中教養堂。"是刻於晉北也。

忠謨謹按：此書别有跋，收入藏園羣書題記續集卷五。

全唐詩話六卷 題宋尤袤撰

明嘉靖三十三年甲寅雲間張鶚翼刊，萬曆十七年己丑重修本，九行十七字，板心中縫不連，下方有"伊蔚堂"三字。　有嘉靖甲寅雲間張鶚翼序、萬曆己丑孫自憲跋，言其大父所刊，鳩工重修云云。（柳詠春處見。癸丑）

韻語陽秋二十卷 宋葛立方撰

明正德刊本，十行二十字，白口，雙闌。前有正德丁卯都穆序，言江陰葛君允夫嘗藏録本，刻之以傳云。又隆興元年武夷徐林序。後有正德二年丁卯諶跋。鈐有"梅花草堂"一印，疑張大復之印也（戊寅）

韻語陽秋二十卷 宋葛立方撰 △一一四四五

日本寫本，十三行二十七字。　前隆興元年八月武夷徐林序，次立方自序，次乾道二年沈洵序，次淳熙六年姪葛郯序。　鈐有廣東肇陽羅道關防，又日本"佐名文庫"大印。

按：此本從宋刊影出，最爲可珍。此書自明正德本以下多有奪文訛字，得此咸可補正，余曾以學海本校過。（余藏。）

碧溪詩話十卷 宋黄徹常明撰 △八六〇九

舊寫本，行書，十行二十字。後録朱竹垞彝尊跋。　鈐有“于氏東始山房印記”、“雲輪閣”、“荃孫”各印。(周叔弢藏，癸未)

唐詩紀事八十一卷 宋計有功撰

明嘉靖洪楩刊本，十行二十字。　有孔天胤序，云得懷安初本重刊。(丁巳)

唐詩紀事八十一卷 宋計有功撰

明嘉靖二十四年乙巳東黄張子立刊本，十行二十一字，軟體字。目後有張子立跋十七行。(丁巳)

唐詩紀事八十一卷 宋計有功撰

明棉紙藍格寫本，八行二十四字。　末有莫雲卿是龍跋：

“萬曆庚申二月，予從海濱過華亭，晤思白先生，出崇蘭館帖及吾家緑斐堂帖，中有令苕溪汪勗寫唐詩紀事一段，吾不憶及之也。越四年，乃于白下得汪抄本，因以白鏹三十金易之。考原本明宣廟時燬矣。　天啓甲子莫廷韓述。”

按：莫跋僞造。此書徐梧生舊藏，今歸史吉甫寶安，索直四百元。(己巳五月假自史吉甫。)

環溪詩話上下卷 宋吴沆撰 △八六一二

明寫本，九行十七字。　前有嘉靖己丑邑人華嵓劉犒序，次慶元庚申月湖何異序。後附環溪居士文通先生行實，淳熙丁酉臨江謝諤撰。

鈐有翰林院大官印。又：“吴焯”、“吴城”、“彝尊私印”、“子應”、“緑蔭”、“音侯”、“詩龕書畫印”、“願流傳勿污損”各印。(周叔弢藏。癸未)

苕溪漁隱叢話前集六十卷 宋胡仔輯　存卷一至五十，計五十卷

李□九〇八一

元翠巖精舍刊本，十三行二十一字，黑口，左右雙闌。每卷首書名下

標白文“前集”二字。　胡仔序大字行草，半葉五行。序後有墨記二行，文曰：

翠巖精舍校
定鼎新重栞

目録半葉十行，標題後有木記，行書七行，四周雙闌，録後：

“車書一家，文風鼎盛，經史諸集焕然一新，至於詩家評話，刊行尤多。惟漁隱叢話是又集詩家之大成者，尚此闕焉。元來善本已有舛誤，況板經九十餘年，訛脱尤甚。今本堂廣求古今文集，補訛訂舛，重新綉梓，庶可備牙籤三萬軸之儲，錦囊三千首之助。高山流水，必有賞音。六一堂徐白。”

按：此書己未冬以八百金得之廠市，以李木齋先生堅欲割讓，匆匆一校，遂以歸之。所校爲海鹽楊芷庭耘經樓本，其版式行格字體無一不合，始知楊氏實據此本覆刻。楊氏後跋稱得宋本覆梓，又有“紹興甲寅陳奉議刊于萬卷堂”一行。按胡書前集成于紹興十八年，甲寅當紹興四年，其時胡氏尚未屬稿，其僞無疑。憶嘗見舊寫本，内有紹熙甲寅題記，估人必據以録入，又妄改“紹熙”爲“紹興”。乃適足以彰其作僞之迹，計矣拙矣。書經翻刻，視翠巖本頗有差誤，然間亦有翠巖本誤而覆刻校改者。　沅叔。

忠謨謹按：此書别有跋，收入藏園羣書題記三集卷八。

苕溪漁隱叢話前集六十卷後集四十卷

明棉紙紅格寫本，十行二十四字。　卷中墨筆校改之處甚多，不知爲何人筆也。

此書余藏殘本二部，故宫檢出一部，曹州徐繼孺家一部，皆明鈔，然均不完。余咸校勘刻本，改訂不尠。此獨百卷，完整如新，可貴也！（徐梧生遺書，己巳三月見。）

苕溪漁隱叢話前集六十卷後集四十卷　宋胡仔輯

舊寫本，十行二十字。存前集一至二十，後集二十至四十。　末有

顧氏跋,録後:

"隆慶辛未,有越賈持是書求售者,原脱二卷,而割補以紿人,余覺其訛,辭去。後竟售于薛方山先生,乃得易宋元通鑑凡八十本,則知編簡之訛舛,雖宿學亦未遽辨也。萬曆初元冬,復有持是書求售者,見其次序井然,亟收之。後閲他書,而苕溪漁隱之説有不載是編者,豈其傳録或加節略歟?未可知也。當求善本校而正之。此書坊間無刻版,亦不易得云。句吴顧飛卿識。"

鈐有"西陂"、"宋牧仲圖書印"、"黄堂清暇"、"書隱"、"顧胡英印"、"顧氏世雄"、"竹垞藏本"、"峨嵋山人收藏圖書之印"。(己巳二月二十日自書估常姓借來一校。)

苕溪漁隱詩評叢話前集六十卷後集四十卷 宋胡仔撰

舊寫本,十行二十五字。　前有戊辰春三月上巳日胡仔元任序,序後有"紹熙甲寅槐夏之月陳奉議刊于萬卷堂"二行。卷末有"禦兒吕氏南陽講習堂鈔藏"一行。鈐有"吕補忠印"白、"無咎"朱二印。(嘉善曹秉章氏藏,癸酉見。)

苕溪漁隱叢話前集六十卷後集四十卷 宋胡仔輯

舊寫本,九行十八字。鈐有"沈焕之印"圓朱文印。(邃雅齋送閲。乙亥)

苕溪漁隱叢話後集四十卷 宋胡仔撰　　李□九○八二

宋刊本,半葉十一行,行二十二字,白口,左右雙闌。版心記"漁隱後幾",下記刊工姓名,有許中、顧宥、李昌、陳明、陳仁、王悦、徐顏、徐正、毛昌、毛奇、毛璋。或只一字。宋諱闕筆,"構"字注"太上御名",當是乾道書成後刊本。字體方嚴,仿歐體,鎸工亦精整,猶是浙杭風氣。　卷首自序題丁亥中秋日,攷爲乾道三年。次目録,次本書。卷四十後列校勘官銜名五行,如下式:

"從政郎充紹興府府學教授林思齊校勘　從政郎充兩浙東路提點刑獄司準備差遣盧希度校勘　從政郎充兩浙東路提點刑獄司幹辦

公事魏夢熊校勘　文林郎充兩浙東路提點刑獄司檢法官徐森校勘　弟朝散郎直秘閣兩浙東路提點刑獄公事胡仰。"

收藏鈐有:"乾學"、"徐健菴"、"李盛鐸印"、"木齋"、"德化李氏凡將閣珍藏"、"木犀軒藏書"、"木齋宋元秘笈"各印。又有"固始張氏鑑藏金石圖書之印"。(李木齋先生遺書,壬午十二月十九日借校。)

忠謨謹按:此書别有跋,收入藏園羣書題記三集卷八。

文則一卷 宋天台陳騤撰　△五六〇三

明居本畯梓。(壬戌見,已收。)

文則一卷 宋陳騤撰

毛氏汲古閣影寫元刊本,十行十九字。題"宋少傅文簡公天台陳騤著","福州府儒學訓導餘姚李居義校正"二行。　鈐有"聽松風處"、"毛晉"二印。

甲戌四月十六日訪葉定侯、東明昆仲於長沙蘇家巷,檢藏書見示,略記于册,此其一焉。

文則二卷 宋陳騤撰

清内府寫本,紅格,八行二十一字。有"詳校官内閣中書臣朱承寵、總校官編修臣吴裕德"等銜名。(蟫隱廬書,丁巳)

詩人玉屑二十卷 宋魏慶之編

宋刊本,半葉十一行,每行二十一字,黑口,左右雙闌,間有四周雙闌者。　序行書五行,每行十二字,後有"玉林黄氏圖書"兩木記,又有"清則後人"鐘式木記。次門目,半葉五行。本書每門標目大字占雙行,左闌外標篇名。

按:是書董誦芬同年得之東瀛,持以相讓者。刻工不精,避宋諱亦不謹。卷中經日本人塗抹,殊爲刺目。　然以近時仿宋刊本校之,卷六缺第二十葉,卷十二缺第五葉,後又缺兩葉,翻宋本直接下葉,改號數以連之,文氣不屬。卷十四草堂前缺謫仙李杜二門,共九葉,而此宋本皆完然具存，學者慎勿以皮相而失之也。藏園記。

後有日本人舊抄附録一卷。附録尾有“正宗”墨印。鈐有“豐田氏圖書記”朱、“南里道人”朱二印。（癸亥）

詩人玉屑二十卷 宋魏慶之編

明刊本，十行二十二字。題“武林思山謝天瑞校正”。有皇明戊戌謝天瑞序，言以故祖珍藏元板考訂。

按：恐是胡文煥格致叢書本。（甲寅）

新刊古今錦繡詩人玉屑二十卷 宋魏慶之輯

明刊本，十一行十九字，黑口，四周雙闌。書名在中縫頂格。卷中每人詩話標題大字雙行。

按：此書板式古而刊刻不精，其字體似慎獨齋，大約明中葉之建本也。（鏡古堂見。癸丑）

後村詩話前集二卷後集二卷 宋劉克莊撰

舊寫本，十行二十字。 鈐有“思贊”、“衎齋寶藏神物”朱文二印，知曾爲馬氏所藏也。（壬午二月）

後村詩話十四卷 宋劉克莊撰 存卷三至九，計七卷 △一〇三七四

舊寫本，十一行二十一字。 盧抱經文弨以朱筆校正。卷三後跋一行如下：

“此下至第九卷鮑君以文鈔示，蓋前集之所無者。丙午七月六日盧弓父燈下閲。”（乙亥一月見，邢贊亭藏。）

黼藻文章百段錦三卷 宋方頤孫編輯

明翻宋本，十行十七字，黑口，左右雙闌。題“宋三山方頤孫編輯，裔孫鎰校刊”。 前有淳祐己酉中吕月朔旦建安梅軒陳嶽崧卿序。

鈐有“安樂堂藏書印”。（癸亥歲保萃齋送閲。）

太學新編黼黻文章百段錦二卷 宋方頤孫編

明刊本，十行二十字，黑口，四周雙闌。前有淳祐己酉建安梅軒陳嶽

崧卿序。本書題“太學篤信齋長上舍三山方頤孫編”。目録題“成都府學訓導崇陽艾傑校正”。後有頤孫自序,題今皇嗣位之二稔,則爲淳祐二年也。書分上下卷,上卷分遣文格、造句格、議論格、狀情格。下卷用事格、比方格、援引格、辯析格、説理格、粧點格、推演格、忖度格、布置格、過度格、譬喻下字格、結尾格。每格摘其本文數語,以示初學作文之準則,蓋亦仿文章軌範而又加詳者也。

收藏鈐有“宋筠蘭揮”、“巡察三晉”、“三晉提刑”、“徐氏元晦”、“静逸山人”諸印。又有官印二方不可辨,大抵宋氏之山西按察、山西巡道之官印也。(董廉之送閲。)

對床夜話五卷 宋范晞文撰

舊寫本,係從學海類編傳寫。黄蕘夫丕烈以鈔本八卷者校改,有手跋,又甲子祁曠翁跋。均已見楹書隅録矣,不具録。又馮去非序學海本佚去。後正德十六年江陰陳沐跋。别一跋不署名,疑亦祁氏也。 鈐有“古鹽張氏”、“宗橚”、“詠川”、“黄錫蕃印”、“嘉興李聘”、“蕘夫手校”及楊氏父子印。(海源閣遺籍,庚午歲借來一校。)

按:此書世行本五卷,最舊者爲正德十五年陳沐本,後學海類編、知不足齋叢書等相繼刊之。余以此八卷本校學海本,其異有五:一、分卷爲八;二、每卷前先標六朝、唐等名類;三、咸標題目;四、各卷題著者名後,有友人馮去非可遷訂一行;五、卷二末及卷三首次第不同。其餘補訂文字凡五百八十八字。别爲跋詳志之。

忠謨謹按:此跋收入藏園羣書題記初集卷八。

梅磵詩話三卷 宋韋居安撰 △八六一三

明寫本,十行二十字。卷後有“嘉靖戊申七月十九日委門僕葛會摹之齋中備覽,汝南袁表志”,識語二行。後有二酉山人吴會飛卿跋。

鈐有汲古閣、黄蕘圃藏印。(周叔弢藏,癸酉十一月十二日見。)

梅磵詩話三卷 宋韋居安撰

清厲鶚傳鈔天一閣藏本,九行二十字。有厲鶚跋。後歸法梧門式善詩龕。翁方綱、何道生均有跋,記于別紙。

余取讀畫齋叢書本手校一過,得異字五十餘。湘估携示,索值數百元,校定後遂還之。沅叔。(戊午)

精選古今名賢叢話詩林廣記前集十卷後集十卷 宋蔡正孫粹然撰輯

明刊本,八行十六字,詩話低三格,亦行十六字,黑口雙闌,行間有圈點擲。　前有蔡正孫粹然自序,題歲屠維赤奮若。每卷次行題"蒙齋野逸蔡正孫粹然"。　前集起陶淵明至張繼。後集爲宋賢,起歐公至劉貢父。後集目後題"編選未盡者見於續集刊行"。　然續集固未見流傳,其刊否未可知矣。

按:此書曾見一本,字體秀勁,鋒棱峭厲,當是宋刊。此本規格尚存,而氣息孱薄,必爲明翻無疑。(乙亥六月)

修辭鑑衡二卷 元王構輯

元至順四年集慶路學刊本,十行二十字,白口,左右雙闌。　前有至順四年江南諸道行臺御史王理序,云命儒學正戚君子實掌板,鄭懋刻之集慶路學。(丁巳歲文德堂見。)

修辭鑑衡二卷 元王構輯

明翻元至順集慶路刊本,十行二十字,黑口,四周雙闌,版心上魚尾下題"文法"二字。　前有江南諸道行御史臺監察御史王理序。

按:此書各家著録皆鈔本,舊刻本至爲罕覯,余乙卯歲得之蘇州來青閣,蓋天一閣佚出者也。

作義要訣一卷 新安倪士毅仲弘輯　　李□五二二、一

元刊本,十一行二十字,黑口,四周雙闌。(德化李氏舊藏。癸未)

文章精義一卷 元李耆卿撰

舊寫本。　清杜春生校,有跋録後:

"明正統間廬陵曾鼎輯文式三編,其次編全收是書,雖頗有脱誤,

然可是正者甚多。余據以校補,其有可兩存者悉記於上方。至字句偶異,無關宏旨,則不録焉。此書撰人爲李耆卿,曾本作李性學,未知孰是?道光壬午三月二十九日杜春生識。"(余藏。)

歸田詩話三卷 明瞿佑撰

明刊本,十一行二十二字,黑口,四周雙闌,楷法圓秀。 有成化三年莆田柯潛序,錢塘木訥序。末有弘治辛酉廬陵陳敍篤壆後序。

鈐有"惠定宇借觀"白文印,"詩龕"印。(辛巳十一月六日見于翰文齋,潘伯寅遺書。)

蓉塘詩話二十卷 明仁和姜南叔明撰

明刊本,十行二十一字,黑口,雙闌。 卷目列後:

卷一半村野人閒談絲 ·卷二洗硯新録匏 卷三輟築記 卷四鶴亭筆乘 ·卷五墨畬錢鎛匏 ·卷六學圃餘力竹 卷七大賓辱語 卷八蕉簷曝背臆記 ·卷九借竹道人投甕隨筆竹 卷十剔齒閒思録 卷十一醉經堂餔糟編 卷十二扣舷憑軾録革 ·卷十三抱璞簡記絲 卷十四五莊日記 卷十五鹽車道聽卷十六逍遥録 卷十七風月堂雜識竹 卷十八瓠里子筆談匏 卷十九樓窗隨筆 ·卷二十蓉塘紀聞匏

鈐有"京江燕翼堂錢氏藏書"白文印。

按:此書藝海珠塵中曾刊有十種前目中加點者,意其未得見全本也。沅叔。(癸酉)

忠謨謹按:此書别有跋,收入藏園羣書題記初集卷八。

逸老堂詩話二卷 明俞□□撰

繆荃孫手録盧文弨、黄丕烈跋。舊寫本。(繆氏遺書。壬戌)

忠謨謹按:此書别有跋,收入藏園羣書題記續集卷六。

解頤新語八卷 明皇甫汸撰

明隆慶刊本。 有何良俊、吴子孝、黄魯曾序,王文禄後序。分敍

論、述事、考證、詮藻、矜賞、遺誤、譏評、雜紀各類，亦詩話之屬也。（文友堂送閲。壬戌）

藝圃傖談四卷 明京山郝敬撰

明刊本。 郎山草堂集之第十三也。（甲子）

文通三十卷附録一卷 明黄岡朱荃宰咸一著

明刊本。爲攷證經史子集而作，頗有洸洋恣肆之觀，大要導源于雕龍、史通，近接漁仲、端臨，自序至二千餘言，頗有發憤著書之慨。附録一卷爲詮夢，題曰"卷之閏"，亦怪迂矣。閲其文，乃自序也。有王在晉、焦竑、羅萬爵諸序。附有著述之目，爲列于左。泙漫堂著述：文通　詩通古今韻譜　樂通圖　詞通譜　曲通北曲譜、南曲譜、中原韻會　四書四朝文獻自隆慶戊辰科起，至天啟乙丑科　禮辭　古今齊名録　古今齊名别録　三易内外圖説　安攘定籌　白石山人集　上池水　合刻楊用修一百九十種　畢竟隱人識。（戊辰）

五代詩話十二卷 清王士禛撰　六册　△一〇三七五

王漁洋原稿本。闌上行間朱墨筆改訂至多。别有粘簽，似同時之人手筆，爲之斟酌去留者。（邢贊亭藏。乙亥二月）

漁洋杜詩話一卷 翁方綱輯

舊寫本。（壬子）

圍爐詩話八卷 清崑山吴喬述

舊寫本。鈐有藝風堂藏印。（古書流通處送閲。壬戌）

石洲詩話五卷

清翁方綱手校，並跋二則。舊寫本。（顧鶴逸藏書，壬子二月觀。）

耄餘詩話十卷 清周春松靄撰　時年八十四

舊寫本。 前自序，後自跋。所記多當時浙西文人之事。此爲葛氏滓南手鈔者。（丁巳歲徐森玉收。）

蒼崖先生金石例十卷 元潘昂霄撰

元刊本，九行十八字，白口，四周雙闌。次行題“鄱陽楊本編輯校正”。　前有至正戊子廬陵王思明序。鈐有“休寧朱之赤珍藏圖書”朱、“寒士精神”白二印。（徐梧生舊藏。乙丑）

金石例十卷 元潘昂霄撰

舊寫本，十一行二十二字。鄱陽楊本編輯校正。　楊本、傅貴全、湯植翁、王思明序。　鈐有朱彝尊、馬玉堂藏印。（古書流通處送閲。壬戌）

金石三例十五卷 元潘昂霄撰。　存金石例十卷

清王惕甫手批本。首嘉慶十三年跋二段。又嘉慶戊辰跋，在卷尾。（甲寅）

小說類

飛燕外傳一卷

舊寫本，九行二十字。　後有汝上王謨跋。（癸丑）

遊仙窟一卷 唐寧州襄樂縣尉張文成撰

日本慶安刊本。（壬戌見，已收。）

楊太真外傳二卷

明刊本，十行十八字，注大字低二格，白口雙闌。宋諱玄貞樹皆闕末筆，當是正德嘉靖間翻宋本也。收藏印記録後：“蒲江陳氏藏書之章”朱長、“項子京家珍藏”朱長、“北海孫氏收藏印”朱長、“葉萬”、“石君”白、“黄丕烈印”、“蕘圃”朱方、“士禮居藏”白方、“天彂居士”白。（癸丑）

新增全相剪燈新話大全四卷 明瞿祐撰 **餘話四卷** 明李昌祺撰 **附録一卷**

明正德六年楊氏清江堂刊本，十四行二十四字，黑口，四周雙闌。上方每葉皆有繡像。

題：“廣西左布政使廬陵李昌祺編輯”，“翰林院庶吉士文江劉子欽訂

定","上杭縣知縣盱江張光啟校刊","建陽縣縣丞何景春同校綉行"。

新話第四卷末有木記,文曰:"正德辛未孟秋楊氏清江堂刊。"

翦燈新話五卷 明瞿祐撰

日本慶長活字印本,十三行二十字。與余所得皇朝事實類苑相同。(癸丑)

翦燈新話句解二卷 明瞿佑撰

朝鮮古刻本,十一行二十字,注雙行同。　題山陽瞿佑宗吉著,滄洲訂正,垂胡子集釋。

按:董氏誦芬室刻本據日本慶長活字本,分四卷。此本上卷起水宮慶會録,止富貴發迹司志,下卷起永州野廟記,止秋香亭記,其次第亦相同也。(乙亥二月)

翦燈新話句解三卷

題山陽瞿宗吉著,滄洲訂正,垂胡子集釋。日本古活字本,八行十六字,字大如錢。(癸丑)

新刊大宋宣和遺事四卷　△七五八四

明王洛川刊本,九行二十字,次行題"金陵王氏洛川校正重刊"。

有盛伯羲昱跋,録後:

"黄蕘圃刻此書分前後二卷,此本作四卷,述古堂藏書目亦作四卷,當即此本。蓋當日委巷流傳非一本也。校讀一過,字句無大異同。黄刻稱從宋本翻雕,此本標題稱大宋,當亦宋季刻也。　丁丑冬至韻蒔齋識。"

鈐有"安樂堂藏書記"朱、"明善堂覽書畫印記"白、"宗室盛昱收藏書畫印"白各印。

按:此明刊本,盛跋謂是宋季刊,非也。(盛昱氏遺書,壬子見,索二十元。)

新刊大宋宣和遺事四卷

明刊本,題大宋宣和遺事,分元亨利貞四集,次行題"金陵王氏洛川校正重刊"。半葉九行二十字,白口,四周雙闌。 鈐有"謝在杭家藏書"、"高景家藏"二印。皆朱文。近人萍鄉文素松依士禮居刊本校過。(文禄堂書)

新鐫陳眉公先生批評春秋列國志傳十二卷

明萬曆乙卯刊本,題"雲間陳繼儒重校,古吴朱篁參閲"。 前有陳繼儒自書序,又朱篁序。每卷有圖五葉,刊刻精細。每段有評點,每卷有總批,皆行書,亦似眉公筆。末卷有"萬曆歲次乙卯孟秋日姑蘇龔紹山梓行"一行。(己巳三月)

皇明英烈傳六卷

不著撰人姓名。前有崇禎紀元序,後有萬曆甲寅黄冠野叟跋。述明太祖起兵及平定羣雄事,自元順帝縱欲驕奢起,至沐英三戰克雲南止,編爲章回小説。每卷首有繡像圖五幅,卷首標題爲"玉茗堂批點皇明開運輯略武功名世英烈傳"。圖前後有題跋,闌上有批語,行間有標點,大率依附史事而潤色之。文友堂新購得,值至二百元,可謂奇昂矣,然亦可以覘風氣也。沅叔。(己巳)

新編勦闖小説十回 二册　　李□七五一七

日本舊寫本。題西吴懶道人口授,凡十回。 前有西吴九十翁無競氏題於雲溪之半月泉。有圖十幅。(德化李氏舊藏。癸未)

詩餘類

典雅詞十種　　△一一二五四

清勞巽卿權手鈔本。目列後:梁溪詞補遺附 題李忠定公長短句 撫掌詞後學南城歐良 東澤綺語補遺附 鄱陽張輯宗瑞 清江漁譜丹鉛增 鄱陽張輯宗瑞 雙溪詞雙溪擬巢翁延平馮取洽熙之 袁宣卿詞豫章袁去華宣卿 文簡公詞新安程大昌泰之 燕喜詞雙溪居士曹冠字宗臣 拙庵詞東平趙磻老

渭師　碎錦詞補遺附　鄉貢免解進士李好古

後録朱竹垞彝尊跋。後題：

"咸豐壬子夏借知不足齋所藏曝書亭傳録宋鈔本影寫。丹鉛生題。"(己未)

星鳳閣手鈔宋詞十種唐詞一卷

墨格寫本,版心有"星鳳閣正本,趙某泉手鈔"十字。目列後;陽春集一卷 馮延巳嘉祐陳世修序　閑齋琴趣外篇六卷晁元禮次膺　日湖漁唱一卷陳元平君衡　綺川詞一卷倪偁文舉　樂齋詞一卷向鎬豐之　白雪詞一卷三山陳德武　筠溪詞一卷李彌遜似之　王周士詞一卷王以寧　笑笑詞一卷郭應祥承禧　東山詞上下卷賀鑄方回　撫掌詞一卷南城歐良。

各種多以朱筆校過。鈐有"趙輯寧印"、"古歡書屋"印。(己巳四月)

宋名家詞續鈔五集

清鈔本,藍格,八行十八字。分五集:一集北宋十二家,題乾隆戊申孟秋澹容居士輯録　二集南宋十家,題乾隆丁未澹容居士輯録　三集南宋十家,題乾隆丁未澹容居士輯録　四集南宋十家,題乾隆己酉澹容居士輯録後集五家,方外二家、名媛三家,題乾隆己酉我娱齋輯録。(蔣孟蘋藏書,甲寅六月見于上海。)

宋元詞鈔八十二家 二十四册

明寫本,棉紙,墨格,九行十五字,板心下方有"紫芝漫鈔"四字。

清毛扆用朱筆校過,亦有陸貽典校筆。目列後:

東坡詞宋蘇軾　樂章集三卷宋柳永　渭南詞宋陸游　白石詞宋姜夔　逃禪詞宋楊無咎　竹山詞宋蔣捷　稼軒詞宋辛棄疾　缺前二卷　竹屋詞宋高觀國　知稼翁詞宋黄公度　西樵語業宋楊炎正　孏窟詞宋侯寘撰　初寮詞宋王安中　空同詞宋洪瑹　蘆川詞宋張元幹　石屏詞宋戴復古　省齋詩餘宋廖行之　茗溪詞宋劉一止　烘堂集宋盧炳　簡齋詞宋陳與義　僑菴詩餘　雲林樂府元倪瓚　松雪詞元趙孟頫　圭塘集元許有壬　斷腸詞

宋朱淑真　石林詞葉夢得毛扆粘籤　丹陽詞宋葛勝仲　東山詞宋賀鑄　樵隱詩餘宋毛幵　竹洲詞宋吴儆　蘆溪詞　溪堂詞宋謝逸　平齋詞宋洪咨夔　信齋詞宋葛郯　歸愚詞宋葛立方　王周士詞宋王以寧　竹坡老詞宋周紫芝　菊軒居士詞金段成己　遯菴居士詞金段克己　東浦詞宋韓玉　樂齋詞宋向滈　毛扆手跋　龜峰人詞　滄浪詞　笑笑詞宋郭應祥　于湖長短句宋張孝祥　虚靖詞宋張繼先　竹齋詞宋黄機　玉林詞宋黄昇　夢菴詞　玉笥山人詞宋王沂孫　虚齋樂府宋趙以夫　審齋詞宋王千秋　金谷遺音宋石孝友　白雪詞宋陳德武　姑溪詞宋李之儀　竹友詞宋謝薖　得全居士詞　克齋詞宋沈端節　樵歌宋朱敦儒　鶴山詞宋魏了翁　毛扆手跋並粘籤　梅溪詞宋史達祖　龍川詞宋陳亮　文溪詞宋李昴英　履齋詩餘　相山詞宋王之道　酒邊詞宋向子諲　澗泉詩餘宋韓淲　秋澗樂府元王惲　毛扆手跋　坦菴長短句宋趙師使　片玉集宋周邦彦　花間集後蜀趙崇祚　缺後二卷

有毛扆跋,在秋澗樂府卷一後:

"戊申重陽前四日從錫山秦翰林留仙得抄本宋元詞十四册,中有秋澗詞一卷,即此册也,惜逸其後三卷。後十一年己酉中元後二日復過錫山,訪於孫氏,又得宋元詞五十餘册,中有秋澗詞兩卷。是時薄游金陵,即携至秦淮寓中,適訪黄俞邰藏書,見秋澗文集自八十四至八十七卷載樂府四卷,因與借歸。其孫氏所得二册即於歸舟校過,此册到家校之,其第四卷擬舊式刻一格紙,命桐子補鈔,遂成完書矣。己未八月初三日虞山毛扆識於汲古閣下。"

鈐有"毛斧季"、"陳寶晉守吾記"、"劉樹君藏書印"、"士禮居藏"各印。(震在廷遺書,其子持來求售,有人曾以千元商之,不售,今不知何往矣。癸亥)

以上叢編

南唐二主詞一卷　南唐中主李璟、後主李煜撰

舊寫本,十行二十字。目録三十題,三十九闋。本書題低四格,每題

下注明墨迹在某家或見某集,間於每闋後載本事,低五格。謝新恩七首缺字甚多。鈐有“樂意軒”、“吴氏藏書”朱文印。(己未)

珠玉詞一卷 宋晏殊撰 共一百四十二首

明藍格寫本,十行二十一字。天一閣舊藏。(余藏。)

晁氏琴趣外篇六卷 學士晁補之無咎 △一一二四九

閑齋琴趣外篇六卷 濟北晁元禮次膺 △一一二五〇

醉翁琴趣外篇六卷 文忠公歐陽修永叔 △一一二四八

影寫宋刊本,半葉十行,行十八字。鈐有“宋本”、“希世之珍”及毛氏父子印、汪閬源印、曹楝亭印。惟醉翁一册祇有曹氏印,恐是補鈔。此書字畫精湛,楮墨明麗,與真宋刻無異,真銘心絶品。昔爲袁寒雲所得,因題三琴趣齋。今歸白堅甫。(戊寅)

樂章集三卷續添曲子一卷 宋柳永撰 △一一四四九

清勞權手鈔精校本,録有毛扆跋:

“癸亥中秋,借含經堂宋本校一過。卷末續添曲子乃宋本所無,又從周氏、孫氏兩鈔本校正,可謂完璧矣。毛扆。”

按:此集似據毛斧季本鈔出,以陸勅先及毛刻本互校者。沅叔。(余藏。)

淮海集長短句一卷 宋秦觀撰 △八六二一

明刊本,八行二十字。題“明郡人李廷芝九畹、長洲袁玄又玄校”二行。版心有“戲鴻館”三字,葉陰葉陽各爲單闌,字體俊逸,兼作行書,似手書上版。 後刻東坡、山谷二跋,亦行書。

錢遵王用朱筆校宋本,後題二行云:“戊午九月廿七日從不全宋槧本校一過,述古主人遵王。” 何小山煌以墨筆再校,跋細字於標題下云:“辛巳五月廿三日再以殘宋本校,缺更倍於錢所見本而刻則一也。小山。” 又有“乾隆丙戌十二月二十日鮑氏知不足齋收藏”題識。(周叔弢藏,乙亥正月六日見。)

淮海詞三卷 宋秦觀

舊寫本，九行二十八字。黄蕘圃丕烈以宋刻本校過，有跋録後：

"嘉慶庚午人日，書客以江鄭堂舊藏諸本一單見遺，惟殘宋刻淮海居士長短句最佳，因手校此，餘舊鈔未校入也。"

"淮海居士集前集四十卷，後集六卷，宋刻本藏錫山秦氏，余從孫叔平借校，此甲子年事也。頃偶憶及全集中不知有詞否，因檢校本核之，彼第有詩文，不收詞也。可見殘宋淮海居士長短句蓋專刻矣。甲戌二月三十日春分節，復翁記。時已斷九，寒猶未消，狂風震屋，密霰打窗，吴諺云拗春冷，今年更甚。"

鈐有："蕘圃手校"朱、"平江黄氏圖書"朱、"黄丕烈印"朱、"蕘圃"朱、"復翁"白。

片玉集十卷拾遺一卷 宋周邦彦撰 △一一四五〇

清咸豐六年勞權手鈔精校本。有跋：

"咸豐丙辰季冬入城，向汪鐵樵千户借得此舊鈔本，係汪氏振綺堂舊藏，祀竈日録，巽卿記。是夕上元朱述之司馬爲迎新出城，舟次塘棲，見過草堂，並招季言來譚。明日又記。"

"丁巳正月初九日晡時寫畢。 明日立春。"

"元夕録寄烏城司訓高叔荃五兄札。客臘在城解后悤悤别去，今屬渠回杭時相過，以踐前約，鐙下記。"第五卷後。

"二十日適有客招飲，託故辭之，鍵户録此。"第七卷後。

"廿一日午後録，鼎上人來，得叔荃消息。 蟫隱記"第八卷後。

"廿三日録，積雨陰寒。禯女笄年初度。"

"校寫原本元喬符樂府畢，接鈔此卷。 又借到陳允平西麓繼周集，蓋和清真詞也。勘定此帙，行將鈔之。廿九日丹鉛精舍記，是月小盡。"(余藏。)

和清真詞一卷 宋方千里撰 又一卷 宋楊澤民撰 △一一四五一

清咸豐七年勞權鈔本,有跋:

"咸豐丁巳五月下旬據傳校趙氏小山堂鈔本並遲雲樓鈔本對寫,閏月夏至後一日覆勘。"(余藏。)

東山詞二卷 宋賀鑄撰　存卷一上　△七一八七

宋刊本,半葉十行,行十八字,版匡高五寸,闊三寸八分,字迹似書棚本,但版微闊耳,皮紙濕墨印。

鈐席玉照印二方。(常熟瞿氏藏書,癸丑見於罟里。)

頤堂詞一卷 宋王灼撰

明藍格寫本,十一行二十二字。題頤堂詞見此者六十五解,今取其尤,得以上二十一解。(天一閣佚出書。丁巳)

蘆川詞二卷 宋張元幹撰　△三七八九

宋刊本,半葉七行,行十三字,白口,左右雙闌,版心上魚尾下記"功甫"二字,下魚尾下記葉數。白皮紙印,紙背爲宋時册籍。版匡高五寸六分,闊四寸。有黄丕烈跋二則。(常熟瞿氏藏書,癸丑南游訪書,見于罟里瞿宅。)

蘆川詞二卷 宋張元幹撰　△七八六五

明吴匏庵寬手抄,見讀書敏求記。上卷四十五番,下卷四十七番。影寫宋刊本,七行十三字。黄蕘圃假陳竹厂藏宋本補抄十八番。有何義門焯跋。又黄蕘圃丕烈跋八段。

鈐印録下:"絜園主人"朱方、"求古居"朱方、"瞿氏鑒藏金石記"白長文、"恬裕齋藏"朱方、"求古居"朱長、"蕘圃過眼"白方、"黄丕烈"白方、"蕘言"白方、"老蕘"白方。(壬子見)

簡齋詞一卷 宋陳與義撰

舊寫本,十行二十字。目録接本文,行欵與南唐二主詞同。有跋録後:

"右詞三卷從磬室借録,因再閲。原本乃磬室手鈔,可愛,遂留之,而以此本歸焉。磬室知余之重其手跡，當亦不吝也。第一卷爲南唐二主，第二卷爲陽春集，南唐相馮延巳所著，志南唐君臣競尚浮靡，逐於聲律技藝，而不復知政理之事，其敗亡晚矣。然其詞調往往逸麗流暢，無不可誦，至於怨聲鮮不嗚咽，要亦奇風之餘習也，知音之事當不棄焉。第三卷爲簡齋去非詞，尤古雅頓挫，闋闋可咏，字字可愛。人言簡齋善冥搜静覓，頗得佳句，信哉。閒窗漫題，兼質諸磬室，他日□定，當爲刻之以傳。嘉靖甲辰冬十一月二日少岳道人復初氏識。"

按：此帙馮詞已不存，字迹亦非明人手筆，當是乾嘉人從之轉録，審其欵式，必出宋本矣。（己未）

樵歌三卷 宋朱希真敦儒撰

舊寫本。（古書流通處送閲。壬戌）

稼軒詞甲乙丙丁集四卷 宋辛棄疾撰　△七八六六

汲古閣影宋精鈔本，十行十八字。　前有淳熙戊申正月元日門人范開序。鈐有毛氏父子藏印。（涵芬樓藏，己未借校。）

稼軒長短句十二卷 宋辛棄疾撰

明嘉靖十五年丙申刊本，李濂批點，九行二十字。（余藏。）

石屏詞一卷 宋戴復古撰

樵隱詩餘一卷 宋毛幵撰

龍川詞一卷 宋陳亮撰

龍洲詞二卷 宋劉過撰

西樵語業一卷 宋楊炎撰

明寫本，棉紙藍格，十二行二十字。　卷中有朱墨點抹之處。鈐"研叟"朱、"吴城"、"敦復"朱、"謝楨"白、"提月"朱各印。（癸亥八月得于廠肆。）

按：此書筆致疏古，是明嘉靖、萬曆時風氣。龍川詞以汲古本校之，改正二十一字。龍洲詞正彊村本六十字;西樵語業正汲古本三十三字;石屏詞正雙照樓本二十二字。别爲跋志之。

忠謨謹按:此跋收入藏園羣書題記初集卷八。

知稼翁詞一卷 宋黄公度師憲撰 李□八七五四

友古居士詞一卷 宋莆田蔡伸伸道撰 李□八七五四

清寫本。毛扆據錢曾本校。(李木齋藏書。壬子)

知稼翁詞一卷 莆陽黄公度師憲 前有曾豐序,後有男沃手記

烘堂詞一卷 醜齋盧炳叔易

審齋詞一卷 東平王千秋錫老 前有梁文恭題詩

壽域詞一卷 京兆杜安世壽域 戊午又三月十四日述古主人錢遵王讐對一過,補録闕文

右詞四種,明寫本。知稼翁詞格式甚古,半葉八行,每行十四字,題低二格,題下小序低三格,校字朱筆甚舊,當是述古主人筆也。餘三種皆八行二十字。烘堂詞亦校過。鈐有"清暉館"、"陸貽裘印"、"黄丕烈印"。皆松江韓德均舊藏。白堅持示,因詳記之。(己卯十月)

風雅遺音二卷 宋林正大敬之輯

影寫宋刊本,九行十八字。録黄丕烈跋。(繆氏遺書。壬戌)

澗泉詩餘一卷 宋韓淲撰

舊寫本,十行二十字。 有舊人校筆。 鈐有潛采堂、謙牧堂藏印。(甲寅)

澗泉詩餘一卷 宋韓淲撰

舊寫本。 有竹素堂主人跋。較四庫本多數十闋。(古書流通處送閲。壬戌)

和清真詞一卷 楊澤民

道情鼓子詞一卷 蓮社居士張掄材甫應詔撰

梅屋詩餘一卷 許棐

五峰詞一卷 樂清李孝先

舊寫本,十行十八字。　鈐有"黄丕烈印"、"蕘圃"、"平江黄氏圖書"、"吴興包子莊書畫金石記",均朱文,"學劍樓"、"包虎臣"、"包伯子"均白文。(端匋齋遺書。丁卯)

可齋雜藁□卷 存卷三十一至三十四 **、續稿□卷** 宋李曾伯撰　存卷七、八、十一,計七卷　△一一二五一

影寫宋刊本,半葉十行,行二十字。均詞。續稿影摹原序兩葉尤精。卷後有"嗣男杓編次"一行。

鈐有汲古閣毛氏及汪閬源諸印。(戊寅)

夢窗詞集不分卷 宋吴文英撰

明寫本,九行十六字。後題"萬曆廿六年置",後鈐"太原廷璜"、"太原張氏文苑"印。(己未)

仙源居士惜香樂府十卷 宋趙長卿撰　存卷六至九,計四卷　李□八〇五四

汲古閣精鈔本,墨格,十行十八字。版心下方有汲古閣三字。　鈐有西河季子、汲古後人二印。(德化李氏藏書。癸未)

宋人詞三種

碧山樂府一名花外集　王沂孫聖與撰　蘋洲漁笛譜周密公謹　日湖漁唱陳允平西麓

舊寫本,十二行二十三字。

西麓繼周集一卷 宋陳允平撰　△一一四五二

清咸豐七年勞權手鈔精校本。有跋録後:"咸豐丁巳二月十六日望傳新城羅氏寫本,二十五日春分社前一日雙聲閣録畢記。"(余藏。)

遺山樂府三卷 金元好問撰

朝鮮古刊本,十行十七字,大黑口,四周雙闌。　前遺山自題樂府引草書。卷上四十一闋,卷中七十闋,卷下一百闋。

有李宗準識語，稱吾東方既與中國語音殊異，於其所謂樂府者不知引聲唱曲，只分字之平側，句之長短，而協之以韵，皆所謂以詩爲詞者。……唯益齋入侍忠宣王，與閻趙諸學士游，備知詩餘衆體者吾東方一人而已。……以此知人不可造次爲之，雖未知樂府，亦非我國文章之累也。愚之誦此言久矣，今以告監司廣原李相國。相國曰："子之言是矣，然學者如欲依樣畫葫蘆，不可不廣布是集也。"於是就舊本考校殘文誤字，謄寫淨本，遂囑晉州慶牧使紝繡梓。時弘治紀元之五年壬子重陽後一日，都事月城李宗準仲鈞識。(余藏。)

遺山樂府三卷 金元好問撰

明時朝鮮刊巾箱本，半葉十行十八字，黑口，四周雙闌。　次第與陶蘭泉刻本同。陶氏所刻卽據余舊藏朝鮮古刻摹刊，字句小有不同。(己卯四月)

遺山先生新樂府五卷 金元好問撰

舊寫本，十三行二十一字。　盧文弨朱筆校，有盧氏序。趙曦明跋，稱原本出何義門家。(同古堂見。丁巳)

遺山樂府一卷 金元好問撰　凌雲翰編

舊寫本。過録清勞格校。(古書流通處送閱。壬戌)

遺山樂府選一卷 題前鄉貢進士錢唐凌雲翰彦翀編選

舊寫本。有盧文弨序。(同古堂見。丁巳)

天籟集二卷 元白樸撰　**摭遺一卷**

清康熙四十九年楊希洛友敬刊本，九行二十一字，白口，四周單闌。

首朱彝尊序，稱楊希洛得之於其裔孫駒，將刊行，屬余正其誤，乃析爲二卷，序其端云云。次洪武丁巳孫大雅序，次至元丁亥王博文子勉序，次像贊，次目録。卷下之末有朱彝尊康熙庚辰八月校過識語。後有王皜識語，稱蘭谷先生集環溪王皜重校並手書，吾友希洛氏一旦命工鏤版，與天下後世共之云云。下鈐又皜朱文方印。摭遺後有楊友敬識語，稱掇拾他書所載套數小令，編附卷末云云。又王皜、姜穎新二識語。

卷末附洪昇㮿括蘭亭序一首，及楊友敬題，蓋爲其門人書貽楊氏者。

按：是書環溪王皜手書上版，書法秀美，如鐵畫銀鈎，雕鎸亦精，堪與林鹿原手書漁洋精華録相伯仲。其朱竹垞序、像贊及諸跋以行書隸書上版，印記套朱，實清初精刻本中之至精者，故詳志之。

蘭谷先生天籟集一卷 元白樸撰

清初寫本，十二行二十四字。 有至元丁亥春二月。 上休日正議大夫行御史臺中丞西溪老人王博文子勉序，又朱彝尊跋二則。 別有序不著撰人。 後有洪武丁巳江陰孫大雅敍。 鈐有“楝亭曹氏藏書”、“長白敷槎氏堇齋昌齡圖書印”二印。（丁卯）

蛻巖詞二卷 元張翥撰 李□七四四七

清初寫本，十二行二十四字。鈐有“楝亭曹氏藏書”、“堇齋攷查印”二印。（德化李氏舊藏。癸未）

蛻巖詞二卷 元張翥撰

清初寫本。 有厲鶚、張鳴珂跋，録後：

“蛻岩河東人，幼從父官於杭，與貞居子張伯雨俱學於仇山村先生之門，故詩文俱有源本，而詞筆亦復俊雅不凡，足繼白石、梅溪、草窗、玉田諸公之後。 惜山村、伯雨詩集僅存，而詞只三數闋，使人有零珠斷璧之恨，不若蛻巖詞二卷一百二十餘首之完好無恙也。是本爲余友金君繪卣抄自龔田居侍御家，余從繪卣令子以寧借抄，遂得充几席研玩之娱。侍御所藏異書甚多，生平清介自處，罷官後絶不竿牘當事，貧至食粥。聞其身後書籍大半散佚矣，爲之累歎。雍正改元十月二十三日樊榭生厲鶚書。”

“近得張外史貞居詞一卷，又校定蛻巖詞訛字，消遣餘春，殊不冷落。”

"光緒乙巳冬十月,從謝蓉徵許借得是册,出鮑刻知不足齋本對斠一過,互有得失。附録小籤,黏諸眉間,以竢博雅者審定焉。秋涇七十七老人張鳴珂記於邃學廬。"(蘇估柳蓉村送閱。)

升庵長短句四卷 明楊慎撰

明嘉靖刊本,十行二十字,黑口。　有嘉靖庚子晉甯池南唐錡序。(戊午文德堂送閲。)

王西樓先生樂府一卷 明王磐撰

明刊本,九行二十字。題"高郵王磐鴻漸父著","郡人王應元一之父校"。　有嘉靖辛亥甥張守中序。(壬午二月)

稽古緒論一卷洗心亭詩餘一卷 明趙浚谷撰

明刊本。前有孫應鰲序。詩餘隆慶庚午周鑑序,男守巖刊。(繆藝風藏書。庚午)

彈指詞二卷 清錫山顧貞觀撰

乾隆癸酉裔孫仲温重刻。(辛未二月)

栩園詞棄稿四卷 清毗陵陳聶恒曾起撰

清康熙四十三年陳氏且樸齋刊本。　前有顧貞觀書一通,曲阿賀寬岑居序。(辛酉)

酒邊琴外詞一卷 李□五一六五

清余秋室集手寫本,墨格,邊闌外有"東嘯軒鈔本"、"花可可齋鈔本"欵字,似爲秋室自撰詞也。鈐有:"集"、秋室手鈔"、"只可自怡悦"、"書生考古"各印。(庚午閏六月)

以上别集

金奩集一卷 題唐温庭筠撰 李□一三四

舊寫本。　舊人以朱筆校過。有璘案云云。　鈐有"雙谿草堂圖記"朱、"孫星衍印"白各印。(李木齋先生遺書。辛巳)

花間集十卷 後蜀趙崇祚輯

明正德十六年陸元大刊本，十行十八字。行間每句加小墨圈，宋諱缺末筆。　前歐陽烱序，次題花間集一部十卷，銀青光禄大夫行衛尉少卿趙崇祚集，下列總目。後有紹興十八年晁謙之跋。清顧芸美苓藏，鈐有"塔影園客"朱文大印。（余藏。丙辰）

樂府雅詞三卷拾遺二卷 宋曾慥輯

舊寫本，八行十六字。　有紹興丙寅温陵曾慥引。　鈐有"豫齋珍藏"、"織簾後裔"、"栖雲主人"、"支煋"、"栖雲"各印。（古書流通處送閲。壬戌）

樂府雅詞三卷拾遺二卷 宋曾慥撰

舊寫本，十行二十一字。　鮑渌飲廷博手校，鈐有鮑氏藏印。　又汪季青收藏各印。（涵芬樓藏，己未見。）

增修箋注妙選草堂詩餘上下卷 宋何士信輯

明刊本，似萬曆本九行十八字，黑口四周雙闌。安肅荆聚校刊。（甲寅）

精選名賢詞話草堂詩餘上下卷 宋何士信輯

明刊本，十行二十二字，刻工草草。第二行題"閩沙太學生陳鍾秀校刊"。　前有嘉靖十七年戊戌仲冬月南京國子監監丞陳宗謨序。（蟫隱廬書，丁巳見。）

草堂詩餘四卷 宋何士信輯

汲古閣刊本。　有識語録後："癸亥秋日，得寫本勘訖，中有脱有增，似非完璧。樸學齋老人識。"（楊馥堂處閲。壬子）

草堂詩餘三卷 宋何士信輯

清宛平查氏隱書樓寫本，十行二十二字，版心有"隱書樓藏"四字。鈐有"查氏隱書樓藏書印"白文大印、"宛平查氏藏書印"朱、"查氏所藏"朱、"北平謝氏"朱、"北平謝氏藏書印"朱各印。（壬午正月）

中興以來絶妙詞選十卷 宋黄昇輯　附録黄叔暘詞三十八首

宋刊本，半葉十三行，行二十三字，細黑口，左右雙闌，每卷第二行有

"宋詞"二字,上加黑蓋子。詞家姓名低一格,大字占雙行,下注其人傳略。篇中涉宋帝空一格。目録每半葉八行,每卷之幾上亦加黑蓋子。　有淳祐己酉百王玉林序。又淳祐己酉上巳前進士胡德方季直序。卷尾有木記三行:

"玉林此編亦姑據家藏文集之所有,朋游聞見之所傳,詞之妙者固不止此。嗣有所得,當續刊之。若其序次亦隨得本之先後,非固爲之高下也。其體製不同,無非英妙傑特之作,觀者其詳之。"

每册鈐有"陳道復印"、"聖雨齋印",又"乾隆御覽之寶"、"天禄琳琅"諸璽印。(戊午閲)

鳴鶴餘音[八]卷 元彭致中　存詩詞上卷四十八葉

元刊本,十行,行十七八九字不等,黑口雙闌。　前虞道園序,次諸仙誕辰,次衆仙封號,次全真宗服方外玄言目録。玄門宗旨卷上,下列詩詞文目。(癸丑)

精選名儒草堂詩餘三卷 元鳳林書院輯

元鳳林書院刊本,九行十八字,黑口,左右雙闌,書名大字占雙行,目前有牌子。

鈐有"姑蘇吴岫塵外軒讀過"、"慎言"、"玉屏珍賞"、"上郡馮氏藏書"諸印。(余藏。)

詞海遺珠四卷 明潯陽勞堪編　東陽王乾章校

明萬曆刊本,九行二十字。　前有萬曆三年乙亥柴桑人勞堪序,又萬曆丙子浙東震所王乾章書於白鷺書院序。　鈐有"古處堂圖籍印"、"唐祖庚印"、"啟明氏"各印。又"且閒居"腰圓印。(乙亥三月)

瑶華集二十二卷 清蔣景祁輯録

清刊本。前有康熙二十五年宋犖序,康熙丁卯王山人顧景星序。又刻瑶華集序三十八則,即凡例也。次詞人姓氏里爵表,分地紀之,凡京師十七人,江南二百五十八人,山東十三人,山西六人,河南八人,陝西二人,湖廣七人,浙江一百四十五人,江西四人,福建八人,廣東一人,貴州一人,方外五人,閨秀三十人,佚一人。編輯以調之長短爲先後次第。

以上總集

樂府指述一卷 宋沈義父撰

明藍格寫本,十一行二十二字。題云:"右伯時號時齋,吴興人,著樂府指述一卷。"(天一閣佚書。丁巳)

詞品六卷 明楊慎撰 缺二三兩卷

明雲南珥江書屋校刊本。前嘉靖辛亥花朝洞天真逸楊慎序,又嘉靖甲寅成都後學周遜序。(徐梧生遺書。己巳三月)

渚山堂詞話三卷 明德清陳霆聲伯撰

明嘉靖刊本,九行十八字。 前有嘉靖庚寅霆自序。 鈐有翰林院大官印。卷中有四庫館臣簽記各條,卷一第六葉至元間傅按察錢唐懷古長闋内塗抹三十三字,當是觸忌諱之語,閣中著録已删去,兹隱約識記如下:

上接久假當還句下,"其語大率吠堯之意,中國帝王所自立,久假當還固也。然正統所在,夷狄可得干耶!"下接王猛以正朔云云。(文友堂見。戊辰)

詞苑英華二十册 明毛晉撰

明末毛氏汲古閣稿本,題名"詞海評林"。有毛扆跋,録後:

"詩餘圖譜填詞之法備焉矣。先君此書之作規模之,而更充廣焉。凡少一字者居前,多一字者居後,旁搜博覽,彙綴成帙,釐爲三卷,一生心力固不僅於是,而孜孜矻矻,已大費詳慎。正欲付梓,而玉樓之召孔迫,惜哉!今其原本卽云守而勿失,然不能成先人之志,以垂將來而傳永久,是則扆之大罪也。將來或遇有力,不惜多金以登梨棗,其幸爲何如耶!庚寅秋大病之後翻閲是書,草率命兒書於簡端云。扆。"

鈐有"海虞毛晉子晉圖書記"、"汲古閣"、"扆印"各印章,又有"毛鳳苞印"一印。曾經四明盧氏抱經樓收藏,有抱經樓白文印。(己未閲。)

以上詞話、詞譜

曲類

古今雜劇三十種三十卷 △一二三三六

元刊元印本,巾箱本,半葉十行、十四行、十六行不等。目列後(略)。(顧鶴逸藏書,壬子二月觀。)

新續古今名家雜劇五集 存二集

明海寧陳與郊廣野刊本,分宫、商、角、徵、羽五集。今惟存宫、徵二集,每集四種。前半葉標四題於上,圖畫一幅附於下,與本事不盡合,聊以見意而已。王静菴曲録序曾稱引此書,然謂今日皆絶不可覩。此帙乃常德余君嘉錫季豫得於桃源舊家,雖殘缺不及半,要自可珍,異時當馳告誦芬室主人影刊傳播之。目録列後:

宫集:趙盼兒風月救風塵關漢卿　羅李郎大鬧相國寺張國寶　包待制三勘蛺蝶夢關漢卿　漢鍾離度脱藍采和缺名

商集:半夜雷轟薦福碑　秦修然竹塢聽琴　李太白匹配金錢　馬丹陽度脱劉行首

角集:西華山陳摶高卧　宋太祖龍虎風雲會　劉晨阮肇悮入天臺　尤濟山野猿聽經

徵集:河南府張鼎勘頭巾孫仲章　張孔目智勘魔合羅孟漢卿　玉清菴錯送鴛鴦被缺名　二郎神醉射鎖魔鏡缺名

羽集:紫陽仙三度常椿壽　陳華仙三度十長生　羣仙慶壽蟠桃會　吕洞賓花月神仙會。(戊辰十二月)

誠齋雜劇二十二卷 明周憲王有燉撰

明永樂至宣德間周憲王朱有燉自刻本,十行二十四,黑口,四周雙闌。目列後：

新編甄月娥春風慶朔堂一卷永樂四年刊　新編美姻緣風月桃花景一卷宣德六年刊　新編趙貞姬身後團圓夢一卷宣德八年刊　新編劉盼春守志香囊怨一卷宣德八年刊　新編宣平巷劉金兒復落娼一卷　新編福禄壽僊官慶會一卷　新編神後山秋獮得騶虞一卷永樂六年刊　新編黑旋風仗義疏財一卷宣德八年刊　新編洛陽風月牡丹仙一卷宣德五年刊　新編清河縣繼母大賢一卷宣德九年刊　新編天香圃牡丹品一卷宣德六年刊　新編十美人慶賞牡丹園一卷　新編紫陽仙三度常椿壽一卷宣德八年刊　新編張天師明斷辰鉤月一卷永樂二年刊　新編孟浩然踏雪尋梅一卷宣德七年刊　新編小天香半夜朝元一卷　新編李妙清花裏悟真如一卷永樂二十年刊　新編李亞仙花酒曲江池一卷　惠禪師三度小桃紅一卷永樂六年刊　新編搊搜判官喬斷鬼一卷　新編豹子和尚自還俗一卷宣德八年刊　新編蘭紅葉從良烟花夢一卷。（丁巳年見。）

靈寶刀二卷 浙汜任誕軒重編　計卅五齣

明刊本，前有繡像十六幅。像後有篆文牌子：

萬曆丁巳王正初吉

海昌陳氏繪像鏤板

卷末題云："山東李伯華先生舊稿重加删潤，凡過曲引尾二百四支，内修者七十四支，撰者一百三十支。"（癸丑）

珊瑚玦上下卷

明刊本，九行二十字。題"珊瑚玦傳奇，可笑人填詞"。前有圖畫三葉。（壬午正月）

朝野新聲太平樂府九卷 元楊朝英撰　△七八七一

明刊本，十四行二十四字，黑口單闌。題目大字占雙行，次行題"青城澹齋楊朝英集"。首目録、次姓氏。　有黄蕘圃丕烈二跋録後：

"此元刻細字本朝野新聲太平樂府九卷,休寧朱之赤藏書,余得諸郡中故家,珍秘之至。既收得抄本,止八(卷)本,兩本并同,脱誤亦相似,始知外間傳布本非足本也。因取是以校彼,實多是正。抄本間有改正字,如'裏'本作'里','教'或作'交',此元刻本如是,想係詞典本相傳舊例,余所藏元人雜劇刊本都有類此者,無足異也。惟鈔本間有衍字衍句,不知其本云何。然通體刻自勝鈔,當以元刻爲准。余素不諳詞,何論乎曲,兹固校勘粗讀一過,其中用意之工、遣詞之妙,固稱傑作,宜有元一代以此擅長也。丁卯秋霜降前一日秉燭書。復翁。"

"庚辰冬孟偶取繙閲,前跋有誤書處,如'八本'當作'八卷','詞典'當作'詞曲',因復正之。復翁。"

鈐印録後:"寒士精神"白方、"卧菴所藏"朱小方、"守吾過眼"白長方、"守吾鑑賞"白長、"守吾"朱橢、"黄丕烈印"朱方回文、"蕘圃"朱方、"平江黄氏圖書"朱方、"休寧朱之赤珍藏圖書"朱長方。(癸丑見。)

朝野新聲太平樂府九卷 元楊朝英撰 **附中州樂府音韻類編**題燕山卓從之述

明刊本,刻工殊草草,卷末有孫伏伽手跋。(瞿氏藏書,乙卯閲。)

朝野新聲太平樂府九卷 元楊朝英輯 △七八七三

明寫本,十行二十字。前有至正辛卯春巴西鄧子晉序,爲他本所無。有黄蕘圃跋。遞藏袁漱六、黄蕘圃、汪閬源士鐘、潘叔潤諸家,有印。(涵芬樓藏書。辛酉)

朝野新聲太平樂府九卷 元楊朝英輯 △七八七二

舊寫本,十行二十字,缺卷九。黄蕘圃據前本鈔補,有跋。黄氏據所藏元本細校。(涵芬樓藏書。辛酉)

張小山小令二卷 元慶元張可久撰

明嘉靖刊本,九行十八字,黑口,四周雙闌。有嘉靖丙寅閏十月六日中麓李開先序， 云向未有全本，予爲之編選成帙，亦有一二删去者，以其生平鮮套詞，因名之曰小山小令云。後序録如後：

"予自游鄉校，讀書有餘力則以學詞。詞獨愛張小山之作，以其超出塵俗，不但癯勁而已。當時苦於無書，止有楊朝英所集太平樂府。及檢舊篋，又得陽春白雪集及百一選曲兩種。既登仕籍，書可廣求矣，然惟詞書難遇，以去元朝將二百年，抄本刻本多散亡。洪武初年親王之國，必以詞曲一千七百本賜之。對山高祖名汝楫者曾爲燕邸長史，全得其本。傳至對山，少有存者。人言憲廟好聽雜劇及散詞，搜羅海内詞本殆盡。又武宗亦好之，有進者卽蒙厚賞，如楊循吉、徐霖、陳符所進不止數千本，今宜詞曲少而小者更少也。京師積書家如李蒲汀、沈竹東，詞書成編者不過十餘部，其小山詞載在樂府羣珠、詩酒餘音者僅有數十曲。他所更得仙音妙選、樂府羣玉、樂府新聲，則有助於小山多矣。可惜類詞有小山半册，廖洞野取去堅不復出，而普集元詞在鄒平崔臨溪者，小山詞獨有一册，以負累逋逃，不知所之。今所編次雖成上下二册，每樣曲終鏤板不剔空，以待博學君子詞山曲海不惜寄示，必有以增其所未高而濬其所未深云。季冬蠟日中麓再書。"

鈐有"汪灝印章"白、"青石山房"白、"張氏晚晴閣收藏圖書記"朱各印。(戊辰)

小山小令二卷 元張可久撰

舊寫本，九行十八字，每卷次行題"慶元張可久著"，三行題"章丘李開先編"。 首嘉靖中麓李開先序。 鈐印録後："某會里朱氏潛采堂藏書印"、"謙牧堂書畫記"。"兼牧堂藏書記"。(甲寅)

碧山樂府二卷 明鄠杜王九思敬夫撰

題"鄠杜王九思敬夫著，毘陵吴㩦謙幼安校"。舊寫本，八行十八字。卷末有"書辦任文奎寫"六字。卷首有吴仲懌重意及李文石葆恂題識數則：

“何元朗四友齋叢説云：王渼陂杜甫游春雜劇其所謂李林甫者，蓋指西涯也。又云：康滸西以狀元在館中，聲望籍甚，臺省諸公得其謦咳以爲榮，不久以憂去。大率翰林丁憂歸，其墓文皆請之内閣諸公，此舊例也。對山聞喪即行，求李空同作墓碑，王渼陂、段德光作墓志與傳。時李西涯方秉海内文柄，大不平之，值逆瑾事起，對山遂落籍。又云：康對山跌宕，然不及王渼陂藴藉，如渼陂杜甫游春雜劇，雖金元人猶當北面，何況近代。以五蘭傳校之，不逮遠矣。又云：王渼陂欲填北詞，求善歌者至家，閉門學唱三年，然後操筆。壬子長至日録。”此吴仲懌筆。

“任文奎名上有陶元美一印，不知爲何許人。”吴氏筆。

“王九思字敬夫，鄠縣人，弘治丙辰進士，授檢討。劉瑾亂政，翰林悉調部屬，敬夫獨得吏部。不數月長文選，瑾敗，降壽州同知，居一年，會天變，言官鉤瑾餘黨，勒致仕。年八十四卒於家。錢虞山列朝詩集小傳曰：敬夫館選試端陽賜扇詩效李西涯體，獲首選。既而康海、李夢陽輩出，倡導古學，相與訾謷館閣之體。敬夫舍所學而從之，於是始自貳於長沙，其再謫及永錮皆長沙秉國時。盛年屏棄，無所發怒，作爲歌謡及杜甫春游雜劇，力詆西涯，流傳騰踊，關隴之士雜然和之。又曰：敬夫、對山，同里、同官，同以瑾黨放逐，沜東鄠杜之間，相與過從，徵歌度曲以相娱樂。敬夫將填詞，以厚貲募國工，學按琵琶三弦，習諸曲，盡其伎而後出之。對山尤妙於歌彈，酒酣以往，擲談按歌，更起爲壽，老樂工自謂弗如也云云。葆恂於敬夫著述僅見渼陂詩集，虞山謂其麄有才情，沓拖淺率，良不爲苛。惟詞曲精麗當世稱之。王元美云：敬夫詞曲與康齊名，秀麗雄爽，康大不如。李中麓則謂其得元人心法。即虞山亦謂評者以爲不在關、馬下。將搜訪其詞曲及游春記，迄未一獲。頃承石蓮闇主以此見示，快讀累日，爲識如右歸之。䆗翁李葆恂。　癸丑六月十八日讀於沽上。”

“開卷春游長套有‘憂殺城南杜甫’之句，或疑卽杜甫春游雜劇，乃秋興中亦有‘思量起悲秋杜甫’一語，知其不然，或是春游劇中之一折耳。錢牧齋云：嘉靖修實録，吏部議起敬夫，有言於朝曰：春游劇中李林甫固指西涯，楊國忠當非石齋，賈婆婆得非南塢乎？聞者咋舌，遂止。據此知此劇有脚色賓白、是元人雜劇體例，不止詞曲而已。往在汳中，有郃陽打碑工秦老者，年七十餘矣，酒酣卽高歌一曲，人多不解何詞，問之，皆康、王樂府也。據云，其少年時，屢聞其祖父歌康狀元曲，不知其爲明人也。可知康、王風流未沬，關中猶艷稱之。試向彼中士大夫詢之，或尚有藏弆者乎。葆恂載志。”

“六房如水吏鈔書已傳爲佳話，此書尾有一行云書辦任文奎寫，何許長官風流乃爾！癸丑伏日從石蓮闇假讀。　紅螺山人戲題。”

“卷首有關尹子朱文方印，篆刻遒勁，似漢玉章。然關尹子與老子同時，詎有印記？四兒放云：明季有汪關，號尹子，善篆刻，周櫟園印人傳中記有其人，此書或曾爲藏弆，故以此印識之乎？印人傳往曾寓目，老而善忘，姑記於此，以待詳攷。䆗翁”

盛世新聲十二卷 存子集

明刊本，十二行二十四字。　有正德十二年序，稱詞曲四百餘章，小令五百餘闋，命工鋟梓云云。（丁巳歲文德堂見。）

盛世新聲十二卷

明嘉靖刊本，十行二十字，黑口，四周雙闌。　有東吴張禄序，言正德間輯盛世新聲，余不揣陋鄙，正其魚魯，增以新調，不減於前謂之林，少加於後謂之艷，更名曰詞林摘艷，鋟梓以行。據此則張氏已增補改名。今此書仍題“盛世新聲”，殊不可解，竢更考之。每卷標題下注正宫大石南吕等字,次標“新增題目姓氏”六字,次題“子集”、“丑集”等,以十二支分十二卷。次行“吴江元俸校正”,三行“金台張氏刊行”。 鈐有“宛平王氏家藏”、“蕃齋監定”、“曾在王鹿鳴處”、“金台王瓊宴鹿鳴藏書記”諸印。(徐梧生遺書。戊辰十二月)

盛世新聲十二卷 存酉集一卷

明刊本,九行二十一字,上空一格,只二十字。白口,四周雙闌,版心題“南曲”二字。目録缺首葉,卷首題“南曲三十腔”。

按:此本刻工疏率,字體生硬,似萬曆刊。或云正德,恐非。沅叔。(己卯十二月)

詞林摘艷十卷 明吴江張禄詳校刊行

明刊本,分甲至癸集,十行廿字,黑口,四周雙闌。 有嘉靖乙酉劉楫序。每集均有序。(甲寅)

詞林逸響四卷 明許宇輯　分風、花、雪、月四册

明天啟刊本,九行二十二字,四周單闌,寫楷精雅。題吴趨仰拙許宇校點。 前有天啟鄒彦吉序。凡例五則。每册有圖,極精。 鈐有怡府藏印。(辛巳十一月六日見于翰文齋,潘伯寅遺書。)

太和正音譜三卷 題涵虚子編

明寫本,棉紙藍格,九行十七字。 鈐有顧菊庭藏書印。又“叔寶”、“錢穀手鈔”二印,不真。(斐英閣送閲。辛巳)

南詞叙録一卷

明寫本。 前有嘉靖乙未夏六月天池道人志四行。 清何義門焯朱筆批校。(丁巳)

舊編南九宫目録一卷

明寫本。(丁巳)

十三調南曲音節譜一卷

明寫本。(丁巳)

顧曲雜言一卷 明沈德符撰

舊寫本。鈐有葉潤臣印。　李若農文田先生有跋：

“光緒丁丑八月五日偶理藏書，遂重校一過。此書於同治甲戌買之廠肆中，適與梁辰魚江東白苧先後得之，曾以伯龍傳奇一段録於其上。今重讀此卷，歎沈景倩習練故事，工於造語，雖寥寥數葉，亦當與野獲編同在天地間也。是夕三鼓書於五千卷書室。文田。”(乙亥)

曲譜大成八卷 撰人未詳

舊寫本。中有朱墨增改處，亦當日底本也。(辛酉)

新定十二律京腔譜十六卷 清王正祥撰

新定考正音韻大全一卷

新定重較問奇一覽二卷

清康熙二十三年甲子停雲室刊本，板心有“停雲室”三字。　有康熙甲子友竹主人序。

按：此書刻印俱精，至爲罕覯，當是王府刻本。(陶蘭泉藏。壬戌)

中原音韻二卷 元高安挺齋周德清輯

清陸勅先貽典手寫本，跋語録後：

“中原音韻余向有二本，俱失去。頃過遵王，出一本示余，字摹率更，梓刻精工爽朗，豁目快心，定爲佳本。竭五日之力草率録此，追呼倥偬中理此雅事，可發一胡盧也。康熙丙午九日虞山敕先陸貽典記。”

又黄蕘圃丕烈跋，不更録。　鈐有“李明大印”、“石君”、“樸學”二印。(己未)

詞林要韻一卷

明寫本，九行十六字。(丁巳)

録鬼簿二卷 元鍾嗣成撰

舊寫本,十行二十字。 前有尤貞起序,尤氏手書,有印記。後有萬曆甲申夢覺子跋。其餘序跋與曹刻同。(繆藝風書。)

燕南芝先生唱論一卷

明藍格寫本,十一行二十二字。(天一閣佚出之書。丁巳)

三家村老委談□卷 明海上徐復祚陽初編

舊寫本。曲話之屬。(繆氏藝風堂遺書。壬戌)